JN325313

「鎌倉・南北朝・室町」を知る本

日外アソシエーツ

Guide to Books of Kamakura, Nanbokucho, Muromachi Era

Compiled by
Nichigai Associates, Inc.

©2009 by Nichigai Associates, Inc.
Printed in Japan

本書はディジタルデータでご利用いただくことができます。詳細はお問い合わせください。

●編集担当● 安藤 真由子
カバーイラスト：赤田 麻衣子

刊行にあたって

「知る本」シリーズは、利用者のニーズに対応した細やかなテーマごとに調査の手がかりを提供しようとするため、各冊ごとにそのテーマを知るための事項・人物・団体などのキーワードを選定し、キーワードの解説と、より深く知るための参考図書リストを提示するスタイルのブックガイドである。これまでに「大事件」「ものの歴史」「国宝」「江戸時代」「明治時代」「昭和時代」「中国」「戦国時代」「仏教」といったテーマを扱ってきた。

今回、新たに『「鎌倉・南北朝・室町」を知る本』を刊行する。本書では、鎌倉・南北朝・室町時代の人物・政治・経済・社会・文化に関する270のテーマと参考図書7,345点を収録した。

源頼朝が鎌倉に幕府を開いてから応仁の乱までの、本書で扱う300年弱は日本の中世にあたる。平安朝や源平の合戦と戦国時代というドラマチックな時代に挟まれて一見地味にも見える時代である。だが一方では、武家政権の誕生により領土を介して領主と家臣の間に主従関係が結ばれる封建制度が成立し、こうした政治・社会制度は明治維新まで700年近く続いていくこととなった。もう一方では、頻発する内乱の中でたくましく力をたくわえていった民衆の時代でもある。また、百人一首や能楽、書院造といった今日まで伝わる伝統的な日本文化が多く生まれ、浄土真宗や禅宗などの鎌倉仏教が創始されて仏教界の大きな潮流となっていくなど、文化面でも後世の骨格が形成されたといえよう。映画やドラマなどでとりあげられる機会が少ない時代であり、一般にはよく知られていない事柄も多くあるが、歴史から学ぶ、あるいは再発見するテーマは多い。

本書は鎌倉・南北朝・室町時代について知りたいという人のために、調査の第一歩のツールを目指して編集し、それぞれの時代を象徴するキーワードと参考図書を選定収録した。なお、大きなテーマや著名な人物では参考図書の数が膨大になるため、そのテーマ・人物全体を扱った概説書、入手しやすい図書を中心に、主要な図書を選んで収録した。本書が鎌倉・南北朝・室町時代への理解を深めるためのツールとして、既刊の「知る本」シリーズと同様に広く活用されることを願っている。

2009年6月

日外アソシエーツ

凡　例

1．本書の内容

本書は、鎌倉・南北朝・室町時代の政治・経済・社会・文化を知るための270のテーマを設け、それぞれのテーマを解説するとともに、より深く学ぶための参考図書リストを付したものである。

2．見出し

1）全体を「政治」「社会」「文化」の3分野に分け、大見出しとした。
2）各分野ごとに、この時代の人物、政治・経済制度、外交・交易上の出来事、文化的な事物などを選び、テーマ見出しとした。
3）いずれのテーマにも、その概要を示す解説を付した。

3．参考図書リスト

1）それぞれのテーマについて、より深く学ぶための参考図書を示した。収録点数は7,345点である。
2）参考図書は、入手しやすい最近の図書を優先することとし、刊行年の新しいものから排列した。

4．事項名索引（巻末）

本文の見出し項目、その中に含まれている関連テーマなどを五十音順に排列し、その見出しの掲載頁を示した。

目　次

政 治

社 会

文 化

政 治

◆鎌倉時代

鎌倉時代　かまくらじだい

日本史の時代区分の一つ。鎌倉に幕府があった時代であり、12世紀末に源頼朝が鎌倉幕府を開設してから、元弘3/正慶2年(1333年)に滅びるまでの期間を指す。本格的な武家政権が確立した時代である。初期においては、朝廷と幕府の公武二元的な支配が行われていたが、承久3年(1221年)の承久の乱を境に、武家政権が優位に立った。貞永元年(1232年)、執権北条泰時の制定した御成敗式目によって、鎌倉幕府の支配下では公家法が排除された。一方で国司・領家の支配に幕府が干渉しないことが定められ、地方では貴族・社寺などの荘園領主と、武士的な在地領主との二重支配が行われることになった。しかし地頭請や下地中分などが実施されると、荘園の支配権は在地領主である武士に移行し、全国的に統治機能や権力が武家側に移行していった。寛元4年(1246年)には、道家の失脚を機に、院評定衆の設置や、治天の君と天皇の選定権の委譲など、幕府が朝廷の政治に影響力を及ぼすようになった。これは後醍醐天皇の倒幕計画立案の要因となった。社会的には商業・交通・都市が発達し、座・問丸・為替・市場・港町が発展した。文化は武士・庶民の発展と旧仏教の凋落により、浄土宗や日蓮宗、禅宗などの新仏教が興隆した。禅宗と通商貿易の発展に伴って、唐様など宋・元の文化が輸入され、独自の武家文化の基礎が築かれた。また、軍記物の流行のほか、『新古今和歌集』『方丈記』『十六夜日記』などの作品が生まれた。

◇日本の歴史　10　蒙古襲来と徳政令　網野善彦, 大津透, 鬼頭宏, 桜井英治, 山本幸司編　筧雅博著　講談社　2009.5　407p　15cm　(講談社学術文庫)〈年表あり　文献あり〉　1200円　①978-4-06-291910-4

◇日本の歴史　09　頼朝の天下草創　山本幸司著　講談社　2009.4　395p　15cm　(講談社学術文庫 1909)〈文献あり 年表あり 索引あり〉　1200円　①978-4-06-291909-8

◇吾妻鏡―現代語訳　5　征夷大将軍　五味文彦, 本郷和人編　吉川弘文館　2009.3　269p　20cm　2600円　①978-4-642-02712-0

◇後鳥羽院のすべて　鈴木彰, 樋口州男編　新人物往来社　2009.3　262p　20cm　〈文献あり 年譜あり〉　3000円　①978-4-404-03575-2

◇新・井沢式日本史集中講座　1192(いいくに)作ろう鎌倉幕府編　井沢元彦著　徳間書店　2009.3　224p　20cm　1500円　①978-4-19-862701-0

◇大日本古記録　実躬卿記 6　自嘉元三年正月至嘉元三年閏十二月　東京大学史料編纂所編纂　三条実躬著　岩波書店　2009.3　257p　22cm　12000円　①978-4-00-009942-4

◇花園院宸記　28（元亨4年自4月至12月）　花園天皇著　宮内庁書陵部　2009.3　1軸　34cm　〈宮内庁書陵部蔵の複製　箱入　和装〉

◇歴史知識学ことはじめ　横山伊徳, 石川徹也編著　勉誠出版　2009.3　202p　19cm　1700円　①978-4-585-00306-9

◇鎌倉時代造像論―幕府と仏師　塩沢寛樹著　吉川弘文館　2009.2　350, 10p 図版16p　27cm　〈索引あり〉　30000円　①978-4-642-07908-2

◇英傑の日本史　源平争乱編　井沢元彦著　角川学芸出版, 角川グループパブリッシング（発売）　2008.9　311p　15cm　（角川文庫）〈年表あり〉　552円　①978-4-04-166218-2

◇鎌倉時代の権力と制度　上横手雅敬編　京都　思文閣出版　2008.9　352p　22cm　6500円　①978-4-7842-1432-7

◇文覚上人と大威徳寺―鎌倉幕府創建への道「濃・飛」秘史　相原精次著　彩流社　2008.9　254p　19cm　〈文献あり〉　2000円　①978-4-7791-1377-2

◇鎌倉遺文 古文書編　補遺第1巻　文治元年 - 建暦三年　竹内理三編　オンデマンド版　東京堂出版　2008.8　292p　21cm　15000円　①978-4-490-80072-2

◇鎌倉遺文 古文書編　第11巻　建長六年 - 正元二年　竹内理三編　オンデマンド版　東京堂出版　2008.8　402p　21cm　15000円　①978-4-490-80040-1

◇鎌倉遺文 古文書編　第35巻　文保二年 - 元応二年　竹内理三編　オンデマンド版　東京堂出版　2008.8　378p　21cm　15000円　①978-4-490-80064-7

◇鎌倉遺文 古文書編　第36巻　元応二年 - 元亨三年　竹内理三編　オンデマンド版　東京堂出版　2008.8　382p　21cm　15000円　①978-4-490-80065-4

◇鎌倉遺文 古文書編　第37巻　元亨三年 - 正中二年　竹内理三編　オンデマンド版　東京堂出版　2008.8　380p　21cm　15000円　①978-4-490-80066-1

◇鎌倉遺文 索引編―建長六年～弘安八年　人名・地名　竹内理三編　オンデマンド版　東京堂出版　2008.8　392p　21cm　15000円　①978-4-490-80077-7

◇鎌倉遺文 索引編―文治元年～建長五年　人名・地名　竹内理三編　オンデマンド版　東京堂出版　2008.8　400p　21cm　15000円　①978-4-490-80076-0

◇鎌倉遺文 無年号文書目録　瀬野精一郎編　オンデマンド版　東京堂出版　2008.8　458p　21cm　15000円　①978-4-490-80081-4

◇勘仲記　第1（自文永11年正月至建治3年3月）　藤原兼仲著, 高橋秀樹, 桜井彦, 中込律子校訂　八木書店　2008.5　294p　22cm　（史料纂集 古記録編 149）〈折り込1枚〉　13000円　①978-4-8406-5149-3

◇全集日本の歴史　第6巻　京・鎌倉ふたつの王権―院政から鎌倉時代　本郷恵子著　小学館　2008.5　364p　22cm　〈標題紙等のタイトル：日本の歴史　折り込2枚　文献あり　年表あり〉　2400円　①978-4-09-622106-8

◇北条時宗の時代　北条氏研究会編　八木書店　2008.5　807, 51p　22cm　18000円　①978-4-8406-2030-7

◇武者の世の生と死　樋口州男著　新人物往来社　2008.5　252p　20cm　2800円　①978-4-404-03510-3

◇花園院宸記　24（元亨3年自3月1日至晦）　花園天皇著　宮内庁書陵部　2008.3　1軸　34cm　〈宮内庁書陵部蔵の複製　箱入　和装〉

◇花園院宸記　26（元亨3年自9月至12月）　花園天皇著　宮内庁書陵部　2008.3　1軸　34cm　〈宮内庁書陵部蔵の複製　箱入　和装〉

◇仏教新世紀―鎌倉の祖師たち　塚本善隆, 石田瑞麿, 玉城康四郎, 紀野一義著　中央公論新社　2008.2　455p　18cm　（中公クラシックス・コメンタリィ）　2600円　①978-4-12-003911-9

◇蒙古の襲来　海音寺潮五郎著　河出書房新社　2008.2　297p　15cm　（河出文庫）　800円　Ⓘ978-4-309-40890-3

◇吾妻鏡―吉川本　第1　早川純三郎編　吉川弘文館　2008.1　520p　23cm　（国書刊行会本）〈国書刊行会大正4年刊を原本としたオンデマンド版〉　10000円　Ⓘ978-4-642-04196-6

◇吾妻鏡―吉川本　第2　早川純三郎編　吉川弘文館　2008.1　454p　23cm　（国書刊行会本）〈国書刊行会大正4年刊を原本としたオンデマンド版〉　10000円　Ⓘ978-4-642-04197-3

◇吾妻鏡―吉川本　第3　早川純三郎編　吉川弘文館　2008.1　423p　23cm　（国書刊行会本）〈国書刊行会大正4年刊を原本としたオンデマンド版〉　10000円　Ⓘ978-4-642-04198-0

◇仏教の門―仏教・仏法・仏道　川口日空著　岩田書院　2007.11　338p　20cm　2300円　Ⓘ978-4-87294-478-5

◇平安鎌倉記録典籍集　東京大学史料編纂所編纂　八木書店　2007.11　308, 41p　22×31cm　（東京大学史料編纂所影印叢書 2）　28000円　Ⓘ978-4-8406-2502-9

◇鎌倉遺文研究　第20号　鎌倉遺文研究会編　鎌倉遺文研究会, 吉川弘文館〔発売〕　2007.10　108p　21cm　1900円　Ⓘ978-4-642-09000-1, ISSN1345-0921

◇鎌倉北条氏の興亡―特別展　神奈川県立金沢文庫編　横浜　神奈川県立金沢文庫　2007.10　79p　30cm　〈会期：平成19年10月4日―12月2日　年表あり〉

◇鎌倉北条氏の神話と歴史―権威と権力　細川重男著　狭山　日本史史料研究会企画部　2007.10　175, 6p　21cm　（日本史史料研究会研究選書 1）

◇「鎌倉遺文」にみる中世のことば辞典　ことばの中世史研究会編　東京堂出版　2007.9　278p　22cm　〈文献あり〉　5000円　Ⓘ978-4-490-10729-6

◇源氏と坂東武士　野口実著　吉川弘文館　2007.7　199p　19cm　（歴史文化ライブラリー 234）〈文献あり　年表あり〉　1700円　Ⓘ978-4-642-05634-2

◇日本紀略 後篇　百錬抄　吉川弘文館　2007.6　290, 258p　27cm　（国史大系 新訂増補 第11巻）〈平成12年刊（新装版）を原本としたオンデマンド版〉　13000円　Ⓘ978-4-642-04011-2

◇日本中世の朝廷・幕府体制　河内祥輔著　吉川弘文館　2007.6　349, 7p　22cm　9000円　Ⓘ978-4-642-02863-9

◇扶桑略記　帝王編年記　皇円編, 永祐編　吉川弘文館　2007.6　336, 456p　27cm　（国史大系 新訂増補 第12巻）〈平成11年刊（新装版）を原本としたオンデマンド版〉　16000円　Ⓘ978-4-642-04012-9

◇鎌倉遺文研究　第19号（2007.4）　鎌倉遺文研究会編　鎌倉遺文研究会, 吉川弘文館〔発売〕　2007.4　96p　21cm　1900円　Ⓘ978-4-642-08999-9, ISSN1345-0921

◇神皇正統記　元元集　北畠親房著, 北畠親房著　現代思潮新社　2007.3　99, 165, 310p　16cm　（覆刻日本古典全集）〈現代思潮社昭和58年刊を原本としたオンデマンド版　年譜あり〉　6800円　Ⓘ978-4-329-02674-3

◇大日本古記録　〔第16〕 10　民経記―補遺・附載　文永4年10月―文永9年7月　東京大学史料編纂所編纂　藤原經光著　岩波書店　2007.3　334p　22cm　〈年譜あり〉　12000円　Ⓘ978-4-00-009585-3

◇日本の中世国家　佐藤進一著　岩波書店　2007.3　259p　15cm　（岩波現代文庫 学術）　1000円　Ⓘ978-4-00-600173-5, 4-00-600173-8

◇花園院宸記　25（元亨3年自4月至9月）　花園天皇著　宮内庁書陵部　2007.3　1軸　33cm　〈宮内庁書陵部蔵の複製　箱入　和装〉

◇花ひらく王朝文化―平安・鎌倉時代　中村修也監修　京都　淡交社　2007.1　111p　21cm　（よくわかる伝統文化の歴史 1）〈文献あり　年表あり〉　1600円　Ⓘ4-473-03343-0

◇北条氏権力と都市鎌倉　秋山哲雄著　吉川弘文館　2006.12　344, 10p　22cm　11000円　①4-642-02861-7

◇安達泰盛と鎌倉幕府―霜月騒動とその周辺　福島金治著　横浜　有隣堂　2006.11　213p　18cm　(有隣新書)　〈文献あり〉　1000円　①4-89660-196-3

◇新選仏像の至宝　下　毎日新聞社編, 西川杏太郎解説　毎日新聞社　2006.11　223p　38cm　〈表紙のタイトル：仏像の至宝　おもに図〉

◇一代要記　2　石田実洋, 大塚統子, 小口雅史, 小倉慈司校注　神道大系編纂会　2006.10　287p　23cm　(続神道大系 朝儀祭祀編)

◇一代要記　3　石田実洋, 大塚統子, 小口雅史, 小倉慈司校注　神道大系編纂会　2006.10　296p　23cm　(続神道大系 朝儀祭祀編)

◇院政―もうひとつの天皇制　美川圭著　中央公論新社　2006.10　270p　18cm　(中公新書)　〈文献あり〉　820円　①4-12-101867-2

◇鎌倉遺文研究　第18号　鎌倉遺文研究会編　鎌倉遺文研究会, 吉川弘文館〔発売〕　2006.10　96p　19cm　1900円　①4-642-08998-5, ISSN1345-0921

◇鎌倉時代の考古学　小野正敏, 萩原三雄編　高志書院　2006.6　452p　31cm　〈文献あり〉　14000円　①4-86215-012-8

◇画報風俗史　1　日本近代史研究会編　日本図書センター　2006.3　282p　31cm　〈国際文化情報社昭和32年5月―9月刊の複製　折り込4枚　年表あり〉　①4-284-50009-0, 4-284-50008-2

◇源平争乱と鎌倉武士―源平期―鎌倉期　武光誠監修・年表解説　世界文化社　2006.3　199p　24cm　(日本の歴史を見る ビジュアル版 3)　〈年譜あり　年表あり〉　2400円　①4-418-06210-6

◇花園院宸記　23(元亨2年自7月至12月)　花園天皇著　宮内庁書陵部　2006.3　1軸　33cm　〈宮内庁書陵部蔵の複製　箱入　和装〉

◇熊野懐紙　霞会館公家と武家文化調査委員会編　霞会館　2006.2　35枚　52×38cm　〈複製　未装丁 箱入〉　非売品

◇明月記―徳大寺家本　第8巻　藤原定家著, 五味文彦監修, 尾上陽介編　ゆまに書房　2006.2　336p　19×27cm　〈東京大学史料編纂所所蔵の複製〉　35000円　①4-8433-1262-2

◇鎌倉争乱と大江一族　大江隻舟著　福岡　西日本新聞社　2005.12　361p　22cm　2667円　①4-8167-0668-2

◇中世国衙領の支配構造　錦織勤著　吉川弘文館　2005.12　363, 7p　22cm　9000円　①4-642-02846-3

◇明月記―徳大寺家本　第7巻　藤原定家著, 五味文彦監修, 尾上陽介編　ゆまに書房　2005.12　393p　19×27cm　〈東京大学史料編纂所所蔵の複製〉　35000円　①4-8433-1261-4

◇鎌倉遺文研究　第16号　鎌倉遺文研究会編　鎌倉遺文研究会, 吉川弘文館〔発売〕　2005.10　96p　21cm　1900円　①4-642-08996-9, ISSN1345-0921

◇鎌倉幕府　石井進著　山川出版社　2005.10　346, 6p　20cm　(石井進の世界 1)　〈付属資料：8p：月報 1　シリーズ責任表示：石井進著　シリーズ責任表示：石井進著作集刊行会編〉　6500円　①4-634-59051-4

◇明月記―徳大寺家本　第6巻　藤原定家著, 五味文彦監修, 尾上陽介編　ゆまに書房　2005.10　478p　19×27cm　〈東京大学史料編纂所所蔵の複製〉　35000円　①4-8433-1260-6

◇一代要記　1　石田実洋, 大塚統子, 小口雅史, 小倉慈司校注　神道大系編纂会　2005.8　306p　23cm　(続神道大系 朝儀祭祀編)　〈シリーズ責任表示：神道大系編纂会編〉　18000円

◇明月記―徳大寺家本　第5巻　藤原定家著, 五味文彦監修, 尾上陽介編　ゆまに書房　2005.8　512p　19×27cm　〈東京大

学史料編纂所所蔵の複製〉 35000円 Ⓘ4-8433-1259-2

◇騎馬民族から武士に至る武断の系譜―武士道の源流 上巻 田口宏雄著 新生出版 2005.7 308p 22cm 〈東京 ディーディーエヌ(発売) 年表あり〉 1500円 Ⓘ4-86128-077-X

◇騎馬民族から武士に至る武断の系譜―武士道の源流 下巻 田口宏雄著 新生出版 2005.7 333p 22cm 〈東京 ディーディーエヌ(発売) 年表あり〉 1600円 Ⓘ4-86128-078-8

◇古東海道夢跡十選 放生池一弥著 調布 海道史研究会 2005.6 310p 19cm 1900円

◇その時歴史が動いた 33 NHK取材班編 KTC中央出版 2005.6 253p 20cm 〈年表あり 文献あり〉 1600円 Ⓘ4-87758-346-7

◇明月記―徳大寺家本 第4巻 藤原定家著, 五味文彦監修, 尾上陽介編 ゆまに書房 2005.6 362p 19×27cm 〈東京大学史料編纂所所蔵の複製〉 35000円 Ⓘ4-8433-1258-4

◇六波羅探題の研究 森幸夫著 続群書類従完成会 2005.4 313, 17p 22cm 6000円 Ⓘ4-7971-0742-1

◇後深心院關白記 3 近衛道嗣著 岩波書店 2005.3 366p 22cm (大日本古記録) 〈シリーズ責任表示:東京大学史料編纂所編纂〉 13000円 Ⓘ4-00-009747-4

◇花園院宸記 22(元亨2年自正月至6月) 花園天皇著 宮内庁書陵部 2005.3 1軸 33cm 〈付属資料:76p(21cm):解題・釈文 宮内庁書陵部蔵の複製 箱入 和装〉

◇鎌倉草創記―あの日あの時めくるめく季節を彩る 関弘文・写真 中央公論事業出版(発売) 2005.2 120p 21cm 〈年表あり〉 1700円 Ⓘ4-89514-240-X

◇明月記―徳大寺家本 第3巻 藤原定家著, 五味文彦監修, 尾上陽介編 ゆまに書房 2005.2 455p 19×27cm 〈東京大学史料編纂所所蔵の複製〉 35000円 Ⓘ4-8433-1257-6

◇鎌倉武家事典 出雲隆編 新装版 青蛙房 2005.1 641p 20cm 5700円 Ⓘ4-7905-0530-8

◇鎌倉武士の実像 石井進著 岩波書店 2005.1 365, 10p 22cm (石井進著作集 第5巻) 〈付属資料:6p:月報 5 シリーズ責任表示:石井進著 シリーズ責任表示:石井進著作集刊行会編〉 8400円 Ⓘ4-00-092625-X

◇日本の歴史 4(中世 1) 源氏と平氏―東と西 新訂増補 朝日新聞社 2005.1 324p 30cm (朝日百科) Ⓘ4-02-380017-1

◇客家語と日本漢音、鎌倉宋音の比較対照研究―〔ビン〕南語文語音、浙江呉語との関わりをめぐって 羅濟立著 台北 致良出版社 2005 357p 27cm Ⓘ957-786-280-2

◇鎌倉幕府と北条氏 石井進著 岩波書店 2004.12 368, 11p 22cm (石井進著作集 第4巻) 〈付属資料:6p:月報 4 シリーズ責任表示:石井進著 シリーズ責任表示:石井進著作集刊行会編〉 8400円 Ⓘ4-00-092624-1

◇史料纂集 141 葉黄記 第2 葉室定嗣著, 菊地康明, 田沼睦, 小森正明校訂 続群書類従完成会 2004.12 274, 71p 22cm 〈付属資料:4p:会報 第141号〉 12000円 Ⓘ4-7971-1321-9

◇新・中世王権論―武門の覇者の系譜 本郷和人著 新人物往来社 2004.12 260p 19cm 1800円 Ⓘ4-404-03228-5

◇明月記―徳大寺家本 第2巻 藤原定家著, 五味文彦監修, 尾上陽介編 ゆまに書房 2004.12 529p 19×27cm 〈東京大学史料編纂所所蔵の複製〉 35000円 Ⓘ4-8433-1256-8

◇蒙古襲来 黒田俊雄著 改版 中央公論新社 2004.12 579p 16cm (中公文庫) 〈文献あり 年表あり〉 1238円 Ⓘ4-12-204466-9

◇鎌倉幕府　石井進著　改版　中央公論新社　2004.11　565p　16cm　（中公文庫）〈文献あり　年表あり〉　1238円　①4-12-204455-3

◇鎌倉遺文研究　第14号　鎌倉遺文研究会編　鎌倉遺文研究会, 吉川弘文館〔発売〕2004.10　124p　21cm　1900円　①4-642-08994-2, ISSN1345-0921

◇鎌倉幕府論　石井進著　岩波書店　2004.10　318, 12p　22cm　（石井進著作集 第2巻）〈付属資料：6p：月報 2　シリーズ責任表示：石井進著　シリーズ責任表示：石井進著作集刊行会編〉　8400円　①4-00-092622-5

◇明月記―徳大寺家本　第1巻　藤原定家著, 五味文彦監修, 尾上陽介編　ゆまに書房　2004.10　491p　19×27cm　〈東京大学史料編纂所蔵の複製〉　35000円　①4-8433-1255-X

◇日本中世国家史の研究　石井進著　岩波書店　2004.9　438, 16p　22cm　（石井進著作集 第1巻）〈付属資料：6p：月報 1　シリーズ責任表示：石井進著　シリーズ責任表示：石井進著作集刊行会編〉　8400円　①4-00-092621-7

◇中世の形成　歴史学研究会, 日本史研究会編　東京大学出版会　2004.7　320p　19cm　（日本史講座 第3巻）　2200円　①4-13-025103-1

◇十五代執権金沢貞顕の手紙―企画展　神奈川県立金沢文庫編　横浜　神奈川県立金沢文庫　2004.6　88p　30cm　〈会期：平成16年6月3日―8月1日〉

◇朝儀諸次第　4　朝日新聞社　2004.4　482, 28p　19×27cm　（冷泉家時雨亭叢書 第55巻）〈付属資料：8p：月報 60　シリーズ責任表示：冷泉家時雨亭文庫編　複製〉　30000円　①4-02-240355-1

◇花園院宸記　21　花園天皇著　宮内庁書陵部　2004.3　1軸　33cm　〈付属資料：61p(21cm)：解題・釈文　宮内庁書陵部蔵の複製　箱入　和装〉

◇吾妻鏡の風景　三浦澄子著　文芸社　2004.2　227p　20cm　1500円　①4-8355-6933-4

◇大江廣元改姓の謎　大江隻舟著　福岡　西日本新聞社　2003.10　210p　22cm　〈年譜あり〉　1905円　①4-8167-0582-1

◇仮名文書の国語学的研究　辛島美絵著　大阪　清文堂出版　2003.10　485p　22cm　12000円　①4-7924-1379-6

◇鎌倉御家人平子氏の西遷・北遷―特別展　横浜市歴史博物館編　横浜　横浜市歴史博物館　2003.10　262p　30cm　〈会期：平成15年10月18日―11月24日　年表あり　文献あり〉

◇鎌倉幕府と悲劇の三浦一族・三浦党　小峰正志著　文芸社　2003.9　199p　19cm　1238円　①4-8355-6214-3

◇鎌倉北条氏の興亡　奥富敬之著　吉川弘文館　2003.8　226p　19cm　（歴史文化ライブラリー 159）〈文献あり〉　1700円　①4-642-05559-2

◇鎌倉時代水界史料目録　網野善彦監修, 中世海事史料研究会編　東京堂出版　2003.7　634p　22cm　12000円　①4-490-20434-5

◇鎌倉幕府のリスクマネジメント　相原鐵也著　文芸社　2003.7　207p　19cm　〈年表あり　文献あり〉　1200円　①4-8355-5788-3

◇源頼朝と鎌倉幕府　上杉和彦著　新日本出版社　2003.5　229p　19cm　〈文献あり〉　1500円　①4-406-03006-9

◇もう一つの鎌倉物語―平塚雷鳥は間違っていた　井上力著　講談社出版サービスセンター　2003.4　763p　19cm　2200円　①4-87601-644-5

◇和訳花園天皇宸記　第3　村田正志編　利府町(宮城県)　楊岐寺　2003.4　364p　22cm　〈肖像あり　折り込2枚〉　非売品

◇花園院宸記　20　花園天皇著　宮内庁書陵部　2003.3　1軸　33cm　〈付属資料：69p(21cm)：解題釈文　宮内庁書陵部蔵の複製　箱入　和装〉

◇和訳花園天皇宸記　第3　村田正志編　続群書類従完成会　2003.3　364p　22cm　〈折り込1枚　肖像あり〉　9000円　①4-7971-1553-X

◇明月記　5　藤原定家著　朝日新聞社　2003.2　628, 21p　19×27cm　（冷泉家時雨亭叢書 第60巻）〈付属資料：8p：月報 54　シリーズ責任表示：冷泉家時雨亭文庫編　複製〉　30000円　①4-02-240360-8

◇モンゴルの襲来　近藤成一編　吉川弘文館　2003.2　293, 12p　22cm　（日本の時代史 9）〈シリーズ責任表示：石上英一〔ほか〕企画編集　文献あり　年表あり〉　3200円　①4-642-00809-8

◇鎌倉幕府滅亡―特別展　神奈川県立金沢文庫編　横浜　神奈川県立金沢文庫　2003.1　79p　30cm　〈会期：平成15年1月30日―4月13日〉

◇京・鎌倉の王権　五味文彦編　吉川弘文館　2003.1　284, 18p　22cm　（日本の時代史 8）〈シリーズ責任表示：石上英一〔ほか企画編集〕　文献あり　年表あり〉　3200円　①4-642-00808-X

◇モンゴル襲来の衝撃　佐伯弘次著　中央公論新社　2003.1　270p　20cm　（日本の中世 9）〈付属資料：16p：月報 10　シリーズ責任表示：網野善彦, 石井進編　文献あり　年表あり〉　2500円　①4-12-490218-2

◇和訳花園天皇宸記　第2　村田正志編　続群書類従完成会　2003.1　344p　22cm　9000円　①4-7971-1552-1

◇和訳花園天皇宸記　第2　村田正志編　利府町（宮城県）　楊岐寺　2002.12　344p　22cm　非売品

◇院政と平氏、鎌倉政権　上横手雅敬, 元木泰雄, 勝山清次著　中央公論新社　2002.11　414p　20cm　（日本の中世 8）〈付属資料：16p：月報 8　シリーズ責任表示：網野善彦, 石井進編　文献あり　年表あり〉　2700円　①4-12-490217-4

◇鎌倉武士の実像―合戦と暮しのおきて　石井進著　平凡社　2002.11　395p　16cm　（平凡社ライブラリー）　1400円　①4-582-76449-5

◇再現日本史―週刊time travel　鎌倉・室町 3　講談社　2002.11　42p　30cm　〈年表あり〉　533円

◇再現日本史―週刊time travel　鎌倉・室町 4　講談社　2002.11　42p　30cm　〈年表あり〉　533円

◇新刊吾妻鏡　巻第5　観音寺　上坂氏顕彰会史料出版部　2002.11　1冊（ページ付なし）　30cm　（理想日本リプリント 第88巻）〈複製〉　52800円

◇新刊吾妻鏡　巻第12　観音寺　上坂氏顕彰会史料出版部　2002.11　1冊（ページ付なし）　30cm　（理想日本リプリント 第88巻）〈複製〉　52800円

◇新刊吾妻鏡　巻第13　観音寺　上坂氏顕彰会史料出版部　2002.11　1冊（ページ付なし）　30cm　（理想日本リプリント 第88巻）〈複製〉　52800円

◇新刊吾妻鏡　巻第14　観音寺　上坂氏顕彰会史料出版部　2002.11　1冊（ページ付なし）　30cm　（理想日本リプリント 第88巻）〈複製〉　52800円

◇新刊吾妻鏡　巻第20　観音寺　上坂氏顕彰会史料出版部　2002.11　1冊（ページ付なし）　30cm　（理想日本リプリント 第88巻）〈複製〉　36800円

◇新刊吾妻鏡　巻第22　観音寺　上坂氏顕彰会史料出版部　2002.11　1冊（ページ付なし）　30cm　（理想日本リプリント 第88巻）〈複製〉　46800円

◇新刊吾妻鏡　巻第23　観音寺　上坂氏顕彰会史料出版部　2002.11　1冊（ページ付なし）　30cm　（理想日本リプリント 第88巻）〈複製〉　46800円

◇新刊吾妻鏡　巻第4 分冊1　観音寺　上坂氏顕彰会史料出版部　2002.11　1冊（ページ付なし）　30cm　（理想日本リプリント 第88巻）〈複製〉　52800円

◇新刊吾妻鏡　巻第4 分冊2　観音寺　上坂氏顕彰会史料出版部　2002.11　1冊

（ページ付なし） 30cm （理想日本リプリント 第88巻）〈複製〉 46800円

◇新刊吾妻鏡　巻第6 分冊1　観音寺　上坂氏顕彰会史料出版部　2002.11　1冊（ページ付なし） 30cm （理想日本リプリント 第88巻）〈複製〉 52800円

◇新刊吾妻鏡　巻第6 分冊2　観音寺　上坂氏顕彰会史料出版部　2002.11　1冊（ページ付なし） 30cm （理想日本リプリント 第88巻）〈複製〉 46800円

◇新刊吾妻鏡　巻第6 分冊3　観音寺　上坂氏顕彰会史料出版部　2002.11　1冊（ページ付なし） 30cm （理想日本リプリント 第88巻）〈複製〉 46800円

◇新刊吾妻鏡　巻第7 分冊1　観音寺　上坂氏顕彰会史料出版部　2002.11　1冊（ページ付なし） 30cm （理想日本リプリント 第88巻）〈複製〉 46800円

◇新刊吾妻鏡　巻第7 分冊2　観音寺　上坂氏顕彰会史料出版部　2002.11　1冊（ページ付なし） 30cm （理想日本リプリント 第88巻）〈複製〉 46800円

◇新刊吾妻鏡　巻第10 分冊1　観音寺　上坂氏顕彰会史料出版部　2002.11　1冊（ページ付なし） 30cm （理想日本リプリント 第88巻）〈複製〉 46800円

◇新刊吾妻鏡　巻第10 分冊2　観音寺　上坂氏顕彰会史料出版部　2002.11　1冊（ページ付なし） 30cm （理想日本リプリント 第88巻）〈複製〉 46800円

◇新刊吾妻鏡　巻第10 分冊3　観音寺　上坂氏顕彰会史料出版部　2002.11　1冊（ページ付なし） 30cm （理想日本リプリント 第88巻）〈複製〉 52800円

◇新刊吾妻鏡　巻第11 分冊1　観音寺　上坂氏顕彰会史料出版部　2002.11　1冊（ページ付なし） 30cm （理想日本リプリント 第88巻）〈複製〉 46800円

◇新刊吾妻鏡　巻第11 分冊2　観音寺　上坂氏顕彰会史料出版部　2002.11　1冊（ページ付なし） 30cm （理想日本リプリント 第88巻）〈複製〉 41800円

◇新刊吾妻鏡　巻第15 分冊1　観音寺　上坂氏顕彰会史料出版部　2002.11　1冊（ページ付なし） 30cm （理想日本リプリント 第88巻）〈複製〉 41800円

◇新刊吾妻鏡　巻第15 分冊2　観音寺　上坂氏顕彰会史料出版部　2002.11　1冊（ページ付なし） 30cm （理想日本リプリント 第88巻）〈複製〉 41800円

◇新刊吾妻鏡　巻第16 分冊1　観音寺　上坂氏顕彰会史料出版部　2002.11　1冊（ページ付なし） 30cm （理想日本リプリント 第88巻）〈複製〉 46800円

◇新刊吾妻鏡　巻第16 分冊2　観音寺　上坂氏顕彰会史料出版部　2002.11　1冊（ページ付なし） 30cm （理想日本リプリント 第88巻）〈複製〉 41800円

◇新刊吾妻鏡　巻第17 分冊1　観音寺　上坂氏顕彰会史料出版部　2002.11　1冊（ページ付なし） 30cm （理想日本リプリント 第88巻）〈複製〉 41800円

◇新刊吾妻鏡　巻第17 分冊2　観音寺　上坂氏顕彰会史料出版部　2002.11　1冊（ページ付なし） 30cm （理想日本リプリント 第88巻）〈複製〉 41800円

◇新刊吾妻鏡　巻第18 分冊1　観音寺　上坂氏顕彰会史料出版部　2002.11　1冊（ページ付なし） 30cm （理想日本リプリント 第88巻）〈複製〉 46800円

◇新刊吾妻鏡　巻第18 分冊2　観音寺　上坂氏顕彰会史料出版部　2002.11　1冊（ページ付なし） 30cm （理想日本リプリント 第88巻）〈複製〉 46800円

◇新刊吾妻鏡　巻第19 分冊1　観音寺　上坂氏顕彰会史料出版部　2002.11　1冊（ページ付なし） 30cm （理想日本リプリント 第88巻）〈複製〉 46800円

◇新刊吾妻鏡　巻第19 分冊2　観音寺　上坂氏顕彰会史料出版部　2002.11　1冊（ページ付なし） 30cm （理想日本リプリント 第88巻）〈複製〉 41800円

◇新刊吾妻鏡　巻第21 分冊1　観音寺　上坂氏顕彰会史料出版部　2002.11　1冊（ページ付なし） 30cm （理想日本リプリント 第88巻）〈複製〉 46800円

◇新刊吾妻鏡　巻第21 分冊2　観音寺　上坂氏顕彰会史料出版部　2002.11　1冊（ページ付なし）　30cm　（理想日本リプリント 第88巻）〈複製〉　41800円

◇もう一つの鎌倉時代―藤原定家・太田牛一の系譜　井上力著　講談社出版サービスセンター　2002.11　901p　19cm　2400円　①4-87601-632-1

◇再現日本史―週刊time travel　鎌倉・室町 1　講談社　2002.10　42p　30cm　〈年表あり〉　533円

◇新刊吾妻鏡　巻第24　観音寺　上坂氏顕彰会史料出版部　2002.10　1冊（ページ付なし）　30cm　（理想日本リプリント 第88巻）〈複製〉　41800円

◇新刊吾妻鏡　巻第26　観音寺　上坂氏顕彰会史料出版部　2002.10　1冊（ページ付なし）　30cm　（理想日本リプリント 第88巻）〈複製〉　46800円

◇新刊吾妻鏡　巻第27　観音寺　上坂氏顕彰会史料出版部　2002.10　1冊（ページ付なし）　30cm　（理想日本リプリント 第88巻）〈複製〉　52800円

◇新刊吾妻鏡　巻第28　観音寺　上坂氏顕彰会史料出版部　2002.10　1冊（ページ付なし）　30cm　（理想日本リプリント 第88巻）〈複製〉　46800円

◇新刊吾妻鏡　巻第29　観音寺　上坂氏顕彰会史料出版部　2002.10　1冊（ページ付なし）　30cm　（理想日本リプリント 第88巻）〈複製〉　41800円

◇新刊吾妻鏡　巻第30　観音寺　上坂氏顕彰会史料出版部　2002.10　1冊（ページ付なし）　30cm　（理想日本リプリント 第88巻）〈複製〉　52800円

◇新刊吾妻鏡　巻第33　観音寺　上坂氏顕彰会史料出版部　2002.10　1冊（ページ付なし）　30cm　（理想日本リプリント 第88巻）〈複製〉　52800円

◇新刊吾妻鏡　巻第34　観音寺　上坂氏顕彰会史料出版部　2002.10　1冊（ページ付なし）　30cm　（理想日本リプリント 第88巻）〈複製〉　52800円

◇新刊吾妻鏡　巻第37　観音寺　上坂氏顕彰会史料出版部　2002.10　1冊（ページ付なし）　30cm　（理想日本リプリント 第88巻）〈複製〉　41800円

◇新刊吾妻鏡　巻第39　観音寺　上坂氏顕彰会史料出版部　2002.10　1冊（ページ付なし）　30cm　（理想日本リプリント 第88巻）〈複製〉　41800円

◇新刊吾妻鏡　巻第43　観音寺　上坂氏顕彰会史料出版部　2002.10　1冊（ページ付なし）　30cm　（理想日本リプリント 第88巻）〈複製〉　46800円

◇新刊吾妻鏡　巻第44　観音寺　上坂氏顕彰会史料出版部　2002.10　1冊（ページ付なし）　30cm　（理想日本リプリント 第88巻）〈複製〉　46800円

◇新刊吾妻鏡　巻第52　観音寺　上坂氏顕彰会史料出版部　2002.10　1冊（ページ付なし）　30cm　（理想日本リプリント 第88巻）〈複製〉　52800円

◇新刊吾妻鏡　巻第25 分冊1　観音寺　上坂氏顕彰会史料出版部　2002.10　1冊（ページ付なし）　30cm　（理想日本リプリント 第88巻）〈複製〉　41800円

◇新刊吾妻鏡　巻第25 分冊2　観音寺　上坂氏顕彰会史料出版部　2002.10　1冊（ページ付なし）　30cm　（理想日本リプリント 第88巻）〈複製〉　41800円

◇新刊吾妻鏡　巻第31 分冊1　観音寺　上坂氏顕彰会史料出版部　2002.10　1冊（ページ付なし）　30cm　（理想日本リプリント 第88巻）〈複製〉　41800円

◇新刊吾妻鏡　巻第31 分冊2　観音寺　上坂氏顕彰会史料出版部　2002.10　1冊（ページ付なし）　30cm　（理想日本リプリント 第88巻）〈複製〉　41800円

◇新刊吾妻鏡　巻第32 分冊1　観音寺　上坂氏顕彰会史料出版部　2002.10　1冊（ページ付なし）　30cm　（理想日本リプリント 第88巻）〈複製〉　41800円

◇新刊吾妻鏡　巻第32 分冊2　観音寺　上坂氏顕彰会史料出版部　2002.10　1冊（ページ付なし）　30cm　（理想日本リ

プリント 第88巻）〈複製〉 41800円

◇新刊吾妻鏡　巻第35 分冊1　観音寺　上坂氏顕彰会史料出版部　2002.10　1冊（ページ付なし） 30cm （理想日本リプリント 第88巻）〈複製〉 41800円

◇新刊吾妻鏡　巻第35 分冊2　観音寺　上坂氏顕彰会史料出版部　2002.10　1冊（ページ付なし） 30cm （理想日本リプリント 第88巻）〈複製〉 41800円

◇新刊吾妻鏡　巻第36 分冊1　観音寺　上坂氏顕彰会史料出版部　2002.10　1冊（ページ付なし） 30cm （理想日本リプリント 第88巻）〈複製〉 41800円

◇新刊吾妻鏡　巻第36 分冊2　観音寺　上坂氏顕彰会史料出版部　2002.10　1冊（ページ付なし） 30cm （理想日本リプリント 第88巻）〈複製〉 41800円

◇新刊吾妻鏡　巻第38 分冊1　観音寺　上坂氏顕彰会史料出版部　2002.10　1冊（ページ付なし） 30cm （理想日本リプリント 第88巻）〈複製〉 41800円

◇新刊吾妻鏡　巻第38 分冊2　観音寺　上坂氏顕彰会史料出版部　2002.10　1冊（ページ付なし） 30cm （理想日本リプリント 第88巻）〈複製〉 41800円

◇新刊吾妻鏡　巻第40 分冊1　観音寺　上坂氏顕彰会史料出版部　2002.10　1冊（ページ付なし） 30cm （理想日本リプリント 第88巻）〈複製〉 46800円

◇新刊吾妻鏡　巻第40 分冊2　観音寺　上坂氏顕彰会史料出版部　2002.10　1冊（ページ付なし） 30cm （理想日本リプリント 第88巻）〈複製〉 41800円

◇新刊吾妻鏡　巻第41 分冊1　観音寺　上坂氏顕彰会史料出版部　2002.10　1冊（ページ付なし） 30cm （理想日本リプリント 第88巻）〈複製〉 41800円

◇新刊吾妻鏡　巻第41 分冊2　観音寺　上坂氏顕彰会史料出版部　2002.10　1冊（ページ付なし） 30cm （理想日本リプリント 第88巻）〈複製〉 41800円

◇新刊吾妻鏡　巻第42 分冊1　観音寺　上坂氏顕彰会史料出版部　2002.10　1冊（ページ付なし） 30cm （理想日本リプリント 第88巻）〈複製〉 52800円

◇新刊吾妻鏡　巻第42 分冊2　観音寺　上坂氏顕彰会史料出版部　2002.10　1冊（ページ付なし） 30cm （理想日本リプリント 第88巻）〈複製〉 46800円

◇新刊吾妻鏡　巻第46 分冊1　観音寺　上坂氏顕彰会史料出版部　2002.10　1冊（ページ付なし） 30cm （理想日本リプリント 第88巻）〈複製〉 41800円

◇新刊吾妻鏡　巻第46 分冊2　観音寺　上坂氏顕彰会史料出版部　2002.10　1冊（ページ付なし） 30cm （理想日本リプリント 第88巻）〈複製〉 41800円

◇新刊吾妻鏡　巻第47 分冊1　観音寺　上坂氏顕彰会史料出版部　2002.10　1冊（ページ付なし） 30cm （理想日本リプリント 第88巻）〈複製〉 41800円

◇新刊吾妻鏡　巻第47 分冊2　観音寺　上坂氏顕彰会史料出版部　2002.10　1冊（ページ付なし） 30cm （理想日本リプリント 第88巻）〈複製〉 41800円

◇新刊吾妻鏡　巻第48 分冊1　観音寺　上坂氏顕彰会史料出版部　2002.10　1冊（ページ付なし） 30cm （理想日本リプリント 第88巻）〈複製〉 46800円

◇新刊吾妻鏡　巻第48 分冊2　観音寺　上坂氏顕彰会史料出版部　2002.10　1冊（ページ付なし） 30cm （理想日本リプリント 第88巻）〈複製〉 46800円

◇新刊吾妻鏡　巻第49 分冊1　観音寺　上坂氏顕彰会史料出版部　2002.10　1冊（ページ付なし） 30cm （理想日本リプリント 第88巻）〈複製〉 46800円

◇新刊吾妻鏡　巻第49 分冊2　観音寺　上坂氏顕彰会史料出版部　2002.10　1冊（ページ付なし） 30cm （理想日本リプリント 第88巻）〈複製〉 46800円

◇新刊吾妻鏡　巻第50 分冊1　観音寺　上坂氏顕彰会史料出版部　2002.10　1冊（ページ付なし） 30cm （理想日本リプリント 第88巻）〈複製〉 52800円

◇新刊吾妻鏡　巻第50 分冊2　観音寺　上

坂氏顕彰会史料出版部 2002.10 1冊 (ページ付なし) 30cm (理想日本リプリント 第88巻) 〈複製〉 46800円

◇新刊吾妻鏡 巻第51 分冊1 観音寺 上坂氏顕彰会史料出版部 2002.10 1冊 (ページ付なし) 30cm (理想日本リプリント 第88巻) 〈複製〉 46800円

◇新刊吾妻鏡 巻第51 分冊2 観音寺 上坂氏顕彰会史料出版部 2002.10 1冊 (ページ付なし) 30cm (理想日本リプリント 第88巻) 〈複製〉 46800円

◇逆説の日本史 6(中世神風編) 井沢元彦著 小学館 2002.7 510p 15cm (小学館文庫) 〈年表あり〉 657円 Ⓘ4-09-402006-3

◇鎌倉・室町時代の奥州 柳原敏昭, 飯村均編 高志書院 2002.6 295p 22cm (奥羽史研究叢書 4) 3800円 Ⓘ4-906641-53-9

◇日本の歴史 中世 1-4 鎌倉幕府と承久の乱 新訂増補 朝日新聞社 2002.6 p102-132 30cm (週刊朝日百科 4) 476円

◇鎌倉期社会と史料論 東京堂出版 2002.5 523p 22cm (鎌倉遺文研究 3) 〈シリーズ責任表示：鎌倉遺文研究会編〉 9800円 Ⓘ4-490-20469-8

◇吾妻鏡の思想史―北条時頼を読む 市川浩史著 吉川弘文館 2002.4 191, 6p 22cm 5500円 Ⓘ4-642-02674-6

◇教科書の絵と写真で見る日本の歴史資料集 3 鎌倉時代～室町時代 宮原武夫監修, 古舘明広, 加藤剛編著 岩崎書店 2002.4 45p 30cm 3000円 Ⓘ4-265-04853-6

◇後深心院関白記 2 近衛道嗣著 岩波書店 2002.3 349p 22cm (大日本古記録) 〈シリーズ責任表示：東京大学史料編纂所編纂〉 13000円 Ⓘ4-00-009745-8

◇中世・鎌倉の文学 佐藤智広, 小井土守敏著 翰林書房 2002.3 126p 21cm (日本文学コレクション) 1600円 Ⓘ4-87737-147-8

◇花園院宸記 18 花園天皇著 宮内庁書陵部 2002.3 1軸 33cm 〈付属資料：56p(21cm)：解題・釈文 宮内庁書陵部蔵の複製 箱入 和装〉

◇文士と御家人―中世国家と幕府の吏僚 北爪真佐夫著 青史出版 2002.3 398p 22cm 9000円 Ⓘ4-921145-13-X

◇鉢形祭り 九野啓祐著 講談社出版サービスセンター 2002.2 329p 20cm 1800円 Ⓘ4-87601-602-X

◇鎌倉幕府御家人制の展開 七海雅人著 吉川弘文館 2001.12 306, 13p 22cm 11000円 Ⓘ4-642-02809-9

◇日本の中世国家 佐藤進一著 岩波書店 2001.9 237p 20cm (岩波モダンクラシックス) 2300円 Ⓘ4-00-026668-3

◇朝儀諸次第 3 朝日新聞社 2001.8 502, 21p 19×27cm (冷泉家時雨亭叢書 第54巻) 〈複製 付属資料：8p：月報 47〉 29000円 Ⓘ4-02-240354-3

◇蒙古襲来と徳政令 筧雅博著 講談社 2001.8 398p 20cm (日本の歴史 第10巻) 〈付属資料：8p：月報 10〉 2200円 Ⓘ4-06-268910-3

◇頼朝の天下草創 山本幸司著 講談社 2001.7 386p 20cm (日本の歴史 第9巻) 〈付属資料：8p：月報 9〉 2200円 Ⓘ4-06-268909-X

◇週刊ビジュアル日本の歴史 no.67 貴族の没落 7 デアゴスティーニ・ジャパン 2001.6 p254-293 30cm 533円

◇週刊ビジュアル日本の歴史 no.63 貴族の没落 3 デアゴスティーニ・ジャパン 2001.5 p86-125 30cm 533円

◇週刊ビジュアル日本の歴史 no.64 貴族の没落 4 デアゴスティーニ・ジャパン 2001.5 p128-167 30cm 533円

◇展望日本歴史 9 中世社会の成立 大石直正, 柳原敏昭編 東京堂出版 2001.5 453p 23cm 〈付属資料：8p：月報 9 文献あり〉 5000円

①4-490-30559-1

◇蒙古襲来から国を護った北条時宗と鎌倉時代　高野澄著　勁文社　2001.5　333p　16cm　（勁文社「大文字」文庫）〈奥付のタイトル：北条時宗と鎌倉時代〉　895円　①4-7669-3761-9

◇鎌倉遺文研究　第7号　鎌倉遺文研究会編　鎌倉遺文研究会, 吉川弘文館〔発売〕　2001.4　96p　21cm　1900円　①4-642-08987-X, ISSN1345-0921

◇鎌倉の風雲―人物群像　学習研究社編集部編　学習研究社　2001.4　364p　15cm　（学研M文庫）〈年表あり〉　650円　①4-05-902042-7

◇北条得宗家の興亡　岡田清一著　新人物往来社　2001.4　285p　20cm　2500円　①4-404-02917-9

◇和泉市久保惣記念美術館駒競行幸絵巻研究　和泉市久保惣記念美術館編　和泉　和泉市久保惣記念美術館　2001.3　107p　31cm

◇花園院宸記　17　花園天皇著　宮内庁書陵部　2001.3　1軸　33cm　〈宮内庁書陵部蔵の複製　箱入　付属資料：51p(21cm)：解題・釈文　和装〉

◇花園院宸記　19　花園天皇著　宮内庁書陵部　2001.3　1軸　32cm　〈宮内庁書陵部蔵の複製　箱入　付属資料：10p(21cm)：解題・釈文　和装〉

◇鎌倉合戦物語　笹間良彦著　雄山閣出版　2001.2　254p　19cm　2200円　①4-639-01714-6

◇北条家の叡知―日本最強の一族　加来耕三著　扶桑社　2001.2　346p　20cm　1429円　①4-594-03081-5

◇北条時宗小百科　鎌倉　かまくら春秋社　2001.2　143p　26cm　1000円　①4-7740-0160-0

◇北条一族―平成13年NHK大河ドラマ　北条氏研究会編　新人物往来社　2001.1　174p　26cm　（別冊歴史読本 62）　1800円　①4-404-02762-1

◇蒙古襲来　網野善彦著　小学館　2001.1　614p　15cm　（小学館文庫）　1000円　①4-09-405071-X

◇北条時宗とその時代展　NHK, NHKプロモーション編　NHK　2001　247p　30cm　〈会期・会場：平成13年4月10日―5月27日 江戸東京博物館ほか　共同刊行：NHKプロモーション〉

◇鎌倉古戦場を歩く　奥富敬之, 奥富雅子著　新装版　新人物往来社　2000.12　246p　20cm　2200円　①4-404-02896-2

◇鎌倉幕府の転換点―『吾妻鏡』を読みなおす　永井晋著　日本放送出版協会　2000.12　220p　19cm　（NHKブックス）　870円　①4-14-001904-2

◇鎌倉びとの声を聞く　石井進著　日本放送出版協会　2000.12　206p　20cm　1300円　①4-14-080558-7

◇鎌倉北条一族　奥富敬之著　新版　新人物往来社　2000.12　281p　20cm　2400円　①4-404-02895-4

◇曽我物語の史実と虚構　坂井孝一著　吉川弘文館　2000.12　208p　19cm　（歴史文化ライブラリー 107）〈文献あり〉　1700円　①4-642-05507-X

◇北条時宗とその時代Q&A　後藤寿一著　双葉社　2000.12　204p　18cm　762円　①4-575-15293-5

◇北条時宗の時代―歴史・文化ガイド　奥富敬之監修　日本放送出版協会　2000.12　158p　24cm　（NHKシリーズ）　1300円　①4-14-910406-9

◇完全制覇鎌倉幕府―この一冊で歴史に強くなる！　鈴木亨著　立風書房　2000.11　268p　19cm　1400円　①4-651-75208-X

◇図説北条時宗の時代　佐藤和彦, 錦昭江編　河出書房新社　2000.11　127p　22cm　（ふくろうの本）　1800円　①4-309-72648-8

◇北条時宗―史上最強の帝国に挑んだ男　奥富敬之著　角川書店　2000.11　205p　19cm　（角川選書 320）　1200円　①4-04-703320-0

◇北条時宗―平成13年NHK大河ドラマ総特集 蒙古襲来に挑んだ若き宰相　新人物往来社　2000.11　176p　26cm　（別冊歴史読本）　1800円　①4-404-02758-3

◇鎌倉遺文研究　第6号（2000.10）　鎌倉遺文研究会編　吉川弘文館　2000.10　96p　21cm　1600円　①4-642-08986-1, ISSN1345-0921

◇鎌倉時代語研究　第23輯　鎌倉時代語研究会編　武蔵野書院　2000.10　925p　22cm　〈小林芳規博士古希記念并終刊記念特輯号　肖像あり〉　28000円　①4-8386-0194-8

◇鎌倉・南北朝時代　竹内誠総監修, 木村茂光監修　フレーベル館　2000.10　71p　31cm　（地図でみる日本の歴史 3）　2800円　①4-577-02020-3

◇仏教の歴史　9　ただ一筋の教え―禅と法華仏教　ひろさちや著　新装版　春秋社　2000.8　251p　20cm　1500円　①4-393-10829-9

◇明月記　4　藤原定家著　朝日新聞社　2000.8　648, 17p　19×27cm　（冷泉家時雨亭叢書 第59巻）〈複製〉　30000円　①4-02-240359-4

◇日本紀略 後篇　百錬抄　黒板勝美編輯, 黒板勝美編輯　新装版　吉川弘文館　2000.7　290, 258p　23cm　（國史大系 新訂増補 第11巻）〈複製〉　7600円　①4-642-00312-6

◇日本史から見た日本人　鎌倉編　渡部昇一著　祥伝社　2000.7　268p　16cm　（祥伝社黄金文庫）　571円　①4-396-61019-X

◇日本史から見た日本人 鎌倉編―「日本型」行動原理の確立　渡部昇一著　祥伝社　2000.7　268p　15cm　（祥伝社黄金文庫）　571円　①4-396-31220-2

◇仏教の歴史　8　末法の世の救い―浄土信仰の形成　ひろさちや著　新装版　春秋社　2000.7　260p　20cm　1500円　①4-393-10828-0

◇吾妻鏡　後篇　黒板勝美編　新装版　吉川弘文館　2000.6　875, 15p　23cm　（國史大系 新訂増補 第33巻）〈複製〉　10000円　①4-642-00336-3

◇鎌倉遺文研究　第5号（2000.4）　鎌倉遺文研究会編　吉川弘文館　2000.4　96p　21cm　1600円　①4-642-08985-3, ISSN1345-0921

◇鎌倉時代　小和田哲男監修　岩崎書店　2000.4　47p　29cm　（人物・資料でよくわかる日本の歴史 5）　3000円　①4-265-04845-5, 4-265-10223-9

◇吾妻鏡　前篇　黒板勝美編輯　新装版　吉川弘文館　2000.3　800p　23cm　（國史大系 新訂増補 第32巻）〈複製〉　10000円　①4-642-00335-5

◇中世武士団と地域社会　高橋修著　大阪　清文堂出版　2000.3　329p　22cm　7800円　①4-7924-0483-5

◇花園院宸記　14　花園天皇著　宮内庁書陵部　2000.3　1軸　30cm　〈宮内庁書陵部蔵の複製　箱入　付属資料：21p（21cm）：解題・釈文　和装〉

◇花園院宸記　15　花園天皇著　宮内庁書陵部　2000.3　1軸　32cm　〈宮内庁書陵部蔵の複製　箱入　付属資料：12p（21cm）：解題・釈文　和装〉

◇花園院宸記　16　花園天皇著　宮内庁書陵部　2000.3　1軸　32cm　〈宮内庁書陵部蔵の複製　箱入　付属資料：13p（21cm）：解題・釈文　和装〉

◇鎌倉政権得宗専制論　細川重男著　吉川弘文館　2000.1　430, 127p　22cm　13000円　①4-642-02786-6

◇鎌倉の武士と馬　馬事文化財団馬の博物館編　名著出版　1999.12　86p　27cm　1600円　①4-626-01573-5

◇海のもののふ三浦一族　石丸熙著　新人物往来社　1999.11　239p　20cm　2500円　①4-404-02838-5

◇『建治三年記』注釈　三善康有著, 伊藤一美校注　文献出版　1999.11　194p　22cm　〈複製を含む〉　8000円　①4-8305-1216-4

◇大仏再興　杉山二郎著　学生社　1999.11　286p　20cm　2400円　Ⓘ4-311-20225-3

◇鎌倉北条氏と鎌倉山ノ内—得宗領相模国山内庄の様相　湯山学著　藤沢　光友会社会就労センター神奈川ワークショップ（印刷）　1999.9　176p　21cm　（南関東中世史論集 5）　1600円

◇扶桑略記　帝王編年記　皇円編, 黒板勝美編輯, 永祐編, 黒板勝美編輯　新装版　吉川弘文館　1999.8　336, 456p　23cm　（国史大系 新訂増補 第12巻）〈複製〉　10000円　Ⓘ4-642-00313-4

◇公卿日記の統計的考察—玉葉・明月記　山口唯七著　保谷　山口唯七　1999.6　369p　26cm

◇朝儀諸次第　2　朝日新聞社　1999.6　495, 19p　19×27cm　（冷泉家時雨亭叢書 第53巻）〈複製〉　29000円　Ⓘ4-02-240353-5

◇金沢文庫と『吾妻鏡』の世界　末廣昌雄著　岳書房　1999.5　301p　20cm　2500円　Ⓘ4-89006-001-4

◇鎌倉時代語研究　第22輯　鎌倉時代語研究会編　武蔵野書院　1999.5　531p　22cm　14000円　Ⓘ4-8386-0183-2

◇輪廻無常—鎌倉御家人の軌跡　山根京一著　ライフリサーチプレス　1999.5　222p　20cm　1500円　Ⓘ4-906472-39-7

◇鎌倉時代の社会と文化　東京堂出版　1999.4　428p　22cm　（鎌倉遺文研究 2）　9000円　Ⓘ4-490-20375-6

◇鎌倉時代の政治と経済　東京堂出版　1999.4　432p　22cm　（鎌倉遺文研究 1）　9000円　Ⓘ4-490-20374-8

◇古記録集　朝日新聞社　1999.4　429, 63p　22cm　（冷泉家時雨亭叢書 第61巻）〈複製　折り込2枚〉　27000円　Ⓘ4-02-240361-6

◇校本保暦間記　佐伯真一, 高木浩明編著　大阪　和泉書院　1999.3　319p　22cm　（重要古典籍叢刊 2）〈複製および翻刻〉　8000円　Ⓘ4-87088-964-1

◇後深心院關白記　1　近衛道嗣著　岩波書店　1999.3　382p　22cm　（大日本古記録）　13000円　Ⓘ4-00-009742-3

◇花園院宸記　12　花園天皇著　宮内庁書陵部　1999.3　1軸　33cm　〈宮内庁書陵部蔵の複製　箱入　付属資料：37p（21cm）：解題・釈文　和装〉

◇花園院宸記　13　花園天皇著　宮内庁書陵部　1999.3　1軸　31cm　〈宮内庁書陵部蔵の複製　箱入　付属資料：17p（21cm）：解題・釈文　和装〉

◇中世武士団の自己認識　入間田宣夫著　三弥井書店　1998.12　318p　20cm　（三弥井選書 27）　2800円　Ⓘ4-8382-9046-2

◇鎌倉大仏の中世史　馬淵和雄著　新人物往来社　1998.11　306p　20cm　2400円　Ⓘ4-404-02682-X

◇古東海道謎紀行　放生池一彌著　調布　海道史研究会　1998.11　141p　19cm　1143円

◇和訳花園天皇宸記　第1　村田正志編　利府町（宮城県）　楊岐寺　1998.11　251p　22cm　非売品

◇鎌倉新仏教の成立—入門儀礼と祖師神話　松尾剛次著　新版　吉川弘文館　1998.10　345, 7p　20cm　（中世史研究選書）　3200円　Ⓘ4-642-02672-X

◇鎌倉の武士と馬—秋季特別展　馬事文化財団馬の博物館編　横浜　馬事文化財団　1998.10　83p　30cm　〈他言語標題：The samurai and horse in the Kamakura period〉

◇紀州荒川庄の悪党—訳註・荒川悪党史料　松田文夫編　〔和歌山〕　〔松田文夫〕　1998.10　104p　24cm　2000円

◇中世文芸の表現機構　鈴木則郎編著　おうふう　1998.10　263p　22cm　9500円　Ⓘ4-273-03040-3

◇花園院宸記　10　花園天皇著　宮内庁書陵部　1998.10　1軸　34cm　〈宮内庁書陵部蔵の複製　箱入　付属資料：52p（21cm）：解題・釈文　和装〉

◇和訳花園天皇宸記 第1 村田正志編 続群書類従完成会 1998.10 251p 22cm 7000円 Ⓘ4-7971-1551-3

◇中世文学の時空 久保田淳著 若草書房 1998.9 398p 22cm (中世文学研究叢書 7) 9300円 Ⓘ4-948755-34-6

◇逆説の日本史 6(中世神風編) 鎌倉仏教と元寇の謎 井沢元彦著 小学館 1998.7 437p 20cm 1550円 Ⓘ4-09-379417-0

◇大江傳記・鎌倉和田軍記 和田悌五郎, 和田佳子編 三浦 和田悌五郎 1998.6 157p 27cm 〈複製と翻刻〉 3800円 Ⓘ4-9980647-3-8

◇鎌倉時代語研究 第21輯 鎌倉時代語研究会編 武蔵野書院 1998.5 467p 22cm 13000円 Ⓘ4-8386-0178-6

◇源頼朝と重臣加藤景廉 山本七郎著 修善寺町(静岡県) 長倉書店 1998.4 314p 21cm 3000円

◇明月記 3 藤原定家著 朝日新聞社 1998.4 565, 16p 19×27cm (冷泉家時雨亭叢書 第58巻) 〈複製〉 30000円 Ⓘ4-02-240358-6

◇正安三年業顕王西宮参詣記 白川業顕著, 未刊史料を読む会編 調布 未刊史料を読む会 1998.3 41p 21cm

◇大日本古記録 〔第22〕 下 言緒卿記 元和元—6年 東京大学史料編纂所編纂 山科言緒著 岩波書店 1998.3 448p 22cm 13000円 Ⓘ4-00-009481-5

◇蒙古襲来—対外戦争の社会史 海津一朗著 吉川弘文館 1998.2 182p 19cm (歴史文化ライブラリー 32) 〈文献あり〉 1700円 Ⓘ4-642-05432-4

◇足利尊氏 山路愛山著 復刻版 日本図書センター 1998.1 326p 22cm (山路愛山伝記選集 第2巻) 〈原本:玄黄社明治42年刊〉 Ⓘ4-8205-8239-9, 4-8205-8237-2

◇源頼朝 山路愛山著 復刻版 日本図書センター 1998.1 682p 22cm (山路愛山伝記選集 第1巻) 〈原本:玄黄社明治42年刊〉 Ⓘ4-8205-8238-0, 4-8205-8237-2

◇古代と中世のはざまで—時代を撃つ王朝知識人 棚橋光男著 金沢 北国新聞社 1997.12 202p 20cm 2000円 Ⓘ4-8330-1001-1

◇執権時頼と廻国伝説 佐々木馨著 吉川弘文館 1997.12 223p 19cm (歴史文化ライブラリー 29) 〈肖像あり〉 1700円 Ⓘ4-642-05429-4

◇性愛の日本中世 田中貴子著 洋泉社 1997.12 222p 20cm 2000円 Ⓘ4-89691-288-8

◇中世の知と学—〈注釈〉を読む 三谷邦明, 小峯和明編 森話社 1997.12 301p 20cm 〈東京 星雲社(発売)〉 3600円 Ⓘ4-7952-9067-9

◇中世の文藝—「道」という理念 小西甚一著 講談社 1997.12 235p 15cm (講談社学術文庫) 〈「「道」-中世の理念」(1975年刊)の改訂〉 740円 Ⓘ4-06-159307-2

◇平安鎌倉史紀行 宮脇俊三著 講談社 1997.12 447p 15cm (講談社文庫) 〈年表あり〉 657円 Ⓘ4-06-263660-3

◇鎌倉遺文 索引編 5 人名・地名 自補遺第一巻至補遺第四巻 竹内理三編 東京堂出版 1997.9 105p 22cm 5000円 Ⓘ4-490-30448-X

◇仏教の歴史 9 ただ一筋の教え—禅と法華仏教 ひろさちや著 春秋社 1997.9 255p 21cm 1800円 Ⓘ4-393-10819-1

◇神皇正統記—六地蔵寺本 北畠親房著, 大隅和雄解題 汲古書院 1997.7 264p 27cm 〈複製〉 6500円 Ⓘ4-7629-4160-3

◇悪党の世紀 新井孝重著 吉川弘文館 1997.6 208p 19cm (歴史文化ライブラリー 17) 1700円 Ⓘ4-642-05417-0

◇古代・中世国家と領主支配 小川弘和著 吉川弘文館 1997.6 219, 2p 22cm 5000円 Ⓘ4-642-01303-2

◇鎌倉時代語研究　第20輯　鎌倉時代語研究会編　武蔵野書院　1997.5　313p　22cm　10000円　Ⓘ4-8386-0169-7

◇堂々日本史　第6巻　NHK取材班編　名古屋　KTC中央出版　1997.5　256p　20cm　1553円　Ⓘ4-924814-91-1

◇中世伝承文学とその周辺―友久武文先生古稀記念論文集　友久武文先生古稀記念論文集刊行会編　広島　溪水社　1997.3　356p　22cm　Ⓘ4-87440-452-9

◇中世文学研究　武石彰夫ほか著　双文社出版　1997.3　216p　21cm　2472円

◇花園院宸記　9　花園天皇著　宮内庁書陵部　1997.3　1軸　33cm　〈宮内庁書陵部蔵の複製 付(42p 21cm):解題・釈文 箱入　和装〉

◇花園院宸記　11　花園天皇著　宮内庁書陵部　1997.3　1軸　33cm　〈宮内庁書陵部蔵の複製 付(8p 21cm):解題・釈文 箱入　和装〉

◇物語日本の歴史―その時代を見た人が語る　第11巻　鎌倉びとの哀歓　笠原一男編　木耳社　1997.3　177p　20cm　1500円　Ⓘ4-8393-7563-1

◇朝儀諸次第　1　朝日新聞社　1997.2　489, 24p　19×27cm　(冷泉家時雨亭叢書 第52巻)　〈編集:冷泉家時雨亭文庫 複製〉　29870円　Ⓘ4-02-240352-7

◇絵仏師の作品　平田寛著　中央公論美術出版　1997.1　424p　26cm　25750円　Ⓘ4-8055-0309-2

◇中古中世散文学歌枕地名索引　志村士郎編　新典社　1996.12　221p　22cm　(新典社索引叢書 12)　6800円　Ⓘ4-7879-6012-1

◇中世文学の諸相とその時代　村上美登志著　大阪　和泉書院　1996.12　716p　22cm　(研究叢書 195)　22660円　Ⓘ4-87088-834-3

◇蒙古襲来と鎌倉幕府　南基鶴著　京都　臨川書店　1996.12　245p　22cm　6180円　Ⓘ4-653-03285-8

◇鎌倉謎とき散歩―古寺伝説と史都のロマンを訪ねて　湯本和夫著　改訂新版　広済堂出版　1996.11　365p　19cm　1456円　Ⓘ4-331-50558-8

◇鎌倉時代語研究　第19輯　鎌倉時代語研究会編　武蔵野書院　1996.8　352p　22cm　11000円　Ⓘ4-8386-0162-X

◇岩波講座日本文学史　第4巻　変革期の文学　1　久保田淳ほか編　岩波書店　1996.3　343p　22cm　3000円　Ⓘ4-00-010674-0

◇花園院宸記　8　花園天皇著　宮内庁書陵部　1996.3　1軸　32cm　〈宮内庁書陵部蔵の複製 付(77p 21cm):解題・釈文 箱入　和装〉

◇明月記　2　藤原定家著　朝日新聞社　1996.2　573, 13p　19×27cm　(冷泉家時雨亭叢書 第57巻)　〈編集:冷泉家時雨亭文庫 複製〉　30000円　Ⓘ4-02-240357-8

◇日本歴史大系　4　武家政権の形成　井上光貞ほか編　山川出版社　1996.1　353, 28p　22cm　〈普及版〉　3500円　Ⓘ4-634-33040-7

◇和歌が語る吾妻鏡の世界　大谷雅子著　新人物往来社　1996.1　275p　20cm　(歴研ブックス)　2800円　Ⓘ4-404-02329-4

◇鎌倉遺文　古文書編 補遺 第4巻　自正応元年(1288)至元弘3年・正慶2年(1333)　竹内理三編　東京堂出版　1995.12　210p　22cm　7800円　Ⓘ4-490-30445-5

◇鎌倉時代史考―下剋上とデモクラシー　久野満男著　見聞ブックス　1995.12　314p　20cm　〈発売:三弥井書店〉　2500円　Ⓘ4-8382-4024-4

◇岩波講座日本文学史　第5巻　13・14世紀の文学　久保田淳ほか編　岩波書店　1995.11　327p　22cm　3000円　Ⓘ4-00-010675-9

◇鎌倉時代の交通　新城常三著　吉川弘文館　1995.11　381, 10p　20cm　(日本歴史叢書 新装版)　〈新装版 折り込図1枚

叢書の編者：日本歴史学会〉 3193円 ①4-642-06624-1

◇中世王権の成立　伊藤喜良著　青木書店 1995.11　235p　20cm　（Aoki library） 2266円　①4-250-95050-6

◇三浦一族と相模武士　神奈川新聞横須賀総局編著　横浜　神奈川新聞社 1995.11　215p　20cm　〈発売：かなしん出版〉 2200円　①4-87645-197-4

◇鎌倉新仏教の誕生—勧進・穢れ・破戒の中世　松尾剛次著　講談社　1995.10 201p　18cm　（講談社現代新書）　650円　①4-06-149273-X

◇鎌倉遺文　古文書編 補遺 第3巻　自延応元年（1239）至弘安11年（1288）　竹内理三編　東京堂出版　1995.9　254p 22cm　7800円　①4-490-30243-6

◇物語日本の歴史—その時代を見た人が語る　第6巻　中世社会の展望　笠原一男編　木耳社　1995.9　208p　20cm 1500円　①4-8393-7558-5

◇鎌倉旧仏教　鎌田茂雄, 田中久夫校注 岩波書店　1995.8　576p　22cm　（日本思想大系新装版）　4800円 ①4-00-009063-1

◇鎌倉時代語研究　第18輯　鎌倉時代語研究会編　武蔵野書院　1995.8　589p 22cm　〈第18輯の副書名：故佐々木峻氏追悼号 佐々木峻の肖像あり〉　20000円 ①4-8386-0155-7

◇きらめく中世—歴史家と語る　永井路子著　横浜　有隣堂　1995.8　229p 20cm　1500円　①4-89660-130-0

◇中世成立期の軍制と内乱　福田豊彦著 吉川弘文館　1995.6　352, 4p　22cm 7828円　①4-642-02747-5

◇豊後国風土記・公卿補任　冷泉家時雨亭文庫編　朝日新聞社　1995.6　364, 54p 22cm　（冷泉家時雨亭叢書 第47巻） 〈複製〉　26000円　①4-02-240347-0

◇悪党と海賊—日本中世の社会と政治　網野善彦著　法政大学出版局　1995.5 379, 32p　22cm　（叢書・歴史学研究） 6901円　①4-588-25044-2

◇源頼朝　永原慶二著　岩波書店　1995.4 211p　20cm　（岩波新書）　1600円 ①4-00-003873-7

◇鎌倉遺文　古文書編 補遺第2巻　自建保元年（1213）至暦仁2年（1239）　竹内理三編　東京堂出版　1995.3　271p　22cm 7800円　①4-490-30242-8

◇神風と悪党の世紀—南北朝時代を読み直す　海津一朗著　講談社　1995.3　215p 18cm　（講談社現代新書）　650円 ①4-06-149243-8

◇大河は花を浮かべて　津田さち子著　永平寺町（福井県）　大本山永平寺祖山傘松会　1995.3　308p　20cm　2500円

◇中世の日本文学—作家と作品　久保田淳, 島内裕子著　放送大学教育振興会 1995.3　196p　21cm　（放送大学教材 1995）　2060円　①4-595-85396-3

◇日本文学の歴史　6　古代・中世篇　6 ドナルド・キーン著, 土屋政雄訳　中央公論社　1995.3　356p　21cm　2200円 ①4-12-403225-0

◇花園院宸記　7　花園天皇著　宮内庁書陵部　1995.3　1軸　31cm　〈宮内庁書陵部蔵の複製 付（69p 21cm）：解題・釈文 箱入　和装〉

◇岡屋関白記　東京大学史料編纂所編　岩波書店　1995.2　370p　21cm　（大日本古記録）　13000円　①4-00-009514-5

◇貴族社会と古典文化　目崎徳衛著　吉川弘文館　1995.2　291, 11p　22cm　7210円　①4-642-02280-5

◇中世年貢制成立史の研究　勝山清次著 塙書房　1995.2　452, 21p　22cm　9270円　①4-8273-1135-8

◇東国の兵乱ともののふたち　福田豊彦著 吉川弘文館　1995.2　265p　20cm 2678円　①4-642-07434-1

◇武者の世—東と西　福田以久生著　吉川弘文館　1995.2　232p　20cm　2575円 ①4-642-07457-0

◇中世東国武士団の研究　野口実著　高科書店　1994.12　476, 5, 38p　22cm　〈折り込表1枚〉　9500円

◇平安鎌倉史紀行　宮脇俊三著　講談社　1994.12　398p　20cm　〈略年表：p396～398〉　1700円　①4-06-207302-1

◇日本文学の歴史　4　古代・中世篇　4　ドナルド・キーン著, 土屋政雄訳　中央公論社　1994.11　291p　21cm　2200円　①4-12-403223-4

◇武家の棟梁の条件―中世武士を見なおす　野口実著　中央公論社　1994.11　188p　18cm　（中公新書）　680円　①4-12-101217-8

◇平安から鎌倉へ―武士政権誕生の時代 平成6年度特別展　岡山県立博物館編　岡山　岡山県立博物館　1994.10　70p　26cm

◇鎌倉遺文　古文書編 補遺第1巻　竹内理三編　東京堂出版　1994.9　292p　22cm　7800円　①4-490-30241-X

◇中世紀行文学論攷　白井忠功著　文化書房博文社　1994.9　257p　22cm　7000円　①4-8301-0687-5

◇日本の歴史―集英社版　7　武者の世に　児玉幸多ほか編　入間田宣夫著　〔点字資料〕　東京ヘレン・ケラー協会点字出版局　1994.9　6冊　27cm　〈原本：集英社 1991〉　全21000円

◇『吾妻鏡』に見る武蔵武士　金沢正明編　創栄出版(製作)　1994.8　260p　22cm　〈折り込図1枚 限定版〉　①4-88250-433-2

◇論集中世の文学　散文篇　久保田淳編　明治書院　1994.7　320p　22cm　7800円　①4-625-41109-2

◇語りの中世文芸―牙を磨く象のように　小林美和著　大阪　和泉書院　1994.6　225p　20cm　（和泉選書 88）　3090円　①4-87088-675-8

◇鎌倉時代語研究　第17輯　鎌倉時代語研究会編　武蔵野書院　1994.5　329p　22cm　11000円　①4-8386-0148-4

◇鎌倉時代―その光と影　上横手雅敬著　吉川弘文館　1994.5　272p　20cm　2884円　①4-642-07423-6

◇日本中世国家史論考　上横手雅敬著　塙書房　1994.5　446, 28p　22cm　8961円　①4-8273-1102-1

◇『吾妻鏡』と中世物語　亀田帛子著　双文社出版　1994.3　262p　22cm　3800円　①4-88164-501-3

◇花園院宸記　6　花園天皇著　宮内庁書陵部　1994.3　1軸　31cm　〈宮内庁書陵部蔵の複製 付(58p 21cm)：解題・釈文 箱入　和装〉

◇絵仏師の時代　平田寛著　中央公論美術出版　1994.2　2冊　26cm　〈「研究篇」「史料篇」に分冊刊行〉　全28840円　①4-8055-0269-X

◇鎌倉武士の世界―教養の日本史　阿部猛著　東京堂出版　1994.1　258p　19cm　2500円　①4-490-20229-6

◇御書と鎌倉時代　下(宗教・生活・文化編)　河合一, 小林正博著　第三文明社　1994.1　349p　19cm　1500円　①4-476-06084-6

◇御書と鎌倉時代　上(政治・経済・社会編)　河合一, 小林正博著　第三文明社　1993.12　310p　19cm　1500円　①4-476-06083-8

◇中世都市鎌倉の風景　松尾剛次著　吉川弘文館　1993.12　219p　20cm　2000円　①4-642-07415-5

◇明月記　1　藤原定家著　朝日新聞社　1993.12　626, 30p　19×27cm　（冷泉家時雨亭叢書 第56巻）　〈編集：冷泉家時雨亭文庫 複製〉　30000円　①4-02-240356-X

◇鎌倉時代の女性―神奈川芸術祭特別展　神奈川県立金沢文庫編　横浜　神奈川県立金沢文庫　1993.10　175p　30cm

◇鎌倉遺文無年号文書目録　瀬野精一郎編　東京堂出版　1993.9　458p　22cm　12000円　①4-490-30240-1

◇鎌倉謎とき散歩　史都のロマン編　湯本和夫著　広済堂出版　1993.9　252p

16cm （広済堂文庫）〈折り込図1枚〉 500円 ①4-331-65185-1

◇日本美術全集 第9巻 縁起絵と似絵―鎌倉の絵画・工芸 大河直躬ほか編 中野政樹ほか編著 講談社 1993.8 251p 37cm 〈折り込図1枚〉 7500円 ①4-06-196409-7

◇仏教の歴史 8 末法の世の救い―浄土信仰の形成 ひろさちや著 春秋社 1993.8 266p 21cm 1800円 ①4-393-10818-3

◇相模三浦一族 奥富敬之著 新人物往来社 1993.7 267p 20cm 2800円 ①4-404-02037-6

◇鎌倉時代文化伝播の研究 大隅和雄編 吉川弘文館 1993.6 435p 22cm 8800円 ①4-642-02645-2

◇新視点日本の歴史 第4巻（中世編） 平安末期→戦国時代 峰岸純夫, 池上裕子編 新人物往来社 1993.6 334p 22cm 4800円 ①4-404-02004-X

◇鎌倉時代語研究 第16輯 鎌倉時代語研究会編 武蔵野書院 1993.5 507p 22cm 〈小林芳規博士退官記念特集〉 15000円 ①4-8386-0136-0

◇都市鎌倉の武士たち 石丸熙著 新人物往来社 1993.4 227p 20cm 2300円 ①4-404-02015-5

◇鎌倉幕府と和賀江島築港 島崎武雄著 地域開発研究所 1993.3 42p 30cm 1000円

◇神皇正統記 増鏡 岩佐正, 時枝誠記, 木藤才蔵校注 岩波書店 1993.3 542p 22cm （日本古典文学大系新装版） 4600円 ①4-00-004496-6

◇花園院宸記 4 花園天皇著 宮内庁書陵部 1993.3 1軸 31cm 〈宮内庁書陵部蔵の複製 付（24p 21cm）：解題・釈文 箱入 和装〉

◇花園院宸記 5 花園天皇著 宮内庁書陵部 1993.3 1軸 31cm 〈宮内庁書陵部蔵の複製 付（16p 21cm）：解題・釈文 箱入 和装〉

◇中世学問史の基底と展開 山崎誠著 大阪 和泉書院 1993.2 948p 22cm （研究叢書 131） 26780円 ①4-87088-591-3

◇中世歴史と文学のあいだ 大隅和雄著 吉川弘文館 1993.2 290p 20cm 2200円 ①4-642-07392-2

◇大系日本の歴史 5 鎌倉と京 永原慶二ほか編 五味文彦著 小学館 1992.12 497p 16cm （小学館ライブラリー） 980円 ①4-09-461005-7

◇玉蘂 九条道家著, 今川文雄校訂 2版 京都 思文閣出版 1992.11 536p 22cm 〈解題：高橋貞一〉 14420円 ①4-7842-0746-5

◇日本中世の社会と仏教 平雅行著 塙書房 1992.11 517, 15p 22cm 10300円 ①4-8273-1092-0

◇歌仙絵の世界―花のいろはうつりにけりな… 特別展図録 大宮 埼玉県立博物館 1992.10 62p 26cm 〈付（4枚）：三十六歌仙詠歌一覧 会期：平成4年10月20日～11月29日〉

◇武士と文士の中世史 五味文彦著 東京大学出版会 1992.10 300, 11p 21cm 2884円 ①4-13-020102-6

◇源頼朝 永原慶二著 岩波書店 1992.8 211p 18cm （岩波新書）〈第26刷（第1刷：1958年）〉 550円 ①4-00-413098-0

◇鎌倉遺文 索引編 4 竹内理三編 東京堂出版 1992.6 420p 21cm 8500円 ①4-490-30075-1

◇蒙古襲来 上 網野善彦著 小学館 1992.6 293p 16cm （小学館ライブラリー） 920円 ①4-09-460024-8

◇蒙古襲来 下 網野善彦著 小学館 1992.6 315p 16cm （小学館ライブラリー） 920円 ①4-09-460025-6

◇鎌倉時代語研究 第15輯 鎌倉時代語研究会編 武蔵野書院 1992.5 329p 22cm 11000円 ①4-8386-0128-X

◇中世文学序考 関口忠男著 武蔵野書院

1992.3　423p　22cm　15000円　①4-8386-0126-3

◇日本文学史を読む　3　中世　有精堂編集部編　有精堂出版　1992.3　262p　21cm　3500円　①4-640-30715-2

◇花園院宸記　1　花園天皇著　宮内庁書陵部　1992.3　1軸　31cm　〈宮内庁書陵部蔵の複製 付(30p 21cm)：解題・釈文 箱入　和装〉

◇花園院宸記　2　花園天皇著　宮内庁書陵部　1992.3　1軸　31cm　〈宮内庁書陵部蔵の複製 付(28p 21cm)：解題・釈文 箱入　和装〉

◇花園院宸記　3　花園天皇著　宮内庁書陵部　1992.3　1軸　31cm　〈宮内庁書陵部蔵の複製 付(14p 21cm)：解題・釈文 箱入　和装〉

◇走る女―歌謡の中世から　馬場光子著　筑摩書房　1992.2　306p　22cm　3800円　①4-480-82294-1

◇鎌倉事典　白井永二編　東京堂出版　1992.1　366p　21cm　〈新装普及版〉　2800円　①4-490-10303-4

◇鎌倉新仏教の研究　今井雅晴著　吉川弘文館　1991.12　266, 11p　22cm　5300円　①4-642-02639-8

◇日本の歴史―集英社版　7　武者の世に　児玉幸多ほか編　入間田宣夫著　集英社　1991.12　350p　22cm　2400円　①4-08-195007-5

◇鎌倉幕府と中世国家　古沢直人著　校倉書房　1991.11　516p　22cm　（歴史科学叢書）　10300円　①4-7517-2150-X

◇鎌倉時代語研究　第14輯　鎌倉時代語研究会編　武蔵野書院　1991.10　376p　22cm　11500円　①4-8386-0122-0

◇越中の中世文学　綿抜豊昭著　富山　桂書房　1991.9　137p　19cm　1236円

◇鎌倉幕府御家人制度の研究　田中稔著　吉川弘文館　1991.8　469, 12p　22cm　8500円　①4-642-02636-3

◇日本仏教史　第3巻　中世篇之二　辻善之助著　岩波書店　1991.8　443p　22cm　〈第5刷(第1刷：1949年)〉　6200円　①4-00-008693-6

◇鎌倉遺文　古文書編 第42巻　自元弘3年(1333)至元弘4年(1334)　竹内理三編　東京堂出版　1991.7　176p　22cm　4800円　①4-490-30223-1

◇日本仏教史　第2巻　中世篇之一　辻善之助著　岩波書店　1991.7　455p　22cm　〈第6刷(第1刷：1947年)〉　6200円　①4-00-008692-8

◇藤原定家の時代―中世文化の空間　五味文彦著　岩波書店　1991.7　226, 2p　18cm　（岩波新書）　580円　①4-00-430178-5

◇鎌倉時代政治史研究　上横手雅敬著　吉川弘文館　1991.6　323, 16p　22cm　6500円　①4-642-02634-7

◇鎌倉時代の朝幕関係　森茂暁著　京都　思文閣出版　1991.6　486, 18p　22cm　（思文閣史学叢書）　〈折り込1枚〉　9064円　①4-7842-0648-5

◇鎌倉武士物語　今野信雄著　河出書房新社　1991.5　270p　20cm　1900円　①4-309-22198-X

◇公家・武家・寺家　京都市歴史資料館編　京都　京都市歴史資料館　1991.5　24p　26cm　（寄託品特別展・灯心文庫の史料 2）　〈会期：平成3年5月20日～6月19日〉

◇鎌倉時代語研究　第1輯　鎌倉時代語研究会編　復刻　武蔵野書院　1991.3　324p　22cm　〈原本：広島大学文学部国語学研究室昭和53年刊〉　①4-8386-0118-2

◇鎌倉時代語研究　第2輯　鎌倉時代語研究会編　復刻　武蔵野書院　1991.3　437p　22cm　〈原本：広島大学文学部国語学研究室昭和54年刊〉　①4-8386-0119-0

◇鎌倉時代語研究　第3輯　鎌倉時代語研究会編　復刻　武蔵野書院　1991.3　512p　22cm　〈原本：広島大学文学部国語学研究室昭和55年刊〉

①4-8386-0120-4

◇仙洞御移徙部類記　下　宮内庁書陵部編　明治書院　1991.3　p243～434, 68p　22cm　（図書寮叢刊）　9500円　①4-625-51042-2

◇仙洞御移徙部類記　下　宮内庁書陵部　1991.3　272p　22cm　（図書寮叢刊）

◇中世日本文学　久保田淳編著　放送大学教育振興会　1991.3　223p　21cm　（放送大学教材 1991）〈『和文古典3』（1987年刊）の改訂版〉　1960円　①4-595-55679-9

◇ピクトリアル足利尊氏　1　鎌倉幕府の滅亡　学習研究社　1990.12　128p　26cm　〈監修：永原慶二, 佐藤和彦〉　2500円　①4-05-105245-1

◇金沢文庫の歴史―神奈川県立金沢文庫新築記念誌　神奈川県立金沢文庫編　横浜　神奈川県立金沢文庫　1990.10　167p　20×22cm

◇鎌倉時代語研究　第13輯　鎌倉時代語研究会編　武蔵野書院　1990.10　427p　22cm　12136円　①4-8386-0114-X

◇神祇信仰の展開と仏教　今堀太逸著　吉川弘文館　1990.10　279, 10p　20cm　（中世史研究選書）　2800円　①4-642-02661-4

◇中世仏教思想史研究　家永三郎著　改訂増補　京都　法蔵館　1990.10　249p　22cm　〈初刷：昭和30年〉　5000円　①4-8318-7591-0

◇鎌倉遺文　古文書編 第22巻　自弘安11年（1288）至正応3年（1290）　竹内理三編　東京堂出版　1990.9　397p　22cm　〈3版（初版：昭和57年）〉　6800円　①4-490-30053-0

◇鎌倉史話探訪―武家社会の葛藤の謎　御所見直好著　大和書房　1990.8　229p　20cm　1650円　①4-479-01047-5

◇続日本の絵巻　8　華厳宗祖師絵伝（華厳縁起）　小松茂美編集・解説　中央公論社　1990.8　104p　35cm　3689円　①4-12-402888-1

◇乱世の鎌倉　田辺久子著　鎌倉　かまくら春秋社　1990.7　253p　19cm　（鎌倉叢書 第14巻）　1900円

◇鎌倉遺文　古文書編 第41巻　自元弘二年（1332）至元弘三年（1333）　竹内理三編　東京堂出版　1990.6　370p　22cm　6800円　①4-490-30222-3

◇鎌倉遺文　古文書編 第41巻　自元弘二年（一三三二）至元弘三年（一三三三）　竹内理三編　東京堂出版　1990.6　370p　22cm　6602円　①4-490-30222-3

◇「日本史」面白半分　奥富敬之著　学生社　1990.6　298p　19cm　1800円　①4-311-20146-X

◇日本の絵巻　続 6　玄奘三蔵絵　下　小松茂美編　中央公論社　1990.6　146p　35cm　4500円　①4-12-402886-5

◇日本の絵巻　続 5　玄奘三蔵絵　中　小松茂美編　中央公論社　1990.5　209p　35cm　5000円　①4-12-402885-7

◇日本の絵巻　続 4　玄奘三蔵絵　上　小松茂美編　中央公論社　1990.4　194p　35cm　5000円　①4-12-402884-9

◇人間の美術　6　末世の絵模様―鎌倉時代　清水真澄, 有賀祥隆著　学習研究社　1990.4　184p　31cm　〈監修：梅原猛〉　3500円　①4-05-102349-4

◇新編日本合戦全集　2　鎌倉南北朝編　桑田忠親著　秋田書店　1990.3　262p　20cm　〈折り込図1枚〉　1700円　①4-253-00378-8

◇仙洞御移徙部類記　上　宮内庁書陵部　1990.3　249p　22cm　（図書寮叢刊）

◇仙洞御移徙部類記　上　宮内庁書陵部編　明治書院　1990.3　241p　22cm　（図書寮叢刊）　8800円　①4-625-51041-4

◇日本文学全史　3　中世　市古貞次責任編集　久保田淳編集　増訂版　学灯社　1990.3　638p　23cm　8000円

◇古文書の語る日本史　3　鎌倉　所理喜夫ほか編　安田元久編　筑摩書房　1990.1　494, 17p　20cm　〈監修：児玉

幸多〉 3300円 ①4-480-35433-6

◇鎌倉遺文　古文書編 第40巻　自元徳二年(1330)至元弘元年(1331)　竹内理三編　東京堂出版　1989.10　322p　22cm　6800円　①4-490-30071-9

◇鎌倉遺文　古文書編 第40巻　自元徳二年(一三三〇)至元弘元年(一三三一)　竹内理三編　東京堂出版　1989.10　322p　22cm　6602円　①4-490-30071-9

◇鎌倉時代語研究　第12輯　鎌倉時代語研究会編　武蔵野書院　1989.7　537p　22cm　14000円　①4-8386-0105-0

◇鎌倉遺文　古文書編 第39巻　自嘉暦三年(1328)至元徳二年(1330)　竹内理三編　東京堂出版　1989.6　367p　22cm　6800円　①4-490-30070-0

◇鎌倉遺文　古文書編 第39巻　自 嘉暦三年(一三二八) 至 元徳二年(一三三〇)　竹内理三編　東京堂出版　1989.6　367p　22cm　6602円　①4-490-30070-0

◇増補史料大成　第29巻　吉記　1　増補史料大成刊行会編　藤原経房著　京都　臨川書店　1989.6　338p　22cm 〈第5刷(第1刷：昭和40年)〉 ①4-653-00547-8

◇増補史料大成　第30巻　吉記　2(寿永2年～文治4年)　増補史料大成刊行会編　藤原経房著　京都　臨川書店　1989.6　428p　22cm 〈第5刷(第1刷：昭和40年)〉 ①4-653-00548-6

◇中世日記文学論序説　渡辺静子著　新典社　1989.5　654p　22cm　(新典社研究叢書 24) 〈奥付の書名(誤植)：中世日記文学序説〉 20600円 ①4-7879-4024-4

◇日本史から見た日本人　鎌倉編　「日本型」行動原理の確立　渡部昇一著　祥伝社　1989.5　234p　20cm　1500円 ①4-396-61019-X

◇イラスト日本の歴史　2　貴族vs武士　服部夕紀著　誠文堂新光社　1989.4　212p　21cm　920円 ①4-416-78912-2

◇鎌倉遺文　索引編 3　人名・地名 自弘安八年(1285)至徳治三年(1308)　竹内理三編　東京堂出版　1989.4　368p　22cm　7400円 ①4-490-30074-3

◇鎌倉遺文　索引編 3　人名・地名―自弘安八年(一二八五)至徳治三年(一三〇八)　竹内理三編　東京堂出版　1989.4　368p　22cm　7184円 ①4-490-30074-3

◇増補史料大成　第26巻　山槐記　1　増補史料大成刊行会編　中山忠親著　京都　臨川書店　1989.3　305p　22cm 〈第5刷(第1刷：昭和40年)〉 ①4-653-00544-3

◇増補史料大成　第27巻　山槐記　2　増補史料大成刊行会編　中山忠親著　京都　臨川書店　1989.3　330p　22cm 〈第5刷(第1刷：昭和40年)〉 ①4-653-00545-1

◇増補史料大成　第28巻　山槐記　3　増補史料大成刊行会編　中山忠親著　京都　臨川書店　1989.3　356p　22cm 〈第5刷(第1刷：昭和40年)〉 ①4-653-00546-X

◇鎌倉遺文　古文書編 第38巻　自正中二年(1325)至嘉暦二年(1327)　竹内理三編　東京堂出版　1989.2　383p　22cm　6500円 ①4-490-30069-7

◇鎌倉遺文　古文書編 第38巻　自 正中二年(一三二五) 至 嘉暦二年(一三二七)　竹内理三編　東京堂出版　1989.2　383p　22cm　6500円 ①4-490-30069-7

◇鎌倉・花と樹の記憶　勝原範夫写真　国書刊行会　1988.12　143p　22cm　2500円

◇論集日本仏教史　第4巻　鎌倉時代　高木豊編　雄山閣出版　1988.12　328p　22cm　4800円 ①4-639-00785-X, 4-639-00552-0

◇転換期の戦略　2　鎌倉武士―貴族から武士の時代　邦光史郎他著　経済界　1988.10　254p　20cm　1300円 ①4-7667-8051-5

◇鎌倉遺文　古文書編 第37巻　自元享三年(1323)至正中二年(1325)　竹内理三

編　東京堂出版　1988.9　381p　22cm　6500円　①4-490-30068-9

◇鎌倉遺文　古文書編 第37巻　自 元亨三年(一三二三) 至 正中二年(一三二五)　竹内理三編　東京堂出版　1988.9　381p　22cm　6500円　①4-490-30068-9

◇鎌倉・室町ことば百話　森野宗明著　東京美術　1988.9　199p　19cm　(東京美術選書 68)　1200円　①4-8087-0512-5

◇鎌倉時代語研究　第11輯　鎌倉時代語研究会編　武蔵野書院　1988.8　445p　22cm　12000円　①4-8386-0100-X

◇中世伝承文学の諸相　美濃部重克著　大阪　和泉書院　1988.8　336p　22cm　(研究叢書 59)　8500円　①4-87088-286-8

◇鎌倉新仏教の成立―入門儀礼と祖師神話　松尾剛次著　吉川弘文館　1988.7　303,13p　20cm　(中世史研究選書)　2700円　①4-642-02659-2

◇鎌倉新仏教の成立―入門儀礼と祖師神話　松尾剛次著　吉川弘文館　1988.7　303,13p　20cm　(中世史研究選書)　2700円　①4-642-02659-2

◇源頼朝文書の研究　史料編　黒川高明編著　吉川弘文館　1988.7　388p　29cm　18000円　①4-642-02624-X

◇源頼朝文書の研究　史料編　黒川高明編著　吉川弘文館　1988.7　388p　29cm　〈源頼朝の肖像あり〉　18000円　①4-642-02624-X

◇忘れられた「日本意外史」　2　後醍醐天皇の右往左往　岡橋隼夫著　はまの出版　1988.7　244p　19cm　1200円　①4-89361-051-1

◇鎌倉遺文　古文書編 第36巻　自元応二年(1320)至元亨三年(1323)　竹内理三編　東京堂出版　1988.6　382p　22cm　6500円　①4-490-30067-0

◇鎌倉遺文　古文書編 第36巻　自 元応二年(一三二〇) 至 元亨三年(一三二三)　竹内理三編　東京堂出版　1988.6　382p　22cm　6500円　①4-490-30067-0

◇戦乱の日本史―合戦と人物　第3巻　源平の争乱　安田元久責任編集　第一法規出版　1988.6　158p　31cm　〈監修：安田元久 編集：風土社〉　3500円　①4-474-10133-2

◇戦乱の日本史―合戦と人物　第4巻　東国武士の覇権　奥富敬之責任編集　第一法規出版　1988.6　158p　31cm　〈監修：安田元久 編集：風土社〉　3500円　①4-474-10134-0

◇日本の絵巻　15　東征伝絵巻　小松茂美編　中央公論社　1988.6　89p　35cm　3200円　①4-12-402665-X

◇大系日本の歴史　5　鎌倉と京　永原慶二ほか編　五味文彦著　小学館　1988.5　398p　21cm　〈折り込図1枚〉　1800円　①4-09-622005-1

◇大系日本の歴史　5　鎌倉と京　永原慶二ほか編　五味文彦著　小学館　1988.5　398p　21cm　〈折り込図1枚〉　1800円　①4-09-622005-1

◇『吾妻鏡』を歩く―鎌倉の中世史探訪　末広昌雄著　岳書房　1988.3　231p　20cm　1700円

◇大日本古記録　〔第18〕　岡屋関白記　貞応元年～建長3年　東京大学史料編纂所編纂　藤原兼経著　岩波書店　1988.3　370p　22cm　12000円　①4-00-009514-5

◇王朝政権から武家政権確立　蜂矢敬啓著　高文堂出版社　1988.2　124p　19cm　(人間活性化双書)　1100円　①4-7707-0242-6

◇鎌倉遺文　古文書編 第35巻　自文保二年(1318)至元応二年(1320)　竹内理三編　東京堂出版　1988.2　378p　22cm　6500円　①4-490-30066-2

◇鎌倉の仏教　納富常天著　鎌倉　かまくら春秋社　1987.10　301p　19cm　(鎌倉叢書 第21巻)　〈年表あり　文献あり〉

◇鎌倉遺文　古文書編 第34巻　自正和五年(1316)至文保二年(1318)　竹内理三編　東京堂出版　1987.9　391p　22cm

6500円 ①4-490-30065-4

◇中世唱導文学の研究 小島瓔礼著 泰流社 1987.7 392p 22cm 15000円 ①4-88470-596-3

◇鎌倉武士の実像─合戦と暮しのおきて 石井進著 平凡社 1987.6 359p 20cm （平凡社選書 108） 2300円 ①4-582-84108-2

◇総合日本史─写真図説 第4巻 日本近代史研究会著 新版 名著編纂会 1987.6 296p 31cm

◇日本古文書学論集 6 中世 II─鎌倉時代の法制関係文書 日本古文書学会編 瀬野精一郎, 村井章介編 吉川弘文館 1987.6 399p 22cm 5800円 ①4-642-01261-3

◇鎌倉遺文 古文書編 第33巻 自正和三年（1314）至正和五年（1316） 竹内理三編 東京堂出版 1987.5 383p 22cm 6500円 ①4-490-30064-6

◇鎌倉時代語研究 第10輯 鎌倉時代語研究会編 武蔵野書院 1987.5 429p 22cm 10000円 ①4-8386-0096-8

◇日本生活文化史 第3巻 日本的生活の基点─平安─鎌倉 門脇禎二ほか編 武者小路穣ほか編 新版 河出書房新社 1987.2 258p 図版11枚 26cm 〈年表：p255〜258〉

◇鎌倉遺文 古文書編 第32巻 自応長元年（1311）至正和二年（1313） 竹内理三編 東京堂出版 1987.1 390p 22cm 6500円 ①4-490-30063-8

◇日本古文書学論集 5 中世 1 鎌倉時代の政治関係文書 日本古文書学会編 瀬野精一郎, 村井章介編 吉川弘文館 1986.12 418p 22cm 5800円 ①4-642-01260-5

◇源頼朝─武家政権創始の歴史的背景 安田元久著 新訂版 吉川弘文館 1986.10 223p 20cm 〈初版：弘文堂昭和33年刊〉 2300円 ①4-642-07257-8

◇鎌倉遺文 古文書編 第31巻 自延慶元年（1308）至延慶四年（1311） 竹内理三編 東京堂出版 1986.9 403p 22cm 6500円 ①4-490-30062-X

◇鎌倉遺文 索引編 2 人名・地名 自建長六年（1254）至弘安八年（1285） 竹内理三編 東京堂出版 1986.9 392p 22cm 7200円 ①4-490-30073-5

◇明月記抄 藤原定家著, 今川文雄編訳 河出書房新社 1986.9 422p 22cm 5800円 ①4-309-00424-5

◇増補史料大成 第31巻 三長記 増補史料大成刊行会編 藤原長兼著 京都 臨川書店 1986.7 277p 22cm 〈第4刷（第1刷：昭和40年）〉 4500円 ①4-653-00549-4

◇源氏三代─死の謎を探る 奥富敬之著 新人物往来社 1986.6 214p 20cm 1800円 ①4-404-01355-8

◇相模のもののふたち─中世史を歩く 永井路子著 文芸春秋 1986.6 254p 16cm （文春文庫） 360円 ①4-16-720016-3

◇鎌倉時代語研究 第9輯 鎌倉時代語研究会編 武蔵野書院 1986.5 367p 22cm 10000円

◇鎌倉武士─合戦と陰謀 奥富敬之著 新人物往来社 1986.5 248p 20cm 2000円 ①4-404-01342-6

◇後深心院関白記 3 近衛道嗣著, 陽明文庫編 京都 思文閣出版 1986.4 532p 16×23cm （陽明叢書 記録文書篇 第4輯） 〈複製〉 12000円 ①4-7842-0423-7

◇日本の歴史 1〜11（中世 1） 朝日新聞社 1986.4〜6 11冊（合本1冊） 31cm （週刊朝日百科 529号〜539号）

◇海外視点・日本の歴史 6 鎌倉幕府と蒙古襲来 田中健夫編 ぎょうせい 1986.3 175p 27cm 〈監修：土田直鎮ほか 編集：日本アート・センター〉 2800円 ①4-324-00260-6

◇鎌倉遺文 古文書編 第30巻 自嘉元四年（1306）至徳治三年（1308） 竹内理三編 東京堂出版 1986.3 365p 22cm

6500円

◇鎌倉遺文 古文書編　第30巻　竹内理三編　東京堂出版　1986.3　365p　21cm　6500円

◇鎌倉遺文 古文書編　第30巻　竹内理三編　東京堂出版　1986.3　365p　21cm　6500円

◇日本の歴史と教育　歴史篇　稲川誠一著, 稲川誠一先生遺稿集刊行会編　大垣　汗青会　1986.3　612p　22cm　〈著者の肖像あり〉

◇武士世界形成の群像　安田元久著　吉川弘文館　1986.3　280p　19cm　2300円　①4-642-07253-5

◇後深心院関白記　2　近衛道嗣著, 陽明文庫編　京都　思文閣出版　1986.1　557p　16×23cm　（陽明叢書 記録文書篇 第4輯）〈複製〉　12000円　①4-7842-0409-1

◇風俗画大成　2　目で見る鎌倉時代　松岡映丘編　国書刊行会　1986.1　151p　27×37cm　〈復刻版 原版：中央美術社 1929（昭和4） 2.目でみる鎌倉時代 松岡映丘編 解説：中村孝也〉　9800円

◇三十六歌仙絵―佐竹本を中心に サントリー美術館開館25周年記念展　サントリー美術館　1986　96p　28cm　〈会期：昭和61年9月12日～10月19日〉

◇中世のこころ　桶谷秀昭著　小沢書店　1985.12　192p　20cm　（小沢コレクション 11）　1600円

◇増補史料大成　第32巻　平戸記　1　増補史料大成刊行会編　平経高著　京都　臨川書店　1985.11　332p　22cm　〈第4刷（第1刷：昭和40年）〉　①4-653-00550-8

◇増補史料大成　第33巻　平戸記 2（寛元2年～寛元4年）　妙槐記 寛元2年～文応元年　増補史料大成刊行会編　平経高著, 藤原師継著　京都　臨川書店　1985.11　229p　22cm　〈第4刷（第1刷：昭和40年）〉　①4-653-00551-6

◇増補史料大成　第34巻　勘仲記　1　増補史料大成刊行会編　藤原兼仲著　京都　臨川書店　1985.11　314p　22cm　〈第4刷（第1刷：昭和40年）〉　①4-653-00552-4

◇増補史料大成　第35巻　勘仲記　2　増補史料大成刊行会編　藤原兼仲著　京都　臨川書店　1985.11　342p　22cm　〈第4刷（第1刷：昭和40年）〉　①4-653-00553-2

◇増補史料大成　第36巻　勘仲記 3（弘安11年～正安2年）　冬平公記　匡遠記　増補史料大成刊行会編　藤原兼仲著, 藤原冬平著, 小槻宿弥匡遠著　京都　臨川書店　1985.11　278p　22cm　〈第4刷（第1刷：昭和40年）〉　①4-653-00554-0

◇後深心院関白記　1　近衛道嗣著, 陽明文庫編　京都　思文閣出版　1985.10　577p　16×23cm　（陽明叢書 記録文書篇 第4輯）〈複製〉　12000円　①4-7842-0404-0

◇中世文学研究の三十年　中世文学会編　中世文学会　1985.10　200p　22cm　〈『中世文学』別冊 中世文学会創立三十周年記念〉

◇鎌倉遺文　古文書編 第29巻　自嘉元二年（1304）至嘉元四年（1306）　竹内理三編　東京堂出版　1985.9　379p　22cm　6500円

◇論集中世文化史　多賀宗隼著　京都　法蔵館　1985.9　2冊　22cm　12000円, 8500円

◇鎌倉―古戦場を歩く　奥富敬之, 奥富雅子著　新人物往来社　1985.7　246p　20cm　〈折り込図1枚〉　2000円

◇鎌倉 古戦場を歩く　奥富敬之著, 奥富雅子著　新人物往来社　1985.7　246p　20cm　〈付録：鎌倉史跡地図1枚（折込み）〉　2000円　①4-404-01276-4

◇増補史料大成　第2巻　花園天皇宸記　1　増補史料大成刊行会編　京都　臨川書店　1985.6　305p　22cm　〈第4刷（第1刷：昭和40年）花園法皇の肖像あり〉　①4-653-00515-X

◇増補史料大成　第3巻　花園天皇宸記 2 伏見天皇宸記　増補史料大成刊行会編　京都　臨川書店　1985.6　329p　22cm　〈第4刷(第1刷：昭和40年)〉　①4-653-00516-8

◇鎌倉時代語研究　第8輯　鎌倉時代語研究会編　武蔵野書院　1985.5　456p　22cm　14000円

◇鎌倉遺文　古文書編 第28巻　自正安四年(1302)至嘉元二年(1304)　竹内理三編　東京堂出版　1985.4　392p　22cm　6000円

◇中世文学点描　市古貞次著　桜楓社　1985.4　214p　19cm　1800円　①4-273-02007-6

◇新釈吾妻鏡　小沢彰著　千秋社　1985.1　2冊　22cm　各5200円

◇武蔵の武士団—その成立と故地をさぐる　安田元久著　横浜　有隣堂　1984.12　204p　18cm　(有隣新書)　680円　①4-89660-067-3

◇岡屋関白記　近衛兼経著　京都　思文閣出版　1984.10　608, 11p　16×23cm　(陽明叢書 記録文書篇 第2輯)　〈解説：橋本義彦 複製〉　14000円

◇鎌倉時代の手紙　神奈川県立金沢文庫編　横浜　神奈川県立金沢文庫　1984.10　87p　19×26cm　〈神奈川芸術祭特別展 会期：昭和59年10月3日～11月29日〉

◇鎌倉遺文　古文書編 第27巻　自正安元年(1299)至正安4年(1302)　竹内理三編　東京堂出版　1984.9　402p　22cm　6000円

◇鎌倉遺文　索引編 1　人名・地名 自文治元年(1185)至建長5年(1253)　竹内理三編　東京堂出版　1984.9　400p　22cm　7200円

◇わたしの古典発掘　大岡信ほか著　光村図書出版　1984.9　260p　19cm　(朝日カルチャー叢書 14)　1200円　①4-89528-024-1

◇日本史探訪　7　武士政権の誕生　角川書店編　角川書店　1984.8　293p　15cm　(角川文庫)　420円　①4-04-153307-4

◇日本史探訪　7　武士政権の誕生　角川書店編　角川書店　1984.8　293p　15cm　(角川文庫 5357)　〈7.武士政権の誕生 巻末：関係年表 解説：永井路子 肖像：源実朝　図版(肖像を含む)〉　420円　①4-04-153307-4

◇絵巻切断—佐竹本三十六歌仙の流転　高島光雪, 井上隆史著　美術公論社　1984.7　345p　20cm　〈歌詞解説：馬場あき子〉　1300円　①4-89330-041-5

◇玉蘂　九条道家著, 今川文雄校訂　京都　思文閣出版　1984.7　536p　22cm　〈解題：高橋貞一〉　12000円

◇続日本絵巻大成　12　山王霊験記・地蔵菩薩霊験記　小松茂美編　小松茂美, 尾下多美子執筆　中央公論社　1984.7　159p　36cm　28000円　①4-12-402302-2

◇日本史探訪　6　源平の争乱　角川書店編　角川書店　1984.7　332p　15cm　(角川文庫)　460円　①4-04-153306-6

◇佐竹本三十六歌仙絵巻　木下雄策編　美術公論社　1984.6　1冊　31cm　〈別冊：歌詞解説 42p 折本 田中親美復元 大和文華館収蔵〉　9500円　①4-89330-040-7

◇鎌倉遺文　古文書編 第26巻　自永仁5年(1297)至正安元年(1299)　竹内理三編　東京堂出版　1984.5　388p　22cm　6000円

◇鎌倉時代語研究　第7輯　鎌倉時代語研究会編　武蔵野書院　1984.5　425p　22cm　12000円

◇中世文学の世界　稲田利徳ほか編　京都　世界思想社　1984.5　266p　19cm　(Sekaishiso seminar)　1900円　①4-7907-0266-9

◇秘宝三十六歌仙の流転—絵巻切断　馬場あき子, NHK取材班著　日本放送出版協会　1984.4　149p　26cm　1800円

◇歴史時代の知識　江谷寛著　東京美術　1984.4　159p　19cm　(考古学シリーズ

7） 980円 ①4-8087-0213-4

◇六代勝事記 弓削繁編著 大阪 和泉書院 1984.4 136p 21cm （和泉書院影印叢刊 40）〈内閣文庫蔵本の複製と翻刻〉 2000円 ①4-87088-113-6

◇中世文学思潮 佐々木克衛ほか編 双文社出版 1984.3 209p 21cm 1800円

◇伏見天皇宸筆御置文 宮内庁書陵部 1984.2 2軸 32cm 〈宮内庁書陵部蔵の複製 付(別冊 34p 21cm)：解題 釈文 箱入〉

◇日本の歴史 7 鎌倉幕府 石井進著 中央公論社 1984.1 498p 18cm （中公バックス） 1200円 ①4-12-401147-4

◇日本の歴史 8 蒙古襲来 黒田俊雄著 中央公論社 1984.1 518p 18cm （中公バックス） 1200円 ①4-12-401148-2

◇新田義貞の鎌倉攻めと徳蔵寺元弘の板碑 東村山 東村山市教育委員会 1983.12 246p 21cm 〈編著者：大多和晃紀 共同刊行：徳蔵寺板碑保存会〉 700円

◇鎌倉遺文 古文書編 第25巻 自永仁3年(1295)至永仁5年(1297) 竹内理三編 東京堂出版 1983.9 399p 22cm 6000円

◇鎌倉北条一族 奥富敬之著 新人物往来社 1983.9 280p 20cm 〈折り込地図1枚〉 2000円

◇中世鎌倉の発掘 大三輪竜彦編 横浜 有隣堂 1983.9 170p 26cm 2200円 ①4-89660-058-4

◇日本の中世文学 伊藤博之ほか編 新日本出版社 1983.8 283, 17p 19cm 1500円

◇つわものの賦 永井路子著 文芸春秋 1983.7 339p 16cm （文春文庫） 380円 ①4-16-720012-0

◇鎌倉時代語研究 第6輯 鎌倉時代語研究会編 武蔵野書院 1983.5 415p 22cm 9000円

◇鎌倉遺文 古文書編 第24巻 自正応6年(1293)至永仁3年(1295) 竹内理三編 東京堂出版 1983.4 382p 22cm 6000円

◇鎌倉の豪族 2 岡田清一著 鎌倉 かまくら春秋社 1983.4 285p 19cm （鎌倉叢書 第4巻）〈巻末：参考文献 叢書の監修：貫達人〉 1800円

◇日本の中世国家 佐藤進一著 岩波書店 1983.4 237p 19cm （日本歴史叢書） 1400円

◇神皇正統記・元々集 北畠親房著, 正宗敦夫編纂校訂 現代思潮社 1983.3 310p 16cm （覆刻日本古典全集）〈日本古典全集刊行会昭和9年刊の複製〉

◇日本仏教史 3 鎌倉時代 田村円澄著 京都 法蔵館 1983.3 403p 22cm 6800円

◇鎌倉の豪族 1 野口実著 かまくら春秋社 1983.1 256p 19cm （鎌倉叢書 第3巻） 1800円

◇曽我の仇討―工藤伊東家の内紛 伊東秀郎著 近代文芸社 1983.1 229p 20cm 1500円

◇鎌倉時代の女傑―日本女性の歴史 暁教育図書 1982.11 147p 27cm （日本発見）〈関連年表：p134～135〉 1700円

◇川崎庸之歴史著作選集 第2巻 日本仏教の展開 東京大学出版会 1982.11 488p 20cm 3200円

◇源頼朝の世界 永井路子著 中央公論社 1982.11 257p 16cm （中公文庫） 320円

◇鎌倉新仏教成立論 大野達之助著 吉川弘文館 1982.10 210, 14p 20cm 2000円

◇鎌倉遺文 古文書編 第23巻 自正応3年(1290)至正応6年(1293) 竹内理三編 東京堂出版 1982.9 387p 22cm 6000円

◇院政期言語の研究 山田巌著 桜楓社 1982.6 216p 22cm 6800円

◇鎌倉時代語研究―第5輯 鎌倉時代語研

究会編　武蔵野書院　1982.5　423p　22cm　9000円

◇鎌倉史話紀行　今野信雄著　青蛙房　1982.5　239p　20cm　1800円

◇日本史の舞台　3　風翔ける鎌倉武士―鎌倉時代　上横手雅敬責任編集　集英社　1982.5　167p　27cm　〈監修：児玉幸多　編集：日本アート・センター〉　1800円

◇日本史の舞台　3　風翔ける鎌倉武士―鎌倉時代　上横手雅敬ほか著　集英社　1982.5　167p　27cm　〈監修：児玉幸多　編集：日本アート・センター 3.風翔ける鎌倉武士 鎌倉時代 上横手雅敬〔ほか〕著 巻末：歴史用語解説, 年表（1180～1333） 図版〉　1800円

◇日本の女性史　2　戦乱の嵐に生きる　和歌森太郎, 山本藤枝著　集英社　1982.5　332p　16cm　（集英社文庫）　360円

◇鎌倉武士―鎌倉時代　森克己著　ポプラ社　1982.4　217p　23cm　（日本の歴史 4）〈巻末：日本の歴史年表 カラー版 初刷：1969（昭和 44）〉　850円

◇続日本絵巻大成　9　玄奘三蔵絵　下　小松茂美編　小松茂美ほか執筆　中央公論社　1982.3　190p　36cm　20000円

◇中世文学選　島津忠夫ほか編　大阪　和泉書院　1982.3　226p　21cm　1300円　Ⓘ4-900137-48-0

◇中世文学未刊資料の研究　佐藤高明著　ひたく書房　1982.2　728p　22cm　15000円　Ⓘ4-89328-011-2

◇続日本絵巻大成　8　玄奘三蔵絵　中　小松茂美編　小松茂美, 島谷弘幸執筆　中央公論社　1982.1　226p　36cm　25000円

◇中世文芸の地方史　川添昭二著　平凡社　1982.1　381p　20cm　（平凡社選書 71）　1800円

◇日本史の研究　新輯 1　三浦周行著　岩波書店　1982.1　700p　23cm　〈日本史の研究 5〉　9000円

◇謀略家頼朝と武将たち―源平合戦の遺跡探訪　小林林平著　共栄書房　1982.1　284p　20cm　1800円

◇歌仙絵・百人一首絵　森暢著　角川書店　1981.12　210p　24cm　6800円

◇治承・寿永の内乱論序説―北陸の古代と中世2　浅香年木著　法政大学出版局　1981.12　445, 28p　22cm　（叢書・歴史学研究）　6800円

◇史料綜覧　巻4　鎌倉時代之1―文治元年～建長7年　東京大学史料編纂所編纂　東京大学出版会　1981.12　816p　22cm　〈昭和2年刊の複製〉　7000円

◇史料綜覧　巻5　鎌倉時代之2―康元元年～元弘3年　東京大学史料編纂所編纂　東京大学出版会　1981.12　790p　22cm　〈昭和3年刊の複製〉　7000円

◇吾妻鏡　前田育徳会尊経閣文庫　1981.11　2軸　30cm　（原装影印古典籍覆製叢刊）〈製作・発売：雄松堂書店 尊経閣文庫所蔵の巻子本吾妻鏡（元暦元年）と山密往来（吾妻鏡元暦元年の紙背）の複製 付（2冊 21cm）：吾妻鏡解題・山密往来解題 太田晶二郎著 箱入〉　全115000円

◇続日本絵巻大成　7　玄奘三蔵絵　上　小松茂美編　小松茂美, 島谷弘幸執筆　中央公論社　1981.11　209p　36cm　25000円

◇鎌倉遺文　古文書編 第21巻　自弘安8年（1285）至弘安11年（1288）　竹内理三編　東京堂出版　1981.10　398p　22cm　6000円

◇中世文学の構想　佐々木八郎著　明治書院　1981.10　368p　22cm　5800円

◇大日本史料　第4編之補遺（別冊1）　建久4年正月～建仁3年12月　東京大学史料編纂所編纂　東京大学出版会　1981.9　762p　22cm　〈東京帝国大学大正9年刊の複製 折り込図8枚〉　8000円

◇鎌倉遺文　古文書編 第20巻　弘安6年（1283）～弘安8年（1285）　竹内理三編　東京堂出版　1981.6　399p　22cm　6000円

◇中世的文芸の理念　安良岡康作著　笠間書院　1981.6　397p　22cm　（笠間叢書159）　9500円

◇日本仏教の成立と鎌倉時代　雄山閣出版　1981.6　131p　23cm　（歴史公論ブックス 3）　〈執筆：和歌森太郎ほか〉　1200円　Ⓘ4-639-00070-7, 4-639-00068-5

◇日本歴史展望　第4巻　鎌倉武士の御恩と奉公―鎌倉　安田元久責任編集　旺文社　1981.6　280p　26cm　〈付（図1枚）：国宝源義経書状〉　2300円

◇能勢朝次著作集　第2巻　中世文学研究　能勢朝次著作集編集委員会編　京都　思文閣出版　1981.6　426p　22cm　〈著者の肖像あり〉　4000円

◇鎌倉御家人　安田元久著　〔東村山〕　教育社　1981.5　209p　18cm　（教育社歴史新書）　800円

◇鎌倉時代語研究　第4輯　鎌倉時代語研究会編　武蔵野書院　1981.5　356p　22cm　〈第3輯までの出版者：広島大学文学部国語学研究室〉　8000円

◇唐木順三全集　第5巻　増補版　筑摩書房　1981.5　467p　22cm　〈著者の肖像あり〉　3800円

◇中世作家の思想と方法　藤原正義著　風間書房　1981.4　230p　22cm　2700円　Ⓘ4-7599-0551-0

◇激録日本大戦争　第8巻　元寇と鎌倉武士　原康史著　東京スポーツ新聞社　1980.12　316p　18cm　1300円　Ⓘ4-8084-0042-2

◇鎌倉遺文　古文書編 第19巻　弘安3年（1280）～弘安5年（1282）　竹内理三編　東京堂出版　1980.11　397p　22cm　6000円

◇鎌倉北条氏の基礎的研究　奥富敬之著　吉川弘文館　1980.11　295p　22cm　（戊午叢書）　〈折り込地図1枚〉　2200円

◇神祇信仰の展開と日本浄土教の基調　第5巻　拾遺論考雑抄　宮井義雄著　成甲書房　1980.9　399p　22cm　6500円

◇中世文学論考　長野嘗一著　笠間書院　1980.7　438p　22cm　（笠間叢書 148）　〈長野嘗一著作集第3巻〉　9500円

◇神皇正統記―神代から後村上帝にいたる天皇の歴史　北畠親房原著, 松村武夫訳　〔東村山〕　教育社　1980.6　302p　18cm　（教育社新書）　700円

◇鎌倉遺文　古文書編 第18巻　弘安元年（1278）～弘安3年（1280）　竹内理三編　東京堂出版　1980.5　398p　22cm　5500円

◇鎌倉時代語研究　第3輯　鎌倉時代語研究会編　広島　広島大学文学部国語学研究室　1980.3　512p　25cm　〈謄写版〉

◇吾妻鏡を耕す　小泉輝三朗著　新人物往来社　1980.2　191p　20cm　1300円

◇神祇信仰の展開と日本浄土教の基調　第4巻　日本浄土教の成立　宮井義雄著　成甲書房　1979.11　493p　22cm　5500円

◇図説日本文化の歴史　5　鎌倉　上横手雅敬ほか編集　小学館　1979.11　251p　28cm　3500円

◇中世文学史論　島津忠夫著　大阪　和泉書院　1979.11　187p　19cm　（和泉選書）　1800円

◇鎌倉遺文　古文書編 第17巻　建治3年（1277）～弘安元年（1278）　竹内理三編　東京堂出版　1979.10　390p　22cm　5500円

◇図説人物日本の女性史　3　源平女性の光と影　小学館　1979.10　195p　27cm　〈監修：井上靖, 児玉幸多　制作：第二アートセンター　女性史・年表 3：p194～195〉　1800円

◇続史料大成　別巻　鎌倉年代記.武家年代記.鎌倉大日記　竹内理三編　増補　京都　臨川書店　1979.9　260p　22cm　7000円

◇北条九代記　増淵勝一訳　〔東村山〕　教育社　1979.9　3冊　18cm　（教育社新書）　〈副書名：上 源平争乱と北条の陰謀, 中 もののふの群像, 下 武家と公

家〉 各700円

◇鎌倉遺文 古文書編 第13巻 文永2年(1265)～文永5年(1268) 竹内理三編 東京堂出版 1979.6 447p 22cm 5500円

◇北条一族—頼朝と政子をめぐる権謀秘図 大月博志著 光風社出版 1979.6 254p 19cm 850円

◇鎌倉遺文 古文書編 第16巻 文永12年(1275)～建治2年(1279) 竹内理三編 東京堂出版 1979.5 392p 22cm 5500円

◇鎌倉幕府—その政権を担った人々 安田元久著 改訂新版 新人物往来社 1979.5 310p 20cm 1300円

◇訓読明月記 第6巻 藤原定家著, 今川文雄訳 河出書房新社 1979.5 286p 22cm 4400円

◇全訳吾妻鏡 別巻 貴志正造編著 新人物往来社 1979.4 422p 22cm 〈監修：永原慶二 折り込図1枚〉 5800円

◇頼朝をめぐる十五人の女 府馬清著 昭和図書出版 1979.4 214p 19cm 1200円

◇鎌倉遺文 古文書編 第11巻 建長6年(1254)～正元2年(1260) 竹内理三編 東京堂出版 1979.3 403p 22cm 5500円

◇鎌倉遺文 古文書編 第12巻 文応元年(1260)～文永2年(1265) 竹内理三編 東京堂出版 1979.3 429p 22cm 5500円

◇鎌倉時代語研究 第2輯 鎌倉時代語研究会編 広島 広島大学文学部国語学研究室 1979.3 437p 25cm 〈謄写版〉

◇鎌倉人物志—永井路子対談集 永井路子著 毎日新聞社 1979.3 260p 20cm 980円

◇鎌倉執権政治—その展開と構造 安田元久著 〔東村山〕 教育社 1979.2 241p 18cm (教育社歴史新書) 600円

◇続史料大成 第47巻 春日社記録 1 竹内理三編 水谷川忠麿編 増補 京都 臨川書店 1979.2 480p 22cm 〈春日大社昭和30年刊の複製〉 5000円

◇続史料大成 第48巻 春日社記録 2 竹内理三編 水谷川忠麿編 増補 京都 臨川書店 1979.2 474p 22cm 〈春日大社昭和32年刊の複製〉 5000円

◇続史料大成 第49巻 春日社記録 3 竹内理三編 永島福太郎校訂 増補 京都 臨川書店 1979.2 290p 22cm 〈春日大社昭和45年刊の複製〉 3000円

◇北条政子と源頼朝の謎 高田直次著 アロー出版社 1979.2 199p 19cm 850円

◇日本史の謎と発見 6 蒙古襲来 角田文衞ほか著 毎日新聞社 1979.1 272p 20cm 1300円

◇源頼朝の世界 永井路子著 中央公論社 1979.1 253p 20cm 820円

◇続史料大成 第10巻 建治三年記 竹内理三編 三善康有著 増補 京都 臨川書店 1978.12 438p 22cm 〈それぞれの複製〉 4500円

◇鎌倉の城と武将と 井上宗和著 グリーンアロー出版社 1978.11 247p 19cm (グリーンアロー・ブックス) 880円

◇中世文学—資料と論考 伊地知鉄男編 笠間書院 1978.11 663p 22cm (笠間叢書 109) 13000円

◇倭点法華経 正宗敦夫編纂校訂 現代思潮社 1978.11 2冊 16cm (覆刻日本古典全集) 〈日本古典全集刊行会昭和9年刊の複製〉

◇日本人の美意識 久保田淳著 講談社 1978.10 322p 20cm 1400円

◇鎌倉遺文 古文書編 第15巻 自文永9年(1272)至文永12年(1275) 竹内理三編 東京堂出版 1978.9 403p 22cm 5500円

◇つわものの賦 永井路子著 文芸春秋 1978.9 334p 20cm 880円

◇日本史 2 中世 1 戸田芳実編 有斐

閣　1978.9　250, 4p　18cm　（有斐閣新書）　560円

◇訓読明月記　第5巻　藤原定家著, 今川文雄訳　河出書房新社　1978.8　275p　22cm　4400円

◇相模のもののふたち―中世史を歩く　永井路子著　横浜　有隣堂　1978.8　268p　18cm　（有隣新書）

◇鎌倉文化　川添昭二著　〔東村山〕　教育社　1978.7　240p　18cm　（教育社歴史新書）　600円

◇日本文学全史　3　中世　市古貞次責任編集　久保田淳編集　学燈社　1978.7　622p　23cm　7000円

◇日本絵巻大成　16　東征伝絵巻　小松茂美編　小松茂美ほか執筆　中央公論社　1978.6　123p　35cm　8800円

◇訓読明月記　第4巻　藤原定家著, 今川文雄訳　河出書房新社　1978.5　349p　22cm　4400円

◇中世日本文学史　有吉保編　有斐閣　1978.5　255, 7p　19cm　（有斐閣双書）　1200円

◇日本女性の歴史　5　鎌倉時代の女傑　暁教育図書　1978.5　146p　28cm　〈付：関連年表〉　2000円

◇中世隠者文芸の系譜　広畑譲著　桜楓社　1978.4　186p　22cm　2800円

◇日本絵巻大成　17　華厳宗祖師絵伝（華厳縁起）　小松茂美編　小松茂美ほか執筆　中央公論社　1978.4　119p　35cm　8800円

◇鎌倉時代語研究　第1輯　鎌倉時代語研究会編　広島　広島大学文学部国語学研究室　1978.3　324p　25cm　〈謄写版〉

◇鎌倉幕府地頭職成立史の研究　義江彰夫著　東京大学出版会　1978.3　780, 21p　22cm　7500円

◇吾妻鏡の人びと―鎌倉武士の興亡　岡部周三著　新人物往来社　1978.2　249p　20cm　1500円

◇鎌倉遺文　古文書編 第14巻　自文永6年（1269）至文永9年（1272）　竹内理三編　東京堂出版　1978.2　400p　22cm　5500円

◇訓読明月記　第3巻　藤原定家著, 今川文雄訳　河出書房新社　1978.1　352p　22cm　4400円

◇訓読明月記　第2巻　藤原定家著, 今川文雄訳　河出書房新社　1977.11　326p　22cm　4400円

◇倭点法華経　中田祝夫編　勉誠社　1977.11　481p　22cm　〈滋賀県長浜市八幡宮蔵 心空版嘉慶元年刊の複製〉　9000円

◇鎌倉開府と源頼朝　安田元久著　〔東村山〕　教育社　1977.10　245p 図　18cm　（教育社歴史新書）　〈発売：教育社出版サービス（東京）〉　600円

◇御書にみる鎌倉時代　4　文化編　河合一著　聖教新聞社　1977.10　194p　18cm　（聖教新書）　340円

◇訓読明月記　第1巻　藤原定家著, 今川文雄訳　河出書房新社　1977.9　353p　22cm　4400円

◇仏教文学の周辺　武石彰夫著　大東文化大学附属東洋研究所　1977.9　312p　22cm

◇全訳吾妻鏡　5　貴志正造訳注　新人物往来社　1977.6　543p　22cm　〈監修：永原慶二〉　4800円

◇中世文学の可能性　永積安明著　岩波書店　1977.6　425p　19cm　2100円

◇文化財講座日本の美術　2　絵画（鎌倉－室町）　岡田譲等編集　源豊宗等執筆　第一法規出版　1977.6　251p 図　22cm　〈監修：文化庁〉　1900円

◇人物群像・日本の歴史　第6巻　鎌倉の風雲　学習研究社　1977.5　199p（図共）　30cm

◇人物日本の女性史　第3巻　源平争乱期の女性　集英社　1977.5　244p 図　22cm　〈監修：円地文子〉　890円

◇宗教と文学―仏教文学の世界　今成元昭等著　武蔵野　秋山書店　1977.4　207p　19cm　（秋山叢書）〈NHK市民大学講座「仏教文学の世界」の記録〉　980円

◇全訳吾妻鏡　4　貴志正造訳注　新人物往来社　1977.4　488p　22cm　〈監修：永原慶二〉　4800円

◇中世成立期の社会と思想　永原慶二著　吉川弘文館　1977.4　276p　19cm　1400円

◇足利本仮名書き法華経　索引編　中田祝夫編　勉誠社　1977.3　607p　27cm　〈鑁阿寺蔵本元徳2年写本の複製〉　20000円

◇戦乱日本の歴史　4　蒙古来たる　小学館　1977.3　262p（図共）　20cm　980円

◇和歌と中世文学―峰村文人先生退官記念論集　東京教育大学中世文学談話会編　東京教育大学中世文学談話会　1977.3　468p 肖像　22cm　6000円

◇北畠父子と足利兄弟　久保田収著　伊勢　皇学館大学出版部　1977.2　372p　22cm　5800円

◇全訳吾妻鏡　3　貴志正造訳注　新人物往来社　1977.2　458p　22cm　〈監修：永原慶二〉　4800円

◇花園天皇宸翰集―誡太子書 学道之御記 御処分状　花園天皇著，宮内庁書陵部編　宮内庁書陵部　1977.1　3軸　36cm　〈付（別冊 34p 21cm）：解題 釈文 箱入〉

◇鎌倉時代史論　日本歴史地理学会編　日本図書センター　1976.11　394p 図版13枚　22cm　〈昭和6年刊の複製 折り込図2枚〉　6000円

◇武者の府 鎌倉　松山宏著　京都　柳原書店　1976.11　316p 図　20cm　（記録・都市生活史 2）〈叢書の編者：日本文化の会〉　1700円

◇足利本仮名書法華経　翻字篇　中田祝夫編　勉誠社　1976.9　286p 図　27cm　〈鑁阿寺蔵本元徳二年書写本の複製〉　9000円

◇鎌倉時代の後宮生活　横尾豊著　柏書房　1976.8　212p　19cm　〈巻末：共愛系図，諸家系図〉　1500円

◇豪族武士団形成史論―千葉氏にみる武士団の成立過程　千野原靖方著　流山　崙書房　1976.7　179p 図　19cm　1500円

◇岩波講座日本歴史　7　中世　3　岩波書店　1976　346p　22cm　1800円

◇鎌倉遺文　古文書編 第10巻　自宝治2年（1248）至建長5年（1253）　竹内理三編　東京堂出版　1976　430p 図　22cm　4800円

◇鎌倉事典　白井永二編　東京堂出版　1976　366p　22cm　3800円

◇御書にみる鎌倉時代　3　御供養・生活編　河合一著　聖教新聞社　1976　222p　18cm　（聖教新書）　340円

◇全訳吾妻鏡　1　巻第1－巻第7（治承4年－文治3年）　貴志正造訳注　新人物往来社　1976　373p　22cm　〈監修：永原慶二〉　4800円

◇全訳吾妻鏡　2　巻第8－巻第16（文治4年－正治2年）　貴志正造訳注　新人物往来社　1976　400p　22cm　〈監修：永原慶二〉　4800円

◇中世の開幕　林屋辰三郎著　講談社　1976　222p　18cm　（講談社現代新書）　390円

◇中世の紀行文学　白井忠功著　文化書房博文社　1976　255p　22cm　2500円

◇中世の政治的社会と民衆像　中世民衆史研究会編　三一書房　1976　228p 図　23cm　2800円

◇中世の美学　笠原伸夫著　増補改訂版　桜楓社　1976　274p　20cm　1200円

◇日本初期封建制の基礎研究　安田元久著　山川出版社　1976　423p　22cm　4500円

◇振り仮名つき吾妻鏡―寛永版影印 附東鏡脱漏　汲古書院　1976　883p　27cm　〈東鑑脱漏：寛文8年版の複製 解題：阿部隆一〉　8000円

◇論集日本歴史 4 鎌倉政権 黒川高明, 北爪真佐夫編 有精堂出版 1976 354p 22cm 〈監修：豊田武, 児玉幸多, 大久保利謙〉 2800円

◇岩波講座日本歴史 5 中世 1 岩波書店 1975 339p 22cm 1800円

◇鎌倉遺文 古文書編 第8巻 自暦仁元年(1238)至仁治4年(1243) 竹内理三編 東京堂出版 1975 420p 図 22cm 4800円

◇鎌倉遺文 古文書編 第9巻 自寛元元年(1243)至宝治元年(1247) 竹内理三編 東京堂出版 1975 423p 図 22cm 4800円

◇鎌倉史話散歩 御所見直好著 秋田書店 1975 270p 図 19cm 1200円

◇御書にみる鎌倉時代 1 政治・社会編 上 河合一, 中村勝三共著 聖教新聞社 1975 237p 18cm （聖教新書） 340円

◇御書にみる鎌倉時代 2 政治・社会編 下 河合一, 中村勝三共著 聖教新聞社 1975 238p 18cm （聖教新書） 340円

◇時衆と中世文学 金井清光著 東京美術 1975 568p 22cm 〈限定版〉 9600円

◇神皇正統記 北畠親房著, 岩佐正校注 岩波書店 1975 293p 15cm （岩波文庫） 300円

◇人物日本の歴史 6 鎌倉の群英 小学館 1975 267p(図共) 22cm 〈編集：日本アート・センター〉 1250円

◇大東急記念文庫蔵光明真言土沙勧信記総索引 本文篇 三保忠夫編 広島 三保忠夫 1975 163p 25cm （国語史研究資料稿 第2巻 第1分冊） 〈謄写版〉 非売品

◇中世文学と仏教の交渉 石田瑞麿著 春秋社 1975 284p 19cm 1500円

◇中世文学論考 福田秀一著 明治書院 1975 554p 22cm 6800円

◇日本の歴史文庫 7 鎌倉武士 安田元久著 講談社 1975 300p 図 15cm 〈編集委員：坂本太郎等〉 380円

◇日本文学色彩用語集成 中世 伊原昭著 笠間書院 1975 420p 22cm 〈付：色見本染色紙6枚(はり込)〉 10000円

◇「道」—中世の理念 小西甚一著 講談社 1975 208p 18cm （講談社現代新書） 370円

◇足利本仮名書法華経 影印篇 中田祝夫編 勉誠社 1974 677p 図 27cm 〈鑁阿寺蔵本元徳二年書写本の複製〉 16000円

◇足利義氏文書集—古河公方五代 茅ケ崎 後北条氏研究会 1974 95p 図 21cm （「研究史料」外篇 第2輯） 〈編著者：佐藤博信〉 1200円

◇Kamakura アメリカ・カナダ11大学連合日本研究センター編 東京大学出版会（製作・発売） 1974 2冊 27×22cm （Readings in Japanese history 2）

◇鎌倉遺文 古文書編 第6巻 自嘉禄3年(1227)至貞永元年(1232) 竹内理三編 東京堂出版 1974 437p 図 22cm 4800円

◇鎌倉遺文 古文書編 第7巻 自貞永2年(1233)至嘉禎4年(1238) 竹内理三編 東京堂出版 1974 435p 図 22cm 4800円

◇鎌倉将軍執権列伝 安田元久編 秋田書店 1974 406p 20cm 1700円

◇図説日本の歴史 6 鎌倉の幕府 井上幸治等編 編集責任者：貫達人 集英社 1974 267p(図共) 28cm 2300円

◇中世日本の精神史的景観 桜井好朗著 塙書房 1974 380p 22cm 3800円

◇中世文学の思想 続 小林智昭著 笠間書院 1974 390p 22cm （笠間叢書 48） 5000円

◇日本の歴史 9 鎌倉幕府 大山喬平著 小学館 1974 390p(図共) 地図 20cm 790円

◇日本の歴史 10 蒙古襲来 網野善彦著

小学館　1974　454p（図共）地図　20cm　790円

◇鎌倉遺文　古文書編 第4巻　自建暦元年（1211）至承久二年（1220）　竹内理三編　東京堂出版　1973　426p 図　22cm　3800円

◇鎌倉遺文　古文書編 第5巻　自承久三年（1221）至嘉禄二年（1226）　竹内理三編　東京堂出版　1973　451p 図　22cm　3400円

◇中世から近世へ　唐木順三著　筑摩書房　1973　318p　20cm　（唐木順三文庫 7）

◇中世の文学　唐木順三著　新版　筑摩書房　1973　318p　20cm　（唐木順三文庫 4）　900円

◇中世の文芸・非文芸　井手恒雄著　桜楓社　1973　228p　22cm　3800円

◇日本合戦全集　2　鎌倉南北朝編　桑田忠親著　秋田書店　1973　282p 図　20cm　950円

◇明月記　藤原定家著　国書刊行会　1973　3冊　22cm　〈3版（初版：明治44-45年刊）〉　9000円

◇訳文吾妻鏡標註　第1冊　堀田璋左右著　名著出版　1973　574p　22cm　〈東洋堂昭和18-20年刊の複製〉　5000円

◇訳文吾妻鏡標註　第2冊　堀田璋左右著　名著出版　1973　608p　22cm　〈東洋堂昭和18-20年刊の複製〉　5000円

◇足利本論語抄　玉崗筆, 中田祝夫編・解説　勉誠社　1972　430p（おもに図）　22cm　（抄物大系）〈鑁阿寺所蔵本の複製〉　5000円

◇歌仙―三十六歌仙絵　東京美術青年会 大塚巧芸社（製作）　1972　155p（はり込み図41枚共）　36cm　〈解説：森暢〉

◇鎌倉遺文　古文書編 第2巻　自建久三年（1192）至正治三年（1201）　竹内理三編　東京堂出版　1972　430p 図　22cm　3800円

◇鎌倉遺文　古文書編 第3巻　自建仁元年（1201）至承元五年（1211）　竹内理三編　東京堂出版　1972　420p 図　22cm　3800円

◇鎌倉武家事典　出雲隆編　青蛙房　1972　641p　20cm　3200円

◇人物・日本の歴史　4　鎌倉と京都　永原慶二編　読売新聞社　1972　320p　19cm　〈新装版〉　550円

◇中世の関所　相田二郎著　有峰書店　1972　554, 21p 図　22cm　〈畝傍書房昭和18年刊の複製 限定版〉　3800円

◇中世文学の研究　秋山虔編　東京大学出版会　1972　568p　22cm

◇日本の歴史　4　鎌倉武士　編集委員・執筆者代表：岡田章雄, 豊田武, 和歌森太郎　読売新聞社　1972　288p 図　19cm　〈新装版〉　550円

◇日本の歴史　6　鎌倉幕府　研秀出版　1972　219p（図共）　30cm　2000円

◇日本文芸史素描　古代・中世編　内野吾郎著　白帝社　1972　573, 29p　22cm　3900円

◇鎌倉遺文 月報―古文書編1-37, 39-42　東京堂出版　1971.11-1991.7　1冊　21cm

◇鎌倉時代と昭和　椿山荘編　藤田観光　1971.11　1冊（頁付なし）　26cm　（名品展 第1回）〈会期・会場：1971年11月3日―23日 椿山荘　付：猪熊弦一郎年譜表〉

◇鎌倉　三山進著　学生社　1971　230p　図　19cm　680円

◇鎌倉遺文　古文書編 第1巻　自文治元年（1185）至建久二年（1191）　竹内理三編　東京堂出版　1971　456p 図　22cm　3800円

◇鎌倉時代の肖像画　森暢著　みすず書房　1971　287p（図共）　22cm　3000円

◇鎌倉幕府―その政権を担った人々　安田元久著　新人物往来社　1971　310p　19cm　850円

◇玉葉　藤原兼実著　名著刊行会　1971　3冊　22cm　〈国書刊行会明治39-40年刊

の複製〉 各4000円

◇中世文学の達成 谷宏著 三一書房 1971 274p 22cm 〈新装版〉 1800円

◇日本語法史 鎌倉時代編 岩井良雄著 笠間書院 1971 421p 22cm （笠間叢書 25） 4500円

◇八重姫・千鶴丸考 伊東まで著 横浜 伊東まで 〔東京〕 歴史図書社（製作） 1971 227p 図 19cm 600円

◇中世草庵の文学 石田吉貞著 改訂版 北沢図書出版 1970 270p 19cm 800円

◇中世日本人の思惟と表現 桜井好朗著 未来社 1970 367p 22cm 1400円

◇経俊卿記 吉田経俊著, 宮内庁書陵部編 明治書院 1970 479p 図版 22cm （図書寮叢刊）

◇日本中世国家史の研究 石井進著 岩波書店 1970 495, 20p 22cm 2000円

◇日本中世政治史研究 上横手雅敬著 塙書房 1970 407, 30p 22cm 2900円

◇餓鬼の思想—中世文学私論 高田衛著 新読書社 1969 204p 19cm 600円

◇鎌倉歴史散歩—北条氏九代の陰謀と盛衰 沢史生著 大阪 創元社 1969 198p 18cm 320円

◇中世日本文学 斎藤清衛著 筑摩書房 1969 333p 19cm （筑摩叢書） 680円

◇日本美術全史 第3 鎌倉・室町時代 今泉篤男等編 美術出版社 1969 262p（図版共） 21cm 950円

◇日本文化史 第3巻 鎌倉時代 辻善之助著 春秋社 1969 276, 53p 図版 22cm 1000円

◇百夜一話・日本の歴史 第4 武士勢力の台頭 和歌森太郎, 山本藤枝著 集英社 1969 346p 図版 18cm 580円

◇百錬抄人名総索引 伊藤葉子等編 横浜 政治経済史学会 1969 151p 22cm 〈平安中末期及鎌倉初中期政治史資料 監修：彦由一太 限定版〉 2500円

◇吾妻鏡—吉川本 第1-3 国書刊行会編 名著刊行会 1968 3冊 22cm 〈大正4年刊の複製 限定版〉 全4500円

◇カラー版 国民の歴史 第8 京・鎌倉〔ほか〕 福尾猛市郎 文英堂 1968 357p 図版 21cm

◇日本古代史の諸問題 岡田芳朗等著 福村出版 1968 197p 22cm 800円

◇續史料大成 第10巻 建治三年記 永仁三年記 斎藤基恒日記 斎藤親基日記 親元日記 1（寛正6年春夏秋） 竹内理三編 三善康有著, 太田時連著, 斎藤基恒著, 斎藤親基著, 蜷川親元著 増補 京都 臨川書店 1967.8（第4刷：1994.5） 438p 22cm 〈複製および翻刻〉 ①4-653-00459-5, 4-653-02734-X

◇鎌倉時代の交通 新城常三著 吉川弘文館 1967 381p 図版 20cm （日本歴史叢書 18 日本歴史学会編） 900円

◇定家珠芳 藤原定家著, 呉文炳編 理想社 1967 図版208p 解題220p 30cm 〈解題は吉田幸一 限定版〉 非売

◇日本繪巻物全集 第19巻 三十六歌仙繪 角川書店編集部編 角川書店 1967 はり込み原色図版9枚 図版82p 解説83p 38cm 〈解説 三十六歌仙繪・三十六歌仙の成立（長谷川信好） 他6篇〉

◇封建・近代における 鎌倉佛教の展開 笠原一男編 京都 法蔵館 1967 450p 22cm

◇鎌倉・歴史と美術 貫達人, 三山進編 至文堂 1966 296p（図版共） 地図 23cm 490円

◇九州地方中世編年文書目録—鎌倉時代篇 瀬野精一郎著 所沢 〔出版者不明〕 1966 344p 25cm

◇玉葉 藤原兼実著 すみや書房 1966 3冊 23cm 〈明治39-40年（国書刊行会）刊本の翻刻 限定版〉 非売

◇人物・日本の歴史 第4 鎌倉と京都 永原慶二編 読売新聞社 1966 320p

19cm

◇図説 日本文化史大系　第6　鎌倉時代　図説日本文化史大系編集事務局編　赤松俊秀等著, 宝月圭吾, 笠原一男編　改訂新版　小学館　1966　451p(おもに図版)　27cm

◇図説日本文化史大系　第6　鎌倉時代　図説日本文化史大系編集事務局編　赤松俊秀等著, 宝月圭吾, 笠原一男編　改訂新版　小学館　1966　451p(おもに図版)　27cm　1800円

◇日本文化史　第3　鎌倉時代　川崎庸之編　筑摩書房　1966　256p(おもに図版)はり込　36cm

◇鎌倉新仏教思想の研究　田村芳朗著　京都　平楽寺書店　1965　655p　22cm

◇鎌倉新仏教思想の研究　田村芳朗著　京都　平楽寺書店　1965　655p　22cm

◇鎌倉の武士たち―北条九代記物語　西川清治著　若樹出版　1965　358p 図版　19cm　430円

◇鎌倉幕府―その実力者たち　安田元久著　人物往来社　1965　310p　19cm

◇九条兼実―月ノ輪関白　日高重孝著　宮崎　日高重孝　1965　136p 図版　21cm　300円

◇御摂録渡庄目六　宮内庁書陵部　1964　1軸　34cm　〈宮内庁書陵部蔵本のコロタイプ複製 別冊付録:「御摂録渡庄目六」解題 21p〉

◇源家三代　渡辺保著　人物往来社　1964　253p　19cm

◇初期封建制の研究　安田元久著　吉川弘文館　1964　351p　22cm

◇日本繪巻物全集　第21巻　東征傳絵巻　角川書店編集部編　角川書店　1964　はり込み原色図版8枚 図版64p 解説68, 18p　38cm　〈解説「東征傳絵巻」について(亀田孜)他6篇 文献目録〉

◇日本仏教思想史の諸問題―鎌倉・江戸時代　古田紹欽著　春秋社　1964　288p　22cm

◇鎌倉　三山進著　中央公論美術出版　1963　42p 図版　19cm

◇武士団と村落　豊田武著　吉川弘文館　1963　261p 図版　20cm　(日本歴史叢書 1 日本歴史学会編)

◇鎌倉　渡辺保著　至文堂　1962　217p 図版 地図　19cm　(日本歴史新書)〈文献一覧 195-209p〉

◇鎌倉　渡辺保著　至文堂　1962　217p 図版 地図　19cm　(日本歴史新書)

◇日本繪巻物全集　第14巻　玄奘三藏繪, 法相宗秘事繪詞　角川書店編集部編　角川書店　1962　原色はり込図版8枚 図版74p 解説77p　38cm　〈解説 玄奘三藏繪綜説(源豊宗)他2篇〉

◇鎌倉時代の美術―彫刻と工芸　〔京都〕京都国立博物館　1961　21p(図版共)　26cm　(特展目録 第15)

◇日本繪巻物全集　第12巻　紫式部日記繪巻, 枕草子絵巻　角川書店編集部編　角川書店　1961　原色はり込図版7枚 図版68p 解説79, 16p　38cm　〈解説 紫式部日記繪と枕草子繪(森暢)他12篇〉

◇鎌倉時代絵巻三種　国立国会図書館支部静嘉堂文庫編　国立国会図書館総務部経理課　1960　はり込み原色図版3枚(袋入)　31×54cm　〈国立国会図書館支部静嘉堂文庫架蔵の複製 付:解説(英文併記)〉

◇鎌倉の政権　中山義秀著　河出書房新社　1959　306p 図版　19cm　(現代人の日本史 第8)

◇講座日本風俗史　第6巻　鎌倉時代の風俗　雄山閣出版株式会社講座日本風俗史編集部編　松本新八郎著　雄山閣出版　1959　336p(図版共)　22cm

◇日本文化史　第3巻　鎌倉時代　辻善之助著　新装保存版　春秋社　1959　276, 53p 図版　22cm

◇源頼朝―武家政治の創始とその社会的背景　安田元久著　弘文堂　1958　221p　19cm　(アテネ新書)

◇源頼朝　永原慶二著　岩波書店　1958　211p　18cm　（岩波新書）〈附録(200-211p)：史料と参考文献，関係年表〉

◇鎌倉時代　上　関東　竜粛著　春秋社　1957　22cm

◇鎌倉時代　上　関東　竜粛著　春秋社　1957　231, 12, 34p 図版　22cm

◇鎌倉時代　下　京都―貴族政治の動向と公武の交渉　竜粛著　春秋社　1957　260, 14p 図版　22cm

◇鎌倉と各郷土の縁故　鈴木隆著　2版　鎌倉　島森書店　1957　208p 図版 地図　22cm

◇鎌倉と各郷土の縁故　鈴木隆著　鎌倉　島森書店　1957 2版　208p 図版 地図　22cm

◇図説 日本文化史大系　第6巻　鎌倉時代　図説日本文化史大系編集事務局編　宝月圭吾等　小学館　1956-58　27cm

◇日本封建制成立の研究　竹内理三編　吉川弘文館　1955　348p　22cm

◇院政貴族語と文化の南展　奥里将建著　大阪　三協社　1954　346p　22cm

◇中世初期 仏教教育思想の研究―特に一乗思想とその伝統に於いて　唐沢富太郎著　東洋館出版社　1954　607p 図版　22cm

◇中世初期仏教教育思想の研究―特に一乗思想とその伝統に於いて　唐沢富太郎著　東洋館出版社　1954　607p 図版　22cm

◇日本封建制度成立史　牧健二著　弘文堂　1954 3版　526p　22cm

◇北条時頼―国史の再検討　岡部長章著　朝日新聞社　1954　173p　20cm　（朝日文化手帖）

◇源頼朝　中　徳富猪一郎著　大日本雄弁会講談社　1954　344p 図版 地図　19cm

◇源頼朝　下　徳富猪一郎著　大日本雄弁会講談社　1954　357p 図版　19cm

◇民族日本史　市村其三郎著　刀江書院　1954　208p　19cm

◇源頼朝　上　徳富猪一郎著　大日本雄弁会講談社　1953　331p 図版 地図　19cm

◇足利尊氏　佐野学著　青山書院　1952　233p 図版8枚　19cm

◇建治三年丁丑日記　三善康有記　前田育徳会　1952　1軸　29cm　（尊経閣叢刊 第66回）〈前田尊経閣蔵 鎌倉書本の影印 巻子本 箱入〉

◇新訂 鎌倉文学史　吉沢義則著　東京堂　1952　340p 図版　22cm　（日本文学全史 巻5）

◇趣味の日本史談　巻5　鎌倉時代　北垣恭次郎著　明治図書出版株式会社　1951-56　19cm

◇趣味の日本史談　巻5　鎌倉時代　北垣恭次郎著　明治図書出版　1951　265p 図版　19cm

◇日本美術史図版　第4輯　鎌倉・室町時代　文化史学会編　奈良　美術史資料刊行会　1951　22cm

◇初期封建制の構成―中世初期における地頭・御家人の本質および武士団の構造　安田元久著　国土社　1950　219p　22cm　（新日本社会史選書 第2）

◇日宋文化交流の諸問題　森克己著　刀江書院　1950　323p 図版　22cm

◇日本文化史　第3巻　鎌倉時代　辻善之助著　春秋社　1950-52　22cm

◇鎌倉時代の庶民生活　村山修一著　京都　臼井書房　1949　200p　19cm

◇鎌倉時代の庶民生活　村山修一著　京都　臼井書房　1949　200p　19cm

◇春日社家日記―鎌倉期社会の一断面　永島福太郎著　高桐書院　1947　172p 図版　21cm　（国民生活記録叢書）

◇鎌倉時代の思想と文化　多賀宗隼著　目黒書店　1946　428p　21cm　（畝傍史学叢書）

◇中世文学論―鎌倉時代篇　永積安明著　2刷　日本評論社　1946　272p 図版　21cm　〈初刷昭和19〉

◇中世文学論　鎌倉時代篇　永積安明著

日本評論社　1946 2刷　272p 図版 21cm 〈初刷昭和19〉

◇武家の興学―北条実時一門と金沢文庫　関靖著　東京堂　1945　322p 図版 19cm

鎌倉幕府　かまくらばくふ

源頼朝が12世紀末に鎌倉に開き、元弘3/正慶2年(1333年)まで続いた政権。平氏政権に次いで2番目の武家政権で、朝廷から独立した初の本格的な武家政権。武家政権の幕府という政治形態は室町幕府、江戸幕府へと継承された。幕府の成立時期については、通説では頼朝が征夷大将軍に就任した建久3年(1192年)とされていたが、現在はその体制の成立をもって幕府成立とみなす説が有力。守護・地頭設置の勅許が出された文治元年(1985年)とするなど諸説がある。制度・機構は鎌倉殿を首班とした地方政権であり、承久3年(1221年)の承久の乱後に全国政権となり、権力を拡大させた。鎌倉には侍所・政所・問注所が設置され、地方には守護・地頭が置かれたほか、六波羅探題・鎮西探題・奥州総奉行などが設けられた。また、鎌倉殿と御家人の封建的主従関係を基礎とする御家人制が採られた。頼朝の死後は、建仁3年(1203年)に、3代将軍実朝を擁した北条時政が政所別当となり、以降北条家による執権政治が行われた。これがしだいに独裁的な性格を帯びると、各所からの反発を買うようになる。寛元4年(1246年)、第5代執権となった北条時頼は、執権(得宗)への権力集中を図り、天皇の選定権を幕府に委譲し、朝廷・貴族・寺社に対して強硬な政策を行った。9代執権北条貞時は北条宗家得宗の独裁体制を強化し、御家人の反発を生んだ。鎌倉時代末期には分割相続制による所領の細分化、および貨幣経済の進展によって御家人は困窮し、文永・弘安の役がそれに拍車をかけた。以降、永仁の徳政令の失敗、惣領制の解体、守護の強大化など、幕府の支配体制は大きく揺らいだ。これを機に元弘元/元徳3年(1331年)、後醍醐天皇が元弘の乱を起こすと、楠木正成、赤松円心など各地の武士が討幕運動を起こした。元弘3/正慶2年(1333年)、足利高氏が六波羅探題を、新田義貞が鎌倉を攻め落とし、鎌倉幕府は滅んだ。

◇鎌倉幕府軍制と御家人制　高橋典幸著　吉川弘文館　2008.9　314, 10p　22cm　9500円　Ⓘ978-4-642-02878-3

◇文覚上人と大威徳寺―鎌倉幕府創建への道「濃・飛」秘史　相原精次著　彩流社　2008.9　254p　19cm 〈文献あり〉　2000円　Ⓘ978-4-7791-1377-2

◇鎌倉幕府体制成立史の研究　三田武繁著　吉川弘文館　2007.12　399, 11p　21cm　13000円　Ⓘ978-4-642-02870-7

◇土肥実平と湯河原―鎌倉幕府草創の立役者の生涯　高橋徳著　湯河原町(神奈川県)　土肥会　2007.4　160p　27cm 〈年表あり〉

◇安達泰盛と鎌倉幕府―霜月騒動とその周辺　福島金治著　横浜　有隣堂　2006.11　213p　18cm　(有隣新書)　1000円　Ⓘ4-89660-196-3

◇安達泰盛と鎌倉幕府―霜月騒動とその周辺　福島金治著　横浜　有隣堂　2006.11　213p　18cm　(有隣新書) 〈文献あり〉　1000円　Ⓘ4-89660-196-3

◇鎌倉幕府と東国　岡田清一著　続群書類従完成会　2006.1　425, 18p　21cm　11000円　Ⓘ4-7971-0745-6

◇石井進の世界　1　鎌倉幕府　石井進著, 石井進著作集刊行会編　山川出版社　2005.10　346, 6p　19cm　6500円　Ⓘ4-634-59051-4

◇鎌倉幕府　石井進著　山川出版社

2005.10 346, 6p 20cm （石井進の世界 1）〈付属資料：8p：月報 1 シリーズ責任表示：石井進著 シリーズ責任表示：石井進著作集刊行会編〉 6500円 Ⓘ4-634-59051-4

◇鎌倉武家事典 出雲隆著 青蛙房 2005.1 641p 19cm 5700円 Ⓘ4-7905-0530-8

◇鎌倉武家事典 出雲隆編 新装版 青蛙房 2005.1 641p 20cm 5700円 Ⓘ4-7905-0530-8

◇鎌倉武士の実像 石井進著 岩波書店 2005.1 365, 10p 22cm （石井進著作集 第5巻）〈付属資料：6p：月報 5 シリーズ責任表示：石井進著 シリーズ責任表示：石井進著作集刊行会編〉 8400円 Ⓘ4-00-092625-X

◇鎌倉幕府と北条氏 石井進著 岩波書店 2004.12 368, 11p 22cm （石井進著作集 第4巻）〈付属資料：6p：月報 4 シリーズ責任表示：石井進著 シリーズ責任表示：石井進著作集刊行会編〉 8400円 Ⓘ4-00-092624-1

◇鎌倉幕府 石井進著 改版 中央公論新社 2004.11 565p 16cm （中公文庫）〈文献あり 年表あり〉 1238円 Ⓘ4-12-204455-3

◇鎌倉幕府成立史の研究 川合康著 校倉書房 2004.10 510p 21cm （歴史科学叢書） 13000円 Ⓘ4-7517-3570-5

◇鎌倉幕府論 石井進著 岩波書店 2004.10 318, 12p 22cm （石井進著作集 第2巻）〈付属資料：6p：月報 2 シリーズ責任表示：石井進著 シリーズ責任表示：石井進著作集刊行会編〉 8400円 Ⓘ4-00-092622-5

◇鎌倉幕府と葛西氏—地域フォーラム・地域の歴史をもとめて 葛飾区郷土と天文の博物館編 名著出版 2004.5 200p 22cm 〈文献あり〉 3000円 Ⓘ4-626-01691-X

◇鎌倉幕府と悲劇の三浦一族・三浦党 小峰正志著 文芸社 2003.9 199p 19cm 1238円 Ⓘ4-8355-6214-3

◇鎌倉幕府のリスクマネジメント 相原鐵也著 文芸社 2003.7 207p 19cm 〈年表あり 文献あり〉 1200円 Ⓘ4-8355-5788-3

◇源頼朝と鎌倉幕府 上杉和彦著 新日本出版社 2003.5 229p 19cm 〈文献あり〉 1500円 Ⓘ4-406-03006-9

◇鎌倉幕府滅亡—特別展 神奈川県立金沢文庫編 横浜 神奈川県立金沢文庫 2003.1 79p 30cm 〈会期：平成15年1月30日—4月13日〉

◇日本の歴史 中世 1-4 鎌倉幕府と承久の乱 新訂増補 朝日新聞社 2002.6 p102-132 30cm （週刊朝日百科 4） 476円

◇史跡北条氏邸跡発掘調査報告 1 韮山町教育委員会編 韮山町（静岡県） 韮山町教育委員会 2002.3 225p 図版8枚, 19p 30cm （韮山町文化財調査報告 no.42）〈静岡県韮山町所在〉

◇文士と御家人—中世国家と幕府の吏僚 北爪真佐夫著 青史出版 2002.3 398p 22cm 9000円 Ⓘ4-921145-13-X

◇鎌倉幕府と葛西氏—地域史フォーラム・地域の歴史を求めて 葛飾区郷土と天文の博物館編 葛飾区郷土と天文の博物館 2001..12 60p 30cm 〈年表あり〉

◇週刊ビジュアル日本の歴史 no.62 貴族の没落 2 デアゴスティーニ・ジャパン 2001.5 p44-83 30cm 533円

◇鎌倉幕府の転換点—『吾妻鏡』を読みなおす 永井晋著 日本放送出版協会 2000.12 220p 19cm （NHKブックス） 870円 Ⓘ4-14-001904-2

◇初代問注所執事三善康信—鎌倉幕府の組織者 三島義教著 大阪 新風書房 2000.12 281p 22cm 〈背のタイトル：三善康信〉 4762円 Ⓘ4-88269-463-8

◇完全制覇鎌倉幕府—この一冊で歴史に強くなる！ 鈴木亨著 立風書房 2000.11 268p 19cm 1400円 Ⓘ4-651-75208-X

◇源平の戦いと鎌倉幕府—鎌倉時代 古川清行著 小峰書店 1998.4 119p

27cm （人物・遺産でさぐる日本の歴史 調べ学習に役立つ 6） 2500円 ①4-338-15106-4

◇源頼朝と重臣加藤景廉 山本七郎著 修善寺町（静岡県） 長倉書店 1998.4 314p 21cm 3000円

◇マンガ日本の歴史 15 源平の内乱と鎌倉幕府の誕生 石ノ森章太郎著 中央公論社 1997.9 212p 16cm （中公文庫） 524円 ①4-12-202951-1

◇時代をきめた114のできごと—歴史アルバム 2 平安・鎌倉時代—平安京・国風文化・藤原氏さかえる・源平壇ノ浦の戦い・鎌倉幕府の成立ほか 岡本文良編著 PHP研究所 1993.10 37p 31cm 2600円 ①4-569-58856-5

◇鎌倉幕府と和賀江島築港 島崎武雄著 地域開発研究所 1993.3 42p 30cm 1000円

◇鎌倉幕府訴訟制度の研究 佐藤進一著 岩波書店 1993.2 330, 12p 22cm 〈畝傍書房1943年刊の再刊〉 6800円 ①4-00-002806-5

◇まんが日本の歴史—小学館版 3 武士の興りと鎌倉幕府 あおむら純漫画 小学館 1992.1 327p 20cm 〈総監修：児玉幸多〉 1400円 ①4-09-624003-6

◇鎌倉幕府と中世国家 古沢直人著 校倉書房 1991.11 516p 22cm （歴史科学叢書） 10300円 ①4-7517-2150-X

◇鎌倉時代の朝幕関係 森茂暁著 京都 思文閣出版 1991.6 486, 18p 22cm （思文閣史学叢書） 〈折り込1枚〉 9064円 ①4-7842-0648-5

◇日本の歴史—マンガ 15 源平の内乱と鎌倉幕府の誕生 石ノ森章太郎著 中央公論社 1991.1 235p 20cm 〈監修：児玉幸多〉 1000円 ①4-12-402815-6

◇石母田正著作集 第9巻 中世国家成立史の研究 青木和夫ほか編 岩波書店 1989.7 322p 22cm 4400円 ①4-00-091409-X

◇鎌倉幕府裁許状集 瀬野精一郎編 増訂 吉川弘文館 1987.11 2冊 22cm 8000円, 6400円 ①4-642-02515-4

◇鎌倉幕府裁許状集 上 関東裁許状篇 瀬野精一郎編 増訂版 吉川弘文館 1987.11 480p 21cm 8000円 ①4-642-02515-4

◇鎌倉幕府裁許状集 下 六波羅鎮西裁許状篇 瀬野精一郎編 吉川弘文館 1987.11 350p 21cm 6400円 ①4-642-02516-2

◇日本古文書学論集 6 中世 II—鎌倉時代の法制関係文書 日本古文書学会編 瀬野精一郎, 村井章介編 吉川弘文館 1987.6 399p 22cm 5800円 ①4-642-01261-3

◇中世法制史料集 第1巻 鎌倉幕府法 佐藤進一編, 池内義資編 岩波書店 1987.2 489pp 22cm 〈監修：牧健二〉 5200円 ①4-00-001325-4

◇海外視点・日本の歴史 6 鎌倉幕府と蒙古襲来 田中健夫編 ぎょうせい 1986.3 175p 27cm 〈監修：土田直鎮ほか 編集：日本アート・センター〉 2800円 ①4-324-00260-6

◇鎌倉幕府法漢字索引 第1部 校本御成敗式目 三保忠夫編 〔京都〕 〔三保忠夫〕 1985.11 117p 21cm 非売品

◇日本の歴史 7 鎌倉幕府 石井進著 中央公論社 1984.1 498p 18cm （中公バックス） 1200円 ①4-12-401147-4

◇日本の歴史 7 鎌倉幕府 石井進著 中央公論社 1984.1 498p 18cm （中公バックス） 〈7.鎌倉幕府 石井進著 巻末：年表 付録：源氏系図, 東国武士団の分布1枚（折込み） 図版〉 1200円 ①4-12-401147-4

◇中世荘園史研究の歩み—律令制から鎌倉幕府まで 中野栄夫著 新人物往来社 1982.10 302p 20cm 2800円

◇鎌倉幕府—その政権を担った人々 安田元久著 改訂新版 新人物往来社 1979.5 310p 20cm 1300円

◇鎌倉開府と源頼朝 安田元久著 〔東村

山〕 教育社 1977.10 245p 図 18cm (教育社歴史新書) 〈発売：教育社出版サービス(東京)〉 600円

◇鎌倉将軍執権列伝 安田元久編 秋田書店 1974 406p 20cm 1700円

◇図説日本の歴史 6 鎌倉の幕府 井上幸治等編 編集責任者：貫達人 集英社 1974 267p(図共) 28cm 2300円

◇日本の歴史 9 鎌倉幕府 大山喬平著 小学館 1974 390p(図共) 地図 20cm 790円

◇大化改新と鎌倉幕府の成立 石井良助著 増補版 創文社 1972 394, 9p 22cm (法制史論集 第1巻) 2500円

◇日本の歴史 6 鎌倉幕府 研秀出版 1972 219p(図共) 30cm 2000円

◇鎌倉幕府―その政権を担った人々 安田元久著 新人物往来社 1971 310p 19cm 850円

◇日本の歴史 7 鎌倉幕府 石井進著 中央公論社 1971 498p 図 18cm (中公バックス)

◇鎌倉幕府裁許状集 上 関東裁許状篇 瀬野精一郎編 吉川弘文館 1970 438p 22cm 3500円

◇鎌倉幕府裁許状集 下 六波羅・鎮西裁許状篇 瀬野精一郎編 吉川弘文館 1970 319p 22cm 3000円

◇中世法制史料集 第1巻 鎌倉幕府法 佐藤進一, 池内義資編 補訂版 岩波書店 1969 480p 図版 22cm 〈監修者：牧健二〉 1200円

◇日本と世界の歴史 第10 13世紀―鎌倉幕府・モンゴル帝国・教皇権の絶頂 学習研究社 1969 397p(図版共) 地図 27cm 1800円

◇日本封建制度成立史 牧健二著 改訂版 清水弘文堂書房 1969 526p 22cm 〈初版：昭和10年刊〉 2900円

◇新書 日本の歴史 第2 鎌倉幕府の誕生から戦国時代 笠原一男著 評論社 1967 236p 図版 18cm

◇鎌倉幕府―その実力者たち 安田元久著 人物往来社 1965 310p 19cm 〈巻末参考文献〉

◇鎌倉幕府―その実力者たち 安田元久著 人物往来社 1965 310p 19cm

◇日本の歴史 第7 鎌倉幕府 石井進 中央公論社 1965 18cm

◇和与の研究―鎌倉幕府司法制度の一節 平山行三著 吉川弘文館 1964 256p 23cm

◇和与の研究―鎌倉幕府司法制度の一節 平山行三著 吉川弘文館 1964 256p 23cm

◇画報新説日本史 第7巻 鎌倉幕府と蒙古襲来 時事世界新社編 時事世界新社 1963-64 31cm

◇鎌倉の政権 中山義秀著 河出書房新社 1959 306p 図版 19cm (現代人の日本史 第8)

◇大化改新と鎌倉幕府の成立 石井良助著 創文社 1958 274p 22cm

◇大化改新と鎌倉幕府の成立 石井良助著 創文社 1958 274p 22cm

◇中世法制史料集 第1巻 鎌倉幕府法 佐藤進一, 池内義資共編 岩波書店 1955-57 22cm

◇鎌倉幕府訴訟制度の研究 佐藤進一著 目黒書店 1946 353p 22cm (畝傍史学叢書)

源 頼朝 みなもとの よりとも

久安3年(1147年)～正治元年(1199年)1月13日 鎌倉幕府初代将軍。幼名は鬼武者。源義朝の子、母は藤原季範の娘。保元3年(1158年)皇后宮権少進に任官、翌年には上西門院蔵人・内蔵人に補せられた。平治1元年(1159年)藤原信頼、源

義朝らのクーデタが一時成功した際に従五位下右兵衛佐に叙任。しかし信頼、義朝らは平清盛に敗れ（平治の乱）、義朝は東国へ敗走した。頼朝は父義朝とともに東国へ逃れようとしたが、父は尾張内海で長田忠致に謀殺され、頼朝も美濃において平頼盛の郎党平宗清に捕らえられ斬罪に処せられるところを平清盛の継母、池禅尼の嘆願で助命されて伊豆に配流となり、20年間流人生活を送る。この間、北条時政の娘政子と結婚し、北条氏との関係を深める。治承4年（1180年）以仁王の平氏追討の令旨を受けて挙兵。相模石橋山で敗れたが、安房に逃れて三浦氏、千葉氏と合流して勢力を巻き返し、鎌倉に入って政権を樹立。平維盛の大軍を富士川に破り、常陸国佐竹氏を討って東海・東山諸国を勢力下におき、朝廷からも東国支配権を承認されて、実質的な鎌倉幕府が成立。元暦元年（1184年）範頼、義経を派遣して源義仲を討ち、文治元年（1185年）平氏を壇ノ浦で滅ぼし、対抗勢力の一掃をほぼ完了。その後、義経と不和になり、義経らの追捕を理由に日本国総追補使・総地頭に就任。各地に守護・地頭を置いて幕政をより強固にした。文治5年（1189年）奥州藤原氏を討滅させ、建久3年（1192年）後白河法皇の死後、征夷大将軍に就任。のち相模川の橋供養の帰路に落馬し、これが原因で死去した。将軍の在職期間は建久3年から建久10年（1192～1199年）。

◇日本の歴史　09　頼朝の天下草創　山本幸司著　講談社　2009.4　395p　15cm（講談社学術文庫 1909）〈文献あり 年表あり 索引あり〉　1200円　①978-4-06-291909-8

◇源氏将軍神話の誕生―襲う義経、奪う頼朝　清水真澄著　日本放送出版協会　2009.2　235p　19cm　（NHKブックス 1129）〈並列シリーズ名：NHK books 文献あり〉　970円　①978-4-14-091129-7

◇頼朝の挙兵　五味文彦, 本郷和人編　吉川弘文館　2007.11　210p　20cm　（現代語訳吾妻鏡 1）　2200円　①978-4-642-02708-3

◇たっぷり鎌倉歴史ウォーキング―義経・頼朝伝説を訪ねて　清水克悦著　改訂新版　水曜社　2007.7　126p　21cm　1500円　①978-4-88065-197-2

◇日本史 宿命のライバル達の決断と苦悩―教科書には載っていない好敵手たちの本音　土橋治重著　日本文芸社　2006.10　199p　18cm　648円　①4-537-25438-6

◇源頼朝と関東の御家人―千葉開府880年　千葉市立郷土博物館特別展図録　千葉市立郷土博物館編　千葉　千葉市立郷土博物館　2006.10　35p　30cm　〈会期：平成18年10月3日―11月5日〉

◇源頼朝像―沈黙の肖像画　米倉迪夫著　平凡社　2006.6　227p　16cm　（平凡社ライブラリー 577）〈1995年刊の増補 文献あり〉　1200円　①4-582-76577-7

◇争乱期を生きぬいた頼朝と義経　北爪真佐夫著　花伝社　2005.7　251p　20cm　〈東京 共栄書房（発売）〉　1700円　①4-7634-0445-8

◇頼朝・範頼・義経―武州金沢に伝わる史実と伝説 神奈川県立金沢文庫開館75周年記念企画展　神奈川県立金沢文庫編　横浜　神奈川県立金沢文庫　2005.6　72p　30cm　〈会期：平成17年6月9日―8月7日〉

◇源頼朝と天下の草創―東国武士団の発展史について　山内景樹著　大阪　かんぽうサービス　2005.2　189p　19cm　〈大阪 かんぽう（発売）　文献あり〉　1500円　①4-900277-59-2

◇源頼朝と鎌倉幕府　上杉和彦著　新日本出版社　2003.5　229p　19cm　〈文献あり〉　1500円　①4-406-03006-9

◇「源頼朝と葛西氏」展示図録―開館10周年記念特別展　葛飾区郷土と天文の博物館編　葛飾区郷土と天文の博物館　2001.10　194p　30cm　〈付属資料：CD-ROM1枚（12cm）：中世葛西地域史料

集1 会期：平成13年10月31日—12月2日 文献あり〉

◇頼朝の天下草創 山本幸司著 講談社 2001.7 386p 20cm （日本の歴史 第9巻）〈付属資料：8p：月報 9〉 2200円 ①4-06-268909-X

◇週刊ビジュアル日本の歴史 no.62 貴族の没落 2 デアゴスティーニ・ジャパン 2001.5 p44-83 30cm 533円

◇鉢屋の笑い—頼朝暗殺の謎を巡って 暁太郎著 新人物往来社 2000.11 253p 20cm 1600円 ①4-404-02885-7

◇伊豆の竜神・源頼朝と北条時政 福島裕鳳著 新人物往来社 2000.9 289p 20cm 1500円 ①4-404-02879-2

◇花東頼朝公御入 山東京伝作, 鈴木俊幸解説・注釈 横浜 平木浮世絵財団 1999.10 10, 10丁 18cm 〈限定版 複製と翻刻 共同刊行：平木浮世絵美術館 和装〉

◇源頼朝とゆかりの寺社の名宝 神奈川県立歴史博物館編 横浜 神奈川県立歴史博物館 1999.10 127p 30cm 〈特別展：平成11年10月23日—11月28日 没後800年記念〉

◇頼朝の精神史 山本幸司著 講談社 1998.11 254p 19cm （講談社選書メチエ） 1500円 ①4-06-258143-4

◇源頼朝と重臣加藤景廉 山本七郎著 修善寺町（静岡県） 長倉書店 1998.4 314p 21cm 3000円

◇頼朝はなぜ鎌倉に幕府をひらいた？—平安・鎌倉時代 佐藤和彦監修 ポプラ社 1998.4 47p 29cm （調べ学習にやくだつ日本史の大疑問 3） 3000円 ①4-591-05697-X, 4-591-99229-2

◇源頼朝 山路愛山著 復刻版 日本図書センター 1998.1 682p 22cm （山路愛山伝記選集 第1巻）〈原本：玄黄社明治42年刊〉 ①4-8205-8238-0, 4-8205-8237-2

◇源頼朝 永原慶二著 岩波書店 1995.4 211p 20cm （岩波新書） 1600円 ①4-00-003873-7

◇源頼朝のすべて 奥富敬之編 新人物往来社 1995.4 245p 19cm （人物すべてシリーズ） 2800円 ①4-404-02181-X

◇転形期 法然と頼朝 坂爪逸子著 青弓社 1993.7 209p 19cm 2060円 ①4-7872-2005-5

◇源頼朝 永原慶二著 岩波書店 1992.8 211p 18cm （岩波新書）〈第26刷（第1刷：1958年）〉 550円 ①4-00-413098-0

◇源頼朝の那須野巻狩 磯忍編 黒磯 磯忍 1991.12 16p 26cm （那須野ケ原の歴史シリーズ 1）

◇源頼朝 上 咲村観著 講談社 1991.11 570p 15cm （講談社文庫） 740円 ①4-06-185017-2

◇源頼朝 下 咲村観著 講談社 1991.11 473p 15cm （講談社文庫） 660円 ①4-06-185018-0

◇頼朝の時代——一八〇年代内乱史 河内祥輔著 平凡社 1990.4 296p 20cm （平凡社選書 135） 2266円 ①4-582-84135-X

◇源頼朝文書の研究 史料編 黒川高明編著 吉川弘文館 1988.7 388p 29cm 〈源頼朝の肖像あり〉 18000円 ①4-642-02624-X

◇源頼朝 咲村観著 読売新聞社 1986.12 2冊 20cm 各1300円 ①4-643-74700-5

◇源頼朝 上—策を弄して敗る 咲村観著 読売新聞社 1986.12 346p 19cm 1300円 ①4-643-74700-5

◇源頼朝 下—無為にして勝つ 咲村観著 読売新聞社 1986.12 290p 19cm 1300円 ①4-643-74710-2

◇源頼朝—武家政権創始の歴史的背景 安田元久著 新訂版 吉川弘文館 1986.10 223p 20cm 〈初版：弘文堂昭和33年刊〉 2300円 ①4-642-07257-8

◇源氏三代—死の謎を探る 奥富敬之著

新人物往来社　1986.6　214p　20cm　1800円　①4-404-01355-8

◇源頼朝の世界　永井路子著　中央公論社　1982.11　257p　16cm　（中公文庫）　320円

◇石橋山合戦前後―源頼朝と郷土の武士　中野敬次郎著　名著出版　1982.6　248p　19cm　（小田原文庫 3）

◇源頼朝　須知徳平著, 東重雄絵　さ・え・ら書房　1982.5　190p　23cm　（少年少女伝記読みもの）　1200円　①4-378-02109-9

◇謀略家頼朝と武将たち―源平合戦の遺跡探訪　小林林平著　共栄書房　1982.1　284p　20cm　1800円

◇激録日本大戦争　第7巻　源頼朝と平家滅亡　原康史著　東京スポーツ新聞社　1980.8　322p　18cm　1300円　①4-8084-0038-3

◇源頼朝　赤羽末吉絵, 今西祐行文　偕成社　1979.4　1冊　23×31cm　（源平絵巻物語 第3巻）　1500円

◇北条政子と源頼朝の謎　高田直次著　アロー出版社　1979.2　199p　19cm　850円

◇源頼朝―その生涯と時代　安田元久編　新人物往来社　1979.2　256p　20cm　〈源頼朝の肖像あり〉　1300円

◇逆転への道―蛭ケ小島から鎌倉へ　碓氷元著　東京文庫　1979.1　192p　20cm　880円

◇源頼朝―物語と史蹟をたずねて　永岡慶之助著　成美堂出版　1979.1　232p　19cm　800円

◇源頼朝の世界　永井路子著　中央公論社　1979.1　253p　20cm　820円

◇子どもの伝記全集　44　源頼朝　南原幹雄著　ポプラ社　1978.12　166p　22cm　480円

◇源頼朝―源平の戦い　田中正雄まんが　学習研究社　1978.12　148p　23cm　（図解まんが日本史）　〈監修：樋口清之〉　580円

◇源頼朝　颯手達治著, 成瀬数富絵　あかね書房　1978.12　221p　20cm　（嵐の中の日本人シリーズ 13）　780円

◇源頼朝　下　山岡荘八著　講談社　1978.12　350p　15cm　（講談社文庫）　360円

◇源頼朝　上　山岡荘八著　講談社　1978.11　339p　15cm　（講談社文庫）　360円

◇源頼朝　山岡荘八著　講談社　1978.9　356p　20cm　950円

◇鎌倉開府と源頼朝　安田元久著　〔東村山〕　教育社　1977.10　245p 図　18cm　（教育社歴史新書）　〈発売：教育社出版サービス（東京）〉　600円

◇石橋山合戦前後―源頼朝と郷土の武士　中野敬次郎著, 小田原文庫刊行会編　名著出版　1976.9　251p（図共）　19cm　（小田原文庫 3）　880円

◇批評日本史―政治的人間の系譜　2　源頼朝　奈良本辰也, 山田宗睦, 尾崎秀樹著　思索社　1972　239p 図 肖像　20cm　980円

◇源頼朝―源平絵巻物語　今西祐行文, 赤羽末吉絵　講談社　1972　40p　29cm　（日本の歴史物語）

◇源頼朝　山岡荘八著　講談社　1968　2冊　18cm　（ロマン・ブックス）　各250円

◇源頼朝　依藤道夫著　依藤醇　1968　486p 図版　22cm　非売

◇史料からみた義経と頼朝　田村栄太郎著　雄山閣　1966　243p　22cm　950円

◇義経と頼朝―敗者の栄光と勝者の悲惨　邑井操著　大和書房　1966　220p　18cm　（ペンギン・ブックス）　290円

◇源頼朝　山岡荘八著　講談社　1965　356p　19cm

◇源家三代　渡辺保著　人物往来社　1964　253p　19cm

◇源頼朝　第3巻　鎌倉開府の巻　山岡荘八著　桃源社　1960　280p　19cm

◇源頼朝　永原慶二著　岩波書店　1958　211p　18cm　（岩波新書）

◇源頼朝―武家政治の創始とその社会的背景　安田元久著　弘文堂　1958　221p　19cm　（アテネ新書）

◇源頼朝　永原慶二著　岩波書店　1958　211p　18cm　（岩波新書）〈附録（200-211p）：史料と参考文献，関係年表〉

◇源頼朝　第1巻　平治の乱の巻　山岡荘八著　桃源社　1957　298p　19cm

◇頼朝・平将門・為朝　幸田露伴著　角川書店　1955　216p　15cm　（角川文庫）

◇源頼朝　中　徳富猪一郎著　大日本雄弁会講談社　1954　344p 図版 地図　19cm

◇源頼朝　下　徳富猪一郎著　大日本雄弁会講談社　1954　357p 図版　19cm

◇源頼朝　上　徳富猪一郎著　大日本雄弁会講談社　1953　331p 図版 地図　19cm

◇頼朝・平将門―他　幸田露伴著　創元社　1952　214p 図版　15cm　（創元文庫 A 第141）

◇英治叢書　第23　源頼朝　上巻　吉川英治著　六興出版社　1951　380p　19cm

◇英治叢書　第24　源頼朝　下巻　吉川英治著　六興出版社　1951　390p　19cm

源 頼家
みなもとの よりいえ

寿永元年（1182年）8月12日～元久元年（1204年）7月18日

鎌倉幕府第2代将軍。相模国鎌倉（神奈川県鎌倉市）の人。幼名は万寿、十万。源頼朝の長男、母は北条政子。正治元年（1199年）頼朝の死後家督を継ぎ、建仁2年（1202年）征夷大将軍となったが、翌年、北条氏に子一幡と弟千幡（源実朝）に総地頭職、総守護職の分譲決定を余儀なくされた。同年9月舅比企能員と謀って北条氏討伐を企てたが失敗し比企氏は滅ぼされ、頼家は将軍職を弟実朝に譲り伊豆修禅寺に幽閉され、翌元久元年（1204年）7月18日に北条時政により暗殺された。将軍の在職期間は建仁2年から建仁3年（1202～1203年）。墓は静岡県伊豆市修禅寺門前にある。

＊　＊　＊

◇鎌倉謎とき散歩　史都のロマン編　湯本和夫著　広済堂出版　1993.9　252p　15cm　（広済堂文庫）　500円　Ⓘ4-331-65185-1

◇源氏三代―死の謎を探る　奥富敬之著　新人物往来社　1986.6　214p　20cm　1800円　Ⓘ4-404-01355-8

◇乱世に生きる　南条範夫著　六興出版　1986.5　262p　19cm　（勝者は歴史を読む 1）　1200円

◇源家三代　渡辺保著　人物往来社　1964　253p　19cm

源 実朝
みなもとの さねとも

建久3年（1192年）8月9日～承久元年（1219年）1月27日

鎌倉幕府第3代将軍。幼名は千幡。源頼朝の二男、母は北条政子。兄で2代将軍の頼家が幽閉された後を受けて、建仁3年（1203年）北条氏に擁立されて3代将軍となる。政治の実権は北条氏にあったため、京都の貴族坊門信清の娘と結婚し、家集『金塊和歌集』を残すなど、自らは京都文化に憧れてもっぱら歌道や蹴鞠に親しんだ。承久元年（1219年）鎌倉鶴岡八幡宮で甥の公暁に殺され、公暁もすぐに殺されたため頼朝直系の子孫はこれで断絶した。将軍の在職期間は建仁3年から建保7年（1203～1219年）。

＊　＊　＊

◇阿呆者　車谷長吉著　新書館　2009.3　227p　19cm　1600円　Ⓘ978-4-403-21099-0

◇実朝―その無意識の敗北　中村明著　近代文芸社　2009.1　209p　20cm　2000円　Ⓘ978-4-7733-7605-0

◇日本文学者評伝集　4　鴨長明　源実朝　塩田良平，森本治吉編　冨倉徳次郎著，上

田英夫著　クレス出版　2008.6　258, 280p　19cm　〈青梧堂昭和17年刊の複製 肖像あり　年譜あり〉　10000円 Ⓘ978-4-87733-424-6, 978-4-87733-429-1

◇西行と実朝―その折々の二十首　牧野博行著　短歌新聞社　2007.10　155p　20cm　2381円　Ⓘ978-4-8039-1375-0

◇源実朝の生涯―箱根路をわれ越えくれば　佐藤風人著　文芸社　2006.10　319p　20cm　〈暁印書館昭和63年刊の再刊〉　1600円　Ⓘ4-286-01806-7

◇暗黒の日本史　歴史の謎研究会編　青春出版社　2006.8　235p　19cm　476円　Ⓘ4-413-00842-1

◇われて砕けて―源実朝に寄せて　石川逸子著　文藝書房　2005.3　211p　19cm　〈文献あり〉　1300円　Ⓘ4-89477-185-3

◇古歌逍遙―古典和歌の魅力　尾崎左永子著　日本放送出版協会　2004.3　233p　19cm　1500円　Ⓘ4-14-016123-X

◇北条政子―母が嘆きは浅からぬことに候　関幸彦著　京都　ミネルヴァ書房　2004.3　229, 7p　19cm　（ミネルヴァ日本評伝選）　2400円　Ⓘ4-623-03969-2

◇小林秀雄全作品　14　無常という事　小林秀雄著　新潮社　2003.11　266p　19cm　1700円　Ⓘ4-10-643554-3

◇再現日本史―週刊time travel　鎌倉・室町 3　講談社　2002.11　42p　30cm　〈年表あり〉　533円

◇写生論ノート　2　角谷道仁著　碧南　原生社　2002.10　344p　21cm　1905円

◇夢は枯野を―芭蕉・蕪村からうけついだもの　永田竜太郎著　永田書房　2002.10　285p　19cm　2000円　Ⓘ4-8161-0690-1

◇実朝考―ホモ・レリギオーズスの文学　中野孝次著　講談社　2000.12　236p　16cm　（講談社文芸文庫）　1200円　Ⓘ4-06-198240-0

◇実朝・仙覚―鎌倉歌壇の研究　志村士郎著　新典社　1999.9　302p　22cm　（新典社研究叢書 121）　8000円　Ⓘ4-7879-4121-6

◇歴史の点景―実朝・明恵・ノ貫・秋成　小田三月著　審美社　1999.6　233p　20cm　2200円　Ⓘ4-7883-4102-6

◇将軍源実朝の人間像―謎と秀歌　藤谷益雄著　白凰社　1999.3　180p　19cm　1500円　Ⓘ4-8262-0088-9

◇朱い雪―歌人将軍実朝の死　森本房子著　三一書房　1996.5　252p　19cm　2500円　Ⓘ4-380-96242-3

◇右大臣源実朝の生涯　藤谷益雄著　白凰社　1994.6　222p　19cm　〈源実朝の肖像あり〉　1700円　Ⓘ4-8262-0078-1

◇実朝の風景―源実朝生誕八百年にちなんで　鎌倉　鎌倉市教育委員会　1994.3　95p　21cm　（鎌倉近代史資料 第11集）〈平成4年度郷土資料展報告集 共同刊行：鎌倉市中央図書館〉

◇鎌倉謎とき散歩　史都のロマン編　湯本和夫著　広済堂出版　1993.9　252p　15cm　（広済堂文庫）　500円　Ⓘ4-331-65185-1

◇源実朝　三浦勝男編　鎌倉　鎌倉市教育委員会　1992.10　115p　27cm　〈生誕八百年記念 共同刊行：鎌倉国宝館〉　1500円

◇源実朝の周辺　〔鎌倉〕　鎌倉国宝館　1992　48p　26cm

◇源実朝―悲境に生きる　志村士郎著　新典社　1990.12　238p　19cm　（日本の作家 21）　1854円　Ⓘ4-7879-7021-6

◇源実朝―悲境に生きる　志村士郎著　新典社　1990.12　238p　19cm　（日本の作家 21）〈源実朝の肖像あり〉　1800円　Ⓘ4-7879-7021-6

◇源実朝　吉本隆明著　筑摩書房　1990.1　324p　15cm　（ちくま文庫）　640円　Ⓘ4-480-02376-3

◇源平合戦と鎌倉三代　奥富敬之著　新人物往来社　1989.9　316p　19cm　（清和源氏の全家系 4）　2300円

①4-404-01652-2

◇右大臣実朝　近代作家用語研究会, 教育技術研究所編　教育社　1989.2　504p　21cm　（作家用語索引 太宰治 第4巻）　22000円　①4-315-50815-2

◇実朝と波多野―中世の秦野を知るために　秦野郷土文化会編　秦野　夢工房　1988.12　143p　19cm　〈監修：貫達人 源実朝の肖像あり〉　700円

◇源実朝の生涯―箱根路をわれ越えくれば　佐藤風人著　暁印書館　1988.11　289p　20cm　〈参考文献：p287〜288〉　1800円　①4-87015-084-0

◇源氏三代―死の謎を探る　奥富敬之著　新人物往来社　1986.6　214p　20cm　1800円　①4-404-01355-8

◇日本の恋歌 相聞（ソウモン）百選　加太こうじ著　青磁社　1986.6　260p　19cm　1500円

◇実朝游魂　松永伍一著　中央公論社　1985.6　298p　20cm　1800円　①4-12-001404-5

◇実朝の歌　古川太郎作曲　邦楽社　1981.9　16p　26cm

◇公暁は生きていた―歴史ドキュメント　増田武夫著　秦野　21世紀社　1981.8　200p　19cm　1450円

◇源実朝―物語と史蹟をたずねて　八尋舜右著　成美堂出版　1979.5　224p　19cm　800円

◇西行・定家・実朝　西村真一編　桜楓社　1979.4　156p　22cm　〈西行・定家・実朝略年表：p147〜149〉　1200円

◇西行・実朝・良寛　上田三四二著　角川書店　1979.3　219p　19cm　（角川選書 56）　760円

◇源実朝　大仏次郎著　六興出版　1978.12　269p　19cm　980円

◇実朝考―ホモ・レリギオーズスの文学　中野孝次著　河出書房新社　1977.10　214p 肖像　19cm　（河出文芸選書）　750円

◇実朝集　西行集　良寛集　源実朝著, 斎藤茂吉評釈, 西行著, 川田順評釈, 良寛著, 吉野秀雄評釈　筑摩書房　1977.4　434p　23cm　（古典日本文学 20）〈肖像あり〉

◇源実朝の作家論的研究　鎌田五郎著　風間書房　1974　1014, 3, 19p　22cm　13800円

◇西行・実朝・良寛　上田三四二著　角川書店　1973　263p　20cm　880円

◇実朝出帆　山崎正和著　新潮社　1973　140p　20cm　（書下ろし新潮劇場）　600円

◇鎌倉右大臣家集―本文及び総索引　源実朝著, 久保田淳, 山口明穂編　笠間書院　1972　179p　22cm　（笠間索引叢刊 8）〈『金槐和歌集』の別名〉　2700円

◇金槐集　源実朝著　新典社　1972　129p　24cm　（新典社版原典シリーズ 8）〈市立函館図書館蔵本の複製 編者：片野達郎 付（別冊 24p 19cm）：金槐和歌集解説（片野達郎）〉　1000円

◇実朝考―ホモ・レリギオーズスの文学　中野孝次著　河出書房新社　1972　214p　20cm　680円

◇源実朝　吉本隆明著　筑摩書房　1971　275, 2p 図　19cm　（日本詩人選 12）

◇日本精神史鈔―親鸞・実朝の系譜　桑原暁一著　国民文化研究会　1966　279p　17cm　（国文研叢書 No.2）　非売

◇源家三代　渡辺保著　人物往来社　1964　253p　19cm

◇日本古典文学大系　第29　山家集　金槐和歌集　西行著, 風巻景次郎校注, 源実朝著, 小島吉雄校注　岩波書店　1961　455p　22cm

◇古典日本文学全集　第21　実朝集　西行集　良寛集　斎藤茂吉評釈, 川田順評釈, 吉野秀雄評釈　筑摩書房　1960　434p　図版　23cm

◇實朝秀歌　伊丹末雄著　謄写版　〔出版者不明〕　1957 序　142p　22cm

◇実朝秀歌　伊丹末雄著　　　伊丹末雄

1957序　142p　22cm　〈謄写版〉

◇西行一代物語・実朝一代物語　武田祐吉著　至文堂　1953　231p　19cm　（物語日本文学 第18）

◇大仏次郎作品集　第7巻　源実朝, おぼろ駕籠　文芸春秋新社　1951　388p 図版 19cm

◇実朝名歌集　源実朝著, 松永剛編　京都 文学地帯社　1949　109p　17×16cm

◇源実朝　大仏次郎著　六興出版社　1946 300p　18cm

公暁
くぎょう

正治2年（1200年）～承久元年（1219年）1月27日

僧侶。幼名は善哉。源頼家の二男、母は賀茂重長の娘。元久2年（1205年）鶴岡八幡宮寺別当尊暁の弟子となり、建永元年（1206年）叔父の将軍実朝の猶子となる。建暦元年（1211年）出家し、上洛して園城寺で修業。建保5年（1217年）鶴岡八幡宮寺別当定暁の死により、鶴岡八幡宮寺別当に就任。父の死は実朝の陰謀によるものと信じ、承久元年（1219年）右大臣拝賀の儀のため実朝が八幡宮に参詣した際、実朝を殺害。その後、乳母の夫三浦義村を頼って将軍職に就こうとしたが、義村は味方せず、義村の配下に討たれた。これにより源家の将軍は3代で断絶した。

＊　＊　＊

◇日本史を動かした名言―その「名場面」を読み解く　小和田哲男著　青春出版社 2004.6　269p　18cm　（プレイブックス・インテリジェンス）　780円 ①4-413-04095-3

◇教科書が教えない歴史有名人の死の瞬間 新人物往来社編　新人物往来社　2003.4 337p　19cm　〈『臨終の日本史』改題書〉 1600円　①4-404-03120-3

◇教科書が教えない歴史有名人の死の瞬間 新人物往来社編　新人物往来社　2003.4 337p　19cm　〈『臨終の日本史』改題書〉 1600円　①4-404-03120-3

◇日本暗殺総覧―この国を動かしたテロルの系譜　泉秀樹著　ベストセラーズ 2002.5　302p　18cm　（ベスト新書） 680円　①4-584-12042-0

◇日本暗殺総覧―この国を動かしたテロルの系譜　泉秀樹著　ベストセラーズ 2002.5　302p　18cm　（ベスト新書） 680円　①4-584-12042-0

◇鎌倉武士物語　今野信雄著　河出書房新社　1991.5　270p　19cm　1900円 ①4-309-22198-X

◇源氏三代―死の謎を探る　奥富敬之著 新人物往来社　1986.6　214p　19cm 1800円　①4-404-01355-8

◇公暁は生きていた―歴史ドキュメント 増田武夫著　秦野　21世紀社　1981.8 200p　19cm　1450円

九条 兼実
くじょう かねざね

久安5年（1149年）～承元元年（1207年）4月5日

公卿。法名は円証。月輪関白（つきのわかんぱく）、後法性寺入道（ごほうしょうじにゅうどう）関白などの称がある。藤原忠通の三男。母は藤原仲光の女加賀局。永暦元年（1160年）従三位・非参議となり、同年権中納言、翌年に権大納言、長寛2年（1164年）内大臣、仁安元年（1166年）右大臣と累進した。源頼朝に近づき、その推挙を得て摂政・氏長者となり、建久2年（1191年）関白となる。頼朝の征夷大将軍宣下を実現させ、親幕派公卿の中心人物として活躍したが、土御門通親との権力闘争に敗れ、頼朝との関係も悪化して、建久7年（1196年）関白を罷免され、建仁2年（1202年）出家した。日記『玉葉』は当時を知る重要な史料。ほかに柳原本1巻が現存している。九条家の祖とされる。

＊　＊　＊

◇九条家本玉葉　12　九条兼実著, 宮内庁書陵部編　明治書院　2009.4　329p 22cm　（図書寮叢刊）　〈奥付のタイトル：玉葉〉　16000円 ①978-4-625-42404-5

◇九条家本玉葉　12　九条兼実著　宮内庁書陵部　2009.3　329p　22cm　（図書寮叢刊）

◇九条家本玉葉　11　九条兼実著, 宮内庁書陵部編　明治書院　2007.4　299p　22cm　（圖書寮叢刊）　11000円　Ⓘ978-4-625-42400-7

◇九条家本玉葉　11　九条兼実著　宮内庁書陵部　2007.3　299p　22cm　（圖書寮叢刊）

◇九条家本玉葉　10　九条兼実著, 宮内庁書陵部編　明治書院　2005.4　328p　22cm　（圖書寮叢刊）　17300円　Ⓘ4-625-42308-2

◇九条家本玉葉　10　九条兼実著　宮内庁書陵部　2005.3　328p　22cm　（圖書寮叢刊）

◇九条家本玉葉　9　九条兼実著, 宮内庁書陵部編　明治書院　2003.3　345p　22cm　（図書寮叢刊）　18000円　Ⓘ4-625-42306-6

◇九条家本玉葉　9　九条兼実著　宮内庁書陵部　2003.3　349p　22cm　（図書寮叢刊）

◇九条家本玉葉　8　九条兼実著, 宮内庁書陵部編　明治書院　2002.3　302p　22cm　（図書寮叢刊）　17200円　Ⓘ4-625-42304-X

◇九条家本玉葉　8　九条兼実著　宮内庁書陵部　2002.3　302p　22cm　（図書寮叢刊）

◇九条家本玉葉　7　九条兼実著, 宮内庁書陵部編　明治書院　2001.4　343p　22cm　（圖書寮叢刊）　18000円　Ⓘ4-625-42303-1

◇九条家本玉葉　7　九条兼実著　宮内庁書陵部　2001.3　339p　22cm　（図書寮叢刊）

◇九条家本玉葉　6　九条兼実著, 宮内庁書陵部編　明治書院　2000.4　311p　22cm　（図書寮叢刊）　Ⓘ4-625-42301-5

◇九条家本玉葉　6　九条兼実著　宮内庁書陵部　2000.3　311p　22cm　（図書寮叢刊）

◇九条家本玉葉　5　九条兼実著, 宮内庁書陵部編　明治書院　1998.3　339p　22cm　（図書寮叢刊）　17100円　Ⓘ4-625-51203-4

◇九条家本玉葉　5　九条兼実著　宮内庁書陵部　1998.3　335p　22cm　（図書寮叢刊）

◇九条家本玉葉　4　九条兼実著, 宮内庁書陵部編　明治書院　1997.3　282p　22cm　（図書寮叢刊）　15500円　Ⓘ4-625-51070-8

◇九条家本玉葉　4　九条兼実著　宮内庁書陵部　1997.3　282p　22cm　（図書寮叢刊）

◇九条家本玉葉　3　九条兼実著　宮内庁書陵部　1996.3　307p　22cm　（図書寮叢刊）

◇九条家本玉葉　3　九条兼実著, 宮内庁書陵部編　明治書院　1996.3　303p　22cm　（図書寮叢刊）　16300円　Ⓘ4-625-51068-6

◇玉葉和歌集　京極為兼撰, 久保田淳編　笠間書院　1995.9　864p　23cm　（吉田兼右筆十三代集）〈宮内庁書陵部蔵の複製〉　18000円　Ⓘ4-305-60140-0

◇九条家本玉葉　2　九条兼実著, 宮内庁書陵部編　明治書院　1995.3　303p　22cm　（図書寮叢刊）　15500円　Ⓘ4-625-51050-3

◇九条家本玉葉　2　九条兼実著　宮内庁書陵部　1995.3　303p　22cm　（図書寮叢刊）

◇九条家本玉葉　1　九条兼実著, 宮内庁書陵部編　明治書院　1994.3　328p　22cm　（図書寮叢刊）　16000円　Ⓘ4-625-51049-X

◇九条家本玉葉　1　九条兼実著　宮内庁書陵部　1994.3　328p　22cm　（図書寮叢刊）

◇玉葉和歌集―太山寺本　京極為兼撰, 浜口博章解題　汲古書院　1993.11　2冊　27cm　〈複製〉　全22000円

①4-7629-3292-2

◇玉葉集　鈴木翠軒著　翠心会　1992.5　144p　17×18cm　〈鈴木翠軒先生17回忌記念出版　肖像あり〉

◇訓読玉葉　第8巻　巻第60～巻第66　九条兼実原著, 高橋貞一著　高科書店　1990.7　362p　22cm　8000円

◇訓読玉葉　第7巻　巻第50～巻第59　九条兼実原著, 高橋貞一著　高科書店　1990.2　378p　22cm　8240円

◇訓読玉葉　第6巻　巻第43～巻第49　九条兼実原著, 高橋貞一著　高科書店　1989.10　349p　22cm　8240円

◇訓読玉葉　第5巻　巻第36～巻第42　九条兼実原著, 高橋貞一著　高科書店　1989.8　370p　22cm　8240円

◇玉葉和歌集　藤原為兼撰, 次田香澄校訂　岩波書店　1989.3　537p　15cm　（岩波文庫 30‐137‐1）〈第2刷（第1刷：1944年）〉　700円　①4-00-301371-9

◇訓読玉葉　第4巻　巻第27～巻第35　九条兼実原著, 高橋貞一著　高科書店　1989.3　348p　22cm　8000円

◇訓読玉葉　第3巻　巻第20～巻第26　九条兼実原著, 高橋貞一著　高科書店　1989.1　366p　22cm　8000円

◇訓読玉葉　第2巻　巻第12～巻第19　九条兼実原著, 高橋貞一著　高科書店　1988.11　338p　22cm　8000円

◇訓読玉葉　第1巻　巻第1～巻第11　九条兼実原著, 高橋貞一著　高科書店　1988.7　362p　22cm　8000円

◇玉葉和歌集―吉田兼右筆本　京極為兼撰　ほるぷ出版　1977.4　2冊　24cm　（複刻日本古典文学館 第2期）〈宮内庁書陵部蔵（天文19年写）の複製 付（別冊 34p 21cm）：解題 叢書の編者：日本古典文学会 箱入 限定版　和装〉

◇玉葉和歌集　臼田甚五郎編　三弥井書店　1973　2冊　27cm　〈巻頭の書名：玉葉和謌集 室町期書写正中2年奥書本の複製〉　各1500円

◇玉葉　藤原兼実著　名著刊行会　1971　3冊　22cm　〈国書刊行会明治39-40年刊の複製〉　各4000円

◇玉葉　藤原兼実著　限定版　すみや書房　1966　3冊　23cm　〈明治39-40年（国書刊行会）刊本の翻刻〉

◇玉葉　藤原兼実著　すみや書房　1966　3冊　23cm　〈明治39-40年（国書刊行会）刊本の翻刻　限定版〉　非売

◇九条兼実―月ノ輪関白　日高重孝著　宮崎　日高重孝　1965　136p 図版　21cm　300円

武士　ぶし

平安時代後期から江戸時代の終わりまで存在した、武を職能とする者、またその集団。保元・平治の乱で中央政界に進出、鎌倉幕府を樹立して以降は明治維新にいたる700年近くの間政権を掌握し、武家政治を展開させた。最初は10～11世紀に地方豪族や国司の武装化によって勃興して、地方の有力農民層を組織して各地に武士団を形成した。また上京して皇室や貴族に伺候してその身辺警護に当たる者も出て、院政期には社会階層として定着しはじめ、清和源氏、桓武平氏を棟梁とする全国的規模の武士団が組織され、強い主従関係が育まれることとなった。鎌倉幕府成立以降、この主従関係を取り入れた御家人制が作られて将軍とそれに仕える御家人という身分関係が固定され、また武士社会のなかで自然発生的に生まれた規範や慣習に基づいた成文法である御成敗式目も定められ、武士の社会全体を統御する体制が整った。後の織豊政権による天下統一以降は、刀狩と太閤検地の実施によって士農の完全な分離が行われ、これ以降の武士は

農業経営から離れた支配者階級となった。

◇武士の時代へ―東国武士団と鎌倉殿 関幸彦著 日本放送出版協会 2008.4 174p 21cm (NHKシリーズ) 〈放送期間:2008年4月―6月 文献あり〉 850円 ①978-4-14-910666-3

◇平泉藤原氏と南奥武士団の成立 入間田宣夫著 会津若松 歴史春秋出版 2007.2 170p 19cm (歴春ふくしま文庫 53) 〈文献あり〉 1200円 ①978-4-89757-584-1

◇中世東国武士団と宗教文化 萩原龍夫著 岩田書院 2007.1 421, 22p 22cm (中世史研究叢書 9) 〈年譜あり 著作目録あり〉 9500円 ①978-4-87294-448-8

◇北武蔵を駆け抜けた武将たち 戸島鉄雄著 名古屋 ブイツーソリューション, 星雲社〔発売〕 2006.3 223p 26cm 2286円 ①4-434-07619-1

◇源平争乱と鎌倉武士―源平期―鎌倉期 武光誠監修・年表解説 世界文化社 2006.3 199p 24cm (日本の歴史を見る ビジュアル版 3) 〈年譜あり 年表あり〉 2400円 ①4-418-06210-6

◇中世武蔵人物列伝―時代を動かした武士とその周辺 埼玉県立歴史資料館編 さいたま さきたま出版会 2006.3 253p 22cm 〈年表あり 文献あり〉 2000円 ①4-87891-129-8

◇中世武士団 石井進著 山川出版社 2005.11 391, 9p 20cm (石井進の世界 2) 〈付属資料:8p:月報 2 シリーズ責任表示:石井進著 シリーズ責任表示:石井進著作集刊行会編 文献あり〉 6500円 ①4-634-59052-2

◇源頼朝と天下の草創―東国武士団の発展史について 山内景樹著 大阪 かんぽうサービス 2005.2 189p 19cm 〈大阪 かんぽう(発売) 文献あり〉 1500円 ①4-900277-59-2

◇西国武士団関係史料集 37 竹田津文書・岐部文書 芥川龍男, 福川一徳編校訂 文献出版 2000.4 84p 26cm 〈複製および翻刻〉 4300円 ①4-8305-5642-0

◇中世武士団と地域社会 高橋修著 大阪 清文堂出版 2000.3 329p 22cm 7800円 ①4-7924-0483-5

◇西国武士団関係史料集 36 田原文書・吉弘文書 芥川龍男, 福川一徳編校訂 文献出版 1999.10 87p 26cm 〈複製および翻刻〉 4300円 ①4-8305-5641-2

◇西国武士団関係史料集 34 徳丸文書 1 芥川龍男, 福川一徳編校訂 文献出版 1999.6 95p 26cm 〈複製および翻刻〉 4300円 ①4-8305-5639-0

◇西国武士団関係史料集 35 徳丸文書 2 芥川龍男, 福川一徳編校訂 文献出版 1999.6 90p 26cm 〈複製および翻刻〉 4300円 ①4-8305-5640-4

◇中世武士団の自己認識 入間田宣夫著 三弥井書店 1998.12 318p 20cm (三弥井選書 27) 2800円 ①4-8382-9046-2

◇西国武士団関係史料集 32 問注所文書 1 芥川龍男, 福川一徳編校訂 文献出版 1998.6 100p 26cm 〈複製と翻刻〉 4200円 ①4-8305-5637-4

◇西国武士団関係史料集 33 問注所文書 2 芥川龍男, 福川一徳編校訂 文献出版 1998.6 92p 26cm 〈複製〉 4200円 ①4-8305-5638-2

◇西国武士団関係史料集 29 平林文書 1 芥川龍男, 福川一徳編校訂 文献出版 1998.1 93p 26cm 〈複製と翻刻〉 4200円 ①4-8305-5634-X

◇西国武士団関係史料集 30 平林文書 2 芥川龍男, 福川一徳編校訂 文献出版 1998.1 100p 26cm 〈複製と翻刻〉 4200円 ①4-8305-5635-8

◇西国武士団関係史料集 28 古後文書 芥川龍男, 福川一徳編校訂 文献出版

1997.11 99p 26cm 〈複製と翻刻〉 4200円 Ⓘ4-8305-5633-1

◇一統の論理―武士団にみる棟梁たちの規範学 田原八郎著 未知谷 1997.3 316p 20cm 2800円 Ⓘ4-915841-49-9

◇西国武士団関係史料集 27 佐田文書 芥川龍男,福川一徳編校訂 文献出版 1996.12 103p 26cm 〈複製および翻刻〉 4200円 Ⓘ4-8305-5632-3

◇上野武士団の中世史 久保田順一著 前橋 みやま文庫 1996.9 212p 19cm (みやま文庫 143) 1500円

◇西国武士団関係史料集 26 戸次文書・清田文書 芥川竜男,福川一徳編校訂 文献出版 1996.9 102p 26cm 〈複製と翻刻〉 4326円 Ⓘ4-8305-5631-5

◇中世の都市と武士 高橋慎一朗著 吉川弘文館 1996.8 255p 22cm 5459円 Ⓘ4-642-02752-1

◇西国武士団関係史料集 25 堀文書・本田文書 芥川竜男,福川一徳編校訂 文献出版 1996.7 97p 26cm 〈複製と翻刻〉 4120円 Ⓘ4-8305-5630-7

◇西国武士団関係史料集 24 横岳文書 3 小深田文書 芥川竜男,福川一徳編校訂 文献出版 1996.5 89p 26cm 〈複製と翻刻〉 4120円 Ⓘ4-8305-5629-3

◇西国武士団関係史料集 23 横岳文書 2 芥川竜男,福川一徳編校訂 文献出版 1996.4 93p 26cm 〈複製と翻刻〉 4120円 Ⓘ4-8305-5628-5

◇鉄製品の生産・流通と武士団―西ノ谷遺跡の検討を中心に 研究会記録集 横浜市ふるさと歴史財団,横浜市歴史博物館編 〔横浜〕 横浜市ふるさと歴史財団 1996.3 68p 30cm (横浜市歴史博物館調査・研究 平成7年度) 〈共同刊行:横浜市歴史博物館〉

◇西国武士団関係史料集 22 横岳文書 1 芥川竜男,福川一徳編校訂 文献出版 1996.2 94p 26cm 〈複製と翻刻〉 4120円 Ⓘ4-8305-5627-7

◇西国武士団関係史料集 21 米多比文書 3 芥川竜男,福川一徳編校訂 文献出版 1995.9 86p 26cm 〈複製と翻刻〉 4120円 Ⓘ4-8305-5626-9

◇西国武士団関係史料集 20 米多比文書 2 芥川竜男,福川一徳編校訂 文献出版 1995.7 98p 26cm 〈複製と翻刻〉 4120円 Ⓘ4-8305-5625-0

◇西国武士団関係史料集 19 米多比文書 1 芥川竜男,福川一徳編校訂 文献出版 1995.6 84p 26cm 〈複製と翻刻〉 4120円 Ⓘ4-8305-5624-2

◇西国武士団関係史料集 18 後藤文書 芥川竜男,福川一徳編校訂 文献出版 1995.4 79p 26cm 〈複製と翻刻〉 4120円 Ⓘ4-8305-5623-4

◇西国武士団関係史料集 17 鶴原文書・田口文書 芥川竜男,福川一徳編校訂 文献出版 1995.1 81p 26cm 〈複製と翻刻〉 4120円 Ⓘ4-8305-5622-6

◇西国武士団関係史料集 16 渡辺文書・河内文書 芥川竜男,福川一徳編校訂 文献出版 1994.12 98p 26cm 〈複製と翻刻〉 4120円 Ⓘ4-8305-5621-8

◇中世東国武士団の研究 野口実著 高科書店 1994.12 476,5,38p 22cm 〈折り込表1枚〉 9500円

◇武士団と村落 豊田武著 吉川弘文館 1994.12 296,10p 20cm (日本歴史叢書 新装版) 〈叢書の編者:日本歴史学会〉 2884円 Ⓘ4-642-06603-9

◇西国武士団関係史料集 15 渡辺文書 芥川竜男,福川一徳編校訂 文献出版 1994.10 94p 26cm 〈複製と翻刻〉 4120円 Ⓘ4-8305-5620-X

◇西国武士団関係史料集 14 由比文書 芥川竜男,福川一徳編校訂 文献出版 1994.8 86p 26cm 〈複製と翻刻〉 4120円 Ⓘ4-8305-5619-6

◇西国武士団関係史料集 13 小田・魚返文書 芥川竜男,福川一徳編校訂 文献出版 1994.7 80p 26cm 〈複製と翻刻〉 4000円 Ⓘ4-8305-5618-8

◇西国武士団関係史料集 12 萱島文書

芥川竜男, 福川一徳編校訂　文献出版　1994.4　80p　26cm　〈複製と翻刻〉　4000円　Ⓘ4-8305-5617-X

◇武者の中世―鎌倉時代南北朝時代室町時代　松本芳徳著　〔菊川町(静岡県)〕　菊川資料センター　1994.4　146p　26cm　(〈東遠江〉事件年日記(抄) 2)　2000円

◇西国武士団関係史料集　11　田原文書　芥川竜男, 福川一徳編校訂　文献出版　1994.2　104p　26cm　〈複製と翻刻〉　4300円　Ⓘ4-8305-5616-1

◇鎌倉武士の世界―教養の日本史　阿部猛著　東京堂出版　1994.1　258p　19cm　2500円　Ⓘ4-490-20229-6

◇西国武士団関係史料集　10　足立文書　芥川竜男, 福川一徳編校訂　文献出版　1993.10　81p　26cm　〈複製と翻刻〉　4000円　Ⓘ4-8305-5615-3

◇都市鎌倉の武士たち　石丸熙著　新人物往来社　1993.4　227p　20cm　2300円　Ⓘ4-404-02015-5

◇西国武士団関係史料集　9　田北文書　芥川竜男, 福川一徳編校訂　文献出版　1993.2　117p　26cm　〈複製と翻刻〉　4300円　Ⓘ4-8305-5614-5

◇西国武士団関係史料集　8　財津文書・野上文書　芥川竜男, 福川一徳編校訂　文献出版　1992.10　76p　26cm　〈複製と翻刻〉　4000円　Ⓘ4-8305-5613-7

◇西国武士団関係史料集　7　豊田文書　芥川竜男, 福川一徳編校訂　文献出版　1992.9　80p　26cm　〈複製と翻刻〉　4000円　Ⓘ4-8305-5612-9

◇西国武士団関係史料集　6　臼杵宝岸寺過去帳　芥川竜男, 福川一徳編校訂　文献出版　1992.7　106p　26cm　〈複製〉　4300円　Ⓘ4-8305-5611-0

◇西国武士団関係史料集　5　戸次文書　芥川竜男, 福川一徳編校訂　文献出版　1992.6　88p　26cm　〈複製と翻刻〉　4000円　Ⓘ4-8305-5610-2

◇西国武士団関係史料集　2　岐部文書　芥川竜男, 福川一徳編校訂　文献出版　1992.4　118p　26cm　〈複製と翻刻〉　4000円　Ⓘ4-8305-5607-2

◇西国武士団関係史料集　4　富来文書　芥川竜男, 福川一徳編校訂　文献出版　1992.4　87p　26cm　4000円　Ⓘ4-8305-5609-9

◇西国武士団関係史料集　3　森文書　芥川竜男, 福川一徳編校訂　文献出版　1992.3　95p　26cm　〈複製と翻刻〉　4000円　Ⓘ4-8305-5608-0

◇中世村落と武士団―豊後国日田郡 郷土史研究　長順一郎著　〔日田〕　〔長順一郎〕　1992　33p　26cm

◇中世の武士団　豊田武著　吉川弘文館　1991.10　525, 14p　21cm　(豊田武著作集 第6巻)　〈第2刷(第1刷：82.6.20)〉　7450円　Ⓘ4-642-02566-9

◇秩父丹党考　井上要著　浦和　埼玉新聞社　1991.8　158p　20cm　1500円　Ⓘ4-87889-121-1

◇武士の心 日本の心―武士道評論集　下巻　高橋富雄著　近藤出版社　1991.7　435p　21cm　7725円　Ⓘ4-7725-0179-7

◇鎌倉武士物語　今野信雄著　河出書房新社　1991.5　270p　20cm　1900円　Ⓘ4-309-22198-X

◇西国武士団関係史料集　1　財津氏系譜　芥川竜男, 福川一徳編校訂　財津永澄撰　文献出版　1991.5　230p　26cm　〈複製〉　4500円　Ⓘ4-8305-5606-4

◇小山武士団の興亡　小山　小山市立博物館　1990.9　49p　26cm　〈第23回企画展 会期：平成2年9月23日～11月4日〉

◇日本史の社会集団　第3巻　中世武士団　石井進著　小学館　1990.5　477p　15cm　〈文庫判〉　800円　Ⓘ4-09-401123-4

◇武蔵武士―そのロマンと栄光　福島正義著　浦和　さきたま出版会　1990.5　278p　19cm　1942円　Ⓘ4-87891-040-2

◇中世関東の武士団と信仰　阿部征寛著

〔横浜〕 阿部征寛著作集刊行会 1990.4 269p 22cm

◇林一族—加賀武士団の創統 寺西艸骨著 金沢 北国新聞社 1989.12 240p 19cm 〈著者の肖像あり〉 1800円 ①4-8330-0686-3

◇中世東北の武士団 佐々木慶市著 名著出版 1989.10 276p 22cm 〈折り込図1枚〉 4757円 ①4-626-01360-0

◇海を渡った武士団—旧仙台藩士の北海道開拓 北海道開拓文化の源流をさぐる 第35回特別展 北海道開拓記念館編 札幌 北海道開拓記念館 1989.5 48p 26cm 〈会期：平成元年5月2日～7月28日〉

◇坂東に於ける武士団の興隆とその系譜 檜山良夫著 檜山良夫 1989.4 137p 22cm 〈著者の肖像あり〉 非売品

◇甲斐党戦記 荒木栄司著 熊本 熊本出版文化会館 1988.10 189, 9p 19cm （肥後戦国史双書） 1500円

◇転換期の戦略 2 鎌倉武士—貴族から武士の時代 邦光史郎他著 経済界 1988.10 254p 20cm 1300円 ①4-7667-8051-5

◇武士団研究の歩み 第2部 戦後篇—学説史的展開 関幸彦著 新人物往来社 1988.7 305p 20cm 2800円 ①4-404-01528-3

◇武士団研究の歩み 第1部 戦前編—史学史的展開 関幸彦著 新人物往来社 1988.6 219p 20cm 2200円 ①4-404-01519-4

◇武蔵武士 渡辺世祐著, 八代国治著 有峰書店新社 1987.10 289pp 20cm 〈折り込図1枚 新装版〉 2800円 ①4-87045-172-7

◇松浦党武士団一揆の成立—古文書による松浦党通史 古賀稔康著 佐世保 芸文堂 1987.7 517p 19cm （肥前歴史叢書 9）

◇鎌倉武士の実像—合戦と暮しのおきて 石井進著 平凡社 1987.6 359p 20cm （平凡社選書 108） 2300円 ①4-582-84108-2

◇鎌倉武士—合戦と陰謀 奥富敬之著 新人物往来社 1986.5 248p 20cm 2000円 ①4-404-01342-6

◇軍記武蔵七党 川又辰次編 清瀬 川又タケヨ 1985.5 2冊 22cm 非売品

◇武蔵の武士団—その成立と故地をさぐる 安田元久著 横浜 有隣堂 1984.12 204p 18cm （有隣新書） 680円 ①4-89660-067-3

◇武蔵武士—新装開館記念特別展 大宮 埼玉県立博物館 1983.10 119p 25cm 〈会期：昭和58年11月3日～27日〉

◇つわものの賦 永井路子著 文芸春秋 1983.7 339p 16cm （文春文庫） 380円 ①4-16-720012-0

◇鎌倉の豪族 2 岡田清一著 鎌倉 かまくら春秋社 1983.4 285p 19cm （鎌倉叢書 第4巻） 〈巻末：参考文献 叢書の監修：貫達人〉 1800円

◇鎌倉の豪族 1 野口実著 かまくら春秋社 1983.1 256p 19cm （鎌倉叢書 第3巻） 1800円

◇坂東武士団の成立と発展 野口実著 弘生書林 1982.12 265, 26p 22cm 〈発売：星雲社〉 4800円 ①4-7952-4706-4

◇豊田武著作集 第6巻 中世の武士団 吉川弘文館 1982.6 525, 14p 22cm 7200円

◇鎌倉武士—鎌倉時代 森克己著 ポプラ社 1982.4 217p 23cm （日本の歴史 4） 〈巻末：日本の歴史年表 カラー版 初刷：1969（昭和 44）〉 850円

◇武蔵武士団の一様態—安保氏の研究 伊藤一美著 文献出版 1981.12 347, 30p 22cm 6500円

◇日本歴史展望 第4巻 鎌倉武士の御恩と奉公—鎌倉 安田元久責任編集 旺文社 1981.6 280p 26cm 〈4.鎌倉武士の御恩と奉公：鎌倉 安田元久責任編集 巻末：年表, 鎌倉要図 付録：国宝源義経書状1枚（折込み） 図版〉 2300円

◇中世武士団と信仰　奥田真啓著　柏書房　1980.5　473p　22cm　7800円

◇鎌倉の城と武将と　井上宗和著　グリーンアロー出版社　1978.11　247p　19cm　(グリーンアロー・ブックス)　880円

◇つわものの賦　永井路子著　文芸春秋　1978.9　334p　20cm　880円

◇相模のもののふたち—中世史を歩く　永井路子著　横浜　有隣堂　1978.8　268p　18cm　(有隣新書)

◇豪族武士団形成史論—千葉氏にみる武士団の成立過程　千野原靖方著　流山　崙書房　1976.7　179p 図　19cm　1500円

◇日本の歴史文庫　7　鎌倉武士　安田元久著　講談社　1975　300p 図　15cm　〈編集委員：坂本太郎等〉　380円

◇日本の歴史　12　中世武士団　石井進著　小学館　1974　390p(図共)地図　20cm　790円

◇鎌倉武家事典　出雲隆編　青蛙房　1972　641p　20cm　3200円

◇駿河大宅武士団の系譜的研究　高橋晴幸著　袋井　袋井プリント(印刷)　1969　229p　26cm

◇日本の歴史　第4　鎌倉武士　岡田章雄, 豊田武, 和歌森太郎編　読売新聞社　1968　19cm　〈決定版〉

◇日本歴史シリーズ　第6巻　鎌倉武士　遠藤元男等編　安田元久編　世界文化社　1967　27cm

◇實録三浦党　岩間尹著　横須賀　三浦一族会　1966　253p 図版　22cm

◇鎌倉の武士たち—北条九代記物語　西川清治著　若樹出版　1965　358p 図版　19cm

◇武士団　安田元久著　塙書房　1964　264p　19cm　(塙選書)　〈参考文献 259-264p〉

◇武士団　安田元久著　塙書房　1964　264p　19cm　(塙選書)

◇日本の歴史　第4　鎌倉武士　岡田章雄, 豊田武, 和歌森太郎編　読売新聞社　1963　18cm　〈普及版〉

◇武士団と村落　豊田武著　吉川弘文館　1963　261p 図版　20cm　(日本歴史叢書 1 日本歴史学会編)

◇日本の歴史　第4巻　鎌倉武士　岡田章雄, 豊田武, 和歌森太郎編　読売新聞社　1959　318p 図版 地図　23cm

封建制度　ほうけんせいど

鎌倉時代に確立した御恩と奉公からなる関係性を封建制度の始まりとする。なお、日本における封建主義の定義については諸説ある。御恩と奉公の制度は、平安時代中期～後期から形成された。「御恩」は主人が従者の所領支配を保障(本領安堵)、あるいは新たな土地を給与すること(新恩給与)。「奉公」は従者が主人に対して負担した軍役・経済負担であった。鎌倉時代には本格的に成立し、御恩は御家人の地頭任命、奉公は大番薬などの軍役奉仕と公田に対する課税である武家役(関東御公事)とされた。

◇日本封建社会論　日本の中世社会　永原慶二著, 永原慶二著　吉川弘文館　2007.7　508, 12p　22cm　(永原慶二著作選集 第1巻)　〈肖像あり　文献あり〉　15000円　①978-4-642-02680-2

◇渡部昇一の中世史入門—頼山陽「日本楽府」を読む　渡部昇一著　新版　PHP研究所　2007.6　358p　18cm　〈『甦る日本史(2)』改訂・改題書〉　950円　①978-4-569-69337-8

◇日本の中世国家　佐藤進一著　岩波書店　2007.3　259p　15cm　(岩波現代文庫)

1000円 ①978-4-00-600173-5

◇朝河貫一比較封建制論集 朝河貫一著, 矢吹晋編訳 柏書房 2007.2 527, 226p 22cm 〈英語併載〉 9500円 ①978-4-7601-3038-2

◇知の対話 石井進著 山川出版社 2006.1 402, 15p 20cm (石井進の世界 4) 〈付属資料:8p:月報4 シリーズ責任表示:石井進著 シリーズ責任表示:石井進著作集刊行会編 文献あり〉 6500円 ①4-634-59054-9

◇中世の国家と在地社会 村井章介著 校倉書房 2005.12 498p 22cm (歴史科学叢書) 14000円 ①4-7517-3670-1

◇日本封建社会論 永原慶二著 新装版 東京大学出版会 2001.5 332p 20cm 4500円 ①4-13-026304-8

◇中世史の理論と方法—日本封建社会・身分制・社会史 高橋昌明著 校倉書房 1997.10 374p 20cm 3800円 ①4-7517-2760-5

◇日本社会における王権と封建 阿部猛編 東京堂出版 1997.7 402p 22cm 7500円 ①4-490-20316-0

◇日本封建社会成立史論 下 安良城盛昭著 岩波書店 1995.5 307, 22p 22cm 6800円 ①4-00-001645-8

◇日本中世の民衆と領主 戸田芳実著 校倉書房 1994.7 378p 22cm (歴史科学叢書) 8240円 ①4-7517-2390-1

◇日本中世の王権と権威 伊藤喜良著 京都 思文閣出版 1993.8 381, 18p 22cm (思文閣史学叢書) 7004円 ①4-7842-0781-3

◇日本領主制成立史の研究 戸田芳実著 岩波書店 1989.11 406, 27p 22cm 〈第8刷(第1刷:1967年)〉 3592円 ①4-00-001604-0

◇法の歴史と封建制論争 石尾芳久著 三一書房 1989.2 252p 20cm 1800円 ①4-380-89209-3

◇日本封建制の源流 中村吉治著 刀水書房 1984.4～5 2冊 22cm (人間科学叢書 4) 各3800円

◇中世封建社会の首都と農村 河音能平著 東京大学出版会 1984.3 241, 10p 22cm 2800円 ①4-13-020071-2

◇日本封建社会成立史論 上 安良城盛昭著 岩波書店 1984.2 341p 22cm 3600円

◇豊田武著作集 第8巻 日本の封建制 吉川弘文館 1983.12 2冊(別冊とも) 22cm 〈別冊(127p):豊田武博士年譜及著作目録〉 全7800円

◇武家社会の歴史像 水野恭一郎著 国書刊行会 1983.2 295, 4, 19p 22cm 5000円

◇日本封建制下の都市と社会 原田伴彦著 増補 三一書房 1981.7 463p 23cm 4500円

◇日本の封建制社会 豊田武著 吉川弘文館 1980.7 194p 20cm 1600円

◇歴史科学大系 第5巻 日本封建制の社会と国家 中 歴史科学協議会編 稲垣泰彦編集・解説 校倉書房 1979.1 382p 22cm 〈監修:石母田正ほか〉 3000円

◇日本中世農村史の研究 大山喬平著 岩波書店 1978.12 482, 18p 22cm 4500円

◇近世封建制成立史論 脇田修著 東京大学出版会 1977.3 338, 18p 22cm (織豊政権の分析 2) 3200円

◇日本初期封建制の基礎研究 安田元久著 山川出版社 1976 423p 22cm 4500円

◇歴史科学大系 第6巻 日本封建制の社会と国家 下 歴史科学協議会編 佐々木潤之介編集・解説 校倉書房 1975.2 408p 22cm 〈監修:石母田正ほか〉 3000円

◇日本中世封建制論 黒田俊雄著 東京大学出版会 1974 393p 22cm 2800円

◇日本封建社会論 永原慶二著 第2版 東京大学出版会 1974 318p 20cm

900円

◇中世武家社会の研究　河合正治著　吉川弘文館　1973　454, 18p　22cm　（日本史学研究叢書）　3800円

◇歴史科学大系　第4巻　日本封建制の社会と国家　上　歴史科学協議会編　編集・解説：戸田芳実　校倉書房　1973　299p　22cm　〈監修：石母田正等〉　1600円

◇日本封建社会研究史　続　木村礎等著　文雅堂銀行研究社　1972　305, 79p　22cm　1800円

◇封建領主制と共同体　矢木明夫著　塙書房　1972　391p　22cm　3000円

◇中世封建制成立史論　河音能平著　東京大学出版会　1971　401, 13p　22cm　2400円

◇日本封建制度成立史　牧健二著　改訂版　清水弘文堂書房　1969　526p　22cm　〈初版：昭和10年刊〉　2900円

◇日本領主制成立史の研究　戸田芳実著　岩波書店　1967　406p　22cm

◇武家時代の社会と精神　藤直幹著　大阪　創元社　1967　586p　22cm

◇封建的主従制成立史研究　大饗亮著　風間書房　1967　623p　22cm

◇初期封建制の研究　安田元久著　吉川弘文館　1964　351p　22cm

◇日本封建制成立過程の研究　永原慶二著　岩波書店　1961　533p　22cm

◇日本封建制下の都市と社会　原田伴彦著　京都　三一書房　1960　406p　22cm

◇母のための 日本歴史　第3　封建制の確立から崩壊まで　和歌森太郎著　中央公論社　1960　253p 図版　18cm

◇日本封建都市研究　原田伴彦著　東京大学出版会　1957　547p 表　22cm

◇日本封建社会研究史　木村礎編　文雅堂書店　1956　324, 87p　21cm

◇日本封建社会論　永原慶二著　東京大学出版会　1955　318p　18cm　（東大学術叢書）

◇日本封建制成立の研究　竹内理三著　吉川弘文館　1955　348p　22cm

◇日本封建社会史　蔵並省自著　京都　三和書房　1954　214p　22cm

◇日本封建制度成立史　牧健二著　3版　弘文堂　1954　526p　22cm

◇京大日本史　第4巻　封建社会の成熟〔ほか〕　藤直幹等　大阪　創元社　1951-53　22cm

◇初期封建制の構成―中世初期における地頭・御家人の本質および武士団の構造　安田元久著　国土社　1950　219p　22cm　（新日本社会史選書 第2）

◇初期封建制の構成―中世初期における地頭・御家人の本質および武士団の構造　安田元久著　国土社　1950　219p　22cm　（新日本社会史選書 第2）

◇日本封建制度史　伊東多三郎著　再版　吉川弘文館　1950　338p　19cm

◇日本封建制度史　伊東多三郎著　再版　吉川弘文館　1950　338p　19cm

◇日本封建社会意識論　桜井庄太郎著　改訂版　日光書院　1949　244p　21cm　〈初版昭和23〉

◇日本封建制度史　伊東多三郎著　大八洲出版株式会社　1948　338p　18cm　（大八洲史書）

◇武家と社会　中村吉治著　培風館　1948　283, 3p　19cm　（黎明叢書）

◇封建制成立史序説　世良晃志郎著　彰考書院　1948　178p　21cm　（法制史叢書 2）

◇封建文化　長谷川如是閑著　岩波書店　1947　92p　18cm　（新しき歩みのために 4）

◇中世武家社会の構造　藤直幹著　2版　目黒書店　1945　495p　22cm

御家人
ごけにん

鎌倉時代に将軍と主従関係を結んだ武士身分の呼称。その主従関係は御恩と奉公と呼ばれる。御恩には、所領支配を保障する本領安堵と、新たな土地を与える新恩給与がある。御恩に対する奉公として、御家人は戦時には軍陣に臨んで忠勤を励み、平時でも京都大番役、鎌倉大番役等の軍役を務めるほか、関東公事(くうじ)と呼ばれる経済上の負担が定められていた。御家人は幕府の軍事・経済上の基盤であり、幕府もその統制と保護に努力したが、鎌倉時代後半には御家人間の貧富の差も開き、窮乏して所領を失う御家人も増えた。そのため鎌倉時代末期には御家人間の対立等が深刻化し、幕府滅亡の一因となった。鎌倉幕府滅亡後も江戸時代まで御家人の呼称は残ったが、その実質は変化した。

＊　＊　＊

◇鎌倉幕府軍制と御家人制　高橋典幸著　吉川弘文館　2008.9　314, 10p　22cm　9500円　①978-4-642-02878-3

◇鎌倉幕府御家人制の政治史的研究　清水亮著　校倉書房　2007.11　304p　21cm　（歴史科学叢書）　8000円　①978-4-7517-3910-5

◇源頼朝と関東の御家人―千葉開府880年　千葉市立郷土博物館特別展図録　千葉市立郷土博物館編　千葉　千葉市立郷土博物館　2006.10　35p　30cm　〈会期：平成18年10月3日―11月5日〉

◇三浦義村　暁太郎著　新人物往来社　2006.8　221p　19cm　1500円　①4-404-03416-4

◇鎌倉幕府と葛西氏―地域フォーラム・地域の歴史をもとめて　葛飾区郷土と天文の博物館編　名著出版　2004.5　200p　22cm　〈文献あり〉　3000円　①4-626-01691-X

◇鎌倉御家人平子氏の西遷・北遷―特別展　横浜市歴史博物館編　横浜　横浜市歴史博物館　2003.10　262p　30cm　〈会期：平成15年10月18日―11月24日　年表あり　文献あり〉

◇文士と御家人―中世国家と幕府の吏僚　北爪真佐夫著　青史出版　2002.3　398p　22cm　9000円　①4-921145-13-X

◇鎌倉幕府御家人制の展開　七海雅人著　吉川弘文館　2001.12　306, 13p　22cm　11000円　①4-642-02809-9

◇輪廻無常―鎌倉御家人の軌跡　山根京一著　ライフリサーチプレス　1999.5　222p　20cm　1500円　①4-906472-39-7

◇鎌倉幕府御家人制度の研究　田中稔著　吉川弘文館　1991.8　469, 12p　22cm　8500円　①4-642-02636-3

◇御家人制の研究　御家人制研究会編　吉川弘文館　1981.7　472p　22cm　6800円

◇鎌倉御家人　安田元久著　〔東村山〕　教育社　1981.5　209p　18cm　（教育社歴史新書）　800円

◇鎮西御家人の研究　瀬野精一郎著　吉川弘文館　1975　536p　22cm　（日本史学研究叢書）　4800円

政 所
まんどころ

鎌倉・室町幕府の政務機関。鎌倉幕府は当初公文所を開設したが、これを政所と改称し、広範な行政事務の管理と鎌倉市中の行政などを担当させた。のち引付方が設置されると、政所の業務は幕府の財政事務にほぼ限定されたと考えられる。政所には別当・令、知家事(ちかじ)・大従・小従などの職員が置かれた。のちには大社寺・国衙・荘園などにも政所が設置されるようになった。室町幕府においては、幕府財政と京都市中の行政を担当し、問注所が関係していた雑務沙汰も政所の沙汰となるなど、その役割は再び増大した。

＊　＊　＊

◇赤土政所遺跡発掘調査報告書　第1次調査　静岡県菊川市教育委員会編　〔菊川〕　静岡県菊川市教育委員会　2006.3　14p　30cm　（菊川市埋蔵文化財報告書　第6集）

◇上野遺跡・柳ケ谷遺跡・島巡り遺跡・相原政所遺跡・大内ケ迫・宮ノ谷遺跡・桜山遺跡・麦田ノ上遺跡―真中地区遺跡発掘調査報告書 〔豊後高田〕 豊後高田市教育委員会 2000.3 110p 30cm (豊後高田市文化財調査報告書 第6集)

◇加茂政所遺跡・高松原古才遺跡・立田遺跡 第1分冊 岡山県古代吉備文化財センター編 岡山 岡山県教育委員会 1999.3 575p 30cm (岡山県埋蔵文化財発掘調査報告 138) 〈共同刊行:日本道路公団中国支社津山工事事務所〉

◇加茂政所遺跡・高松原古才遺跡・立田遺跡 第2分冊 岡山県古代吉備文化財センター編 岡山 岡山県教育委員会 1999.3 p577-920 図版132p 30cm (岡山県埋蔵文化財発掘調査報告 138) 〈共同刊行:日本道路公団中国支社津山工事事務所〉

◇加茂政所遺跡・高松原古才遺跡・立田遺跡 第3分冊 岡山県古代吉備文化財センター編 岡山 岡山県教育委員会 1999.3 p925-1202 図版p133-160 30cm (岡山県埋蔵文化財発掘調査報告 138) 〈共同刊行:日本道路公団中国支社津山工事事務所〉

◇立田遺跡 2 高松原古才遺跡 2 加茂政所遺跡 2 津寺遺跡 6 岡山県古代吉備文化財センター編, 岡山県古代吉備文化財センター編, 岡山県古代吉備文化財センター編, 岡山県古代吉備文化財センター編 岡山 岡山県教育委員会 1999.3 222p 図版48p 30cm (岡山県埋蔵文化財発掘調査報告 143) 〈立田排水機場建設ならびに立田排水機場関連放水管地下埋設事業に伴う発掘調査〉

◇政所遺跡発掘調査報告書 菊川町教育委員会編 〔菊川町(静岡県)〕 菊川町教育委員会 1997.2 16p 図版7枚 26cm (菊川町埋蔵文化財調査報告書 第44集) 〈共同刊行:静岡県袋井土木事務所〉

◇政所跡 政所跡発掘調査団編 〔鎌倉〕 政所跡発掘調査団 1991.3 66p 26cm 〈神奈川県鎌倉市所在〉

◇土佐の政所 矢野城楼著 高知 高知市民図書館 1989.3 180p 21cm 1900円

◇多田神社政所殿―昭和新営の記録 福本賀弘ほか執筆 神戸 空間構成研究所 1986.5 87p 27cm 〈監修:福本賀弘, 多淵敏樹 写真:喜多章〉 8500円

◇政所馬渡 賀川光夫編 別府 別府大学付属博物館 1982.2 102p 26cm

◇続史料大成 第12巻 親元日記 3 文明17年・政所内評定記録・政所賦銘引付 竹内理三編 増補 京都 臨川書店 1978.12 408p 22cm 〈それぞれの複製〉 4250円

侍所
さむらいどころ

鎌倉・室町両幕府の機関の名称。三位以上の貴族家における警備の侍の詰所。源頼朝が挙兵当初から軍事統率の中心機関として侍所を設けたのが始まり。当初は長官に当たる別当に和田義盛、次官の所司に梶原景時を任命。その後、軍事のみならず、刑事裁判をも管轄し幕府の最重要機関の一つとなり、北条氏はその別当を独占的に世襲して権力確立の基礎とした。室町幕府になると、軍事統率の面は薄れ、多く山城国守護を兼ねて京都市政の管轄者となった。頭人には赤松・一色・山名・京極の4氏が交替に任ぜられ、三管領に次ぐ四職(ししき)家と呼ばれた。

* * *

◇鎌倉幕府裁許状集 上 関東裁許状篇 瀬野精一郎編 増訂版 吉川弘文館 1987.11 480p 21cm 8000円 ①4-642-02515-4

◇日本経済大典 第1-8巻 滝本誠一編 明治文献 1966 8冊 22cm 〈複製〉 各3500円

◇羣書類従 第22輯 武家部 〔第1〕(巻第400-413) 塙保己一編, 続群書類従完成会校 訂正版 続群書類従完成会 1959 3版 626p 19cm

◇羣書類従 第22輯 武家部 〔第1〕(巻

第400-413） 塙保己一編, 続群書類従完成会校 群書類従刊行会 1955 626p 22cm

問注所
もんちゅうじょ

鎌倉・室町両幕府の部局。寿永3年（1184年）に設置された。初代執事は三善康信。名は訴訟の対決を意味する語「問注」に由来。鎌倉時代の初期には訴訟一般を管轄し、のち訴訟受理とおもに金銭貸借などの民事裁判を管轄した。室町幕府も鎌倉幕府の例にならったが、しだいに機能を縮小して文書の保管などを扱った。

＊　＊　＊

◇中世公武新制の研究 佐々木文昭著 吉川弘文館 2008.6 308, 16p 22cm 10000円 ①978-4-642-02877-6

◇初代問注所執事三善康信―鎌倉幕府の組織者 三島義教著 大阪 新風書房 2000.12 281p 22cm 〈背のタイトル：三善康信〉 4762円 ①4-88269-463-8

◇西国武士団関係史料集 32 問注所文書 1 芥川龍男, 福川一徳編校訂 文献出版 1998.6 100p 26cm 〈複製と翻刻〉 4200円 ①4-8305-5637-4

◇西国武士団関係史料集 33 問注所文書 2 芥川龍男, 福川一徳編校訂 文献出版 1998.6 92p 26cm 〈複製〉 4200円 ①4-8305-5638-2

◇鎌倉幕府裁許状集 上 関東裁許状篇 瀬野精一郎編 増訂版 吉川弘文館 1987.11 480p 21cm 8000円 ①4-642-02515-4

◇日本古代中世史論考 佐伯有清編 吉川弘文館 1987.3 515p 22cm 8000円 ①4-642-01269-9

◇日本古代中世史論考 佐伯有清編 吉川弘文館 1987.3 515p 22cm 8000円 ①4-642-01269-9

六波羅探題
ろくはらたんだい

鎌倉幕府の機関名および職名。鎌倉末期、1319～22年（元応1～元亨2年）、京都の六波羅に設けられた。幕府は初め京都守護を置き朝幕間の折衝に当たらせたが、承久の乱の際にこの職に替えた。執権に次ぐ重職で、北条氏一門から選任され、南方・北方の2名よりなり、朝廷の監視と京都市中の警備を行い、西国の政務や裁判権をも掌握。元弘の乱のなかで元弘3・正慶2年（1333年）廃滅。

＊　＊　＊

◇鎌倉時代の政治と経済 東京堂出版 1999.4 432p 22cm （鎌倉遺文研究 1） 9000円 ①4-490-20374-8

◇中世の都市と武士 高橋慎一朗著 吉川弘文館 1996.8 255p 22cm 5459円 ①4-642-02752-1

◇鎌倉幕府訴訟制度の研究 佐藤進一著 岩波書店 1993.2 330, 12p 22cm 〈畝傍書房1943年刊の再刊〉 6800円 ①4-00-002806-5

◇鎌倉時代政治史研究 上横手雅敬著 吉川弘文館 1991.6 323, 16p 22cm 6500円 ①4-642-02634-7

◇鎌倉時代の朝幕関係 森茂暁著 京都 思文閣出版 1991.6 486, 18p 22cm （思文閣史学叢書） 〈折り込1枚〉 9064円 ①4-7842-0648-5

◇太平記紀行 邦光史郎著 徳間書店 1991.4 175p 16cm （徳間文庫） 320円 ①4-19-569294-6

◇「太平記」を歩く―日本人の心の源流を求めて 田中澄江著 PHP研究所 1991.2 225p 19cm 1100円 ①4-569-53003-6

◇鎌倉幕府裁許状集 上 関東裁許状篇 瀬野精一郎編 増訂版 吉川弘文館 1987.11 480p 21cm 8000円 ①4-642-02515-4

◇鎌倉幕府裁許状集 下 六波羅鎮西裁許状篇 瀬野精一郎編 吉川弘文館

1987.11　350p　21cm　6400円
①4-642-02516-2

◇日本古文書学論集　5　中世　1 鎌倉時代の政治関係文書　日本古文書学会編　瀬野精一郎, 村井章介編　吉川弘文館　1986.12　418p　22cm　5800円
①4-642-01260-5

◇九州史研究　竹内理三編　御茶の水書房　1968　513p　22cm　〈竹内理三先生還暦記念論文集〉

守護
しゅご

鎌倉時代以後一国ごとに設置された武家の軍事的行政官。守護人、守護奉行職、守護奉行人とも呼ばれる。文治元年（1185年）源頼朝が直接には弟義経の追捕を目的として勅許を得た後に設置したもので、当時は惣追捕使と呼ばれたとする説があるが、呼称や成立時期については諸説がある。国ごとに1人を原則とし、大番催促、謀叛人・殺害人の逮捕を主要任務とし、これらは大犯（だいぼん）三箇条と称された。鎌倉末期には国内の地頭・御家人を傘下に収め、国衙の職務を奪い吸収して領主化していった。室町時代に至り、しだいに領国支配を進め、守護大名とよばれるようになった。

＊　＊　＊

◇日本中世社会構造の研究　永原慶二著　吉川弘文館　2007.9　540, 7p　22cm　（永原慶二著作選集 第3巻）　16000円
①978-4-642-02682-6

◇室町幕府と守護権力　川岡勉著　吉川弘文館　2002.7　361, 8p　22cm　8500円
①4-642-02814-5

◇東国守護の歴史的特質　松本一夫著　岩田書院　2001.11　472, 20p　22cm　（中世史研究叢書 1）　9900円
①4-87294-225-6

◇室町幕府守護制度の研究　上　南北朝期諸国守護沿革考証編　佐藤進一著　東京大学出版会　1999.9（第4刷）　280p　21cm　4800円　①4-13-020021-6

◇国別守護・戦国大名事典　西ヶ谷恭弘編　東京堂出版　1998.9　333p　23cm　3800円　①4-490-10491-X

◇河内守護畠山氏の研究　森田恭二著　近代文芸社　1993.4　305p　20cm　2500円　①4-7733-1856-2

◇日本中世社会構造の研究　永原慶二著　岩波書店　1988.11　752, 9p　22cm　5800円　①4-00-001595-8

◇室町幕府守護職家事典　下巻　今谷明, 藤枝文忠編　新人物往来社　1988.11　543p　22cm　8800円

◇室町幕府守護職家事典　下巻　今谷明編, 藤枝文忠編　新人物往来社　1988.11　543p　22cm　8800円　①4-404-01533-X

◇室町幕府守護制度の研究―南北朝期諸国守護沿革考証編　下　佐藤進一著　東京大学出版会　1988.11　328, 25p　21cm　3800円　①4-13-020086-0

◇室町幕府守護職家事典　上巻　今谷明, 藤枝文忠編　新人物往来社　1988.4　527p　22cm　8800円　①4-404-01501-1

◇守護領国支配機構の研究　今谷明著　法政大学出版局　1986.12　482, 28p　22cm　（叢書・歴史学研究）　8900円

◇日本中世の領主制と村落　下巻　島田次郎著　吉川弘文館　1986.6　434, 18p　22cm　〈折り込図3枚〉　7800円
①4-642-02610-X

◇足利一門守護発展史の研究　小川信著　吉川弘文館　1980.2　770, 40p　22cm　8700円

◇論集日本歴史　5　室町政権　小川信編　有精堂出版　1975　380p　22cm　〈監修：豊田武, 児玉幸多, 大久保利謙〉　2800円

◇鎌倉幕府守護制度の研究　諸国守護沿革考証編　佐藤進一著　増訂　東京大学出版会　1971　274, 18p　21cm　1400円

◇室町幕府守護制度の研究　上　南北朝期諸国守護沿革考証編　佐藤進一著　東京大学出版会　1967　276p　21cm

◇室町幕府守護制度の研究 上 南北朝期諸国守護沿革考証編 佐藤進一著 東京大学出版会 1967 276p 21cm 900円

◇講座社会科教育 第6巻 日本史 第1 板野長八等編 京都 柳原書店 1964 309p 22cm

◇守護と地頭 安田元久著 至文堂 1964 223p 19cm (日本歴史新書) 〈付 参考文献 221-223p〉

◇岩波講座日本歴史 第7 中世 第3 家永三郎等編 岩波書店 1963 337p 22cm

◇新日本史大系 第3巻 中世社会 豊田武編 朝倉書店 1954 402p 図版 22cm

◇鎌倉幕府守護制度の研究―諸国守護沿革考証篇 佐藤進一著 要書房 1948 216p 表 21cm (人文科学委員会編 人文科学研究叢書 第1編)

◇鎌倉幕府守護制度の研究―諸国守護沿革考証篇 佐藤進一著 要書房 1948 216p 21cm (人文科学研究叢書 第1編)

◇鎌倉幕府守護制度の研究 諸国守護沿革考証篇 佐藤進一著 要書房 1948 216p 表 21cm (人文科学研究叢書 第1編 人文科学委員会編)

地 頭
じとう

平安末期から鎌倉時代の職の一つ。文治元年(1185年)源頼朝が勅許を得て制度化した。おもに下司(げし)など荘官の権限と得分を継承し、職権として下地管理権・徴税権・警察および裁判権などがあった。所領の性格から分類すると一般的な荘郷地頭と、頼朝によって国ごとに置かれたとする国地頭のほか、郡地頭・郷地頭がある。また補任の動機からは本領安堵の地頭と新恩の地頭、得分の形態からは承久の乱後に補任された新補地頭と旧来からの本補地頭に分類される。さらに地頭としての職務とそれに付随する権限である地頭職の分割・相続に伴い、一分地頭や惣領地頭の語も生まれた。地頭は職権を利用してしだいに領主化し、荘園領主との対立が激化した。その解決のために、地頭が荘園領主に対し豊凶にかかわりなく一定額の年貢貢納を請け負う地頭請や、下地中分の方法がとられた。守護領国制の展開とともに地頭は有力守護の支配下に組み込まれていった。

* * *

◇鎌倉幕府体制成立史の研究 三田武繁著 吉川弘文館 2007.12 399, 11p 21cm 13000円 ①978-4-642-02870-7

◇鎌倉幕府御家人制の政治史的研究 清水亮著 校倉書房 2007.11 304p 21cm (歴史科学叢書) 8000円 ①978-4-7517-3910-5

◇日本中世社会構造の研究 永原慶二著 吉川弘文館 2007.9 540, 7p 22cm (永原慶二著作選集 第3巻) 16000円 ①978-4-642-02682-6

◇日本中世内乱史人名事典 別巻 佐藤和彦, 樋口州男, 錦昭江, 松井吉昭, 櫻井彦, 鈴木彰編 新人物往来社 2007.6 595p 21cm 15000円 ①978-4-404-03451-9

◇荘園の歴史地理的世界 中野栄夫著 同成社 2006.12 398p 22cm (同成社中世史選書 2) 〈年表あり〉 9000円 ①4-88621-374-X

◇鎌倉遺文研究 第18号 鎌倉遺文研究会編 鎌倉遺文研究会, 吉川弘文館〔発売〕 2006.10 96p 19cm 1900円 ①4-642-08998-5, ISSN1345-0921

◇中世小山への招待―人物と遺跡でみる 市制五十周年シンポジウム記念誌 小山の偉人・名所旧跡発掘調査委員会編 〔小山〕 小山市 2006.3 134p 30cm (小山市文化財調査報告 第66集) 〈会期・会場:平成16年5月29日 小山市文化センター小ホール 共同刊行:小山市教育委員会 文献あり 年表あり〉

◇中世国衙領の支配構造 錦織勤著 吉川弘文館 2005.12 363, 7p 22cm 9000円 ①4-642-02846-3

◇北日本中世社会史論 入間田宣夫著 吉川弘文館 2005.8 341, 7p 22cm

8500円 Ⓘ4-642-02843-9

◇中世の史料と制度 今江廣道編 続群書類従完成会 2005.6 305p 22cm 7000円 Ⓘ4-7971-0743-X

◇東北中世史の研究 上巻 入間田宣夫編 高志書院 2005.6 381p 22cm 7300円 Ⓘ4-86215-000-4

◇中世の社会と史料 羽下徳彦著 吉川弘文館 2005.2 296p 21cm 9000円 Ⓘ4-642-02837-4

◇武士と荘園支配 服部英雄著 山川出版社 2004.9 107p 21cm (日本史リブレット 24) 〈文献あり〉 800円 Ⓘ4-634-54240-4

◇荘園社会における宗教構造 苅米一志著 校倉書房 2004.4 348p 22cm (歴史科学叢書) 9000円 Ⓘ4-7517-3530-6

◇中世荘園制と鎌倉幕府 高橋一樹著 塙書房 2004.1 433, 31p 22cm 8500円 Ⓘ4-8273-1183-8

◇中世東寺領荘園の支配と在地 辰田芳雄著 校倉書房 2003.11 484p 21cm (歴史科学叢書) 13000円 Ⓘ4-7517-3490-3

◇長門地頭秘史 大嶋敦子, 伊藤太文著 叢文社 2002.10 382p 20cm 2000円 Ⓘ4-7947-0419-4

◇武蔵武士―郷土の英雄 事跡と地頭の赴任地を訪ねて 上 成迫政則著 東松山 まつやま書房 2002.7 324p 21cm 1700円 Ⓘ4-89623-021-3

◇鎌倉期社会と史料論 東京堂出版 2002.5 523p 22cm (鎌倉遺文研究 3) 〈シリーズ責任表示:鎌倉遺文研究会編〉 9800円 Ⓘ4-490-20469-8

◇中世の裁判を読み解く 網野善彦, 笠松宏至著 学生社 2000.10 225p 22cm 2400円 Ⓘ4-311-30039-5

◇相剋の中世―佐藤和彦先生退官記念論文集 佐藤和彦先生退官記念論文集刊行委員会編 東京堂出版 2000.2 344p 22cm 7500円 Ⓘ4-490-20396-9

◇訳注紀伊国地頭制史料 松田文夫編 〔和歌山〕 〔松田文夫〕 1999.7 227p 23cm 3000円

◇東寺文書にみる中世社会 東寺文書研究会編 東京堂出版 1999.5 616p 22cm 8500円 Ⓘ4-490-20381-0

◇中世社会の諸問題 宮川満著 第一書房 1999.3 595, 13p 22cm (宮川満著作集 3) Ⓘ4-8042-0693-0

◇日本中世の社会と女性 田端泰子著 吉川弘文館 1998.12 366, 10p 22cm 7800円 Ⓘ4-642-02673-8

◇中世日本の政治と史料 羽下徳彦著 吉川弘文館 1995.5 371, 3p 22cm 8652円 Ⓘ4-642-02746-7

◇ミミヲキリハナヲソギ―片仮名書百姓申状論 黒田弘子著 吉川弘文館 1995.3 342, 6p 20cm (中世史研究選書) 3502円 Ⓘ4-642-02667-3

◇崩壊期荘園史の研究―直務運動と代官請負 安西欣治著 岩田書院 1994.7 240p 22cm 6077円 Ⓘ4-900697-14-1

◇日本中世史像の形成―研究と教育の狭間 池永二郎著 柏書房 1993.10 290p 21cm (ポテンティア叢書 30) 3800円 Ⓘ4-7601-1013-5

◇武士と文士の中世史 五味文彦著 東京大学出版会 1992.10 300, 11p 21cm 2884円 Ⓘ4-13-020102-6

◇中世の村落と現代 石井進編 吉川弘文館 1991.9 370p 22cm 6800円 Ⓘ4-642-02637-1

◇石母田正著作集 第9巻 中世国家成立史の研究 青木和夫ほか編 岩波書店 1989.7 322p 22cm 4400円 Ⓘ4-00-091409-X

◇室町幕府守護職家事典 下巻 今谷明編, 藤枝文忠編 新人物往来社 1988.11 543p 22cm 8800円 Ⓘ4-404-01533-X

◇地頭及び地頭領主制の研究 安田元久著 山川出版社 1985.1 460, 44, 9p 22cm 4200円 Ⓘ4-634-61210-0

◇中世の法と国家　石母田正編, 佐藤進一編　東京大学出版会　1984.3　511p　22cm　（日本封建制研究 1）　4800円　①4-13-020007-0

◇研究史 地頭　関幸彦著　吉川弘文館　1983.9　248p　19cm　1800円

◇地頭　関幸彦著　吉川弘文館　1983.9　248, 7p　19cm　（研究史）　1800円

◇御家人制の研究　御家人制研究会編　吉川弘文館　1981.7　472p　22cm　6800円

◇在地領主制　鈴木国弘著　雄山閣出版　1980.2　295p　22cm　（中世史選書 2）　2800円

◇鎌倉幕府地頭職成立史の研究　義江彰夫著　東京大学出版会　1978.3　780, 21p　22cm　7500円

◇荘園制と武家社会　続　竹内理三博士古稀記念会編　吉川弘文館　1978.1　529p　22cm　5300円

◇論集日本歴史　4　鎌倉政権　黒川高明, 北爪真佐夫編　有精堂出版　1976　354p　22cm　〈監修：豊田武, 児玉幸多, 大久保利謙〉　2800円

◇岩波講座日本歴史　5　中世　1　岩波書店　1975　339p　22cm　1800円

◇日本古代・中世史の地方的展開　豊田武教授還暦記念会編　吉川弘文館　1973　486p　22cm　4300円

◇中世の権力と民衆　日本史研究会史料研究部会編　大阪　創元社　1970　528p　22cm　（創元学術双書）　3500円

◇荘園制と武家社会　竹内理三博士還暦記念会編　吉川弘文館　1969　612p　22cm　3500円

◇守護と地頭　安田元久著　至文堂　1964　223p　19cm　（日本歴史新書）　〈付 参考文献 221-223p〉

◇鎌倉―室町時代における球磨の地頭一覧　宮元尚著　多良木町（熊本県）　多良木町文化財保護委員会　1963.3　20p　26cm

◇地頭及び地頭領主制の研究　安田元久著　山川出版社　1961　460, 44p　22cm

◇地頭及び地頭領主制の研究　安田元久著　山川出版社　1961　460, 44p　22cm

◇中世の法と國家　石母田正, 佐藤進一編　東京大学出版会　1960　511p　22cm　（日本封建制研究 第1）

◇中世社会の基本構造　日本史研究会（京都大学内）史料研究部会編　御茶の水書房　1958　461p　22cm

◇庄園村落の構造　柴田実著　大阪　創元社　1955　438p 表 地図　22cm　〈別篇：丹波国和智庄における地頭家とその氏神祭の変遷（竹田聴洲）〉

◇初期封建制の構成―中世初期における地頭・御家人の本質および武士団の構造　安田元久著　国土社　1950　219p　22cm　（新日本社会史選書 第2）

◇庄園の研究　中田薫著　彰考書院　1948　419p　21cm　（法制史叢書 第1冊）　〈附録：鎌倉時代の地頭職は官職に非ず, 諸国総追捕使及総地頭職補任続考, 解題, 和文索引, 欧文索引〉

梶原 景時
かじわら かげとき

？～正治2年（1200年）1月20日

武将。相模国（神奈川県）の人。通称は平三。鎌倉景清の子で、母は横山小野孝兼の娘。治承4年（1180年）石橋山の戦いでは、平家方に属しながらも源頼朝の窮地を救い頼朝の厚い信任を得る。その後、源義仲追討や平家追討で戦功を重ね、屋島の戦いで源義経と対立したため頼朝に讒言して義経を失脚させたと伝えられる。元暦元年（1184年）播磨、美作（みまさか）の守護に任じられ、西国にも勢力を築く一方、侍所所司、厩別当など幕府の要職につき、のちには和田義盛より侍所別当の職を奪い、御家人統制の中心として敏腕を振るった。正治元年（1199年）頼朝の死後も宿老として活躍したが、結城朝光を源頼家に讒言したことから、有力御家人に弾劾されて失脚。翌2年（1200年）甲斐の武田有義を将軍に擁立し、上洛して幕府に対抗しようと謀反

を企てたが、駿河狐崎で一族と共に討死した。

＊　＊　＊

◇鎌倉を歩く 時宗を歩く　鈴木亨著　鷹書房弓プレス　2001.4　230p　19cm　1300円　①4-8034-0460-7

◇梶原景時―知られざる鎌倉本体の武士　梶原等著　新人物往来社　2000.11　270p　22cm　1900円　①4-404-02886-5

◇頼朝が思い込み過ぎた梶原景時　澤地英著　そうぶん社出版　2000.7　91p　20cm　①4-88328-218-X

◇梶原景時の生涯―ほか　松尾四郎著　静岡　松尾書店　1979.6　271p　22cm

比企 能員
ひき よしかず

？～建仁3年(1203年)9月2日

鎌倉時代初期の武将。武蔵国比企郡の人。通称、藤四郎。源頼朝の乳母比企尼の養子で、そのため早くより頼朝に仕える。文治5年(1189年)奥州藤原泰衡追討には北陸道大将軍、大内兼任の乱には東山道大将軍として出陣。また側近として行政事務も行う。娘の若狭局が2代将軍頼家の妻となり、嫡子一幡を生んだことで外戚となり、頼朝の死後は13人の合議衆の一人として加えられるなど権勢をふるったため、次第に北条氏と対立するようになる。建仁3年(1203年)頼家が危篤となった際に北条時政が一幡と頼家の弟実朝に対する遺領分与を勝手に決めたため、これを不満として頼家と時政追討の密議を企てたが、北条政子に漏れて9月2日に謀殺され、続いて一族も滅ぼされた。

＊　＊　＊

◇島津忠久とその周辺―中世史料散策　江平望著　鹿児島　高城書房出版　1996.5　238p　20cm　2500円　①4-924752-61-4

◇武蔵武士　渡辺世祐, 八代国治著　有峰書店新社　1987.10　289p　19cm　2800円　①4-87045-172-7

畠山 重忠
はたけやま しげただ

長寛2年(1164年)～元久2年(1205年)6月22日

鎌倉時代初期の武将。武蔵の人。幼名を氏王丸、通称は荘司次郎。畠山重能の子。治承4年(1180年)石橋山の戦では平氏につき、源頼朝の挙兵に呼応した三浦一族を相模衣笠城に攻撃。その後安房で再挙した頼朝に服属し、治承・寿永の乱における宇治川合戦や一ノ谷の戦いで軍功をあげる。文治5年(1189年)奥州征伐の勲功により陸奥葛岡郡地頭職を与えられる。剛勇廉直の士として名高く、鎌倉武士の模範とされ、頼朝の2度の上洛の際には先陣を務めた。元久2年(1205年)子重保が北条時政の後妻の娘婿である平賀朝雅との確執から時政に殺されたあと、重忠も北条軍と武蔵二俣川で戦って討ち死にした。

＊　＊　＊

◇畠山重忠辞典　川本町教育委員会編　川本町(埼玉県)　川本町教育委員会　2004.11　58p　21cm　〈年表あり〉

◇畠山重忠　嵐山町(埼玉県)　埼玉県立歴史資料館　2002.3　12p　30cm　(資料館ガイドブック no.13)　〈付属資料：図1枚〉

◇畠山重忠一代記―絵本　福島茂徳著　川本町(埼玉県)　川本町教育委員会　2001.3　105p　30cm

◇菅谷古城主畠山重忠君史輯正編　山岸章佑著, 島田昌彦現代語訳・注釈　嵐山町(埼玉県)　山岸宗朋　1995.4　154p　27cm　〈複製を含む〉

◇秩父ゆかりの畠山重忠公　彦久保一光著　秩父　彦久保一光　1993.10　161p　22cm　〈折り込図1枚〉

◇源平盛衰編　桑田忠親著　秋田書店　1989.10　238p　19cm　(新編 日本武将列伝 1)　1500円　①4-253-00362-1

◇武蔵武士　渡辺世祐, 八代国治著　有峰書店新社　1987.10　289p　19cm　2800円　①4-87045-172-7

◇畠山重忠　貫達人著　吉川弘文館

1987.4 218p 19cm （人物叢書 新装版）〈新装版 叢書の編者：日本歴史学会〉 1400円 ①4-642-05072-8

◇畠山重忠公 川本町（埼玉県） 畠山重忠公史蹟保存会 1977.7 113p 図 22cm 非売品

◇畠山重忠 貫達人著 吉川弘文館 1962 218p 図版 18cm （人物叢書 第92 日本歴史学会編）

熊谷 直実
くまがい なおざね

永治元年（1141年）～承元2年（1208年）9月14日

武士。武蔵国（埼玉県）の人。通称は次郎、号は蓮生。熊谷直貞の子。保元・平治の乱で源氏に従うが、乱後は平知盛に仕える。治承4年（1180年）の石橋山の戦いでは平氏方であったが、佐竹追討に際しての戦功で、一族の久下直光に押領されていた熊谷郷の安堵を受ける。その後、平氏追討に活躍する。一ノ谷の戦いで平敦盛を討ち取るなどの功をあげたが、文治3年（1187年）頼朝の命に背いて所領の一部を没収される。建久3年（1192年）久下直光との領地争いの裁定に不満を抱いて出家し、法然の弟子となった。

＊　＊　＊

◇熊谷直実 英文版―Memorirs of the Warrior KUMAGAI ドナルド・リチー著 チャールズ・イー・タトル出版 2005.8 247p 21×13cm 〈本文：英文〉 1700円 ①4-8053-0847-8

◇熊谷直実 熊谷市文化連合編 復刻版 熊谷 熊谷市立図書館 1999.10 171p 26cm 〈原本：昭和44年刊〉

◇熊谷直実一代記図録 熊谷 熊谷市立図書館 1988.3 73p 26cm 〈'88さいたま博開催地記念〉

◇武蔵武士 渡辺世祐, 八代国治著 有峰書店新社 1987.10 289p 19cm 2800円 ①4-87045-172-7

◇熊谷法力房蓮生法師―熊谷次郎直実の生きた道 漆間和美著 熊谷 熊谷法力房蓮生法師奉賛会 1987.9 267p 22cm 〈熊谷直実の肖像あり〉

◇熊谷直実 熊谷市文化連合編 熊谷 熊谷市文化連合 1969 171p 図 肖像 22cm 非売

和田 義盛
わだ よしもり

久安3年（1147年）～建保元年（1213年）5月3日

武将。通称は小太郎。根拠地は相模（神奈川県三浦市）和田。相本義宗の子で三浦義明の孫。治承4年（1180年）源頼朝の挙兵に応じて三浦一族と行動を共にしたが、衣笠合戦に敗れ、安房に逃れて頼朝と合流。侍所の設置に伴い初代別当となる。奥州征伐で功をあげて頼朝の信任を得、頼朝の上洛中は洛中警護を務めた。正治元年（1199年）源頼家の親裁を停止して宿老13名による合議制が発足すると、その一員となる。その後も、梶原景時追討や建仁3年（1203年）比企の乱では北条時政に加担してこれを討ち、同じく将軍頼家から時政の追討を命じられ、北条氏に通じて頼家を退け、実朝を3代将軍に擁立した。この間しだいに北条氏との対立が激化、建保元年（13年）北条氏排斥事件に加わった息子と甥に対する北条義時の処罰に憤って一族で挙兵したが敗れて全滅した（和田合戦）。

＊　＊　＊

◇源平盛衰編 桑田忠親著 秋田書店 1989.10 238p 19cm （新編 日本武将列伝 1） 1500円 ①4-253-00362-1

◇和田義盛―浄楽寺仏像の願主 若命又男著 横須賀 若命又男 1977.1 288p 20cm 1500円

執権政治
しっけんせいじ

鎌倉時代、北条氏が執権の地位によって幕府の実権を掌握した政治体制。鎌倉幕府の歴史は、その政治形態によって、前期の鎌倉殿（将軍）の独裁政治、中期の執権政治、後期の得宗専制政治の3期に区分される。執権政治期には合議制が行われたとみる。建仁3年（1203年）、北条時政は源実朝を将軍に立てて初代の執権に就任した。2代執権北条義時は侍所別当を兼ね、両職を世襲。3代泰時は1225年連署・評定衆制度を設けて執権政治を確立させた。5代時頼は執権を退いた後も得宗として政治の実権を握り、これが得宗専制政治（9代北条貞時以降）につながった。執権政治の時期は、狭義には執権北条泰時・経時の時代のみであるが、広義にはこれに先だつ時政・義時の時代や、これに続く時頼、長時、政村、時宗の時代も含まれている。

＊　＊　＊

◇金沢北条氏の研究　永井晋著　八木書店　2006.12　508, 26p　21cm　12000円　①4-8406-2025-3

◇北条氏権力と都市鎌倉　秋山哲雄著　吉川弘文館　2006.12　344, 10p　22cm　11000円　①4-642-02861-7

◇鎌倉幕府と東国　岡田清一著　続群書類従完成会　2006.1　425, 18p　21cm　11000円　①4-7971-0745-6

◇石井進の世界　1　鎌倉幕府　石井進著, 石井進著作集刊行会編　山川出版社　2005.10　346, 6p　19cm　6500円　①4-634-59051-4

◇鎌倉北条氏の興亡　奥富敬之著　吉川弘文館　2003.8　226p　19cm　（歴史文化ライブラリー 159）〈文献あり〉　1700円　①4-642-05559-2

◇北条得宗家の興亡　岡田清一著　新人物往来社　2001.4　285p　20cm　2500円　①4-404-02917-9

◇北条家の叡知―日本最強の一族　加来耕三著　扶桑社　2001.2　346p　20cm　1429円　①4-594-03081-5

◇北条一族―平成13年NHK大河ドラマ　北条氏研究会編　新人物往来社　2001.1　174p　26cm　（別冊歴史読本 62）　1800円　①4-404-02762-1

◇鎌倉北条一族　奥富敬之著　新版　新人物往来社　2000.12　281p　20cm　2400円　①4-404-02895-4

◇鎌倉政権得宗専制論　細川重男著　吉川弘文館　2000.1　430, 127p　22cm　13000円　①4-642-02786-6

◇鎌倉と北条氏―もののふの都　石井進編　新人物往来社　1999.9　182p　26cm　（別冊歴史読本 30）　2000円　①4-404-02730-3

◇鎌倉北条氏と鎌倉山ノ内―得宗領相模国山内庄の様相　湯山学著　藤沢　光友会社会就労センター神奈川ワークショップ（印刷）　1999.9　176p　21cm　（南関東中世史論集 5）　1600円

◇ロマン的武家歴史論―将軍・執権歴代紀　木村信行著　再版　日本歴史研究所　1997.11　118p　26cm

◇金沢北条氏と称名寺　福島金治著　吉川弘文館　1997.9　312, 8p　22cm　6900円　①4-642-02761-0

◇都市鎌倉の武士たち　石丸煕著　新人物往来社　1993.4　227p　20cm　2300円　①4-404-02015-5

◇中世日本の諸相　下　安田元久先生退任記念論集刊行委員会編　吉川弘文館　1989.4　640p　22cm　10100円　①4-642-02629-0

◇中世日本の諸相　下巻　安田元久著, 安田元久先生退任記念論集刊行委員会編　吉川弘文館　1989.4　640p　22cm　9806円　①4-642-02629-0

◇鎌倉北条一族　奥富敬之著　新人物往来社　1983.9　280p　20cm　〈折り込地図1枚〉　2000円

◇鎌倉北条氏の基礎的研究　奥富敬之著　吉川弘文館　1980.11　295p　22cm　（戊午叢書）〈折り込地図1枚〉　2200円

◇北条九代記　増淵勝一訳　〔東村山〕　教育社　1979.9　3冊　18cm　（教育社新書）〈副書名：上 源平争乱と北条の陰謀, 中 もののふの群像, 下 武家と公家〉　各700円

◇北条一族―頼朝と政子をめぐる権謀秘図　大月博志著　光風社出版　1979.6　254p　19cm　850円

◇鎌倉執権政治―その展開と構造　安田元

久著 〔東村山〕 教育社 1979.2 241p 18cm （教育社歴史新書） 600円

◇鎌倉将軍執権列伝 安田元久編 秋田書店 1974 406p 20cm 1700円

◇鎌倉の武士たち―北条九代記物語 西川清治著 若樹出版 1965 358p 図版 19cm

御成敗式目
ごせいばいしきもく

鎌倉幕府の基本法典。貞永式目、関東式目とも。貞永1年（1232年）制定。執権北条泰時が評定衆に命じて編纂させた、武家法最初の成文法典。源頼朝以来の慣習法や先例などをもとに成文化したもので、武家法の範となった。式目に追加して種々の立法がなされ、室町時代や戦国時代の立法にも影響を与えた。「御成敗式目」が正式の名称で、裁判規範であることを明示している。初め式条といい、のち単に式目ともいう。

＊　＊　＊

◇日本的革命の哲学 山本七平著 祥伝社 2008.2 458p 18cm （Non select） 1200円 ①978-4-396-50096-2

◇女性からみた中世社会と法 黒田弘子著 校倉書房 2002.3 414p 22cm （歴史科学叢書） 10000円 ①4-7517-3280-3

◇御成敗式目 大阪青山短期大学国文科編 箕面 大阪青山短期大学 1996.3 119p 21cm （大阪青山短期大学所蔵本テキストシリーズ 3）〈解説：細谷勘資 複製 発売：同朋舎出版（京都）〉 ①4-8104-2265-8

◇御成敗式目―影印・索引・研究 高橋久子, 古辞書研究会編著 笠間書院 1995.9 291p 22cm （笠間索引叢刊 108）〈複製および翻刻〉 6800円 ①4-305-20108-9

◇日本的革命の哲学―日本人を動かす原理 山本七平著 PHP研究所 1992.4 362p 15cm （PHP文庫） 640円 ①4-569-56463-1

◇鎌倉幕府法漢字索引 第1部 校本御成敗式目 三保忠夫編 〔京都〕 〔三保忠夫〕 1985.11 117p 21cm 非売品

◇日本的革命の哲学―日本人を動かす原理 山本七平著 京都 PHP研究所 1982.12 338p 20cm 1500円 ①4-569-20913-0

◇中世法制史料集 別巻 御成敗式目註釈書集要 池内義資編 岩波書店 1978.10 657p 22cm 〈監修：牧健二〉 9000円

◇御成敗式目研究 植木直一郎著 名著刊行会 1976.10 602, 17p 22cm 〈1930年刊の複製〉

◇御成敗式目の研究 池内義資著 京都 平楽寺書店 1973 355p 22cm 〈付：表（5枚）〉 5800円

◇御成敗式目研究 植木直一郎著 名著刊行会 1966 602p 22cm 〈昭和5年 岩波書店刊の複刻 限定版〉

◇御成敗式目研究 植木直一郎著 名著刊行会 1966 602p 22cm 〈昭和5年岩波書店刊の複刻 限定版〉 5000円

北条 時政
ほうじょう ときまさ

保延4年（1138年）～建保3年（1215年）1月6日

鎌倉幕府初代執権。伊豆の人。通称は四郎。北条時方の子、母は伴為房の娘。伊豆に流された源頼朝の監視役であったが、娘政子が頼朝の妻となったため、治承4年（1180年）頼朝の挙兵に従う。文治元年（1185年）源義経追補を名目に上洛し、朝廷との交渉役を務め、また守護・地頭設置の勅許に成功し、初代京都守護職となる。頼朝の死後は、2代将軍頼家の親裁を止めさせ、宿老の合議制によって政務を行う態勢とし、自らその構成員となる。建仁3年（1203年）比企能員、頼家を謀殺して実朝を3代将軍に擁立し、初代執権となって幕政の実権を握る。元久2年（1205年）将軍実朝を排斥しようと画策したが、子の義時や政子らに阻まれたため出家して伊豆北条に退隠し、10年後に北条で没した。執権の在職期間は建仁3年から元久2年（1203～1205年）。

＊　＊　＊

◇英傑の日本史　源平争乱編　井沢元彦著　角川学芸出版, 角川グループパブリッシング(発売)　2008.9　311p　15cm　(角川文庫)　〈年表あり〉　552円　Ⓘ978-4-04-166218-2

◇蒙古襲来から国を護った北条時宗と鎌倉時代　高野澄著　勁文社　2001.5　333p　16cm　(勁文社「大文字」文庫)　〈奥付のタイトル：北条時宗と鎌倉時代〉　895円　Ⓘ4-7669-3761-9

◇伊豆の竜神・源頼朝と北条時政　福島裕鳳著　新人物往来社　2000.9　289p　20cm　1500円　Ⓘ4-404-02879-2

◇裏方将軍 北条時政　小野真一著　叢文社　2000.1　418p　19cm　3000円　Ⓘ4-7947-0326-0

◇梟雄・北条時政―何故、日本が唯一、非欧米諸国の中で主要先進国になれたのか？　飯沢喜志朗著　日本図書刊行会　1999.12　223p　20cm　〈東京 近代文芸社(発売)〉　1500円　Ⓘ4-8231-0482-X

◇平家物語　巻之5　光瀬竜著　角川書店　1989.8　245p　15cm　(角川文庫)　390円　Ⓘ4-04-139521-6

北条 政子
ほうじょう まさこ

保元2年(1157年)～嘉禄元年(1225年)7月11日

源頼朝の妻。通称は二位尼、尼将軍。北条時政の娘。伊豆配流中の頼朝と結婚し、頼家、実朝ら2男2女を生む。正治元年(1199年)頼朝が急死し頼家が将軍になると出家したが、父時政、弟義時と共に幕政の主導権を得るため、頼家から将軍親裁権を剥奪し、宿老による合議体制とした。さらに、建仁3年(1203年)将軍頼家を廃して二男実朝を3代将軍に立て、その後見役となって幕政に参画。元久2年(1205年)父時政が後妻牧方の女婿平賀朝雅を将軍にしようと画策したため、時政を引退に追い込み朝雅を討った。建保6年(1218年)実朝の後継者を求めて後鳥羽院の実力者藤原兼子と会談し、従二位に叙せられた。承久3年(1221年)後鳥羽上皇によって承久の乱が起こると、御家人たちに幕府の恩を説いて奮起を促し、都に攻め上らせ乱の鎮圧を成功させた。政子の墓は政子が栄西を開山として創建した鎌倉の寿福寺にある。

＊　＊　＊

◇なでしこ日本史―女性は太陽であり続けてきた！　渡部昇一著　育鵬社, 扶桑社〔発売〕　2009.6　191p　19cm　1300円　Ⓘ978-4-594-05959-0

◇尼将軍北条政子―日本史初の女性リーダー　童門冬二著　PHP研究所　2008.11　296p　15cm　(PHP文庫)　619円　Ⓘ978-4-569-67144-4

◇学校では教えてくれない日本史事件の謎―史上に残る大事件の知られざる真相に迫る！　学研編集部編　学習研究社　2006.5　161p　21cm　1100円　Ⓘ4-05-403105-6

◇おんなたちの源平恋絵巻　高城修三著　京都　京都新聞出版センター　2004.11　159p　21cm　1500円　Ⓘ4-7638-0548-7

◇時代を変えた女たち　童門冬二著　潮出版社　2004.7　280p　19cm　1700円　Ⓘ4-267-01705-0

◇北条政子―母が嘆きは浅からぬことに候　関幸彦著　京都　ミネルヴァ書房　2004.3　229, 7p　19cm　(ミネルヴァ日本評伝選)　2400円　Ⓘ4-623-03969-2

◇北条政子―幕府を背負った尼御台　田端泰子著　京都　人文書院　2003.10　212p　19cm　2300円　Ⓘ4-409-52052-0

◇北条政子―尼将軍の時代　野村育世著　吉川弘文館　2000.8　191p　19cm　(歴史文化ライブラリー 99)　〈文献あり〉　1700円　Ⓘ4-642-05499-5

◇女人鎌倉―歴史を再発見する15の物語　安西篤子著, 西村陽一郎写真　祥伝社　1998.4　258p　15cm　(ノン・ポシェット)　590円　Ⓘ4-396-31095-1

◇女人政治の中世―北条政子と日野富子　田端泰子著　講談社　1996.3　229p　18cm　(講談社現代新書)　650円　Ⓘ4-06-149294-2

◇持統女帝と北条政子　北島富雄著　〔鎌倉〕　〔北島富雄〕　1991.6　251p　19cm　〈製作：河内工房〉　1800円

◇北条政子　渡辺保著　吉川弘文館　1985.6　195p　19cm　（人物叢書 新装版）〈新装版 叢書の編者：日本歴史学会〉　1300円　①4-642-05002-7

◇北条政子　福武書店　1983.11　187p　26cm　（歴史ライブ）　1400円　①4-8288-0303-3, 4-8288-0300-9

◇北条政子　山主敏子著, 成瀬数富絵　あかね書房　1982.2　205p　20cm　（嵐の中の日本人シリーズ 16）　880円

◇北条政子―頼朝を将軍にした女　駒敏郎著　徳間書店　1979.2　253p　19cm　890円

◇北条政子と源頼朝の謎　高田直次著　アロー出版社　1979.2　199p　19cm　850円

◇炎の女―北条政子　榛葉英治著　静岡　静岡新聞社　1979.2　301p　20cm　980円

◇炎の女北条政子　八切止夫著　ダイヤモンド社　1979.1　206p　19cm　（八切止夫の日本意外史）　980円

◇阿魔将軍論考北条政子　八切止夫著　日本シェル出版　1978.11　238p　19cm　840円

◇権力を握った女―北条政子・日野富子・淀君・春日局　高野澄著　主婦の友社　1978.11　193p　19cm　（Tomo選書）　780円

◇北条政子―物語と史蹟をたずねて　土橋治重著　成美堂出版　1978.10　223p　19cm　800円

◇北条政子の生涯　松永義弘著　日本文華社　1978.10　260p　17cm　（文華新書）　650円

◇北条政子―北条秀司戯曲選集　北条秀司著　青蛙房　1973　477p　22cm　1500円

◇北条政子　永井路子著　講談社　1969　325p　20cm　580円

◇北条政子　渡辺保著　吉川弘文館　1961　195p 図版　18cm　（人物叢書 第59 日本歴史学会編）

北条 義時
ほうじょう よしとき

長寛元年（1163年）～元仁元年（1224年）6月13日

鎌倉幕府第2代執権。幼名は江間小四郎、号は得宗。北条時政の子で、母は伊東入道の女。父と共に源頼朝の挙兵に従い各地で活躍。頼朝の死後は有力御家人13名に加えられ訴訟の指揮にあたる。元久2年（1205年）牧氏事件で父時政と対立し、姉政子と協力して時政を伊豆に追放し引退させ政所別当となり、建保元年（1213年）には和田義盛を討ち侍所別当の地位も得る。3代将軍実朝の暗殺後、摂家将軍の九条頼経を迎え、また政子を助けつつ幕政の専権を握った。承久3年（1221年）承久の乱では、御家人を指揮して後鳥羽上皇ら京方を破り平定に成功。後鳥羽上皇を配流し、京都に六波羅探題を設置するなど、さらに権勢を高めて北条氏専制への道を開いたが、元仁元年（1224年）急死した。執権の在職期間は元久2年から貞応3年（1205～1224年）。

＊　　＊　　＊

◇北条義時　安田元久著　吉川弘文館　1986.4　278p　19cm　（人物叢書 新装版）〈新装版 叢書の編者：日本歴史学会〉　1500円　①4-642-05033-7

承久の乱
じょうきゅうのらん

承久3年（1221年）に起きた朝廷と鎌倉幕府との戦い。公家勢力の回復を図って鎌倉幕府打倒の機をうかがっていた後鳥羽上皇が、源実朝暗殺後の幕府の内紛に乗じて挙兵すると、畿内周辺の武士や在京中の御家人がこれに応じ、北条義時を中心とする幕府軍と戦ったが、敗北した。後鳥羽・土御門・順徳3上皇は配流され、幕府の勢力はこの機会に一挙に西国に伸張し、全国政権としての基礎を固めた。

＊　＊　＊

◇日本の歴史　09　頼朝の天下草創　山本幸司著　講談社　2009.4　395p　15cm　（講談社学術文庫 1909）〈文献あり 年表あり 索引あり〉　1200円　①978-4-06-291909-8

◇日本中世の朝廷・幕府体制　河内祥輔著　吉川弘文館　2007.6　349, 7p　22cm　9000円　①978-4-642-02863-9

◇渡部昇一の中世史入門―頼山陽「日本楽府」を読む　渡部昇一著　新版　PHP研究所　2007.6　358p　18cm　〈『甦る日本史（2）』改訂・改題書〉　950円　①978-4-569-69337-8

◇鎌倉時代―その光と影　上横手雅敬著　復刊　吉川弘文館　2006.12　279p　19cm　（歴史文化セレクション）　2300円　①4-642-06304-8

◇院政―もうひとつの天皇制　美川圭著　中央公論新社　2006.10　270p　18cm　（中公新書）〈文献あり〉　820円　①4-12-101867-2

◇徹底検証「新しい歴史教科書」―東アジア・境界域・天皇制・女性史・社会史の視点から　中世編　川瀬健一著　同時代社　2006.8　371p　21cm　（シリーズ歴史教科書の常識をくつがえす）　3200円　①4-88683-585-6

◇中世軍記の展望台　武久堅監修, 池田敬子, 岡田三津子, 佐伯真一, 源健一郎編集委員　大阪　和泉書院　2006.7　612p　22cm　（研究叢書 354）　18000円　①4-7576-0378-9

◇源平争乱と鎌倉武士―源平期―鎌倉期　武光誠監修・年表解説　世界文化社　2006.3　199p　24cm　（日本の歴史を見る ビジュアル版 3）〈年譜あり　年表あり〉　2400円　①4-418-06210-6

◇鎌倉争乱と大江一族　大江隻舟著　福岡　西日本新聞社　2005.12　361p　22cm　2667円　①4-8167-0668-2

◇石井進の世界　1　鎌倉幕府　石井進著, 石井進著作集刊行会編　山川出版社　2005.10　346, 6p　19cm　6500円　①4-634-59051-4

◇騎馬民族から武士に至る武断の系譜―武士道の源流　下巻　田口宏雄著　新生出版　2005.7　333p　22cm　〈東京 ディーディーエヌ（発売）　年表あり〉　1600円　①4-86128-078-8

◇新・中世王権論―武門の覇者の系譜　本郷和人著　新人物往来社　2004.12　260p　19cm　1800円　①4-404-03228-5

◇日本中世史の再発見　峰岸純夫編　吉川弘文館　2003.5　365p　22cm　10000円　①4-642-02823-4

◇京・鎌倉の王権　五味文彦編　吉川弘文館　2003.1　284, 18p　22cm　（日本の時代史 8）〈シリーズ責任表示：石上英一〔ほか企画編集〕　文献あり　年表あり〉　3200円　①4-642-00808-X

◇日本の歴史　中世 1-4　鎌倉幕府と承久の乱　新訂増補　朝日新聞社　2002.6　p102-132　30cm　（週刊朝日百科 4）　476円

◇週刊ビジュアル日本の歴史　no.64　貴族の没落　4　デアゴスティーニ・ジャパン　2001.5　p128-167　30cm　533円

◇鎌倉の風雲―人物群像　学習研究社編集部編　学習研究社　2001.4　364p　15cm　（学研M文庫）〈年表あり〉　650円　①4-05-902042-7

◇鎌倉幕府の転換点―『吾妻鏡』を読みなおす　永井晋著　日本放送出版協会　2000.12　220p　19cm　（NHKブックス）　870円　①4-14-001904-2

◇中世の王朝社会と院政　白根靖大著　吉川弘文館　2000.2　286, 8p　22cm　7000円　①4-642-02787-4

◇軍記文学の系譜と展開―梶原正昭先生古稀記念論文集　梶原正昭, 梶原正昭先生古稀記念論文集刊行会編　汲古書院　1998.3　727p　22cm　25000円　①4-7629-3415-1

◇マンガ日本の歴史　16　朝幕の確執、承久の乱へ　石ノ森章太郎著　中央公論社

1997.9 212p 16cm （中公文庫） 524円 ①4-12-202952-X

◇日本の歴史―マンガ 16 朝幕の確執、承久の乱へ 石ノ森章太郎著 中央公論社 1991.2 235p 20cm 〈監修：児玉幸多〉 1000円 ①4-12-402816-4

◇承久記 松林靖明校注 新訂 現代思潮社 1982.8 234, 24p 20cm （古典文庫 68） 2100円

◇戦乱日本の歴史 4 蒙古来たる 小学館 1977.3 262p（図共） 20cm 980円

後鳥羽上皇 ごとばじょうこう

治承4年（1180年）7月14日～延応元年（1239年）2月22日 第82代天皇。名は尊成、法名は金剛理あるいは良然。高倉天皇の第四皇子、母は藤原殖子（七条院）。寿永2年（1183年）安徳天皇が平氏一門と共に都落ちすると、後白河法皇の詔命で三種の神器がないまま践祚。践祚後も後白河法皇が院政を行ったが、建久3年（1192年）法皇の没後、法皇と対立していた関白九条兼実、源通親が政権を握った。建久9年（1198年）上皇は土御門天皇に譲位して院政を始め、順徳・仲恭両天皇の代まで及んだ。西面の武士の新設、和歌所の再興など公家文化の振興を積極的に展開。承久元年（1219年）鎌倉の将軍源実朝が横死すると、幕府はかねての黙契によって後継将軍として上皇の皇子の東下を要請したが、上皇は幕府の瓦解を期待し、これを拒絶した。一方上皇は、寵姫伊賀局の所領である摂津国長江・椋橋両荘の地頭の改補を幕府に命じたが拒否され、幕府との対立が深まり、承久3年（1221年）鎌倉幕府追討の宣旨を出して挙兵したが敗れ（承久の乱）、隠岐に配流となり同地で崩御した。多才多芸で蹴鞠、管弦に長じ、囲碁、双六、闘鶏、流鏑馬なども好んだ。歌人としても優れ、『新古今和歌集』を撰上させ、歌集『後鳥羽院御集』、歌論集『後鳥羽院口伝』、日記『後鳥羽院宸記』などがある。御陵は島根県隠岐郡の海士町陵、京都市左京区大原来迎院町の大原陵。在位期間は寿永2年から建久9年（1183～1198年）。

◇後鳥羽院のすべて 鈴木彰, 樋口州男編 新人物往来社 2009.3 262p 20cm 〈文献あり 年譜あり〉 3000円 ①978-4-404-03575-2

◇天皇皇族実録 50 後鳥羽天皇実録 第1巻 藤井譲治, 吉岡眞之監修・解説 ゆまに書房 2008.10 18, 559p 22cm 〈宮内庁書陵部蔵の複製〉 ①978-4-8433-1995-6, 978-4-8433-1992-5

◇天皇皇族実録 51 後鳥羽天皇実録 第2巻 藤井譲治, 吉岡眞之監修・解説 ゆまに書房 2008.10 p561-1062 22cm 〈宮内庁書陵部蔵の複製〉 ①978-4-8433-1995-6, 978-4-8433-1992-5

◇天皇皇族実録 52 後鳥羽天皇実録 第3巻 藤井譲治, 吉岡眞之監修・解説 ゆまに書房 2008.10 p1063-1527 22cm 〈宮内庁書陵部蔵の複製〉 ①978-4-8433-1995-6, 978-4-8433-1992-5

◇天皇皇族実録 53 後鳥羽天皇実録 第4巻 藤井譲治, 吉岡眞之監修・解説 ゆまに書房 2008.10 p1529-2048 22cm 〈宮内庁書陵部蔵の複製〉 ①978-4-8433-1995-6, 978-4-8433-1992-5

◇夢のなかぞら―父藤原定家と後鳥羽院 大垣さなゑ著 東洋出版 2007.12 483, 8p 22cm 2667円 ①978-4-8096-7556-0

◇後鳥羽院 保田與重郎著 増補新版 京都 新学社 2000.1 292p 16cm （保田與重郎文庫 4） 950円 ①4-7868-0025-2

◇後鳥羽院とその周辺 田村柳壹著 笠間書院 1998.11 568p 22cm （笠間叢

書 317） 18000円 ①4-305-10317-6

◇後鳥羽院御集 後鳥羽院著, 寺島恒世著 明治書院 1997.6 384p 22cm （和歌文学大系 24） 5200円 ①4-625-51324-3

◇後鳥羽院と定家研究 田中裕著 大阪 和泉書院 1995.1 370p 22cm 12360円 ①4-87088-698-7

◇群書類従 巻第220 後鳥羽院御自歌合—外 塙保己一編 日本文化資料センター 1993.6 68丁 28cm 〈温故学会所蔵の原版木を使用 限定版 和装〉 11000円

◇後鳥羽院—光臨流水 西野妙子著 新装版 国文社 1989.8 254p 20cm

◇隠岐の後鳥羽院抄 田邑二枝著 4版 海士町(島根県) 海士町 1987.10 68p 16cm

◇王朝の歌人 10 後鳥羽院—我こそは、にい島守よ 樋口芳麻呂著 集英社 1985.1 256p 20cm 〈編集：創美社〉 1400円 ①4-08-164010-6

◇後鳥羽院—我こそは、にい島守よ 樋口芳麻呂著 集英社 1985.1 256p 20cm （王朝の歌人 10） 〈巻末：後鳥羽院関係図, 後鳥羽院略年譜, 参考文献 筆跡：後鳥羽院 図版(筆跡を含む)〉 1400円 ①4-08-164010-6

◇校本後鳥羽院御口伝 和歌文学輪読会編 〔和歌文学輪読会〕 1982.8 152p 26cm

◇後鳥羽院勅答折紙留書 藤原定家書 雄松堂書店(製作) 1979.11 1軸 28cm （原装影印古典籍覆製叢刊） 〈静嘉堂文庫所蔵の複製 付(別冊 2p 21cm)：解説 片寄鈴枝著 箱入〉

◇後鳥羽院—光臨流水 西野妙子著 国文社 1979.10 253p 20cm 2500円

◇菊帝悲歌—後鳥羽院 塚本邦雄著 集英社 1978.5 226p 20cm 880円

◇菊帝悲歌—小説後鳥羽院 塚本邦雄著 集英社 1978.5 226p 20cm 〈愛蔵版〉 1800円

◇後鳥羽上皇と隠岐島—史蹟と歴史の集大成 村上兼巳編 海士町(島根県) 後鳥羽上皇聖跡顕彰会 1975.11 197p 20cm 〈監修：佐藤寒山 折り込図1枚〉

◇後鳥羽院番鍛冶考 佐藤寒山著 海士町(島根県) 後鳥羽院番鍛冶顕彰委員会 1974.7 70p 26cm 〈後鳥羽天皇の肖像あり〉

◇後鳥羽院 丸谷才一著 筑摩書房 1973 329, 5p 図 肖像 19cm （日本詩人選 10）

◇纂輯後鳥羽院宮内卿歌集稿 神尾暢子編著 京都 中央図書出版社 1970 94p 19cm （王朝叢書）

大江 広元
おおえの ひろもと

久安4年(1148年)～嘉禄元年(1225年)6月10日

御家人、政治家、幕府重臣。法名は覚阿(かくあ)。式部少輔大江維光の子で、明経博士中原広季の養子となり中原姓を称したが、建保4年(1216年)本姓に復した。学問法律に通じ、初め朝廷に出仕したが、源頼朝が幕府を開くと関東に下り、元暦元年(1184年)公文所別当となり数多くの政策に関与し、特に文治元年(1185年)守護・地頭の設置を進言したことで知られる。建久2年(1191年)政所別当、明法博士、左衛門大尉、検非違使を歴任。頼朝の没後は北条氏に仕え、執権政治の確立と幕府の政治的安定に貢献し、将軍源頼家の修善寺幽閉事件、比企能員、畠山重忠、平賀朝雅、和田義盛などの追討に参画した。建保4年(1216年)に出家した後も北条義時を助け、承久3年(1221年)承久の乱の際は、諸将に反対して即刻上洛すべきことを主張した。

＊ ＊ ＊

◇拾遺 島津忠久とその周辺—中世史料散策 江平望著 鹿児島 高城書房 2008.9 126p 19cm 1300円 ①978-4-88777-118-5

◇渡部昇一の中世史入門—頼山陽「日本楽府」を読む 渡部昇一著 新版 PHP研究所 2007.6 358p 18cm 〈『甦る日

本史(2)』改訂・改題書〉 950円 ①978-4-569-69337-8

◇古代中世の政治と権力 義江彰夫編 吉川弘文館 2006.2 271p 21cm 9500円 ①4-642-02446-8

◇大江広元 上杉和彦著 吉川弘文館 2005.5 228p 19cm (人物叢書 新装版)〈シリーズ責任表示:日本歴史学会編 年譜あり 文献あり〉 1800円 ①4-642-05231-3

◇大江広元 上杉和彦著 新装版 吉川弘文館 2005.5 228p 19cm (人物叢書) 1800円 ①4-642-05231-3

◇大江広元改姓の謎 大江隻舟著 福岡 西日本新聞社 2003.10 210p 22cm〈年譜あり〉 1905円 ①4-8167-0582-1

◇もう一つの鎌倉時代―藤原定家・太田牛一の系譜 井上力著 講談社出版サービスセンター 2002.11 901p 19cm 2400円 ①4-87601-632-1

◇天皇制批判と日本古代・中世史―中規模国家多元論の視点 草野善彦著 本の泉社 2002.3 446p 21cm 2500円 ①4-88023-371-4

◇歴史が動く時―人間とその時代 歴史科学協議会編 青木書店 2001.10 340p 21cm 3800円 ①4-250-20137-6

◇島津忠久とその周辺―中世史料散策 江平望著 鹿児島 高城書房出版 1996.5 238p 20cm 2500円 ①4-924752-61-4

◇鎌倉史話探訪―武家社会の葛藤の謎 御所見直好著 大和書房 1990.8 229p 19cm 1650円 ①4-479-01047-5

◇武士世界形成の群像 安田元久著 吉川弘文館 1986.3 280p 19cm 2300円 ①4-642-07253-5

評定衆
ひょうじょうしゅう

鎌倉幕府の職名。政務・裁判の評議を行うことを目的に鎌倉幕府が承久の乱後に制定し、嘉禄元年(1225年)に執権北条泰時によって評定衆が制度として置かれ、幕府の政務・裁判の最高評議機関として確立した。そのメンバーは執権・連署をはじめとする北条氏一門と、大江、二階堂、三善、清原、中原等の吏僚層が大半を占め、北条氏の執権政治を支える役割を果たした。建長元年(1249年)に訴訟専門機関として引付が設置されると、評定衆は引付に分属して訴訟審理にあたった。引付頭人は評定衆から選任され、また政所執事、問注所執事も評定衆から選任された。室町幕府にも評定衆は受け継がれたが、しだいに実質を失って衰退した。後嵯峨院政期においても、上流廷臣と実務家中流廷臣とからなる評定衆が置かれ、院政の政務処理機関の一つとして鎌倉時代を通じて独自の発達を遂げた。

* * *

◇三浦義村 暁太郎著 新人物往来社 2006.8 221p 19cm 1500円 ①4-404-03416-4

◇鎌倉遺文研究 第17号 鎌倉遺文研究会編 鎌倉遺文研究会, 吉川弘文館〔発売〕 2006.4 96p 21cm 1900円 ①4-642-08997-7, ISSN1345-0921

◇頼朝の天下草創 山本幸司著 講談社 2001.7 386p 20cm (日本の歴史 第9巻)〈付属資料:8p:月報 9〉 2200円 ①4-06-268909-X

◇日本中世政治社会の研究―小川信先生古稀記念論集 小川信先生の古希記念論集を刊行する会編 続群書類従完成会 1991.3 924p 21cm 23690円

◇九州中世史研究 第1輯 川添昭二編 文献出版 1978.11 453p 22cm 8500円

◇羣書類従 第4, 5輯 塙保己一編, 続群書類従完成会校 訂正版 続群書類従完成会 1960 3版 2冊 19cm

◇羣書類従 第4輯 塙保己一編, 続群書類従完成会校 群書類従完成会(酣灯社内) 1953 746p 22cm

宝治合戦
ほうじかっせん

北条氏が三浦氏を破った合戦。宝治1年(1247年)執権北条時頼は、鎌倉幕府創業以来の大御家人で幕政にも重きをなしていた三浦氏の打倒をねらって挙兵。時頼の外戚安達景盛とともに、三浦泰村ら三浦一族を鎌倉で全滅させた。こののち、執権北条時頼を頂点とする得宗家勢力が独裁体制を確立した。三浦氏の乱。

*　*　*

◇三浦氏の研究　峰岸純夫編　名著出版　2008.2　417p　22cm　(関東武士研究叢書 第2期 第6巻)〈年表あり　文献あり〉　8500円　①978-4-626-01716-1

◇三浦義村　暁太郎著　新人物往来社　2006.8　221p　19cm　1500円　①4-404-03416-4

◇里の国の中世―常陸・北下総の歴史世界　網野善彦著　平凡社　2004.9　262p　16cm　(平凡社ライブラリー)　1100円　①4-582-76512-2

◇鎌倉幕府と悲劇の三浦一族・三浦党　小峰正志著　文芸社　2003.9　199p　19cm　1238円　①4-8355-6214-3

◇鎌倉北条氏の興亡　奥富敬之著　吉川弘文館　2003.8　226p　19cm　(歴史文化ライブラリー 159)〈文献あり〉　1700円　①4-642-05559-2

◇鎌倉幕府の転換点―『吾妻鏡』を読みなおす　永井晋著　日本放送出版協会　2000.12　220p　19cm　(NHKブックス)　870円　①4-14-001904-2

◇海のもののふ三浦一族　石丸熙著　新人物往来社　1999.11　239p　20cm　2500円　①4-404-02838-5

◇三浦一族と相模武士　神奈川新聞横須賀総局編著　横浜　神奈川新聞社　1995.11　215p　20cm　〈発売：かなしん出版〉　2200円　①4-87645-197-4

◇相模三浦一族　奥富敬之著　新人物往来社　1993.7　267p　20cm　2800円　①4-404-02037-6

◇実録三浦党　岩間尹著　6版　横須賀　三浦一族会　1971　267p 図　22cm　3000円

九条 頼経
くじょう よりつね

建保6年(1218年)1月16日～康元元年(1256年)8月11日

鎌倉幕府第4代将軍。幼名は三寅丸、別姓は藤原頼経。九条道家の四男、母は西園寺公経の娘倫子。3代将軍源実朝が暗殺されたのち、頼朝の遠縁にあたることから初の摂家将軍として鎌倉に迎えられる。北条政子が死去したのち元服して、嘉禄2年(1226年)正式に将軍となる。当時、政治権力は北条氏にあったが、成長につれて将軍権力をふるおうとしたため、寛元2年(1244年)執権北条経時により将軍職を子の頼嗣に譲らされ、翌年出家。その後も鎌倉に留まり、大殿と呼ばれて一定の勢力を持ったが、執権北条時頼を排除する動きを見せたため京都に追放された(宮騒動)。将軍の在職期間は嘉禄2年から寛元2年(1226～1244年)。

*　*　*

◇日本仏教の史的展開　薗田香融編　塙書房　1999.10　540p　22cm　12000円　①4-8273-1158-7

北条 泰時
ほうじょう やすとき

寿永2年(1183年)～仁治3年(1242年)6月15日

鎌倉幕府第3代執権。幼名は金剛丸、通称は江馬太郎や常楽寺殿、法名は観阿。北条義時の長男。建保6年(1218年)侍所別当となり、承久3年(1221年)承久の乱で父義時の命により、叔父時房と共に幕府軍の大将として大軍を率いて上洛。京都を占領して六波羅探題として、乱後の処理を行う。元仁元年(1224年)義時の死により鎌倉に戻り執権職をつぎ、大江広元や北条政子など実力者が相次いで死去する状況下で政治機構の改革に着手。執権を補佐する連署や評定衆などを創設、また最初の武家法である"御成敗式目"を制定するなど、諸制度の整備と確立に尽力し、武家政治の安定に貢献した。執権の在職期間は貞応3年から仁治3年(1224～1242年)。

*　*　*

◇北条得宗家の興亡　岡田清一著　新人物往来社　2001.4　285p　20cm　2500円　①4-404-02917-9

◇北条泰時　上横手雅敬著　吉川弘文館　1988.11　229p　19cm　（人物叢書 新装版）〈新装版 叢書の編者：日本歴史学会〉　1600円　①4-642-05135-X

◇北条泰時　上横手雅敬著　吉川弘文館　1958　229p 図版　18cm　（人物叢書 日本歴史学会編）

北条 経時
ほうじょう つねとき

元仁元年（1224年）～寛元4年（1246年）閏4月1日

鎌倉幕府第4代執権。相模国（神奈川県）の人。幼名は藻上御前、後に弥四郎、法名は安楽。北条時氏の子、母は安達景盛の娘（松下禅尼）。小侍所別当、左近将監などを経て、父が早世していたため祖父北条泰時の死により、仁治3年（1242年）19歳で4代執権となる。将軍頼経を廃し、その子頼嗣を立て、妹の檜皮姫を頼嗣の御台所とするなど、将軍家との関係強化に努めた。然阿良忠に帰依して蓮華寺を建立。寛元4年（1246年）病のため弟の時頼に執権を譲って出家し、同年没した。その両息（隆政、頼助）は僧侶となり、北条氏の嫡流は時頼の子孫に移った。執権の在職期間は仁治3年から寛元4年（1242～1246年）。

＊　＊　＊

◇鎌倉北条一族　奥富敬之著　新版　新人物往来社　2000.12　281p　20cm　2400円　①4-404-02895-4

北条 時頼
ほうじょう ときより

安貞元年（1227年）5月14日～弘長3年（1263年）11月22日

鎌倉幕府第5代執権。相模国（神奈川県）の人。幼名は戒寿、通称は五郎。法名は道崇、法号は覚了房道崇。最明寺殿とも称した。北条時氏の子、母は安達景盛の娘松下禅尼。寛元4年（1246年）兄経時の重病により執権を譲られる。同年、一族の名越光時を誅し、将軍藤原頼経を追放（宮騒動）。宝治元年（1247年）には安達景盛と計って三浦泰村一族を滅ぼした（宝治合戦）。建長元年（1249年）相模守となり、幕府に引付衆を設置して裁判の迅速化を図る。建長4年（1252年）将軍九条頼嗣を廃して宗尊親王を擁立。康元元年（1256年）執権を北条長時に譲り出家したが、長時の後見として実権を握り続け得宗専制政治の基礎を築いた。執権体制の強化に努める一方で質素倹約を励行し、弱小御家人を保護するなど仁政家としても知られ、諸国民情視察遍歴の伝説が生じた。謡曲「鉢の木」の逸話も有名。執権の在職期間は寛元4年から康元元年（1246～1256年）。

＊　＊　＊

◇北条時宗の時代　北条氏研究会編　八木書店　2008.5　807, 51p　22cm　18000円　①978-4-8406-2030-7

◇鎌倉幕府と北条氏　石井進著　岩波書店　2004.12　368, 11p　22cm　（石井進著作集 第4巻）〈付属資料：6p：月報 4　シリーズ責任表示：石井進著　シリーズ責任表示：石井進著作集刊行会編〉　8400円　①4-00-092624-1

◇吾妻鏡の思想史―北条時頼を読む　市川浩史著　吉川弘文館　2002.4　191, 6p　22cm　5500円　①4-642-02674-6

◇北条得宗家の興亡　岡田清一著　新人物往来社　2001.4　285p　20cm　2500円　①4-404-02917-9

◇執権時頼と廻国伝説　佐々木馨著　吉川弘文館　1997.12　223p　19cm　（歴史文化ライブラリー 29）〈肖像あり〉　1700円　①4-642-05429-4

◇蒙古襲来　上　網野善彦著　小学館　1992.6　293p　16cm　（小学館ライブラリー）　920円　①4-09-460024-8

◇蒙古襲来　1　山田智彦著　毎日新聞社　1987.12　250p　18cm　（ミューノベルズ）　680円　①4-620-71021-0

◇北条時頼―国史の再検討　岡部長章著　朝日新聞社　1954　173p　20cm　（朝日文化手帖）

北条 長時
ほうじょう ながとき

寛喜2年(1230年)2月27日 ~ 文永元年(1264年)8月21日

鎌倉幕府第6代執権。北条義時の三男重時の嫡男。宝治元年(1247年)、父親の後任として六波羅探題北方に就き、宗尊親王を将軍に擁立するなどした。北条時頼が病で出家する際に嫡男時宗がまだ幼少であったため第6代執権に就任するが、文永元年(1264年)病気のため執権職を辞し、まもなく死去した。新制41ヶ条の公布、日蓮の流罪、忍性の招致などを行った。赤橋長時とも称され、北条一族の中で得宗家に次ぐ家柄である赤橋流の祖となった。執権の在職期間は建長8年(1256年)~文永元年(1264年)。

＊　＊　＊

◇北条時宗の時代　北条氏研究会編　八木書店　2008.5　807, 51p　22cm　18000円　①978-4-8406-2030-7

後嵯峨天皇
ごさがてんのう

承久2年(1220年)2月26日 ~ 文永9年(1272年)2月17日

第88代天皇。名は邦仁、法名は素覚。土御門天皇の第一皇子、母は源通宗の娘通子。承久3年(1221年)2歳の時に承久の乱が起こり、父土御門天皇が土佐へ配流となり、母の叔父藤原通方に養育され、通方の死後は父方の祖母承明門院在子に養育される。仁治3年(1242年)四条天皇が皇嗣がないまま急死したため、執権北条泰時の妹婿土御門定通に推されて皇位につく。寛元4年(1246年)譲位し、後深草・亀山天皇の2代に渡って院政を行った。上皇自身幕府の意向を重視し、皇子宗尊親王を最初の宮将軍として鎌倉に下し朝幕の提携を強化した。晩年、亀山天皇の子世仁親王(後宇多天皇)を皇太子としたため、後深草系の持明院統と亀山系の大覚寺統の両統が対立する発端をつくった。文永5年(1268年)出家。和歌にも優れ、『続後撰集』『続古今集』を撰集させた。陵所は京都の嵯峨南陵。在位期間は仁治3年から寛元4年(1242~1246年)。

＊　＊　＊

◇天皇皇族実録　60　後嵯峨天皇実録　第1巻　藤井譲治, 吉岡真之監修・解説　ゆまに書房　2009.3　580p　22cm　〈宮内庁書陵部所蔵の複製合本〉　①978-4-8433-2000-6, 978-4-8433-1993-2

◇天皇皇族実録　61　後嵯峨天皇実録　第2巻　藤井譲治, 吉岡真之監修・解説　ゆまに書房　2009.3　p581-1282　22cm　〈宮内庁書陵部所蔵の複製合本〉　①978-4-8433-2000-6, 978-4-8433-1993-2

◇嵯峨大覚寺―人と歴史　村岡空著　大阪　朱鷺書房　1988.8　201p　19cm　1300円　①4-88602-108-5

◇大日本史料　第5編之18　後嵯峨天皇　寛元2年8月~同3年4月　東京大学史料編纂所編纂　東京大学出版会　1982.6　486, 6p　22cm　〈東京大学昭和31年刊の複製 折り込図2枚〉　5000円

◇大日本史料　第5編之15　後嵯峨天皇　仁治3年8月~同年12月　東京大学史料編纂所編纂　東京大学出版会　1982.5　566p　22cm　〈東京大学昭和29年刊の複製 折り込図2枚〉　5000円

北条 政村
ほうじょう まさむら

元久2年(1205年)6月22日 ~ 文永10年(1273年)5月27日

鎌倉幕府第7代執権。相模国(神奈川県)の人。通称は陸奥四郎、法名は覚崇。北条義時の子で、母は伊賀朝光の娘。元仁元年(1224年)義時の死後、母方の伊賀氏を中心に、一条実雅を将軍として政村が執権となり幕政を掌握しようとしたが阻止され失敗。兄の泰時が執権となった。延応元年(1239年)以後、評定衆、引付頭人、陸奥守、連署、相模守を歴任。文永元年(1264年)執権長時が死去し、時宗が幼少であったため7代執権となる。文永5年(1268年)成長した時宗に執権を譲り、連署に戻って補佐した。文永10年(1273年)出家。和歌にも優れ、勅撰集に37首が入集。執権の在職期間は文永元年から文永5年(1264~1268年)。

＊　＊　＊

◇北条時宗の時代　北条氏研究会編　八木書店　2008.5　807, 51p　22cm　18000円　①978-4-8406-2030-7

北条 時宗
ほうじょう ときむね

建長3年(1251年)5月15日 ～ 弘安7年(1284年)4月4日

鎌倉幕府第8代執権。相模国(神奈川県)の人。幼名は正寿、通称は相模太郎、法名は道杲(どうこう)。北条時頼の子、母は北条重時の娘。7歳で将軍宗尊親王の手で元服。文応元年(1260年)小侍所別当、弘長元年(1261年)安達義景女の堀内殿と結婚、左馬権頭従五位下、文永元年(1264年)連署、翌年従五位上相模守。文永5年(1268年)元より国書がもたらされ、対応に追われる状況下で執権となる。九州の防衛に御家人を動員して蒙古襲来に備えたところ、文永11年(1274年)、弘安4年(1281年)と二度に渡って襲来を受けたが、暴風雨により難を逃れた。無学祖元に師事し、鎌倉円覚寺を建立。弘安7年(1284年)出家したその日に没した。妓所は円覚寺内仏日庵で法体座像がある。執権の在職期間は文永5年から弘安7年(1268～1284年)。

＊　＊　＊

◇北条時宗の時代　北条氏研究会編　八木書店　2008.5　807, 51p　22cm　18000円　①978-4-8406-2030-7

◇その時歴史が動いた　12　NHK取材班編　名古屋　KTC中央出版　2002.3　253p　19cm　1600円　①4-87758-220-7

◇北条時宗　川添昭二著, 日本歴史学会編　新装版　吉川弘文館　2001.10　304p　19cm　(人物叢書)　2000円　①4-642-05223-2

◇鎌倉を歩く 時宗を歩く　鈴木亨著　鷹書房弓プレス　2001.4　230p　19cm　1300円　①4-8034-0460-7

◇蒙古襲来―歴史よもやま話　白石一郎著　日本放送出版協会　2001.3　334p　19cm　1600円　①4-14-080580-3

◇北条時宗小百科　鎌倉　かまくら春秋社　2001.2　143p　26cm　1000円　①4-7740-0160-0

◇北条時宗と日蓮・蒙古襲来　世界書院　2001.2　251p　20cm　1800円　①4-7927-1011-1

◇北条時宗―蒙古襲来と若き執権の果断　学習研究社　2001.1　195p　26cm　(歴史群像シリーズ 64号)　1500円　①4-05-602410-3

◇北条時宗―その弱冠の頃 鎌倉北条小説集　鷲尾雨工著　トーコー企画　2001.1　191p　20cm　(歴史文学名作館 1)　1800円　①4-88771-165-4

◇北条時宗と蒙古襲来―時代・世界・個人を読む　村井章介著　日本放送出版協会　2001.1　254p　19cm　(NHKブックス)　1070円　①4-14-001902-6

◇北条時宗とその時代展　NHK, NHKプロモーション編　NHK　2001　247p　30cm　〈会期・会場：平成13年4月10日―5月27日 江戸東京博物館ほか　共同刊行：NHKプロモーション〉

◇時宗　巻の2　連星　高橋克彦著　日本放送出版協会　2000.12　308p　19cm　1600円　①4-14-005350-X

◇北条時宗とその時代Q&A　後藤寿一著　双葉社　2000.12　204p　18cm　762円　①4-575-15293-5

◇北条時宗と蒙古襲来　安西篤子著　学習研究社　2000.12　309p　15cm　(学研M文庫)　570円　①4-05-901019-7

◇北条時宗の決断―「蒙古襲来」を歩く　森本繁著　東京書籍　2000.12　260p　19cm　1500円　①4-487-79646-6

◇北条時宗の時代―歴史・文化ガイド　奥富敬之監修　日本放送出版協会　2000.12　158p　24cm　(NHKシリーズ)　1300円　①4-14-910406-9

◇北条時宗のすべて　佐藤和彦, 樋口州男編　新人物往来社　2000.12　290p　19cm　2800円　①4-404-02884-9

◇北条時宗の謎　北条氏研究会編　新人物往来社　2000.12　229p　19cm　1600円　①4-404-02893-8

◇図説北条時宗の時代　佐藤和彦, 錦昭江編　河出書房新社　2000.11　127p　22cm　（ふくろうの本）　1800円　①4-309-72648-8

◇青年執権・北条時宗と蒙古襲来　緒形隆司著　光風社出版, 成美堂出版〔発売〕　2000.11　259p　18cm　781円　①4-415-08801-5

◇時宗　巻の1　乱星　高橋克彦著　日本放送出版協会　2000.11　332p　19cm　1600円　①4-14-005349-6

◇北条時宗―物語と史蹟をたずねて　八尋舜右著　成美堂出版　2000.11　350p　16cm　（成美文庫）〈肖像あり〉　571円　①4-415-06913-4

◇北条時宗―物語と史蹟をたずねて　八尋舜右著　成美堂出版　2000.11　239p　19cm　〈付属資料：1枚〉　1000円　①4-415-00910-7

◇北条時宗―史上最強の帝国に挑んだ男　奥富敬之著　角川書店　2000.11　205p　19cm　（角川選書 320）　1200円　①4-04-703320-0

◇北条時宗―平成13年NHK大河ドラマ総特集 蒙古襲来に挑んだ若き宰相　新人物往来社　2000.11　176p　26cm　（別冊歴史読本）　1800円　①4-404-02758-3

◇蒙古襲来と北条氏の戦略―日本国存亡の危機 激動の鎌倉時代を生きた熱き男たち　成美堂出版　2000.11　144p　26cm　（Seibido mook）　1300円　①4-415-09573-9

◇一冊で読む執権北条時宗と蒙古襲来　谷口研語著　成美堂出版　2000.10　253p　16cm　（成美文庫）　505円　①4-415-06894-4

◇時頼と時宗　奥富敬之著　日本放送出版協会　2000.10　410p　19cm　1700円　①4-14-080549-8

◇北条時宗とその時代　工藤敬一著　平凡社　2000.10　115p　22cm　〈「日本を創った人びと9 北条時宗」(1978年刊)の新装版〉　1800円　①4-582-47507-8

◇北条時宗と蒙古襲来がわかるQ&A 100―蒙古襲来と鎌倉時代のことが図解ですべてわかります　川口素生著　竹内書店新社　2000.10　237p　21cm　1400円　①4-8035-0313-3

◇北条時宗と蒙古襲来99の謎　森本繁著　PHP研究所　2000.9　366p　15cm　（PHP文庫）　619円　①4-569-57452-1

◇北条時宗の生涯―そのとき、若き執権は何を思い、どう決断したか　童門冬二著　三笠書房　2000.6　238p　19cm　1400円　①4-8379-1834-4

◇北条時宗―元寇に挑んだ若き宰相　浜野卓也著　PHP研究所　1995.11　425p　15cm　（PHP文庫）　680円　①4-569-56819-X

◇北条時宗―日本の危機, 蒙古襲来　浜野卓也著　講談社　1992.8　205p　18cm　（講談社 火の鳥伝記文庫 81）　490円　①4-06-147581-9

◇歴史人物なぜなぜ事典―ぎょうせい学参まんが　9　法然・親鸞・北条泰時・北条時宗　ぎょうせい　1990.6　207p　27cm　〈監修：栗岩英雄, 中村太郎〉　1850円　①4-324-02139-2

◇執権北条時宗　咲村観著　読売新聞社　1985.6　2冊　20cm　各1200円　①4-643-74030-2

◇北条時宗―モンゴルと戦う鎌倉武士と　浜野卓也著, 吉松八重樹絵　さ・え・ら書房　1983.4　192p　23cm　（少年少女伝記読みもの）　1200円　①4-378-02116-1

◇抜群の決断―北条時宗・高杉晋作・東郷平八郎　青木健治著　山口　丸二商行　1982.10　213p　22cm　2700円

◇日本を創った人びと　9　北条時宗―執権政治と蒙古襲来　日本文化の会編集　工藤敬一著　平凡社　1978.6　82p　29cm　1600円

◇北条時宗―救国の英傑　貴司山治著, 伊

藤幾久造絵　偕成社　1953　325p 図版　19cm　(偉人物語文庫 92)

元寇　げんこう

鎌倉時代のなかば、文永11年(1274年)と弘安4年(1281年)の2回にわたり、モンゴル(元)のフビライの軍が日本に攻めてきた事変。それぞれを文永の役・弘安の役という。当時は蒙古合戦、異国合戦と称し、元寇の語は近世以後定着した。高麗を支配下におさめたフビライは日本に入貢を求めて拒否され、遠征軍を送って壱岐・対馬を侵略し博多に迫ったが、執権北条時宗の指揮のもとこれに対抗した西国御家人の奮戦や、おりしも襲った暴風雨の被害などもあり、二度とも元軍が敗退する結果となった。元軍を退けたとはいえ、この戦いで日本側が物質的に得たものはなかったため、鎌倉幕府は御家人たちに満足な恩賞を与えることはできなかった。弘安の役後、幕府は元軍の再度の襲来に備えて御家人の統制を進めたが、弘安の役においても十分な恩賞を与えることはできなかったため、戦費で窮迫した御家人たちは借金に苦しむようになった。幕府は徳政令を発布することで御家人の困窮に対応しようとしたが、御家人にとっては不満の残る結果となった。

◇日本の歴史　10　蒙古襲来と徳政令　網野善彦, 大津透, 鬼頭宏, 桜井英治, 山本幸司編　筧雅博著　講談社　2009.5　407p　15cm　(講談社学術文庫)〈年表あり　文献あり〉　1200円　①978-4-06-291910-4

◇網野善彦著作集　第5巻　蒙古襲来　網野善彦著　岩波書店　2008.11　481p　22cm　4200円　①978-4-00-092645-4, 4-00-092645-4

◇NHKその時歴史が動いたコミック版 源平争乱・元寇編　NHK取材班編　ホーム社, 集英社〔発売〕　2008.5　497p　15cm　(ホーム社漫画文庫)　876円　①978-4-8342-7416-5

◇蒙古の襲来　海音寺潮五郎著　河出書房新社　2008.2　297p　15cm　(河出文庫)　800円　①978-4-309-40890-3

◇白村江の戦い・元寇・秀吉の朝鮮侵攻―日本の対外戦争 古代・中世　豊田泰著　文芸社　2007.7　392p　21cm　2000円　①978-4-286-02876-7

◇蒙古襲来　新井孝重著　吉川弘文館　2007.5　274, 3p　20cm　(戦争の日本史 7)〈文献あり　年表あり〉　2500円　①978-4-642-06317-3

◇蒙古襲来　黒田俊雄著　改版　中央公論新社　2004.12　579p　16cm　(中公文庫)〈文献あり　年表あり〉　1238円　①4-12-204466-9

◇奄美深山塔碑考―南島の元寇　田畑久守著　田畑敬子　2003.12　276p　21cm〈肖像あり　年表あり　文献あり〉　2000円

◇蒙古襲来―海から見た歴史　白石一郎著　講談社　2003.12　327p　15cm　(講談社文庫)　590円　①4-06-273914-3

◇モンゴルの襲来　近藤成一編　吉川弘文館　2003.2　293, 12p　22cm　(日本の時代史 9)〈シリーズ責任表示：石上英一〔ほか〕企画編集　文献あり　年表あり〉　3200円　①4-642-00809-8

◇モンゴル襲来の衝撃　佐伯弘次著　中央公論新社　2003.1　270p　20cm　(日本の中世 9)〈付属資料：16p：月報 10　シリーズ責任表示：網野善彦, 石井進編　文献あり　年表あり〉　2500円　①4-12-490218-2

◇逆説の日本史　6(中世神風編)　井沢元彦著　小学館　2002.7　510p　15cm　(小学館文庫)〈年表あり〉　657円　①4-09-402006-3

◇日本の歴史 中世 1-9 蒙古襲来 新訂増補 朝日新聞社 2002.7 p262-292 30cm (週刊朝日百科 9) 476円

◇西新地区元寇防塁発掘調査報告書 福岡 福岡市教育委員会 2002.3 20p 30cm (福岡市埋蔵文化財調査報告書 第726集)

◇蒙古襲来と東北 中津攸子著 龍書房 2002.2 201p 19cm (みちのく燦々 2) 1429円 Ⓘ4-947734-56-6

◇元寇と博多—写真で読む蒙古襲来 西園禮三写真, 柳田純孝文 福岡 西日本新聞社 2001.12 111p 30cm 2667円 Ⓘ4-8167-0540-6

◇蒙古襲来と鎌倉仏教—特別展 神奈川県立金沢文庫編 横浜 神奈川県立金沢文庫 2001.8 63p 30cm 〈会期：平成13年8月23日—11月18日 文献あり〉

◇蒙古襲来と徳政令 筧雅博著 講談社 2001.8 398p 20cm (日本の歴史 第10巻) 〈付属資料：8p：月報 10〉 2200円 Ⓘ4-06-268910-3

◇神風の武士像—蒙古合戦の真実 関幸彦著 吉川弘文館 2001.6 184p 19cm (歴史文化ライブラリー 120) 1700円 Ⓘ4-642-05520-7

◇週刊ビジュアル日本の歴史 no.65 貴族の没落 5 デアゴスティーニ・ジャパン 2001.5 p170-209 30cm 533円

◇週刊ビジュアル日本の歴史 no.66 貴族の没落 6 デアゴスティーニ・ジャパン 2001.5 p212-251 30cm 533円

◇蒙古襲来から国を護った北条時宗と鎌倉時代 高野澄著 勁文社 2001.5 333p 16cm (勁文社「大文字」文庫) 〈奥付のタイトル：北条時宗と鎌倉時代〉 895円 Ⓘ4-7669-3761-9

◇国史跡元寇防塁(生の松原地区)復元・修理報告書 福岡 福岡市教育委員会 2001.3 54p 30cm (福岡市埋蔵文化財調査報告 第694集) 〈付属資料：図1枚〉

◇蒙古襲来絵詞展 熊本県立美術館編 熊本 熊本県立美術館 2001.3 187p 30cm 〈会期：平成13年3月3日—4月8日 開館25周年記念〉

◇北条時宗と日蓮・蒙古襲来 世界書院 2001.2 251p 20cm 1800円 Ⓘ4-7927-1011-1

◇日蓮と蒙古大襲来 主婦と生活社 2001.1 237p 21cm 1500円 Ⓘ4-391-61172-4

◇蒙古襲来 網野善彦著 小学館 2001.1 614p 15cm (小学館文庫) 1000円 Ⓘ4-09-405071-X

◇北条時宗と蒙古襲来 安西篤子著 学習研究社 2000.12 309p 15cm (学研M文庫) 570円 Ⓘ4-05-901019-7

◇北条時宗の決断—「蒙古襲来」を歩く 森本繁著 東京書籍 2000.12 260p 19cm 1500円 Ⓘ4-487-79646-6

◇決断—蒙古襲来と北条時宗 童門冬二著 日本放送出版協会 2000.11 301p 20cm 1500円 Ⓘ4-14-080550-1

◇青年執権・北条時宗と蒙古襲来 緒形隆司著 光風社出版, 成美堂出版〔発売〕 2000.11 259p 18cm 781円 Ⓘ4-415-08801-5

◇時宗の決断—国難・蒙古襲来にどう対処したか 永井路子他著 中央公論新社 2000.11 268p 16cm (中公文庫) 648円 Ⓘ4-12-203748-4

◇蒙古襲来と北条氏の戦略—日本国存亡の危機 激動の鎌倉時代を生きた熱き男たち 成美堂出版 2000.11 144p 26cm (Seibido mook) 1300円 Ⓘ4-415-09573-9

◇一冊で読む執権北条時宗と蒙古襲来 谷口研語著 成美堂出版 2000.10 253p 16cm (成美文庫) 505円 Ⓘ4-415-06894-4

◇北条時宗と蒙古襲来がわかるQ&A 100—蒙古襲来と鎌倉時代のことが図解ですべてわかります 川口素生著 竹内書店新社 2000.10 237p 21cm 1400円 Ⓘ4-8035-0313-3

◇北条時宗と蒙古襲来99の謎 森本繁著

PHP研究所　2000.9　366p　15cm　（PHP文庫）　619円　①4-569-57452-1

◇肥前と高麗―元寇・倭寇と高麗の美 開館5周年記念特別企画展　佐賀県立名護屋城博物館編　鎮西町（佐賀県）　佐賀県立名護屋城博物館　1998.10　46p　30cm

◇逆説の日本史　6（中世神風編）　鎌倉仏教と元寇の謎　井沢元彦著　小学館　1998.7　437p　20cm　1550円　①4-09-379417-0

◇蒙古襲来―対外戦争の社会史　海津一朗著　吉川弘文館　1998.2　182p　19cm　（歴史文化ライブラリー 32）〈文献あり〉　1700円　①4-642-05432-4

◇マンガ日本の歴史　17　蒙古襲来と海外交流　石ノ森章太郎著　中央公論社　1997.10　216p　16cm　（中公文庫）　524円　①4-12-202975-9

◇蒙古襲来の影響に関する研究―都道府県別アンケートの結果を中心に　片倉穰著　〔茨木〕　〔片倉穰〕　1997.3　34p　30cm

◇蒙古襲来―その軍事史的研究　太田弘毅著　錦正社　1997.1　357p　22cm　（錦正社史学叢書）　9270円　①4-7646-0308-X

◇蒙古襲来と鎌倉幕府　南基鶴著　京都　臨川書店　1996.12　245p　22cm　6180円　①4-653-03285-8

◇島の故事探索　1　元寇倭寇そして賀茂事件　大石武著　〔上県町（長崎県）〕　〔大石武〕　1993.11　166p　19cm　1000円

◇蒙古襲来　上　網野善彦著　小学館　1992.6　293p　16cm　（小学館ライブラリー）　920円　①4-09-460024-8

◇蒙古襲来　下　網野善彦著　小学館　1992.6　315p　16cm　（小学館ライブラリー）　920円　①4-09-460025-6

◇日本の歴史―マンガ　17　蒙古襲来と海外交流　石ノ森章太郎著　中央公論社　1991.3　237p　20cm　〈監修：児玉幸多〉　1000円　①4-12-402817-2

◇蒙古襲来―元寇の史実の解明　山口修著　光風社出版　1988.6　256p　19cm　（光風社選書）　1200円　①4-87519-013-1

◇海外視点・日本の歴史　6　鎌倉幕府と蒙古襲来　田中健夫編　ぎょうせい　1986.3　175p　27cm　〈監修：土田直鎮〔ほか〕 編集：日本アート・センター 6.鎌倉幕府と蒙古襲来 田中健夫編 巻頭：地図, 年表〉　2800円　①4-324-00260-6

◇王国の悲哀―元寇のかげに　片野次雄著　誠文堂新光社　1984.6　226p　19cm　1400円　①4-416-88407-9

◇松浦党研究　no.7　松浦党研究連合会編　佐世保　芸文堂　1984.6　187p　26cm　4000円

◇日本の歴史　8　蒙古襲来　黒田俊雄著　中央公論社　1984.1　518p　18cm　（中公バックス）　1200円　①4-12-401148-2

◇日本の歴史　8　蒙古襲来　黒田俊雄著　中央公論社　1984.1　518p　18cm　（中公バックス）〈8.蒙古襲来 黒田俊雄著 巻末：年表 付録：天皇家系図, 荘園位置図1枚（折込み）　図版〉　1200円　①4-12-401148-2

◇松浦党研究　no.6　松浦党研究連合会編　佐世保　芸文堂　1983.6　209p　26cm　〈折り込図1枚〉　4000円

◇蒙古襲来の研究　相田二郎著　増補版　吉川弘文館　1982.9　545, 19p　22cm　5500円

◇元寇と今―歴史はくりかえす　中村武彦著　福岡　筥崎宮　1982.6　73p　18cm　（筥崎宮文化叢書）

◇日本の歴史―学研まんが　6　元寇のあらし―鎌倉時代・後期　堀江卓まんが　学習研究社　1982.6　148p　23cm　〈監修：樋口清之〉　580円　①4-05-004836-1

◇松浦党研究　no.5　松浦党研究連合会編　佐世保　芸文堂　1982.6　226p　26cm　〈特集 元寇と松浦党第2集 折り込図3枚〉　4000円

◇蒙古襲来700年―海底に甦る日本侵攻の謎　日本テレビ放送網　1981.11　144p

26cm （ドキュメントシリーズ 12）〈執筆：茂在寅男ほか〉 2200円

◇蒙古襲来700年―海底に甦る日本侵攻の謎 茂在寅男ほか著 日本テレビ放送網 1981.11 142p 26cm （日本テレビ・ドキュメントシリーズ 12）〈巻末：世界史年表, 参考文献 日本テレビ 図版〉 2200円

◇元寇新考 筥崎宮編 福岡 筥崎宮 1981.10 80p 21cm 〈弘安の役七百年記念〉

◇八幡大菩薩愚童訓―筑紫本 筑紫頼定編纂, 筑紫豊校訂 福岡 福岡県文化財資料集刊行会 1981.10 1冊 18cm 〈泰東書道院出版部昭和17年刊の複製 限定版〉 2000円

◇海から甦る元寇―700年のロマン 目でみる水中考古学 朝日新聞西部本社企画部編 福岡 朝日新聞西部本社企画部 1981.9 80p 19×26cm 〈監修：川添昭二〉

◇松浦党研究 no.3 松浦党研究連合会編 佐世保 芸文堂 1981.6 140p 26cm 〈特集―元寇と松浦党〉 3800円

◇激録日本大戦争 第8巻 元寇と鎌倉武士 原康史著 東京スポーツ新聞社 1980.12 316p 18cm 1300円 ①4-8084-0042-2

◇激録・日本大戦争 第8巻 元寇と鎌倉武士 原康史著 東京スポーツ 新聞社 1980.12 316,〔2〕p 19cm 〈8.元寇と鎌倉武士 巻末：年表 付：清和源氏系図, 北条氏系図〉 1300円 ①4-8084-0042-2

◇蒙古襲来 阿部征寛著 〔東村山〕 教育社 1980.6 268p 18cm （教育社歴史新書） 600円

◇蒙古襲来 山口修著 桃源社 1979.8 254p 20cm 1200円

◇図説人物海の日本史 2 日宋貿易と元寇 毎日新聞社 1979.1 187p 27cm 〈関係年表：p179～186〉 1900円

◇日本史の謎と発見 6 蒙古襲来 角田文衛ほか著 毎日新聞社 1979.1 272p 20cm 1300円

◇蒙古襲来研究史論 川添昭二著 雄山閣出版 1977.2 307, 11p 22cm （中世史選書 1） 2500円

◇或る中国人の墓―謝国明と元寇の頃 〔福岡〕 日中共同声明実行促進福岡懇話会謝国明事蹟調査執筆グループ 1976 190p 図 21cm 1000円

◇元寇と現代日本―元寇七百年大祭に当って 田中卓著 福岡 筥崎宮 1975 51p 図 19cm （筥崎宮叢書 第2輯） 非売品

◇元寇七百年展目録 10.10-11.10 福岡 福岡市立歴史資料館 1974 8p 26cm

◇日本の歴史 10 蒙古襲来 網野善彦著 小学館 1974 454p（図共）地図 20cm 790円

◇元寇防塁編年史料―注解異国警固番役史料の研究 川添昭二著 〔福岡〕 福岡市教育委員会 1971 530p 図 22cm 〈福岡市教育委員会の委託による〉 非売

◇元寇物語―博多湾頭攻防絵巻 田中政喜著 青雲書房 1970 302p 図版 19cm 580円

◇物語元寇史―蒙古襲来 田中政喜著 人物往来社 1967 301p 19cm

◇物語元寇史―蒙古襲来 田中政喜著 人物往来社 1967 301p 19cm 450円

◇元寇―蒙古帝国の内部事情 旗田巍著 中央公論社 1965 182p 18cm （中公新書）

◇鎮西探題史料集 上 正応－正和 川添昭二編 謄写版 粕屋町（福岡県）〔出版者不明〕 1965 212p 21cm

◇日本の歴史 第8 蒙古襲来 黒田俊雄 中央公論社 1965 18cm

◇元寇―本土防衛戦史 陸上自衛隊福岡修親会編 春日町（福岡県） 陸上自衛隊福岡修親会 1964.3 210p 20cm 〈折り込図13枚〉

◇蒙古襲来―元寇の真実の記録　山口修著　桃源社　1964　254p　20cm　（桃源選書）

◇蒙古襲来―元寇の真実の記録　山口修著　桃源社　1964　254p　20cm　（桃源選書）

◇画報新説日本史　第7巻　鎌倉幕府と蒙古襲来　時事世界新社編　時事世界新社　1963-64　31cm

◇蒙古襲来　龍粛著　至文堂　1959　208p　図版　19cm　（日本歴史新書）

◇蒙古襲来　竜粛著　至文堂　1959　208p　図版　19cm　（日本歴史新書）

◇蒙古の襲来　海音寺潮五郎著　河出書房新社　1959　307p 図版　19cm　（現代人の日本史 第9巻）

◇蒙古襲来の研究　相田二郎著　吉川弘文館　1958　343p 図版　22cm

◇蒙古襲来の研究　相田二郎著　吉川弘文館　1958　343p 図版　22cm

◇元寇と季長絵詞　桜井清香著　限定版　名古屋　徳川美術館　1957　207p 図版　22cm

◇元寇と季長絵詞　桜井清香著　名古屋　徳川美術館　1957　207p 図版　22cm　〈限定版〉

霜月騒動
しもつきそうどう

弘安8年（1285年）に起きた鎌倉幕府の内紛。秋田城介の乱とも。執権北条時宗の義兄に当たり、時宗を補佐してきた陸奥の豪族御家人安達泰盛（代々秋田城介となる）が、弘安7年（1284年）に時宗が没した翌年、当時内管領と呼ばれた得宗被官の筆頭平頼綱との権力争いに敗れ、反逆者として討伐された。「霜月騒動」の称は『保暦間記』にみえるもので、事件が起こったのがときに旧暦11月17日であることによる。

＊　＊　＊

◇安達泰盛と鎌倉幕府―霜月騒動とその周辺　福島金治著　横浜　有隣堂　2006.11　213p　18cm　（有隣新書）　1000円　①4-89660-196-3

◇安達泰盛と鎌倉幕府―霜月騒動とその周辺　福島金治著　横浜　有隣堂　2006.11　213p　18cm　（有隣新書）　〈文献あり〉　1000円　①4-89660-196-3

◇里の国の中世―常陸・北下総の歴史世界　網野善彦著　平凡社　2004.9　262p　16cm　（平凡社ライブラリー）　1100円　①4-582-76512-2

◇鎌倉武士の実像―合戦と暮しのおきて　石井進著　平凡社　2002.11　395p　16cm　（平凡社ライブラリー）　1400円　①4-582-76449-5

◇鎌倉びとの声を聞く　石井進著　日本放送出版協会　2000.12　206p　20cm　1300円　①4-14-080558-7

◇北条時宗のすべて　佐藤和彦, 樋口州男編　新人物往来社　2000.12　290p　19cm　2800円　①4-404-02884-9

◇南北朝動乱と王権　伊藤喜良著　東京堂出版　1997.7　286p　19cm　（教養の日本史）　2800円　①4-490-20318-7

◇足利尊氏　松崎洋二著　新人物往来社　1990.3　252p　20cm　1800円　①4-404-01703-0

◇伴野氏・安達氏の関係と霜月騒動, 佐久伴野庄について　佐久　伴野氏館跡保存会　1975.9　42p　22cm　（資料 第4）

◇身延離山　木村健太郎著　第三文明社　1974　248p　20cm　620円

後深草天皇
ごふかくさてんのう

寛元元年（1243年）6月10日 ～ 嘉元2年（1304年）7月16日

第89代天皇。名は久仁、法名は素実。常盤井殿また富小路院殿と称した。後嵯峨天皇の第三皇子、母は西園寺実氏の娘姞子（大宮院）。寛元4年（1246年）4歳で践祚し、父後嵯峨上皇が院政を行う。正元元年（1259年）父の命により弟の亀山天皇に譲位。さらに後嵯峨上皇は亀山天皇の皇子(後宇多天皇)に皇位をつがせ、亀山天皇の系統が正嫡とされ、後嵯峨上皇の死後は亀山が院政を行った。これに不満を持つ後深草の意を汲んだ関東申次西園寺実兼や執権北条時宗の斡旋により、後深草の皇子熙仁親王(伏見天皇)が皇太子に立ち、弘安10年(1287年)伏見天皇が即位。後深草上皇は持明院に入って院政を行った。正応3年(1290年)出家した。日記『後深草院宸記』がある。陵所は京都市深草北陵。在位期間は寛元4年から正元元年(1246〜1259年)。

*　　*　　*

◇天皇皇族実録　62　後深草天皇実録　第1巻　藤井讓治, 吉岡真之監修・解説　ゆまに書房　2009.3　522p　22cm　〈宮内庁書陵部所蔵の複製合本〉　①978-4-8433-2001-3, 978-4-8433-1993-2

◇天皇皇族実録　63　後深草天皇実録　第2巻　藤井讓治, 吉岡真之監修・解説　ゆまに書房　2009.3　p523-822p　22cm　〈宮内庁書陵部所蔵の複製〉　①978-4-8433-2001-3, 978-4-8433-1993-2

◇大日本史料　第5編之33　後深草天皇　自建長2年2月至同年10月　東京大學史料編纂所編纂　東京大学史料編纂所, 東京大学出版会(発売)　2006.3　440p　22cm　9400円　①4-13-090233-4

◇大日本史料　第5編之32　後深草天皇　建長元年是歳—同二年正月　東京大學史料編纂所編纂　東京大学史料編纂所　2003.3　331, 55p　22cm　〈〔東京〕 東京大学出版会(発売)〉　7100円　①4-13-090232-6

◇大日本史料　第5編之31　後深草天皇　建長元年7月—同年12月　東京大学史料編纂所編纂　東京大学史料編纂所　2000.3　371p　22cm　〈折り込2枚　〔東京〕 東京大学出版会(発売)〉　10100円　①4-13-090231-8

◇大日本史料　第5編之28　後深草天皇　寶治2年雑載—寶治年中雑載　東京大学史料編纂所編纂　東京大学出版会　2000.1　375p　22cm　〈東京大学平成2年刊の複製　折り込1枚〉　12000円　①4-13-090228-8

◇大日本史料　第5編之30　後深草天皇　建長元年5月—同年6月　東京大学史料編纂所編纂　東京大学　1997.3　401p　22cm　〈〔東京〕 東京大学出版会(発売)〉　7600円　①4-13-090230-X

◇大日本史料　第5編之29　後深草天皇　建長元年正月〜同年4月　東京大学史料編纂所編纂　東京大学　1994.3　383p　22cm　〈発売：東京大学出版会 折り込図1枚〉　7210円　①4-13-090229-6

◇大日本史料　第5編之28　後深草天皇　宝治2年雑載〜同年中雑載　東京大学史料編纂所編纂　東京大学　1990.3　375p　22cm　〈発売：東京大学出版会 折り込図1枚〉　6200円

◇大日本史料　第5編之28　後深草天皇—自宝治二年雑載至宝治年中雑載　東京大学史料編纂所編纂　東京大学　1990.3　357p　22cm　〈折り込図1枚　東京 東京大学出版会〉　6200円　①4-13-090228-8

◇大日本史料　第5編之27　後深草天皇　宝治2年10月〜同年是歳　東京大学史料編纂所編纂　東京大学　1986.3　417p　22cm　〈発売：東京大学出版会〉　6000円

◇大日本史料　第5編之27　後深草天皇(宝治2年10月〜同年是歳)　東京大學史料編纂所編　東京大学出版会　1986.3　13, 417p　22cm　〈復刻版 5 - 27.後深草天皇(宝治2年10月〜同年是歳)〉　6000円　①4-13-090227-X

◇弁内侍日記—彰考館蔵　後深草院弁内侍著, 岩佐美代子編　大阪　和泉書院　1986.3　219p　21cm　(和泉書院影印叢刊 50)　2000円　①4-87088-181-0

◇大日本史料　第5編之21　後深草天皇　寛元4年11月〜宝治元年4月　東京大学史料編纂所編纂　東京大学出版会　1982.8　474, 4p　22cm　〈東京大学昭和32年刊の複製〉　5000円

◇大日本史料　第5編之22　後深草天皇　宝治元年5月〜同年9月　東京大学史料編纂所編纂　東京大学出版会　1982.8　514p　22cm　〈東京大学昭和41年刊の複

製〉 5000円

◇大日本史料 第5編之20 後深草天皇 寛元4年3月～同年10月 東京大学史料編纂所編纂 東京大学出版会 1982.7 470p 22cm 〈東京大学昭和32年刊の複製〉 5000円

◇大日本史料 第5編之26 後深草天皇 宝治2年正月～同年9月 東京大学史料編纂所編纂 東京大学 1982.3 444p 22cm 〈発売：東京大学出版会 折り込図1枚〉 5400円

◇大日本史料 第5編之25 後深草天皇 宝治2年正月 東京大学史料編纂所編纂 東京大学 1978.3 514p 22cm 4000円

◇大日本史料 第5編之24 後深草天皇 宝治元年, 年末雑載 東京大学史料編纂所編纂 東京大学 東京大学出版会(発売) 1973 326p 22cm 2800円

◇大日本史料 第5編之22 後深草天皇 東京大学史料編纂所編 東京大学 1966 514p 22cm

亀山天皇
かめやまてんのう

建長元年(1249年)5月27日 ～ 嘉元3年(1305年)9月15日

第90代天皇。名は恒仁、法名は金剛源。後嵯峨天皇の皇子、母は後深草天皇の生母でもある大宮院姞子。父の寵愛を受け、兄の後深草天皇とは不仲で、正元元年(1259年)兄に代わって即位。文永11年(1274年)幕府の要請を受けて後宇多天皇が即位したため、院政を開始。大覚寺・持明院両統迭立の端緒である。訴訟制度の改革を行うなど意欲的な政治を行ったことで幕府は警戒し、皇位を持明院統の伏見天皇にうつし、さらに正応2年(1289年)同天皇の皇子(後伏見天皇)を皇太子にしたことから、失意のうちに出家した。離宮を禅寺として南禅寺を創建し禅林寺殿ともよばれた。陵所は京都市右京区嵯峨天竜寺にある亀山陵。在位期間は正元元年から文永11年(1259～1274年)。

＊ ＊ ＊

◇天皇皇族実録 64 亀山天皇実録 第1巻 藤井讓治, 吉岡真之監修・解説 ゆまに書房 2009.3 622p 22cm 〈宮内庁書陵部所蔵の複製合本〉 ①978-4-8433-2002-0, 978-4-8433-1993-2

◇天皇皇族実録 65 亀山天皇実録 第2巻 藤井讓治, 吉岡真之監修・解説 ゆまに書房 2009.3 p623-1122 22cm 〈宮内庁書陵部所蔵の複製合本〉 ①978-4-8433-2002-0, 978-4-8433-1993-2

◇日本人として知っておきたい皇室のこと 中西輝政, 日本会議編・著 PHP研究所 2008.12 308p 19cm 1500円 ①978-4-569-69904-2

◇昭和天皇の教科書 日本歴史 下 白鳥庫吉著 勉誠出版 2000.10 364p 15cm (勉誠文庫) 1000円 ①4-585-01052-1

◇続史愚抄 前篇 黒板勝美編 新装版 吉川弘文館 1999.9 634p 21cm (新訂増補国史大系 13) 8600円 ①4-642-00314-2

◇新古今和歌集—伝亀山院・青蓮院道円親王筆 3 中小路駿逸編 松山 青葉図書 1982.10 p545～793 19cm (愛媛大学古典叢刊 27) 〈河野信一記念文化館所蔵本の複製 刊行者：愛媛大学古典叢刊刊行会〉

◇新古今和歌集—伝亀山院・青蓮院道円親王筆 1 中小路駿逸編 松山 青葉図書 1976 272p 19cm (愛媛大学古典叢刊 25) 〈刊行：愛媛大学古典叢刊刊行会 河野信一記念文化館所蔵本の複製〉

◇新古今和歌集—伝亀山院・青蓮院道円親王筆 2 中小路駿逸編 松山 青葉図書 1976 273～544p 19cm (愛媛大学古典叢刊 26) 〈刊行：愛媛大学古典叢刊刊行会 河野信一記念文化館所蔵本の複製〉

◇羣書類従 第3輯 帝王部 塙保己一編, 続群書類従完成会校 訂正版 続群書類従完成会 1960 3版 715p 19cm

◇羣書類従 第28, 29輯 塙保己一編, 続群書類従完成会校 訂正版 続群書類従

完成会　1959 3版　2冊　19cm

◇羣書類従　第29輯　雑部　〔第5〕(巻第507-530)　塙保己一編, 続群書類従完成会校　群書類従刊行会　1955　736p　22cm

北条 貞時
ほうじょう さだとき

文永8年(1271年)12月12日～応長元年(1311年)10月26日

鎌倉幕府第9代執権。相模国(神奈川県)の人。幼名は幸寿丸、通称は最勝円寺覚賢。法名は崇暁、崇演。北条時宗の子で母は覚山尼。弘安7年(1284年)家督をついで9代執権に就任。平頼綱らの御内人勢力と安達泰盛らの外様勢力の対立に対して、弘安8年(1285年)泰盛を討って(霜月騒動)得宗専制政権を確立。永仁元年(1293年)平頼綱も倒して(平禅門の乱)独裁権を確立し、引付衆を廃止して執奏を置きくなど政務の直断化を進めた。正安3年(1301年)執権職を北条師時に譲って出家したが、その後も自邸の寄合衆会議を通じて幕政の実権を握った。執権の在職期間は弘安7年から正安3年(1284～1301年)。

＊　＊　＊

◇鎌倉政権得宗専制論　細川重男著　吉川弘文館　2000.1　430, 127p　22cm　13000円　①4-642-02786-6

北条 師時
ほうじょう もろとき

建治元年(1275年)～応長元年(1311年)9月22日

鎌倉幕府第10代執権。北条時宗の弟宗政の子で、時宗の養子。正安3年(1301年)、北条貞時の出家に伴い、貞時の嫡男高時が成人するまでの中継ぎ役として執権に就任した。執権の在職期間は正安3年から応長元年(1301～1311年)。

＊　＊　＊

◇鎌倉北条一族　奥富敬之著　新版　新人物往来社　2000.12　281p　20cm　2400円　①4-404-02895-4

北条 宗宣
ほうじょう むねのぶ

正元元年(1259年)～正和元年(1312年)6月12日

鎌倉幕府第11代執権。北条宣時(大仏宣時)の子で、大仏宗宣とも称される。六波羅探題南方、連署を経て、北条師時の急死後の執権に就任するが実権はなく、翌年北条熈時に執権の座を譲って出家した。執権の在職期間は応長元年から正和元年(1311～1312年)。

＊　＊　＊

◇鎌倉北条一族　奥富敬之著　新版　新人物往来社　2000.12　281p　20cm　2400円　①4-404-02895-4

北条 熈時
ほうじょう ひろとき

弘安2年(1279年)～正和4年(1315年)7月18日

鎌倉幕府第12代執権。政村流の北条為時の子。長門探題、連署を経て、正和元年(1312年)に出家した宗宣の後を受けて執権に就任。宗宣の時代と同様、実権は内管領の長崎高綱に握られていた。執権の在職期間は正和元年から正和4年(1312～1315年)。

＊　＊　＊

◇鎌倉北条一族　奥富敬之著　新版　新人物往来社　2000.12　281p　20cm　2400円　①4-404-02895-4

北条 基時
ほうじょう もととき

弘安9年(1286年)～元弘3/正慶2年(1333年)5月22日

鎌倉幕府第13代執権。普恩寺流の北条時兼の子。六波羅探題北方などを務めた後、正和4年(1315年)に執権となる。翌年、北条高時に執権の座を譲り出家した。元弘3/正慶2年(1333年)、後醍醐天皇の倒幕計画から元弘の変が起こり、新田義貞の攻撃を受けて北条一族と共に自害した。

執権の在職期間は正和4年から正和5年（1315～1316年）。

＊　＊　＊

◇鎌倉北条一族　奥富敬之著　新版　新人物往来社　2000.12　281p　20cm　2400円　①4-404-02895-4

北条 高時
ほうじょう たかとき

嘉元元年（1303年）～元弘3/正慶2年（1333年）5月22日

鎌倉幕府第14代執権。相模国（神奈川県）の人。幼名は成寿丸、通称は法界寺殿、相模太郎、日輪寺殿。北条貞時の子で、母は安達時顕の娘。応長元年（1311年）父の死により鎌倉幕府最後の得宗の地位に就く。正和5年（1316年）執権に就任。大覚寺・持明院両統の対立を調停するために迭立を建議（文保の和談）。また伊豆、駿河、武蔵、上野、若狭、備中、土佐などの守護を歴任した。嘉暦元年（1326年）病のため出家し、得宗として幕府の実権を掌握していたが、外祖父時顕らが実権を握りその傀儡にされたため、次第に遊興にふけったため幕政は混乱。幕府の滅亡に際して新田義貞に攻められ、一族と共に鎌倉東勝寺で自刃した。執権の在職期間は正和5年から正中3年（1316～1326年）。

＊　＊　＊

◇金沢北条氏の研究　永井晋著　八木書店　2006.12　508, 26p　21cm　12000円　①4-8406-2025-3

◇山本七平の日本の歴史　下　山本七平著　ビジネス社　2005.3　283p　18cm　（B選書）　952円　①4-8284-1178-X

◇鎌倉北条一族　奥富敬之著　新版　新人物往来社　2000.12　281p　20cm　2400円　①4-404-02895-4

◇鎌倉政権得宗専制論　細川重男著　吉川弘文館　2000.1　430, 127p　22cm　13000円　①4-642-02786-6

◇北条高時のすべて　佐藤和彦編　新人物往来社　1997.7　217p　19cm　2800円　①4-404-02494-0

金沢 貞顕
かねさわ さだあき

建治4・弘安元年（1278年）～元弘3/正慶2年（1333年）5月22日

鎌倉幕府第15代執権。相模国（神奈川県）の人。法名崇顕（崇鑑）。北条氏の一門金沢顕時の三男で、母は安達泰盛の娘。左衛門尉、東二条院蔵人、左近将監を経て、乾元元～延慶元年（1302～1308年）六波羅探題南方を務め、延慶3～正和3年（1310～1314年）六波羅探題北方として京都に赴任。正和4年（1315年）連署となり、正中3・嘉暦元年（1326年）北条高時の出家後、鎌倉幕府第15代執権に就任するが、高時の弟泰家の反対を恐れて10日余りで辞任し出家した。元弘3/正慶2年（1333年）鎌倉幕府滅亡の際、一門と共に鎌倉東勝寺で自刃した。和漢の典籍を書写校合し、金沢文庫の充実につとめた。

＊　＊　＊

◇金沢北条氏の研究　永井晋著　八木書店　2006.12　508, 26p　21cm　12000円　①4-8406-2025-3

◇茶と金沢貞顕―特別展　神奈川県立金沢文庫編　横浜　神奈川県立金沢文庫　2005.10　80p　30cm　〈会期・会場：平成17年10月14日―12月11日 神奈川県立金沢文庫　神奈川県立金沢文庫開館75周年記念〉

◇十五代執権金沢貞顕の手紙―企画展　神奈川県立金沢文庫編　横浜　神奈川県立金沢文庫　2004.6　88p　30cm　〈会期：平成16年6月3日―8月1日〉

◇鎌倉遺文研究　第13号　鎌倉遺文研究会編　鎌倉遺文研究会, 吉川弘文館〔発売〕　2004.4　98p　21cm　1900円　①4-642-08993-4, ISSN1345-0921

◇金沢貞顕　永井晋著　吉川弘文館　2003.7　246p　19cm　（人物叢書 新装版）〈シリーズ責任表示：日本歴史学会編　肖像あり　年譜あり　文献あり〉　1800円　①4-642-05228-3

◇金沢貞顕―テーマ展図録　神奈川県立金沢文庫編　横浜　神奈川県立金沢文庫

1995.7　64p　26cm　〈金沢貞顕の肖像あり 会期：平成7年7月13日～9月17日〉

◇日本古文書学論集　6　中世 II―鎌倉時代の法制関係文書　日本古文書学会編　瀬野精一郎, 村井章介編　吉川弘文館　1987.6　399p　22cm　5800円　①4-642-01261-3

赤橋 守時
あかはし もりとき

永仁3年（1295年）～元弘3/正慶2年（1333年）5月18日

鎌倉幕府第16代執権。赤橋久時の長男、母は北条宗頼の娘。左近将監、評定衆、引付頭人、讃岐守、武蔵守、相模守を歴任。極位は従四位下。正中3年（1326年）鎌倉幕府最後となる執権に就任。元弘3/正慶2年（1333年）後醍醐天皇の倒幕運動を受け、新田義貞の軍に鎌倉小袋坂口で敗れ、妹婿足利高氏（尊氏）の幕府離反を知ったが、得宗北条高時らの思惑を配慮し、自分は足利の縁者であるから退却できないと自刃した。執権の在職期間は正中3年から元弘3/正慶2年（1326～1333年）。

＊　＊　＊

◇太平記おもしろ人物史―もっと知りたい歴史の真相　河野亮著　広済堂出版　1991.6　245p　18cm　（Kosaido books）　760円　①4-331-00527-5

長崎 高資
ながさき たかすけ

？～元弘3/正慶2年（1333年）5月22日

武将。通称は新左衛門尉。長崎高綱の子。父のあとをついで執権北条高時の内管領となり、のちには評定衆の一員ともなって権勢を振るった。文保2年（1318年）頃の奥州安東氏の乱では双方から賄賂を得て適当な裁決を行ったために争いを拡大させ、鎮圧のために派遣した幕府軍も用をなさずに幕府の権威を失墜させた。嘉暦元年（1326年）高時が出家すると金沢貞顕を執権に擁立するが強硬な反対にあって失敗、しかしその後も権勢をふるい続けた。元弘3/正慶2年（1333年）新田義貞の鎌倉攻めを受け、高時らと共に東勝寺で自刃した。

＊　＊　＊

◇新編日本古典文学全集　54　太平記　1　長谷川端校注・訳　小学館　1994.10　638p　23cm　4800円　①4-09-658054-6

◆南北朝時代

南北朝時代　なんぼくちょうじだい

日本史の時代区分の一つ。吉野朝時代とも。延元元/建武3年（1336年）に後醍醐天皇が吉野に移ってから、後亀山天皇が京都に戻り南北朝が合体した元中9/明徳3年（1392年）まで、吉野の南朝（大覚寺統）と、足利氏の擁立する京都の北朝（持明院統）とが対立して争った時代。荘園制の衰退、守護領国制の展開、農民の成長と郷村制の伸展など、大きな社会的変動が続いた。鎌倉幕府が倒れて後醍醐天皇の建武政権が立った後も政局の混乱は続いていた。恩賞の不公平から武士階級の支持を得られない中で足利尊氏が反旗を翻すと、多くの武士がこれに従った。尊氏が入京を果たして持明院統の光明天皇を擁立すると、後醍醐天皇は吉野に逃れてそこで朝廷開設を宣言し、南北朝時代が始まった。これ以降、公家や武家、さらには寺社までが両朝いずれかの側について抗争した。この時代、守護が国衙の機能を吸収し、任国を領国化して守護大名となり、幕府はそれを通じて武士を統率した。さらに幕府は、従来朝廷の保持していた裁判権や、検非違使庁が保持していた京都市中の警察権・全国賦課権などを掌握した。鎌倉時代の公武二重権力状態は、武家単独政権に変化した。社会ではこのころ社会分業や貨幣経済が発展し、地方は自立の動きを強め、国人一揆や惣村も形成された。足利義満が外様の有力守護を討って武家を統合し、それを踏まえて元中9/明徳3年(1392年)、両朝の統一を実現した。

◇南北朝遺文　東北編 第1巻　自元弘三・正慶二年(一三三三)至貞和二・正平元年(一三四六)　大石直正, 七海雅人編　東京堂出版　2008.9　337p　22cm　16000円　①978-4-490-30655-2

◇南北朝期の群像　京都府立総合資料館歴史資料課編　〔京都〕　京都府立総合資料館　2008.9　83p　26cm　(東寺百合文書展 第23回)〈会期・会場：平成20年9月27日―10月26日 京都府立総合資料館展示室　複製を含む〉

◇南北朝期公武関係史の研究　森茂暁著　増補改訂　京都　思文閣出版　2008.7　573, 19p　22cm　〈初版の出版者：文献出版　折り込1枚〉　9000円　①978-4-7842-1416-7

◇全集日本の歴史　第7巻　走る悪党、蜂起する土民―南北朝・室町時代　安田次郎著　小学館　2008.6　366p　22cm　〈標題紙等のタイトル：日本の歴史　折り込2枚　文献あり　年表あり〉　2400円　①978-4-09-622107-5

◇南北朝遺文　関東編 第2巻　自暦応二・延元四年(一三三九)至康永三・興国五年(一三四四)　佐藤和彦, 山田邦明, 伊東和彦, 角田朋彦, 清水亮編　東京堂出版　2008.5　324p　22cm　16000円　①978-4-490-30622-4

◇南北朝の動乱　森茂暁著　吉川弘文館　2007.9　251, 7p　20cm　(戦争の日本史 8)〈文献あり　年表あり〉　2500円　①978-4-642-06318-0

◇南北朝遺文　関東編 第1巻　自元弘三・正慶二年(一三三三)至暦応元・延元三年(一三三八)　佐藤和彦, 伊東和彦, 山田邦明, 角田朋彦編　東京堂出版　2007.5　332p　22cm　16000円　①978-4-490-30621-7

◇菊池一族　阿蘇品保夫著　改訂新版　新人物往来社　2007.4　262p　19cm　2400円　①978-4-404-03467-0

◇南北朝と室町政権―南北朝期―室町期　小和田哲男監修・年表解説　世界文化社　2006.7　199p　24cm　(日本の歴史を見る ビジュアル版 4)〈年表あり〉　2400円　①4-418-06211-4

◇戰國遺文　古河公方編　佐藤博信編　東京堂出版　2006.4　426p　22cm　18000円　①4-490-30594-X

◇南朝全史―大覚寺統から後南朝へ　森茂暁著　講談社　2005.6　238p　19cm　(講談社選書メチエ 334)〈文献あり　年表あり〉　1500円　①4-06-258334-8

◇後深心院關白記　3　近衛道嗣著　岩波書店　2005.3　366p　22cm　(大日本古記録)〈シリーズ責任表示：東京大学史料編纂所編纂〉　13000円　①4-00-009747-4

◇山本七平の日本の歴史　上　山本七平著　ビジネス社　2005.3　266p　18cm　(B選書)　952円　①4-8284-1177-1

◇山本七平の日本の歴史　下　山本七平著　ビジネス社　2005.3　283p　18cm　(B選書)　952円　①4-8284-1178-X

◇南北朝の動乱　佐藤進一著　改版　中央公論新社　2005.1　557p　16cm　(中公文庫)〈文献あり　年表あり〉　1238円　①4-12-204481-2

◇日本の歴史　5(中世 2)　後醍醐と尊氏―建武の新政　新訂増補　朝日新聞社　2005.1　320p　30cm　(朝日百科)　①4-02-380017-1

◇師守記目録　文化庁文化財部美術学芸課　2004.3　39p　30cm

◇分裂する王権と社会　村井章介著　中央公論新社　2003.5　306p　20cm　(日本の中世 12)〈付属資料：16p：月報 12　シリーズ責任表示：網野善彦, 石井進編　文献あり　年表あり〉　2500円

①4-12-490219-0

◇逆説の日本史　7（中世王権編）　井沢元彦著　小学館　2003.3　429p　15cm（小学館文庫）〈年表あり〉　600円　①4-09-402007-1

◇南北朝の動乱　村井章介編　吉川弘文館　2003.3　270, 12p　22cm　（日本の時代史 10）〈シリーズ責任表示：石上英一〔ほか〕企画編集　文献あり　年表あり〉　3200円　①4-642-00810-1

◇再現日本史―週刊time travel　鎌倉・室町 7　講談社　2002.12　42p　30cm〈年表あり〉　533円

◇南北朝内乱と大津―企画展　大津市歴史博物館編　大津　大津市歴史博物館　2002.2　40p　30cm〈会期：平成14年2月26日―3月24日〉

◇前田本「玉燭宝典」紙背文書とその研究　今江廣道編　続群書類従完成会　2002.2　305p　22cm　8000円　①4-7971-0736-7

◇芳闕嵐史―付南山霞抄　長岡悟校註〔京都〕　天真会　2001.8　254p　22cm

◇週刊ビジュアル日本の歴史　no.69　貴族の没落　9　デアゴスティーニ・ジャパン　2001.6　p338-377　30cm　533円

◇週刊ビジュアル日本の歴史　no.70　貴族の没落　10　デアゴスティーニ・ジャパン　2001.6　p380-419　30cm　533円

◇展望日本歴史　10　南北朝内乱　佐藤和彦, 小林一岳編　東京堂出版　2000.2　420p　23cm〈文献あり〉　5000円　①4-490-30560-5

◇擾乱の中の葛西・大崎―南北朝時代の動向　佐藤正助著　気仙沼　耕風社　2000.1　316p　21cm〈年表あり〉　3300円

◇逆説の日本史　7（中世王権編）　太平記と南北朝の謎　井沢元彦著　小学館　1999.10　363p　20cm　1550円　①4-09-379418-9

◇中世歴史叙述と展開―『職原鈔』と後期軍記　加地宏江著　吉川弘文館　1999.7　274p　22cm　7500円　①4-642-02779-3

◇中世軍忠状とその世界　漆原徹著　吉川弘文館　1998.7　281, 8p　22cm　6200円　①4-642-02763-7

◇南北朝内乱と東寺―第15回東寺百合文書展　京都府立総合資料館歴史資料課編〔京都〕　京都府立総合資料館　1998.7　58, 16p　26cm

◇南北朝異聞―護良親王と淵辺義博　中丸祐昌著　MBC21　1998.4　222p　20cm〈〔東京〕 東京経済（発売）〉　1800円　①4-8064-0580-9

◇マンガ日本の歴史　19　南北朝動乱の中の京と田舎　石ノ森章太郎著　中央公論社　1997.11　212p　16cm　（中公文庫）　524円　①4-12-203000-5

◇堂々日本史　第9巻　NHK取材班編　名古屋　KTC中央出版　1997.10　251p　20cm　1600円　①4-87758-056-5

◇東北南北朝・宇津峰　伊藤幸治著　郡山　伊藤幸治　1997.9　400p　26cm

◇南北朝動乱と王権　伊藤喜良著　東京堂出版　1997.7　286p　19cm　（教養の日本史）　2800円　①4-490-20318-7

◇史料解読奥羽南北朝史　大友幸男著　三一書房　1996.10　536p　22cm　9800円　①4-380-96274-1

◇日本歴史大系　6　南北朝内乱と室町幕府　下　井上光貞ほか編　山川出版社　1996.3　240, 23p　22cm〈普及版〉　3000円　①4-634-33060-1

◇歴史の主役たち―変革期の人間像　永井路子著　文芸春秋　1996.3　282p　16cm　（文春文庫）　480円　①4-16-720034-1

◇日本歴史大系　5　南北朝内乱と室町幕府　上　井上光貞ほか編　山川出版社　1996.1　210, 19p　22cm〈普及版〉　3000円　①4-634-33050-4

◇南北朝動乱と伊予の武将　別府頼雄著〔重信町（愛媛県）〕　〔別府頼雄〕　1995.7　198p　20cm〈付・後南朝物

語〉

◇南北朝遺文　中国四国編 第6巻　自弘和3・永徳3年(1383)至元中11・明徳5年(1394)　松岡久人編　東京堂出版　1995.4　350p　22cm　13000円　①4-490-30239-8

◇紀州・南北朝時代―南北朝時代の紀州史　松田文夫著　〔和歌山〕　〔松田文夫〕　1995.3　186p　23cm　2800円

◇児島高徳　小川喜数著　豊田　小川喜数　1994.12　180p　22cm

◇日本の歴史―集英社版　8　南北朝の動乱　児玉幸多ほか編　伊藤喜良著　〔点字資料〕　東京ヘレン・ケラー協会点字出版局　1994.9　6冊　27cm　〈原本：集英社 1992〉　全21000円

◇おもしろ日本誌　尾崎秀樹著　集英社　1993.12　230p　20cm　1600円　①4-08-774044-7

◇宗良親王の研究　安井久善著　笠間書院　1993.12　331p　22cm　10000円　①4-305-40056-1

◇日本の歴史がわかる本―人物篇　南北朝時代～戦国・江戸時代　小和田哲男著　三笠書房　1993.11　269p　15cm　(知的生きかた文庫)　500円　①4-8379-0614-1

◇南北朝遺文　中国四国編 第5巻　自文中3・応安7年(1374)至弘和2・永徳2年(1382)　松岡久人編　東京堂出版　1993.9　317p　22cm　13000円　①4-490-30238-X

◇大系日本の歴史　6　内乱と民衆の世紀　永原慶二ほか編　永原慶二著　小学館　1992.12　417p　16cm　(小学館ライブラリー)　980円　①4-09-461006-5

◇南北朝遺文　九州編 第7巻　瀬野精一郎編　東京堂出版　1992.9　421p　21cm　15000円　①4-490-30426-9

◇私本常陸太平記　本堂清著　土浦　筑波書林　1992.8　131p　26cm　1600円

◇南北朝遺文　中国四国編 第4巻　自正平16・康安元年(1361)至文中2・応安6年(1373)　松岡久人編　東京堂出版　1992.4　382p　22cm　9270円　①4-490-30237-1

◇日本の歴史―集英社版　8　南北朝の動乱　児玉幸多ほか編　伊藤喜良著　集英社　1992.1　334p　22cm　2400円　①4-08-195008-3

◇足助一族と大塚掃部助―南朝秘史　岡野錦弥, 鈴木茂夫著　〔尼崎〕　岡野錦弥　1991.11　2冊　27cm　〈共同刊行：鈴木茂夫〉

◇物語日本の歴史―その時代を見た人が語る　第12巻　後醍醐天皇と足利尊氏　笠原一男編　木耳社　1991.11　235p　20cm　1500円　①4-8393-7564-X

◇物語日本の歴史―その時代を見た人が語る　第13巻　南北朝の動乱　笠原一男編　木耳社　1991.11　207p　20cm　1500円　①4-8393-7565-8

◇矢野城の戦い―古文書に偲ぶ　山田有利著　広島　発喜会　1991.11　35p　26cm　(発喜のしおり 総集 第1号)

◇南北朝史100話　立風書房　1991.10　318p　20cm　〈監修：小川信〉　1500円　①4-651-75022-2

◇新田堀江氏と世良田郷　高橋宗二著　尾島町(群馬県)　新田堀江氏と世良田郷刊行会　1991.6　403p　22cm

◇征西大将軍と八代―懐良親王・良成親王　江上敏勝著　八代　八代史談会　1991.4　290p　21cm　〈懐良親王および著者の肖像あり〉

◇南北朝の英雄たち―後醍醐天皇・足利尊氏と常陸の群像　桐原光明著　土浦　筑波書林　1991.4　101p　18cm　(ふるさと文庫)　〈発売：茨城図書〉　618円

◇南北朝　林屋辰三郎著　朝日新聞社　1991.1　211p　15cm　(朝日文庫)　420円　①4-02-260634-7

◇南北朝事典―なぜ？なに？日本史雑学 おもしろ不思議な歴史の謎　ざつがく倶楽部編著　成美堂出版　1991.1　238p

19cm 880円 ①4-415-07555-X

◇変革期の人間像 永井路子著 吉川弘文館 1990.12 275p 20cm 1600円 ①4-642-07290-X

◇「太平記」群雄の興亡と謎―南北朝動乱を演出した巨将たちの覇権と興亡 岩松清四郎著 日本文芸社 1990.11 220p 18cm (Rakuda books) 780円 ①4-537-02212-4

◇菊池一族 阿蘇品保夫著 新人物往来社 1990.10 260p 20cm 2136円 ①4-404-01771-5

◇南北朝遺文―九州編 第6巻 自元中2・至徳2年(1385)至元中12(1395).無年号文書.年月日闕文書 瀬野精一郎編 東京堂出版 1990.10 373p 22cm 9800円 ①4-490-30229-0

◇南北朝遺文 九州編 第6巻 自元中二・至徳二年(一三八五)至元中十二年(一三九五)・無年号文書・年月日闕文書 瀬野精一郎編 東京堂出版 1990.10 373p 22cm 9515円 ①4-490-30229-0

◇古文書の語る日本史 4 南北朝・室町 所理喜夫ほか編 永原慶二編 筑摩書房 1990.7 506, 14p 20cm 〈監修:児玉幸多〉 3300円 ①4-480-35434-4

◇南北朝遺文―中国四国編 第3巻 自正平6・観応2年(1351)至正平15・延文5年(1360) 松岡久人編 東京堂出版 1990.7 343p 22cm 9270円 ①4-490-30236-3

◇南北朝遺文 中国四国編 第3巻 自正平六・観応二年(一三五一)至正平十五・延文五年(一三六〇) 松岡久人編 東京堂出版 1990.7 343p 22cm 9000円 ①4-490-30236-3

◇新編日本合戦全集 2 鎌倉南北朝編 桑田忠親著 秋田書店 1990.3 262p 20cm 〈折り込図1枚〉 1700円 ①4-253-00378-8

◇諸国南北朝興亡記 神奈川県 青山弁著 札幌 青山弁 1989.4 480p 26cm 8600円

◇戦乱南北朝―後醍醐天皇・正成・尊氏の激闘 学習研究社 1989.1 177p 26cm (Gakken mook) 〈付(図1枚)〉 980円

◇南北朝遺文 中国四国編 第2巻 自興国2・暦応4年(1341)至正平5・観応元(1350) 松岡久人編 東京堂出版 1989.1 373p 22cm 9000円 ①4-490-30235-5

◇南北朝遺文 中国四国編 第2巻 自 興国二・暦応四年(一三四一) 至 正平五観応元年(一三五〇) 松岡久人編 東京堂出版 1989.1 373p 23cm 9000円 ①4-490-30235-5

◇南朝正統皇位継承論―尾三遠南朝史論 日本史の盲点南北朝時代の謎を解く 藤原石山著 2版 豊橋 南朝史学会 1988.10 121p 22cm

◇南北朝遺文―九州編 第5巻 自建徳2・応安4年(1371)至元中元・至徳元年(1384) 瀬野精一郎編 東京堂出版 1988.9 395p 22cm 8500円 ①4-490-30228-2

◇南北朝遺文 九州編 第5巻 自 建徳二・応安四年(一三七一) 至 元中元・至徳元年(一三八四) 瀬野精一郎編 東京堂出版 1988.9 395p 22cm 8500円 ①4-490-30228-2

◇皇子たちの南北朝―後醍醐天皇の分身 森茂暁著 中央公論社 1988.7 248p 18cm (中公新書) 620円 ①4-12-100886-3

◇皇子たちの南北朝―後醍醐天皇の分身 森茂暁著 中央公論社 1988.7 248p 18cm (中公新書 886) 620円 ①4-12-100886-3

◇戦乱の日本史―合戦と人物 第5巻 南北朝の内乱 佐藤和彦責任編集 第一法規出版 1988.6 158p 31cm 〈監修:安田元久 編集:風土社〉 3500円 ①4-474-10135-9

◇戦乱の日本史「合戦と人物」 第5巻 南北朝の内乱 佐藤和彦責任編集 第一法規出版 1988.6 158p 31cm 〈監

修：安田元久 編集：風土社〉 3500円 ①4-474-10135-9

◇大系日本の歴史 6 内乱と民衆の世紀 永原慶二ほか編集 永原慶二著 小学館 1988.6 334p 21cm 〈折り込図1枚〉 1800円 ①4-09-622006-X

◇菊池一族の興亡 荒木栄司著 熊本 熊本出版文化会館 1988.4 165, 33p 21cm 〈東京 亜紀書房〉 1500円

◇菊池氏三代 杉本尚雄著 吉川弘文館 1988.4 314p 19cm （人物叢書 新装版）〈新装版 叢書の編者：日本歴史学会〉 1800円 ①4-642-05112-0

◇日本史論聚 4 近世の黎明 林屋辰三郎著 岩波書店 1988.4 379p 22cm 4200円 ①4-00-003484-7

◇南北朝遺文 中国四国編 第1巻 自建武元年（1334）至興国元・暦応3年（1340） 松岡久人編 東京堂出版 1987.11 362p 22cm 9000円 ①4-490-30234-7

◇南北朝遺文（中国四国編） 月報―1-6 東京堂出版 1987.11-1995.1 1冊 21cm

◇南北朝の内乱 井上良信著 評論社 1987.11 272p 20cm （若い世代と語る日本の歴史 15）〈第2刷（第1刷：昭和44年）〉 1600円 ①4-566-06014-4

◇南風競わず―南北朝時代秘史 第3集 相模原 南朝皇愛会 1987.7 104p 21cm 〈発売：星雲社〉 800円 ①4-7952-4861-3

◇南風競わず―南北朝時代秘史 第3集 山地悠一郎編集 相模原 南朝皇愛会 1987.7 104pp 21cm 〈東京 星雲社〉 800円 ①4-7952-4861-3

◇総合日本史―写真図説 第5巻 日本近代史研究会著 新版 名著編纂会 1987.6 291p 31cm

◇人物群像・日本の歴史 第7巻 南朝と北朝 学習研究社 1987.5 195p 30cm

◇日本古文書学論集 7 中世 3 南北朝時代の武家文書 日本古文書学会編 上島有編 吉川弘文館 1986.11 432p 22cm 5800円 ①4-642-01262-1

◇村田正志著作集 第7巻 風塵録 京都 思文閣出版 1986.8 696p 22cm 16000円 ①4-7842-0434-2

◇日本の歴史 12～22（中世 2） 朝日新聞社 1986.6～9 11冊（合本1冊） 31cm （週刊朝日百科 540号～550号）

◇南北朝遺文―九州編 第4巻 自正平10・文和4年（1355）至建徳元・応安3年（1370） 瀬野精一郎編 東京堂出版 1985.12 409p 22cm 8500円

◇児島高徳 小川喜数著 豊田 小川喜数 1985.10 145p 22cm

◇続史料大成 第1巻 愚管記 1―文和3年～延文5年 竹内理三編 近衛道嗣著 増補〔版〕 京都 臨川書店 1985.8 382p 22cm 〈復刻版 1.愚管記 1 文和3年～延文5年 近衛道嗣著〉 ①4-653-00444-7

◇続史料大成 第2巻 愚管記 2―康安元年～応安3年 竹内理三編 近衛道嗣著 増補〔版〕 京都 臨川書店 1985.8 382p 22cm 〈復刻版 2.愚管記 2 康安元年～応安3年 近衛道嗣著〉 ①4-653-00445-5

◇続史料大成 第4巻 愚管記 4―永和2年～永徳3年 竹内理三編 近衛道嗣著 増補〔版〕 京都 臨川書店 1985.8 422p 22cm 〈復刻版 4.愚管記 4 永和2年～永徳3年 近衛道嗣著〉 ①4-653-00447-1

◇椿葉記 後崇光院著 宮内庁書陵部 1985.2 1軸 31cm 〈宮内庁書陵部所蔵の複製 付（別冊 70p 21cm）：解題・釈文 箱入〉

◇南北朝の正閏と天皇論―南朝研究 藤原石山著 豊橋 南朝史学会 1984.12 25p 22cm

◇南北朝の動乱 安藤英男編 新人物往来社 1984.12 266p 20cm 2000円 ①4-404-01250-0

◇日本史探訪 8 南北朝と室町文化 角川書店編 角川書店 1984.9 281p

15cm （角川文庫） 420円 ①4-04-153308-2

◇村田正志著作集 第4巻 証註椿葉記 京都 思文閣出版 1984.9 383p 22cm 9000円

◇因縁の菊池氏 菊池秀之著 高崎 菊池秀之 1984.8 461p 22cm 〈著者の肖像あり〉 非売品

◇南北朝の動乱と千葉氏 千野原靖方著 流山 崙書房 1984.8 240p 18cm （ふるさと文庫） 980円

◇南北朝期公武関係史の研究 森茂暁著 文献出版 1984.6 537, 19p 22cm 10000円

◇日本の歴史 9 南北朝の動乱 佐藤進一著 中央公論社 1984.2 488p 18cm （中公バックス） 1200円 ①4-12-401149-0

◇日本の歴史 9 南北朝の動乱 佐藤進一著 中央公論社 1984.2 488p 18cm （中公バックス） 〈9.南北朝の動乱 佐藤進一著 巻末：年表 付録：室町幕府守護配置図1枚（折込み） 図版〉 1200円 ①4-12-401149-0

◇村田正志著作集 第3巻 続々南北朝史論 京都 思文閣出版 1983.12 615p 22cm 12500円

◇三遠国境の南北朝攻防戦—宗良親王の終焉と長慶天皇児島高徳の謎 藤原石山著, 南朝史学会, 三遠文化協会編 豊橋 南朝史学会 1983.11 72p 21cm

◇南北朝遺文—九州編 第3巻 自正平3・貞和4年（1348）至正平9・文和3年（1354） 瀬野精一郎編 東京堂出版 1983.10 396p 22cm 7500円

◇村田正志著作集 第2巻 続南北朝史論 京都 思文閣出版 1983.8 448p 22cm 9000円

◇人物探訪日本の歴史 4 争乱の群雄 暁教育図書 1983.5 195p 30cm 〈新装版〉 2100円

◇村田正志著作集 第1巻 増補南北朝史論 京都 思文閣出版 1983.3 425p 22cm 9000円

◇日本史の舞台 4 吉野の嵐動乱の炎—南北朝時代 佐藤和彦責任編集 集英社 1982.6 167p 27cm 〈監修：児玉幸多 編集：日本アート・センター〉 1800円

◇日本史の舞台 4 吉野の嵐動乱の炎 佐藤和彦ほか編 集英社 1982.6 167p 27cm 〈監修：児玉幸多 編集：日本アート・センター 4.吉野の嵐動乱の炎 佐藤和彦〔ほか〕編 巻末：歴史用語解説, 年表（1324～1402） 図版〉 1800円

◇九州南北朝戦乱 天本孝志著 福岡 葦書房 1982.3 340p 20cm 〈巻末：参考文献, 関係略年表, 九州移住の主要東国系武士団〉 2000円

◇史料綜覧 巻7 南北朝時代之2 南朝文中2年・北朝応安6年～南朝元中9年・北朝明徳3年.室町時代之1 明徳3年～文安5年 東京大学史料編纂所編纂 東京大学出版会 1982.1 780p 22cm 〈昭和7年刊の複製〉 7000円

◇史料綜覧 巻6 南北朝時代之1—元弘3年～南朝文中元年・北朝応安5年 東京大学史料編纂所編纂 東京大学出版会 1981.12 810p 22cm 〈昭和5年刊の複製〉 7000円

◇宗良親王信州大河原の三十年・東海信越南北朝編年史 松尾四郎著 静岡 松尾書店 1981.12 379p 22cm 〈背の書名：宗良親王南北朝編年史〉 2000円

◇喜田貞吉著作集 第3巻 国史と仏教史 林屋辰三郎編集 平凡社 1981.11 562p 22cm 5400円

◇激録日本大戦争 第10巻 南北朝悲劇の戦い 原康史著 東京スポーツ新聞社 1981.10 302p 19cm 1300円 ①4-8084-0048-0

◇激録・日本大戦争 第10巻 南北朝悲劇の戦い 原康史著 東京スポーツ 新聞社 1981.10 302p 19cm 〈10.南北朝悲劇の戦い 巻末：年表 付録：皇位継承系図, 天皇御即位之図1枚（折込み）〉

1300円 ①4-8084-0048-0

◇日本歴史展望 第5巻 分裂と動乱の世紀—南北朝 瀬野精一郎責任編集 旺文社 1981.7 288p 26cm 〈付(図1枚):地蔵菩薩像 足利尊氏筆〉 2300円

◇日本歴史展望 第5巻 分裂と動乱の世紀—南北朝 瀬野精一郎責任編集 旺文社 1981.7 288p 26cm 〈5.分裂と動乱の世紀:南北朝 瀬野精一郎責任編集 巻末:年表,南北朝要図 付録:足利尊氏筆地蔵菩薩像1枚(折込み) 執筆:瀬野精一郎ほか8名 図版〉 2300円

◇南北朝遺文—九州編 第2巻 自延元4・暦応2年(1339)至正平2・貞和3年(1347) 瀬野精一郎編 東京堂出版 1981.4 391p 22cm 7725円

◇動乱の南北朝—第91回特別展 大阪 大阪市立博物館 1981 77p 26cm (展覧会目録 第88号) 〈会期:昭和56年10月1日〜11月8日〉

◇図説日本文化の歴史 6 南北朝・室町 熱田公ほか編集 小学館 1980.1 251p 28cm 3500円

◇南北朝遺文—九州編 第1巻 自建武元年(1334)至延元3・暦応元年(1338) 瀬野精一郎編 東京堂出版 1980.1 394p 22cm 7500円

◇南北朝遺文(九州編) 月報—1-7 東京堂出版 1980.1-1992.9 1冊 21cm

◇南北朝内乱史論 佐藤和彦著 東京大学出版会 1979.12 408,3p 22cm 4000円

◇南朝懸田大橋家伝承録 大橋二郎編 〔相馬〕 〔大橋二郎〕 1979.3 174p 22cm 〈考証:河野相光〉 非売品

◇続史料大成 第18巻 玉英記抄 竹内理三編 一条経通著 増補 京都 臨川書店 1979.2 311p 22cm 〈それぞれの複製〉 5000円

◇日本史の謎と発見 7 南朝と北朝 佐藤和彦ほか著 毎日新聞社 1979.2 272p 20cm 1300円

◇南北朝時代史 田中義成著 講談社 1979.1 285p 15cm (講談社学術文庫) 360円

◇日本女性の歴史 6 室町争乱期の女性 暁教育図書 1978.12 146p 28cm 〈付:関連年表〉 2000円

◇日本の合戦 2 南北朝の争乱 桑田忠親編集 新人物往来社 1978.10 416p 20cm 〈監修:桑田忠親 源頼朝ほかの肖像あり 新装版〉 1500円

◇日本史 3 中世 2 三浦圭一編 有斐閣 1978.7 235,4p 18cm (有斐閣新書) 560円

◇続史料大成 第1巻 愚管記 1 文和3年〜延文5年 竹内理三編 近衛道嗣著 増補 京都 臨川書店 1978.6 382p 22cm 〈複製〉 4500円

◇続史料大成 第2巻 愚管記 2 康安元年〜応安3年 竹内理三編 近衛道嗣著 増補 京都 臨川書店 1978.6 336p 22cm 〈複製〉 4500円

◇続史料大成 第3巻 愚管記 3 応安4年〜永和元年 竹内理三編 近衛道嗣著 増補 京都 臨川書店 1978.6 440p 22cm 〈複製〉 4500円

◇続史料大成 第4巻 愚管記 4 永和2年〜永徳3年 竹内理三編 近衛道嗣著 増補 京都 臨川書店 1978.6 422p 22cm 〈複製〉 4500円

◇中村直勝著作集 第2巻 社会文化史 京都 淡交社 1978.2 567p 22cm 〈編集:赤松俊秀ほか〉 4500円

◇中世内乱期の社会と民衆 永原慶二著 吉川弘文館 1977.4 300p 19cm 1400円

◇人物日本の歴史 7 南朝と北朝 小学館 1976 269p(図共) 22cm 〈編集:日本アート・センター〉 1250円

◇征西将軍宮 藤田明編著 文献出版 1976 752p 図 肖像 22cm 〈熊本県教育会大正4年刊の複製 限定版〉 11000円

◇戦乱と一揆 上島有著 講談社 1976

220p 18cm （講談社現代新書） 390円

◇人物探訪・日本の歴史 4 争乱の群雄 今東光編集指導 暁教育図書 1975 195p（図共） 31cm 〈編集指導：海音寺潮五郎, 奈良本辰也, 尾崎秀樹〉 2000円

◇図説日本の歴史 7 武家の勝利 井上幸治等編 編集責任：豊田武 集英社 1975 267p（図共） 28cm 1800円

◇内乱のなかの貴族―南北朝期『園太暦』の世界 林屋辰三郎著 角川書店 1975 180p 図 21cm （季刊論叢日本文化 1） 1400円

◇日本の歴史文庫 8 南北朝と室町 村田正志著 講談社 1975 413p 図 15cm 〈編集委員：坂本太郎等〉 380円

◇九州地方中世編年文書目録 南北朝時代篇 瀬野精一郎編 吉川弘文館 1974 276p 21cm 2800円

◇日本の歴史 11 南北朝内乱 佐藤和彦著 小学館 1974 358p（図共）地図 20cm 790円

◇日本合戦全集 2 鎌倉南北朝編 桑田忠親著 秋田書店 1973 282p 図 20cm 950円

◇五箇山史―南北朝期 高桑敬親著 〔平村（富山県東礪波郡）〕 高桑敬親 1972 16p 25cm 〈謄写版〉

◇南北朝時代文学通史 斎藤清衛著 古川書房 1972 229p 図 19cm （古川叢書） 650円

◇日本の歴史 5 北朝と南朝 編集委員・執筆者代表：岡田章雄, 豊田武, 和歌森太郎 読売新聞社 1972 288p 図 19cm 〈新装版〉 550円

◇日本の歴史 7 南北朝の動乱 研秀出版 1972 220p（図共）地図 30cm 2000円

◇南北朝史論 村田正志著 中央公論社 1971 400p（図共） 22cm 〈2版（初版：昭和24）〉 1300円

◇菊池氏の女性たち―精忠好学の名族 上米良純臣著 菊池 菊池至誠会 1970 130p 21cm 400円

◇菊池の伝統 千種宣夫著 菊池 菊池氏発祥九百年・菊池神社御鎮座百年記念事業奉賛会 1970 147p 図 18cm 〈菊池氏発祥九百年・菊池神社御鎮座百年記念〉 非売

◇征西将軍宮千光寺ご陵墓の研究 上野無一著 「征西将軍宮千光寺ご陵墓の研究」刊行会 1969 109p 図版 21cm 非売

◇南北朝の内乱 井上良信著 評論社 1969 272p 図版 18cm （若い世代と語る日本の歴史 15） 290円

◇百夜一話・日本の歴史 第5 北朝の武家・南朝の公家 和歌森太郎, 山本藤枝著 集英社 1969 352p 図版 18cm 580円

◇歴史の中興 上 大阪読売新聞社編 大阪 浪速社 1969 345p 19cm 〈昭和42年7月から43年12月まで『読売新聞（大阪・西部）』に連載されたもの 『歴史の誕生』の続編〉 500円

◇千年尚名有り 野長瀬盛孝著 田辺 紀州政経新聞社（印刷） 1968 51p 図版 21cm 非売

◇那珂通辰と常陸の豪族―南朝秘録 石川豊著 〔緒川村（茨城県那珂郡）〕 石川豊 1968 143p 22cm

◇日本の歴史 第5 北朝と南朝 岡田章雄, 豊田武, 和歌森太郎編 読売新聞社 1968 18cm 〈決定版〉

◇続 史料大成 第1 愚管記 竹内理三編 近衛道嗣 京都 臨川書店 1967 22cm

◇続 史料大成 第2 愚管記 竹内理三編 近衛道嗣 京都 臨川書店 1967 22cm

◇続 史料大成 第3 愚管記 竹内理三編 近衛道嗣 京都 臨川書店 1967 22cm

◇続 史料大成 第4 愚管記 竹内理三編 近衛道嗣 京都 臨川書店 1967 22cm

◇南朝の若武者—北畠顕家　大島延次郎著　人物往来社　1967　261p 図版　19cm（日本の武将 72）　490円

◇南北朝　林屋辰三郎著　大阪　創元社　1967　205p 図版　18cm　（創元新書）

◇南北朝　林屋辰三郎著　大阪　創元社　1967　205p 図版　18cm　（創元新書）　270円

◇日本歴史シリーズ　第7巻　南北朝　遠藤元男等編　松本新八郎編　世界文化社　1967　27cm

◇菊池氏三代　杉本尚雄著　吉川弘文館　1966　314p 図版　18cm　（人物叢書 日本歴史学会編）〈主要参考文献 312-314p〉

◇菊池武光　川添昭二著　人物往来社　1966　267p 図版　19cm　（日本の武将 18）

◇菊池武光　川添昭二著　人物往来社　1966　267p 図版　19cm　（日本の武将 18）　480円

◇實録秘史 南北朝の真相　岩間尹著　横須賀　三浦一族会　1966　392p 図版　22cm

◇実録秘史南北朝の真相　岩間尹著　横須賀　三浦一族会　1966　392p 図版　22cm　1500円

◇人物日本の歴史　第5　内乱の時代〔ほか〕　豊田武編　読売新聞社　1966　320p　19cm

◇日本の合戦　第2　南北朝の争乱　桑田忠親編　森克己　人物往来社　1965　414p 図版　20cm　〈監修者：高柳光寿〉

◇日本の歴史　第9　南北朝の動乱　佐藤進一　中央公論社　1965　18cm

◇南北朝編年史　由良哲次著　吉川弘文館　1964　2冊　23cm

◇南北朝編年史　由良哲次著　吉川弘文館　1964　2冊　23cm

◇画報新説日本史　第8巻　南朝北朝の内乱　時事世界新社編　時事世界新社　1963-64　31cm

◇日本の歴史　第5　北朝と南朝　岡田章雄, 豊田武, 和歌森太郎編　読売新聞社　1963　18cm　〈普及版〉

◇真説日本歴史　第5　南北朝の動乱　松本新八郎　雄山閣出版　1960　304p 図版　22cm

◇南朝・北朝　加賀淳子著　河出書房新社　1960　272p 図版　20cm　（現代人の日本史 第10巻）

◇南朝・北朝　加賀淳子著　河出書房新社　1960　272p 図版　20cm　（現代人の日本史 第10巻）

◇南北朝論—史実と思想　村田正志著　至文社　1959　263p 図版　19cm　（日本歴史新書）

◇南北朝論—史実と思想　村田正志著　至文社　1959　263p 図版　19cm　（日本歴史新書）

◇日本の歴史　第5巻　北朝と南朝　岡田章雄, 豊田武, 和歌森太郎編　読売新聞社　1959　314p 図版 地図　23cm

◇南北朝　林屋辰三郎著　大阪　創元社　1957　201p 図版　18cm　（創元歴史選書）

◇南北朝　林屋辰三郎著　大阪　創元社　1957　201p 図版　18cm　（創元歴史選書）

◇証註 椿葉記　村田正志著　宝文館　1954　72, 260, 92p 図版　22cm

◇椿葉記—証註　村田正志著　宝文館　1954　72, 260, 92p 図版　22cm

◇新天皇論　吉田長蔵著　千代田書院　1952　219p 図版 表　19cm

◇趣味の日本史談　巻6　南北朝時代と室町時代の前編　北垣恭次郎著　明治図書出版株式会社　1951-56　19cm

◇南北朝史論　村田正志著　中央公論社　1949　398p（図版共）　22cm

◇吉野時代/東北勤皇史　大島延次郎著　春秋社松柏館　1945　313p 図版 地図　22cm　7.70円

大覚寺統
だいかくじとう

鎌倉中期に分裂対立した二皇統の一つ。後深草天皇の系統を持明院統とよぶのに対し、亀山天皇の皇子後宇多上皇が嵯峨の大覚寺を再興して〈大覚寺殿〉と称したことから大覚寺統とよぶ。文永9年(1272年)後嵯峨法皇の死後生じた皇位継承をめぐる争いに加え、皇室領荘園の領有をめぐる抗争から天皇家は二つに分裂し、幕府の干渉のもとに、後宇多天皇以後、持明院統と交替で両統から皇位を継ぎ、幕府討伐、建武中興政治が行われた。足利尊氏が持明院統を擁して北朝を建てたのに対し、大覚寺統は南朝として対立し、後村上天皇以後、長慶、後亀山と続いて、元中9/明徳3年(1392年)北朝と合体した。しかし合体条件が実行されなかったのでふたたび分裂。南朝は大和地方の山間に命脈を保ち、その遺臣がしばしば乱を起こして勢力の回復を企てたが成功しなかった。大覚寺統の天皇は後亀山天皇が最後となった。

*　　*　　*

◇中世日本の政治と文化　森茂暁著　京都　思文閣出版　2006.10　455, 17p　22cm　(思文閣史学叢書)　9000円　①4-7842-1324-4

◇南朝全史―大覚寺統から後南朝へ　森茂暁著　講談社　2005.6　238p　19cm　(講談社選書メチエ 334)　〈文献あり　年表あり〉　1500円　①4-06-258334-8

◇中世の寺社と信仰　上横手雅敬編　吉川弘文館　2001.8　267p　22cm　7500円　①4-642-02804-8

◇日本の歴史―集英社版　8　南北朝の動乱　児玉幸多ほか編　伊藤喜良著　集英社　1992.1　334p　22cm　2400円　①4-08-195008-3

◇古代中世史論集　九州大学国史学研究室編　吉川弘文館　1990.8　593p　22cm　10000円　①4-642-01051-3

持明院統
じみょういんとう

鎌倉中期に分裂対立した二皇統の一つ。文永9年(1272年)後嵯峨法皇の死後、後深草上皇系と亀山天皇系の間で皇位継承や皇室領荘園の領有をめぐる争いがおこり、天皇家は大きく二つに分裂した。このうち後深草上皇の子伏見上皇が持明院(現在の京都市上京区安楽小路町)を居所としたことから、この皇統を持明院統とよび、これに対して亀山天皇系が大覚寺統とよばれている。皇位継承については鎌倉幕府の干渉で両統交互に皇位につく両統迭立が原則とされたが、長講堂領などの皇室領荘園をめぐって両統の対立はしだいに深まった。文保元年(1317年)の文保の和談以降は大覚寺統の後醍醐天皇の強烈な個性に対して持明院統は政争の表面に立つことが比較的少なく、武家政権に利用される形となり、北条氏に擁立された光厳天皇から足利氏に擁立された北朝へとその系譜はつながっていく。

*　　*　　*

◇日記の家―中世国家の記録組織　松薗斉著　吉川弘文館　1997.8　345, 10p　22cm　7300円　①4-642-02757-2

◇日本の歴史―集英社版　8　南北朝の動乱　児玉幸多ほか編　伊藤喜良著　集英社　1992.1　334p　22cm　2400円　①4-08-195008-3

後醍醐天皇　ごだいごてんのう

正応元年(1288年)11月2日～延元4/暦応2年(1339年)8月16日　第96代天皇。在位期間は文保2年から延元4/暦応2年(1318～1339年)。後宇多天皇の第2皇子、母は藤原忠継の娘談天門院忠子。名は尊治。文保2年(1318年)即位し、元亨元年(1321年)後宇多天皇の院政を廃して天皇親政・人材登用など政治の改革に努め、鎌倉幕府打倒を図ったが、正中元年(1324年)の正中の変、元弘元/元徳3年(1331年)の元弘の変に失敗、元弘2・正慶元年(1332年)隠岐に配流となる。のち、護良親王、楠木正成らによる倒幕運動が展開したのに乗じて脱出し建武の中興に成功したが、足利尊氏の謀反により2年余で新政府は倒れ延元元/建武3年(1336年)吉野に逃れ、尊氏の擁立した持明院統の天皇に対抗して南朝を立て、南北朝時代を招いた。その後、京都回復を企てたがはたせず、後村上天皇に譲位した翌日崩御した。編著に『建武年中行事』『建武日中行事』など。

◇日本の歴史 5(中世 2) 後醍醐と尊氏―建武の新政 新訂増補 朝日新聞社 2005.1 320p 30cm (朝日百科) ①4-02-380017-1

◇建武中興―後醍醐天皇の理想と忠臣たちの活躍 久保田収著 明成社 2004.9 308p 19cm 〈年表あり〉 1600円 ①4-944219-28-8

◇後醍醐天皇のすべて 佐藤和彦, 樋口州男編 新人物往来社 2004.9 279p 20cm 〈年譜あり 文献あり〉 2800円 ①4-404-03212-9

◇日本の歴史 中世 2-1 後醍醐と尊氏―建武の新政 新訂増補 朝日新聞社 2002.8 30p 30cm (週刊朝日百科 11) 476円

◇後醍醐天皇―竹内文書 楠木正成対足利尊氏 竹田日恵著 明窓出版 2000.7 380p 20cm 1500円 ①4-89634-052-3

◇平成新修古筆資料集 第1集 田中登編 京都 思文閣出版 2000.3 249, 6p 21cm 2600円 ①4-7842-1035-0

◇後醍醐天皇―南北朝動乱を彩った覇王 森茂暁著 中央公論新社 2000.2 194p 18cm (中公新書) 〈肖像あり〉 680円 ①4-12-101521-5

◇後醍醐天皇と建武政権 伊藤喜良著 新日本出版社 1999.10 190p 18cm (新日本新書) 950円 ①4-406-02685-1

◇闇の歴史、後南朝―後醍醐流の抵抗と終焉 森茂暁著 角川書店 1997.7 247p 19cm (角川選書 284) 1500円 ①4-04-703284-0

◇古代日本のチーズ 広野卓著 角川書店 1996.10 241p 19cm (角川選書) 1400円 ①4-04-703277-8

◇物語日本の歴史―その時代を見た人が語る 第12巻 後醍醐天皇と足利尊氏 笠原一男編 木耳社 1991.11 235p 20cm 1500円 ①4-8393-7564-X

◇後醍醐天皇と足利尊氏―『太平記』の主人公 緒形隆司著 光風社出版 1991.2 238p 18cm 800円 ①4-87519-606-7

◇後醍醐天皇と山陰の伝説 楳範之企画編集 米子 立花書院 1989.10 207p 19cm 1800円

◇建武年中行事註解 後醍醐天皇撰, 和田英松註解, 所功校訂 講談社 1989.9 460p 15cm (講談社学術文庫 895) 〈付・日中行事註解〉 1068円 ①4-06-958895-8

◇戦乱南北朝―後醍醐天皇・正成・尊氏の激闘 学習研究社 1989.1 177p 26cm (Gakken mook) 〈付(図1枚)〉 980円

◇後醍醐天皇の御理想と建武中興 平田俊春著 伊勢 皇学館大学出版部 1985.4 57p 19cm (皇学館大学講演叢書 第52輯) 300円

◇後醍醐天皇の御理想と建武中興 平田俊春著 伊勢 皇学館大学出版部 1985.4 57p 19cm (皇学館大学講演叢書 第52輯) 300円

◇足利尊氏と後醍醐帝―小説大覚寺統 浅野忠夫著 新人物往来社 1983.4 282p 20cm 1800円

◇大日本史料 第6編之1 後醍醐天皇 元弘3年5月～建武元年10月 東京大学史料編纂所編纂 東京大学出版会 1982.10 926p 22cm 〈東京帝国大学明治34年刊の複製 折り込図1枚〉 8000円

◇大日本史料 第6編之2 後醍醐天皇 建武元年10月～延元元年正月 東京大学史

料編纂所編纂　東京大学出版会　1982.10　1016p　22cm　〈東京帝国大学明治34年刊の複製 折り込図1枚〉　8000円

◇帝王後醍醐―「中世」の光と影　村松剛著　中央公論社　1981.5　494p　16cm　（中公文庫）　540円

◇建武政権―後醍醐天皇の時代　森茂暁著〔東村山〕　教育社　1980.11　223p　18cm　（教育社歴史新書）〈後醍醐天皇の肖像あり〉　800円

◇なみのあら磯―後醍醐天皇隠岐行在所論文集　2版　西ノ島町（島根県）　黒木御所顕彰会　1980.4　104p　21cm

◇ミカドの岩戸がくれ―後醍醐天皇と金竜殿神鏡　紀藤元之介著　大阪　金竜神社崇敬同志の会　1978.11　213p　20cm　2500円

◇帝王後醍醐―「中世」の光と影　村松剛著　中央公論社　1978.6　494p　20cm　1500円

◇後醍醐天皇　水戸部正男著　秋田書店　1974　237p 図　20cm　1300円

◇後醍醐天皇と楠木正成・足利尊氏　杉原親雄著　甲陽書房　1971　245p 肖像　19cm　1000円

正中の変

しょうちゅうのへん

正中元年（1324年）後醍醐天皇が側近の日野資朝らと鎌倉幕府討伐を企てた政変。文保2年（1318年）の即位以来、政治に意欲を燃やし元亮元年（1321年）に親政を実現した天皇は、幕府の皇位相続への干渉を絶とうと側近の参議日野資朝、蔵人頭日野俊基らと謀り、ひそかに幕府を倒す謀議を重ねた。正中元年（1324年）9月23日の北野祭を期して挙兵する手はずであったが、同志の密告により事前に発覚。同月19日土岐頼貞、多治見国長は六波羅軍に囲まれて自害した。資朝は佐渡配流。一方、天皇は老臣万里小路宣房を鎌倉に急派し、得宗北条高時に関与していない旨を陳弁し、資朝も自己一身に責任を負ったので、幕府も深く追及せず俊基も許されて京都に帰った。

＊　＊　＊

◇日本中世の朝廷・幕府体制　河内祥輔著　吉川弘文館　2007.6　349, 7p　22cm　9000円　①978-4-642-02863-9

◇再現日本史―週刊time travel　鎌倉・室町 5　講談社　2002.11　42p　30cm　〈年表あり〉　533円

◇北条高時のすべて　佐藤和彦編　新人物往来社　1997.7　217p　19cm　2800円　①4-404-02494-0

◇史料解読奥羽南北朝史　大友幸男著　三一書房　1996.10　536p　22cm　9800円　①4-380-96274-1

◇錦に燃ゆる楠木正成　吉川寅二郎著　たちばな出版　1996.9　236p　19cm　1300円　①4-88692-650-9

◇南朝史論考　平田俊春著　錦正社　1994.3　356p　19cm　（国学研究叢書 第18編）　4800円　①4-7646-0238-5

◇南朝名将 結城宗広　横山高治著　新人物往来社　1991.11　238p　19cm　2000円　①4-404-01864-9

◇後醍醐天皇と足利尊氏―『太平記』の主人公　緒形隆司著　光風社出版　1991.2　238p　18cm　800円　①4-87519-606-7

◇ピクトリアル足利尊氏　1　鎌倉幕府の滅亡　学習研究社　1990.12　128p　26cm　〈監修：永原慶二, 佐藤和彦〉　2500円　①4-05-105245-1

◇足利尊氏　松崎洋二著　新人物往来社　1990.3　252p　20cm　1800円　①4-404-01703-0

元弘の変

げんこうのへん

後醍醐天皇が企てた鎌倉幕府討伐の計画。天皇は正中元年（1324年）に討幕を計画して失敗したが（正中の変）、政権の座にとどまった。嘉暦元年（1326年）に病没した邦良皇太子のあとに、持明院側から量仁親王が立つに及び、再度の討幕計画が具体化し南都北嶺の衆徒勢力の糾合に努めた。しかし元弘元/元徳3年（1331年）4月に天皇の身の安泰を憂慮した重臣吉田定房が通報し、幕府は六波羅探題を指揮して日野俊基・文観・円観などを検挙した。このとき幕府の追及は天皇におよばなかったが、同年8月天皇が宮廷を脱出し山城の笠置城にたてこもったことで、幕府は同年9月に大軍を派遣したため笠置は落城。天皇は六波羅探題に引き渡され、翌元弘2・正慶元年(1332年)3月隠岐島に配流となった。また佐渡に幽閉中の日野資朝や鎌倉に送られた俊基らは処刑され、親王や公卿で配流となった者は多数に上った。しかし、陥落後行方をくらましていた楠木正成や護良親王らはふたたび挙兵して執拗な抵抗を続け、やがて諸国の反幕府勢力の決起を誘発して、元弘3/正慶2年(1333年)5月、鎌倉幕府滅亡に至る。

＊　＊　＊

◇南北朝と室町政権―南北朝期―室町期　小和田哲男監修・年表解説　世界文化社　2006.7　199p　24cm　(日本の歴史を見る ビジュアル版 4)〈年表あり〉　2400円　①4-418-06211-4

◇楠木氏三代の研究―正成・正行・正儀　井之元春義著　大阪　創元社　1997.2　265p　20cm〈書名は奥付による 標題紙等の書名：楠木氏三代〉　1854円　①4-422-20136-0

◇錦に燃ゆる楠木正成　吉川寅二郎著　たちばな出版　1996.9　236p　19cm　1300円　①4-88692-650-9

◇物語新葉集　山口正著　教育出版センター　1991.8　233p　20cm　(古典選書 11)　2400円　①4-7632-7118-0

◇後醍醐天皇と足利尊氏―『太平記』の主人公　緒形隆司著　光風社出版　1991.2　238p　18cm　800円　①4-87519-606-7

◇「太平記」群雄の興亡と謎―南北朝動乱を演出した巨将たちの覇権と興亡　岩松清四郎著　日本文芸社　1990.11　220p　18cm　(Rakuda books)　780円　①4-537-02212-4

◇楠木正成　植村清二著　中央公論社　1989.2　236p　16cm　(中公文庫)　360円　①4-12-201587-1

建武の新政　けんむのしんせい

建武の中興とも。元弘3/正慶2年(1333年)5月に鎌倉幕府を滅ぼしてから、延元元/建武3年(1336年)10月に足利尊氏に降伏するまでの後醍醐天皇の政治のこと。元弘元/元徳3年(1331年)、元弘の乱で後醍醐天皇は隠岐に配流され、鎌倉幕府によって光厳天皇が立てられるが、後醍醐天皇は退位を拒否。鎌倉幕府が倒されると、光厳天皇の皇位を否定し、親政を開始。翌年建武と改元して公家一統、綸旨絶対の政治を図った。機構は八省、諸官司、記録所、雑訴決断所、恩賞方などを置き、地方には陸奥将軍府、鎌倉将軍府、守護・国字を置いた。旧領回復令、寺領没収令、朝敵所領没収令、誤判再審令などが発布され土地所有権や訴訟の申請などに関しては天皇の裁断である綸旨を必要とすることとなった。また諸国平均安堵令が発せられ、知行の安堵を諸国の国司に任せた。新令により発生した所領問題、訴訟や恩賞請求の殺到、記録所などの新設された機関における権限の衝突など、性急な改革に世相は混乱し、これを風刺する二条河原落書が現われた。恩賞の不公平や所領の混乱は、武士層の不満を招き、延元元/建武3年(1336年)、足利尊氏が離反する。後醍醐天皇は新田義貞に尊氏追討の命を出すが、新田軍は敗北。建武政権は2年半で崩壊し、天皇は吉野に移って南朝を立て、光明天皇を擁する足利尊氏と対立し、南北朝時代が始まる。

◇式部省補任―正暦元年―建武三年　永井晋編　八木書店　2008.5　588, 38p　22cm　12000円　①978-4-8406-2031-4

◇日本の歴史　5(中世 2)　後醍醐と尊氏

—建武の新政　新訂増補　朝日新聞社　2005.1　320p　30cm　（朝日百科）　①4-02-380017-1

◇建武中興—後醍醐天皇の理想と忠臣たちの活躍　久保田収著　明成社　2004.9　308p　19cm　〈年表あり〉　1600円　①4-944219-28-8

◇建武之忠臣畑將軍　畑時能公顕彰会大聖寺支部編　〔八王子〕　畑時能公遺徳顕彰会　2004.4　29, 14p　23cm　〈畑時能公顕彰会大聖寺支部昭和11年刊の複製〉

◇中世の国家儀式—『建武年中行事』の世界　佐藤厚子著　岩田書院　2003.10　284p　22cm　（中世史研究叢書 4）　5900円　①4-87294-294-9

◇日本の歴史　中世 2-1　後醍醐と尊氏—建武の新政　新訂増補　朝日新聞社　2002.8　30p　30cm　（週刊朝日百科 11）　476円

◇後醍醐天皇と建武政権　伊藤喜良著　新日本出版社　1999.10　190p　18cm　（新日本新書）　950円　①4-406-02685-1

◇マンガ日本の歴史　18　建武新政から室町幕府の成立へ　石ノ森章太郎著　中央公論社　1997.10　214p　16cm　（中公文庫）　524円　①4-12-202976-7

◇建武台3/49—東幼49期3訓入校50周年記念文集　東幼49期3訓記念文集編集委員会　1995.12　573p　22cm　〈付(11枚袋入)〉　非売品

◇建武政権期の国司と守護　吉井功児著　近代文芸社　1993.8　375, 23p　20cm　2800円　①4-7733-1738-8

◇叛逆の日本史—「多民族国家」ニッポンの地方独立戦争　佐治芳彦著　徳間書店　1992.3　283p　18cm　（トクマブックス）　780円　①4-19-504831-1

◇物語日本の歴史—その時代を見た人が語る　第12巻　後醍醐天皇と足利尊氏　笠原一男編　木耳社　1991.11　235p　20cm　1500円　①4-8393-7564-X

◇日本の歴史—マンガ　18　建武新政から室町幕府の成立へ　石ノ森章太郎著　中央公論社　1991.4　235p　20cm　〈監修：児玉幸多〉　1000円　①4-12-402818-0

◇建武中興の演出者—河辺清談　山本律郎著　新人物往来社　1991.3　204p　20cm　1300円　①4-404-01805-3

◇京都御所東山御文庫本建武年中行事　所功編　国書刊行会　1990.12　269p　22cm　（古代史料叢書 第5輯）　〈最古写本の影印、翻刻および解説〉　7500円　①4-336-03179-7

◇建武の中興—理想に殉じた人々　堀井純二著　錦正社　1990.1　272p　19cm　（国学研究叢書 第12編）　〈後醍醐天皇の肖像あり〉　2700円　①4-7646-0217-2

◇建武年中行事註解　和田英松註解, 所功校訂　新訂　講談社　1989.9　460p　15cm　（講談社学術文庫）　〈付・日中行事註解〉　1100円　①4-06-158895-8

◇建武年中行事註解　後醍醐天皇撰, 和田英松註解, 所功校訂　講談社　1989.9　460p　15cm　（講談社学術文庫 895）　〈付・日中行事註解〉　1068円　①4-06-958895-8

◇建武中興と伊勢　鎌田純一著　伊勢　皇學館大学出版部　1985.7　37p　19cm　（皇學館大学講演叢書 第53輯）　280円

◇建武中興と伊勢　鎌田純一著　伊勢　皇學館大学出版部　1985.7　37p　19cm　（皇學館大学講演叢書 第53輯）　280円

◇後醍醐天皇の御理想と建武中興　平田俊春著　伊勢　皇學館大学出版部　1985.4　57p　19cm　（皇學館大学講演叢書 第52輯）　300円

◇建武の中興と神宮祠官の勤王　神宮祠官勤王顕彰会編　伊勢　皇學館大学出版部　1984.6　311p 図版11枚　22cm　〈復刻監修：建武中興六百五十年祭実行委員会　神宮祠官勤王顕彰会昭和10年刊の複製　折り込図2枚〉　非売品

◇建武中興　平田俊春著　〔建武中興六百五十年奉祝十五社会〕　1984　54p　19cm

◇大日本史料　第6編之1　後醍醐天皇　元弘3年5月～建武元年10月　東京大学史料編纂所編纂　東京大学出版会　1982.10　926p　22cm　〈東京帝国大学明治34年刊の複製 折り込図1枚〉　8000円

◇大日本史料　第6編之2　後醍醐天皇　建武元年10月～延元元年正月　東京大学史料編纂所編纂　東京大学出版会　1982.10　1016p　22cm　〈東京帝国大学明治34年刊の複製 折り込図1枚〉　8000円

◇建武政権―後醍醐天皇の時代　森茂暁著　〔東村山〕　教育社　1980.11　223p　18cm　（教育社歴史新書）〈後醍醐天皇の肖像あり〉　800円

◇建武中興を中心としたる信濃勤王史攷　下巻　信濃教育会著　復刊　松本　信濃史学会　1978.7　1冊　23cm　〈付属資料：地図1枚（袋入）　原本：信濃毎日新聞昭和14年刊〉

◇建武中興を中心としたる信濃勤王史攷　上巻　信濃教育会著　復刊　松本　信濃史学会　1977.12　1037p　23cm　〈折り込1枚　原本：信濃毎日新聞昭和14年刊〉

◇宰相入道教長口伝―建武本　藤原教長著　吉野町（奈良県）　阪本竜門文庫　1970　2冊（解説・訳文共）　22cm　（阪本竜門文庫覆製叢刊 9）〈書名は箱の表題による 表紙の書名：教長宰相入道口伝 巻頭の書名：宰相入道口伝教長 一名：才葉集, 筆体抄 解説・訳文：川瀬一馬 箱入〉

◇建武中興　久保田収著　日本教文社　1965　220p　20cm　（日本人のための国史叢書 9）

◇建武中興　久保田収著　日本教文社　1965　220p　20cm　（日本人のための国史叢書 9）

◇鎮西探題史料集　下　文保―建武　川添昭二編　粕屋町（福岡県）　川添昭二　1965　300p　21cm　〈謄写版〉

◇中野正剛選集　第1　遺稿建武中興史論　正剛会　1953　312p 図版　18cm

◇世界興亡史政話　第2　建武親政の没落　河野林治郎著　政治懇話会　1948　19cm

南朝　なんちょう

南北朝時代、大和国吉野を中心に後醍醐、後村上、長慶、後亀山の4代にわたり存立した大覚寺統の朝廷。京都にあった持明院統の朝廷を北朝とよぶのに対し、こちらを南朝とよび、また吉野朝ともいう。所在地は大和の金峯山寺、賀名生（あのう）、河内の天野山金剛寺、観心寺などを転々とした。鎌倉時代後半から天皇家は持明院統、大覚寺統の二つに分裂し、皇位継承などが争われていたが、延元元/建武3年（1336年）に大覚寺統の後醍醐天皇と足利尊氏とが決裂して建武の新政府が崩壊した際に、持明院統の光厳上皇を奉じて入京した尊氏は光明天皇を擁立し、一方の後醍醐天皇は京都を脱出して吉野に逃れたため、二つの朝廷が並立することになった。これ以後の約半世紀間、南朝は足利氏およびその擁立する北朝と対立し、全国各地で南北朝の争乱が起こった。南朝ははじめ畿内南部や九州・関東などの武士の支持を得て北朝に対抗し、足利氏の内紛に乗じて一時京都を奪還するなどしたが（正平の一統）、しだいに劣勢となり、関東では足利基氏が、九州では今川了俊がそれぞれ反対勢力を制して室町幕府の全国支配体制が整った。また南朝方の中心楠木正儀が北朝に下り、さらに懐良親王が死去するに及んで南朝方の活動はほとんど影を潜めることとなった。このころから足利氏は南朝の北朝への吸収を図り、元中9/明徳3年（1392年）、南朝後亀山天皇から北朝後小松天皇に神器が渡されて両朝は合一した。

◇南山史—30巻　成島譲編輯 9冊　26cm

◇室町戦国の社会—商業・貨幣・交通　永原慶二著　吉川弘文館　2006.6　321p　20cm　（歴史文化セレクション）〈1992年刊の復刊〉　2300円　Ⓘ4-642-06298-X

◇南朝全史—大覚寺統から後南朝へ　森茂暁著　講談社　2005.6　238p　19cm　（講談社選書メチエ 334）〈文献あり　年表あり〉　1500円　Ⓘ4-06-258334-8

◇南朝の忠臣児島高徳（熊山・福山合戦）　中西尉一著　新風舎　2004.9　38p　15cm　（Toppu）　900円　Ⓘ4-7974-5184-X

◇建武之忠臣畑將軍　畑時能公顕彰会大聖寺支部編　〔八王子〕　畑時能公遺徳顕彰会　2004.4　29, 14p　23cm　〈畑時能公顕彰会大聖寺支部昭和11年刊の複製〉

◇南朝への節に殉じた畑時能の生涯　補遺　八王子　畑時能公遺徳顕彰会　2004.4　91p　23cm　〈複製を含む〉

◇南朝石刻—図録・中国南朝陵墓の石造物　奈良県立橿原考古学研究所編　〔橿原〕　橿原考古学協会　2002.5　108p　30cm　（社団法人橿原考古学協会調査研究成果 第6冊）〈他言語標題：The carved stones of the Six-Dynasties　年表あり　文献あり〉

◇南朝の星　続　木村信行訳と解説　日本歴史研究所　2000.12　146p　26cm　5100円

◇南朝の星—南北朝と後南朝（皇胤志巻五）　中田憲信編, 木村信行訳と解説　日本歴史研究所　2000.3　60, 127, 49p　26cm　8000円

◇南朝興亡史—後南朝と熊沢家略記　早瀬晴夫編著　近代文芸社　1996.6　179p　20cm　2300円　Ⓘ4-7733-5165-9

◇南朝秘史—大竜寺蔵書三古文書復刻版　津島　亀伯山大竜寺　1995.4　107p　21cm　1000円

◇ああ南朝　堰沢清竜著　明窓出版　1994.7　220p　19cm　1300円　Ⓘ4-938660-39-3

◇南朝史論考　平田俊春著　錦正社　1994.3　356p　19cm　（国学研究叢書 第18編）　4800円　Ⓘ4-7646-0238-5

◇児島高徳と新田一族　浅田晃彦著　群馬出版センター　1993.12　281p　20cm　2000円　Ⓘ4-906366-20-1

◇南朝名将 結城宗広　横山高治著　新人物往来社　1991.11　238p　19cm　2000円　Ⓘ4-404-01864-9

◇南朝児島高徳　入内島一崇著　〔前橋〕〔入内島一崇〕　1990.10　960p　22cm　〈製作：あさを社（高崎）〉

◇吾が家に残る南朝落日の影—護良親王石巻下向の謎　平塚久雄著　〔石巻〕　〔平塚久雄〕　1989.8　128p　19cm　800円

◇南朝正統皇位継承論—尾三遠南朝史論 日本史の盲点南北朝時代の謎を解く　藤原石山著　2版　豊橋　南朝史学会　1988.10　121p　22cm

◇皇子たちの南北朝—後醍醐天皇の分身　森茂暁著　中央公論社　1988.7　248p　18cm　（中公新書 886）　620円　Ⓘ4-12-100886-3

◇南風競わず—南北朝時代秘史　第3集　山地悠一郎編集　相模原　南朝皇愛会　1987.7　104pp　21cm　〈東京 星雲社〉　800円　Ⓘ4-7952-4861-3

◇北畠太平記—南朝の大義に生きた一族と家臣団　横山高治著　大阪　創元社　1986.8　219p　19cm　1200円　Ⓘ4-422-20458-0

◇南朝の戦略と関氏の謎　坂入三喜男著　土浦　筑波書林　1986.3　101p　18cm　（ふるさと文庫）〈発売：茨城図書〉　600円

◇大日本史料　第6編之34　南朝長慶天皇（建徳2年）北朝後圓融天皇（應安4年閏3月）　6- 34　東京大學史料編纂所編　東京大学出版会　1984.2　17, 482p　22cm　〈復刻版 原版：1974（昭和39年）6 - 34. 南朝長慶天皇（建徳2年）;北朝後圓融天皇（應安4年閏3月）〉　5000円

①4-13-090284-9

◇長慶天皇の三河遷幸と諸豪の動き―三河に伝えられる南朝の秘史　藤原石山著, 南朝史学会, 三遠文化協会編　豊橋　南朝史学会　1982.11　34p　22cm

◇楠氏と石州益田―南朝悲史　楠孝雄著　〔益田〕　〔楠孝雄〕　1980.10　286p　19cm

◇南朝懸田大橋家伝承録　大橋二郎編　〔相馬〕　〔大橋二郎〕　1979.3　174p　22cm　〈考証：河野相光〉　非売品

◇三河玉川御所と広福寺―南朝の秘史を伝える　松井勉著　豊橋　中尾山広福寺　1979.1　134p　22cm

◇三河に於ける長慶天皇伝説考―民族学の視点から南朝の史蹟と伝説を探る　藤原石山著, 南朝史学会編　豊橋　三遠文化協会　1979.1　2冊(別冊とも)　26cm　〈別冊：資料編〉

◇私本長慶天皇と児島高徳太平記　庭田暁山著　岡山　児島高徳公顕彰忠桜会　1978.11　1冊　19cm　1500円

◇前・後南朝新史　市川元雅, 小笠原秀凞共著　小笠原秀熙 芳雅堂書店(発売)　1975　201, 53p 図　22cm

◇那珂通辰と常陸の豪族―南朝秘録　石川豊著　〔緒川村(茨城県那珂郡)〕　石川豊　1968　143p　22cm

◇南朝正統皇位継承論―日本史の盲点南北朝時代の謎を解く　南朝史学会編　豊橋　〔出版者不明〕　1966　56p 表　25cm

◇南朝正統皇位継承論―日本史の盲点南北朝時代の謎を解く　豊橋　南朝史学会　1966　56p 表　25cm

◇吉野朝と宗良親王の生活　笠原喜一郎著　新津　東洋館印刷所(印刷)　1963　186p 図版 地図　19cm

北 朝　ほくちょう

南北朝時代、室町幕府に擁立されて京都に存在した持明院統の朝廷。吉野にあった大覚寺統の朝廷に対し、北方にあったので北朝とよばれ、光明・崇光・後光厳・後円融・後小松の5代の天皇が皇位についた。足利尊氏と後醍醐天皇との決裂により建武政府が分解した際に、後醍醐天皇が三種の神器を携えて吉野に逃れたのに対して、尊氏が豊仁親王を擁立して皇位につけて(光明天皇)これを北朝とした。南朝に比べれば全国的な政治権力だが、実権を握っていたのは朝廷ではなく幕府の方であった。元中9/明徳3年(1392年)、南朝の後亀山天皇から北朝の後小松天皇に神器が渡されて南北両朝の合一が実現した。このとき、皇位は南北両朝すなわち大覚寺・持明院両統が交互に継承するという合一の条件が定められたが、この条件は履行されず、応永18(1411年)に後小松天皇の皇子実仁親王が皇太子となり、翌年譲位されて践祚(称光天皇)したため、これを不満とする南朝＝大覚寺統支持勢力の蜂起が各地で続いた。しかしこれもやがて鎮圧され、皇位は北朝系＝持明院統にのみ継承されて現在に至っている。

◇室町幕府東国支配の研究　江田郁夫著　高志書院　2008.11　321, 9p　22cm　6500円　①978-4-86215-050-9

◇後深心院関白記　4　近衛道嗣著　岩波書店　2008.3　389p　22cm　(大日本古記録)　13000円　①978-4-00-009941-7, 4-00-009941-8

◇安芸・若狭 武田一族　高野賢彦著　新人物往来社　2006.11　222p　19cm　2800円　①4-404-03420-2

◇越後 上杉一族　花ケ前盛明著　新人物往来社　2005.9　257p　19cm　2800円　①4-404-03265-X

◇朽木文書と一迫狩野氏―栗原郡の中世史

の見直し　姉歯量平著　仙台　宝文堂　2005.8　77p　22cm　3619円　①4-8323-0054-7

◇常陸・秋田佐竹一族　七宮涬三著　新人物往来社　2001.6　250p　20cm　2800円　①4-404-02911-X

◇赤松一族の盛衰　熱田公監修, 播磨学研究所編　神戸　神戸新聞総合出版センター　2001.1　318p　20cm　1800円　①4-343-00069-9

◇宸翰英華　別篇（北朝）　宸翰英華別篇編修会編　京都　思文閣出版　1992.8　2冊　27×37cm　〈複製「図版篇」「解説篇」に分冊刊行 解説篇の大きさ：22cm〉　全49440円　①4-7842-0728-7

◇後深心院関白記　3　近衛道嗣著, 陽明文庫編　京都　思文閣出版　1986.4　532p　16×23cm　（陽明叢書 記録文書篇 第4輯）〈複製〉　12000円　①4-7842-0423-7

◇後深心院関白記　2　近衛道嗣著, 陽明文庫編　京都　思文閣出版　1986.1　557p　16×23cm　（陽明叢書 記録文書篇 第4輯）〈複製〉　12000円　①4-7842-0409-1

◇後深心院関白記　1　近衛道嗣著, 陽明文庫編　京都　思文閣出版　1985.10　577p　16×23cm　（陽明叢書 記録文書篇 第4輯）〈複製〉　12000円　①4-7842-0404-0

◇椿葉記　後崇光院著　宮内庁書陵部　1985.2　1軸　31cm　〈宮内庁書陵部所蔵の複製 付（別冊 70p 21cm）：解題・釈文 箱入〉

◇村田正志著作集　第4巻　証註椿葉記　京都　思文閣出版　1984.9　383p　22cm　9000円

◇続史料大成　第1巻　愚管記　1 文和3年～延文5年　竹内理三編　近衛道嗣著　増補　京都　臨川書店　1978.6　382p　22cm　〈複製〉　4500円

◇続史料大成　第2巻　愚管記　2 康安元年～応安3年　竹内理三編　近衛道嗣著　増補　京都　臨川書店　1978.6　336p　22cm　〈複製〉　4500円

◇続史料大成　第3巻　愚管記　3 応安4年～永和元年　竹内理三編　近衛道嗣著　増補　京都　臨川書店　1978.6　440p　22cm　〈複製〉　4500円

◇続史料大成　第4巻　愚管記　4 永和2年～永徳3年　竹内理三編　近衛道嗣著　増補　京都　臨川書店　1978.6　422p　22cm　〈複製〉　4500円

◇通幻和尚の研究—南北朝時代の一偉僧　中嶋仁道著　山喜房仏書林　1978.5　385p　22cm　7500円

◇園太暦　巻2　貞和2年7月－貞和4年12月　洞院公賢著, 岩橋小弥太, 斎木一馬校訂　続群書類従完成会　1971　567p 図　22cm　〈昭和12年刊の複製〉　3500円

◇園太暦　巻3　貞和5年春－観応2年夏　洞院公賢著, 岩橋小弥太, 斎木一馬校訂　続群書類従完成会　1971　480p 図　22cm　〈昭和13年刊の複製〉　3500円

◇園太暦　巻4　観応2年秋冬－文和3年12月　洞院公賢著, 岩橋小弥太, 村田正志, 永島福太郎校訂　続群書類従完成会　1971　399p　22cm　〈昭和15年刊の複製〉　3500円

◇園太暦　巻1　洞院系図, 応長元年2月－貞和2年5月　洞院公賢著, 岩橋小弥太, 斎木一馬校訂　続群書類従完成会　1970　532p 図　22cm　〈昭和11年刊の複製〉　3500円

◇椿葉記—証註　村田正志著　宝文館　1954　72, 260, 92p 図版　22cm

足利尊氏　あしかが たかうじ

嘉元3年（1305年）～正平13/延文3年（1358年）4月30日　南北朝時代の武将。室町幕府の初代将軍。幼名は又太郎、高氏。清和源氏足利流の惣領足利貞氏の子、

母は上杉頼重の娘清子。元弘元/元徳3年(1331年)後醍醐天皇が鎌倉幕府討幕の兵を起こす(元弘の変)と、天皇軍を討つため北条高家と共に幕府軍を率いて上洛したが、その後丹波で一転して討幕に変じ、六波羅探題を滅ぼして、これをきっかけに鎌倉幕府も滅亡。天皇が帰洛して建武の新政が開始されると、功績第一として天皇の諱尊治の一字を賜り尊氏と改名し、武蔵など三国と北条氏の遺領を与えられる。建武2年(1335年)北条時行が鎌倉を占領する(中先代の乱)と、その討伐のため関東に下向し、そのまま建武政権に離反して鎌倉に留まる。尊氏討伐に向かった新田義貞を箱根に破り上洛、しかしその後はうまくいかず九州に下るが、筑前国多々良浜で菊池武敏を破って勢力を挽回し、兵庫湊川で楠木正成を倒して再び入京。延元元/建武3年(1336年)光明天皇の即位を断行し、北朝のもとで建武式目を公布して室町幕府を開き、征夷大将軍となる。しかし弟直義との対立が深まり(観応の擾乱)、直義追討のため南朝と一時的に和睦(正平の一統)。そのため南朝軍に京都を占拠され、正平8/文和2年(1353年)南朝軍を排除して入洛。その後、九州の南朝勢力を討伐しようとする中で、京都二条万里小路邸で死去した。将軍の在職期間は延元3/暦応元年から正平13/延文3年(1338〜1358年)。

◇足利尊氏と直義―京の夢、鎌倉の夢　峰岸純夫著　吉川弘文館　2009.6　190p　19cm　(歴史文化ライブラリー)　1700円　①978-4-642-05672-4

◇足利尊氏のすべて　桜井彦, 樋口州男, 錦昭江編　新人物往来社　2008.10　392p　20cm　〈文献あり　年譜あり〉　3800円　①978-4-404-03532-5

◇足利尊氏―人と作品　河北騰著　風間書房　2005.5　203p　20cm　〈年表あり〉　2000円　①4-7599-1506-0

◇足利尊氏文書の総合的研究　上島有著　国書刊行会　2001.2　2冊(セット)　26cm　14000円　①4-336-04284-5

◇足利尊氏文書の総合的研究　写真編　上島有著　国書刊行会　2001.2　137p　27cm　①4-336-04284-5

◇足利尊氏文書の総合的研究　本文編　上島有著　国書刊行会　2001.2　515, 12p　27cm　①4-336-04284-5

◇天下人の条件　鈴木真哉著　洋泉社　1998.9　333p　19cm　2000円　①4-89691-331-0

◇天皇になろうとした将軍　井沢元彦著　小学館　1998.4　253p　15cm　(小学館文庫)　476円　①4-09-402301-1

◇足利尊氏　山路愛山著　復刻版　日本図書センター　1998.1　326p　22cm　(山路愛山伝記選集 第2巻)　〈原本：玄黄社明治42年刊〉　①4-8205-8239-9, 4-8205-8237-2

◇足利尊氏　上巻　林青梧著　学陽書房　1997.10　323p　15cm　(人物文庫)　660円　①4-313-75037-1

◇足利尊氏　下巻　林青梧著　学陽書房　1997.10　312p　15cm　(人物文庫)　660円　①4-313-75038-X

◇九州太平記―資料による 多々良川大合戦　田中政喜著　福岡　あきつ出版　1996.8　130p　21cm　〈発売：星雲社(東京)〉　1500円　①4-7952-7898-9

◇足利尊氏―乱世の行動学　百瀬明治著　PHP研究所　1993.11　301p　15cm　(PHP文庫)　〈『生きる極意』(三笠書房1988年刊)の増訂〉　540円　①4-569-56591-3

◇時代をきめた114のできごと―歴史アルバム　3　室町・安土桃山時代―足利尊氏の幕府・応仁の乱・鉄砲とキリスト教の伝来・秀吉の全国統一ほか　藤森陽子編著　PHP研究所　1993.10　37p　31cm　2600円　①4-569-58857-3

◇足利氏と足利尊氏　上島有述, 亀岡市, 亀

岡市教育委員会編　亀岡　亀岡市　1992.10　45, 12p　19cm　（亀岡生涯学習市民大学 平成3年度）〈共同刊行：亀岡市教育委員会〉

◇論集足利尊氏　佐藤和彦編　東京堂出版　1991.9　483p　22cm　7800円　Ⓘ4-490-20184-2

◇足利尊氏―物語と史蹟をたずねて　水野泰治著　成美堂出版　1991.8　247p　19cm　〈足利尊氏の肖像あり 付（1枚）〉　1000円　Ⓘ4-415-06573-2

◇「三河と足利氏」図録―尊氏をささえたもうひとつの三河武士 企画展　安城市歴史博物館編　安城　安城市歴史博物館　1991.8　40p　26cm

◇尊氏と丹波の土豪―第11回企画展図録　亀岡市文化資料館編　亀岡　亀岡市文化資料館　1991.5　28p　26cm　〈会期：平成3年5月3日～6月2日〉

◇後醍醐天皇と足利尊氏―『太平記』の主人公　緒形隆司著　光風社出版　1991.2　238p　18cm　800円　Ⓘ4-87519-606-7

◇足利尊氏　会田雄次ほか著　思索社　1991.1　285p　20cm　〈新装版〉　1600円　Ⓘ4-7835-1161-6

◇足利尊氏の生涯と史蹟―太平記ガイド　下野新聞社編　宇都宮　下野新聞社　1991.1　118p　26cm　2500円　Ⓘ4-88286-012-0

◇ピクトリアル足利尊氏　1　鎌倉幕府の滅亡　学習研究社　1990.12　128p　26cm　〈監修：永原慶二, 佐藤和彦〉　2500円　Ⓘ4-05-105245-1

◇足利尊氏の生涯　童門冬二著　三笠書房　1990.9　247p　15cm　（知的生き方文庫）〈『南北朝の風雲』（創隆社1982年刊）の改題〉　450円　Ⓘ4-8379-0408-4

◇足利尊氏　松崎洋二著　新人物往来社　1990.3　252p　20cm　1800円　Ⓘ4-404-01703-0

◇足利尊氏―室町幕府を開いた男　下　大森隆司著　宇都宮　下野新聞社　1989.11　334p　20cm　1600円　Ⓘ4-88286-003-1

◇足利尊氏　小又綱著　京都　光琳社出版　1989.6　605p　22cm　4500円　Ⓘ4-7713-0110-7

◇足利尊氏―室町幕府を開いた男　上　大森隆司著　宇都宮　下野新聞社　1989.6　337p　20cm　1600円　Ⓘ4-88286-001-5

◇足利尊氏　高柳光寿著　春秋社　1987.9　518, 32p　22cm　〈新装版 足利尊氏の肖像あり〉　4500円　Ⓘ4-393-48207-7

◇尾道と足利尊氏―歴史を探る　朝井柾善著　尾道　歴史研書房　1987.9　131p　19cm　1000円

◇足利尊氏　林青梧著　叢文社　1984.9　341p　20cm　〈足利尊氏の肖像あり〉　1600円

◇人物日本の歴史　6　足利尊氏と南北朝の内乱　阿井景子文　学習研究社　1984.6　193p　22cm　（カラー版学習よみもの）〈監修：芳賀登〉　870円　Ⓘ4-05-100885-1

◇足利尊氏　福武書店　1984.3　188p　26cm　（歴史ライブ）　1400円　Ⓘ4-8288-0308-4, 4-8288-0300-9

◇激録日本大戦争　第9巻　楠木正成と足利尊氏　原康史著　東京スポーツ新聞社　1981.5　310p　18cm　1300円　Ⓘ4-8084-0044-8

◇激録・日本大戦争　第9巻　楠木正成と足利尊氏　原康史著　東京スポーツ 新聞社　1981.5　310p　19cm　〈9.楠木正成と足利尊氏 巻末：年表〉　1300円　Ⓘ4-8084-0044-8

◇後醍醐天皇と楠木正成・足利尊氏　杉原親雄著　甲陽書房　1971　245p 肖像　19cm　1000円

◇足利尊氏　高柳光寿著　改稿版　春秋社　1966　518.32p 図版 表　22cm

◇足利尊氏　高柳光寿著　改稿版　春秋社　1966　518, 32p 図版 表　22cm　2500円

◇足利尊氏　高柳光寿著　春秋社　1955　460p 図版 表　22cm

◇足利尊氏　高柳光寿著　春秋社　1955　460p 図版 表　22cm

◇足利ノ尊氏　中村直勝著　弘文堂　1953　214p 図版　19cm　（アテネ新書）

◇足利ノ尊氏　中村直勝著　弘文堂　1953　214p 図版　19cm　（アテネ新書）

◇足利尊氏　佐野学著　青山書院　1952　233p 図版8枚　19cm

◇足利尊氏　佐野学著　青山書院　1952　233p 図版8枚　19cm

◇足利尊氏　山路愛山著　岩波書店　1949　273p　15cm　（岩波文庫）

護良親王
もりよししんのう

延慶元年（1308年）～建武2年（1335年）7月23日

皇族。法名は尊雲、大塔宮とも称される。「もりながしんのう」と読む説もある。後醍醐天皇の第一皇子、母は藤原師親の娘親子。延暦寺に入り、嘉暦2年（1327年）天台座主となる。元弘元/元徳3年（1331年）元弘の乱が起こると僧兵を率いて挙兵したが敗れ、熊野などに潜伏。翌年還俗して護良と改名し、令旨を発して各地の反幕勢力の挙兵を促す。その後、足利尊氏と共に入洛し、後醍醐天皇の建武政府が成立すると征夷大将軍となったが、まもなく父後醍醐との疎隔が深まり、征夷大将軍を解任され声望を失った。さらに尊氏と対立するようになり、建武元年（1334年）尊氏を暗殺しようとしたとして捕らえられ、鎌倉東光寺に幽閉となる。翌2年（1335年）北条時行による中先代の乱の際に、北条方の手に渡ることを恐れた足利直義により殺された。

＊　＊　＊

◇写真記録 日本人物史　日本図書センター　2008.6　297p　32×23cm　24000円　①978-4-284-50095-1

◇皇子たちの南北朝―後醍醐天皇の分身　森茂暁著　中央公論新社　2007.10　301p　15cm　（中公文庫）　933円　①978-4-12-204930-7

◇骨肉 父と息子の日本史　森下賢一著　文芸春秋　2005.7　262p　18cm　（文春新書）　750円　①4-16-660453-8

◇教科書が教えない歴史有名人の死の瞬間　新人物往来社編　新人物往来社　2003.4　337p　19cm　〈『臨終の日本史』改題書〉　1600円　①4-404-03120-3

楠木正成　くすのき まさしげ

永仁2年（1294年）～延元元/建武3年（1336年）5月25日　鎌倉時代末期～南北朝時代の武将で左衛門尉。幼名は多聞丸、本姓は橘。河内国の土豪だが、出自ははっきりしていない。元弘元/元徳3年（1331年）後醍醐天皇に応じて挙兵し、上赤坂城や千早城などでの戦いを経て討幕を成功させた勢力の一つとなった。その功により、建武政権では恩賞方や記録所の寄人、雑訴決断所の奉行などに任ぜられて従五位下となり、摂津守・河内守にも就いた。後醍醐天皇の信任も厚く、身辺護衛を引き受けた。延元元/建武3年（1336年）入京しようとした足利尊氏軍を九州へ敗走させたが、その後尊氏軍が東上してくると再び出陣を命ぜられ、兵庫の湊川で戦死した。江戸時代の尊皇家によって忠臣として見直されるようになり、特に明治時代から昭和戦前期にかけては「大楠公（だいなんこう）」と称され、忠臣の鑑として神格化された。兵庫県神戸市に楠木正成を祭った湊川神社がある。

◇神戸と楠公さん―悲運の名将楠木正成公の生涯　湊川神社「神戸と楠公さん」編集委員会編　神戸　神戸新聞総合出版センター　2006.10　64p　19cm　（神戸新聞mook）　476円　①4-343-00379-5

◇太平記をかけぬけた河内の武将楠木正行　天竹薫信著　奈良　天竹薫信　2006.9　87p　26cm

◇再現日本史―週刊time travel　鎌倉・室町 6　講談社　2002.11　42p　30cm　〈年表あり〉　533円

◇楠正成一巻書　観音寺　上坂氏顕彰会史料出版部　2000.5　2冊　30cm　(理想日本リプリント 第6巻)　〈複製〉　46800円；46800円

◇楠子遺言并兵庫ノ巻―楠木正成関係史料　観音寺　上坂氏顕彰会史料出版部　2000.5　3冊　30cm　(上坂氏顕彰会所蔵手写本 3)　〈複製〉　46800円；46800円；46800円

◇楠木正成と悪党―南北朝時代を読みなおす　海津一朗著　筑摩書房　1999.1　222p　18cm　(ちくま新書)　660円　Ⓘ4-480-05785-4

◇楠木氏三代の研究―正成・正行・正儀　井之元春義著　大阪　創元社　1997.2　265p　20cm　〈書名は奥付による 標題紙等の書名：楠木氏三代〉　1854円　Ⓘ4-422-20136-0

◇楠正成へ血脈を遡って―吾が家系の生きざまと変遷と　菅原美穂子著　秋田　菅原美穂子　1995.5　62p　22cm　〈私家版〉

◇楠木正成―千早城血戦録　奥田鉱一郎著　ビジネス社　1991.4　255p　20cm　1600円　Ⓘ4-8284-0447-3

◇楠木正成　童門冬二著　成美堂出版　1991.2　236p　19cm　(物語と史蹟をたずねて)　〈付(1枚)〉　1000円　Ⓘ4-415-06572-4

◇楠木正成　祖田浩一著　学習研究社　1991.2　285p　20cm　1300円　Ⓘ4-05-105180-3

◇楠木正成湊川の戦い　陳舜臣著　天山出版　1990.8　270p　16cm　(天山文庫)　〈発売：大陸書房〉　440円　Ⓘ4-8033-2788-2

◇楠木正成湊川の戦い　陳舜臣著　天山出版　1990.8　270p　16cm　(天山文庫 2033)　〈東京 大陸書房〉　427円　Ⓘ4-8033-2788-2

◇楠木正成のすべて　佐藤和彦編　新人物往来社　1989.7　270p　20cm　〈参考文献目録：p241～253 楠木正成関係年譜：p259～264〉　2300円　Ⓘ4-404-01620-4

◇楠木正成　植村清二著　中央公論社　1989.2　236p　16cm　(中公文庫)　360円　Ⓘ4-12-201587-1

◇楠木氏と高見南家　南益郎著　〔長岡〕　〔南益郎〕　1988.3　88p　22cm

◇楠木正成　大谷晃一著　河出書房新社　1983.6　316p　20cm　1300円

◇楠木正成―美しく生きた日本の武将　森田康之助著　新人物往来社　1982.6　293p　20cm　2000円

◇楠木正成　邦光史郎著　真樹社　1981.7　349p　20cm　〈発売：新興出版社〉　1400円

◇激録日本大戦争　第9巻　楠木正成と足利尊氏　原康史著　東京スポーツ新聞社　1981.5　310p　18cm　1300円　Ⓘ4-8084-0044-8

◇激録・日本大戦争　第9巻　楠木正成と足利尊氏　原康史著　東京スポーツ 新聞社　1981.5　310p　19cm　〈9.楠木正成と足利尊氏 巻末：年表〉　1300円　Ⓘ4-8084-0044-8

◇楠氏と石州益田―南朝悲史　楠孝雄著　〔益田〕　〔楠孝雄〕　1980.10　286p　19cm

◇後醍醐天皇と楠木正成・足利尊氏　杉原親雄著　甲陽書房　1971　245p 肖像　19cm　1000円

◇大楠公　神戸　湊川神社社務所　1968　108p 図版　19cm　〈編者：吉田智朗〉　100円

◇楠木正成　植村清二著　至文堂　1962　230p　19cm　(日本歴史新書)　〈参考文献 222-223p〉

◇楠木正成　植村清二著　至文堂　1962

230p 19cm (日本歴史新書)

新田 義貞
にった よしさだ

正安3年(1301年)〜延元3/暦応元年(1338年)閏7月2日

武将。上野国(群馬県)の人。名は小太郎。新田朝氏の子。新田一族の惣領として上野地方に勢力を得ていたが、北条氏を討伐すべく兵を集めて鎌倉を攻め、鎌倉幕府倒幕の功労者として後醍醐天皇に用いられる。建武政権では近衛中将や武者所頭人などを務めたが、やがて足利尊氏と対立するようになり、足利尊氏が建武政府に反旗を翻すと、南朝方の総大将となって各地を転戦。建武2年(1335年)箱根竹ノ下で戦って敗れ、翌年九州から東上する尊氏を兵庫で迎撃したが、再び敗れて北陸に落ち、越前金崎城に拠ったがこれも落城。さらに斯波高経と越前藤島で戦い、討ち死にした。

* * *

◇我が旗を、鎌倉に立てよ—新田義貞の生涯 植木静山著 朝日新聞社(発売) 2007.8 402p 20cm 1600円 ①978-4-02-100132-1

◇新田義貞—関東を落すことは子細なし 山本隆志著 京都 ミネルヴァ書房 2005.10 302, 13p 19cm (ミネルヴァ日本評伝選) 2200円 ①4-623-04491-2

◇新田義貞 峰岸純夫著 新装版 吉川弘文館 2005.5 213p 19cm (人物叢書) 1700円 ①4-642-05232-1

◇新田氏根本史料 千々和実編 国書刊行会 2004.4 1456, 28, 7p 21cm 〈付属資料:地図〉 20000円 ①4-336-00438-2

◇新田一族の盛衰 久保田順一著 藪塚本町(群馬県) あかぎ出版 2003.7 224p, 図版24p 19cm 〈年表あり 文献あり〉 1800円 ①4-901189-13-1

◇合戦伝説—新田義貞と分倍河原合戦—府中市郷土の森博物館特別展 府中市郷土の森博物館編 府中(東京都) 府中市郷土の森博物館 1994.3 35p 26cm 〈会期:1994年3月20日〜5月5日〉

◇児島高徳と新田一族 浅田晃彦著 群馬出版センター 1993.12 281p 20cm 2000円 ①4-906366-20-1

◇義貞太平記—新田史研究会、積年の成果 金谷豊編 高崎 あさを社 1991.2 120p 26cm 1000円

◇篠塚伊賀守重広—新田義貞四天王 細谷清吉著 群馬出版センター 1990.8 223p 19cm 2000円 ①4-906366-06-6

◇風雲の覇者—新田義貞と足利尊氏 坂東太郎著 〔東村(群馬県)〕 中世館 1984.8 406p 19cm 〈発売:同成社(東京)〉 1480円

◇新田義貞の鎌倉攻めと徳蔵寺元弘の板碑 東村山 東村山市教育委員会 1983.12 246p 21cm 〈編著者:大多和晃紀 共同刊行:徳蔵寺板碑保存会〉 700円

◇新田一門史 続 藪塚喜声造編著 新町(群馬県) 藪塚喜声造 1980.12 1873p 22cm 〈新田公並一門挙兵碑建立記念 新田神社百周年修復竣工記念 新田公廟所再興落慶法要記念 限定版〉 非売品

◇新田一門史 藪塚喜声造著 新町(群馬県) 藪塚喜声造 1975 1330p 22cm 〈限定版〉 非売品

◇新田氏根本史料 千々和実編 国書刊行会 1974 1456, 28, 7p 図・肖像58枚 地図3枚 22cm 〈群馬県教育会昭和17年刊『新田義貞公根本史料』の複製〉 13000円

足利 直義
あしかが ただよし

徳治元年(1306年)2月26日〜正平7/文和元年(1352年)2月26日

武将。幼名は高国。三条殿、錦小路殿と称した。足利貞氏の子、母は上杉清子。尊氏の同母弟。兵部大輔、左馬頭を経て相模守、左兵衛督となり、成良親王を奉じて鎌倉に下向し、鎌倉将

軍府を作る。建武2年(1335年)中先代の乱が起こると護良親王を殺して鎌倉を逃れたが、尊氏軍と合流して鎌倉を奪回し建武政権に離反。その後、尊氏が室町幕府を開くと、軍事指揮権、恩賞権を掌握する尊氏と、民事裁判権、所領安概権など日常政務を管轄する直義の二頭政治の態勢をとったが、やがて尊氏および執事高師直と対立(観応の擾乱)。正平6/観応2年(1351年)師直を討ったが、尊氏との対立状態が続き、北陸に逃れて転戦したのち鎌倉に入る。南朝と講和して下向した尊氏軍との戦いに敗れて降伏し、翌年死去した。なお死因は尊氏による毒殺ともいわれる。

＊　　＊　　＊

◇足利尊氏と直義—京の夢、鎌倉の夢　峰岸純夫著　吉川弘文館　2009.6　190p　19cm　(歴史文化ライブラリー)　1700円　①978-4-642-05672-4

◇島津家文書—歴代亀鑑・宝鑑　東京大学史料編纂所編　八木書店　2007.5　239, 49p　22×31cm　(東京大学史料編纂所影印叢書 1)　25000円　①978-4-8406-2501-2

◇鎌倉室町編　桑田忠親著　秋田書店　1989.10　238p　19cm　(新編 日本武将列伝 2)　1500円　①4-253-00363-X

北畠 親房
きたばたけ ちかふさ

永仁元年(1293年)1月29日～正平9/文和3年(1354年)4月17日

南北朝時代の公卿、武将、学者、思想家。法名は宗玄のち覚空。北畠師重の子。従三位を経て、正中2年(1325年)大納言となる。後醍醐天皇の皇子世良親王の養育にあたったが、親王が死去すると出家。建武元年(1334年)建武政権が成立すると再び出仕し、長男顕家と共に陸奥多賀城へ下向。建武2年(1335年)足利尊氏が新政府に反旗を翻すと上洛したが、その後の尊氏の九州からの東上により伊勢に逃れる。延元3/暦応元年(1338年)義良親王を奉じ、東国下向をはかって伊勢を出帆したが暴風に遭って常陸に上陸し、北朝方と戦うが敗れて吉野に戻った。この頃に『神皇正統記』『職原抄』を陣中で執筆した。後醍醐天皇の死後は後村上天皇を補佐し、南朝の指導者的存在をはたした。

＊　　＊　　＊

◇北畠氏と修験道—伊勢山上のミステリー　田畑美穂語り手　松阪　伊勢の國・松阪十樂　2002.10　40p　21cm　(十楽選よむゼミ no.6)　〈会期・会場：平成8年9月16日 松阪市殿町第一公民館　折り込4枚〉　400円

◇北畠親房の儒学　下川玲子著　ぺりかん社　2001.2　363, 7p　21cm　5800円　①4-8315-0954-X

◇中世と神社—北畠親房と神社との関係を中心に　白山芳太郎著　伊勢　皇學館大學出版部　1998.12　30p　19cm　(皇學館大學講演叢書 第96輯)

◇北畠親房の研究　白山芳太郎著　増補版　ぺりかん社　1998.9　246p　22cm　3600円　①4-8315-0836-5

◇北畠親房　岡野友彦著　伊勢　皇学館大学出版部　1995.12　54p　19cm　(皇学館大学講演叢書 第82輯)　300円

◇伊勢北畠一族　加地宏江著　新人物往来社　1994.7　216p　20cm　2500円　①4-404-02115-1

◇北畠親房の研究　白山芳太郎著　ぺりかん社　1991.6　227p　22cm　3600円　①4-8315-0519-6

◇北畠太平記—南朝の大義に生きた一族と家臣団　横山高治著　大阪　創元社　1986.8　219p　19cm　1200円　①4-422-20458-0

◇北畠親房公歌集　大阪　北畠親房公顕彰会　1984.4　125p　22cm　〈奥付の書名：北畠親房公和歌集 著者の肖像あり〉　3000円

◇教養講座シリーズ　46　北畠親房　足利一門の武将たち　国立教育会館編集　我妻建治述, 小川信述　ぎょうせい　1984.4　182p　19cm　560円

◇北畠親房　永峯清成著　新人物往来社　1983.8　234p　20cm　1500円

◇北畠親房と常陸―『神皇正統記』を生んだ小田 荒井庸夫著 土浦 崙書房 1979.9 141p 18cm (ふるさと文庫) 〈発売:茨城図書〉 580円

◇北畠父子と足利兄弟 久保田収著 伊勢 皇学館大学出版部 1977.2 372p 22cm 5800円

◇北畠親房公の研究 平泉澄監修 日本学研究所 1954 569p 地図 22cm

◇常陸の親房 辻正義著 水戸 月居会 1945 224p 図版 22cm

光厳天皇
こうごんてんのう

正和2年(1313年)7月9日 ~ 正平19/貞治3年(1364年)7月7日

北朝第1代天皇。名は量仁(かずひと)。後伏見天皇の第一皇子、母は西園寺公衡の娘寧子(広義門院)。花園天皇の猶子となり、後醍醐天皇の皇太子となる。元弘元/元徳3年(1331年)、後醍醐天皇の討幕挙兵失敗後、北条高時に擁立されて践祚。鎌倉幕府滅亡により退位して太上天皇となり、延元元/建武3年(1336年)、足利尊氏が後醍醐天皇に離反して光明天皇を擁立し、上皇に院政を奏請したことにより院政を開始するが、正平7/文和元年(1352年)南朝の京都占領によって捕らえられて大和賀名生(あのう)に移され、落飾して夢窓疎石に帰依した。陵所は京都府の山国陵。学問に秀で、日記『光厳院宸記』などを著す。在位期間は元弘元/元徳3年から元弘3/正慶2年(1331~1333年)。

* * *

◇地獄を二度も見た天皇光厳院 飯倉晴武著 吉川弘文館 2002.12 217p 19cm (歴史文化ライブラリー 147) 1700円 ①4-642-05547-9

◇光厳院御集全釈 岩佐美代子著 風間書房 2000.11 209p 22cm (私家集全釈叢書 27) 6800円 ①4-7599-1227-4

◇光厳院―『風雅和歌集』親撰と動乱の世の真白の生涯 西野妙子著 国文社 1988.9 280p 20cm 〈光厳院の肖像あり〉 2500円

◇光厳天皇遺芳 光厳天皇著, 赤松俊秀, 上横手雅敬, 国枝利久編 京北町(京都府) 常照皇寺 1964 179p 図版26p 27cm

◇光厳天皇遺芳 赤松俊秀, 上横手雅敬, 国枝利久編 京北町(京都府) 常照皇寺 1964 179p 図版26p 27cm

◇光厳天皇と常念寺 森徳一郎著 一宮 一宮史談会 1964 194p 図版 19cm (一宮史談会叢書)

◇光厳天皇と常念寺 森徳一郎著 一宮 一宮史談会 1964 194p 図版 19cm (一宮史談会叢書)

◇光厳天皇 中村直勝著 京都 淡交新社 1961 216p 図版 22cm

◇光嚴天皇 中村直勝著 京都 淡交新社 1961 216p 図版 22cm

ばさら大名
ばさらだいみょう

ばさら(婆娑羅)を愛好し、ばさらの風体や行動をもって時代精神を体現した武将。ばさらとは南北朝内乱期にみられる顕著な風潮で、華美な服装で飾りたてた伊達な風体や、はでで勝手気ままな遠慮のない、常識はずれのふるまい、またはそのようすを表す。サンスクリット語のvajraバジラ(金剛・伐折羅(ばざら))から転訛(てんか)したことばといわれる。『太平記』では「佐々木佐渡判官入道導(道)誉ガ一族若党共、例ノバサラニ風流ヲ尽シテ」などとあり、伝統的価値観を食い破って現れてくる社会の風潮が語られている。室町幕府の発足時、延元元/建武3年(1336年)に足利尊氏が出した政治要綱「建武式目」の第1条では倹約を諭し、ばさらを戒めている。佐々木道誉、土岐頼遠は「ばさら大名」の代表である。

* * *

◇網野善彦著作集 第11巻 芸能・身分・女性 網野善彦著 岩波書店 2008.10 480p 22cm 4200円 ①978-4-00-092651-5

◇全集日本の歴史 第7巻 走る悪党、蜂

起する土民―南北朝・室町時代　安田次郎著　小学館　2008.6　366p　22cm　〈標題紙等のタイトル：日本の歴史　折り込2枚　文献あり　年表あり〉　2400円　Ⓘ978-4-09-622107-5

◇京都大仏御殿盛衰記　村山修一著　京都　法蔵館　2003.1　276p　19cm　2800円　Ⓘ4-8318-7481-7

◇馬場あき子全集　第7巻　古典文学論　馬場あき子著　三一書房　1997.10　457p　22cm　〈肖像あり〉　6800円　Ⓘ4-380-97544-4

◇中世的世界とは何だろうか　網野善彦著　朝日新聞社　1996.6　222p　19cm　（朝日選書 555）　1300円　Ⓘ4-02-259655-4

◇異形の王権　網野善彦著　平凡社　1993.6　273p　16cm　（平凡社ライブラリー 10）　980円　Ⓘ4-582-76010-4

◇婆娑羅の時代―王朝世界の残照・近世のいぶき 秋季特別展　徳川美術館編　名古屋　徳川美術館　1991.10　143, 8p　30cm　〈会期：平成3年10月5日～11月10日〉

◇徒然草発掘―太平記の時代一側面　石黒吉次郎ほか編　叢文社　1991.7　272p　19cm　2000円　Ⓘ4-7947-0183-7

◇「太平記」の世界―列島の内乱史　佐藤和彦著　新人物往来社　1990.11　222p　20cm　〈南北朝内乱略年表・参考文献：p211～219〉　2300円　Ⓘ4-404-01762-6

◇ばさら大名のすべて　佐藤和彦編　新人物往来社　1990.11　308p　20cm　〈ばさら大名関係年表：p280～288〉　2600円　Ⓘ4-404-01764-2

佐々木 道誉
ささき どうよ

徳治元年（1306年）～文中2/応安6年（1373年）8月25日

武将、文化人。名は四郎、別名は佐々木尊氏。法名は導誉。近江佐々木氏の庶流京極宗氏の子。初め北条高時に仕え、検非違使、従五位下、佐渡守となった。のち高時と共に出家して導誉と号した。元弘の乱より足利尊氏に従い、室町幕府の創設や建武式目の制定に関与するなど、幕政の中枢で活躍。また近江・上総・出雲・飛騨などの守護となる。高師直と共に四条畷で楠木正行らを破り、観応の擾乱では足利尊氏に従った。文学に通じ、和歌、連歌にも長じた。近江甲良荘に道誉みずからが菩提寺として創建した勝楽寺には、道誉71歳の寿像（自賛がある）を蔵する。

＊　＊　＊

◇佐々木道誉―南北朝の内乱と「ばさら」の美　林屋辰三郎著　平凡社　1995.2　215p　15cm　（平凡社ライブラリー 85）　〈『佐々木道誉―南北朝の内乱と太平記の世界』改題書〉　880円　Ⓘ4-582-76085-6

◇佐々木導誉　森茂暁著　吉川弘文館　1994.9　253p　19cm　（人物叢書 新装版）　〈佐々木導誉の肖像あり 叢書の編者：日本歴史学会〉　1803円　Ⓘ4-642-05201-1

◇京極道誉―バサラ大名の生涯　渡辺守順著　新人物往来社　1990.5　233p　19cm　2500円　Ⓘ4-404-01724-3

◇日本を創った人びと　10　佐々木道誉―南北朝の内乱と太平記の世界　日本文化の会編集　林屋辰三郎著　平凡社　1979.8　82p　29cm　1600円

名和 長年
なわ ながとし

？～延元元/建武3年（1336年）6月30日

武将。伯耆国（島根県）の人。初名は長高、通称は長田又太郎。伯耆の豪族名和行高の子。伯耆国名和浦を拠点として海上に勢力を持っていたが、元弘3/正慶2年（1333年）元弘の乱で後醍醐天皇の隠岐脱出の手引きをし、伯耆国船上山に迎えて鎌倉幕府の軍と交戦。その功により建武政権下では伯耆守に任ぜられ、記録所、武者所、恩賞方、雑訴決断所などで活躍。後醍醐天皇の忠臣として権勢をふるい、結城親光、楠木正成、千種忠顕と共に"三木一草"と称された。建武政権に反した足利尊氏を新田義貞と攻めたが、三条猪熊で敗れて戦死した。長年の花押は母衣を模したかともみられる異様な形状で、またその特異な烏帽子は〈伯耆様〉といわれて流行したという。

＊　＊　＊

◇ふるさとの伝承 ふるさともとめて花いちもんめ―続続・山峡夢想　赤羽忠二著　長野　ほおずき書籍, 星雲社〔発売〕　2005.6　216p　21cm　1905円　①4-434-05920-3

◇歴史見学にやくだつ遺跡と人物　4　鎌倉時代の遺跡と人物　島津隆子執筆　ポプラ社　1992.4　45p　29cm　〈監修：加藤章〉　2500円　①4-591-04054-2

◇遺蹟の旅―ほうきいなば太平記 名和長年諸将の活躍と遺蹟　河本英明編著　鳥取中小企業育成協会鳥取県本部　1991　47p　21cm　900円

◇鎌倉室町編　桑田忠親著　秋田書店　1989.10　238p　19cm　（新編 日本武将列伝 2）　1500円　①4-253-00363-X

◇鳥取県　ぎょうせい　1988.4　71p　30cm　（ビジュアルワイド 新日本風土記 31）　2000円　①4-324-01102-8

◇名和世家　平泉澄著　伊勢　皇学館大学出版部　1975　252p 図　22cm　〈昭和29年刊の複製〉　2500円

高 師直
こうの もろなお

？～正平6/観応2年（1351年）2月26日

武将。通称は五郎右衛門尉、三河守、武蔵守。高師重の子。元弘の乱以後足利尊氏の側近を務め、建武政権の樹立に貢献し雑訴決断所衆となる。延元元/建武3年（1336年）室町幕府の成立後は、尊氏の執事として軍事財政面を担当し、引付頭人などを務めた。弟高師泰と共に畿内周辺の新興領主の組織化に努め、鎌倉以来の有力御家人の支持を受けた足利直義と対立。正平4/貞和5年（1349年）執事を罷免されるが、尊氏に直義の執政停止を迫って執事に復帰。翌正平5/観応元年（1350年）尊氏と共に直義派の足利直冬討伐のため九州に向かう途中、直義が南朝方に帰順して挙兵。翌年播磨で直義軍と戦い敗北。出家して降伏したが、武庫川において上杉能憲に討たれた。浄瑠璃作品『仮名手本忠臣蔵』では、吉良上野介に擬される形で作中に登場する。

＊　＊　＊

◇悪人列伝―中世篇　海音寺潮五郎著　新装版　文藝春秋　2006.12　284p　15cm　（文春文庫）　543円　①4-16-713549-3

◇悪人列伝―中世篇　海音寺潮五郎著　新装版　文芸春秋　2006.12　284p　15cm　（文春文庫）　543円　①4-16-713549-3

◇髭の渡し―西国街道　渡辺芳一著　新風舎　2006.12　127p　19cm　1200円　①4-289-00871-2

◇日本の歴史　9　南北朝の動乱　佐藤進一著　改版　中央公論新社　2005.1　557p　15cm　（中公文庫）　1238円　①4-12-204481-2

◇歴史を変えた決断の瞬間　会田雄次著　PHP研究所　2004.5　330p　15cm　（PHP文庫）　619円　①4-569-66193-9

◇日本の歴史を騒がせたこんなに困った人たち　小和田哲男著　祥伝社　2001.2　363p　15cm　（祥伝社黄金文庫）　619円　①4-396-31243-1

◇新人物日本史・光芒の生涯　上　畑山博著　学陽書房　1999.10　370p　15cm　（人物文庫）　700円　①4-313-75090-8

◇新人物日本史・光芒の生涯　上　畑山博著　学陽書房　1999.10　370p　15cm　（人物文庫）　700円　①4-313-75090-8

◇楠木正成と悪党―南北朝時代を読みなおす　海津一朗著　筑摩書房　1999.1　222p　18cm　（ちくま新書）　660円　①4-480-05785-4

◇足利尊氏　会田雄次, 大隅和雄, 山崎正和著　〔新装版〕　思索社　1991.1　285p　19cm　1600円　①4-7835-1161-6

◇鎌倉幕府の滅亡　学習研究社　1990.12　128p　26×22cm　（ピクトリアル足利尊氏 1）　2500円　①4-05-105245-1

◇ばさらの大名のすべて　佐藤和彦編　新人物往来社　1990.11　308p　19cm　2600円　①4-404-01764-2

◇「軍師」の研究―将を支え、組織を活かす　百瀬明治著　PHP研究所　1986.5　236p　15cm　（PHP文庫）　400円　①4-569-26076-4

塩冶 高貞
えんや たかさだ

？～興国2/暦応4年（1341年）3月20日

南北朝時代の武将。通称、隠岐大夫判官。佐々木貞清の長男。父をつぎ出雲守護となる。元弘3・正慶2年（1333年）後醍醐天皇が伯耆船上山に挙兵した際、その陣に加わる。建武政権の成立時には千里を走る駿馬を献じたといわれる。建武2年（1335年）箱根竹の下合戦では佐々木道誉と共に新田義貞方に属して戦うが、敗れて足利尊氏に降服。その後許されて出雲、隠岐両国の守護に補任される。興国2/暦応4年（1341年）突如京都を出奔したため、幕府から桃井直常、山名時氏らの征伐隊を差し向けられ、播磨影山で自害した。出奔の理由には高師直との確執や討幕の陰謀など諸説あるが詳細は不明。

＊　＊　＊

◇京都一千年の恋めぐり　鳥越一朗著　京都　ユニプラン　2005.11　176p　21cm　1143円　①4-89704-212-7

悪 党
あくとう

鎌倉後期から南北朝期にかけて、幕府によって、夜討、強盗、山賊、海賊などの悪行を理由に、禁圧の対象とされた武装集団をさす。山伏に似た装束を着て博奕や盗みを行い、荘園などの紛争にも関与した。鎌倉幕府は正嘉2年（1258年）に悪党禁圧令を発するなど、何度も制圧を試みた。時代を下るにつれ、守護の被官となるなど組織化され、または都市に定着するなど、従来の意味の「悪党」は徐々に減少し、「悪党」の語は、室町時代になると単に夜盗、盗賊を指す言葉となっていった。

＊　＊　＊

◇網野善彦著作集　第6巻　転換期としての鎌倉末・南北朝期　網野善彦著　岩波書店　2007.11　492p　21cm　4500円　①978-4-00-092646-1

◇中世的世界の形成　石母田正著　岩波書店　2007.7　467, 14p　15cm　（岩波文庫）〈第19刷〉　1100円　①4-00-334361-1

◇中世の内乱と社会　佐藤和彦編　東京堂出版　2007.5　600p　21cm　10000円　①978-4-490-20610-4

◇荘園の歴史地理的世界　中野栄夫著　同成社　2006.12　398p　21cm　（同成社中世史選書）　9000円　①4-88621-374-X

◇中世寺院と「悪党」　山陰加春夫著　大阪　清文堂出版　2006.6　326p　21cm　7800円　①4-7924-0608-0

◇黒田悪党たちの中世史　新井孝重著　日本放送出版協会　2005.7　288p　19cm　（NHKブックス）　1120円　①4-14-091035-6

◇日本荘園史の研究　阿部猛著　同成社　2005.6　324p　21cm　（同成社中世史選書 1）　7500円　①4-88621-326-X

◇中世の一揆と民衆世界　佐藤和彦著　東京堂出版　2005.5　368p　21cm　12000円　①4-490-20543-0

◇鎌倉北条氏の興亡　奥富敬之著　吉川弘文館　2003.8　226p　19cm　（歴史文化ライブラリー）　1700円　①4-642-05559-2

◇日本の歴史　中世 1-10　悪党と飛礫・童と遊び　新訂増補　朝日新聞社　2002.8　p294-324　30cm　（週刊朝日百科 10）　476円

◇相剋の中世―佐藤和彦先生退官記念論文集　佐藤和彦先生退官記念論文集刊行委員会編　東京堂出版　2000.2　344p　21cm　7500円　①4-490-20396-9

◇南北朝内乱　佐藤和彦, 小林一岳編　東京堂出版　2000.2　420p　21cm　（展望

日本歴史 10） 5000円 ①4-490-30560-5

◇楠木正成と悪党―南北朝時代を読みなおす 海津一朗著 筑摩書房 1999.1 222p 18cm （ちくま新書） 660円 ①4-480-05785-4

◇悪党の中世 悪党研究会編 岩田書院 1998.3 399p 22cm 7900円 ①4-87294-119-5

◇悪党の世紀 新井孝重著 吉川弘文館 1997.6 208p 19cm （歴史文化ライブラリー 17） 1700円 ①4-642-05417-0

◇中世地域社会の歴史像 吉村亨著 京都 阿吽社 1997.5 357, 11p 21cm 3800円 ①4-900590-53-3

◇悪党と海賊―日本中世の社会と政治 網野善彦著 法政大学出版局 1995.5 379, 32p 21cm （叢書・歴史学研究） 6901円 ①4-588-25044-2

◇神風と悪党の世紀―南北朝時代を読み直す 海津一朗著 講談社 1995.3 215p 18cm （講談社現代新書 1243） 650円 ①4-06-149243-8

◇神風と悪党の世紀―南北朝時代を読み直す 海津一朗著 講談社 1995.3 215p 18cm （講談社現代新書） 650円 ①4-06-149243-8

◇鎌倉武士の世界 阿部猛著 東京堂出版 1994.1 258p 19cm （教養の日本史） 2500円 ①4-490-20229-6

◇反復する中世―海人の裔・東国武士と悪党・世直し・俗聖 高橋輝雄著 梟社 1992.5 462p 20cm 〈発売：新泉社〉 3000円

◇鎌倉時代政治史研究 上横手雅敬著 吉川弘文館 1991.6 323, 16p 21cm 6500円 ①4-642-02634-7

◇中世内乱期の群像 佐藤和彦著 河出書房新社 1991.3 227p 15cm （河出文庫） 〈『自由狼籍・下剋上の世界―中世内乱期の群像』改題書〉 490円 ①4-309-47202-8

◇南北朝 林屋辰三郎著 朝日新聞社 1991.1 211p 15cm （朝日文庫） 420円 ①4-02-260634-7

◇中世悪党の研究 新井孝重著 吉川弘文館 1990.3 300p 21cm （戊午叢書） 4800円 ①4-642-02632-0

◇中世 日本古文書学会編 吉川弘文館 1986.12 418p 21cm （日本古文書学論集 5(1)） 5800円 ①4-642-01260-5

◇中世・近世の国家と社会 永原慶二, 稲垣泰彦, 山口啓二編 東京大学出版会 1986.11 415p 21cm 6200円 ①4-13-020075-5

◇悪党 小泉宜右著 〔東村山〕 教育社 1981.6 232p 18cm （教育社歴史新書） 800円

◇悪党 小泉宜右著 〔東村山〕 教育社 1981.6 232p 18cm （教育社歴史新書） 800円

湊川の戦
みなとがわのたたかい

足利尊氏・足利直義兄弟らの軍と、後醍醐天皇方の新田義貞・楠木正成の軍との間で行われた合戦。建武政府の崩壊と足利幕府の成立を決定した。延元元/建武3年（1336年）5月、九州から東上した足利尊氏軍と朝廷軍が、摂津兵庫浜の湊川付近で戦闘を行なった。新田勢は敗走し、楠木正成は一族・配下70余人とともに自害したと伝えられる。この敗戦により建武新政府は崩壊し、後醍醐天皇は比叡山に逃れた。尊氏は再び入京し、光明天皇を擁立し、室町幕府を樹立した。

＊ ＊ ＊

◇分析 日本戦史―日本の行方を左右した20の戦い 柘植久慶著 学習研究社 2006.10 253p 15cm （学研M文庫） 590円 ①4-05-901192-4

◇その時歴史が動いた 21 NHK取材班編 名古屋 KTC中央出版 2003.11 253p 19cm 1600円 ①4-87758-279-7

◇楠木正成湊川の戦い 陳舜臣著 天山出版 1990.8 270p 16cm （天山文庫） 〈発売：大陸書房〉 440円

①4-8033-2788-2

◇楠木正成湊川の戦い　陳舜臣著　天山出版　1990.8　270p　16cm　（天山文庫 2033）〈東京 大陸書房〉 427円 ①4-8033-2788-2

◇戦乱日本の歴史　5　南朝の悲史　小学館　1977.4　243p（図共）　20cm　980円

◇摂津郷土史論　日本歴史地理学会編　歴史図書社　1972　483p 図　22cm　〈仁友社大正8年刊の複製〉 3200円

観応の擾乱
かんのうのじょうらん

観応年間に起こった、足利尊氏とその弟直義の政争。室町幕府草創期は足利尊氏と弟の直義による二頭政治が行われたが、双方を囲む支持者の対立、特に直義と尊氏の執事の高師直とが対立。正平4/貞和5年～正平7/文和元年（1349年～1352年）まで内部抗争が続いた。南朝軍との対立も複雑に絡み戦乱は全国に拡大。正平6/観応2年（1351年）に一時和睦したが、まもなく破れ、最終的に尊氏は南朝の後村上天皇から直義追討の綸旨を得て直義を討ち勝利した。しかし南北朝の内乱がさらに激化し、幕府権力の確立は遅れた。

＊　＊　＊

◇足利尊氏と直義―京の夢、鎌倉の夢　峰岸純夫著　吉川弘文館　2009.6　190p　19cm　（歴史文化ライブラリー）　1700円　①978-4-642-05672-4

◇マンガで読み解く日本の歴史 室町～戦国時代編　田代脩監修　学習研究社　2002.11　254p　19cm　980円 ①4-05-401819-X

◇但馬の中世史―城跡と史料で語る　宿南保著，のじぎく文庫編　神戸　神戸新聞総合出版センター　2002.5　363p　20cm　2500円　①4-343-00165-2

◇南北朝動乱と王権　伊藤喜良著　東京堂出版　1997.7　286p　19cm　（教養の日本史）　2800円　①4-490-20318-7

◇「太平記」を読む―動乱の時代と人々　佐藤和彦著　学生社　1991.10　218p　19cm　1700円　①4-311-20169-9

◇『太平記』幻想　上総英郎著　春秋社　1990.11　300p　20cm　2300円 ①4-393-48222-0

◇戦乱の日本史―合戦と人物　第5巻　南北朝の内乱　佐藤和彦責任編集　第一法規出版　1988.6　158p　31cm　〈監修：安田元久 編集：風土社〉 3500円 ①4-474-10135-9

◇北陸の古代と中世　3　中世北陸の社会と信仰　浅香年木著　法政大学出版局　1988.4　391, 26p　21cm　（叢書・歴史学研究）　7500円　①4-588-25017-5

後南朝
ごなんちょう

南北両朝合一後に興った南朝系の朝廷。南北合一の条件を北朝側が履行しなかったことを不満とした旧南朝の後亀山上皇が応永17年（1410年）吉野に遷幸した。上皇はやがて帰洛したが、上皇の吉野遷幸を機に南朝の遺臣らが皇胤を奉じて南朝の再興をはかったもの。その主となったのは主に後村上天皇の皇子説成親王（上野宮）の子孫だった。応永21（1414年）伊勢の北畠満雅が後亀山上皇に応じて挙兵するという動きもあったが、満雅の死後は無力となり、自然消滅となった。

＊　＊　＊

◇尊雅王子は蘇る―後南朝 平維盛卿残照　秋田殖康著　〔熊野〕　〔秋田殖康〕　199－　105p　21cm

◇南朝皇室と後南朝伝説―『中田』『南朝誌』対『宮下』『美作文書』木村信行著　日本歴史研究所　2007.3　273p　26cm　〈文献あり〉 9600円

◇南朝全史―大覚寺統から後南朝へ　森茂暁著　講談社　2005.6　238p　19cm　（講談社選書メチエ 334）〈文献あり 年表あり〉 1500円　①4-06-258334-8

◇後南朝再発掘―熊沢天皇事件の真実　山地悠一郎著　叢文社　2003.4　267p　20cm　1800円　①4-7947-0452-6

◇植月御所の真相―三種の神器八咫の鏡と美作「後南朝」秘史　田中千秋著　復刻版　岡山　流王農　2000.6(2刷)　189p　21cm　〈〔岡山〕温羅書房(発売)　折り込2枚　年表あり〉　1200円　①4-900907-23-5

◇南朝の星―南北朝と後南朝(皇胤志巻五)　中田憲信編, 木村信行訳と解説　日本歴史研究所　2000.3　60, 127, 49p　26cm　8000円

◇紅の雪―風聞・後南朝悲史　笹目広史著　〔土浦〕　筑波書林　1999.5　226p　19cm　〈土浦 茨城図書(発売)〉　1500円　①4-900725-66-8

◇尊雅王子―後南朝の殿 尊雅王は怨念大菩薩　秋田殖康編著　熊野　寳鏡山光福寺　1998.1　135p　21cm

◇闇の歴史、後南朝―後醍醐流の抵抗と終焉　森茂暁著　角川書店　1997.7　247p　19cm　(角川選書 284)　1500円　①4-04-703284-0

◇南朝興亡史―後南朝と熊沢家略記　早瀬晴夫編著　近代文芸社　1996.6　179p　20cm　2300円　①4-7733-5165-9

◇天を望まん―後南朝秘話　中谷順一著　近代文芸社　1990.5　300p　20cm　2000円　①4-7733-0169-4

◇南帝由来考―後南朝秘史　中谷順一著　川上村(奈良県)　中谷順一　1985.4　204p　22cm

◇後南朝史論集―吉野皇子五百年忌記念　後南朝史編纂会編　原書房　1981.7　345p　22cm　〈監修：滝川政次郎 新樹社昭和31年刊の複製〉　5000円　①4-562-01145-9

◇南山慟哭―後南朝物語　中谷順一著　〔川上村(奈良県)〕　〔中谷順一〕　1979.10　219p　22cm　2000円

◇後南朝史話―歴史と文学の谷間に　安井久善著　笠間書院　1975　247p　18cm　(笠間選書 49)　1000円

◇前・後南朝新史　市川元雅, 小笠原秀凞共著　小笠原秀熈 芳雅堂書店(発売)　1975　201, 53p 図　22cm

◇後南朝編年史　由良哲次, 毛束昇共編　栃木　秀明舎　1974〜1977　12冊　26cm　〈発売：波多野巌松堂(東京)　限定版〉　680〜1100円

◇悲運の南朝皇胤並自天王祭祀について　伊藤独著　〔京都〕　檜書店　1972　179p(図・肖像共)　27cm　非売

◇後南朝新史　市川元雅, 小笠原秀凞共著　南正会　1967　147p 図版　22cm

◇後南朝新史　市川元雅, 小笠原秀熈共著　南正会　1967　147p 図版　22cm　500円

◇植月御所の真相―三種の神器八咫の鏡と美作「後南朝」秘史　田中千秋著　作東町(岡山県)　妹尾弘一郎　1961　189p　図版 地図　20cm　〈美作後南朝正史研究会後援〉

◇三種の神器八咫の鏡と美作「後南朝」秘史 植月御所の真相　田中千秋著　作東町(岡山県)　妹尾弘一郎　1961　189p　図版 地図　20cm　〈美作後南朝正史研究会後援〉

◇後南朝史論集―吉野皇子五百年忌記念　後南朝史編纂会編　新樹社　1956　345p　図版 地図　22cm

◇吉野皇子五百年忌記念 後南朝史論集　後南朝史編纂会編　新樹社　1956　345p　図版 地図　22cm

◇南朝の正皇系熊沢天皇の真相　吉田長蔵著　南山社　1947　60p　B6　25円

足利 義詮
あしかが よしあきら

元徳2年(1330年)6月18日 〜 正平22/貞治6年(1367年)12月7日

室町幕府第2代将軍。幼名は千寿王、法号は宝篋院道惟瑞山(ほうきょういんどういずいざん)。足利尊氏の三男、母は赤橋久時の娘登子。元弘3/正慶2年(1333年)尊氏が後醍醐天皇の軍を討つため出陣する際、人質として鎌倉に置かれる。のち下野に逃れ、新田義貞の鎌倉攻めでは4歳に

して尊氏の名代として参戦。その後、叔父足利直義が失脚すると、直義に代わり入洛して政務を統括したが、直義や直冬、南朝勢と小競り合いを繰り返した。正平13/延文3年(1358年)尊氏が没すると征夷大将軍となる。正平22/貞治6年(1367年)病に倒れると家督を足利義満に譲り、細川頼之を管領に迎えて政権の安定を図った。将軍の在職期間は正平13/延文3年から正平22/貞治6年(1358〜1367年)。

＊　＊　＊

◇足利尊氏と直義—京の夢、鎌倉の夢　峰岸純夫著　吉川弘文館　2009.6　190p　19cm　(歴史文化ライブラリー)　1700円　①978-4-642-05672-4

◇中世の内乱と社会　佐藤和彦編　東京堂出版　2007.5　600p　22cm　10000円　①978-4-490-20610-4

◇足利将軍列伝　桑田忠親編　秋田書店　1975　382p　20cm　1700円

◇日本人物史大系　第2巻　中世　佐藤進一編　朝倉書店　1959　309p　22cm

足利 基氏
あしかが もとうじ

興国元/暦応3年(1340年)〜正平22/貞治6年(1367年)4月26日

武将、初代鎌倉公方。幼名は亀若丸、号は瑞泉寺殿。足利尊氏の子、母は北条久時の娘登子。兄義詮の上京と引きかえに、初代鎌倉公方として下向し、上杉憲顕、高師冬を執事とした。憲顕が離反したのちは畠山国清を執事に起用。新田義興を滅ぼし、専権化した畠山国清を追放し、尊氏と対立して越後に逃れていた上杉憲顕を関東管領に任命した。憲顕の就任に反対する宇都宮氏綱らを討ち、関東を支配する体制を作ったが、28歳の若さで病死した。禅僧義堂周信に帰依し修養につとめたことも著名である。

＊　＊　＊

◇関東公方足利氏四代—基氏・氏満・満兼・持氏　田辺久子著　吉川弘文館　2002.9　190p　20cm　2100円　①4-642-07789-8

◇中世の杜—羽下徳彦先生退官記念論集　仙台　東北大学文学部国史研究室中世史研究会　1997.3　102p　26cm

足利 直冬
あしかが ただふゆ

嘉暦2年(1327年)〜応永7年(1400年)

武将。法名は玉渓道昭、号は慈恩寺殿。足利尊氏の庶子。母は越前局。母の身分が低いため実子と認められず、叔父足利直義の養子となる。左兵衛佐に任官されて紀伊の南軍討伐に功をあげたのち、長門探題となって西下したが、観応の擾乱と称される幕府の内紛が起こり、高師直に襲撃され肥後へ落ちる。土豪河尻氏の庇護により勢力を伸張し、のち尊氏と直義の講和により鎮西探題となるが、直義が尊氏に毒殺されると再び尊氏と決裂し、中国へ進出して南朝方に入り総追捕使に任命された。その後、山名時氏らと京に入ったが、尊氏、義詮軍に攻められて2カ月で京都を明け渡し、中国地方を転戦したが、正平21/貞治5年(1366年)12月8日の文書(吉川家什書)を最後として、以後消息は不明。

＊　＊　＊

◇足利尊氏と直義—京の夢、鎌倉の夢　峰岸純夫著　吉川弘文館　2009.6　190p　19cm　(歴史文化ライブラリー)　1700円　①978-4-642-05672-4

◇足利直冬　瀬野精一郎著　吉川弘文館　2005.6　218p　19cm　(人物叢書 新装版)〈シリーズ責任表示：日本歴史学会編　年譜あり　文献あり〉　1700円　①4-642-05233-X

◇乱世を駆けた武士たち　阿蘇品保夫ほか著　〔熊本〕　熊本日日新聞社　2003.12　327p　19cm　(熊本歴史叢書 3 中世編)〈熊本 熊本日日新聞情報文化センター(製作発売)　文献あり〉　1800円　①4-87755-160-3

◇室町幕府—その実力者たち　笠原一男編　人物往来社　1965　278p　19cm　〈参考史料・文献〉

◇室町幕府—その実力者たち　笠原一男編　人物往来社　1965　278p　19cm

後村上天皇
ごむらかみてんのう

嘉暦3年（1328年）～正平23/応安元年（1368年）3月11日

第97代天皇。名は憲良、義良。後醍醐天皇の第八皇子、母は阿野公廉の娘新待賢門院廉子。元弘3/正慶2年（1333年）北畠親房・顕家親子と奥州に下向。翌建武元年（1334年）親王宣下。建武2年（1335年）、延元2/建武4年（1337年）の2度に渡り足利尊氏追討のために上洛。延元4/暦応2年（1339年）母阿野廉子の影響力で皇太子となり、同年践祚。正平3/貞和4年（1348年）幕府に吉野を攻められ、賀名生に遷幸して抗戦。足利氏の内紛から足利直義、次いで尊氏が南朝に降伏し、正平6/観応2年（1351年）北朝の崇光天皇の廃位で天下一統を実現したが、翌年再び足利軍に京を奪回され、再び賀名生へ遷幸した。その後、河内金剛寺、摂津住吉神社と行宮を移し、住吉で没した。陵所は大阪府河内長野市観心寺後山の檜尾（ひのお）陵。『新葉和歌集』に後村上の歌十数首がある。在位期間は延元4/暦応2年から正平23/応安元年（1339～1368年）。

*　　*　　*

◇大日本史料　第6編之29　後村上天皇～長慶天皇 正平23年正月～同年7月　後光厳天皇 応安元年正月～同年7月　東京大学史料編纂所編纂　東京大学出版会　1983.12　506, 2p　22cm　〈東京大学昭和27年刊の複製〉　5000円　①4-13-090279-2

◇大日本史料　第6編之29　後村上天皇・長慶天皇（正平23年正月～7月）　東京大學史料編纂所編　東京大学出版会　1983.12　14, 506p　22cm　〈復刻版 原版：1952（昭和27）6 - 29.後村上天皇・長慶天皇（正平23年正月～7月）;後光嚴天皇（應安元年正月～7月）〉　5000円　①4-13-090279-2

◇大日本史料　第6編之27　後村上天皇 正平20年8月～22年4月　後光厳天皇 貞治4年8月～6年4月　東京大学史料編纂所編纂　東京大学出版会　1983.11　1055p　22cm　〈東京帝国大学昭和10年刊の複製　折り込図7枚〉　8000円　①4-13-090277-6

◇大日本史料　第6編之27　後村上天皇（正平20年8月～22年4月）　東京大學史料編纂所編　東京大学出版会　1983.11　47, 1055p　22cm　〈復刻版 原版：1935（昭和10）6 - 27.後村上天皇（正平20年8月～22年4月）;後光嚴天皇（貞治4年8月～6年4月）〉　8000円　①4-13-090277-6

◇大日本史料　第6編之28　後村上天皇 正平22年5月～12月　後光厳天皇 貞治6年5月～12月　東京大学史料編纂所編纂　東京大学出版会　1983.11　970p　22cm　〈東京帝国大学昭和12年刊の複製 折り込図6枚〉　8000円　①4-13-090278-4

◇大日本史料　第6編之28　後村上天皇（正平22年5月～12月）　東京大學史料編纂所編　東京大学出版会　1983.11　26, 970p　22cm　〈復刻版 原版：1937（昭和12）6 - 28.後村上天皇（正平22年5月～12月）;後光嚴天皇（貞治6年5月～12月）〉　8000円　①4-13-090278-4

◇大日本史料　第6編之25　後村上天皇 正平18年3月～19年7月　後光厳天皇 貞治2年3月～3年7月　東京大学史料編纂所編纂　東京大学出版会　1983.10　981p　22cm　〈東京帝国大学昭和6年刊の複製　折り込図8枚〉　8000円

◇大日本史料　第6編之25　後村上天皇（正平18年3月～19年7月）　東京大學史料編纂所編　東京大学出版会　1983.10　39, 981p　22cm　〈復刻版 原版：1931（昭和6）6 - 25.後村上天皇（正平18年3月～19年7月）;後光嚴天皇（貞治2年3月～3年7月）〉　8000円　①4-13-090275-X

◇大日本史料　第6編之26　後村上天皇 正平19年7月～20年7月　後光厳天皇 貞治3年7月～4年7月　東京大学史料編纂所編纂　東京大学出版会　1983.10　975p　22cm　〈東京帝国大学昭和8年刊の複製　折り込図5枚〉　8000円

◇大日本史料　第6編之26　後村上天皇（正平19年7月～20年7月）　東京大學史料編纂所編　東京大学出版会　1983.10　28, 975p　22cm　〈復刻版 原版：1933（昭和

8）6 - 26.後村上天皇（正平19年7月〜20年7月）;後光巖天皇（貞治3年7月〜4年7月））〉 8000円 Ⓘ4-13-090276-8

◇大日本史料 第6編之23 後村上天皇 正平15年2月〜16年12月 後光厳天皇 延文5年2月〜康安元年12月 東京大学史料編纂所編纂 東京大学出版会 1983.9 993p 22cm 〈東京帝国大学昭和2年刊の複製 折り込図8枚〉 8000円

◇大日本史料 第6編之23 後村上天皇（正平15年2月〜16年12月） 東京大學史料編纂所編 東京大学出版会 1983.9 40, 993p 22cm 〈復刻版 原版：1927（昭和2）6 - 23.後村上天皇（正平15年2月〜16年12月）;後光巖天皇（延文5年2月〜康安元年12月））〉 8000円

◇大日本史料 第6編之24 後村上天皇 正平17年正月〜18年2月 後光厳天皇 貞治元年正月〜2年2月 東京大学史料編纂所編纂 東京大学出版会 1983.9 1019p 22cm 〈東京帝国大学昭和4年刊の複製 折り込図3枚〉 8000円

◇大日本史料 第6編之21 後村上天皇（正平11年12月〜13年8月） 東京大學史料編纂所編 東京大学出版会 1983.8 44, 990p 22cm 〈復刻版 原版：1924（大正13）6 - 21.後村上天皇（正平11年12月〜13年8月）;後光巖天皇（延文元年12月〜3年8月））〉 8000円

◇大日本史料 第6編之19 後村上天皇（正平9年4月〜10年8月） 東京大學史料編纂所編 東京大学出版会 1983.7 56, 936p 22cm 〈復刻版 原版：1922（大正11）6 - 19.後村上天皇（正平9年4月〜10年8月）;後光巖天皇（文和3年4月〜4年8月））〉 8000円

◇大日本史料 第6編之20 後村上天皇（天正10年9月〜11年11月） 東京大學史料編纂所編 東京大学出版会 1983.7 41, 952p 22cm 〈復刻版 原版：1923（大正12）6 - 20.後村上天皇（正平10年9月〜11年11月）;後光巖天皇（文和4年9月〜延文元年11月））〉 8000円

◇大日本史料 第6編之17 後村上天皇（正平7年9月〜8年3月） 東京大學史料編纂所編 東京大学出版会 1983.6 41, 768p 22cm 〈復刻版 原版：1920（大正9）6 - 17.後村上天皇（正平7年9月〜8年3月）;後光巖天皇（文和元年9月〜2年3月））〉 8000円

◇大日本史料 第6編之16 後村上天皇（正平7年正月〜8月） 東京大學史料編纂所編 東京大学出版会 1983.5 57, 800p 22cm 〈復刻版 原版：1918（大正7）6 - 16.後村上天皇（正平7年正月〜8月）;後光巖天皇（文和元年8月））〉 8000円

◇大日本史料 第6編之13 後村上天皇（正平4年11月〜5年10月） 東京大學史料編纂所編 東京大学出版会 1983.4 46, 1000, 10p 22cm 〈復刻版 原版：1914（大正3）6 - 13.後村上天皇（正平4年11月〜5年10月）;崇光天皇（貞和5年11月〜観應元年10月））〉 8000円

足利 義満 あしかが よしみつ

正平13/延文3年（1358年）8月22日〜応永15年（1408年）5月6日 室町幕府第3代将軍。幼名は春王、通称、北山殿。法号は鹿苑院天山道義。足利義詮の長男、母は石清水八幡宮社務善法寺通清の娘紀良子。正平22/貞治6年（1367年）父の死により家督をつぎ、翌年元服して将軍となる。天授4/永和4年（1378年）に京都室町に花の御所を造営。明徳の乱、応永の乱などを平定し、土岐、山名、大内など有力守護を抑え、元中9/明徳3年（1392年）南北両朝を統一し、幕府権力を確立させる。明徳5・応永元年（1394年）太政大臣となり、同年将軍職を子の義持に譲って出家したが実権は握り続け、さらに妻日野康子を後小松天皇の准母として法皇なみの格式を持つなど、朝廷をもしのぐ権勢を誇った。京都北山に別荘として北山第（金閣）を建て、北山殿と称された。また元寇以来途絶えていた中国と

の国交を再開し、日明勘合貿易を推進して、明帝からは“日本国王源道義”と呼ばれた。応永15年(1408年)咳病を患って急逝した。墓は相国寺鹿苑院にある。

◇足利義満消された日本国王 小島毅著 光文社 2008.2 272p 18cm (光文社新書) 〈年表あり 文献あり〉 760円 Ⓘ978-4-334-03440-5

◇ZEAMI—中世の芸術と文化 04 特集足利義満の時代六百年忌記念 松岡心平, 小川剛生編 森話社 2007.6 207p 21cm 2500円 Ⓘ978-4-916087-76-8

◇足利義満—金閣にこめた願い 酒寄雅志監修, 小西聖一著 理論社 2005.1 101p 25cm (NHKにんげん日本史) 〈年譜あり 年表あり〉 1800円 Ⓘ4-652-01478-3

◇足利義満と東寺 京都府立総合資料館歴史資料課編 〔京都〕 京都府立総合資料館 2004.10 58, 26p 26cm (東寺百合文書展 第19回) 〈会期:平成16年10月1日—31日〉

◇天皇になろうとした将軍 井沢元彦著 小学館 1998.4 253p 15cm (小学館文庫) 476円 Ⓘ4-09-402301-1

◇足利義満 恵良宏著 伊勢 皇学館大学出版部 1995.12 68p 19cm (皇学館大学講演叢書 第83輯) 300円

◇花は天地を呑む足利義満 弘末新一著 叢文社 1994.7 247p 19cm 1500円 Ⓘ4-7947-0219-1

◇足利義満—中世王権への挑戦 佐藤進一著 平凡社 1994.6 221p 16cm (平凡社ライブラリー) 880円 Ⓘ4-582-76062-7

◇天皇になろうとした将軍—それからの太平記/足利義満のミステリー 井沢元彦著 小学館 1992.5 229p 20cm 〈足利義満の肖像あり〉 1300円 Ⓘ4-09-379411-1

◇室町の王権—足利義満の王権簒奪計画 今谷明著 中央公論社 1990.7 222p 18cm (中公新書 978) 563円 Ⓘ4-12-100978-9

◇足利義満 臼井信義著 吉川弘文館 1989.4 289p 19cm (人物叢書 新装版) 〈新装版 足利義満の肖像あり 叢書の編者:日本歴史学会〉 1700円 Ⓘ4-642-05150-3

◇日本を創った人びと 11 足利義満—国家の統一に賭けた生涯 日本文化の会編集 佐藤進一著 平凡社 1980.2 82p 29cm 1600円

◇黄金の塔—足利義満 吉村貞司著 思索社 1977.8 296p 20cm 1500円

◇足利義満 吉村貞司著 三彩社 1977.6 63p 図17枚 22cm (東洋美術選書) 〈新装版〉 980円

◇足利義満 吉村貞司著 三彩社 1969 63p 図版17枚 22cm (東洋美術選書) 580円

◇鹿苑院殿義満公集 足利義満著, 簗瀬一雄編 大府町(愛知県) 簗瀬一雄 1967 122p 22cm (碧冲洞叢書 第71輯) 〈謄写版 限定版〉 非売

◇鹿苑院殿義満公集 足利義満著, 簗瀬一雄編 大府町(愛知県) 〔出版者不明〕 1967 122p 22cm (碧冲洞叢書 第71輯) 〈謄写版 限定版〉

◇足利義満 臼井信義著 吉川弘文館 1960 289p 図版 18cm (人物叢書 日本歴史学会編)

大内 義弘
おおうち よしひろ

正平11/延文元年(1356年)~応永6年(1400年)12月21日

武将、守護。幼名は孫太郎、法名は仏実。九州探題今川貞世(了俊)に従って中国東部および北九州に有力基盤を築き、周防、長門、石見、豊前の守護となる。元中8/明徳2年(1391年)明徳の乱を鎮圧した功により、和泉、紀伊も含めた6カ国の守護となる。将軍足利義満の意を受けて南

朝と交渉するなど南北朝合体に尽力し、幕府に大きく貢献。また朝鮮との貿易でも巨利を得るなど、政治的財政的に勢力を拡大させたため、次第に義満と対立するようになる。応永6年(1399年)鎌倉公方足利満兼や南朝の遺臣と密かに連携して堺で反乱を起こしたが、幕府追討軍に討たれて死亡した(応永の乱)。禅宗に帰依し、かつ二条良基に学び和歌、連歌に通じ『新後拾遺和歌集』の作者に列している。死後、義弘山妙光寺に葬られ、後に生前山口に建立した菩提寺香積寺(現瑠璃光寺)に移葬された。なお瑠璃光寺の五重塔は香積寺の遺物で、義弘の菩提を弔うために、弟の盛見が応永年中(1394～1428)に造立したものと伝えられる。

＊　＊　＊

◇魔将軍―くじ引き将軍・足利義教の生涯　岡田秀文著　双葉社　2009.6　470p　15cm　(双葉文庫)　819円　①978-4-575-66386-0

◇歴史人物ウラの素顔　歴史の謎プロジェクト編　ベストセラーズ　2007.12　239p　15cm　(ワニ文庫)　619円　①978-4-584-39253-9

◇室町幕府の政治と経済　桑山浩然著　吉川弘文館　2006.5　316, 5p　21cm　9000円　①4-642-02852-8

◇栄光と挫折の賦―守護大名大内氏 中国新聞連載　山本一成著　山口　大内文化探訪会　2006.4　105p　25cm　〈大内文化探訪会創立25周年記念出版　年譜あり　文献あり〉

◇魔将軍―室町の改革児、足利義教の生涯　岡田秀文著　双葉社　2006.3　389p　19cm　1800円　①4-575-23543-1

◇骨肉 父と息子の日本史　森下賢一著　文芸春秋　2005.7　262p　18cm　(文春新書)　750円　①4-16-660453-8

◇吉備と京都の歴史と文化　水野恭一郎著　京都　仏教大学通信教育部,(京都)思文閣出版〔発売〕　2000.9　315p　19cm　(仏教大学鷹陵文化叢書 3)　1900円　①4-7842-1052-0

◇逆説の日本史―太平記と南北朝の謎　中世王権編　井沢元彦著　小学館　1999.10　363p　19cm　1550円　①4-09-379418-9

◇足利将軍暗殺―嘉吉土一揆の背景　今谷明著　新人物往来社　1994.2　215p　19cm　〈『土民嗷々』改題書〉　2300円　①4-404-02098-8

◇日本中世史論集　佐藤進一著　岩波書店　1990.12　335, 20p　21cm　4400円　①4-00-001681-4

◇政治社会史論叢　山田英雄先生退官記念会編　近藤出版社　1986.3　377, 25p　21cm　7000円

◇大内氏の興亡―西海の守護大名　古川薫著　大阪　創元社　1974　184p　18cm　480円

今川 了俊
いまがわ りょうしゅん

嘉暦元年(1326年)～応永27年(1420年)

武将、歌人。名は貞世、了俊は法名。今川範国の二男。正平22/貞治6年(1367年)室町幕府の引付頭人となり、侍所頭人、山城守護を兼任。建徳元/応安3年(1370年)九州探題となり、文中元/応安5年(1372年)大宰府を陥落させて九州を平定。その後25年に渡って九州探題を務め、有力豪族の制圧に努めた。応永2年(1395年)京都に戻され、駿河半国の守護となる。同6年(1399年)応永の乱で、大内義弘と鎌倉公方の連携を図ったが失敗し、それ以後は、和歌や連歌、著作活動で余生を過ごした。著書に『太平記』の誤りを示した『難太平記』、連歌書『下草』、歌学書『二言抄』などがある。

＊　＊　＊

◇今川了俊　川添昭二著　吉川弘文館　1988.7　298p　19cm　(人物叢書 新装版)　〈新装版 叢書の編者：日本歴史学会〉　1800円　①4-642-05124-4

◇今川了俊の研究　荒木尚著　笠間書院　1977.3　577p 図　22cm　11000円

◇今川了俊　川添昭二著　吉川弘文館　1964　298p 図版　18cm　(人物叢書 日

本歴史学会編）

◇今川了俊関係編年史料　下　川添昭二編　福岡　〔出版者不明〕　1961　148p 表　26cm　（九州探題資料）

◇今川了俊関係編年史料　下　川添昭二編　福岡　川添昭二　1961　148p 表　26cm　(〔九州探題史料〕)

◇今川了俊関係編年史料　上　川添昭二編　福岡　〔出版者不明〕　1960　130p　26cm　（九州探題史料 第2）〈謄写版〉

◇今川了俊関係編年史料　上　川添昭二編　福岡　川添昭二　1960　130p　26cm　（九州探題史料 第2）〈謄写版〉

◇今川了俊歌学書と研究　今川了俊著, 伊地知鉄男編　豊橋　未刊国文資料刊行会　1956　115p 図版　19cm　（未刊国文資料）

◇今川了俊歌学書と研究　今川了俊著, 伊地知鉄男編　豊橋　未刊国文資料刊行会　1956　115p 図版　19cm　（未刊国文資料 第1期 第4冊）

後小松天皇
ごこまつてんのう

天授3/永和3年（1377年）6月27日 ～ 永享5年（1433年）10月20日

初めは北朝第6代の天皇、のち第100代天皇。名は幹仁（もとひと）、法諱は素行智（そぎょうち）。後円融天皇の第一皇子、母は三条公忠の娘厳子（通陽門院）。弘和2/永徳2年（1382年）即位し、太政大臣二条良基が摂政となる。元中9/明徳3年（1392年）南北朝合一により後亀山天皇から三種の神器を譲られる。応永19年（1412年）皇太子躬仁親王（称光天皇）に譲位し、太上天皇として院政を行った。永享3年（1431年）出家した。御陵深草北陵に葬る。和歌・連歌に長じ、琵琶なども愛好した。在位期間は弘和元/永徳元年から応永19年（1382～1412年）。

＊　＊　＊

◇新訂増補 国史大系　第55巻　公卿補任　第3篇　黒板勝美編　オンデマンド版　吉川弘文館　2007.6　664p　26cm　14000円　①978-4-642-04057-0

◇京都中世都市史研究　高橋康夫著　京都　思文閣出版　2003.9　495, 26p　21cm　（思文閣史学叢書）　8800円　①4-7842-0318-4

◇公卿補任　第3篇　黒板勝美編　新訂増補版　吉川弘文館　2001.2　665p　22×16cm　（国史大系 第55巻）　8600円　①4-642-00358-4

◇大日本史料　第7編之23　称光天皇・自応永二十二年九月至同年雑載　東京大学史料編纂所編　覆刻版　東京大学出版会　2000.5　431p　21cm　12000円　①4-13-090323-3

◇聚楽の夜咄―林屋辰三郎対談集　林屋辰三郎編　淡交社　1994.9　247p　19cm　2000円　①4-473-01341-3

◇大日本史料　第7編之12　後小松天皇（應永16年7月～同年12月）　東京大學史料編纂所編　東京大学出版会　1984.10　14, 541p　22cm　〈復刻版 原版：1954（昭和29）7 - 12.後小松天皇（應永16年7月～同年12月）付録：愚中周及畫像, 瓢鮎図2枚（折込み）〉　5000円　①4-13-090312-8

◇大日本史料　第7編之13　後小松天皇　応永16年雑載～同17年12月　東京大学史料編纂所編纂　東京大学出版会　1984.10　506, 5p　22cm　〈東京大学昭和30年刊の複製 折り込図7枚〉　5000円　①4-13-090313-6

◇大日本史料　第7編之13　後小松天皇（應永16年雜載～17年12月）　東京大學史料編纂所編　東京大学出版会　1984.10　22, 506p　22cm　〈復刻版 原版：1958（昭和30）7 - 13.後小松天皇（應永16年雜載～17年12月）付録：斯波義将自筆書状〔ほか5件〕6枚（折込み）〉　5000円　①4-13-090313-6

◇大日本史料　第7編之14　後小松天皇　応永17年雑載～同18年11月　東京大学史料編纂所編纂　東京大学出版会　1984.10　609, 2p　22cm　〈東京大学昭和31年刊の複製 折り込図4枚〉　8000円　①4-13-090314-4

◇大日本史料　第7編之11　後小松天皇　応永15年11月～同16年6月　東京大学史料編纂所編纂　東京大学出版会　1984.9　507p　22cm　〈東京大学昭和27年刊の複製 折り込図3枚〉　5000円　Ⓘ4-13-090311-X

◇大日本史料　第7編之11　後小松天皇（應永15年11月～同16年6月）　東京大學史料編纂所編　東京大学出版会　1984.9　19, 507p　22cm　〈復刻版 原版：1952（昭和27）7 - 11.後小松天皇（應永15年11月～同16年6月）付録：聖聰開板佛説阿彌陀經刊記〔ほか2件〕3枚（折込み）〉　5000円　Ⓘ4-13-090311-X

◇大日本史料　第7編之9　後小松天皇　応永14年7月～同15年4月　東京大学史料編纂所編纂　東京大学出版会　1984.8　975p　22cm　〈東京帝国大学昭和18年刊の複製 折り込図2枚〉　8000円　Ⓘ4-13-090309-8

◇大日本史料　第7編之9　後小松天皇（應永14年7月～同年4月）　東京大學史料編纂所編　東京大学出版会　1984.8　19, 975p　22cm　〈復刻版 原版：1943（昭和18）7 - 9.後小松天皇（應永14年7月～同15年4月）付録：差圖2枚（折込み）〉　8000円　Ⓘ4-13-090309-8

◇大日本史料　第7編之10　後小松天皇　応永15年5月～同年10月　東京大学史料編纂所編纂　東京大学出版会　1984.8　488, 1p　22cm　〈東京大学昭和27年刊の複製 折り込図1枚〉　5000円　Ⓘ4-13-090310-1

◇大日本史料　第7編之10　後小松天皇（應永15年5月～同年10月）　東京大學史料編纂所編　東京大学出版会　1984.8　11, 488p　22cm　〈復刻版 原版：1952（昭和27）7 - 10.後小松天皇（應永15年5月～同年10月）付録：足利義満自筆書状, 足利義満畫像2枚（折込み）　図版（肖像, 筆跡）〉　5000円　Ⓘ4-13-090310-1

◇大日本史料　第7編之7　後小松天皇　応永12年正月～同13年5月　東京大学史料編纂所編纂　東京大学出版会　1984.7　971p　22cm　〈東京帝国大学昭和12年刊の複製 折り込図7枚〉　8000円　Ⓘ4-13-090307-1

◇大日本史料　第7編之7　後小松天皇（應永12年正月～同13年5月）　東京大學史料編纂所編　東京大学出版会　1984.7　35, 971p　22cm　〈復刻版 原版：1937（昭和12）7 - 7.後小松天皇（應永12年正月～同13年5月）付録：中津海絶自筆書状〔ほか5件〕6枚（折込み）〉　8000円　Ⓘ4-13-090307-1

◇大日本史料　第7編之8　後小松天皇　応永13年6月～同14年7月　東京大学史料編纂所編纂　東京大学出版会　1984.7　983p　22cm　〈東京帝国大学昭和15年刊の複製 折り込図2枚〉　8000円　Ⓘ4-13-090308-X

◇大日本史料　第7編之8　後小松天皇（應永13年6月～同14年7月）　東京大學史料編纂所編　東京大学出版会　1984.7　27, 983p　22cm　〈復刻版 原版：1939（昭和14）7 - 8.後小松天皇（應永13年6月～同14年7月）付録：明應空谷筆明本中峰畫像贊, 明應空谷自贊畫像2枚（折込み）〉　8000円　Ⓘ4-13-090308-X

◇大日本史料　第7編之5　後小松天皇　応永8年5月～同9年12月　東京大学史料編纂所編纂　東京大学出版会　1984.6　984p　22cm　〈東京帝国大学昭和9年刊の複製 折り込図4枚〉　8000円　Ⓘ4-13-090305-5

◆室町時代

室町時代　むろまちじだい

日本史の時代区分の一つ。鎌倉幕府が滅び、延元元/建武3年（1336年）に足利尊氏が京都に室町幕府を開いてから、元亀4年（1573年）に義昭が信長に追放され滅亡するまでの時代のこと。元中9/明徳3年(1392年)の南北両朝統一までを南北朝時代と呼び、応仁元年(1467年)の応仁の乱、あるいは明応2年(1493年)の明応の変以降の動乱期を戦国時代と呼ぶ。ここでは戦国時代の開始直前までを扱う。この時代には鎌倉時代から様々なものが発展し、現在伝わる文化等の原型が形作られた。庶民の社会においても、農業生産力の向上が農民の自立を促し、手工業が発達し、市が盛んになった。さらに足利義満が正式に開始した日明貿易によって明銭が輸入され、貨幣経済が発展した。西陣織などの新しい特産物も誕生した。守護大名による城下町の整備が行われ、商業の発展と相まって、堺や博多などの自治都市が生まれた。文化の面では北山文化や東山文化が起こり、茶の湯や能楽・書院造などの今日まで伝わる日本文化の原型となった。

◇看聞日記と中世文化　松岡心平編　森話社　2009.3　369p　22cm　6800円　①978-4-916087-94-2

◇新・国史大年表　第4巻(1456-1600)　日置英剛編　国書刊行会　2009.3　1031, 151p　27cm　〈索引あり〉　20000円　①978-4-336-04829-5

◇大日本古記録　薩戒記 4　自応永三十四年正月至永享二年四月　東京大学史料編纂所編纂　中山定親著　岩波書店　2009.3　265p　22cm　8600円　①978-4-00-009943-1

◇日本史を動かした外国人―鉄砲伝来から開国前夜まで　武光誠著　青春出版社　2009.2　201p　18cm　(青春新書 PI-227)　〈下位シリーズの並列シリーズ名:Intelligence〉　750円　①978-4-413-04227-7

◇乱世を勝ち抜く!―戦国軍師の研究　百瀬明治著　ワック　2009.2　268p　18cm　(Wac bunko B-096)　933円　①978-4-89831-596-5

◇史料纂集　古記録編〔154〕　教言卿記 第4　山科教言著, 小森正明校訂　八木書店　2009.1　376p　22cm　〈文献あり〉　14000円　①978-4-8406-5154-7

◇戦争の日本史　10　東国の戦国合戦　小和田哲男, 関幸彦, 森公章, 吉田裕企画編集　市村高男著　吉川弘文館　2009.1　316, 4p　20cm　〈文献あり 年表あり〉　2500円　①978-4-642-06320-3

◇洛中洛外の群像―失われた中世京都へ　瀬田勝哉著　増補　平凡社　2009.1　501p　16cm　(平凡社ライブラリー 660)　〈並列シリーズ名:Heibonsha library〉　1700円　①978-4-582-76660-8

◇中世後期細川氏の権力構造　古野貢著　吉川弘文館　2008.12　316, 14p　22cm　9800円　①978-4-642-02881-3

◇日本の軍事革命　久保田正志著　錦正社　2008.12　272p　22cm　〈他言語標題:Military revolution in Japan　年表あり〉　3400円　①978-4-7646-0327-1

◇歴史群像アーカイブ　volume 6　戦国合戦入門―軍事学の視点から徹底分析　学習研究社　2008.12　119p　26cm　(歴史群像シリーズ)　〈他言語標題:Rekishi gunzou archive〉　952円　①978-4-05-605386-9

◇英傑の日本史　上杉越後軍団編　井沢元彦著　角川学芸出版, 角川グループパブリッシング(発売)　2008.11　250p　20cm　〈年表あり〉　1500円　①978-4-04-621388-4

◇小笠原文書　東京大学史料編纂所編纂　八木書店　2008.11　199, 62p　22×31cm　(東京大学史料編纂所影印叢書 4)　〈東京大学史料編纂所蔵の複製〉　25000円　①978-4-8406-2504-3

◇室町幕府東国支配の研究　江田郁夫著　高志書院　2008.11　321, 9p　22cm　6500円　①978-4-86215-050-9

◇室町文化論考―文化史のなかの公武　川嶋將生著　法政大学出版局　2008.10

311, 9p 22cm (叢書・歴史学研究) 5500円 ①978-4-588-25054-5

◇室町記 山崎正和著 講談社 2008.9 260p 16cm (講談社文芸文庫) 〈年表あり 年譜あり 著作目録あり〉 1400円 ①978-4-06-290026-3

◇全集日本の歴史 第8巻 戦国の活力―戦国時代 山田邦明著 小学館 2008.7 366p 22cm 〈標題紙等のタイトル:日本の歴史 肖像あり 折り込2枚 文献あり 年表あり〉 2400円 ①978-4-09-622108-2

◇日本近世の起源―戦国乱世から徳川の平和へ 渡辺京二著 洋泉社 2008.7 332p 18cm (MC新書 30) 1800円 ①978-4-86248-264-8

◇全集日本の歴史 第7巻 走る悪党、蜂起する土民―南北朝・室町時代 安田次郎著 小学館 2008.6 366p 22cm 〈標題紙等のタイトル:日本の歴史 折り込2枚 文献あり 年表あり〉 2400円 ①978-4-09-622107-5

◇戦国期の石清水と本願寺―都市と交通の視座 鍛代敏雄著 京都 法蔵館 2008.5 276, 7p 22cm 4300円 ①978-4-8318-7560-0

◇中世の社寺と信仰―勧進と勧進聖の時代 太田直之著 弘文堂 2008.5 400, 7p 22cm (久伊豆神社小教院叢書 6) 6000円 ①978-4-335-16051-6

◇室町武家関係文芸集 東京大学史料編纂所編纂 八木書店 2008.5 246, 37p 22×31cm (東京大学史料編纂所影印叢書 3) 25000円 ①978-4-8406-2503-6

◇看聞日記 4 伏見宮貞成親王著, 宮内庁書陵部編 明治書院 2008.4 327p 22cm (図書寮叢刊) 14500円 ①978-4-625-42402-1

◇看聞日記 4・伏見宮貞成親王著 宮内庁書陵部 2008.3 331p 22cm (図書寮叢刊)

◇信長と織田軍団―戦国を席捲した天下布武の軍容 学習研究社 2008.3 171p 26cm (新・歴史群像シリーズ 11) 〈年表あり〉 1500円 ①978-4-05-604833-9

◇足利義満消された日本国王 小島毅著 光文社 2008.2 272p 18cm (光文社新書) 〈年表あり 文献あり〉 760円 ①978-4-334-03440-5

◇信長と安土城―収蔵品で語る戦国の歴史 開館15周年記念第35回企画展 安土町(滋賀県) 滋賀県立安土城考古博物館 2008.1 95p 30cm 〈会期:平成20年1月19日―3月30日〉

◇大名領国制 中世後期の社会と経済 永原慶二著, 永原慶二著 吉川弘文館 2007.11 556, 16p 22cm (永原慶二著作選集 第5巻) 16000円 ①978-4-642-02684-0

◇室町・戦国期研究を読みなおす 中世後期研究会編 京都 思文閣出版 2007.10 388, 9p 21cm 〈文献あり〉 4600円 ①978-4-7842-1371-9

◇英傑の日本史 風林火山編 井沢元彦著 角川学芸出版, 角川グループパブリッシング(発売) 2007.9 262p 20cm 〈年表あり〉 1500円 ①978-4-04-621108-8

◇秀吉神話をくつがえす 藤田達生著 講談社 2007.9 276p 18cm (講談社現代新書) 〈文献あり 年表あり〉 740円 ①978-4-06-287907-1

◇ジパングと日本―日欧の遭遇 的場節子著 吉川弘文館 2007.8 225, 12p 22cm 5500円 ①978-4-642-02867-7

◇室町幕府と蜷川親元 山岸利政編 〔滑川〕 〔山岸利政〕 2007.8 63p 30cm 〈付・万葉集雪島の撫子 年表あり 年譜あり〉

◇風林火山の女たち―信玄をとりまく二十四人 中津攸子著 歴研 2007.6 191p 19cm (歴研ブックス) 〈年表あり〉 1500円 ①978-4-947769-95-4

◇風林火山の世界 歴史研究会出版局歴史浪漫編集委員会編 歴研 2007.6 191p

21cm （歴史浪漫）〈文献あり 年表あり〉 1200円 ①978-4-947769-89-3

◇関東水墨画―型とイメージの系譜 相澤正彦, 橋本慎司編著 国書刊行会 2007.5 534p 30×23cm 23000円 ①978-4-336-04347-4

◇中世後期社会と公田体制 田沼睦著 岩田書院 2007.5 483, 9p 22cm （中世史研究叢書 11） 9500円 ①978-4-87294-468-6

◇後法成寺關白記 3 近衛尚通著 岩波書店 2007.3 326p 22cm （大日本古記録） 12000円 ①978-4-00-009484-9

◇大日本史料 第7編之31 稱光天皇 應永25年8月―同年是歳 東京大学史料編纂所編纂 東京大学史料編纂所, 東京大学出版会（発売） 2007.3 462p 22cm 12300円 ①978-4-13-090331-8

◇敗者の条件 会田雄次著 改版 中央公論新社 2007.2 222p 16cm （中公文庫）〈年表あり〉 590円 ①978-4-12-204818-8

◇大日本仏教全書 第133巻 蔭涼軒日録 第1 仏書刊行会編纂 季瓊真蘂著 大法輪閣 2007.1 514p 22cm 〈名著普及会昭和55年刊（覆刻版）を原本としたオンデマンド版〉 8900円 ①978-4-8046-1777-0

◇大日本仏教全書 第134巻 蔭涼軒日録 第2 仏書刊行会編纂 季瓊真蘂著 大法輪閣 2007.1 540p 22cm 〈名著普及会昭和55年刊（覆刻版）を原本としたオンデマンド版〉 9100円 ①978-4-8046-1778-7

◇大日本仏教全書 第135巻 蔭涼軒日録 第3 仏書刊行会編纂 季瓊真蘂著 大法輪閣 2007.1 476p 22cm 〈名著普及会昭和55年刊（覆刻版）を原本としたオンデマンド版〉 8600円 ①978-4-8046-1779-4

◇大日本仏教全書 第136巻 蔭涼軒日録 第4 仏書刊行会編纂 季瓊真蘂著 大法輪閣 2007.1 472p 22cm 〈名著普及会昭和55年刊（覆刻版）を原本としたオンデマンド版〉 8400円 ①978-4-8046-1780-0

◇大日本仏教全書 第137巻 蔭涼軒日録 第5 仏書刊行会編纂 季瓊真蘂著 大法輪閣 2007.1 616p 22cm 〈名著普及会昭和55年刊（覆刻版）を原本としたオンデマンド版〉 9600円 ①978-4-8046-1781-7

◇後継学―戦国父子に学ぶ 加来耕三著 時事通信出版局, 時事通信社（発売） 2006.12 301p 20cm 1800円 ①4-7887-0673-3

◇「図解」山本勘助と武田一族の興亡―常勝軍団と謎の名参謀の実像に迫る 童門冬二監修 PHP研究所 2006.12 95p 26cm 〈年譜あり〉 952円 ①4-569-65862-8

◇戦国期室町幕府と在地領主 西島太郎著 八木書店 2006.12 452, 22p 22cm 12000円 ①4-8406-2026-1

◇山本勘助の時代一〇〇人―「風林火山」と戦国時代 外川淳著 河出書房新社 2006.12 230p 15cm （河出文庫）〈年表あり〉 720円 ①4-309-40826-5

◇茶道・香道・華道と水墨画―室町時代 中村修也監修 京都 淡交社 2006.11 111p 21cm （よくわかる伝統文化の歴史 2）〈文献あり 年表あり〉 1600円 ①4-473-03344-9

◇首都の経済と室町幕府 早島大祐著 吉川弘文館 2006.11 343, 10p 22cm 8000円 ①4-642-02858-7

◇「風林火山」の古道をゆく 高橋義夫, 桐野作人ほか著 集英社 2006.11 125p 21cm 〈年譜あり〉 1600円 ①4-08-781357-6

◇壒嚢鈔 行譽著 現代思潮新社 2006.10 4, 553p 16cm （覆刻日本古典全集）〈現代思潮社昭和52年刊を原本としたオンデマンド版〉 6600円 ①4-329-02515-9

◇真説鉄砲伝来 宇田川武久著 平凡社 2006.10 246p 18cm （平凡社新書）

〈年表あり　文献あり〉 800円 ①4-582-85346-3

◇大乗院寺社雑事記研究論集　第3巻　大乗院寺社雑事記研究会編　大阪　和泉書院　2006.10　318p　22cm　7500円 ①4-7576-0393-2

◇展望日本歴史　11　室町の社会　久留島典子, 榎原雅治編　東京堂出版　2006.10　424p　23cm　〈文献あり〉 5000円 ①4-490-30561-3

◇謀将山本勘助と武田軍団　新人物往来社　2006.10　191p　26cm　（別冊歴史読本 第31巻21号）〈年譜あり〉 1800円 ①4-404-03347-8

◇行誉編『壒嚢鈔』の研究　小助川元太著　三弥井書店　2006.9　310, 11p　22cm　6800円 ①4-8382-3147-4

◇戦術―名将たちの戦場　中里融司著　新紀元社　2006.9　287p　21cm　（Truth in history 9）〈文献あり〉 1900円 ①4-7753-0503-4

◇名将の法則―戦国乱世を生き抜いた12人の知られざる"決断"とは　安部龍太郎著　日本実業出版社　2006.8　254p　19cm　〈年表あり〉 1600円 ①4-534-04106-3

◇『織田信長文書の研究』語彙索引　水上昌美, 中朝子, 大山由美子編　立正大学十六世紀史研究会　2006.7　174p　30cm　（16世紀史索引シリーズ 3）

◇南北朝と室町政権―南北朝期―室町期　小和田哲男監修・年表解説　世界文化社　2006.7　199p　24cm　（日本の歴史を見る ビジュアル版 4）〈年表あり〉 2400円 ①4-418-06211-4

◇親長卿記　第3　甘露寺親長著, 飯倉晴武校訂　続群書類従完成会　2006.6　285p　22cm　（史料纂集 146） 11000円 ①4-7971-1326-X

◇室町戦国の社会―商業・貨幣・交通　永原慶二著　吉川弘文館　2006.6　321p　20cm　（歴史文化セレクション）〈1992年刊の復刊〉 2300円 ①4-642-06298-X

◇古記録による15世紀の天候記録　水越允治編　東京堂出版　2006.5　748p　31cm　38000円 ①4-490-20580-5

◇戰國遺文　武田氏編 第6巻　柴辻俊六, 黒田基樹, 丸島和洋編　東京堂出版　2006.5　409p　22cm　17000円 ①4-490-30638-5

◇室町幕府の政治と経済　桑山浩然著　吉川弘文館　2006.5　316, 5p　22cm　〈文献あり〉 9000円 ①4-642-02852-8

◇看聞日記　3　伏見宮貞成親王著, 宮内庁書陵部編　明治書院　2006.4　338p　22cm　（図書寮叢刊） 19000円 ①4-625-42309-0

◇群雄割拠と天下統一―戦国期　小和田哲男監修・年表解説　世界文化社　2006.4　199p　24cm　（日本の歴史を見る ビジュアル版 5）〈年表あり〉 2400円 ①4-418-06212-2

◇戰國遺文　古河公方編　佐藤博信編　東京堂出版　2006.4　426p　22cm　18000円 ①4-490-30594-X

◇看聞日記　3　伏見宮貞成親王著　宮内庁書陵部　2006.3　338p　22cm　（図書寮叢刊）

◇きりしたん史再考―信仰受容の宗教学　東馬場郁生著　天理　天理大学附属おやさと研究所　2006.3　214p　17cm　（グローカル新書 6）〈文献あり〉 800円 ①4-903058-07-7

◇薩戒記　3　中山定親著　岩波書店　2006.3　263p　22cm　（大日本古記録）〈應永33年正月―12月の記録を収録〉 8600円 ①4-00-009748-2

◇大乗院寺社雑事記紙背文書―国立公文書館所蔵　第2巻　尋尊著, 佐藤進一, 笠松宏至, 永村眞編　勉誠出版　2006.3　395p　22cm　10600円 ①4-585-03132-4

◇大日本古文書　家わけ第22〔3〕　益田家文書之三　東京大學史料編纂所編纂　東京大学史料編纂所, 東京大学出版会（発売）　2006.3　286p, 19枚　22cm　7700円 ①4-13-091293-3

◇爆笑信長の野望―歴史人物笑史 1 シブサワ・コウ, 光栄出版部企画編集 復刻版 横浜 光栄 2006.3 167p 19cm 〈原本：1992年刊〉 1000円 ①4-7758-0439-1

◇爆笑信長の野望―歴史人物笑史 2 シブサワ・コウ, 光栄出版部企画編集 復刻版 横浜 光栄 2006.3 171p 19cm 〈原本：1993年刊〉 1000円 ①4-7758-0440-5

◇室町幕府足利義教「御前沙汰」の研究 鈴木江津子著, 神奈川大学大学院歴史民俗資料学研究科編 〔横浜〕 神奈川大学21世紀COEプログラム「人類文化研究のための非文字資料の体系化」研究推進会議 2006.3 272, 9p 22cm （歴史民俗資料学叢書 1）〈文献あり〉 ①4-9903017-0-6

◇喧嘩両成敗の誕生 清水克行著 講談社 2006.2 230p 19cm （講談社選書メチエ 353） 1500円 ①4-06-258353-4

◇初期徳川氏の農村支配 本多隆成著 吉川弘文館 2006.2 309, 8p 22cm （静岡大学人文学部研究叢書 9） 8300円 ①4-642-02849-8

◇名将の陰に名僧あり―戦国時代を生き抜いた知恵と戦略 百瀬明治著 祥伝社 2006.2 243p 16cm （祥伝社黄金文庫）〈「武将と名僧」(清流出版1996年刊)の改題 年表あり〉 571円 ①4-396-31398-5

◇落日の室町幕府―蜷川親俊日記を読む 水藤真著 吉川弘文館 2006.1 217, 4p 20cm 2800円 ①4-642-07950-5

◇道三から信長へ―特別展 岐阜市歴史博物館編 〔岐阜〕 道三から信長へ展実行委員会 2006 120p 30cm 〈会期・会場：平成18年11月2日―12月10日 岐阜市歴史博物館 年表あり〉

◇関西のキリシタン殉教地をゆく 高木一雄著 長崎 聖母の騎士社 2005.12 483p 15cm （聖母文庫） 1000円 ①4-88216-262-8

◇「図解」信長軍団なるほど人物事典―完全保存版 『歴史街道』編集部編 PHP研究所 2005.12 94p 26cm 〈折り込1枚 年譜あり〉 800円 ①4-569-64599-2

◇中近世移行期の土豪と村落 池上裕子編 岩田書院 2005.12 351p 22cm 6900円 ①4-87294-410-0

◇室町時代公武関係の研究 水野智之著 吉川弘文館 2005.12 375, 10p 22cm 11000円 ①4-642-02847-1

◇化天の墓誌 糸井秀夫著 杉並けやき出版 2005.11 202p 19cm 〈東京 星雲社(発売) 文献あり〉 1200円 ①4-434-07051-7

◇中世東寺の年中行事―御影堂 京都府立総合資料館歴史資料課編 〔京都〕 京都府立総合資料館 2005.11 84p 26cm （東寺百合文書展 第20回）〈会期・会場：平成17年11月1日―12月4日 京都府立総合資料館展示室〉

◇時代劇のウソ？ホント？―大人の(新)常識 藤原京著 リイド社 2005.10 254p 15cm （リイド文庫）〈文献あり〉 476円 ①4-8458-2635-6

◇東寺百合文書 3(ロ函 3) 京都府立総合資料館編 京都 思文閣出版 2005.10 438, 3p 22cm 9500円 ①4-7842-1266-3

◇都へのあこがれ―戦国・織豊期の大友氏と豊後 第24回特別展 大分市歴史資料館編 〔大分〕 大分市歴史資料館 2005.10 48p 30cm 〈会期：平成17年10月21日―11月20日 大分市歴史資料館〉

◇稿本墨俣一夜城―秀吉出世城の虚実と蜂須賀小六 牛田義文著 歴研 2005.8 336p 22cm 3400円 ①4-947769-59-9

◇戦国期公家社会と荘園経済 湯川敏治著 続群書類従完成会 2005.8 454, 20p 22cm 〈折り込4枚 年表あり〉 13000円 ①4-7971-0744-8

◇破産者たちの中世 桜井英治著 山川出版社 2005.7 102p 21cm （日本史リブレット 27）〈文献あり〉 800円

①4-634-54270-6

◇雑兵たちの戦場—中世の傭兵と奴隷狩り　藤木久志著　新版　朝日新聞社　2005.6　290, 6p　19cm　（朝日選書 777）〈年表あり〉　1300円　①4-02-259877-8

◇名将名城伝　津本陽著　PHP研究所　2005.6　280p　20cm　1500円　①4-569-64187-3

◇天下一統　林屋辰三郎著　改版　中央公論新社　2005.4　585p　16cm　（中公文庫）〈文献あり　年表あり〉　1238円　①4-12-204522-3

◇武士の実像　岩原信守著　元就出版社　2005.3　268p　19cm　1800円　①4-86106-025-7

◇夢から探る中世　酒井紀美著　角川書店　2005.3　222p　19cm　（角川選書）　1400円　①4-04-703376-6

◇奥羽永慶軍記　戸部一憨斎正直著, 今村義孝校注　復刻版　秋田　無明舎出版　2005.2　1014p　20cm　〈奥付のタイトル：復刻奥羽永慶軍記　初版：人物往来社昭和41年刊〉　9400円　①4-89544-388-4

◇下剋上の時代　永原慶二著　改版　中央公論新社　2005.2　579p　16cm　（中公文庫）〈文献あり　年表あり〉　1238円　①4-12-204495-2

◇東寺百合文書　2（ロ函 2）　京都府立総合資料館編　京都　思文閣出版　2005.2　429, 8p　22cm　9500円　①4-7842-1224-8

◇日本の歴史　5（中世 2）　後醍醐と尊氏—建武の新政　新訂増補　朝日新聞社　2005.1　320p　30cm　（朝日百科）　①4-02-380017-1

◇定本・北条氏康　藤木久志, 黒田基樹編　高志書院　2004.11　339p　22cm　6700円　①4-906641-91-1

◇足利義満と東寺　京都府立総合資料館歴史資料課編　〔京都〕　京都府立総合資料館　2004.10　58, 26p　26cm　（東寺百合文書展 第19回）〈会期：平成16年10月1日—31日〉

◇上杉軍記　千秋社　2004.9　927p　19cm　〈付属資料：16p：解題　「春日山日記」(1980年刊)の復刻版〉　20000円　①4-88477-309-8

◇寺院・検断・徳政—戦国時代の寺院史料を読む　勝俣鎮夫編　山川出版社　2004.9　432, 7p　22cm　〈文献あり〉　5000円　①4-634-52190-3

◇武田三代軍記　片島深淵著　復刻版　千秋社　2004.9　1340p　19cm　〈付属資料：16p：解題　原本：1979年刊〉　27000円　①4-88477-308-X

◇歴朝要紀　9　神道古典研究会会員有志校注　神道大系編纂会　2004.9　400p　23cm　（続神道大系 朝儀祭祀編）〈シリーズ責任表示：神道大系編纂会編〉　18000円

◇歴朝要紀　10　神道古典研究会会員有志校注　神道大系編纂会　2004.9　437p　23cm　（続神道大系 朝儀祭祀編）〈シリーズ責任表示：神道大系編纂会編〉　18000円

◇伊予河野氏と中世瀬戸内世界—戦国時代の西国守護　川岡勉, 西尾和美著　松山　愛媛新聞社　2004.8　228p　19cm　〈年表あり　文献あり〉　1800円　①4-86087-025-5

◇室町社会の騒擾と秩序　清水克行著　吉川弘文館　2004.8　333, 7p　22cm　9000円　①4-642-02834-X

◇あなたのルーツ—戦国ロマン　矢野憲作, 出水康生著　高松　香川あすなろ協会　2004.6　305p　19cm　1000円　①4-905702-38-0

◇歴朝要紀　7　神道古典研究会会員有志校注　神道大系編纂会　2004.6　439p　23cm　（続神道大系 朝儀祭祀編）〈シリーズ責任表示：神道大系編纂会編〉　18000円

◇歴朝要紀　8　神道古典研究会会員有志校注　神道大系編纂会　2004.6　468p　23cm　（続神道大系 朝儀祭祀編）〈シ

リーズ責任表示：神道大系編纂会編〉 18000円

◇看聞日記 2 伏見宮貞成親王著, 宮内庁書陵部編 明治書院 2004.3 310p 22cm (圖書寮叢刊) 16400円 ①4-625-42307-4

◇後法成寺關白記 2 近衛尚通著 岩波書店 2004.3 298p 22cm (大日本古記録) 〈シリーズ責任表示：東京大學史料編纂所編纂〉 12000円 ①4-00-009483-1

◇大日本史料 第7編之30 稱光天皇 應永25年正月—同年7月 東京大学史料編纂所編纂 東京大学史料編纂所 2004.3 347, 27p 22cm 〈〔東京〕 東京大学出版会(発売)〉 6900円 ①4-13-090330-6

◇日本近世の起源—戦国乱世から徳川の平和へ 渡辺京二著 弓立社 2004.2 226p 22cm (叢書日本再考) 2800円 ①4-89667-401-4

◇人間の美術—室町時代 バサラと幽幻 梅原猛監修 新装版 学習研究社 2004.2 183p 30cm 3400円 ①4-05-102350-8

◇バサラと幽玄 梅原猛著 新装版 学習研究社 2004.2 183p 31cm (人間の美術 7(室町時代)) 3400円 ①4-05-102350-8

◇本能寺の変と武田松姫—上杉屏風が解き明かす戦国史の真相 首藤義之著 大阪 せせらぎ出版 2003.12 344p 19cm 2381円 ①4-88416-127-0

◇室町戦国史紀行 宮脇俊三著 講談社 2003.12 405p 15cm (講談社文庫) 〈年表あり〉 695円 ①4-06-273918-6

◇「時代小説」を読むキーワード事典—戦国、剣豪ものから捕物帖まで、「あの言葉」の意味がよくわかる！ 平川陽一著 PHP研究所 2003.11 304, 4p 15cm (PHP文庫) 〈文献あり〉 600円 ①4-569-66005-3

◇豊後府内南蛮の彩り—南蛮の貿易陶磁器 平成15年度秋季(第22回)特別展 大分市歴史資料館編 大分 大分市歴史資料館 2003.10 113p 30cm 〈会期：平成15年10月24日—11月24日〉

◇史料纂集 135 長樂寺永祿日記 続群書類従完成会 2003.8 401p 22cm 〈付属資料：4p：月報 第135号〉 14000円 ①4-7971-1315-4

◇一揆の時代 榎原雅治編 吉川弘文館 2003.4 319, 15p 22cm (日本の時代史 11) 〈シリーズ責任表示：石上英一〔ほか〕企画編集 文献あり 年表あり〉 3200円 ①4-642-00811-X

◇甲斐武田氏と国人—戦国大名成立過程の研究 秋山敬著 高志書院 2003.4 346p 22cm 6700円 ①4-906641-68-7

◇籤引き将軍足利義教 今谷明著 講談社 2003.4 238p 19cm (講談社選書メチエ 267) 〈文献あり〉 1500円 ①4-06-258267-8

◇古代中世文学論考 第9集 古代中世文学論考刊行会編 新典社 2003.4 285p 22cm 6100円 ①4-7879-3509-7

◇大名領国支配の構造 三重野誠著 校倉書房 2003.4 286p 22cm (歴史科学叢書) 8000円 ①4-7517-3410-5

◇逆説の日本史 7(中世王権編) 井沢元彦著 小学館 2003.3 429p 15cm (小学館文庫) 〈年表あり〉 600円 ①4-09-402007-1

◇薩戒記 2 中山定親著 岩波書店 2003.3 272p 22cm (大日本古記録) 〈シリーズ責任表示：東京大學史料編纂所編纂 應永31年—應永32年の記録を収録〉 8600円 ①4-00-009746-6

◇週刊日本の美をめぐる no.43(室町 3) 日月山水のやまと絵 小学館 2003.3 41p 30cm (小学館ウイークリーブック) 533円

◇日本の歴史がわかる本 「室町・戦国—江戸時代」篇 小和田哲男著 改訂版 三笠書房 2003.3 270p 15cm (知的生きかた文庫) 533円 ①4-8379-7310-8

◇大航海時代と日本　五野井隆史著　渡辺出版　2003.2　190p　20cm　〈文献あり年表あり〉　2000円　①4-902119-00-5

◇東寺廿一口供僧方評定引付　第2巻　伊藤俊一, 富田正弘, 本多俊彦編　京都　思文閣出版　2003.2　382p　22cm　6500円　①4-7842-1146-2

◇甲州・武田一族衰亡史　高野賢彦著　新人物往来社　2003.1　260p　20cm　2800円　①4-404-03103-3

◇大乗院寺社雑事記研究論集　第2巻　大乗院寺社雑事記研究会編　大阪　和泉書院　2003.1　343p　22cm　7500円　①4-7576-0187-5

◇中世寺院における文芸生成の研究　加賀元子著　汲古書院　2003.1　445, 18p　22cm　13000円　①4-7629-3445-3

◇再現日本史―週刊time travel　鎌倉・室町 7　講談社　2002.12　42p　30cm　〈年表あり〉　533円

◇再現日本史―週刊time travel　鎌倉・室町 8　講談社　2002.12　42p　30cm　〈年表あり〉　533円

◇再現日本史―週刊time travel　鎌倉・室町 9　講談社　2002.12　42p　30cm　〈年表あり〉　533円

◇再現日本史―週刊time travel　鎌倉・室町 10　講談社　2002.12　42p　30cm　〈年表あり〉　533円

◇古代中世文学論考　第8集　古代中世文学論考刊行会編　新典社　2002.11　317p　22cm　6400円　①4-7879-3508-9

◇城が見た合戦史―天下統一の野望をかけた城をめぐる攻防　二木謙一監修　青春出版社　2002.11　204p　18cm　（プレイブックスインテリジェンス）　667円　①4-413-04043-0

◇大乗院寺社雑事記紙背文書―国立公文書館所蔵　第1巻　尋尊著, 佐藤進一, 笠松宏至, 永村眞編　勉誠出版　2002.11　368p　22cm　9800円　①4-585-10088-1

◇室町時代の一皇族の生涯―『看聞日記』の世界　横井清著　講談社　2002.11　415p　15cm　（講談社学術文庫）〈年譜あり〉　1400円　①4-06-159572-5

◇室町時代の武家文書　京都府立総合資料館歴史資料課編　〔京都〕　京都府立総合資料館　2002.11　58, 16p　26cm　（東寺百合文書展 第18回）〈会期：平成14年11月9日―12月8日〉

◇血筋はそこからはじまった　西田知己著　研成社　2002.10　228p　19cm　1700円　①4-87639-625-6

◇日本の歴史　中世から近世へ 1　戦国大名　新訂増補　朝日新聞社　2002.10　32p　30cm　（週刊朝日百科 21）　476円

◇親長卿記　第2　甘露寺親長著, 飯倉晴武校訂　続群書類従完成会　2002.9　285p　22cm　（史料纂集 132）〈付属資料：4p：月報 第132号〉　10000円　①4-7971-1312-X

◇日本の歴史　中世 2-5　金閣と銀閣―室町文化　新訂増補　朝日新聞社　2002.9　p130-160　30cm　（週刊朝日百科 15）　476円

◇週刊ビジュアル日本の歴史　no.127　戦国武将篇　7　デアゴスティーニ・ジャパン　2002.8　p254-293　30cm　〈年表あり〉　533円

◇週刊ビジュアル日本の歴史　no.128　戦国武将篇　8　デアゴスティーニ・ジャパン　2002.8　p296-335　30cm　〈年表あり〉　533円

◇中世後期の地域と在地領主　湯浅治久著　吉川弘文館　2002.8　365, 9p　22cm　9000円　①4-642-02677-0

◇日本の歴史　中世 2-3　義満と室町幕府　新訂増補　朝日新聞社　2002.8　p66-96　30cm　（週刊朝日百科 13）　476円

◇古代中世文学論考　第7集　古代中世文学論考刊行会編　新典社　2002.7　349p　22cm　7000円　①4-7879-3507-0

◇週刊ビジュアル日本の歴史　no.125　戦国武将篇　5　デアゴスティーニ・ジャパン　2002.7　p170-209　30cm　〈年表

あり〉 533円

◇室町幕府と守護権力　川岡勉著　吉川弘文館　2002.7　361, 8p　22cm　8500円　Ⓣ4-642-02814-5

◇鎌倉室町文學論纂―徳江元正退職記念　石川透, 岡見弘道, 西村聡編　三弥井書店　2002.5　719p　22cm　18000円　Ⓣ4-8382-3093-1

◇再現日本史―週刊time travel　戦国 9　講談社　2002.5　42p　30cm　〈年表あり〉 533円

◇再現日本史―週刊time travel　戦国 10　講談社　2002.5　42p　30cm　〈年表あり〉 533円

◇再現日本史―週刊time travel　戦国 4　講談社　2002.4　42p　30cm　〈年表あり〉 533円

◇再現日本史―週刊time travel　戦国 5　講談社　2002.4　42p　30cm　〈年表あり〉 533円

◇再現日本史―週刊time travel　戦国 6　講談社　2002.4　42p　30cm　〈年表あり〉 533円

◇再現日本史―週刊time travel　戦国 8　講談社　2002.4　44p　30cm　〈年表あり〉 533円

◇戦い・くらし・女たち―利家とまつの生きた時代　石川県立歴史博物館編　金沢　石川県立歴史博物館　2002.4　154p　30cm　〈会期：平成14年4月20日―6月2日　文献あり〉

◇日本中世戦国期の地域と民衆　矢田俊文著　大阪　清文堂出版　2002.4　337, 7p　22cm　8800円　Ⓣ4-7924-0517-3

◇看聞日記　1　伏見宮貞成親王著, 宮内庁書陵部編　明治書院　2002.3　321p　22cm　（図書寮叢刊）　18000円　Ⓣ4-625-42305-8

◇看聞日記　1　伏見宮貞成親王著　宮内庁書陵部　2002.3　321p　22cm　（図書寮叢刊）

◇再現日本史―週刊time travel　戦国 1　講談社　2002.3　42p　30cm　〈年表あり〉 533円

◇再現日本史―週刊time travel　戦国 2　講談社　2002.3　42p　30cm　〈年表あり〉 533円

◇中世・鎌倉の文学　佐藤智広, 小井土守敏著　翰林書房　2002.3　126p　21cm　（日本文学コレクション）　1600円　Ⓣ4-87737-147-8

◇東西宇都宮太平記　原田種純著　文芸社　2002.3　185p　20cm　1000円　Ⓣ4-8355-3378-X

◇中世日本の外交と禅宗　伊藤幸司著　吉川弘文館　2002.2　334, 16p　22cm　12000円　Ⓣ4-642-02813-7

◇東寺廿一口供僧方評定引付　第1巻　伊藤俊一, 近藤俊彦, 富田正弘編　京都　思文閣出版　2002.2　367p　22cm　〈京都府立総合資料館蔵の複製〉 6500円　Ⓣ4-7842-1099-7

◇日本古典文学を読む　三村晃功ほか編　大阪　和泉書院　2002.2　217p　21cm　〈年表あり〉 1700円　Ⓣ4-7576-0145-X

◇織田信長合戦全録―桶狭間から本能寺まで　谷口克広著　中央公論新社　2002.1　301p　18cm　（中公新書）〈年表あり〉 840円　Ⓣ4-12-101625-4

◇日本戦史　戦国編 2　学習研究社編集部編　学習研究社　2002.1　282p　15cm　（学研M文庫）　580円　Ⓣ4-05-901099-5

◇逆説の日本史　9（戦国野望編）　鉄砲伝来と倭寇の謎　井沢元彦著　小学館　2001.12　411p　20cm　1550円　Ⓣ4-09-379420-0

◇これで古典がよくわかる　橋本治著　筑摩書房　2001.12　253p　15cm　（ちくま文庫）　680円　Ⓣ4-480-03690-3

◇大名領国の経済構造　岸田裕之著　岩波書店　2001.12　397p　22cm　9600円　Ⓣ4-00-001296-7

◇隠者の文学―苦悶する美　石田吉貞著　講談社　2001.11　285p　15cm　（講談社学術文庫）〈塙書房1969年刊の改訂〉

920円 ①4-06-159521-0

◇抄物による室町時代語の研究 来田隆著 大阪 清文堂出版 2001.11 496p 22cm 14000円 ①4-7924-1372-9

◇東国守護の歴史的特質 松本一夫著 岩田書院 2001.11 472, 20p 22cm （中世史研究叢書 1） 9900円 ①4-87294-225-6

◇古代中世文学論考 第6集 古代中世文学論考刊行会編 新典社 2001.10 301p 22cm 6300円 ①4-7879-3506-2

◇菅谷城の出城—生原善龍寺砦攻防考証記 福田正蔵著, 矢野敬一編集監修 〔群馬町(群馬県)〕 〔福田正蔵〕 2001.10 15p 図版6枚 26cm

◇室町人の精神 桜井英治著 講談社 2001.10 398p 20cm （日本の歴史 第12巻）〈付属資料：8p：月報 12〉 2200円 ①4-06-268912-X

◇鎌倉府体制と東国 小国浩寿著 吉川弘文館 2001.9 294, 13p 22cm 7500円 ①4-642-02807-2

◇玉塵抄の語法 山田潔著 大阪 清文堂出版 2001.9 401p 22cm 11500円 ①4-7924-1370-2

◇再現日本史—週刊time travel 織豊 1 講談社 2001.9 42p 30cm 533円

◇再現日本史—週刊time travel 織豊 2 講談社 2001.9 42p 30cm 533円

◇週刊ビジュアル日本の歴史 no.80 戦乱の世 10 デアゴスティーニ・ジャパン 2001.9 p380-419 30cm 533円

◇太平記の時代 新田一郎著 講談社 2001.9 352p 20cm （日本の歴史 第11巻） 2200円 ①4-06-268911-1

◇週刊ビジュアル日本の歴史 no.76 戦乱の世 6 デアゴスティーニ・ジャパン 2001.8 p212-251 30cm 533円

◇週刊ビジュアル日本の歴史 no.79 戦乱の世 9 デアゴスティーニ・ジャパン 2001.8 p338-377 30cm 533円

◇展望日本歴史 12 戦国社会 池上裕子, 稲葉継陽編 東京堂出版 2001.8 431p 23cm 〈付属資料：4p：月報 11 文献あり〉 5000円 ①4-490-30562-1

◇裂帛島津戦記—決死不退の薩摩魂 学習研究社 2001.8 203p 26cm （歴史群像シリーズ） 1600円 ①4-05-602595-9

◇週刊ビジュアル日本の歴史 no.71 戦乱の世 1 デアゴスティーニ・ジャパン 2001.7 41p 30cm 533円

◇週刊ビジュアル日本の歴史 no.72 戦乱の世 2 デアゴスティーニ・ジャパン 2001.7 p44-83 30cm 533円

◇週刊ビジュアル日本の歴史 no.73 戦乱の世 3 デアゴスティーニ・ジャパン 2001.7 p86-125 30cm 533円

◇週刊ビジュアル日本の歴史 no.74 戦乱の世 4 デアゴスティーニ・ジャパン 2001.7 p128-167 30cm 533円

◇大乗院寺社雑事記 1 京都 臨川書店 2001.7 531p 21cm （続史料大成 増補 普及版 26）〈シリーズ責任表示：増補続史料大成刊行会編 複製〉 ①4-653-03771-X, 4-653-03783-3

◇大乗院寺社雑事記 2 京都 臨川書店 2001.7 502p 21cm （続史料大成 増補 普及版 27）〈シリーズ責任表示：増補続史料大成刊行会編 複製〉 ①4-653-03772-8, 4-653-03783-3

◇大乗院寺社雑事記 3 京都 臨川書店 2001.7 524p 21cm （続史料大成 増補 普及版 28）〈シリーズ責任表示：増補続史料大成刊行会編 複製〉 ①4-653-03773-6, 4-653-03783-3

◇大乗院寺社雑事記 4 京都 臨川書店 2001.7 497p 21cm （続史料大成 増補 普及版 29）〈シリーズ責任表示：増補続史料大成刊行会編 複製〉 ①4-653-03774-4, 4-653-03783-3

◇大乗院寺社雑事記 5 京都 臨川書店 2001.7 492p 21cm （続史料大成 増補 普及版 30）〈シリーズ責任表示：増補続史料大成刊行会編 複製〉

①4-653-03775-2, 4-653-03783-3

◇大乗院寺社雑事記　6　京都　臨川書店　2001.7　517p　21cm　(続史料大成 増補 普及版 31)〈シリーズ責任表示：増補続史料大成刊行会編　複製〉　①4-653-03776-0, 4-653-03783-3

◇大乗院寺社雑事記　7　京都　臨川書店　2001.7　510p　21cm　(続史料大成 増補 普及版 32)〈シリーズ責任表示：増補続史料大成刊行会編　複製〉　①4-653-03777-9, 4-653-03783-3

◇大乗院寺社雑事記　8　京都　臨川書店　2001.7　510p　21cm　(続史料大成 増補 普及版 33)〈シリーズ責任表示：増補続史料大成刊行会編　複製〉　①4-653-03778-7, 4-653-03783-3

◇大乗院寺社雑事記　9　京都　臨川書店　2001.7　502p　21cm　(続史料大成 増補 普及版 34)〈シリーズ責任表示：増補続史料大成刊行会編　複製〉　①4-653-03779-5, 4-653-03783-3

◇大乗院寺社雑事記　10　京都　臨川書店　2001.7　490p　21cm　(続史料大成 増補 普及版 35)〈シリーズ責任表示：増補続史料大成刊行会編　複製〉　①4-653-03780-9, 4-653-03783-3

◇大乗院寺社雑事記　11　京都　臨川書店　2001.7　502p　21cm　(続史料大成 増補 普及版 36)〈シリーズ責任表示：増補続史料大成刊行会編　複製〉　①4-653-03781-7, 4-653-03783-3

◇大乗院寺社雑事記　12　京都　臨川書店　2001.7　496p　21cm　(続史料大成 増補 普及版 37)〈シリーズ責任表示：増補続史料大成刊行会編　複製〉　①4-653-03782-5, 4-653-03783-3

◇状況判断―まず計算し、しかる後これを超越せよ　大橋武夫著　復刻版　マネジメント社　2001.6　244p　20cm　1600円　①4-8378-0401-2

◇日本戦史　戦国編　河合秀郎著　学習研究社　2001.6　289p　15cm　(学研M文庫)　580円　①4-05-901057-X

◇史料纂集　〔第23〕第6　師郷記　第6　中原師郷著, 藤井貞文, 小林花子校訂　続群書類従完成会　2001.5　271p　22cm　〈付属資料：会報126号：4p〉　9000円　①4-7971-1306-5

◇元亀信長戦記―戦史ドキュメント　学習研究社編集部編　学習研究社　2001.4　318p　15cm　(学研M文庫)　620円　①4-05-902040-0

◇後法成寺闕白記　1　近衛尚通著　岩波書店　2001.3　345p　22cm　(大日本古記録)　13000円　①4-00-009482-3

◇大日本史料　第7編之29　稱光天皇　應永24年雑載―25年正月　東京大学史料編纂所編纂　東京大学史料編纂所　2001.3　433p　22cm　〈〔東京〕東京大学出版会(発売)〉　7600円　①4-13-090329-2

◇信長の合戦―八つの戦いで読む知謀と戦略　戸部新十郎著　PHP研究所　2001.3　525p　15cm　(PHP文庫)　800円　①4-569-57531-5

◇今川氏家臣団の研究　小和田哲男著　大阪　清文堂出版　2001.2　299p　22cm　(小和田哲男著作集 第2巻)〈シリーズ責任表示：小和田哲男著　年譜あり〉　7500円　①4-7924-0493-2

◇大乗院寺社雑事記研究論集　第1巻　大乗院寺社雑事記研究会編　大阪　和泉書院　2001.2　328p　22cm　〈折り込1枚〉　7500円　①4-7576-0092-5

◇土民嗷々――一四四一年の社会史　今谷明著　東京創元社　2001.2　245p　15cm　(創元ライブラリ)　860円　①4-488-07040-X

◇古代中世文学研究論集　第3集　伊井春樹編　大阪　和泉書院　2001.1　602p　22cm　9000円　①4-7576-0094-1

◇古代中世文学論考　第5集　古代中世文学論考刊行会編　新典社　2001.1　316p　22cm　6400円　①4-7879-3505-4

◇時代別国語大辞典　室町時代編 5　室町時代語辞典編修委員会編　三省堂　2001.1　891p　27cm　40000円

①4-385-13606-8

◇逆説の日本史 8(中世混沌編) 室町文化と一揆の謎 井沢元彦著 小学館 2000.12 419p 20cm 1550円 ①4-09-379419-7

◇今川氏の研究 小和田哲男著 大阪 清文堂出版 2000.11 373p 22cm (小和田哲男著作集 第1巻) 〈シリーズ責任表示：小和田哲男著 年譜あり〉 7800円 ①4-7924-0492-4

◇室町戦国史紀行 宮脇俊三著 講談社 2000.11 374p 20cm 〈年表あり〉 1800円 ①4-06-210090-8

◇乱世の知識人と文学 藤原正義著 大阪 和泉書院 2000.11 234p 22cm (研究叢書 253) 6000円 ①4-7576-0077-1

◇天下統一と城 国立歴史民俗博物館編 読売新聞社 2000.10 215p 30cm 〈会期・会場：平成12年10月3日―11月26日 国立歴史民俗博物館ほか〉

◇室町・戦国時代 竹内誠総監修, 木村茂光監修 フレーベル館 2000.10 71p 31cm (地図でみる日本の歴史 4) 2800円 ①4-577-02021-1

◇陰徳太平記 香川宣阿著 復刻 徳山 マツノ書店 2000.7 2冊 22cm 〈原本：早稲田大学出版部大正2年刊 限定版 外箱入〉 全23809円

◇戦国期室町幕府と将軍 山田康弘著 吉川弘文館 2000.7 264, 7p 22cm 8000円 ①4-642-02797-1

◇古代中世文学論考 第4集 古代中世文学論考刊行会編 新典社 2000.5 301p 22cm 6300円 ①4-7879-3504-6

◇親長卿記 第1 甘露寺親長著, 飯倉晴武校訂 続群書類従完成会 2000.5 260p 22cm (史料纂集) 9000円 ①4-7971-1302-2

◇中世文学の諸問題 松本寧至編 新典社 2000.5 237p 22cm (新典社研究叢書 128) 6000円 ①4-7879-4128-3

◇室町時代政治史論 今谷明著 塙書房 2000.5 354, 24p 22cm 8000円 ①4-8273-1167-6

◇南北朝・室町・戦国時代 小和田哲男監修 岩崎書店 2000.4 47p 29cm (人物・資料でよくわかる日本の歴史 6) 3000円 ①4-265-04846-3, 4-265-10223-9

◇刀と首取り―戦国合戦異説 鈴木眞哉著 平凡社 2000.3 222p 18cm (平凡社新書) 660円 ①4-582-85036-7

◇弘法大師行状絵巻の世界―永遠への飛翔 東寺(教王護国寺)宝物館編 京都 東寺(教王護国寺)宝物館 2000.3 183p 21×30cm

◇薩戒記 1 中山定親著 岩波書店 2000.3 259p 22cm (大日本古記録) 〈應永25年―應永30年の記録を収録〉 8500円 ①4-00-009743-1

◇時代別国語大辞典 室町時代編 4 室町時代語辞典編修委員会編 三省堂 2000.3 1052p 27cm 45000円 ①4-385-13603-3

◇中世日本文学の風景 久保田淳, 島内裕子編著 放送大学教育振興会 2000.3 206p 21cm (放送大学教材 2000) 2200円 ①4-595-87113-9

◇室町絵画の残像 山下裕二著 中央公論美術出版 2000.3 447p 21cm 〈他言語標題：Visual echoes of Muromachi painting〉 6800円 ①4-8055-0384-X

◇週刊ビジュアル日本の歴史 no.1 天下統一への道 1 デアゴスティーニ・ジャパン 2000.2 41p 30cm 〈シリーズガイド付〉 276円

◇鈎の陣とその時代―開館10周年記念展 〔栗東町(滋賀県)〕 栗東歴史民俗博物館 2000 112p 30cm 〈会期：2000年10月28日―11月26日〉

◇中世日記・随筆 今関敏子編 若草書房 1999.12 273p 22cm (日本文学研究論文集成 13) 3800円 ①4-948755-54-0

◇中世武家の作法 二木謙一著 吉川弘文館 1999.12 262, 8p 20cm (日本歴史叢書 新装版) 2600円 ①4-642-06657-8

◇「マンガ」日本の歴史がわかる本 「室町・戦国―江戸時代」篇 小和田哲男監修, 小杉あきら画 三笠書房 1999.12 267p 15cm (知的生きかた文庫) 533円 ①4-8379-7076-1

◇逆説の日本史 7(中世王権編) 太平記と南北朝の謎 井沢元彦著 小学館 1999.10 363p 20cm 1550円 ①4-09-379418-9

◇古代中世文学論考 第3集 古代中世文学論考刊行会編 新典社 1999.10 270p 22cm 6000円 ①4-7879-3503-8

◇毛利氏の歴史遺産―記録にみる戦国・毛利氏の伝世品を探る 吉田町歴史民俗資料館編 吉田町(広島県) 吉田町歴史民俗資料館 1999.10 46p 30cm (吉田町歴史民俗資料館特別展図録 14) 〈会期：1999年10月30日―12月5日〉

◇物語りのまち直江の津―中世物語りと紀行文に直江の津・越後府中を見る 佐藤和夫著 〔上越〕 直江の津同好会 1999.10 15p 21cm 〈発行所：北越出版〉

◇堂々日本史 別巻 2 堂々戦国史 NHK取材班編 名古屋 KTC中央出版 1999.8 247p 20cm 1600円 ①4-87758-150-2

◇日本古典の花鳥風月―景物の数量的考察 山田豊一著 文芸社 1999.8 199p 19cm 1300円 ①4-88737-564-6

◇古代中世文学論考 第2集 古代中世文学論考刊行会編 新典社 1999.6 319p 22cm 6400円 ①4-7879-3502-X

◇図説百鬼夜行絵巻をよむ 田中貴子ほか著 河出書房新社 1999.6 111p 22cm (ふくろうの本) 1800円 ①4-309-72608-9

◇北条五代記 矢代和夫, 大津雄一著 勉誠出版 1999.5 284p 20cm (日本合戦騒動叢書 13) 2500円 ①4-585-05113-9

◇室町時代の狩野派―画壇制覇への道 京都国立博物館編 中央公論美術出版 1999.4 328p 38cm 〈おもに図〉 28000円 ①4-8055-0362-9

◇古代中世文学研究論集 第2集 伊井春樹編 大阪 和泉書院 1999.3 382p 22cm 6000円 ①4-87088-984-6

◇後鑑 第4篇 黒板勝美編輯 新装版 吉川弘文館 1999.3 1146p 23cm (國史大系 新訂増補 第37巻) 〈複製〉 13300円 ①4-642-00340-1

◇北条早雲と家臣団 下山治久著 横浜 有隣堂 1999.3 207p 18cm (有隣新書) 1000円 ①4-89660-156-4

◇止観的美意識の展開―中世芸道と本覚思想との関連 三崎義泉著 ぺりかん社 1999.2 927p 22cm 19000円 ①4-8315-0870-5

◇中世古典学の書誌学的研究 武井和人著 勉誠出版 1999.1 790p 22cm 19600円 ①4-585-10036-9

◇後鑑 第3篇 黒板勝美編輯 新装版 吉川弘文館 1999.1 1010p 23cm (國史大系 新訂増補 第36巻) 〈複製〉 11800円 ①4-642-00339-8

◇小田原衆所領役帳―戦国遺文後北条氏編別巻 佐脇栄智校注 東京堂出版 1998.12 264p 22cm ①4-490-30546-X

◇新古今世界と中世文学 石田吉貞著 復刻 パルトス社 1998.12 504, 517p 22cm 〈原本：北沢図書出版昭和47年刊〉 32000円

◇言継卿記 第4 山科言継著 続群書類従完成会 1998.12 550p 22cm 〈編纂：国書刊行会 複製〉 11000円 ①4-7971-0468-6

◇酒伝童子絵巻展―特別展 小田原市郷土文化館編 小田原 小田原市郷土文化館 1998.11 29p 21×30cm

◇堂々日本史 第19巻 NHK取材班編 名古屋 KTC中央出版 1998.11 247p 20cm 1600円 ①4-87758-112-X

◇言継卿記 第3 山科言継著 続群書類

従完成会　1998.11　776p　22cm　〈編纂：国書刊行会　複製〉　14000円　Ⓘ4-7971-0467-8

◇後鑑　第2篇　黒板勝美編輯　新装版　吉川弘文館　1998.11　1146p　23cm　(國史大系 新訂増補 第35巻)　〈複製〉　13300円　Ⓘ4-642-00338-X

◇室町時代語資料としての抄物の研究　柳田征司著　武蔵野書院　1998.10　2冊　22cm　47000円　Ⓘ4-8386-0179-4

◇関東水墨画の200年―中世にみる型とイメージの系譜　栃木県立博物館，神奈川県立歴史博物館企画・編集　宇都宮　栃木県立博物館　1998.9　223p　30cm　〈共同刊行：神奈川県立歴史博物館〉　Ⓘ4-88758-001-0

◇日本の文化をよみなおす―仏教・年中行事・文学の中世　大隅和雄著　吉川弘文館　1998.7　308p　20cm　3000円　Ⓘ4-642-07746-4

◇湯屋の皇后―中世の性と聖なるもの　阿部泰郎著　名古屋　名古屋大学出版会　1998.7　394, 2p　20cm　3800円　Ⓘ4-8158-0346-3

◇室町文学襍記　白井忠功著　新典社　1998.6　318p　22cm　(新典社研究叢書 115)　9500円　Ⓘ4-7879-4115-1

◇天皇になろうとした将軍　井沢元彦著　小学館　1998.4　253p　15cm　(小学館文庫)　476円　Ⓘ4-09-402301-1

◇大日本史料　第7編之28　稱光天皇　應永24年9月―同年雜載　東京大学史料編纂所編纂　東京大学史料編纂所　1998.3　384p　22cm　〈〔東京〕東京大学出版会(発売)〉　6900円　Ⓘ4-13-090328-4

◇雲州往来―享禄本 本文　三保忠夫，三保サト子編著　大阪　和泉書院　1997.7　441p　22cm　15000円　Ⓘ4-87088-864-5

◇室町万華鏡―ひざかりの女と残照の男たち　千草子著　集英社　1997.5　269p　20cm　1900円　Ⓘ4-08-781138-7

◇大乗院寺社雑事記の研究　森田恭二著　大阪　和泉書院　1997.3　368p　22cm　(日本史研究叢刊 8)　7500円+税　Ⓘ4-87088-855-6

◇雲州往来―享禄本 研究と総索引　索引篇　三保忠夫，三保サト子編著　大阪　和泉書院　1997.2　492p　27cm　(和泉書院索引叢書 41)　22660円　Ⓘ4-87088-844-0

◇毛利元就展―その時代と至宝　毛利元就展企画委員会，NHK編　NHK　1997　257p　28cm　〈会期・会場：平成9年2月8日―3月30日 東京都美術館ほか　共同刊行：NHKプロモーション〉

◇岩波講座日本文学史　第6巻　一五・一六世紀の文学　久保田淳ほか編　岩波書店　1996.11　343p　22cm　3090円　Ⓘ4-00-010676-7

◇中世動乱期に生きる――揆・商人・侍・大名　永原慶二著　新日本出版社　1996.11　206p　20cm　1650円　Ⓘ4-406-02477-8

◇図説日本仏教の歴史　室町時代　竹貫元勝編　佼成出版社　1996.10　157p　21cm　2000円　Ⓘ4-333-01752-1

◇室町の絵画展―詩画軸・屛風・障壁画 美術館開館5周年記念　静嘉堂文庫美術館編　静嘉堂文庫美術館　1996.9　115p　22cm　〈会期：平成8年9月28日―11月4日ほか〉

◇室町時代の水墨画　衛藤駿著　改訂　根津美術館　1996.4　1冊(ページ付なし)　19cm　(根津美術館蔵品シリーズ 9)

◇大日本古文書　家わけ第21之6　蜷川家文書之6　東京大学史料編纂所編纂　東京大学　1996.3　297p　22cm　〈発売：東京大学出版会〉　5150円　Ⓘ4-13-091236-4

◇日本歴史大系　6　南北朝内乱と室町幕府　下　井上光貞ほか編　山川出版社　1996.3　240, 23p　22cm　〈普及版〉　3000円　Ⓘ4-634-33060-1

◇室町を歩いた女たち　千草子著　小学館　1996.2　221p　20cm　1600円

①4-09-387165-5

◇室町文学の世界―面白の花の都や　岡見正雄著　岩波書店　1996.2　365, 5p　22cm　7900円　①4-00-002220-2

◇日本歴史大系　5　南北朝内乱と室町幕府　上　井上光貞ほか編　山川出版社　1996.1　210, 19p　22cm　〈普及版〉　3000円　①4-634-33050-4

◇関東中心足利時代之研究　渡辺世祐著　改訂版　新人物往来社　1995.11　469p　22cm　9500円　①4-404-02296-4

◇古辞書研究資料叢刊　第3巻　色葉字平它　天正十六年本色葉集―翻字本文・索引　伊露葩字　木村晟編　大空社　1995.11　482p　22cm　〈複製〉　13000円　①4-7568-0100-5

◇物語日本の歴史―その時代を見た人が語る　第6巻　中世社会の展望　笠原一男編　木耳社　1995.9　208p　20cm　1500円　①4-8393-7558-5

◇足利将軍家―時代に翻弄され続けた十五人の男達　山中正英著　近代文芸社　1995.8　121p　20cm　1100円　①4-7733-4581-0

◇鎌倉府と関東―中世の政治秩序と在地社会　山田邦明著　校倉書房　1995.8　446p　22cm　（歴史科学叢書）　9270円　①4-7517-2490-8

◇中世史の民衆唱導文芸　渡辺昭五著　岩田書院　1995.8　309p　22cm　7107円　①4-900697-31-1

◇史料纂集　〔第29〕第8　言国卿記　第8　飯倉晴武校訂　続群書類従完成会　1995.3　239p　22cm　8240円　①4-7971-0380-9

◇日本の歴史―集英社版　9　日本の国王と土民　児玉幸多ほか編　今谷明著　〔点字資料〕　東京ヘレン・ケラー協会点字出版局　1995.2　6冊　27cm　〈原本：集英社 1992〉　全21000円

◇室町幕府将軍権力の研究　家永遵嗣著　東京大学日本史学研究室　1995.2　423p　26cm　（東京大学日本史学研究叢書 1）　非売品

◇室町幕府と国人一揆　福田豊彦著　吉川弘文館　1995.1　317, 8p　22cm　7416円　①4-642-02742-4

◇東語西話―室町文化寸描　今泉淑夫著　吉川弘文館　1994.10　280p　20cm　3399円　①4-642-07428-7

◇洛中洛外の群像―失われた中世京都へ　瀬田勝哉著　平凡社　1994.8　345p　22cm　4200円　①4-582-47505-1

◇足利義政とその時代　京都府立総合資料館歴史資料課編　〔京都〕　京都府立総合資料館　1994.7　54, 22p　26cm　（東寺百合文書展 第11回）〈会期：平成6年7月1日～31日〉

◇岩波講座日本通史　第9巻　中世　3　朝尾直弘ほか編　岩波書店　1994.4　367p　22cm　2800円　①4-00-010559-0

◇西山国師絵伝―浄橋寺本　仁空著, 浄土宗西山三派遠忌記念事業委員会編　長岡京　西山浄土宗宗務所　1994.4　245p　22×31cm　〈西山国師七百五十年御遠忌記念 複製 共同刊行：浄土宗西山禅林寺派宗務所, 浄土宗西山深草派宗務所〉

◇時代別国語大辞典　室町時代編 3　さ～ち　室町時代語辞典編修委員会編　三省堂　1994.3　1218p　27cm　45000円　①4-385-13600-9

◇大日本古文書　家わけ第21之5　蜷川家文書之5　東京大学史料編纂所編纂　東京大学　1994.3　277, 1p　22cm　〈発売：東京大学出版会〉　6400円　①4-13-091235-6

◇「花の乱」をたっぷり楽しむ法　高野冬彦著　五月書房　1994.3　182p　19cm　1380円　①4-7727-0134-6

◇足利将軍暗殺―嘉吉土一揆の背景　今谷明著　新人物往来社　1994.2　215p　20cm　2300円　①4-404-02098-8

◇続史料大成　第5巻　後法興院記　1　竹内理三編　近衛政家著　増補　京都　臨川書店　1994.2　412p　22cm　〈第4刷（第1刷：昭和42年）複製〉

①4-653-00449-8, 4-653-00448-X

◇続史料大成　第6巻　後法興院記　2　竹内理三編　近衛政家著　増補　京都　臨川書店　1994.2　421p　22cm　〈第4刷（第1刷：昭和42年）複製〉
①4-653-00450-1, 4-653-00448-X

◇続史料大成　第7巻　後法興院記　3　竹内理三編　近衛政家著　増補　京都　臨川書店　1994.2　431p　22cm　〈第4刷（第1刷：昭和42年）複製〉
①4-653-00451-X, 4-653-00448-X

◇続史料大成　第8巻　後法興院記 4（明応9年～永正2年）　洞院公定公記　竹内理三編　近衛政家, 洞院公定著　増補　京都　臨川書店　1994.2　352p　22cm　〈第4刷（第1刷：昭和42年）複製〉
①4-653-00452-8, 4-653-00448-X

◇おもしろ日本誌　尾崎秀樹著　集英社　1993.12　230p　20cm　1600円
①4-08-774044-7

◇日本の歴史がわかる本―人物篇　南北朝時代～戦国・江戸時代　小和田哲男著　三笠書房　1993.11　269p　15cm　（知的生きかた文庫）　500円
①4-8379-0614-1

◇日本水墨名品図譜　第1巻　水墨画の成立　海老根聡郎ほか編　毎日新聞社　1993.10　215p　36cm　28000円
①4-620-80301-4

◇室町末期馬医書『秘伝集』の国語学的研究　蔵野嗣久著　広島　渓水社　1993.10　154p　22cm　①4-87440-319-0

◇室町時代語を通して見た日本語音韻史　柳田征司著　武蔵野書院　1993.6　1145p　22cm　37000円
①4-8386-0138-7

◇河内守護畠山氏の研究　森田恭二著　近代文芸社　1993.4　305p　20cm　2500円　①4-7733-1856-2

◇下剋上の文学　佐竹昭広著　筑摩書房　1993.2　318p　15cm　（ちくま学芸文庫）　990円　①4-480-08039-2

◇新発見川中島合戦図屏風の世界　和歌山県立博物館編　和歌山　和歌山県立博物館　1993.2　18p　26cm

◇大系日本の歴史　6　内乱と民衆の世紀　永原慶二ほか編　永原慶二著　小学館　1992.12　417p　16cm　（小学館ライブラリー）　980円　①4-09-461006-5

◇日本美術全集　第12巻　水墨画と中世絵巻―南北朝・室町の絵画1　大河直躬ほか編　戸田禎佑ほか編著　講談社　1992.12　247p　37cm　〈折り込図1枚〉　7500円　①4-06-196412-7

◇日本水墨名品図譜　第2巻　水墨画の展開　海老根聡郎ほか編　毎日新聞社　1992.9　201p　36cm　28000円
①4-620-80302-2

◇室町時代の美術―特別展図録　東京国立博物館編　大蔵省印刷局　1992.6　461, 21p　37cm　28000円　①4-17-420000-9

◇天皇になろうとした将軍―それからの太平記/足利義満のミステリー　井沢元彦著　小学館　1992.5　229p　20cm　〈足利義満の肖像あり〉　1300円
①4-09-379411-1

◇室町戦国の社会―商業・貨幣・交通　永原慶二著　吉川弘文館　1992.5　313p　20cm　1980円　①4-642-07381-7

◇大日本古文書　家わけ第21之4　蜷川家文書之4　東京大学史料編纂所編　東京大学　1992.3　412p 図版3枚　22cm　〈発売：東京大学出版会〉　6200円

◇室町時代の美術―特別展図録　東京国立博物館編　東京国立博物館　1992.3　461, 21p　37cm

◇日本の歴史―集英社版　9　日本の国王と土民　児玉幸多ほか編　今谷明著　集英社　1992.2　350p　22cm　2400円
①4-08-195009-1

◇後法興院記　4　近衛政家著, 陽明文庫編　京都　思文閣出版　1991.12　523p　16×23cm　（陽明叢書 記録文書篇 第8輯）〈複製〉　14420円　①4-7842-0674-4

◇室町芸文論攷　徳江元正編　三弥井書店　1991.12　843p　21cm　23000円

①4-8382-3032-X

◇物語日本の歴史—その時代を見た人が語る　第14巻　室町幕府と応仁の乱　笠原一男編　木耳社　1991.12　214p　20cm　1500円　①4-8393-7566-6

◇日本仏教史　第6巻　中世篇之五　辻善之助著　岩波書店　1991.11　372, 72p　22cm　〈第5刷（第1刷：1951年）〉　6200円　①4-00-008696-0

◇日本仏教史　第5巻　中世篇之四　辻善之助著　岩波書店　1991.10　458p　22cm　〈第5刷（第1刷：1950年）〉　6200円　①4-00-008695-2

◇嘉吉元年結城合戦籠城者等氏名拾遺　結城進編　和歌山　結城進　1991.9　351p　22cm　〈補稿6枚貼付 限定版〉

◇日本仏教史　第4巻　中世篇之三　辻善之助著　岩波書店　1991.9　466p　22cm　〈第5刷（第1刷：1949年）〉　6200円　①4-00-008694-4

◇鹿苑日録　第3巻　辻善之助編纂, 辻善之助ほか校訂　続群書類従完成会　1991.9　420p　22cm　〈第3刷（第1刷：昭和10年）〉　①4-7971-0505-4

◇室町時代語資料による基本語詞の研究　柳田征司編　武蔵野書院　1991.7　404p　22cm　14000円　①4-8386-0121-2

◇『太平記』その後—下剋上　笠原一男著　木耳社　1991.4　253p　19cm　（オリエントブックス）　1500円　①4-8393-7544-5

◇絵巻物集　羽曳野市史編纂委員会編　羽曳野　羽曳野市　1991.3　160p　23×31cm　〈『羽曳野市史 文化財編』別冊〉

◇人間の美術　7　バサラと幽玄—室町時代　梅原猛著　学習研究社　1991.3　184p　31cm　〈監修：梅原猛〉　3500円　①4-05-102350-8

◇後法興院記　3　近衛政家著, 陽明文庫編　京都　思文閣出版　1991.2　520p　16×23cm　（陽明叢書 記録文書篇 第8輯）　〈複製〉　14420円　①4-7842-0632-9

◇続日本の絵巻　11　弘法大師行状絵詞　下　小松茂美編集・解説　中央公論社　1990.12　107p　35cm　3689円　①4-12-402891-1

◇続日本の絵巻　10　弘法大師行状絵詞　上　小松茂美編集・解説　中央公論社　1990.10　119p　35cm　3689円　①4-12-402890-3

◇高野大師行状図画—地蔵院蔵（重要文化財）　山本智教監修・執筆, 真鍋俊照監修・執筆　大法輪閣　1990.9　189p　34cm　34951円　①4-8046-9012-3

◇後法興院記　2　近衛政家著, 陽明文庫編　京都　思文閣出版　1990.9　518p　16×23cm　（陽明叢書 記録文書篇 第8輯）　〈複製〉　14420円　①4-7842-0616-7

◇続日本の絵巻　9　慕帰絵詞　小松茂美編集・解説　中央公論社　1990.9　127p　35cm　4369円　①4-12-402889-X

◇古文書の語る日本史　4　南北朝・室町　所理喜夫ほか編　永原慶二編　筑摩書房　1990.7　506, 14p　20cm　〈監修：児玉幸多〉　3300円　①4-480-35434-4

◇室町の王権—足利義満の王権簒奪計画　今谷明著　中央公論社　1990.7　222p　18cm　（中公新書 978）　563円　①4-12-100978-9

◇後法興院記　1　近衛政家著, 陽明文庫編　京都　思文閣出版　1990.4　538p　16×23cm　（陽明叢書 記録文書篇 第8輯）　〈複製〉　14420円　①4-7842-0592-6

◇新編日本合戦全集　3　応仁室町編　桑田忠親著　秋田書店　1990.3　262p　20cm　〈折り込図1枚〉　1700円　①4-253-00379-6

◇大衆文化の芽生え—文化を考えるシンポジウム　横井清ほか述　〔松山〕　愛媛県文化振興財団　1990.1　206p　19cm　〈発売：愛媛県教科図書〉　930円

◇古河公方足利氏の研究　佐藤博信著　校倉書房　1989.11　494p　22cm　（歴史科学叢書）　9991円　①4-7517-1980-7

◇足利時代史　田中義成著　講談社

1989.10　324p　15cm　（講談社学術文庫 341）〈第2刷(第1刷：1979年)〉 757円　①4-06-158341-7

◇室町時代の美術―特別展　東京国立博物館編　東京国立博物館　1989.10　382p　26cm　〈付(1枚) 会期：1989.10.10～11.19〉

◇大乗院寺社雑事記総索引　下巻　地名・件名篇　史料研究の会編　京都　臨川書店　1989.6　494p　22cm　7725円 ①4-653-01690-9

◇資料と図録による日本絵画史―室町・桃山・江戸篇　山口桂三郎編　ブレーン出版　1989.5　206p　22cm　3914円 ①4-89242-495-1

◇室町時代語の研究　鈴木博著　大阪　清文堂出版　1988.11　392p　22cm　10000円　①4-7924-1306-0

◇室町幕府守護職家事典　下巻　今谷明, 藤枝文忠編　新人物往来社　1988.11　543p　22cm　8800円

◇古河公方文書展―昭和六十三年度特別解説　埼玉県立文書館編　浦和　埼玉県立文書館　1988.10　56p　26cm　〈会期：10月29日～11月27日〉

◇畠山記集成　黒田俊雄編　羽曳野　羽曳野市　1988.10　260p　21cm　（羽曳野資料叢書 1）

◇豊前氏古文書―館蔵貴重資料展　神奈川県立文化資料館編　横浜　神奈川県立文化資料館　1988.10　20p　26cm　〈会期：昭和63年10月29日～11月20日〉

◇鎌倉・室町ことば百話　森野宗明著　東京美術　1988.9　199p　19cm　（東京美術選書 68）　1200円　①4-8087-0512-5

◇日本の絵巻　17　奈与竹物語絵巻・直幹申文絵詞　小松茂美編　中央公論社　1988.8　111p　35cm　3200円 ①4-12-402667-6

◇史料纂集　古記録編84　師郷記　第5　藤井貞文校訂, 小林花子校訂　続群書類従完成会　1988.4　276p　22cm　6200円

◇室町幕府守護職家事典　上巻　今谷明, 藤枝文忠編　新人物往来社　1988.4　527p　22cm　8800円　①4-404-01501-1

◇裏切りの研究―謀略のバランスシート　新井英生著　政界往来社　1988.3　244p　20cm　1300円　①4-915303-28-4

◇大乗院寺社雑事記総索引　上巻　人名篇　史料研究の会編　京都　臨川書店　1988.2　435p　22cm　7000円 ①4-653-01689-5

◇国文学年次別論文集中世　昭和61(1986)年 1　学術文献刊行会編　東久留米　朋文出版　1988.1　768p　18×25cm　9500円

◇武田信玄の世界―錦絵にみる戦国絵巻　〔甲府〕　山梨県立美術館　1988　56p　26cm　〈会期：昭和63年5月3日～6月5日〉

◇室町絵巻―残照の美　サントリー美術館　1988　95p　28cm　〈会期：昭和63年5月31日～7月10日〉

◇総合日本史―写真図説　第5巻　日本近代史研究会著　新版　名著編纂会　1987.6　291p　31cm

◇日本通史　2　封建制の再編と日本的社会の確立―近世　水林彪著　山川出版社　1987.5　476, 16p　23cm　3800円 ①4-634-30020-6

◇興国寺城文献資料集　沼津市教育委員会社会教育課編　沼津　沼津市教育委員会　1987.3　45p　26cm

◇老松堂日本行録―朝鮮使節の見た中世日本　宋希璟著, 村井章介校注　岩波書店　1987.3　312, 12p　15cm　（岩波文庫） 550円

◇蔭凉軒日録―室町禅林とその周辺　蔭木英雄著　そしえて　1987.2　296p　22cm　（日記・記録による日本歴史叢書 古代・中世編 別篇 1）　6000円 ①4-88169-724-2

◇史料纂集　古記録編 81　師郷記　第4　藤井貞文校訂, 小林花子校訂　続群書類従完成会　1987.2　265p　22cm　〈81.

師郷記 第4 藤井貞文, 小林花子校訂 図版〉 6200円

◇大日本古記録 建内記 1 自応永二十一年十二月至正長元年十二月 東京大学史料編纂所編纂 岩波書店 1987.1 282p 22cm 〈第二刷(第一刷:昭和38年)〉 4000円 Ⓘ4-00-009567-6

◇大日本古記録 建内記 2 自永享元年正月至永享十一年六月 東京大学史料編纂所編纂 岩波書店 1987.1 370p 22cm 〈第二刷(第一刷:昭和41年)〉 5000円 Ⓘ4-00-009568-4

◇大日本古記録 建内記 3 自永享十一年十月至嘉吉元年七月 東京大学史料編纂所編纂 岩波書店 1987.1 318p 22cm 〈第二刷(第一刷:昭和43年)〉 4400円 Ⓘ4-00-009569-2

◇大日本古記録 建内記 4 自嘉吉元年八月至嘉吉元年十一月 東京大学史料編纂所編纂 岩波書店 1987.1 274p 22cm 〈第二刷(第一刷:昭和45年)〉 3800円 Ⓘ4-00-009570-6

◇大日本古記録 建内記 5 自嘉吉元年十二月至嘉吉三年三月 東京大学史料編纂所編纂 岩波書店 1987.1 245p 22cm 〈第二刷(第一刷:昭和47年)〉 3500円 Ⓘ4-00-009571-4

◇大日本古記録 建内記 6 自嘉吉三年五月至文安元年三年 東京大学史料編纂所編纂 岩波書店 1987.1 282p 22cm 〈第二刷(第一刷:昭和49年)〉 4700円 Ⓘ4-00-009572-2

◇大日本古記録 建内記 7 自文安元年四月至文安四年閏二月 東京大学史料編纂所編纂 岩波書店 1987.1 299p 22cm 〈第二刷(第一刷:昭和51年)〉 5600円 Ⓘ4-00-009573-0

◇室町幕府文書集成 奉行人奉書篇 今谷明, 高橋康夫共編 京都 思文閣出版 1986.9 2冊 22cm 7000円, 8000円 Ⓘ4-7842-0436-9

◇海外視点・日本の歴史 7 大明国と倭寇 田中健夫編 ぎょうせい 1986.8 175p 27cm 〈監修:土田直鎮ほか 編集:日本アート・センター〉 2800円 Ⓘ4-324-00261-4

◇史料纂集 古記録編 77 師郷記 第3 藤井貞文校訂, 小林花子校訂 続群書類従完成会 1986.7 242p 22cm 〈77. 師郷記 第3 藤井貞文, 小林花子校訂 図版〉 5600円

◇日本の歴史 12~22(中世 2) 朝日新聞社 1986.6~9 11冊(合本1冊) 31cm (週刊朝日百科 540号~550号)

◇室町幕府引付史料集成 下巻 桑山浩然校訂 近藤出版社 1986.3 570, 33p 20cm (日本史料選書 26) 〈監修:竹内理三ほか〉 5700円

◇大日本古記録 建内記 10 東京大學史料編纂所編 岩波書店 1986.1 368p 22cm 〈巻末:解題, 勧修寺諸家略系, 万里小路時房略年譜 図版〉 11000円 Ⓘ4-00-009526-9

◇大日本古記録 〔第14〕 10 建内記 10 文安4年11月中~康正元年8月 東京大学史料編纂所編纂 万里小路時房著 岩波書店 1986.1 368p 22cm 11000円 Ⓘ4-00-009526-9

◇風俗画大成 3 目でみる足利時代 安田靫彦編 国書刊行会 1986.1 135p 27×37cm 〈復刻版 原版:中央美術社1929(昭和4) 3.目でみる足利時代 安田靫彦編 解説:岩橋小弥太〉 9800円

◇花鳥 忠岡町(大阪府) 正木美術館 1986 20p 26cm 〈第37回展観 期間:昭和61年9月11日~12月16日〉

◇明国と日本—外交・貿易・文化交流 大阪 大阪市立博物館 1986 76p 26cm (展覧会目録 第102号) 〈第105回特別展 会期:昭和61年10月1日~11月9日〉

◇一休の禅画—風狂と破壊の美 宗純画, 日貿出版社編纂 日貿出版社 1985.10 134p 31cm 〈執筆:芳賀幸四郎ほか 一休の肖像あり〉 8500円 Ⓘ4-8170-3504-8

◇室町幕府解体過程の研究 今谷明著 岩

波書店　1985.10　498, 12p　22cm　6000円　①4-00-002217-2

◇史料纂集　古記録編 73　師郷記　第2　藤井貞文校訂, 小林花子校訂　続群書類従完成会　1985.9　225p　22cm　〈73.師郷記 第2 藤井貞文, 小林花子校訂 筆跡：中原師世　図版(筆跡)〉　5500円

◇室町時代　脇田晴子著　中央公論社　1985.9　261p　18cm　(中公新書)　600円　①4-12-100776-X

◇室町時代の国語　柳田征司著　東京堂出版　1985.9　258p　20cm　(国語学叢書 5)　2200円

◇史料纂集　古記録編 17　経覚私要鈔　第5　高橋隆三校訂, 小泉宜右校訂　続群書類従完成会　1985.7　310p　22cm　〈17.経覚私要鈔 第5 高橋隆三, 小泉宜右校訂〉　6400円

◇続日本絵巻大成　4　慕帰絵詞　小松茂美編　中央公論社　1985.7　159p　36cm　〈編集：小松茂美 オールカラー版 4.慕帰絵詞 小松茂美編 巻末：参考文献 解説：小松茂美 執筆：小松茂美〔ほか4名〕　図版〉　28000円　①4-12-402294-8

◇東山水墨画の研究　渡辺一著　増補版　中央公論美術出版　1985.6　363p　31cm　〈初版：座右宝刊行会昭和23年刊 著者の肖像あり〉　14000円

◇中世武家儀礼の研究　二木謙一著　吉川弘文館　1985.5　483, 17p　22cm　8000円　①4-642-02532-4

◇室町時代語論攷　森田武著　三省堂　1985.5　425p　22cm　10000円　①4-385-34329-2

◇庶民の世紀―中世の技術革命　井塚政義著　六法出版社　1985.3　292p　19cm　〈朝日ソノラマ昭和56年刊の新装版〉　1200円　①4-89770-141-4

◇室町記　山崎正和著　講談社　1985.2　218p　15cm　(講談社文庫)　360円　①4-06-183448-7

◇史料纂集　師郷記 第1　自應永二十七年正月至永享四年十二月　藤井貞文校訂, 小林花子校訂　続群書類従完成会　1985.1　239p　22cm　〈1.自應永二十七年正月至永享四年十二月 藤井貞 文, 小林花子校訂 筆跡：中原師世　図版(筆跡)〉　5500円

◇大日本史料　第7編之19　稱光天皇　東京大學史料編纂所編　東京大学出版会　1985.1　10, 442p　22cm　〈復刻版 原版：1967(昭和42) 7-19：稱光天皇(應永20年12月～21年3月)付録：溪陰小築圖1枚(折込み)〉　5000円　①4-13-090319-5

◇大日本史料　第7編之20　稱光天皇　東京大學史料編纂所編　東京大学出版会　1985.1　17, 470p　22cm　〈復刻版 原版：1969(昭和44) 7-20.稱光天皇(應永21年4月～同年12月)〉　5000円　①4-13-090320-9

◇大日本史料　第7編之17　稱光天皇(應永19年8月～20年2月)　東京大學史料編纂所編　東京大学出版会　1984.12　17, 450p　22cm　〈復刻版 原版：1960(昭和35) 7-17.稱光天皇(應永19年8月～20年2月)付録：南溟昌運畫像, 南溟昌運自筆置文2枚(折込み)〉　5000円　①4-13-090317-9

◇大日本史料　第7編之18　稱光天皇(應永20年3月～同年12月)　東京大學史料編纂所編　東京大学出版会　1984.12　15, 462p　22cm　〈復刻版 原版：1962(昭和37) 7-18.稱光天皇(應永20年3月～同年12月)付録：日野重光自筆書状〔ほか4件〕5枚(折込み)〉　5000円　①4-13-090318-7

◇史料纂集―言國卿記　第7　明應十年正月至文龜元年十二月　飯倉晴武校訂　続群書類従完成会　1984.11　227p　22cm　〈7.明應十年正月至文龜元年十二月〉　5200円

◇室町時代語論考　鈴木博著　大阪　清文堂出版　1984.11　398p　22cm　9800円

◇日本史探訪　8　南北朝と室町文化　角川書店編　角川書店　1984.9　281p　15cm　(角川文庫)　420円

①4-04-153308-2

◇史料纂集―三箇院家抄　第2　小泉宜右校訂, 海老沢美基校訂　続群書類従完成会　1984.6　297p　22cm　〈復刻版 解題：海老沢美基〉　6600円

◇続日本絵巻大成　19　土蜘蛛草子　小松茂美編　中央公論社　1984.4　182p　36cm　〈編集：小松茂美 オールカラー版 19.土蜘蛛草紙;天句草紙;大江山絵詞 小松茂美編 巻末：参考文献 解説：小松茂美〔ほか〕〉　28000円　①4-12-402309-X

◇大日本史料　第7編之24　稱光天皇（應永22年雜載～23年7月）　東京大學史料編纂所編　東京大学出版会　1984.3　13, 421p　22cm　〈7- 24.稱光天皇（應永22年雜載～23年7月）〉　5800円　①4-13-090324-1

◇中世文学試論　木藤才蔵著　明治書院　1984.3　365p　22cm　5400円

◇続日本絵巻大成　20　芦引絵　小松茂美ほか編　中央公論社　1983.11　137p　36cm　〈編集：小松茂美 オールカラー版 20.芦引絵 小松茂美〔ほか〕編 巻末：参考文献 解説：小松茂美, 高崎富士彦〉　25000円　①4-12-402310-3

◇替佐城と小幡上総介　風間宣揚著　豊田村（長野県）　風間宣揚　1983.10　106p　22cm

◇室町時代語の表現　寿岳章子著　大阪　清文堂出版　1983.10　318p　22cm　7500円

◇室町水墨画・近世絵画―県内所蔵品を中心に 特別展　〔水戸〕　茨城県立歴史館　1983.10　1冊（頁付なし）　26cm　〈会期：昭和58年10月7日～11月13日〉

◇乱世の論理―日本的教養の研究室町・戦国篇　小和田哲男著　京都　PHP研究所　1983.10　186p　18cm　（21世紀図書館 26）〈日本人は動乱の時代をいかに生き抜いたか〉　500円　①4-569-21180-1

◇続日本絵巻大成　11　融通念仏縁起　小松茂美編, 神崎充晴編　中央公論社　1983.7　147p　36cm　〈編集：小松茂美 オールカラー版 11.融通念仏縁起 小松茂美, 神崎充晴編 巻末：参考文献 解説：小松茂美〉　25000円

◇弘法大師伝絵巻　梅津次郎編集　角川書店　1983.6　151, 61, 6p　35cm　〈執筆：陳舜臣ほか 限定版〉　35000円

◇続日本絵巻大成　16　松崎天神縁起　小松茂美編　小松茂美ほか執筆　中央公論社　1983.3　123p　36cm　22000円

◇大乗院寺社雑事記―ある門閥僧侶の没落の記録　鈴木良一著　そしえて　1983.3　305p　22cm　（日記・記録による日本歴史叢書 古代・中世編 18）　6000円　①4-88169-717-X

◇続日本絵巻大成　6　弘法大師行状絵詞 下　真鍋俊照著, 尾下多美子著　中央公論社　1983.1　131p　36cm　〈編集：小松茂美 オールカラー版 6.弘法大師行状絵詞 下 真鍋俊照, 尾下多美子編巻末：参考文献 解説：真鍋俊照〉　22000円

◇下剋上の文学　佐竹昭広著　筑摩書房　1982.12　264p　20cm　1400円

◇続史料大成　第20巻　碧山日録―長禄3年～応仁2年　竹内理三編　太極著　増補　京都　臨川書店　1982.12　241p　22cm　6500円　①4-653-00784-5

◇続日本絵巻大成　5　弘法大師行状絵詞 上　真鍋俊照編, 尾下多美子編　中央公論社　1982.11　127p　36cm　〈編集：小松茂美 オールカラー版 5.弘法大師行状絵詞 上 真鍋俊照, 尾下多美子編〉　22000円

◇玉塵抄を中心とした室町時代語の研究　出雲朝子著　桜楓社　1982.10　620p　22cm　〈限定版〉　28000円

◇大日本古記録―建内記　9　文安4年7月～11月　（上）　東京大學史料編纂所編　岩波書店　1982.10　255p　22cm　〈9. 文安4年7月～11月（上）　図版（筆跡）〉　6800円

◇大日本古記録　〔第14〕 9　建内記　9　文安4年7月～文安4年11月上　東京大学史料編纂所編纂　万里小路時房著　岩波

書店　1982.10　255p　22cm　6800円

◇続日本絵巻大成　13　桑実寺縁起・道成寺縁起　小松茂美編　小松茂美ほか執筆　中央公論社　1982.9　196p　36cm　22000円

◇室町争乱期の女性―日本女性の歴史　暁教育図書　1982.9　147p　27cm　（日本発見）〈関連年表：p134～135〉　1700円

◇中世・近世の文芸　慶応義塾大学国文学研究会編　桜楓社　1982.7　221p　22cm　（国文学論叢 新集 4）　3500円

◇日本史の舞台　5　室町絢爛の日々―室町時代前期　熱田公責任編集　集英社　1982.7　167p　27cm　〈監修：児玉幸多　編集：日本アート・センター〉　1800円

◇日本史の舞台　5　室町絢爛の日々―室町時代前期　熱田公ほか著　集英社　1982.7　167p　27cm　〈監修：児玉幸多　編集：日本アート・センター 5.室町絢爛の日々 室町時代前期 熱田公〔ほか〕著　巻末：歴史用語解説, 年表（1392～1493）図版〉　1800円

◇谷山茂著作集　1　幽玄　角川書店　1982.4　407p　22cm　5400円

◇史料綜覧　巻10　室町時代之4 天文6年～永禄11年.安土時代之1 永禄11年～元亀3年　東京大学史料編纂所編纂　東京大学出版会　1982.2　822p　22cm　〈昭和13年刊の複製〉　7000円

◇史料綜覧　巻7　南北朝時代之2 南朝文中2年・北朝応安6年～南朝元中9年・北朝明徳3年.室町時代之1 明徳3年～文安5年　東京大学史料編纂所編纂　東京大学出版会　1982.1　780p　22cm　〈昭和7年刊の複製〉　7000円

◇史料綜覧　巻8　室町時代之2 宝徳元年～明応2年　東京大学史料編纂所編纂　東京大学出版会　1982.1　709p　22cm　〈昭和8年刊の複製〉　7000円

◇史料綜覧　巻9　室町時代之3 明応3年～天文5年　東京大学史料編纂所編纂　東京大学出版会　1982.1　775p　22cm　〈昭和11年刊の複製〉　7000円

◇庶民の世紀―中世の技術革命　井塚政義著　朝日ソノラマ　1981.11　292p　19cm　1200円　①4-257-03153-0

◇資料と図録による日本絵画史―室町・桃山・江戸篇　山口桂三郎編　大学教育社　1981.9　207p　22cm　〈発売：桜楓社〉　3500円

◇続抄物資料集成　第9巻　日本書紀兼倶抄.日本書紀桃源抄　大塚光信編　大阪　清文堂出版　1981.7　636p　22cm　〈京都大学附属図書館, 京都大学文学部蔵本の複製〉　12000円

◇続抄物資料集成　第3巻　杜詩続翠抄　3　大塚光信編　大阪　清文堂出版　1981.4　486p　22cm　〈両足院蔵本の複製〉　12000円

◇新修日本絵巻物全集　別巻 2　島田修二郎編　角川書店　1981.2　64, 89, 20p　37cm　〈監修：田中一松 別巻 2.在外篇　巻末：研究文献目録〉　20000円

◇続抄物資料集成　第7巻　荘子抄　大塚光信編　大阪　清文堂出版　1981.2　716p　22cm　〈複製〉　12000円

◇室町時代言語の研究―抄物の語法　湯沢幸吉郎著　風間書房　1981.2　387p　22cm　〈昭和30年刊の複製〉　6000円　①4-7599-0104-3

◇小林コレクション展―室町水墨画を中心として　根津美術館編　根津美術館　1981　80, 5p　26cm　〈受贈記念 会期：昭和56年10月10日～11月3日〉

◇新修日本絵巻物全集　別巻 1　島田修二郎編　角川書店　1980.11　60, 13p　37cm　〈監修：田中一松 別巻 1.在外篇　巻末：研究文献目録〉　20000円

◇校注加沢記　加沢平次左衛門原著, 萩原進著　国書刊行会　1980.10　196p　22cm　（萩原進著作選集）〈『群馬県史料集』第3巻（昭和41年刊）の抜萃複製〉　2600円

◇続抄物資料集成　第2巻　杜詩続翠抄　2　大塚光信編　大阪　清文堂出版

1980.10 616p 22cm 〈両足院蔵本の複製〉 12000円

◇続抄物資料集成 第5巻 古文真宝桂林抄.古文真宝彦龍抄 大塚光信編 大阪 清文堂出版 1980.8 556p 22cm 〈京都大学附属図書館, 叡山文庫蔵本の複製〉 12000円

◇室町殿物語 2 楢村長教著, 笹川祥生校注 平凡社 1980.8 313, 10p 18cm （東洋文庫 384） 1700円

◇室町幕府引付史料集成 上巻 桑山浩然校訂 近藤出版社 1980.8 564p 20cm （日本史料選書 20）〈監修：竹内理三ほか〉 5300円

◇続抄物資料集成 第1巻 杜詩続翠抄 1 大塚光信編 大阪 清文堂出版 1980.6 536p 22cm 〈国立国会図書館, 両足院蔵本の複製〉 12000円

◇室町殿物語 1 楢村長教著, 笹川祥生校注 平凡社 1980.6 378p 18cm （東洋文庫 380） 1800円

◇続抄物資料集成 第4巻 漢書抄 大塚光信編 大阪 清文堂出版 1980.5 572p 22cm 〈京都大学附属図書館蔵本の複製〉 12000円

◇続抄物資料集成 第6巻 山谷抄 大塚光信編 大阪 清文堂出版 1980.4 832p 22cm 〈両足院蔵本の複製〉 12000円

◇足利一門守護発展史の研究 小川信著 吉川弘文館 1980.2 770, 40p 22cm 8700円

◇室町殿日記―京都大学蔵 楢村長教撰, 笹川祥生校注, 京都大学文学部国語学国文学研究室編 京都 臨川書店 1980.2 2冊 20cm （京都大学国語国文資料叢書 16, 17） 全12000円

◇図説日本文化の歴史 6 南北朝・室町 熱田公ほか編集 小学館 1980.1 251p 28cm 3500円

◇続抄物資料集成 第8巻 百丈清規抄 大塚光信編 大阪 清文堂出版 1980.1 661p 22cm 〈両足院蔵本の複製〉 12000円

◇看聞御記―「王者」と「衆庶」のはざまにて 横井清著 そしえて 1979.12 349p 22cm （日記・記録による日本歴史叢書 古代・中世編 16） 4500円

◇足利時代史 田中義成著 講談社 1979.4 234p 15cm （講談社学術文庫） 400円

◇日本美術史論究 5 室町 源豊宗著 京都 思文閣出版 1979.4 537p 23cm （源豊宗著作集） 6500円

◇日本絵巻大成 25 能恵法師絵詞・福富草紙・百鬼夜行絵巻 小松茂美編 小松茂美ほか執筆 中央公論社 1979.3 154p 35cm 9800円

◇続史料大成 第11巻 親元日記 2 寛正6年10月～文明15年6月 竹内理三編 蜷川親元著 増補 京都 臨川書店 1978.12 376p 22cm 〈複製〉 4250円

◇続史料大成 第12巻 親元日記 3 文明17年・政所内評定記録・政所賦銘引付 竹内理三編 増補 京都 臨川書店 1978.12 408p 22cm 〈それぞれの複製〉 4250円

◇続史料大成 第14巻 親俊日記 2 天文11年～天文21年 竹内理三編 蜷川親俊著 増補 京都 臨川書店 1978.12 368p 22cm 〈それぞれの複製〉 4250円

◇続史料大成 第15巻 大館常興日記 1 天文7年9月～天文9年4月 竹内理三編 増補 京都 臨川書店 1978.12 303p 22cm 〈複製〉 3500円

◇続史料大成 第16巻 大館常興日記 2 天文9年5月～天文10年12月 竹内理三編 増補 京都 臨川書店 1978.12 282p 22cm 〈複製〉 3500円

◇続史料大成 第17巻 大館常興日記 3 天文11年2月～天文11年9月 紙背文書 竹内理三編 増補 京都 臨川書店 1978.12 228p 22cm 〈複製〉 3500円

◇日本女性の歴史 6 室町争乱期の女性 暁教育図書 1978.12 146p 28cm

〈付：関連年表〉 2000円

◇續史料大成 第43巻 八坂神社記録 1 竹内理三編 八坂神社社務所編 増補 京都 臨川書店 1978.10（5刷：1999.10） 393p 22cm 〈八坂神社社務所昭和17年刊の複製 折り込1枚〉 ①4-653-00492-7, 4-653-00491-9

◇續史料大成 第44巻 八坂神社記録 2 竹内理三編 八坂神社社務所編 増補 京都 臨川書店 1978.10（5刷：1999.10） 461p 図版10枚 22cm 〈八坂神社社務所昭和17年刊の複製〉 ①4-653-00493-5, 4-653-00491-9

◇續史料大成 第45巻 八坂神社記録 3 竹内理三編 八坂神社社務所編 増補 京都 臨川書店 1978.10（5刷：1999.10） 600p 22cm 〈八坂神社社務所昭和36年刊の複製〉 ①4-653-00494-3, 4-653-00491-9

◇續史料大成 第46巻 八坂神社記録 4 竹内理三編 八坂神社社務所編 増補 京都 臨川書店 1978.10（5刷：1999.10） 596, 2p 22cm 〈八坂神社社務所昭和36年刊の複製〉 ①4-653-00495-1, 4-653-00491-9

◇続史料大成 第22巻 蔭涼軒日録 2 寛正6年正月～文明19年9月 竹内理三編 季瓊真蘂著 増補 京都 臨川書店 1978.9 580p 22cm 〈史籍刊行会1954年刊の複製〉 5400円

◇続史料大成 第23巻 蔭涼軒日録 3 長享元年10月～延徳元年12月 竹内理三編 季瓊真蘂著 増補 京都 臨川書店 1978.9 560p 22cm 〈史籍刊行会1954年刊の複製〉 5400円

◇続史料大成 第24巻 蔭涼軒日録 4 延徳2年正月～延徳3年12月 竹内理三編 季瓊真蘂著 増補 京都 臨川書店 1978.9 540p 22cm 〈史籍刊行会1954年刊の複製〉 5400円

◇続史料大成 第25巻 蔭涼軒日録 5 延徳4年正月～明応2年9月 竹内理三編 季瓊真蘂著 増補 京都 臨川書店 1978.9 419, 7p 22cm 〈史籍刊行会1954年刊の複製〉 5400円

◇続史料大成 第5巻 後法興院記 1 文正元年～文明15年 竹内理三編 近衛政家著 増補 京都 臨川書店 1978.8 412p 22cm 〈昭和5年刊の複製〉 4500円

◇続史料大成 第6巻 後法興院記 2 文明16年～延徳3年 竹内理三編 近衛政家著 増補 京都 臨川書店 1978.8 421p 22cm 〈昭和5年刊の複製〉 4500円

◇続史料大成 第7巻 後法興院記 3 明応元年～明応8年 竹内理三編 近衛政家著 増補 京都 臨川書店 1978.8 431p 22cm 〈昭和5年刊の複製〉 4500円

◇続史料大成 第8巻 後法興院記 4 明応9年～永正2年 竹内理三編 近衛政家著 増補 京都 臨川書店 1978.8 352p 22cm 〈複製〉 4500円

◇日本絵巻大成 20 なよ竹物語絵巻・直幹申文絵詞 小松茂美編 小松茂美, 久保田淳執筆 中央公論社 1978.8 141p 35cm 9800円

◇続史料大成 第34巻 大乗院寺社雑事記 9 文明18年11月～延徳2年12月 竹内理三編 尋尊著 増補 京都 臨川書店 1978.7 502p 22cm 〈辻善之助編 三教書院昭和9年刊の複製〉 5500円

◇続史料大成 第35巻 大乗院寺社雑事記 10 延徳3年正月～明応4年12月 竹内理三編 尋尊著 増補 京都 臨川書店 1978.7 490p 22cm 〈辻善之助編 三教書院昭和10年刊の複製〉 5500円

◇続史料大成 第36巻 大乗院寺社雑事記 11 明応5年正月～永正元年4月 竹内理三編 尋尊著 増補 京都 臨川書店 1978.7 502p 22cm 〈辻善之助編 三教書院昭和11年刊の複製〉 5500円

◇続史料大成 第37巻 大乗院寺社雑事記 12（永正元年5月～永正5年正月）補遺・日記目録 竹内理三編 尋尊著 増補 京都 臨川書店 1978.7 496, 2p

22cm 〈辻善之助編 三教書院昭和12年刊の複製〉 5500円

◇日本史 3 中世 2 三浦圭一編 有斐閣 1978.7 235, 4p 18cm （有斐閣新書） 560円

◇続史料大成 第30巻 大乗院寺社雑事記 5 文明2年10月～文明6年6月 竹内理三編 尋尊著 増補 京都 臨川書店 1978.6 492p 22cm 〈辻善之助編 三教書院昭和8年刊の複製〉 5500円

◇続史料大成 第31巻 大乗院寺社雑事記 6 文明6年7月～文明11年3月 竹内理三編 尋尊著 増補 京都 臨川書店 1978.6 517p 22cm 〈辻善之助編 三教書院昭和8年刊の複製〉 5500円

◇続史料大成 第32巻 大乗院寺社雑事記 7 文明11年4月～文明15年3月 竹内理三編 尋尊著 増補 京都 臨川書店 1978.6 510p 22cm 〈辻善之助編 三教書院昭和8年刊の複製〉 5500円

◇続史料大成 第33巻 大乗院寺社雑事記 8 文明15年4月～文明18年10月 竹内理三編 尋尊著 増補 京都 臨川書店 1978.6 506p 22cm 〈辻善之助編 三教書院昭和9年刊の複製〉 5500円

◇続史料大成 第26巻 大乗院寺社雑事記 1 宝徳2年正月～長禄2年11月 竹内理三編 尋尊著 増補 京都 臨川書店 1978.4 531p 22cm 〈辻善之助編 潮書房昭和6年刊の複製〉 5500円

◇続史料大成 第27巻 大乗院寺社雑事記 2 長禄2年12月～寛正2年7月 竹内理三編 尋尊著 増補 京都 臨川書店 1978.4 502p 22cm 〈辻善之助編 三教書院昭和6年刊の複製〉 5500円

◇続史料大成 第29巻 大乗院寺社雑事記 4 寛正6年10月～文明2年9月 竹内理三編 尋尊著 増補 京都 臨川書店 1978.4 497p 22cm 〈辻善之助編 三教書院昭和7年刊の複製〉 5500円

◇芸侯三家誌・吉田物語 国史研究会編 下関 防長史料出版社 1978.3 408, 376, 307p 19cm 〈『国史叢書』（国史研究会大正7年刊）の複製 限定版〉 10000円

◇大日本古記録 〔第14〕 8 建内記 8 文安4年3月～文安4年6月 東京大学史料編纂所編纂 万里小路時房著 岩波書店 1978.2 212p 22cm 5000円

◇姉小路式・歌道秘蔵録・春樹顕秘抄・春樹顕秘増抄 有賀長伯著 勉誠社 1977.12 272p 21cm （勉誠社文庫 24） 〈解説：根来司 国立国会図書館蔵本の複製〉 2000円

◇狂言台本の国語学的研究 蜂谷清人著 笠間書院 1977.12 377p 22cm （笠間叢書 86） 8000円

◇日本の歴史 3 封建社会の確立.封建社会の動揺 家永三郎編 ほるぷ出版 1977.12 213p 28cm （ほるぷ教育大系）

◇江湖風月集抄 駿河御譲本 逢左文庫蔵 中田祝夫編 勉誠社 1977.10 476p 22cm （抄物大系） 〈解説：西田絢子 複製〉 9000円

◇三体詩素隠抄 中田祝夫編 勉誠社 1977.9 2冊 22cm （抄物大系） 〈国立国会図書館所蔵本の複製〉 全20000円

◇足利高基・晴氏文書集―古河公方三代・四代 佐藤博信編著 茅ケ崎 後北条氏研究会 1977.8 97p 図 21cm （「研究史料」外篇 第4輯） 〈限定版〉 非売品

◇中華若木詩抄 如月寿印著, 中田祝夫編・解説 勉誠社 1977.7 314, 57p 21cm （勉誠社文庫 20） 〈国立国会図書館所蔵本の複製 付：抄物研究図書論文目録（中田祝夫, 今村千草）〉 2500円

◇三体詩幻雲抄 幻雲編 勉誠社 1977.6 648p 22cm （抄物大系） 〈奥付の書名：増注唐賢絶句三体詩法幻雲抄 内閣文庫蔵天文5年写体の複製〉 12000円

◇文化財講座日本の美術 2 絵画（鎌倉－室町） 岡田譲等編集 源豊宗等執筆 第一法規出版 1977.6 251p 図 22cm 〈監修：文化庁〉 1900円

◇語学資料としての中華若木詩抄(校本) 亀井孝編 大阪 清文堂出版 1977.3 529p 22cm 9800円

◇抄物資料集成 第7巻 解説索引篇 岡見正雄, 大塚光信編 大阪 清文堂出版 1976.12 546p 27cm

◇抄物資料集成 別巻 索引篇 岡見正雄, 大塚光信編 大阪 清文堂出版 1976.12 542p 27cm

◇報恩録 駒沢大学文学部国文学研究室編 汲古書院 1976.12 213p 25cm (禅門抄物叢刊 第17) 〈駒沢大学附属図書館所蔵文明6年写本の複製〉 3000円

◇東山御物—「雑華室印」に関する新史料を中心に 根津美術館, 徳川美術館編 根津美術館 1976.10 213p 21×22cm

◇新修日本絵巻物全集 月報—5, 別巻1 角川書店 1976.3 1冊 21cm 〈別巻の号数表示は本体の巻次〉

◇足利成氏文書集—古河公方初代 佐藤博信編著 茅ケ崎 後北条氏研究会 1976 91p 図 21cm (「研究史料」外篇 第3輯) 1500円

◇大日本古記録 〔14〕 7 建内記 7 東京大学史料編纂所編纂 万里小路時房著 岩波書店 1976 299p 図 22cm 5400円

◇鉄外和尚代抄・鉄外和尚再吟 呑鷟著, 駒沢大学文学部国文学研究室編 汲古書院 1976 384p 25cm (禅門抄物叢刊 第14, 15) 〈駒沢大学附属図書館収蔵本の複製〉 5500円

◇洞門抄物と国語研究 金田弘著 桜楓社 1976 7冊(資料篇6冊共) 22-27cm 〈資料篇:西福寺蔵碧巌録抄上, 西福寺蔵碧巌録抄下, 長興寺蔵碧巌代語上下・瑞巌寺蔵貫之梵鶴和尚代語抄, 大輪寺蔵報恩録, 吉川康雄氏蔵無門関抄, 補陀寺蔵円相門参・長興寺蔵上々之参得・長年寺蔵門参(六種)・大中寺蔵本参〉 全50000円

◇扶桑再吟 大暾著, 駒沢大学文学部国文学研究室編 汲古書院 1976 341p 25cm (禅門抄物叢刊 第13) 〈駒沢大学附属図書館蔵承応3年刊本の複製〉 5000円

◇室町記 山崎正和著 朝日新聞社 1976 252p 19cm (朝日選書 62) 620円

◇室町時代—その社会と文化 豊田武, ジョン・ホール編 吉川弘文館 1976 429p 図 20cm 1800円

◇足利将軍列伝 桑田忠親編 秋田書店 1975 382p 20cm 1700円

◇参考伊乱記——一名伊陽平定志 菊岡行宣原著, 入交省斎纂修, 沖森直三郎編 上野 沖森文庫 1975 312p 図 地図 22cm 〈安政4年刊の複製〉

◇詩学大成抄の国語学的研究 柳田征司著 大阪 清文堂出版 1975 3冊(影印篇上、下2冊共) 22cm 全24000円

◇日本の歴史 13 室町幕府 佐々木銀弥著 小学館 1975 390p(図・肖像共) 地図 20cm 790円

◇日本の歴史文庫 8 南北朝と室町 村田正志著 講談社 1975 413p 図 15cm 〈編集委員:坂本太郎等〉 380円

◇人天眼目抄 宗熙著, 中田祝夫, 外山映次編著 勉誠社 1975 720, 172, 88p 22cm (抄物大系) 〈東京大学史料編纂所蔵本, 足利学校遺蹟図書館蔵本の複製〉 13000円

◇論集日本歴史 5 室町政権 小川信編 有精堂出版 1975 380p 22cm 〈監修:豊田武, 児玉幸多, 大久保利謙〉 2800円

◇足利義氏文書集—古河公方五代 茅ケ崎 後北条氏研究会 1974 95p 図 21cm (「研究史料」外篇 第2輯) 〈編著者:佐藤博信〉 1200円

◇大内氏の興亡—西海の守護大名 古川薫著 大阪 創元社 1974 184p 18cm 480円

◇重要文化財 第10巻 絵画 4 水墨画—室町水墨画・宋元画他 編集:毎日新聞社「重要文化財」委員会事務局 毎日新聞社 1974 132, 5p(おもに図) 36cm

〈監修：文化庁〉 4300円

◇人物日本の歴史 8 将軍の京都 小学館 1974 275p(図共) 22cm 〈編集：日本アート・センター〉 1250円

◇大日本古記録 〔14〕6 建内記 6 東京大学史料編纂所編纂 万里小路時房著 岩波書店 1974 282p 図 22cm 4500円

◇室町記 山崎正和著 朝日新聞社 1974 250p 図 20cm 〈『週刊朝日』のグラヴィア頁に昭和48年1月から12月まで52回にわたって連載されたもの〉 980円

◇足利政氏文書集―古河公方二代 茅ケ崎 後北条氏研究会 1973 62p 図 21cm (「研究史料」外篇 第1輯) 〈解説：佐藤博信〉 900円

◇史料纂集 〔第12〕 元長卿記 甘露寺元長著, 芳賀幸四郎校訂 続群書類従完成会 1973 366p 図 22cm 4000円

◇史料纂集 〔第11〕第1 兼宣公記 第1 広橋兼宣著, 村田正志校訂 続群書類従完成会 1973 328p 図 22cm 3500円

◇土岐の鷹 岐阜 岐阜市教育委員会 1973 54p(おもに図) 24cm

◇日本合戦全集 3 応仁室町編 桑田忠親著 秋田書店 1973 282p 図 20cm 950円

◇日本語法史 室町時代編 岩井良雄著 笠間書院 1973 316p 22cm (笠間叢書 36) 3500円

◇アジア仏教史 日本編 6 室町仏教―戦国乱世と仏教 佼成出版社 1972 362, 15p 図 22cm 〈監修・編集：中村元, 笠原一男, 金岡秀友〉 2000円

◇鎌倉公方九代記・鎌倉九代後記 黒川真道編 流山 崙書房 1972 504p 20cm (国史叢書) 〈「鎌倉公方九代記」の別書名：鎌倉管領九代記 国史研究会大正3年刊の複製 限定版〉 3500円

◇抄物資料集成 第4巻 四河入海 3 巻14の1－巻19の4 岡見正雄, 大塚光信編 笑雲清三述 大阪 清文堂出版 1972 749p 27cm 〈底本：宮内庁書陵部蔵本〉

◇史料纂集 〔第8〕 十輪院内府記 中院通秀著, 奥野高広, 片山勝校訂 続群書類従完成会 1972 314p 図 22cm 3500円

◇大日本古記録 〔14〕5 建内記 5 東京大学史料編纂所編纂 万里小路時房著 岩波書店 1972 245p 図 22cm 2500円

◇論語聞書 清原業忠講述, 天隠竜沢記 武蔵野書院 1972 78p 21cm 〈国立国会図書館蔵本の複製 近代語学会編『近代語研究』第3集の抜刷 解題：坂詰力治〉

◇関東中心足利時代之研究 渡辺世祐著 新人物往来社 1971 455p 22cm 3800円

◇玉塵抄 3 妙安著, 中田祝夫編 勉誠社 1971 840p 22cm (抄物大系 別巻) 〈国立国会図書館蔵本の複製〉 9500円

◇玉塵抄 4 妙安著, 中田祝夫編 勉誠社 1971 724p 22cm (抄物大系 別巻) 〈国立国会図書館蔵本の複製〉 9500円

◇玉塵抄 5 妙安著, 中田祝夫編 勉誠社 1971 782p 22cm (抄物大系 別巻) 〈国立国会図書館蔵本の複製〉 9500円

◇玉塵抄 6 妙安著, 中田祝夫編 勉誠社 1971 829p 22cm (抄物大系 別巻) 〈国立国会図書館蔵本の複製〉 9500円

◇玉塵抄 7 妙安著, 中田祝夫編 勉誠社 1971 704p 22cm (抄物大系 別巻) 〈国立国会図書館蔵本の複製〉 9500円

◇玉塵抄 8 妙安著, 中田祝夫編 勉誠社 1971 700p 22cm (抄物大系 別巻) 〈国立国会図書館蔵本の複製〉 9500円

◇玉塵抄 9 妙安著, 中田祝夫編 勉誠社 1971 692p 22cm (抄物大系 別巻) 〈国立国会図書館蔵本の複製〉 9500円

◇古河公方文書目録稿 佐藤博信著 〔茅ケ崎〕 佐藤博信 1971 84p 19×26cm 〈謄写版〉

◇抄物資料集成 第1巻 史記抄 岡見正

雄, 大塚光信編　桃源瑞仙著　大阪　清文堂出版　1971　646p　27cm　〈底本：内閣文庫本, 京都大学清家文庫本〉

◇抄物資料集成　第2巻　四河入海　1 巻1の1－巻6の4　岡見正雄, 大塚光信編　笑雲清三述　大阪　清文堂出版　1971　740p　27cm　〈底本：宮内庁書陵部蔵本, 土井忠生蔵本〉

◇抄物資料集成　第3巻　四河入海　2 巻7の1－巻13の4　岡見正雄, 大塚光信編　笑雲清三述　大阪　清文堂出版　1971　803p　27cm　〈底本：宮内庁書陵部蔵本〉

◇抄物資料集成　第5巻　四河入海　4 巻20の1－巻25の4　岡見正雄, 大塚光信編　笑雲清三述　大阪　清文堂出版　1971　747p　27cm　〈底本：宮内庁書陵部蔵本〉

◇抄物資料集成　第6巻　毛詩抄―底本：宮内庁書陵部蔵本　岡見正雄, 大塚光信編　船橋宣賢著　大阪　清文堂出版　1971　655p　27cm

◇燈前夜話　徳昌著, 中田祝夫編　勉誠社　1971　1冊　22cm　(抄物大系)　〈黄継善著『史学提要』(三巻)を徳昌が講述したもの 東京教育大学附属図書館所蔵 天文23年古写本の複製 解説：今村千草〉　8000円

◇晴富宿禰記　壬生晴富著, 宮内庁書陵部編　明治書院　1971　240p 図　22cm　(図書寮叢刊)　3000円

◇蒙求抄　中田祝夫編　勉誠社　1971　1034, 9p　22cm　(抄物大系)　〈国立国会図書館所蔵寛永15年整版本の複製 解説：金田弘〉　6500円

◇毛詩抄　清原宣賢講述, 中田祝夫編　勉誠社　1971-1972　2冊　22cm　(抄物大系)　〈古活字版 毛詩抄(20巻・13冊) 東京教育大学附属図書館蔵本の複製 解説：外山映次〉　各5600円

◇玉塵抄　1　妙安著, 中田祝夫編　勉誠社　1970　710p　22cm　(抄物大系 別巻)　〈国立国会図書館蔵本の複製〉　9500円

◇玉塵抄　2　妙安著, 中田祝夫編　勉誠社　1970　729p　22cm　(抄物大系 別巻)　〈国立国会図書館蔵本の複製〉　9500円

◇大日本古記録　〔14〕4　建内記　4　東京大学史料編纂所編　万里小路時房著　岩波書店　1970　274p 図版　22cm　2200円

◇われら日本原住民―日本意外史　八切止夫著　新人物往来社　1970　246p　19cm　550円

◇安土桃山時代文学史　荒木良雄著　角川書店　1969　543p 図版　22cm　3000円

◇日本美術全史　第3　鎌倉・室町時代　今泉篤男等編　美術出版社　1969　262p(図版共)　21cm　950円

◇乱世京都　上　明田鉄男著　京都　白川書院　1969　390p 図版　19cm　(京都市民史シリーズ)　〈『読売新聞』京都版に連載されたもの〉　500円

◇乱世京都　下　明田鉄男著　京都　白川書院　1969　370p 図版　19cm　(京都市民史シリーズ)　〈『読売新聞』京都版に連載されたもの〉　550円

◇室町時代美術展図録　〔京都〕　京都国立博物館　1968　図版60枚 解説76p　26cm　2000円

◇續史料大成　第11巻　親元日記　2(寛正6年10月―文明15年6月)　竹内理三編　蜷川親元著　増補　京都　臨川書店　1967.8(第4刷：1994.5)　376p　22cm　〈複製〉　①4-653-00460-9, 4-653-02734-X

◇續史料大成　第12巻　親元日記 3(文明17年・政所内評定記録・政所賦銘引付)　親元日記 4(文明9年春夏)　竹内理三編　蜷川親元著, 蜷川親元著　増補　京都　臨川書店　1967.8(第4刷：1994.5)　408p　22cm　〈複製〉　①4-653-00461-7, 4-653-02734-X

◇續史料大成　第13巻　親孝日記　親俊日記 1(天文7年正月―天文8年12月)　竹内理三編　蜷川親孝著, 蜷川親俊著　増補　京都　臨川書店　1967.3(第3刷：

1994.5） 336p 22cm 〈複製〉 ①4-653-00462-5, 4-653-02735-8

◇續史料大成 第14巻 親俊日記 2（天文11年—天文21年） 結番日記 伺事記録 竹内理三編 蜷川親俊著, 飯尾宗勝著 増補 京都 臨川書店 1967.3（第3刷：1994.5） 368p 22cm 〈複製〉 ①4-653-00463-3, 4-653-02735-8

◇續史料大成 第15巻 大館常興日記 1 竹内理三編 大館常興著 増補 京都 臨川書店 1967.3（第5刷：1994.6） 303p 22cm 〈複製〉 ①4-653-00455-2, 4-653-02736-6

◇續史料大成 第16巻 大館常興日記 2 竹内理三編 大館常興著 増補 京都 臨川書店 1967.3（第5刷：1994.6） 282p 22cm 〈複製〉 ①4-653-00456-0, 4-653-02736-6

◇續史料大成 第17巻 大館常興日記 3 竹内理三編 大館常興著 増補 京都 臨川書店 1967.3（第5刷：1994.6） 228p 22cm 〈複製〉 ①4-653-00457-9, 4-653-02736-6

◇下剋上の文学 佐竹昭広著 筑摩書房 1967 263p 図版 20cm

◇實隆公記 巻9 三條西実隆著, 高橋隆三編 続群書類従完成会 1967 326p 図版 22cm

◇続 史料大成 第13 親孝日記〔ほか〕 竹内理三編 蜷川親孝 京都 臨川書店 1967 22cm

◇東山時代に於ける一縉紳の生活 原勝郎著 筑摩書房 1967 228p 19cm （筑摩叢書 92） 520円

◇人物日本の歴史 第5 内乱の時代〔ほか〕 豊田武編 読売新聞社 1966 320p 19cm

◇図説 日本文化史大系 第7 室町時代 図説日本文化史大系編集事務局編 赤松俊秀等著, 森末義彰, 菊地勇次郎編 改訂新版 小学館 1966 451p（おもに図版） 27cm

◇図説日本文化史大系 第7 室町時代 図説日本文化史大系編集事務局編 赤松俊秀等著, 森末義彰, 菊地勇次郎編 改訂新版 小学館 1966 451p（おもに図版） 27cm 1800円

◇日本繪巻物全集 第20巻 善信聖人繪・慕歸繪 角川書店編集部編 角川書店 1966 はり込み原色図版7枚 図版104p 解説96, 11p 38cm 〈解説 善信聖人繪・慕歸繪の成立とその事情（宮崎圓遵） 他6篇〉

◇日本文化史 第4 室町時代 林屋辰三郎編 筑摩書房 1966 252p（おもに図版）はり込 36cm

◇實隆公記 巻13 三條西実隆著, 高橋隆三編纂ならびに校訂 続群書類従完成会 1963 430p 図版 22cm

◇實隆公記 巻12 三條西実隆著, 高橋隆三編纂ならびに校訂 続群書類従完成会 1962 427p 図版 22cm

◇實隆公記 巻6 下 三條西実隆著, 高橋隆三編纂ならびに校訂 続群書類従完成会 1962 338p 図版 22cm

◇政基公旅引付 九条政基著, 宮内庁書陵部編 天理 養徳社 1962 254p 図版 22cm （図書寮叢刊） 〈原題は「旅引付」〉

◇鹿苑日録 索引 辻善之助編 続群書類従完成会 1962 518p 22cm

◇實隆公記 巻4上 三條西実隆著, 高橋隆三編纂ならびに校訂 2版 続群書類従完成会 1961 401p 22cm 〈初版 昭和10年刊〉

◇実隆公記 巻6 上 三條西実隆著, 高橋隆三編纂ならびに校訂 続群書類従完成会 1961 312p 図版 23cm

◇特別陳列 室町時代書画 京都国立博物館編 〔京都〕 〔出版者不明〕 1961 〔24p〕 26cm 〈昭和36年4月27日－5月28日〉

◇鹿苑日録 第4巻 辻善之助編 続群書類従完成会 1961 410p 22cm 〈辻善之助等校訂〉

◇鹿苑日録　第5巻　辻善之助編　続群書類従完成会　1961　373p　22cm

◇鹿苑日録　第6巻　辻善之助編　続群書類従完成会　1961　394p　22cm

◇鹿苑日録　第1-3巻　辻善之助編　続群書類従完成会　1961　3冊　22cm〈辻善之助等校訂〉

◇講座 日本風俗史　第7巻　室町時代の風俗〔ほか〕　雄山閣出版株式会社講座日本風俗史編集部編　林屋辰三郎, 村井康彦　雄山閣出版　1959　334p 図版　22cm

◇實隆公記　巻10-11　三條西実隆著, 高橋隆三編纂ならびに校訂　続群書類従完成会太洋社　1959　2冊　22cm

◇實隆公記　巻8　三條西実隆著, 高橋隆三編纂ならびに校訂　続群書類従完成会太洋社　1958　474p 図版　23cm

◇實隆公記　巻1-3　三條西実隆著, 高橋隆三編纂ならびに校訂　2版　続群書類従完成会太洋社　1958-60　6冊　22cm〈初版 昭和6-8年刊〉

◇室町時代言語の研究―抄物の語法　湯沢幸吉郎著　風間書房　1955　387p 図版　22cm〈昭和4年大岡山書店刊「室町時代の言語研究」の複印〉

◇新訂 室町文学史　吉沢義則著　東京堂　1952　346p 図版　22cm（日本文学全史 巻6）

◇趣味の日本史談　巻6　南北朝時代と室町時代の前編　北垣恭次郎著　明治図書出版株式会社　1951-56　19cm

◇日本美術史図版　第4輯　鎌倉・室町時代　文化史学会編　奈良　美術史資料刊行会　1951　22cm

◇冥明抄　後奈良天皇著　宮内庁書陵部 京都 便利堂(印刷)　1951　1軸　29cm〈書名は外題による 見返し書名：後奈良院宸記 巻子本 箱入 宮内庁書陵部蔵本の影印 付(1冊 18cm)：〔メイ〕明抄解題およ び釈文〉

◇東山水墨画の研究　渡辺一著　座右宝刊行会　1948　356p 図版　22cm

◇室町時代史　渡辺世祐著　創元社　1948　488p　21cm

◇室町文化夜話　森末義彰著　京都　大化書房　1947　262p 図版　19cm

室町幕府　むろまちばくふ

足利尊氏が京都に開いた武家政権。その名は3代将軍足利義満が造営した室町殿(花の御所)に由来し、足利幕府とも呼ばれる。延元元/建武3年(1336年)に成立、南北朝時代を経て元中9/明徳3年(1392年)の両朝合一で統一政権となった。初期は初代将軍尊氏とその弟直義の二頭政治が行われ、関東公方、奥州探題、羽州探題、九州探題が置かれた。地方では守護が反済、守護請、段銭の賦課等を通じて荘園を侵略して領主化し、守護大名と呼ばれた。尊氏死去後は幕政が混乱したが、守護大名の合議制を斯波高経や細川頼之が主導して、南朝に対し優位を保った。裁判権や徴税権などの朝廷の権力が幕府や守護に移行されていったのもこの頃である。3代将軍義満は南北朝を統一し、明と公式な通商を開始するなどの親政を行なった。貿易の利益は以後京都市中の酒屋・土倉役とともに、幕府の財源となった。義満以降は宿老政治が行われ、有力守護大名による連合政権的性格を有した。6代将軍義教は奉行人を重用するなど将軍権力の向上を目指したが、嘉吉の乱で挫折。8大将軍義政のときには、有力守護の対立を元に応仁元年(1467年)に応仁の乱が、明応2年(1493年)には明応の変が起こり、戦国時代へと突入する。約100年間に渡る動乱期の間、幕府権力が及ぶ範囲は畿内近国に限られた上に、実権は管領細川氏やその家臣の三好氏が掌握していた。元亀4年

（1573年）、15代将軍義昭が織田信長に追放されて幕府は実質的に滅亡した。

◇室町幕府東国支配の研究　江田郁夫著　高志書院　2008.11　321, 9p　22cm　6500円　Ⓘ978-4-86215-050-9

◇初期室町幕府訴訟制度の研究　岩元修一著　吉川弘文館　2007.9　287, 14p　22cm　9500円　Ⓘ978-4-642-02868-4

◇室町幕府と蜷川親元　山岸利政編　〔滑川〕　〔山岸利政〕　2007.8　63p　30cm　〈付・万葉集雪島の撫子　年表あり　年譜あり〉

◇戦国期室町幕府と在地領主　西島太郎著　八木書店　2006.12　452, 22p　22cm　12000円　Ⓘ4-8406-2026-1

◇首都の経済と室町幕府　早島大祐著　吉川弘文館　2006.11　343, 10p　22cm　8000円　Ⓘ4-642-02858-7

◇戦国期の室町幕府　今谷明著　講談社　2006.6　314p　15cm　（講談社学術文庫）　1000円　Ⓘ4-06-159766-3

◇室町幕府の政治と経済　桑山浩然著　吉川弘文館　2006.5　316, 5p　22cm　〈文献あり〉　9000円　Ⓘ4-642-02852-8

◇室町幕府足利義教「御前沙汰」の研究　鈴木江津子著, 神奈川大学大学院歴史民俗資料学研究科編　〔横浜〕　神奈川大学21世紀COEプログラム「人類文化研究のための非文字資料の体系化」研究推進会議　2006.3　272, 9p　22cm　（歴史民俗資料学叢書 1）　〈文献あり〉　Ⓘ4-9903017-0-6

◇杉山一弥提出学位請求論文『室町幕府の東国政策』審査報告書　国学院大学　2006.2　18p　26cm

◇週刊日本の美をめぐる　no.50（室町 4）　足利将軍と舶来趣味　小学館　2003.4　40p　30cm　（小学館ウイークリーブック）　533円

◇関東公方足利氏四代―基氏・氏満・満兼・持氏　田辺久子著　吉川弘文館　2002.9　190p　20cm　2100円　Ⓘ4-642-07789-8

◇戦国期室町幕府と将軍　山田康弘著　吉川弘文館　2000.7　264, 7p　22cm　8000円　Ⓘ4-642-02797-1

◇日本歴史大系　6　南北朝内乱と室町幕府　下　井上光貞ほか編　山川出版社　1996.3　240, 23p　22cm　〈普及版〉　3000円　Ⓘ4-634-33060-1

◇日本歴史大系　5　南北朝内乱と室町幕府　上　井上光貞ほか編　山川出版社　1996.1　210, 19p　22cm　〈普及版〉　3000円　Ⓘ4-634-33050-4

◇足利将軍家―時代に翻弄され続けた十五人の男達　山中正英著　近代文芸社　1995.8　121p　20cm　1100円　Ⓘ4-7733-4581-0

◇室町幕府将軍権力の研究　家永遵嗣著　東京大学日本史学研究室　1995.2　423p　26cm　（東京大学日本史学研究叢書 1）　非売品

◇室町幕府と国人一揆　福田豊彦著　吉川弘文館　1995.1　317, 8p　22cm　7416円　Ⓘ4-642-02742-4

◇足利将軍暗殺―嘉吉土一揆の背景　今谷明著　新人物往来社　1994.2　215p　20cm　2300円　Ⓘ4-404-02098-8

◇室町幕府法　佐藤進一, 池内義資編　岩波書店　1993.2　473p　21cm　（中世法制史料集 第2巻）　〈第9刷（第1刷：57.6.29）〉　5800円　Ⓘ4-00-001326-2

◇物語日本の歴史―その時代を見た人が語る　第14巻　室町幕府と応仁の乱　笠原一男編　木耳社　1991.12　214p　20cm　1500円　Ⓘ4-8393-7566-6

◇日本の歴史―マンガ　18　建武新政から室町幕府の成立へ　石ノ森章太郎著　中央公論社　1991.4　235p　20cm　〈監修：児玉幸多〉　1000円　Ⓘ4-12-402818-0

◇日本史・時代の興亡―時代を築いた一族の興隆から滅亡まで　祖田浩一著　日本

文芸社　1990.4　252p　18cm　（ラクダブックス）　750円　①4-537-02181-0

◇二千五百年史　下　竹越与三郎著, 中村哲校閲　〔新装版〕　講談社　1990.2　488p　15cm　（講談社学術文庫）　1200円　①4-06-158912-1

◇古河公方足利氏の研究　佐藤博信著　校倉書房　1989.11　494p　22cm　（歴史科学叢書）　9991円　①4-7517-1980-7

◇征夷大将軍―もう一つの国家主権　高橋富雄著　中央公論社　1987.3　226p　18cm　（中公新書 833）　560円　①4-12-100833-2

◇中世法制史料集　第2巻　室町幕府法　佐藤進一編, 池内義資編　岩波書店　1987.2　472pp　22cm　〈監修：牧健二〉　4800円　①4-00-001326-2

◇室町幕府文書集成　奉行人奉書篇　今谷明, 高橋康夫共編　京都　思文閣出版　1986.9　2冊　22cm　7000円, 8000円　①4-7842-0436-9

◇室町幕府文書集成　奉行人奉書篇 上　自暦応三年 至 明応九年　今谷明共編, 高橋康夫共編　京都　思文閣出版　1986.9　6, 630, 12p　22cm　〈1.自 暦応三年 至 明応九年 前付：参考文献 巻末：主要奉行人家の系図　図版〉　7000円　①4-7842-0436-9

◇室町幕府文書集成　奉行人奉書篇 下　自文亀元年 至 永禄十一年　今谷明共編, 高橋康夫共編　京都　思文閣出版　1986.9　558, 88p　22cm　〈2.自 文亀元年 至 永禄十一年　図版〉　8000円　①4-7842-0437-7

◇室町幕府引付史料集成　下巻　桑山浩然校訂　近藤出版社　1986.3　570, 33p　19cm　（日本史料選書）　5700円

◇室町幕府引付史料集成　下巻　桑山浩然校訂　近藤出版社　1986.3　570, 33p　19cm　（日本史料選書 26）　5700円

◇室町幕府引付史料集成　下巻　桑山浩然校訂　近藤出版社　1986.3　570, 33p　20cm　（日本史料選書 26）　〈監修：竹内理三ほか〉　5700円

◇足利氏の歴史―尊氏を生んだ世界　宇都宮　栃木県立博物館　1985.10　187p　26cm　〈第13回企画展 会期：昭和60年10月6日～11月10日〉　①4-924622-29-X

◇室町幕府解体過程の研究　今谷明著　岩波書店　1985.10　498, 12p　22cm　6000円　①4-00-002217-2

◇足利氏の世界―足利地方の古代末期史　柳田貞夫著　〔足利〕　柳田貞夫　1980.12　273p　21cm

◇室町幕府引付史料集成　上巻　桑山浩然校訂　近藤出版社　1980.8　564p　20cm　（日本史料選書 20）　〈監修：竹内理三ほか〉　5300円

◇日本の歴史　13　室町幕府　佐々木銀弥著　小学館　1975　390p（図・肖像共）　地図　20cm　790円

◇日本の歴史　8　室町幕府　研秀出版　1972　220p（図共）　30cm　2000円

◇中世法制史料集　第2巻　室町幕府法　佐藤進一, 池内義資編　補訂版　岩波書店　1969　462p 図　22cm　〈監修者：牧健二〉　1200円

◇日本歴史シリーズ　第8巻　室町幕府　遠藤元男等編　宝月圭吾編　世界文化社　1968　221p（おもに図版）　27cm　1200円

◇室町幕府―その実力者たち　笠原一男編　人物往来社　1965　278p　19cm

◇中世法制史料集　第2巻　室町幕府法　佐藤進一, 池内義資共編　岩波書店　1955-57　22cm

足利 義持
あしかが よしもち

元中3/至徳3年（1386年）2月12日～正長元年（1428年）1月18日

室町幕府第4代将軍。法号は勝定院顕山道椿。足利義満の長男、母は三宝院坊官安芸法眼の娘藤原慶子。応永元年（1394年）元服して将軍となる

が、義満の生存中は名目的な存在で実際の政務は義満が行う。応永15年(1408年)義満が没し、その翌年内大臣に就任した頃より政務を本格的に執り、武士の公家化傾向を嫌い、対明貿易を"屈辱外交"として中止するなど、義満の政治に逆行する政策をとった。応永25年(1418年)上杉禅秀の乱に参画したという理由で弟足利義嗣を殺害。翌年内大臣を辞任し、応永30年(1423年)将軍職を子の義量に譲って出家したが、義量が早世すると法体のまま再び政務を執った。京都北山の等持院に葬られた。将軍の在職期間は応永元年から応永30年(1394～1423年)。

＊　＊　＊

◇足利義持　伊藤喜良著　吉川弘文館　2008.6　279p　19cm　(人物叢書 新装版)〈肖像あり　年譜あり　文献あり〉　2000円　①978-4-642-05246-7

◇足利将軍列伝　桑田忠親編　秋田書店　1975　382p　20cm　1700円

足利 義量

あしかが よしかず

応永14年(1407年)7月24日～応永32年(1425年)2月27日

室町幕府第5代将軍。法号は長得院鞏山道基(ちょうとくいんきょうざんどうき)。足利義持の嫡男、母は日野資康の娘栄子。応永24年(1417年)正五位下・右近衛中将。同30年(1423年)父の後を受けて征夷大将軍になるが、父が政務をとり全くの傀儡政権であった。病弱のため2年後に19歳で没し、兄弟もいなかったので将軍職は約4年間空位のまま義持が親裁した。贈左大臣従一位。将軍の在職期間は応永30年から応永32年(1423～1425年)。

＊　＊　＊

◇足利将軍列伝　桑田忠親編　秋田書店　1975　382p　20cm　1700円

足利 義教

あしかが よしのり

応永元年(1394年)6月13日～嘉吉元年(1441年)6月24日

室町幕府第6代将軍。法号は普広院善山道恵。足利義満の子、母は藤原慶子。4代将軍義持の同母弟。応永10年(1403年)青蓮院に入り義円と称し、のち天台座主となる。正長元年(1428年)足利義持の死去により籤で将軍後継者に選ばれ、還俗して義宣と改名。征夷大将軍となってさらに義教と改名した。延暦寺の僧徒を弾圧し、守護家の相続問題や公家に強く干渉するなどして将軍専制の指向を強め、その強圧政策に諸将が動揺するようになり、さらに一色義貫や土岐持頼を大和の陣中で殺させたことなどが一因となって、嘉吉元年(1441年)猿楽見物に招かれた赤松邸で、赤松満祐に殺された(嘉吉の乱)。将軍の在職期間は正長2年から嘉吉元年(1429～1441年)。

＊　＊　＊

◇室町幕府足利義教「御前沙汰」の研究　鈴木江津子著, 神奈川大学大学院歴史民俗資料学研究科編　〔横浜〕　神奈川大学21世紀COEプログラム「人類文化研究のための非文字資料の体系化」研究推進会議　2006.3　272, 9p　22cm　(歴史民俗資料学叢書 1)〈文献あり〉　①4-9903017-0-6

◇籤引き将軍足利義教　今谷明著　講談社　2003.4　238p　19cm　(講談社選書メチエ 267)〈文献あり〉　1500円　①4-06-258267-8

◇足利義政―日本美の発見　ドナルド・キーン著, 角地幸男訳　中央公論新社　2003.1　247p　19cm　2000円　①4-12-003357-0

足利 義勝

あしかが よしかつ

永享6年(1434年)2月9日～嘉吉3年(1443年)7月21日

室町幕府第7代将軍。幼名は千也茶丸、法号は慶雲院栄山道春。足利義教の長男、母は日野重光の娘重子。嘉吉元年(1441年)嘉吉の乱により父が赤松満祐に殺されると、管領細川持之、山名持豊ら宿老に推されて、わずか8歳にして家督をつぎ、管領畠山持国が輔佐した。同年9月赤松満祐を播磨で討ったが、この幕府内部の分裂に乗じて京都を中心とした徳政一揆が起こり、閏9月に徳政令を発布して危機を乗り切ろうとした。翌年、嘉吉2年（1442年）元服して征夷大将軍となるが、在職1年足らずで赤痢のため没した。贈左大臣従一位。将軍の在職期間は嘉吉2年から嘉吉3年（1442～1443年）。

＊　＊　＊

◇足利将軍列伝　桑田忠親編　秋田書店　1975　382p　20cm　1700円

管 領

かんれい

室町幕府の職名。政務の最高責任者として将軍を補佐した。本来の語は役職や不動産を管掌・領知する意。室町幕府に入って鎮西管領、四国管領、中国管領など広域行政権の管轄者を管領と称するようにり、その後、将軍家の執事を指す用語に専用されはじめた。鎌倉幕府の執事に起用された人物は高師直、仁木頼章ら足利一門でも末流の人々で、その地位も将軍家の家令的なものだったが、正平17/貞治元年（1362年）13歳の斯波義将が任ぜられ、父の高経が後見役になったことから、引付方や侍所などの幕府中枢機関を掌握することとなり、呼び方も管領とされるようになった。以来管領は細川、斯波、畠山の3家から任ぜられるのが例となり、三職あるいは三管領とよばれた。将軍が若年である場合には将軍にかわる権限をもつこともあったが、守護大名連合体制が破れる応仁の乱を契機に、その政治的意味は低下していった。

＊　＊　＊

◇戦争の日本史　10　東国の戦国合戦　小和田哲男, 関幸彦, 森公章, 吉田裕企画編集　市村高男著　吉川弘文館　2009.1　316, 4p　20cm　〈文献あり 年表あり〉　2500円　①978-4-642-06320-3

◇室町幕府東国支配の研究　江田郁夫著　高志書院　2008.11　321, 9p　22cm　6500円　①978-4-86215-050-9

◇応仁・文明の乱　石田晴男著　吉川弘文館　2008.7　299, 12p　20cm　（戦争の日本史 9）〈文献あり　年表あり〉　2500円　①978-4-642-06319-7

◇渡部昇一の中世史入門―頼山陽「日本楽府」を読む　渡部昇一著　新版　PHP研究所　2007.6　358p　18cm　〈『甦る日本史（2）』改訂・改題書〉　950円　①978-4-569-69337-8

◇北武蔵を駆け抜けた武将たち　戸島鉄雄著　名古屋　ブイツーソリューション, 星雲社〔発売〕　2006.3　223p　26cm　2286円　①4-434-07619-1

◇下総・奥州相馬一族　七宮涬三著　新人物往来社　2003.12　287p　19cm　2800円　①4-404-03146-7

◇日本中世の政治と社会　中野栄夫編　吉川弘文館　2003.10　407p　22cm　12000円　①4-642-02829-3

◇古文書研究　第57号　日本古文書学会編　日本古文書学会, 吉川弘文館〔発売〕　2003.5　142p　26cm　3500円　①4-642-08753-2

◇関東管領・上杉一族　七宮涬三編　新人物往来社　2002.6　307p　20cm　2800円　①4-404-02973-X

◇鎌倉府体制と東国　小国浩寿著　吉川弘文館　2001.9　294, 13p　22cm　7500円　①4-642-02807-2

◇中世の寺社と信仰　上横手雅敬編　吉川弘文館　2001.8　267p　22cm　7500円　①4-642-02804-8

◇大日本史料　第7編之22　東京大学史料編纂所編　覆刻版　東京大学出版会　2000.4　471p　21cm　14000円　①4-13-090322-5

◇足利義満―中世王権への挑戦　佐藤進一著　平凡社　1994.6　221p　16cm　（平凡社ライブラリー）　880円　①4-582-76062-7

◇平井城の管領たち―東国の動乱　利根川靖幸著　群馬出版センター　1993.7　191, 8p　19cm　2000円　①4-906366-18-X

◇九州太平記　荒木栄司著　熊本　熊本出版文化会館, 亜紀書房〔発売〕　1991.4　214, 32p　19cm　1600円

◇東海編　新人物往来社　1989.6　239p　21cm　(地方別 日本の名族 6)　2900円　①4-404-01541-0

◇東北編　1　新人物往来社　1989.2　245p　21cm　(地方別 日本の名族 1)　2800円　①4-404-01536-4

◇上部消化管の病態指標とその臨床―食道、胃・十二指腸、胆、膵　三好秋馬, 三輪剛編　現代医療社　1987.3　338p　19cm　4400円　①4-905915-40-7

◇西管領屋敷やぐら群―昭和59年度鎌倉市山ノ内地区内急傾斜地崩壊対策事業にともなう調査　〔横浜〕　神奈川県立埋蔵文化財センター　1984.10　30p　26cm　(神奈川県立埋蔵文化財センター調査報告 6)　〈付(別冊 4p): 概要　参考文献: p22〉

◇九州中世社会の研究　渡辺澄夫先生古稀記念事業会編　大分　渡辺澄夫先生古稀記念事業会　1981.11　534p　22cm　非売品

◇論集日本歴史　5　室町政権　小川信編　有精堂出版　1975　380p　22cm　〈監修: 豊田武, 児玉幸多, 大久保利謙〉　2800円

◇鎌倉公方九代記・鎌倉九代後記　黒川真道編　流山　崙書房　1972　504p　20cm　(国史叢書)　〈「鎌倉公方九代記」の別書名: 鎌倉管領九代記 国史研究会大正3年刊の複製 限定版〉　3500円

◇改訂房総叢書　第1-3輯　改訂房総叢書刊行会編　千葉　改訂房総叢書刊行会　1959　3冊　22cm

関東管領
かんとうかんれい

室町幕府の職名。鎌倉公方の補佐役。足利尊氏は関東に鎌倉府を設置して斯波家長を関東管領に任じ、幼少の鎌倉御所足利義詮を補佐させた。以後関東管領には高師冬、上杉憲顕らが就任し、鎌倉公方とともに関東を統治した。上杉氏の山内、扇谷、犬懸、宅間の4家が交代で関東管領に就任し勢力が強化され、永享10年(1438年)鎌倉公方足利持氏と武力衝突し、上杉氏は持氏を敗死させた(永享の乱)。鎌倉府の家臣らの要請で持氏の子成氏が鎌倉公方に就任したが、上杉憲忠殺害事件を起こし、康正元年(1455年)上杉氏らにより成氏は下総古河(茨城県古河市)に追われ、以後管領上杉氏が関東を支配するようになった。しかし、山内、扇谷両家の争い、後北条氏の圧迫により、その勢力もしだいに衰退し上杉憲政は越後(新潟県)に逃れ、永禄4年(1561年)長尾景虎(上杉謙信)を養子にし、上杉の姓と関東管領職を景虎に委譲した。すでに実権はなく有名無実化しており、景虎の死後はこれを引き継ぐ者もなく、この名称は消滅した。

＊　＊　＊

◇下野 小山・結城一族　七宮涬三著　新人物往来社　2005.11　275p　19cm　2800円　①4-404-03270-6

◇日本中世史の再発見　峰岸純夫編　吉川弘文館　2003.5　365p　22cm　10000円　①4-642-02823-4

◇関東管領・上杉一族　七宮涬三編　新人物往来社　2002.6　307p　20cm　2800円　①4-404-02973-X

◇埼玉の古城址　中田正光著　新装版　有峰書店新社　2001.4　323p　19cm　2500円　①4-87045-222-7

◇日本中世政治社会の研究―小川信先生古稀記念論集　小川信先生の古希記念論集を刊行する会編　続群書類従完成会　1991.3　924p　21cm　23690円

◇関東編　2　新人物往来社　1989.3　267p　21cm　(地方別 日本の名族 4)　2800円　①4-404-01539-9

◇北陸編　新人物往来社　1989.1　255p　21cm　(地方別 日本の名族 7)　2800円　①4-404-01542-9

上杉 禅秀
うえすぎ ぜんしゅう

?～応永24年(1417年)1月10日

室町時代中期の武将。関東管領。本名は氏憲、禅秀は法名。上杉朝宗の子。応永18年(1411年)

上杉憲定の後を受けて関東管領となるが、応永22年（1415年）鎌倉公方足利持氏が氏憲家臣の所領を没収する事件が起こり、これを不満として辞任した。応永23年（1416年）持氏を打倒すべく反持氏の足利満隆を擁して挙兵。持氏を駿河に追放して一時は鎌倉を制圧したが、幕府の支援を受けた持氏の反撃に遭って敗れ、鶴岡八幡宮で自害した。

＊　＊　＊

◇室町幕府東国支配の研究　江田郁夫著　高志書院　2008.11　321, 9p　21cm　6500円　Ⓘ978-4-86215-050-9

◇室町幕府東国支配の研究　江田郁夫著　高志書院　2008.11　321, 9p　22cm　6500円　Ⓘ978-4-86215-050-9

◇鎌倉合戦物語　笹間良彦著　雄山閣出版　2001.2　254p　19cm　2200円　Ⓘ4-639-01714-6

◇室町戦国史紀行　宮脇俊三著　講談社　2000.11　374p　19cm　1800円　Ⓘ4-06-210090-8

◇下剋上の幕開け　熱田公編　第一法規出版　1988.6　158p　30cm　（戦乱の日本史 第6巻）　3500円　Ⓘ4-474-10136-7

◇戦乱の日本史―合戦と人物　第6巻　下剋上の幕開け　熱田公責任編集　第一法規出版　1988.6　158p　31cm　〈監修：安田元久 編集：風土社〉　3500円　Ⓘ4-474-10136-7

鎌倉公方
かまくらくぼう

室町幕府が東国支配のために置いた鎌倉府の長官。関東公方ともいう。京都に幕府を開いた足利尊氏は、嫡子義詮を鎌倉にとどめ鎌倉公方とし、そのもとに関東管領を置いて補佐させた。正平4/貞和5年（1349年）尊氏の弟直義の失脚後、義詮が継ぐこととなり上京、代わって義詮の弟基氏が鎌倉公方に就任した。観応の擾乱後、一時尊氏が直接東国統治を行ったが、尊氏退去後は再び基氏が鎌倉公方として政務をり、以後その子孫が世襲した。歴代の公方とも将軍への対抗意識が強く、しばしば争いを繰り返していた。持氏の代になると、将軍義持の継嗣に選ばれなかったことから新将軍義教への不満を公然と表し、幕府の追討を受けることとなり持氏は敗死し鎌倉公方は一時とぎれた（永享の乱）。ついで鎌倉府家臣らの要請で持氏の子成氏が公方に就任したが、関東管領上杉憲忠を殺害した結果、幕府の追討を受け成氏は康正元年（1455年）下総古河（茨城県古河市）に根拠地を移した。以後成氏とその子孫は古河公方と称するようになり、鎌倉公方の名称は消滅した。

＊　＊　＊

◇室町幕府東国支配の研究　江田郁夫著　高志書院　2008.11　321, 9p　22cm　6500円　Ⓘ978-4-86215-050-9

◇戦う村の民俗を行く　藤木久志著　朝日新聞出版　2008.6　309p　19cm　（朝日選書 843）　1300円　Ⓘ978-4-02-259943-8

◇渡部昇一の中世史入門―頼山陽「日本楽府」を読む　渡部昇一著　新版　PHP研究所　2007.6　358p　18cm　〈『甦る日本史（2）』改訂・改題書〉　950円　Ⓘ978-4-569-69337-8

◇戰國遺文　古河公方編　佐藤博信編　東京堂出版　2006.4　426p　22cm　18000円　Ⓘ4-490-30594-X

◇北武蔵を駆け抜けた武将たち　戸島鉄雄著　名古屋　ブイツーソリューション，星雲社〔発売〕　2006.3　223p　26cm　2286円　Ⓘ4-434-07619-1

◇関東管領・上杉一族　七宮涬三編　新人物往来社　2002.6　307p　20cm　2800円　Ⓘ4-404-02973-X

◇鎌倉府体制と東国　小国浩寿著　吉川弘文館　2001.9　294, 13p　22cm　7500円　Ⓘ4-642-02807-2

◇鎌倉合戦物語　笹間良彦著　雄山閣出版　2001.2　254p　19cm　2200円　Ⓘ4-639-01714-6

◇足利義満―中世王権への挑戦　佐藤進一著　平凡社　1994.6　221p　16cm　（平凡社ライブラリー）　880円　Ⓘ4-582-76062-7

◇関東編　1　新人物往来社　1989.5　235p　21cm　（地方別 日本の名族 3）　2900円　Ⓘ4-404-01538-0

◇論集房総史研究　川村優編　名著出版　1982.5　457p　22cm　4800円

◇鎌倉公方九代記・鎌倉九代後記　黒川真道編　流山　崙書房　1972　504p　20cm　（国史叢書）〈「鎌倉公方九代記」の別書名：鎌倉管領九代記 国史研究会大正3年刊の複製 限定版〉　3500円

◇国史論叢　渡辺世祐著　文雅堂書店　1956　610p 図版　22cm

足利 持氏

あしかが もちうじ

応永5年（1398年）～永享11年（1439年）2月10日

武将、4代鎌倉公方。幼名は幸王丸、法名は長春院楊山道継。足利満兼の長男。応永16年（1409年）父の死により鎌倉公方となる。関東管領上杉禅秀（氏憲）の乱を鎮定したのち、鎌倉公方の権力強化を図って関東諸将の討伐を行ったため、将軍足利義持と対立。義持が没して義教が後継者になると、もともと持氏は将軍位を狙っていたため、さらに幕府との対立が深まり、鎌倉五山の住持を勝手に任命するなど横暴が目立った。これをいさめた関東管領上杉憲実を追討しようとしたため、憲実を支持した幕府と衝突して永享の乱が起こったが、千葉・三浦氏の寝返りなどもあって敗れ、武蔵金沢の称名寺で出家した。ついで鎌倉の永安寺に入り謹慎の意を表したが、許されず自害した。

＊　　＊　　＊

◇関東公方足利氏四代―基氏・氏満・満兼・持氏　田辺久子著　吉川弘文館　2002.9　190p　20cm　2100円　Ⓘ4-642-07789-8

◇日本古文書学論集　8　中世　4 室町時代の武家文書　日本古文書学会編　上島有編　吉川弘文館　1987.7　442p　22cm　5800円　Ⓘ4-642-01263-X

◇日本古文書学論集　8　中世 Ⅳ―室町時代の武家文書　日本古文書学会編　上島有編　吉川弘文館　1987.7　442pp　22cm　5800円　Ⓘ4-642-01263-X

◇神奈川県史　資料編 3　古代・中世　3上　神奈川県企画調査部県史編集室編　横浜　神奈川県　1975　2冊（付録共）　23cm　〈付録（図1枚 箱入）：足利持氏血書願文（鶴岡八幡宮所蔵の複製）〉　非売品

九州探題

きゅうしゅうたんだい

室町幕府が九州統制のために設けた職。初めは鎮西管領、鎮西探題とも称される。探題の権限は幕府方の武士に対する軍事指揮を中核とし、民事関係の訴訟について相論の内容を調査して幕府に注進し、裁定を施行することであった。延元元/建武3年（1336年）、九州に敗走した足利尊氏が筑前多々良浜合戦で勝機を得、大挙東上する際に一色範氏を九州にとどめて幕府軍を統轄させたのが始まり。範氏ののち子息直氏、足利直冬、斯波氏経、渋川義行らが九州探題の任についたが、南朝方の征西将軍宮（懐良親王）の軍に圧迫されて振るわなかったため、室町幕府は根強い南朝方の勢力を一掃すべく建徳元/応安3年（1370年）今川了俊（貞世）を九州探題に任命、九州を制圧させた。のち、渋川氏が世襲したが応仁の乱後は有名無実となった。

＊　　＊　　＊

◇松浦党戦旗　神尾正武著　新人物往来社　1998.9　306p　19cm　1600円　Ⓘ4-404-02659-5

◇九州の中世世界　川添昭二著　福岡　海鳥社　1994.4　254, 10p　22cm　3914円　Ⓘ4-87415-075-6

赤松 満祐

あかまつ みつすけ

弘和元/永徳元年（1381年）～嘉吉元年（1441年）9月10日

武将。赤松義則の長男。赤松氏惣領となり、播磨・備前・美作守護となる。足利義持が播磨を取り上げて寵臣赤松持貞に与えようとしたのに怒り、京都の自邸に放火して播磨に下った。幕府は追討軍を派遣したが管領畠山満家の仲介などによって守護職は安堵された。その後、山城に起こった正長の土一揆鎮圧を行い、また播磨の大規模な国人一揆の事態を収拾するなど落ち着きを見せたが、足利義教が播磨・美作の守護職を召し上げて寵臣の赤松貞村に与えるという噂を聞き、嘉吉元年(1441年)嫡男赤松教康らと謀り、義教を自邸に招いて猿楽の宴席で暗殺(嘉吉の乱)、再び播磨へ下ったが、細川成之・山名持豊らの追討軍に敗れ、拠点の木山城落城後に自害した。満祐の嫡子教康は伊勢国に逃れたが殺害され、赤松氏惣領家は没落した。赤松満祐の将軍足利義教弑逆事件を素材とする文芸作品に近松門左衛門作の浄瑠璃『雪女五枚羽子板』や河竹黙阿弥『赤松満祐梅白旗』などがある。

＊　＊　＊

◇渡部昇一の戦国史入門―頼山陽「日本楽府」を読む　渡部昇一著　PHP研究所　2008.4　359p　18cm　〈「甦る日本史 3」(1996年刊)の改訂〉　950円　①978-4-569-69832-8

◇赤松一族の盛衰　熱田公監修, 播磨学研究所編　神戸　神戸新聞総合出版センター　2001.1　318p　20cm　1800円　①4-343-00069-9

◇赤松物語 嘉吉記　矢代和夫著　勉誠社　1994.6　243p　19cm　(日本合戦騒動叢書 1)　2370円　①4-585-05101-5

◇中世播磨と赤松氏―高坂好遺稿集　高坂好著, 宇那木隆司, 寿松博編　京都　臨川書店　1991.11　375p　23cm　〈著者の肖像あり 折り込表1枚 付(1枚):栞(年代早見表)〉　6180円　①4-653-02232-1

◇鎌倉室町編　桑田忠親著　秋田書店　1989.10　238p　19cm　(新編 日本武将列伝 2)　1500円　①4-253-00363-X

◇赤松円心・満祐　高坂好著　〔新装版〕　吉川弘文館　1988.9　312p　19cm　(人物叢書)　1900円　①4-642-05130-9

◇室町幕府―その実力者たち　笠原一男編　人物往来社　1965　278p　19cm

上杉 憲実
うえすぎ のりざね

応永17年(1410年)～寛正7・文正元年(1466年)閏2月6日

室町時代中期の武将。幼名は孔雀丸。越後守護上杉房方の子。山内上杉憲基の養子となる。応永26年(1419年)伊豆、上野守護に補任され、幼少にして関東管領となる。将軍足利義教と鎌倉公方足利持氏の間の調停に努めたが、やがて持氏と憲実の間は不穏なものとなった。永享10年(1438年)の永享の乱で持氏が憲実討伐の動きをみせたため、憲実は領国上野へ出奔、幕府の命を受けて翌年2月に持氏を自殺させた。やがて出家し、伊豆国清寺に籠居したが、幕命により俗界に復帰し、一時関東の政務をみた。その後鎌倉を去り諸国を行脚し、長門大寧寺で没した。学芸を好み、下野の足利学校を再興したことで知られる。

＊　＊　＊

◇未刊軍記物語資料集　8　聖藩文庫本軍記物語集　4　黒田彰, 岡田美穂編・解説　クレス出版　2005.9　519, 8p　22cm　(軍記物語研究叢書 第8巻)　〈シリーズ責任表示:黒田彰, 岡田美穂編・解説　加賀市立図書館聖藩文庫蔵の複製〉　10000円　①4-87733-289-8

◇戦国武将の意外なウラ事情―英雄たちの「秘められた事実」　日本博学倶楽部著　PHP研究所　2004.6　276p　15cm　(PHP文庫)　〈年表あり　文献あり〉　571円　①4-569-66199-8

◇足利学校―その起源と変遷　前澤輝政著　毎日新聞社　2003.1　319p　22cm　3333円　①4-620-90632-8

◇妖霊星　瀬川ことび著　徳間書店　2002.5　254p　18cm　(トクマ・ノベルズ)　800円　①4-19-850561-6

◇上杉憲実　田辺久子著, 日本歴史学会編　吉川弘文館　1999.2　165p　19cm　(人物叢書)　1500円　①4-642-05215-1

◇山名宗全と細川勝元　小川信著　新人物往来社　1994.3　246p　20cm　2800円

Ⓘ4-404-02106-2

明徳の乱
めいとくのらん

山名氏清・満幸らが室町幕府に対して起こした反乱。山名氏は南北朝時代、一族で11か国の守護職を保持して勢力を振るい、六分一殿とよばれたほどであったので、将軍足利義満はその強勢を警戒し、機をみてその勢力を削減したいと考えていた。時氏の没後惣領職を継いだ子時義の早世により、その子時熙(ときひろ)、氏幸が本貫的領国但馬、伯耆の守護職に任じた。このため時氏の長子師義の子満幸との間に内紛が起こり、満幸は叔父氏清と結んで時熙を幕府に訴えた。時熙討伐を命ぜられた満幸は伯耆、隠岐の守護職に補され氏清は丹波守護職に補された。義満の挑発に乗った満幸は和泉の氏清や紀伊の義理(よしまさ)らと計らい、元中8/明徳2年(1391年)12月挙兵し、三方から京都に進攻した。細川、畠山、大内氏らの幕府軍は洛中での合戦の末これを破り、氏清は戦死、満幸は丹後から伯耆に逃れ義理は出家した。この乱の結果、山名一族の守護国は大きく削減された。

＊　＊　＊

◇世阿弥がいた場所―能大成期の能と能役者をめぐる環境　天野文雄著　ぺりかん社　2007.2　650p　22cm　〈年表あり〉　8600円　Ⓘ978-4-8315-1160-7

◇鬼と芸能―東アジアの演劇形成　松岡心平編　森話社　2000.7　252p　19cm　(叢書・文化学の越境 7)　2600円　Ⓘ4-916087-16-X

◇戦乱の日本史―合戦と人物　第5巻　南北朝の内乱　佐藤和彦責任編集　第一法規出版　1988.6　158p　31cm　〈監修：安田元久 編集：風土社〉　3500円　Ⓘ4-474-10135-9

応永の乱
おうえいのらん

応永6年(1399年)大内義弘が足利義満と対立して堺に挙兵、敗死した事件。義弘は6ヵ国の守護を兼ね、朝鮮貿易で富をたくわえ、守護大名中最大の勢力を誇っていた。このため、将軍権力の絶対化と、足利氏一門を中心とする全国支配体制を志向した足利義満率いる幕府中枢と対立。義弘は鎌倉公方足利満兼らと結び、堺で反乱を起こしたが、敗死。これを機に、守護大名に対する将軍権力が確立した。

＊　＊　＊

◇山銀百科シリーズ　第2　名族大内氏盛衰史　山口銀行編　〔山口〕　〔出版者不明〕　〔出版年不明〕　21cm　〈15分冊を合冊製本したもの〉

◇南北朝合体と応永乱―大内義弘奮戦 大内盛見勝利　御建龍一著　近代文芸社　2001.12　314p　19cm　1700円　Ⓘ4-7733-6138-7

◇九州の中世世界　川添昭二著　福岡　海鳥社　1994.4　254, 10p　22cm　3914円　Ⓘ4-87415-075-6

◇戦乱の日本史―合戦と人物　第5巻　南北朝の内乱　佐藤和彦責任編集　第一法規出版　1988.6　158p　31cm　〈監修：安田元久 編集：風土社〉　3500円　Ⓘ4-474-10135-9

◇応永戦覧　陣山綏校注　行橋　美夜古文化懇話会　1975　170p 図 肖像　18cm　1000円

◇大内氏の興亡―西海の守護大名　古川薫著　大阪　創元社　1974　184p　18cm　480円

応永の外寇
おうえいのがいこう

応永26年(1419年)、李氏朝鮮の軍が対馬に来襲した事件。14世紀中葉以来、倭寇が朝鮮半島の各地を荒らし被害をあたえていたが、朝鮮では対馬島主宗貞茂に特権をあたえて、倭寇の鎮静に大きな成果をあげていた。ところが、応永25年(1418年)に対馬で貞茂が死に、対馬島内の実権は海賊の首領の早田氏にうつり、倭寇の船団が朝鮮の沿岸を襲う事件がおこった。朝鮮の上王太宗はこの情勢をみて、かねて倭寇の根拠地と考えていた対馬島に攻撃を加えることを決意した。応永26年（1419年）6月、兵船227隻、軍兵1万7285人からなる大軍が巨済島を発し対馬に来襲、10日余で撤退した。その後、室町幕府は朝鮮へ使僧を送り、朝鮮側も回礼使宋希（そうきえい）を日本に送って幕府と折衝させたが、その後の交渉はいっこうに進まず、応永30年（1423年）に太宗が没し、世宗が政治の実権を掌握すると、宗貞茂の子貞盛に日朝貿易の管理統制権が与えられる形で、朝鮮と対馬の通交関係の回復がなされた。

*　　*　　*

◇海からみた歴史と伝統―遣唐使・倭寇・儒教　小島毅著　勉誠出版　2006.12　170p　19cm　〈年表あり〉　1200円　①4-585-05366-2

永享の乱

えいきょうのらん

永享10年（1438年）鎌倉公方足利持氏が将軍足利義教に対して起こした反乱。持氏は上杉禅秀の乱などで混乱した鎌倉府の支配体制を立て直そうとし、強圧的に東国の諸氏族に臨んだため、彼らとの対立が激化した。また将軍継嗣問題の際、選ばれなかったことから公然と反幕府行動をとり始め、今川氏の家督相続問題、村上、小笠原両氏の抗争などに介入、幕府と対立し、これを戒める関東管領上杉憲実と不和となった。幕府はこのような持氏の動きに対し、篠川御所足利満直への働きかけ、関東扶持衆の設置などにより持氏を牽制していたが、持氏の憲実への追討軍派遣をみるに至り持氏の討伐を決め、今川、武田、小笠原などの諸氏に出陣を命じた。その結果、持氏軍の多くの将兵は幕府側に移り鎌倉を守っていた三浦時高も離反したため、持氏は憲実軍の長尾忠政に降参し、鎌倉の永安寺に幽閉され、永享11年（1439年）2月に自殺させられた。

*　　*　　*

◇日本中世武士の時代―越後相川城の歴史　槇道雄著　新人物往来社　2008.3　366p　19cm　2400円　①978-4-404-03546-2

◇室町・戦国軍記の展望　梶原正昭著　大阪　和泉書院　1999.12　437p　22cm　（研究叢書 246）　13000円　①4-7576-0025-9

◇上杉憲実　田辺久子著，日本歴史学会編　吉川弘文館　1999.2　165p　19cm　（人物叢書）　1500円　①4-642-05215-1

結城合戦

ゆうきかっせん

永享12年（1440年）3月、下総の結城氏朝が、鎌倉公方足利持氏の遺子春王丸・安王丸を奉じて幕府に抗した戦い。持氏は永享の乱に敗れ前年2月に鎌倉永安寺で自殺したが、この持氏の死後も従来から続いていた東国の混乱は鎮静化しなかった。その結果北関東の結城氏朝らの豪族層が、関東の実権を掌握した上杉憲実らに対抗して、結城城に遺子春王丸・安王丸を迎えて挙兵。これに対して上杉憲実は弟清方を派遣して城を攻めさせたが、東国諸氏の中には結城に応ずる者が多く、幕府は4月大軍を東下させた。籠城軍は翌嘉吉1年（1441年）4月落城。結城氏朝らは戦死し、春王丸・安王丸は捕らえられ美濃の垂井で斬られた。

*　　*　　*

◇天下の旗に叛いて―結城氏朝・持朝　南原幹雄著　学陽書房　1999.2　386p　15cm　（人物文庫）　660円　①4-313-75072-X

◇日本の絵巻　続 17　前九年合戦絵詞・平治物語絵巻・結城合戦絵詞　小松茂美編　中央公論社　1992.2　142p　35cm　4500円　①4-12-402897-0

◇嘉吉元年結城合戦籠城者等氏名拾遺　結城進編　和歌山　結城進　1991.9　351p　22cm　〈補稿6枚貼付 限定版〉

◇合戦絵巻―武士の世界　毎日新聞社　1990.12　135p　38cm　（復元の日本史）　5000円　①4-620-60244-2

◇続日本絵巻大成　17　前九年合戦絵詞・平治物語絵巻・結城合戦絵詞　小松茂美編　小松茂美ほか執筆　中央公論社　1983.9　174p　36cm　28000円

◇改訂房総叢書　第1-3輯　改訂房総叢書刊行会編　千葉　改訂房総叢書刊行会

1959　3冊　22cm

嘉吉の乱

かきつのらん

嘉吉1年(1441年)、赤松満祐が将軍足利義教を殺害し、自らも播磨で敗死した事件。当時義教は一色義貫、土岐持頼ら有力守護を討って幕府の権威を高めようとしていた。赤松氏にも圧迫を加えたので満祐は結城合戦の戦勝祝賀のためと称して義教を自邸に招き、暗殺した。しかし満祐も幕府勢に討たれ、以後赤松氏、幕府ともに衰勢をたどった。

＊　＊　＊

◇播磨 赤松一族　浜田浩一郎著　新人物往来社　2009.1　227p　19cm　2800円　①978-4-404-03562-2

◇戦乱に揺れた明石―講座明石の中世史　明石中世史編纂委員会編　〔明石〕　明石市教育委員会　2005.3　380p　21cm　〈発行所：明石市生涯学習センター　年表あり〉　2000円

◇再現日本史―週刊time travel　鎌倉・室町 9　講談社　2002.12　42p　30cm　〈年表あり〉　533円

◇赤松一族の盛衰　熱田公監修, 播磨学研究所編　神戸　神戸新聞総合出版センター　2001.1　318p　20cm　1800円　①4-343-00069-9

◇吉備と京都の歴史と文化　水野恭一郎著　京都　仏教大学通信教育部,（京都）思文閣出版〔発売〕　2000.9　315p　19cm（仏教大学鷹陵文化叢書 3）　1900円　①4-7842-1052-0

◇室町軍記赤松盛衰記―研究と資料　矢代和夫ほか編　国書刊行会　1995.9　491p　20cm　〈『普光院軍記』(英賀神社蔵)の複製を含む〉　6800円　①4-336-03743-4

◇赤松物語 嘉吉記　矢代和夫著　勉誠社　1994.6　243p　19cm　(日本合戦騒動叢書 1)　2370円　①4-585-05101-5

◇足利将軍暗殺―嘉吉土一揆の背景　今谷明著　新人物往来社　1994.2　215p　20cm　2300円　①4-404-02098-8

◇日本中世の王権と権威　伊藤喜良著　京都　思文閣出版　1993.8　381, 18p　22cm　(思文閣史学叢書)　7004円　①4-7842-0781-3

◇中世播磨と赤松氏―高坂好遺稿集　高坂好著, 宇那木隆司, 寿松博編　京都　臨川書店　1991.11　375p　23cm　〈著者の肖像あり 折り込表1枚 付(1枚)：栞(年代早見表)〉　6180円　①4-653-02232-1

◇日本中世の政治と文化―豊田武博士古稀記念　豊田武先生古稀記念会編　吉川弘文館　1980.6　592p　22cm　7500円

足利 義政　あしかが よしまさ

永享8年(1436年)～延徳2年(1490年)1月7日　室町幕府第8代将軍。幼名は三寅。初名は足利義成。別名は東山殿。法号は慈照院。6代将軍足利義教の子、兄は7代将軍足利義勝。母は日野重子、妻は日野富子。兄義勝の死後、管領畠山持国らの諸大名に擁立され、宝徳元年(1449年)将軍となるが、母重子、妻富子らの政治介入や守護大名畠山持国、細川勝元らの力が強大であったことなどから政治への興味を次第に失う。1457年頃よりは伊勢氏の支持によって将軍勢力が強まり、伊勢貞親主導による守護大名抑制政策が行われたが、貞親が文正元年(1466年)大名らの反発により失脚すると、政治収拾は困難となる。寛正5年(1464年)弟の足利義視を還俗させ後継者としたが、翌年富子に義尚が生まれたため、将軍継嗣争いに諸大名の抗争が絡んで、応仁の乱を招いた。文明5年(1473年)義尚に将軍職を譲り、自らは京都東山に莫大な費用をかけて山荘を作り隠棲、東山殿とよばれる。文明17年(1485年)月翁周鏡を戒師として剃髪、延徳元年(1489年)山荘内に、こんにち銀閣寺として知られる慈照寺を建てた。芸能・芸術など多方面に渡る趣味に没頭し、芸術家や文化人を庇護して東山文化を主導した。同年義尚の死後、再び政務を執ったが翌年没した。

◇足利義政と銀閣寺　ドナルド・キーン著, 角地幸男訳　中央公論新社　2008.11　276p　16cm　（中公文庫）〈「足利義政」(中央公論新社2003年刊)の改題　文献あり〉　762円　①978-4-12-205069-3

◇足利義政と銀閣寺　ドナルド・キーン著, 角地幸男訳　中央公論新社　2008.11　276p　15cm　（中公文庫）〈『足利義政―日本美の発見』改題書〉　762円　①978-4-12-205069-3

◇南北朝と室町政権　小和田哲男監修　世界文化社　2006.7　199p　24×19cm　（ビジュアル版 日本の歴史を見る 4）　2400円　①4-418-06211-4

◇庭園の中世史―足利義政と東山山荘　飛田範夫著　吉川弘文館　2006.3　209p　19cm　（歴史文化ライブラリー）　1700円　①4-642-05609-2

◇庭園の中世史―足利義政と東山山荘　飛田範夫著　吉川弘文館　2006.3　209p　19cm　（歴史文化ライブラリー 209）〈文献あり〉　1700円　①4-642-05609-2

◇足利義政―日本美の発見　ドナルド・キーン著, 角地幸男訳　中央公論新社　2003.1　247p　19cm　2000円　①4-12-003357-0

◇足利義政―日本美の発見　ドナルド・キーン著, 角地幸男訳　中央公論新社　2003.1　247p　19cm　2000円　①4-12-003357-0

◇楽しく調べる人物図解日本の歴史―南北朝・室町時代　知っててほしい戦乱の世に活躍した人びと　佐藤和彦監修　あかね書房　2000.4　47p　30cm　3200円　①4-251-07933-7

◇調べ学習日本の歴史　4　金閣・銀閣の研究　玉井哲雄監修　ポプラ社　2000.3　47p　30cm　3000円　①4-591-06379-8

◇後鑑　第3篇　黒板勝美編　新装版　吉川弘文館　1999.1　1010p　21cm　（新訂増補 国史大系 第36巻）　11800円　①4-642-00339-8

◇室町幕府と民衆の成長―室町時代　古川清行著　小峰書店　1998.4　119p　26cm　（人物・遺産でさぐる日本の歴史 7）　2500円　①4-338-15107-2

◇図説 日本仏教の歴史―室町時代　竹貫元勝編　佼成出版社　1996.10　157p　21cm　2000円　①4-333-01752-1

◇足利義政とその時代　京都府立総合資料館歴史資料課編　〔京都〕　京都府立総合資料館　1994.7　54, 22p　26cm　（東寺百合文書展 第11回）〈会期：平成6年7月1日～31日〉

◇足利義政とその時代　京都府立総合資料館歴史資料課編　〔京都〕　京都府立総合資料館　1994.7　54, 22p　26cm　（東寺百合文書展 第11回）〈会期：平成6年7月1日～31日〉

◇足利義政の研究　森田恭二著　大阪　和泉書院　1993.2　361p　21cm　（日本史研究叢刊 3）　7725円　①4-87088-575-1

◇足利義政の研究　森田恭二著　大阪　和泉書院　1993.2　361p　22cm　（日本史研究叢刊 3）〈足利義政の肖像あり〉　7725円　①4-87088-575-1

◇鎌倉室町編　桑田忠親著　秋田書店　1989.10　238p　19cm　（新編 日本武将列伝 2）　1500円　①4-253-00363-X

◇足利義政と東山文化　河合正治著　清水書院　1984.9　197p　18cm　（清水新書）〈『足利義政』(昭和47年刊)の改題　足利義政の肖像あり〉　480円　①4-389-44026-8

◇人物日本の歴史―学習漫画　9　足利尊氏・足利義満・足利義政　笠原一男責任編集・考証　集英社　1984.9　132p　23cm　570円　①4-08-252009-0

◇日本名跡叢刊　31　室町 足利義政百首

和歌　松原茂解説　二玄社　1979.6　69p　36cm　〈監修：小松茂美〉　2100円

◇足利義政―盛り上がる社会意識と東山文化　河合正治著　清水書院　1972　197p　図　20cm　（センチュリーブックス）　430円

日野 富子
ひの とみこ

永享12年（1440年）～明応5年（1496年）5月20日

足利義政の正室。法号は妙善院。日野政光（重政）の娘。康正元年（1455年）将軍足利義政の正室となる。はじめ男子が生まれず義政は弟義視を還俗させて後継者としたが、その後富子に義尚が生まれ、将軍継嗣を巡り義視と対立。富子が義尚の後見を山名持豊に依頼したため、細川勝元を頼った義視との対立が激化し、応仁の乱の一因となったとされる。文明5年（1473年）義尚が将軍になると幼少の義尚を後見して幕政に深く関与し、御内書も発した。また関所を設けて関銭を徴収し、高利貸や米相場に介入して莫大な富を蓄財。文明14年（1482年）義政の隠居後まもなく政治から離れ、義尚・義政の没後出家したが、隠然たる影響力を持ち続けた。

＊　＊　＊

◇戦国の妻たち―歴史を陰で支えた女たちの物語　鈴木亨著　河出書房新社　2005.12　223p　15cm　（Kawade夢文庫）　514円　①4-309-49598-2

◇戦国武将の意外なウラ事情―英雄たちの「秘められた事実」　日本博学倶楽部著　PHP研究所　2004.6　276p　15cm　（PHP文庫）　〈年表あり　文献あり〉　571円　①4-569-66199-8

◇再現日本史―週刊time travel　鎌倉・室町 10　講談社　2002.12　42p　30cm　〈年表あり〉　533円

◇戦国武将への大質問―ホントはどうなの？ コトの真相から、意外な顛末まで70の謎を解く　歴史の謎研究会編　青春出版社　2002.11　206p　15cm　（青春文庫）　486円　①4-413-09255-4

◇週刊ビジュアル日本の歴史　no.76　戦乱の世　6　デアゴスティーニ・ジャパン　2001.8　p212-251　30cm　533円

◇逆説の日本史　8（中世混沌編）　室町文化と一揆の謎　井沢元彦著　小学館　2000.12　419p　20cm　1550円　①4-09-379419-7

◇室町万華鏡―ひざかりの女と残照の男たち　千草子著　集英社　1997.5　269p　20cm　1900円　①4-08-781138-7

◇謎解き中世史　今谷明著　洋泉社　1997.4　237p　19cm　1600円+税　①4-89691-255-1

◇中世動乱期に生きる――揆・商人・侍・大名　永原慶二著　新日本出版社　1996.11　206p　20cm　1650円　①4-406-02477-8

◇女人政治の中世―北条政子と日野富子　田端泰子著　講談社　1996.3　229p　18cm　（講談社現代新書）　650円　①4-06-149294-2

◇中世に生きる女たち　脇田晴子著　岩波書店　1995.2　244p　18cm　（岩波新書）　620円　①4-00-430377-X

◇日野富子とその時代　青木重数著　新人物往来社　1994.11　330p　20cm　1300円　①4-404-02142-9

◇日野富子のすべて　吉見周子編　新人物往来社　1994.9　213p　19cm　（人物シリーズ）　2800円　①4-404-02136-4

◇一休―応仁の乱を生きた禅僧　武田鏡村著　新人物往来社　1994.6　235p　19cm　1800円　①4-404-02111-9

◇応仁記　志村有弘著　勉誠社　1994.6　251p　20cm　（日本合戦騒動叢書 2）　2470円　①4-585-05102-3

◇応仁の乱―日野富子の専断と戦国への序曲　学習研究社　1994.5　177p　26cm　（歴史群像シリーズ 37号）　〈付（別冊80p）：応仁の乱人物事典 新田完三著〉　1200円

◇劇画日野富子―応仁の乱を起こした女の

生涯　大崎悌造原作，田中正仁劇画　日本文芸社　1994.4　298p　19cm（Nichibun comics）〈監修：永井豪〉580円　①4-537-03890-X

◇評伝 日野富子　三谷茉沙夫著　毎日新聞社　1994.4　231p　19cm　1400円　①4-620-30985-0

◇日野富子光と影―室町幕府陰の実力者　中江克己著　広済堂出版　1994.3　231p　18cm　(Kosaido books)　800円　①4-331-00640-9

◇日本中世女性史論　田端泰子著　塙書房　1994.2　293, 19p　22cm　4738円　①4-8273-1104-8

◇日野富子―物語と史蹟をたずねて　松本幸子著　成美堂出版　1994.1　220p　19cm　1000円　①4-415-06576-7

◇おもしろ日本誌　尾崎秀樹著　集英社　1993.12　230p　20cm　1600円　①4-08-774044-7

◇応仁の乱と日野富子―将軍の妻として、母として　小林千草著　中央公論社　1993.10　212p　18cm　（中公新書）　700円　①4-12-101157-0

◇炎の女 日野富子の生涯　風巻絃一著　三笠書房　1993.9　270p　15cm　（知的生きかた文庫）　480円　①4-8379-0598-6

◇中世を生きた日本人　今井雅晴著　学生社　1992.6　310p　19cm　2400円　①4-311-20175-3

◇室町幕府―その実力者たち　笠原一男編　人物往来社　1965　278p　19cm　〈参考史料・文献〉

足利 義視
あしかが よしみ

永享11年（1439年）～延徳3年（1491年）1月7日

武将。通称は今出川殿（いまでがわどの）。足利義教の子。初め浄土寺に入ったが、将軍義政に子がなかったため、寛正5年（1464年）還俗して義視と名乗り義政の後嗣となるが、翌年義政に実子が生まれたために起こった継嗣争いが応仁の乱の一因となる。応仁の乱では始め北畠氏を頼って伊勢へ逃れ、義政の要請により帰洛するも義政と不和になり、西軍の山名氏側につく。のち土岐氏を頼って美濃に移ったが、延徳2年（1490年）子の足利義材（義稙）が将軍になると義政とも和睦、幕政を後見した。

＊　＊　＊

◇賢女 日野富子　緒形隆司著　光風社出版　1994.4　217p　18cm　800円　①4-87519-612-1

◇歴史を変えた野望の戦国史―国盗りに賭けた勇将たちの決断　寺林峻著　日本文芸社　1993.5　251p　15cm　（にちぶん文庫）　480円　①4-537-06223-1

応仁の乱　おうにんのらん

応仁元年（1467年）から文明9年（1477年）まで京都を中心に発生し全国に広がった内乱。応仁・文明の乱とも呼ばれる。この当時の室町将軍家では8代将軍足利義政の後継に義政の子義尚と義政の弟義視の名が挙げられ、また三管領家のうち畠山家・斯波家でも後継争いから内紛が発生していた。幕府内部では、長く管領職にあった細川勝元と嘉吉の乱以来勢力を伸ばしてきた山名持豊（宗全）の間で対立が生じ、畠山政長・斯波義敏は細川勝元を、畠山義就・斯波義廉は山名持豊を頼り、両派は各領国の兵を上京させて一触即発の状態が続いていた。両畠山軍が上御霊社で衝突した後、応仁元年5月には全面戦争に突入。本陣の位置関係から細川方は東軍、山名方は西軍と呼ばれた。緒戦天皇・将軍家を擁する東軍が圧倒的に優勢だったが、西軍は8月に大内氏・河野氏が加わり、また翌年には将軍家から義視が西軍に加わって膠着状態になった。争いは地方にも波及し、全国各地で戦乱が勃発した。文明5年に細川勝元・山名持豊が相次いで没すると両軍は半ば戦意を喪失して対陣は惰性となり、結局9年に大内氏が領国に引き揚げると他の大名も続々と京都を離脱。11年間にわたる京都の戦乱は一応終息した。この内乱で京都の歴史的文化財が数多く失われ、また室町幕府の権威は完全に失墜した。地方では守護大名が没落し下剋上の風潮が広まり、戦国大名が台頭する。応仁の乱はまさに戦国時代の到来を告げる内乱となった。

◇週刊新説戦乱の日本史　34　応仁の乱　小学館　2008.10　35p　30cm　（小学館ウイークリーブック）　552円

◇応仁・文明の乱　石田晴男著　吉川弘文館　2008.7　299, 12p　20cm　（戦争の日本史 9）〈文献あり　年表あり〉　2500円　①978-4-642-06319-7

◇再現日本史―週刊time travel　鎌倉・室町 10　講談社　2002.12　42p　30cm　〈年表あり〉　533円

◇日本の歴史　中世 2-7　応仁の乱　新訂増補　朝日新聞社　2002.9　p194-224　30cm　（週刊朝日百科 17）　476円

◇再現日本史―週刊time travel　戦国 1　講談社　2002.3　42p　30cm　〈年表あり〉　533円

◇週刊ビジュアル日本の歴史　no.75　戦乱の世　5　デアゴスティーニ・ジャパン　2001.7　p170-209　30cm　533円

◇応仁の乱で京都はどうなった？―南北朝・室町時代　佐藤和彦監修　ポプラ社　1998.4　47p　29cm　（調べ学習にやくだつ日本史の大疑問 4）　3000円　①4-591-05698-8, 4-591-99229-2

◇マンガ日本の歴史　22　王法・仏法の破滅―応仁の乱　石ノ森章太郎著　中央公論社　1997.12　216p　16cm　（中公文庫）　524円　①4-12-203027-7

◇応仁記　志村有弘著　勉誠社　1994.6　251p　20cm　（日本合戦騒動叢書 2）　2470円　①4-585-05102-3

◇応仁の乱―日野富子の専断と戦国への序曲　学習研究社　1994.5　177p　26cm　（歴史群像シリーズ 37号）〈付（別冊 80p）：応仁の乱人物事典 新田完三著〉　1200円

◇応仁の乱と日野富子―将軍の妻として、母として　小林千草著　中央公論社　1993.10　212p　18cm　（中公新書）　700円　①4-12-101157-0

◇物語日本の歴史―その時代を見た人が語る　第14巻　室町幕府と応仁の乱　笠原一男編　木耳社　1991.12　214p　20cm　1500円　①4-8393-7566-6

◇日本の歴史―マンガ　22　王法・仏法の破滅―応仁の乱　石ノ森章太郎著　中央公論社　1991.8　237p　20cm　〈監修：児玉幸多〉　1000円　①4-12-402822-9

◇応仁之乱　京都府立総合資料館歴史資料課編　〔京都〕　京都府立総合資料館　1989.7　60, 19p　26cm　（東寺百合文書展 第6回）〈会期：平成元年7月1日～31日〉

◇戦乱の日本史「合戦と人物」　第6巻　下剋上の幕開け　熱田公責任編集　第一法規出版　1988.6　158p　31cm　〈監修：安田元久 編集：風土社〉　3500円　①4-474-10136-7

◇応仁記―加賀市立図書館聖藩文庫蔵　黒田彰編　加賀　加賀市立図書館　1987.3　305p　27cm　〈複製および翻刻〉

◇応仁記　吉野町（奈良県）　坂本竜門文庫　1986.3　1冊（丁付なし）　26cm　（阪本竜門文庫覆製叢刊 17）〈永禄6年鈔本の複製 付（別冊 4p）：解説 川瀬一馬著 箱入　和装〉

◇乱世の群像―応仁の乱を演出した人々　西塔義睦著　〔西塔義睦〕　1983.10　638p　22cm　3000円

◇応仁記・応仁別記　和田英道編　古典文

庫 1978.6 238p 17cm (古典文庫 第381冊) 1200円

◇応仁の乱 鈴木良一著 岩波書店 1973 211p 18cm (岩波新書) 180円

◇応仁の乱 永島福太郎著 至文堂 1968 284p 図版 19cm (日本歴史新書)

◇応仁の乱 永島福太郎著 至文堂 1968 284p 図版 19cm (日本歴史新書) 690円

◇画報新説日本史 第9巻 室町文化と応仁の戦火 時事世界新社編 時事世界新社 1963-64 31cm

◇応仁の大乱 榊山潤著 河出書房新社 1960 287p 19cm (現代人の日本史 第11)

◇応仁の大乱 榊山潤著 河出書房新社 1960 287p 19cm (現代人の日本史 第11)

◇応仁の乱 池波正太郎著 東方社 1960 275p 20cm

山名 宗全
やまな そうぜん

応永11年(1404年)5月29日 ～ 文明5年(1473年)3月18日

室町中期の武将。名は小次郎、諱は持豊で、宗全は法名、謚号は遠碧院殿最高崇峰。山名時熙の三男で、長兄が若くして没し、次兄も将軍義教に疎まれたため嫡子となった。但馬・備後などの守護職で、嘉吉の乱で赤松満祐を討った功により播磨の守護職も得て勢力を強めた。こうした中で大内氏との結びつきを強める一方、細川勝元ら細川氏とは対立を強め、将軍義政夫人の日野富子から長子義尚の後見を託されたことなどもあり、応仁の乱の一因となった。応仁の乱では西軍の主将であったが、勝敗を見ぬまま陣中で没した。

＊　＊　＊

◇但馬の中世史―城跡と史料で語る 宿南保著, のじぎく文庫編 神戸 神戸新聞総合出版センター 2002.5 363p 20cm 2500円 ①4-343-00165-2

◇賢女 日野富子 緒形隆司著 光風社出版 1994.4 217p 18cm 800円 ①4-87519-612-1

◇山名宗全と細川勝元 小川信著 新人物往来社 1994.3 246p 20cm 2800円 ①4-404-02106-2

◇群雄割拠編 桑田忠親著 秋田書店 1989.10 254p 19cm (新編 日本武将列伝 3) 1500円 ①4-253-00364-8

◇山名宗全と細川勝元 小川信著 人物往来社 1966 269p 図版 19cm (日本の武将 25)

細川 勝元
ほそかわ かつもと

永享2年(1430年)～ 文明5年(1473年)5月11日

室町幕府管領。細川持之の子。幼名は六郎、法名は竜安寺宗宝。嘉吉2年(1442年)13歳で家督を継ぎ、摂津、讃岐、土佐などの守護となる。文安2年(1445年)16歳で管領となり、幼少の将軍義政を助けたのをはじめ、前後3回、通算20年余り管領に在任した。義政の弟義視が還俗して義政の後継者となると、その後見人として務める。嘉吉の乱の首謀者赤松氏の再興に尽力したため、舅である山名宗全と対立していたが、畠山氏の家督争いがこれにからみ、応仁元年(1467年)応仁の乱を引き起こすこととなった。勝元は畠山政長を支持し、将軍義政を擁して義視を奉じ、東軍の総大将として山名宗全の率いる西軍と戦ったが、義視が西軍側に奔るなど戦局が混迷し、勝敗が決しないまま、文明5年(1473年)に没した。禅に深く帰依し龍安寺、龍興寺を創建、また和歌や絵画にも通じた。

＊　＊　＊

◇山名宗全と細川勝元 小川信著 新人物往来社 1994.3 246p 19cm 2800円 ①4-404-02106-2

◇群雄割拠編 桑田忠親著 秋田書店 1989.10 254p 19cm (新編 日本武将列伝 3) 1500円 ①4-253-00364-8

◇山名宗全と細川勝元 小川信著 人物往来社 1966 269p 図版 19cm (日本

の武将 25） 480円

畠山 義就
はたけやま よしなり

永享9年（1437年）～延徳2年（1490年）

武将。初名は義夏。畠山持国の子。父の持国に子が無く、持国は弟持富の子政長を養子としたが、その後義就が妾腹に生まれ、家督をつがせようとしたため畠山氏は分裂。細川勝元、山名持豊らが政長を援助し、父と共に京都を追われたが、のち将軍足利義政の仲裁により和睦。しかしまもなく再び対立し、河内、紀伊、さらには吉野に逃れ、日野富子に取り入るなどした。これが応仁の乱の発端となり、乱後も畿内で転戦しながら病没した。

＊　＊　＊

◇逆説の日本史―室町文化と一揆の謎 中世混沌編　井沢元彦著　小学館　2004.6　495p　15cm　（小学館文庫）　657円　①4-09-402008-X

◇逆説の日本史　8（中世混沌編）　室町文化と一揆の謎　井沢元彦著　小学館　2000.12　419p　20cm　1550円　①4-09-379419-7

琉球王国
りゅうきゅうおうこく

沖縄の別称で中国側からの呼称。1372年から1879年までの約500年間、沖縄の公式名称として用いられた。地理的には奄美諸島（鹿児島県）も含む。10～12世紀ごろには海外との交易を開始、本島を中心にした地域に農業共同体のリーダーである按司とよばれる強力な首長が出現し、周辺地域を支配下に治めて勢力を拡大した。按司たちは交易や領地をめぐり互いに対立抗争を繰り返し、14世紀半ばごろには沖縄本島に北山・中山・南山の小国家が形成される。三山はあいついで中国明朝に入貢、明の冊封体制に参入し互いに対抗しながら発展していった。1406年南山の尚巴志が、当時最大勢力であった中山の察度王統を滅ぼし、1429年には首里に拠点をおく統一国家を成立させた。

＊　＊　＊

◇沖縄琉球王国ぶらぶらぁ散歩　おおき・ゆうこう, 田名真之著　新潮社　2009.3　125p　21cm　（とんぼの本）〈文献あり 年表あり〉 1400円　①978-4-10-602185-5

◇甦る琉球王国の輝き―中国・北京故宮博物院秘蔵 沖縄県立博物館・美術館開館一周年記念博物館特別展　那覇　沖縄県立博物館・美術館　2008.11　235p　30cm　〈会期・会場：2008年11月1日―12月21日 沖縄県立博物館・美術館（3F）特別展示室・企画展示室　年表あり〉

◇酒とシャーマン―『おもろさうし』を読む　吉成直樹著　新典社　2008.5　127p　18cm　（新典社新書）〈年表あり　文献あり〉 800円　①978-4-7879-6109-9

◇海域アジア史研究入門　桃木至朗編　岩波書店　2008.3　292p　21cm　2800円　①978-4-00-022484-0

◇琉球王国誕生―奄美諸島史から　吉成直樹, 福寛美著　森話社　2007.12　357p　19cm　（叢書・文化学の越境）　3300円　①978-4-916087-80-5

◇琉球王国の形成―三山統一とその前後　和田久徳著, 池谷望子, 内田晶子, 高瀬恭子編　宜野湾　榕樹書林　2006.12　229p　22cm　（琉球弧叢書 12）　3800円　①4-89805-122-7

◇琉球王国と倭寇―おもろの語る歴史　吉成直樹, 福寛美著　森話社　2006.1　317p　20cm　（叢書・文化学の越境 12）　3300円　①4-916087-61-5

◇琉球・沖縄と海上の道　豊見山和行, 高良倉吉編　吉川弘文館　2005.4　250, 22p　19cm　（街道の日本史 56）　2600円　①4-642-06256-4

◇中世の系譜―東と西、北と南の世界　小野正敏, 五味文彦, 萩原三雄編　高志書院　2004.7　294p　21cm　（考古学と中世史研究 1）　2500円　①4-906641-84-9

◇琉球王国の外交と王権　豊見山和行著　吉川弘文館　2004.6　309, 11p　22cm

8000円 ①4-642-03387-4

◇琉球王国秘話―「国王の思惑」と「謎の人物」沖縄の歴史　長田昌明著　与那原町(沖縄県)　わらべ書房　2004.6　213p　21cm　1500円　①4-9900914-5-0

◇琉球王国―東アジアのコーナーストーン　赤嶺守著　講談社　2004.4　228p　19cm　(講談社選書メチエ)　1500円　①4-06-258297-X

◇琉球・沖縄史の世界　豊見山和行編　吉川弘文館　2003.10　305, 13p　21cm　(日本の時代史 18)　3200円　①4-642-00818-7

◇琉球と中国―忘れられた冊封使　原田禹雄著　吉川弘文館　2003.5　189p　19cm　(歴史文化ライブラリー 153)　1700円　①4-642-05553-3

◇日本を問いなおす―いくつもの日本　1　赤坂憲雄, 中村生雄, 原田信男, 三浦佑之編　岩波書店　2002.10　283, 9p　19cm　2800円　①4-00-026821-X

◇琉球王国　高良倉吉著　岩波書店　2002.5　194, 13p　18cm　(岩波新書)〈第13刷〉　700円　①4-00-430261-7

◇周縁から見た中世日本　大石直正, 高良倉吉, 高橋公明著　講談社　2001.12　408p　20cm　(日本の歴史 第14巻)〈付属資料：8p：月報 14〉　2200円　①4-06-268914-6

◇琉球王国の時代　宜野湾　沖縄大学公開講座委員会　1996.12　298p　19cm　(沖縄国際大学公開講座 1)〈那覇 ボーダーインク(発売)〉　1456円　①4-938923-92-0

◇図説・琉球王国　高良倉吉, 田名真之編　河出書房新社　1993.2　127p　22cm　1600円　①4-309-72482-5

◇琉球王国　高良倉吉著　岩波書店　1993.1　194, 13p　18cm　(岩波新書)　580円　①4-00-430261-7

◇琉球王国49の謎―知られざる沖縄の歴史、文化　中江克己著　広済堂出版　1993.1　241p　18cm　(広済堂ブックス)　780円　①4-331-00593-3

◇甦える琉球王国―南海に生きる大琉球浪漫　武光誠著　ベストセラーズ　1992.11　237p　15cm　(ワニ文庫)　500円　①4-584-30350-9

◇琉球王朝記　童門冬二著　三笠書房　1992.10　261p　19cm　1100円　①4-8379-1488-8

◇アジアのなかの日本史　4　地域と民族　荒野泰典ほか編　東京大学出版会　1992.9　285p　22cm　3708円　①4-13-024124-9

◇沖縄・奄美と日本(ヤマト)　谷川健一編　同成社　1986.11　205p　19cm　1800円　①4-88621-041-4

◇沖縄文化研究　1　法政大学沖縄文化研究所編　法政大学出版局　1974　295p　20cm　1600円

◇仲原善忠選集　那覇　沖縄タイムス社　1969　3冊　22cm

尚巴志
しょう はし

文中元/応安5年(1372年)～永享11年(1439年)4月20日

琉球王。沖縄を初めて統一し琉球王国を樹立した人物。神号は勢治高真物(せじたかまもの)。応永13年(1406年)中山王武寧を討ち、父である尚思紹を王位につけて自らは補佐にあたった。長年の抗争が続いた三山(北山・中山・南山)の統一に乗り出し、応永23年(1416年)北山王攀安知(はんあんち)を攻め、正長2・永享元年(1429年)南山王他魯毎(たるみ)を滅ぼして、琉球全島としては初の統一王朝樹立に成功した。父の没後、琉球第一尚氏王統の2代目王位に就いた。拡張整備した首里城を王都として外国貿易を盛んにし、明をはじめジャワやシャムなどにも遣使した。

＊　＊　＊

◇思紹王、尚巴志王・尚泰久王　与並岳生著　那覇　新星出版　2005.11　132p　19cm　(新琉球王統史 3)〈年表あり〉　952円　①4-902193-23-X

◇琉球歴史の謎とロマン　その2　人物ものがたり　亀島靖著　那覇　環境芸術研究所　2000.4　239p　18cm　（琉球歴史入門シリーズ）　933円
①4-900374-01-6

◇第一尚氏物語―尚巴志王の三山統一とその後の王たち　大盛永意著　〔那覇〕　沖縄国映エージェンシー　1999.12　216p　19cm　1429円

◇琉球紀行　高野澄著　徳間書店　1993.2　252p　16cm　（徳間文庫）　460円
①4-19-597474-7

◇波瀾の琉球王朝―南洋王国に迫る嵐　三谷茉沙夫著　広済堂出版　1992.10　241p　18cm　（Kosaido books）　780円
①4-331-00584-4

◇琉球の英傑たち　大城立裕著　プレジデント社　1992.10　299p　19cm　1500円
①4-8334-1464-3

◇沖縄の夜明け―第一尚氏王統の興亡　宮野賢吉著　南風原町（沖縄県）　那覇出版社　1986.7　213p　20cm　1300円

社 会

◆経済・産業

荘園制
しょうえんせい

荘園は荘、そうえんとも呼ばれ、天平15年(743年)の墾田永年私財法以降、貴族や寺社が私的に領有した土地のこと。日本の古代・中世社会の基本的な土地所有・経済制度。文治元年(1185年)に頼朝が守護・地頭を置いてからは、実質的な支配権はそれまでの国司から守護・地頭に移っていった。地頭は年貢抑留・下地押領を行って荘園の私領地化を進め、地頭請を設けて支配権を得ていった。南北朝期には半済令が出されて、荘園の半分が守護に分割付与され、荘園制度は本格的な解体段階に入った。商業経済の発達によって実質的な役割を失い、太閤検地によって消滅した。

＊　＊　＊

◇日本中世荘園制成立史論　鎌倉佐保著　塙書房　2009.2.20　313, 9p　21cm　7000円　Ⓘ978-4-8273-1223-2

◇中世の借金事情　井原今朝男著　吉川弘文館　2009.1.1　226p　19cm　1700円　Ⓘ978-4-642-05665-6

◇日本中世地域環境史の研究　高木徳郎著　校倉書房　2008.10.10　422p　21cm　10000円　Ⓘ978-4-7517-3980-8

◇永原慶二著作選集　第8巻 日本経済史、苧麻・絹・木綿の社会史　永原慶二著　吉川弘文館　2008.2.10　555, 20p　21cm　17000円　Ⓘ978-4-642-02687-1

◇永原慶二著作選集　第4巻 荘園、荘園制と中世村落　永原慶二著　吉川弘文館　2007.10.10　578, 18p　21cm　17000円　Ⓘ978-4-642-02683-3

◇再考 中世荘園制　遠藤ゆり子, 蔵持重裕, 田村憲美編　岩田書院　2007.10　315p　21cm　6900円　Ⓘ978-4-87294-488-4

◇永原慶二著作選集　第3巻 日本中世社会構造の研究　永原慶二著　吉川弘文館　2007.9.10　540, 7p　21cm　16000円　Ⓘ978-4-642-02682-6

◇永原慶二著作選集　第2巻 日本封建制成立過程の研究　永原慶二著　吉川弘文館　2007.8.10　522, 7p　21cm　15000円　Ⓘ978-4-642-02681-9

◇永原慶二著作選集　第1巻 日本封建社会論・日本の中世社会　永原慶二著　吉川弘文館　2007.7.10　508, 12p　21cm　15000円　Ⓘ978-4-642-02680-2

◇荘園の歴史地理的世界　中野栄夫著　同成社　2006.12.25　398p　21cm　9000円　Ⓘ4-88621-374-X

◇日本中世の所有構造　西谷正浩著　塙書房　2006.11.20　649, 39p　21cm　17000円　Ⓘ4-8273-1206-0

◇首都の経済と室町幕府　早島大祐著　吉川弘文館　2006.11.1　343, 10p　21cm　8000円　Ⓘ4-642-02858-7

◇永原慶二の歴史学　永原慶二追悼文集刊行会編　吉川弘文館　2006.7.20　388p　21cm　6000円　Ⓘ4-642-07959-9

◇中世成立期の荘園と都市　鈴木敏弘著　東京堂出版　2005.5.30　300p　21cm　7000円　Ⓘ4-490-20551-1

◇荘園の在地構造と経営　須磨千頴著　吉川弘文館　2005.3.30　476, 26p　21cm　14000円　Ⓘ4-642-02840-4

◇苧麻・絹・木綿の社会史　永原慶二著　吉川弘文館　2004.12.1　353, 13p　19cm　3200円　Ⓘ4-642-07934-3

◇日本史講座　3 中世の形成　歴史学研究会, 日本史研究会編　東京大学出版会　2004.7.25　320p　19cm　2200円　Ⓘ4-13-025103-1

◇荘園社会における宗教構造　苅米一志著　校倉書房　2004.4.20　348p　21cm　9000円　Ⓘ4-7517-3530-6

◇中世荘園制と鎌倉幕府　高橋一樹著　塙書房（東京）　2004.1　433, 31p　22cm　Ⓘ4-8273-1183-8

◇講座日本荘園史　3 荘園の構造　網野善彦, 石井進, 稲垣泰彦, 永原慶二編　吉川弘文館　2003.5.10　345p　21cm　5200円　Ⓘ4-642-02693-2

◇荘園制社会の基本構造　工藤敬一著　校倉書房　2002.11.5　312p　21cm　8000円　Ⓘ4-7517-3360-5

◇日本の中世社会　永原慶二著　岩波書店　2001.11.7　343, 9p　19cm　3200円　Ⓘ4-00-026673-X

◇荘園制と中世村落　島田次郎著　吉川弘文館　2001.8.10　320, 14p　21cm　9000円　Ⓘ4-642-02806-4

◇荘園制成立史の研究―拾遺　川端新著　〔川端新『荘園制成立史の研究』を刊行する会〕〔京都〕　〔2001〕　157p　21cm

◇荘園制成立史の研究　川端新著　（京都）思文閣出版　2000.11.12　494p　21cm　8800円　Ⓘ4-7842-1054-7

◇日本中世の村落と荘園制　水野章二著　校倉書房　2000.7.15　510p　21cm　10000円　Ⓘ4-7517-3090-8

◇講座日本荘園史　4 荘園の解体　網野善彦, 石井進, 稲垣泰彦, 永原慶二編　吉川弘文館　1999.11.1　465p　21cm　6500円　Ⓘ4-642-02694-0

◇物語の中世―神話・説話・民話の歴史学　保立道久著　東京大学出版会　1998.11.20　345, 4p　21cm　5600円　Ⓘ4-13-020119-0

◇中世寺社と荘園制　小山靖憲著　塙書房　1998.11.10　339, 29p　21cm　7000円　Ⓘ4-8273-1156-0

◇荘園　永原慶二著　吉川弘文館　1998.8.5　331, 15p　19cm　3000円　Ⓘ4-642-06656-X

◇エピソードで綴る税の日本史　租税史研究グループ編　大蔵財務協会税のしるべ総局　1997.8.8　83p　21cm　400円　Ⓘ4-7547-4079-3

◇ハタケと日本人―もう一つの農耕文化　木村茂光著　中央公論社　1996.12.20　220p　18cm　700円　Ⓘ4-12-101338-7

◇日本中世の都市と法　佐々木銀弥著　吉川弘文館　1994.11.10　308p　21cm　7004円　Ⓘ4-642-02740-8

◇中世の変革と徳政―神領興行法の研究　海津一朗著　吉川弘文館　1994.8.10　13, 263p　21cm　6077円　Ⓘ4-642-02736-X

◇中世後期の村落―紀伊国賀太荘の場合　伊藤正敏著　吉川弘文館　1991.3.20　197, 7p　19cm　2000円　Ⓘ4-642-02662-7

◇荘園の成立と領有　網野善彦, 石井進, 稲垣泰彦, 永原慶二編　吉川弘文館　1991.2.20　356p　21cm　4300円　Ⓘ4-642-02692-4

◇日本における荘園制形成過程の研究　奥野中彦著　三一書房　1988.7.31　442p　21cm　7500円

◇中世村落と荘園絵図　小山靖憲著　東京大学出版会　1987.11.16　298, 9p　21cm　4500円　Ⓘ4-13-020078-X

◇中世の農村　木村尚三郎ほか著　学生社　1987.3.20　336p　21cm　4200円

◇荘園制と中世社会―竹内理三先生喜寿記念論文集下巻　竹内理三先生喜寿記念論文集刊行会編　東京堂出版（東京）　1984.9　488p　22cm　7300円

◇荘園制と武家社会　竹内理三博士還暦記念会編　吉川弘文館（東京）　1969　612p　22cm　3500円

惣 村
そうそん

惣中、惣荘とも。鎌倉末期から室町時代にかけて発達した、農村の自治組織。もと名主層が構成員の、荘園を単位とした訴訟主体であった惣が、しだいに自治組織としての機能を備え、それが村単位となったもの。鎌倉中期以降、自立化が進行した小農民層が、惣の運営に加わるようになり、荘園の枠に制約されない村単位の惣が発生、惣村が形成された。おおむね名主の中から選ばれた乙名(おとな)・年寄・沙汰人などを中心としていたが、惣村が発展した場所では平百姓も大きな力を持った。惣有田や惣山などの財産を持ち、それを共同で管理し、惣村の経済基盤とした。寄合によって独自の惣掟を定め、共同管理や年貢納入の請け負いを行う。また、土一揆や年貢の百姓請などの基盤ともなった。しかし、中世末期には支配組織の末端に組みこまれ、乙名層が武士の被官となり、または村役人に任命されるようになり、抵抗組織としての性格は失われていった。

＊　＊　＊

◇日本中世地域環境史の研究　高木徳郎著　校倉書房　2008.10　422p　22cm　(歴史科学叢書)　10000円　①978-4-7517-3980-8

◇中世の内乱と社会　佐藤和彦編　東京堂出版　2007.5　600p　22cm　10000円　①978-4-490-20610-4

◇宮座祭祀の史的研究　小栗栖健治著　岩田書院　2005.2　403p　21cm　8900円　①4-87294-362-7

◇都市の空間史　伊藤毅著　吉川弘文館　2003.2　325, 6p　21cm　9000円　①4-642-03382-3

◇近江・若狭と湖の道　藤井譲治編　吉川弘文館　2003.1　278, 22p　19cm　(街道の日本史 31)　2500円　①4-642-06231-9

◇中世村の歴史語り―湖国「共和国」の形成史　蔵持重裕著　吉川弘文館　2002.9　239p　20cm　2600円　①4-642-07790-1

◇日本文化のかなめ―つがやま市民教養文化講座二十年の記録　高橋正隆, 高谷好一, 舟橋和夫編　彦根　サンライズ出版　2001.1　285, 9p　20cm　2200円　①4-88325-083-0

◇日本中世地域社会の構造　榎原雅治著　校倉書房　2000.12　492p　22cm　(歴史科学叢書)　12000円　①4-7517-3150-5

◇中世の惣村と文書　田中克行著　山川出版社　1998.11　377, 31p　22cm　7800円　①4-634-52040-0

◇中世地域社会の歴史像　吉村亨著　京都　阿吽社　1997.5　357, 11p　22cm　3800円　①4-900590-53-3

◇特別展「惣村の自立と生活」図録　彦根　滋賀大学経済学部附属史料館　1995.11　24p　30cm　〈滋賀大学経済学部附属史料館新営開館記念 会期：1995年11月20日～1996年2月16日〉

◇中世の風景を読む　第5巻　信仰と自由に生きる　網野善彦, 石井進編　新人物往来社　1995.10　391p　21cm　3000円　①4-404-02177-1

◇村で学ぶ歴史学習　武田章編著　日本書籍　1993.4　190p　21cm　2000円　①4-8199-0367-5

◇室町戦国の社会―商業・貨幣・交通　永原慶二著　吉川弘文館　1992.5　313p　20cm　1980円　①4-642-07381-7

◇史料 教養の日本史　竹内誠, 佐藤和彦, 君島和彦, 木村茂光編　東京大学出版会　1991.3　259, 14p　21cm　2060円　①4-13-022012-8

◇日本女性生活史　第2巻 中世　女性史総合研究会編　東京大学出版会　1990.6　301p　19cm　2472円　①4-13-024162-1

◇惣村から近世の農村へ―綴喜郡東村の歴史企画展　京都府立山城郷土資料館編　山城町(京都府)　京都府立山城郷土資料館　1990.4　24p　26cm　(企画展資料 11)　〈会期：1990年4月28日～6月17日〉

◇人物でたどる日本荘園史　阿部猛, 佐藤

和彦編　東京堂出版　1990.1　381p　19cm　〈日本荘園史研究のための参考文献：p378～381〉　2800円　①4-490-20159-1

◇中世惣村史の構造　黒田弘子著　吉川弘文館　1989.11　348p　21cm　（戊午叢書）〈第2刷（第1刷：85.3.20）〉　4600円　①4-642-02547-2

◇民俗学と学校教育　日本民俗学会著　名著出版　1989.9　418p　21cm　3800円　①4-626-01358-9

◇日本の社会史　第6巻　社会的諸集団　朝尾直弘ほか編　岩波書店　1988.6　362p　22cm　2900円　①4-00-004026-X

◇宮座と村落の史的研究　高牧実著　吉川弘文館　1986.11　446, 9p　21cm　8500円　①4-642-03274-6

◇古代中世の政治と地域社会　井上辰雄編　雄山閣出版　1986.9　505p　22cm　〈筑波大学創立十周年記念日本史論集〉　12000円　①4-639-00589-X

◇中世惣村史の構造　黒田弘子著　吉川弘文館　1985.3　348p　22cm　（戊午叢書）　4000円　①4-642-02547-2

◇日本政治社会史研究　下　岸俊男教授退官記念会編　塙書房　1985.3　593p　22cm　8800円

◇中世惣村史の研究―近江国得珍保今堀郷　仲村研著　法政大学出版局　1984.3　536, 24p　22cm　（叢書・歴史学研究）

◇中世惣村史の研究―近江国得珍保今堀郷　仲村研著　法政大学出版局　1984.3　x, 536, 24p　22cm　（叢書・歴史学研究）　6800円

◇中世惣村の諸問題　黒川正宏著　国書刊行会　1982.10　397p　22cm　7500円

◇解体期の農村社会と支配　津田秀夫編　校倉書房　1978.9　354p　22cm　4000円

◇共同体の史的考察―中村吉治教授還暦記念論集　中村吉治教授還暦記念論集刊行会編　日本評論社　1965　530p 図版　22cm

◇日本歴史講座　第3巻　中世近世 序論〔ほか〕　歴史学研究会, 日本史研究会共編　林屋辰三郎　東京大学出版会　1956-1957　18cm

◇日本歴史講座　第3巻　中世―近世　歴史学研究会, 日本史研究会編　東京大学出版会　1956　285p　18cm

国人
こくじん

国衆とも。室町時代の在地領主。鎌倉時代の在地領主は主に地頭であったが、村や国単位の所領を庶子または一族で行なううちに、在地的性格を強くするようになったもの。鎌倉幕府が崩壊して室町幕府が成立すると、国人は守護大名の領国支配に抵抗し、土一揆や国一揆の母体となった。室町幕府は国人の一部分を直接に支配し、直轄軍事力として守護大名の自立を阻止する役割を担わせた。国人の呼称は、室町末期には将軍近侍の大名や直臣団に対して国持、または準国持の大名在国衆にも用いられた。

＊　＊　＊

◇中世讃岐国人伝承世界の香西氏　佐藤篤著　高松　佐藤篤　2004.6　154p　22cm　〈文献あり〉

◇中世讃岐国人香西氏の実体　佐藤篤著　高松　佐藤篤　2002.10　86p　22cm　〈文献あり〉

◇東国の南北朝動乱―北畠親房と国人　伊藤喜良著　吉川弘文館　2001.12　209p　19cm　（歴史文化ライブラリー）　1700円　①4-642-05531-2

◇室町幕府と国人一揆　福田豊彦著　吉川弘文館　1995.1　317, 8p　21cm　7416円　①4-642-02742-4

◇戦国国盗りガイド　小山内新著, 新紀元社編集部, 珪冴技研編　新紀元社　1994.12　283p　21cm　1800円　①4-88317-244-9

◇論集日本歴史　5　室町政権　小川信編　有精堂出版　1975　380p　22cm　〈監

修：豊田武, 児玉幸多, 大久保利謙〉
2800円

二毛作
にもうさく

同一耕地に異なる作物をそれぞれ年に一度ずつ栽培すること。1回目を表作、2回目を裏作という。鎌倉時代には、灌漑排水の普及による乾田の増加、品種改良、豊肥量の増大など、農業技術の発展に支えられ、機内を中心に各地に普及した。文永元年(1264年)4月に鎌倉幕府が諸国に裏作麦の年貢徴収を禁じた法令が、史料として初出。イネとムギまたはその他の雑穀との組み合わせ、あるいは雑穀相互の組み合わせがあり、室町時代にはムギ、イネ、ソバの三毛作も行われた。

*　*　*

◇中世の農業と気候—水田二毛作の展開　磯貝富士男著　吉川弘文館　2002.1　342, 12p　22cm　8000円　ⓘ4-642-02808-0

◇農業・漁業の歴史 稲作を中心にした農業や漁業のうつりかわり　ポプラ社　1994.4　47p　26cm　(調べ学習にやくだつくらしの歴史図鑑 5)　2500円　ⓘ4-591-04547-1

◇赤松俊秀教授退官記念国史論集　赤松俊秀教授退官記念事業会編　京都　赤松俊秀教授退官記念事業会　1972　1214p 肖像　22cm　6500円

街 道
かいどう

平安時代に、京を中心として山陽道、東山道、東海道、北陸道、山陰道、南海道、西海道の七道が形成されて駅伝制がしかれ、これらの街道が交通体系の中核となった。鎌倉幕府が成立すると、街道は各支配領域の境界とされ、また商品経済の流通路とされて、朝廷や幕府が統治した。各街道には関所が設置され、幕府や朝廷、寺社によって交通税が徴収された。交通体系はそれまでの山陽道中心から、京都と鎌倉を結ぶ東海道中心に変化した。鎌倉幕府のおもな基盤である関東御分国では、鎌倉街道が設けられた。戦国時代には各領国の本城を中心とした国ごとの街道や伝馬制が形成され、交通体系が大きく変化した。

*　*　*

◇鎌倉時代の考古学　小野正敏, 萩原三雄編　高志書院　2006.6　452p　31cm　〈文献あり〉　14000円　ⓘ4-86215-012-8

◇鎌倉街道の世界—古道から探る中世の風景 第14回特別展図録　毛呂山町歴史民俗資料館編　〔毛呂山町(埼玉県)〕　毛呂山町歴史民俗資料館　2004.10　30p　30cm

◇中世東国の世界　2(南関東)　浅野晴樹, 齋藤慎一編　高志書院　2004.6　330p　22cm　4200円　ⓘ4-906641-82-2

◇中世のみちを探る　藤原良章編　高志書院　2004.6　292p　22cm　4200円　ⓘ4-906641-83-0

◇中世出羽の領主と城館　伊藤清郎, 山口博之編　高志書院　2002.2　318p　22cm　(奥羽史研究叢書 2)　3800円　ⓘ4-906641-49-0

◇古道を歩く—鎌倉街道歴史探訪　埼玉県立歴史資料館編　〔出版地不明〕　奥武蔵古文化研究会　2000.4　55p　19cm

◇中世の道・鎌倉街道の探索—東京近郊の「鎌倉街道」を尋ねて　北倉庄一著　テレコム・トリビューン社　2000.3　276p　19cm　1800円　ⓘ4-9900165-4-8

◇中世を歩く—東京とその近郊に古道「鎌倉街道」を探る　北倉庄一著　テレコム・トリビューン社　1998.2　280p　19cm　1428円　ⓘ4-9900165-3-X, 4-9900165-3-1

◇中世東国史の中の鎌倉古道　蜂矢敬啓著　高文堂出版社　1997.5　197p　19cm　1900円　ⓘ4-7707-0558-1

◇「歴史街道」を駆けぬけた武将たち—三重・奈良・滋賀・京都・大阪・兵庫　横山高治著　大阪　新風書房　1996.8　195p　19cm　1456円　ⓘ4-88269-339-9

鎌倉街道
かまくらかいどう

鎌倉時代に形成された、各地から鎌倉に向かう中世の古道。鎌倉往還とも。鎌倉を中心として放射状に走り、どの道も地方へ向かう場合は武蔵路・信濃街道・上州路、京都などの行き先に応じ「京鎌倉往還」などと別称した。多くは国府(府中)を通り、街道沿いに守護所が設置された。現在道路として継承されているものもあるが、山中に残るものは5〜6mの幅で細長い窪地状になっているものが多く、「長堀通」「七里堀」の地名も残る。

＊　＊　＊

◇鎌倉時代の考古学　小野正敏, 萩原三雄編　高志書院　2006.6　452p　31cm　〈文献あり〉　14000円　①4-86215-012-8

◇大知波道と長彦峠―豊橋市嵩山町における「大知波道(豊川道・長彦自然歩道)」及び「長彦峠(大知波峠)」の名称等に関する歴史地理学的考察 鎌倉街道、源頼朝及び三河南朝玉川御所と関連付けて　藤原裕一著　第2版　豊橋　月ケ谷歴史民俗博物館　2005.9　1冊(ページ付なし)　30cm

◇鎌倉街道の世界―古道から探る中世の風景 第14回特別展図録　毛呂山町歴史民俗資料館編　〔毛呂山町(埼玉県)〕　毛呂山町歴史民俗資料館　2004.10　30p　30cm

◇中世のみちを探る　藤原良章編　高志書院　2004.6　292p　22cm　4200円　①4-906641-83-0

◇週刊日本の街道　no.29　鎌倉街道―鎌倉七口散策　講談社　2002.11　33p　30cm　533円

◇鎌倉街道伝説　宮田太郎著　小金井　ネット武蔵野　2001.11　39p　27cm　1143円　①4-944237-06-5

◇旧鎌倉街道・探索の旅　上道編　芳賀善次郎著　さいたま　さきたま出版会　2001.9(第7刷)　252p　19cm　(さきたま双書)　〈文献〉　1700円　①4-87891-082-8

◇鎌倉街道夢紀行―上道コース　テレビ埼玉編　浦和　さきたま出版会　2001.3　175p　20cm　1600円　①4-87891-078-X

◇鎌倉街道を歩く―ひたち野つちうら 奥村好太郎フォトハイク　奥村好太郎著　土浦　常陽新聞社　2000.11　72p　20×22cm　①4-921088-07-1

◇旧鎌倉街道・探索の旅　中道編　芳賀善次郎著　浦和　さきたま出版会　2000.10(第5刷)　205, 4p　19cm　(さきたま双書)　1500円　①4-87891-075-5

◇旧鎌倉街道・探索の旅　下道編　芳賀善次郎著　浦和　さきたま出版会　2000.10(第4刷)　222, 6p　19cm　(さきたま双書)　1500円　①4-87891-076-3

◇古道を歩く―鎌倉街道歴史探訪　埼玉県立歴史資料館編　〔出版地不明〕　奥武蔵古文化研究会　2000.4　55p　19cm

◇中世の道・鎌倉街道の探索―東京近郊の「鎌倉街道」を尋ねて　北倉庄一著　テレコム・トリビューン社　2000.3　276p　19cm　1800円　①4-9900165-4-8

◇多摩の街道　下　鎌倉街道・町田街道・五日市街道ほか　池上真由美, 清水克悦, 津波克明著　立川　けやき出版　1999.3　155p　21cm　1500円　①4-87751-072-9

◇鎌倉街道をゆく　栗原仲道著　浦和　埼玉新聞社　1998.12　268p　20cm　1800円　①4-87889-192-0

◇鎌倉街道上道整備活用総合計画―歴史の道整備活用推進事業　2(比企・大里南部地域)　浦和　埼玉県教育委員会　1998.3　104p　30cm　〈折り込あり〉

◇中世を歩く―東京とその近郊に古道「鎌倉街道」を探る　北倉庄一著　テレコム・トリビューン社　1998.2　280p　19cm　1428円　①4-9900165-3-X, 4-9900165-3-1

◇中世東国史の中の鎌倉古道　蜂矢敬啓著　高文堂出版社　1997.5　197p　19cm　1900円　①4-7707-0558-1

◇鎌倉街道上道整備活用総合計画—歴史の道整備活用推進事業　1（入間地域）　浦和　埼玉県教育委員会　1997.3　86p　30cm　〈付属資料：図2枚（袋入）〉

◇仮粧坂周辺詳細分布調査報告書—国指定史跡仮粧坂・日野俊基墓周辺の鎌倉街道上ノ道に係わる街道・城郭遺構等の詳細分布調査報告書　鎌倉市教育委員会編　〔鎌倉〕　鎌倉市教育委員会　1996.3　108p　30cm　〈付（図1枚）〉

◇武蔵国分寺跡北西地区の遺跡発掘調査報告書—推定鎌倉街道　西国分寺地区遺跡調査団編著　国分寺　西国分寺地区遺跡調査会　1996.3　127p　30cm　〈住宅都市整備公団の委託による〉

◇中世の風景を読む　第2巻　都市鎌倉と坂東の海に暮らす　網野善彦, 石井進編　新人物往来社　1994.12　352p　21cm　3000円　①4-404-02157-7

◇古道紀行—鎌倉街道　小山和著　大阪　保育社　1994.11　188p　19cm　1800円　①4-586-61308-4

◇旧鎌倉街道・探索の旅　上道編　芳賀善次郎著　浦和　さきたま出版会　1992.10　252p　18cm　（さきたま双書）〈第5刷（第1刷：昭和53年）〉　1500円

◇鎌倉街道上道—鎌倉から高崎へ140キロの旅　小原昭二著　立川　けやき出版　1991.4　119p　21cm　1300円　①4-905845-84-X

◇鎌倉街道　田村栄写真・文　誠文堂新光社　1990.3　190p　26×26cm　12000円　①4-416-89000-1

◇永国地区住宅団地建設予定地内埋蔵文化財調査報告書—寺家ノ後A遺跡・寺家ノ後B遺跡・十三塚A遺跡・十三塚B遺跡・永国十三塚遺跡・旧鎌倉街道　水戸　茨城県教育財団　1990.3　133p 図版32p　26cm　（茨城県教育財団文化財調査報告 第60集）〈茨城県住宅供給公社の委託による〉

◇旧鎌倉街道・探索の旅　山ノ道編　芳賀善次郎著　浦和　さきたま出版会　1988.3　159p　18cm　（さきたま双書）　1300円　①4-87891-037-2

◇鎌倉街道　上道　嵐山町（埼玉県）　埼玉県立歴史資料館　1985.3　12p　26cm　（資料館ガイドブック 2）

◇山梨県歴史の道調査報告書　第6集　鎌倉街道（御坂路）　山梨県教育委員会文化課編　甲府　山梨県教育委員会　1985.3　67p　30cm

◇鎌倉街道　東京編　阿部正道著　そしえて　1983.10　95p　19cm　（風土と歴史をあるく）　980円　①4-88169-303-4

◇鎌倉街道—歴史の道調査報告書　群馬県教育委員会文化財保護課編　前橋　群馬県教育委員会　1983.3　102p　30cm　（群馬県歴史の道調査報告書 第17集）

◇鎌倉街道上道　埼玉県立歴史資料館編　〔浦和〕　埼玉県教育委員会　1983.3　116p　30cm　（歴史の道調査報告書 第1集）〈折り込図1枚 付（別冊 10p 21cm）：歴史の道調査参考資料 昭和57年度〉

◇鎌倉街道　4　古道探訪編　蜂矢敬啓著　有峰書店新社　1983.2　246p　19cm　1300円

◇県内鎌倉街道伝承地所在確認調査報告書—埼玉県歴史の道調査報告書　埼玉県立歴史資料館編　〔浦和〕　埼玉県教育委員会　1982.3　11p 図版14p　30cm　〈付（図1枚 袋入）：県内鎌倉街道伝承地および古道分布図〉

◇旧鎌倉街道探索の旅　下道編　芳賀善次郎著　浦和　さきたま出版会　1982.2　228, 6p　18cm　（さきたま双書）　1300円

◇旧鎌倉街道探索の旅　中道編　芳賀善次郎著　浦和　さきたま出版会　1981.1　205, 4p　18cm　（さきたま双書）　1300円

◇旧鎌倉街道—その道すじと沿道の史蹟を歩く　芳賀善次郎著　浦和　さきたま出版会　1978.10　252p　19cm　（さきたま双書）　1200円

◇鎌倉街道 3 実地調査・史跡編 蜂矢敬啓著 有峰書店 1978.8 258p 19cm 1300円

◇三河古道と鎌倉街道 武田勇著 岡崎 武田勇 1976.9 212p 22cm 〈石田茂作先生喜寿記念出版〉

鎌倉
かまくら

現在の神奈川県鎌倉市の中心部にあたり、源頼朝によって鎌倉幕府が置かれた地である。「鎌府(れんぷ)」とも呼ばれた。三浦半島の付け根に位置しており、南は相模湾に面し、三方は丘陵や谷が多い。源頼義以来、源氏ゆかりの地となり、治承4年(1180年)10月、源頼朝が鎌倉に入り鎌倉幕府を開く。鶴岡八幡宮の社頭から由比ヶ浜まで一直線に海岸に向かう若宮大路が築造され、ここを中心として都市が形成された。承久の乱を経て鎌倉幕府の権力が強まると共に都市鎌倉もさらに発展した。元弘3・正慶2年(1333年)に鎌倉幕府が崩壊し、それに続く南北朝の内乱で大きな被害を受けたが、室町幕府の確立後は足利尊氏が三男基氏を鎌倉公方にして鎌倉府を置き、東国を管轄させたので復興した。現在は古都保存法の制定により「鎌倉市歴史的風土保存区域」「歴史的風土特別保存地区」が指定され、住宅地としての他に観光都市としても栄えている。

＊ ＊ ＊

◇山をおりた親鸞 都をすてた道元―中世の都市と遁世 松尾剛次著 京都 法蔵館 2009.4 201p 19cm 2200円 ①978-4-8318-6060-6

◇中世都市の空間構造 山村亜希著 吉川弘文館 2009.2 322p 21cm 11000円 ①978-4-642-02882-0

◇中世都市の空間構造 山村亜希著 吉川弘文館 2009.2 322p 21cm 11000円 ①978-4-642-02882-0

◇東国の中世遺跡―遺跡と遺物の様相 橋本澄朗, 荒川善夫編 宇都宮 随想舎 2009.2 223p 21cm 1800円 ①978-4-88748-184-8

◇開発と災害 五味文彦, 小野正敏編, 中世都市研究会編集協力 新人物往来社 2008.9 471p 21cm (中世都市研究 14) 3600円 ①978-4-404-03574-5

◇開発と災害 五味文彦, 小野正敏編, 中世都市研究会編集協力 新人物往来社 2008.9 471p 21cm (中世都市研究 14) 3600円 ①978-4-404-03574-5

◇たっぷり鎌倉歴史ウォーキング―義経・頼朝伝説を訪ねて 清水克悦著 改訂新版 水曜社 2007.7 126p 21cm 1500円 ①978-4-88065-197-2

◇網野善彦著作集 第13巻 中世都市論 網野善彦著 岩波書店 2007.5 464p 21cm 4200円 ①978-4-00-092653-9

◇石井進の世界 4 知の対話 石井進著, 石井進著作集刊行会編 山川出版社 2006.1 402, 15p 19cm 6500円 ①4-634-59054-9

◇中世東国の「都市的な場」と武士 落合義明著 山川出版社 2005.11 222, 10p 21cm (山川歴史モノグラフ 7) 5000円 ①4-634-52341-8

◇中世東国の「都市的な場」と武士 落合義明著 山川出版社 2005.11 222, 10p 21cm (山川歴史モノグラフ 7) 5000円 ①4-634-52341-8

◇鎌倉の地名由来辞典 三浦勝男編 東京堂出版 2005.9 205p 19cm 2200円 ①4-490-10674-2

◇交流・物流・越境―中世都市研究 11 五味文彦編 新人物往来社 2005.9 345p 21cm 3600円 ①4-404-03271-4

◇中世のみちと都市 藤原良章著 山川出版社 2005.9 107p 21cm (日本史リブレット) 800円 ①4-634-54250-1

◇武家の古都、鎌倉 高橋慎一朗著 山川出版社 2005.8 102p 22×14cm (日本史リブレット 21) 800円 ①4-634-54210-2

◇武家の古都、鎌倉 高橋慎一朗著 山川出版社 2005.8 102p 22×14cm (日本史リブレット 21) 800円

Ⓘ4-634-54210-2

◇鎌倉 もののふと伝説の道を歩く　大貫昭彦著, 高橋健司写真　有楽出版社, 実業之日本社〔発売〕　2005.7　175p　21cm　1600円　Ⓘ4-408-59242-0

◇中世都市 鎌倉―遺跡が語る武士の都　河野真知郎著　講談社　2005.6　328p　15cm　（講談社学術文庫）　1050円　Ⓘ4-06-159713-2

◇石井進著作集　第9巻　中世都市を語る　石井進著, 石井進著作集刊行会編　岩波書店　2005.5　373, 6, 6p　21cm　8400円　Ⓘ4-00-092629-2

◇たっぷり鎌倉歴史ウォーキング―義経・頼朝伝説を訪ねて　清水克悦著　水曜社　2005.1　126p　21cm　1500円　Ⓘ4-88065-134-6

◇政権都市　中世都市研究会編　新人物往来社　2004.9　332p　21cm　（中世都市研究 9）　3600円　Ⓘ4-404-03218-8

◇中世都市鎌倉の実像と境界　五味文彦, 馬淵和雄編　高志書院　2004.9　182p　21cm　〈文献あり　年表あり〉　2200円　Ⓘ4-906641-86-5

◇中世都市鎌倉の実像と境界　五味文彦, 馬淵和雄編　高志書院　2004.9　182p　21cm　〈文献あり　年表あり〉　2200円　Ⓘ4-906641-86-5

◇都市―前近代都市論の射程　仁木宏編　青木書店　2002.11　248p　21cm　（ものから見る日本史）　3200円　Ⓘ4-250-20238-0

◇中世都市鎌倉と死の世界　五味文彦, 斎木秀雄編　高志書院　2002.9　249p　21cm　2700円　Ⓘ4-906641-57-1

◇鎌倉歴史散歩　奥富敬之著　新人物往来社　2001.8　302p　19cm　2500円　Ⓘ4-404-02934-9

◇日本中世都市の世界　網野善彦著　筑摩書房　2001.1　457, 63p　15cm　（ちくま学芸文庫）　1500円　Ⓘ4-480-08611-0

◇日本中世都市の世界　網野善彦著　筑摩書房　2001.1　457, 63p　15cm　（ちくま学芸文庫）　1500円　Ⓘ4-480-08611-0

◇鎌倉市遺跡調査・研究発表会発表要旨　第10回　鎌倉考古学研究所編　〔鎌倉〕　鎌倉考古学研究所　2000.8　36p　30cm

◇図説 鎌倉歴史散歩　佐藤和彦, 錦昭江編　新装版　河出書房新社　2000.3　131p　22×17cm　（ふくろうの本）　1600円　Ⓘ4-309-72631-3

◇図説 鎌倉歴史散歩　佐藤和彦, 錦昭江編　新装版　河出書房新社　2000.3　131p　22×17cm　（ふくろうの本）　1600円　Ⓘ4-309-72631-3

◇図説 鎌倉歴史散歩　佐藤和彦, 錦昭江編　新装版　河出書房新社　2000.3　131p　22×17cm　（ふくろうの本）　1600円　Ⓘ4-309-72631-3

◇北条時房・顕時邸跡―雪ノ下一丁目265番3地点 中世都市鎌倉中心域の調査　北条時房・顕時邸跡発掘調査団編　〔鎌倉〕　東国歴史考古学研究所　1999.6　162p 図版15p　26cm　（東国歴史考古学研究所調査研究報告 第24集）〈神奈川県鎌倉市所在〉

◇中世の都市と非人　松尾剛次著　京都　法蔵館　1998.12　237, 13p　21cm　3600円　Ⓘ4-8318-7243-1

◇中世都市鎌倉を歩く―源頼朝から上杉謙信まで　松尾剛次著　中央公論社　1997.11　184p　18cm　（中公新書）　660円　Ⓘ4-12-101392-1

◇年報 都市史研究　5　商人と町　都市史研究会編　山川出版社　1997.10　133p　26cm　3695円　Ⓘ4-634-61950-4

◇中世都市鎌倉の「はずれ」の風景―西のはずれ「竜の口」の原風景　清田義英著　藤沢　江ノ電沿線新聞社　1997.8　153p　19cm　1300円

◇中世の都市と武士　高橋慎一朗著　吉川弘文館　1996.8　255p　22cm　5459円　Ⓘ4-642-02752-1

◇日本中世都市の世界　網野善彦著　筑摩書房　1996.1　333, 37p　21cm　4800円　Ⓘ4-480-85696-X

◇日本中世都市の世界　網野善彦著　筑摩書房　1996.1　333, 37p　21cm　4800円　①4-480-85696-X

◇鎌倉市遺跡調査・研究発表会発表要旨　第5回　鎌倉考古学研究所, 中世都市研究同人会編　〔鎌倉〕　鎌倉考古学研究所　1995.8　35p　26cm　〈共同刊行：中世都市研究同人会〉

◇中世都市鎌倉―遺跡が語る武士の都　河野真知郎著　講談社　1995.5　284p　19cm　（講談社選書メチエ）　1500円　①4-06-258049-7

◇鎌倉市遺跡調査・研究発表会発表要旨　第4回　鎌倉考古学研究所編　〔鎌倉〕　鎌倉考古学研究所　1994.8　35p　26cm

◇中世都市鎌倉を掘る　網野善彦ほか執筆, 鎌倉考古学研究所編　日本エディタースクール出版部　1994.5　298p　21cm　3400円　①4-88888-211-8

◇中世都市鎌倉の風景　松尾剛次著　吉川弘文館　1993.12　219p　19cm　2000円　①4-642-07415-5

◇鎌倉市遺跡調査・研究発表会発表要旨　第3回　鎌倉考古学研究所中世都市研究会編　〔鎌倉〕　鎌倉考古学研究所中世都市研究会　1993.8　48p　26cm

◇都市鎌倉の武士たち　石丸熙著　新人物往来社　1993.4　227p　19cm　2300円　①4-404-02015-5

◇図説 鎌倉歴史散歩　佐藤和彦, 錦昭江編　河出書房新社　1993.3　131p　22×17cm　1600円　①4-309-72484-1

◇鎌倉の仏教―中世都市の実像　貫達人, 石井進編　有隣堂　1992.11　233p　18cm　（有隣新書 44）　980円　①4-89660-108-4

◇都市の中世　五味文彦編　吉川弘文館　1992.11　276p　19cm　（中世を考える）　2200円　①4-642-02703-3

◇考古学と中世史研究　2　中世都市と商人職人　網野善彦, 石井進編　名著出版　1992.10　281p　21cm　（帝京大学山梨文化財研究所シンポジウム報告集）　3000円　①4-626-01450-X

◇中世史を考える―社会論・史料論・都市論　石井進著　校倉書房　1991.6　357p　19cm　3090円　①4-7517-2110-0

◇武士の都 鎌倉　石井進, 大三輪竜彦編　平凡社　1989.4　238p　26cm　（よみがえる中世 3）　2990円　①4-582-47553-1

◇中世都市・鎌倉　貫達人ほか述, 日本放送協会編　日本放送出版協会　1985.1　141p　21cm　（NHK市民大学）　〈1985年1月～3月期〉

◇武者の府 鎌倉　松山宏著　京都　柳原書店　1976.11　316p 図　20cm　（記録・都市生活史 2）　〈叢書の編者：日本文化の会〉　1700円

十三湊
じゅうさんみなと

津軽岩木川河口の十三潟（じゆうさんがた）（十三湖）に開かれた中世の港湾。平安末期から整備され、鎌倉期の北条氏の支配を経て、〈十三湊日之本将軍〉と称した安東（安藤）氏が相内に福島城を築き、蝦夷地と日本海海運を結ぶ重要港として発展した。興国元/暦応3年（1340年）大津波で壊滅的被害をこうむったが、再度復興された。〈夷船京船群集し湊は市を成す〉とその繁栄を記した『十三往来』は、このころの作成とみられる。室町中期に安東氏は南部氏との角逐に敗れて蝦夷島・秋田に去ったが、港湾としての地位は変わらず『廻船式目』奥書の三津七湊の中に挙げられる。近世に入って衰微。

＊　＊　＊

◇国指定史跡十三湊遺跡保存管理計画書　青森県五所川原市教育委員会生涯学習課十三湊発掘調査室編　五所川原　青森県五所川原市教育委員会生涯学習課十三湊発掘調査室　2008.3　95p　30cm　〈共同刊行：文化庁ほか〉

◇中世の北東アジアとアイヌ―奴児干永寧寺碑文とアイヌの北方世界　菊池俊彦, 中村和之編　高志書院　2008.3　309, 20p　22cm　〈文献あり　著作目録あり〉

7000円 ①978-4-86215-038-7

◇十三湊遺跡 青森県五所川原市教育委員会生涯学習課十三湊発掘調査室, 十三湊遺跡発掘調査整理室編 五所川原 青森県五所川原市教育委員会生涯学習課十三湊発掘調査室 2008.3 58p 30cm (五所川原市埋蔵文化財調査報告書 第30集) 〈主要地方道鯵ヶ沢蟹田線(十三工区)道路改良工事に伴う遺跡発掘調査報告 共同刊行:青森県五所川原市教育委員会生涯学習課十三湊遺跡発掘調査整理室〉

◇五所川原市遺跡詳細分布調査報告書 青森県五所川原市教育委員会生涯学習課十三湊発掘調査室, 十三湊遺跡発掘調査整理室編 五所川原 青森県五所川原市教育委員会生涯学習課十三湊発掘調査室 2008.2 162p 30cm (五所川原市埋蔵文化財調査報告書 第29集) 〈青森県五所川原市教育委員会生涯学習課十三湊遺跡発掘調査整理室〉

◇中世の北東アジアとアイヌ―奴児干永寧寺碑文とアイヌの北方世界 菊池俊彦, 中村和之編 中村和之, 高志書院(製作) 2008.2 309, 20p 21cm 〈文献あり 著作目録あり〉 7000円

◇津軽十三湊遺跡―中世前期港湾施設の調査第157次調査報告書ほか 中央大学文学部日本史学研究室編 八王子 中央大学文学部日本史学研究室 2007.2 310p 図版2p 30cm (中央大学文学部日本史学研究室埋蔵文化財調査報告書 第1集) 〈共同刊行:青森県五所川原市教育委員会〉

◇十三湊遺跡―国史跡指定記念フォーラム 前川要, 十三湊フォーラム実行委員会編 六一書房 2006.9 292p 21cm (考古学リーダー 7) 〈会期・会場:平成17年11月20日 プラザマリュウ五所川原 年表あり〉 3300円 ①4-947743-41-7

◇中世のひろがり 石井進著 山川出版社 2006.2 384, 14p 20cm (石井進の世界 5) 〈文献あり〉 6500円 ①4-634-59055-7

◇中世都市を語る 石井進著 岩波書店 2005.5 373, 6p 22cm (石井進著作集 第9巻) 〈付属資料:6p:月報 9 シリーズ責任表示:石井進著 シリーズ責任表示:石井進著作集刊行会編〉 8400円 ①4-00-092629-2

◇十三湊遺跡 第1分冊 青森県教育庁文化財保護課編 〔青森〕 青森県教育委員会 2005.3 120p 30cm (青森県埋蔵文化財調査報告書 第398集) 〈付属資料:図14枚(ホルダー入)〉

◇十三湊遺跡 第2分冊(第90・120・151・155次発掘調査報告書本文編) 青森県市浦村教育委員会, 十三湊遺跡発掘調査事務所編 市浦村(青森県) 青森県市浦村教育委員会 2005.3 538p 図版4p 30cm (市浦村埋蔵文化財調査報告書 第17集) 〈共同刊行:十三湊遺跡発掘調査事務所 付図は第1分冊にあり〉

◇十三湊遺跡 第3分冊(第10・11・15・16・74・91次発掘調査報告書) 青森県教育庁文化財保護課編 〔青森〕 青森県教育委員会 2005.3 498p 30cm (青森県埋蔵文化財調査報告書 第398集) 〈付図は第1分冊にあり〉

◇十三湊遺跡 第4分冊(第17・75・92・93・94・121・122・136・137・138・139・140・141・142・143・144・146・147・148・149・150・152・153・154次発掘調査報告書) 青森県教育庁文化財保護課編 〔青森〕 青森県教育委員会 2005.3 310p 30cm (青森県埋蔵文化財調査報告書 第398集) 〈付図は第1分冊にあり〉

◇十三湊遺跡 第5分冊 青森県教育庁文化財保護課編 〔青森〕 青森県教育委員会 2005.3 279p 30cm (青森県埋蔵文化財調査報告書 第398集) 〈付図は第1分冊にあり〉

◇十三湊遺跡 第6分冊(第90・120・151・155次発掘調査報告書写真図版編) 青森県市浦村教育委員会, 十三湊遺跡発掘調査事務所編 市浦村(青森県) 青森県市浦村教育委員会 2005.3 197p 30cm

（市浦村埋蔵文化財調査報告書 第17集）〈共同刊行：十三湊遺跡発掘調査事務所 付図は第1分冊にあり〉

◇十三湊遺跡　第7分冊（第10・11・15・16・17・74・75・91・92・93・94・121・122・136・137・138・139・140・141・142・143・144・146・147・148・149・150・152・153・154次発掘調査報告書写真図版編）　青森県教育庁文化財保護課編　〔青森〕　青森県教育委員会　2005.3　102p　30cm　（青森県埋蔵文化財調査報告書 第398集）〈付図は第1分冊にあり〉

◇海と城の中世─小鹿嶋、脇本城 東北中世考古学会第10回研究大会（男鹿大会）資料集　東北中世考古学会男鹿大会実行委員会編　高畠町（山形県）　東北中世考古学会　2004.9　175p　30cm　〈会期・会場：平成16年9月25日─26日 男鹿市文化会館〉

◇中世十三湊の世界─よみがえる北の港湾都市　青森県市浦村編　新人物往来社　2004.9　345p　20cm　〈編集協力：千田嘉博〉　2400円　①4-404-03221-8

◇中世のみちを探る　藤原良章編　高志書院　2004.6　292p　22cm　4200円　①4-906641-83-0

◇唐川（3）遺跡・二ツ沼遺跡　市浦村教育委員会, 十三湊遺跡発掘整理事務所編　市浦村（青森県）　市浦村教育委員会　2004.2　61p　30cm　（市浦村埋蔵文化財調査報告書 第16集）

◇津軽十三湊湊迎寺過去帳の研究　関根達人編著　弘前　弘前大学人文学部文化財論ゼミナール　2003.3　58p　30cm　（弘前大学人文学部文化財論ゼミナール調査報告 1）

◇十三湊遺跡　8　青森県教育庁文化財保護課編　〔青森〕　青森県教育委員会　2003.3　24p　30cm　（青森県埋蔵文化財調査報告書 第355集）〈第151次─第154次発掘調査概報〉

◇十三湊遺跡　平成13年度　市浦村教育委員会, 十三湊遺跡発掘整理事務所編　市浦村（青森県）　市浦村教育委員会　2003.3　229p 図版29p　30cm　（市浦村埋蔵文化財調査報告書 第15集）〈第145次発掘調査報告書〉

◇北の環日本海世界─書きかえられる津軽安藤氏　村井章介, 斉藤利男, 小口雅史編　山川出版社　2002.5　215p　19cm　1800円　①4-634-60530-9

◇十三湊遺跡　青森県教育庁文化財保護課編　〔青森〕　青森県教育委員会　2002.3　85p　30cm　（青森県埋蔵文化財調査報告書 第330集）〈県道鰺ヶ沢蟹田線道路拡幅事業に伴う遺跡発掘調査報告〉

◇十三湊遺跡　7　青森県教育庁文化財保護課編　〔青森〕　青森県教育委員会　2002.3　45p　30cm　（青森県埋蔵文化財調査報告書 第329集）〈付属資料：図1枚　第136次─第144次, 第146次─第150次発掘調査概報〉

◇周縁から見た中世日本　大石直正, 高良倉吉, 高橋公明著　講談社　2001.12　408p　20cm　（日本の歴史 第14巻）〈付属資料：8p：月報 14〉　2200円　①4-06-268914-6

◇十三湊遺跡　6　青森県教育庁文化課編　〔青森〕　青森県教育委員会　2001.3　56p　30cm　（青森県埋蔵文化財調査報告書 第312集）〈第121次・第122次発掘調査概報〉

◇鎌倉びとの声を聞く　石井進著　日本放送出版協会　2000.12　206p　20cm　1300円　①4-14-080558-7

◇十三湊遺跡　5　青森県教育庁文化課編　〔青森〕　青森県教育委員会　2000.3　124p　30cm　（青森県埋蔵文化財調査報告書 第286集）〈第91次・第92次・第93次・第94次発掘調査概報〉

◇平泉の世紀─古代と中世の間　高橋富雄著　日本放送出版協会　1999.5　270p　19cm　（NHKブックス）　1020円　①4-14-001860-7

◇十三湊遺跡　4　青森県教育庁文化課編

〔青森〕 青森県教育委員会 1999.3 81p 30cm (青森県埋蔵文化財調査報告書 第268集)〈青森県第4次発掘調査概報 付属資料:図1枚(袋入)〉

◇海民と日本社会 網野善彦著 新人物往来社 1998.9 362p 19cm 1800円 ①4-404-02631-5

◇幻の中世都市十三湊―海から見た北の中世 企画展示 国立歴史民俗博物館編 佐倉 国立歴史民俗博物館 1998.9 151p 30cm

◇中世国際港湾都市十三湊と安藤氏―青森県文化観光立県宣言記念特別展 青森県立郷土館編 青森 青森県立郷土館 1998.7 148p 30cm

◇十三湊遺跡 3 青森県教育庁文化課編 〔青森〕 青森県教育委員会 1998.3 73p 30cm (青森県埋蔵文化財調査報告書 第248集)〈第74次・第75次発掘調査概報〉

◇十三湊遺跡―平成8年度十三漁港局部改良事業に係る埋蔵文化財試掘調査報告書 青森県教育庁文化課編 青森 青森県教育委員会 1997.3 16p 30cm (青森県埋蔵文化財調査報告書 第225集)

◇十三湊遺跡 2 青森県教育庁文化課編 〔青森〕 青森県教育委員会 1997.3 68p 30cm (青森県埋蔵文化財調査報告書 第224集)〈青森県第2次発掘調査概報〉

◇津・泊・宿 中世都市研究会編 新人物往来社 1996.9 310p 21cm (中世都市研究 3)〈執筆:網野善彦ほか〉 3500円 ①4-404-02410-X

◇十三湊遺跡 1 青森県埋蔵文化財調査センター編 〔青森〕 青森県教育委員会 1996.3 35p 30cm (青森県埋蔵文化財調査報告書 第200集)〈青森県第1次発掘調査概報〉

◇中世都市十三湊と安藤氏―歴博フォーラム 国立歴史民俗博物館編 新人物往来社 1994.12 276p 20cm 2200円 ①4-404-02151-8

◇中世都市十三湊と安藤氏―歴博フォーラム 国立歴史民俗博物館編 佐倉 国立歴史民俗博物館 1994.12 276p 20cm 非売品

問丸
といまる

中世に都市や港津などに居住して、荘園の年貢や物資の管理・中継業務に従事した商人。問とも。鎌倉中期以後、貨幣経済の発展にともなって、物資の中継地などの都市が発展すると、問は各地の荘園の問職を兼ねるとともに、商品の運送や中継取引に携わり巨大化した。交通の要衝に関所がおかれると、問丸が関銭の徴収をも請け負うようにもなった。南北朝、室町期には中継取引から拡大して営業独占権を行使した。後には宿駅で宿屋・運送業を兼ね、伝馬問屋を営む者も多くなった。江戸時代は問屋の呼称が一般化し、生産者と消費者の間で商品流通に携わった。

* * *

◇日本中世社会の流通構造 鈴木敦子著 校倉書房 2000.6 368p 22cm (歴史科学叢書) 9000円 ①4-7517-3080-0

馬借
ばしゃく

中世・近世に、馬を利用して物資輸送に当たった運送業者。中世には近江の大津・坂本・草津、山城の淀・山崎・木津、若狭の小浜・敦賀など年貢や商品輸送の要地にいて、問丸の支配下にあった。商業にも従事し、米商人としての性格を持つものや、塩の独占販売権を持つものが現われた。徳政令の発布、新関撤廃を要求、しばしば馬借一揆を起こした。特に有名なものとしては応永25年(1418年)大津の馬借数千人が京都祇園社を襲った一揆がある。

* * *

◇馬借街道・海の道 福井 福井県教育委員会 2006.3 170p 30cm (福井県歴史の道調査報告書 第6集)

◇収蔵資料展―京都馬借/鉄道錦絵コレク

ション　物流博物館編　利用運送振興会　2001.4　10p　30cm

◇日本中世社会の流通構造　鈴木敦子著　校倉書房　2000.6　368p　22cm　（歴史科学叢書）　9000円　①4-7517-3080-0

◇図説 滋賀県の歴史　木村至宏編　河出書房新社　1987.11　299, 42p　26cm　（図説 日本の歴史 25）　4500円　①4-309-61125-7

◇中世社会と一向一揆　北西弘先生還暦記念会編　吉川弘文館　1985.12　523p　22cm　8800円　①4-642-02612-6

定期市

ていきいち

平安末期から開催され始めた定期市は、鎌倉時代に入ると全国的に普及し、社寺門前、港津、街道の宿場などで開かれた。特に月に3回、特定の日に開かれる三斎市が主流で、二日市、四日市など、市開催日にちなんだ地名が各地に残る。室町時代に入ると六斎市と呼ばれる5日ごとの市も現われた。主に市座とよばれる販売座席制を採り、市役を収めて、領主から特定の場所での営業保証を得た。これは座商の起こりとなった。初期は行商人による中央や地方の特産物のやりとりが主だったが、鎌倉末期から南北朝期にかけて、周辺農村の一般民衆が市に参加するようになった。都市化とともに常住と呼ばれる定住店舗商業が発達し、定期市は衰退した。

＊　＊　＊

◇渡来銭の社会史―おもしろ室町記　三上隆三著　中央公論社　1987.12　232p　18cm　（中公新書 862）　560円　①4-12-100862-6

◇日本古文書学論集　9　中世　5 中世の社会と経済関係文書　日本古文書学会編　熱田公編　吉川弘文館　1987.7　402p　22cm　5800円　①4-642-01264-8

関所

せきしょ

防衛や、通行人と物品の検査のため、街道の要所や国境に設けられた所。奈良時代に防衛のため設けられたのが制度としての始まり。鎌倉時代には関銭収入を目的として、幕府や寺社、地方豪族などにより多くの関が設けられた。社寺造営費捻出のための造営関や、中央官庁の不足経費分を補うための率分所など。地方では津、湊を領有する地頭などが関を設けて津料、河手と称して通行税を徴収した。鎌倉幕府は建暦2年（1212年）以来たびたび法令を発してこれを取り締まったが、地頭の抵抗から、全面的に禁止することができなかった。室町時代も関所の乱立は続き、幕府は新関停止令を発したが、戦国時代には財政難から幕府自ら新関を設置するようになった。その後、江戸時代にも主に流通監視と治安目的で設置された。明治2年（1869年）廃止。

＊　＊　＊

◇中世の関所　相田二郎著　有峰書店　1972　554, 21p 図　22cm　〈畝傍書房昭和18年刊の複製 限定版〉　3800円

徳政令　とくせいれい

鎌倉末期から室町時代、幕府や大名が徳政を行うために発布した法令。徳政とは本来、天変地異や疫病の流行などを君主の不徳によって生ずる災害を免れるために大赦、免税、貧窮者の債務免除など特別の仁政を行うことであったが、中世では徳政令を中核とした一種の政治改革をさす。鎌倉幕府は永仁5年（1297年）に御家人救済のため永仁の徳政令を発布した。その内容は御家人所領の売買、質入れを禁止し、すでに売却済み、質流れの所領については、買得安堵状が下付されたものと買得後20か年を超過したものを除いて、本主に返還することを定めた。また、買主が非御家人、凡下である場合には、20か年以上を経過した所領についても売主による取り戻しを認めた。なお同時に「越訴」（再審制）の廃止

と金銭貸借訴訟の不受理が規定された。この徳政令は大きな社会的反響をひきおこし、これ以後徳政は徳政令の同義語と化した。室町幕府も土民が「徳政と号して」蜂起する一揆に迫られ、徳政令を発布。のち幕府が債権・債務者双方からの手数料（分一銭）徴収を目的とした分一徳政令が多くなった。ほかに土倉を襲って質物を奪い返し、借用証文を焼却した私徳政も行われた。

◇日本の歴史　10　蒙古襲来と徳政令　網野善彦, 大津透, 鬼頭宏, 桜井英治, 山本幸司編　筧雅博著　講談社　2009.5　407p　15cm　（講談社学術文庫）〈年表あり　文献あり〉　1200円　①978-4-06-291910-4

◇「通」のための裏返し日本史―この時代のここを見れば日本史の本質がわかる　中村直勝著　主婦の友インフォス情報社, 主婦の友社〔発売〕　2008.10　447p　19cm　1800円　①978-4-07-262622-1

◇室町幕府の政治と経済　桑山浩然著　吉川弘文館　2006.5　316, 5p　22cm　〈文献あり〉　9000円　①4-642-02852-8

◇中世の国家と在地社会　村井章介著　校倉書房　2005.12　498p　22cm　（歴史科学叢書）　14000円　①4-7517-3670-1

◇金貸しの日本史　水上宏明著　新潮社　2004.12　220p　18cm　（新潮新書）　700円　①4-10-610096-7

◇逆説の日本史―室町文化と一揆の謎　中世混沌編　井沢元彦著　小学館　2004.6　495p　15cm　（小学館文庫）　657円　①4-09-402008-X

◇平成金配り徳政令―日本経済「最後の処方箋」　斎藤進著　講談社　2003.7　270p　20cm　1600円　①4-06-211946-3

◇古文書研究　第57号　日本古文書学会編　日本古文書学会, 吉川弘文館〔発売〕　2003.5　142p　26cm　3500円　①4-642-08753-2

◇日本法制史史料集　霞信彦, 漆原徹, 浜野潔編　慶応義塾大学出版会　2003.4　6, 162p　21cm　2000円　①4-7664-0966-3

◇日本の歴史　中世 1-8　徳政令―中世の法と裁判　新訂増補　朝日新聞社　2002.7　p230-260　30cm　（週刊朝日百科 8）　476円

◇蒙古襲来と徳政令　筧雅博著　講談社　2001.8　398p　20cm　（日本の歴史 第10巻）〈付属資料：8p：月報 10〉　2200円　①4-06-268910-3

◇逆説の日本史　8（中世混沌編）　室町文化と一揆の謎　井沢元彦著　小学館　2000.12　419p　20cm　1550円　①4-09-379419-7

◇「借金棒引き」の経済学―現代の徳政令　北村竜行著　集英社　2000.8　229p　18cm　（集英社新書）　680円　①4-08-720048-5

◇相剋の中世―佐藤和彦先生退官記念論文集　佐藤和彦先生退官記念論文集刊行委員会編　東京堂出版　2000.2　344p　22cm　7500円　①4-490-20396-9

◇中世人の生活世界　勝俣鎮夫編　山川出版社　1996.3　401p　22cm　5400円　①4-634-61040-X

◇中世史研究と歴史教育論―遺稿と追悼　矢代和也著　校倉書房　1991.5　404p　22cm　〈著者の肖像あり〉　5150円　①4-7517-2120-8

◇室町幕府引付史料集成　下巻　桑山浩然校訂　近藤出版社　1986.3　570, 33p　19cm　（日本史料選書）　5700円

◇室町幕府引付史料集成　下巻　桑山浩然校訂　近藤出版社　1986.3　570, 33p　19cm　（日本史料選書 26）　5700円

◇中世社会と一向一揆　北西弘先生還暦記念会編　吉川弘文館　1985.12　523p　22cm　8800円　①4-642-02612-6

◇徳政令―中世の法と慣習　笠松宏至著　岩波書店　1983.1　213p　18cm　（岩波新書）　430円

◇赤松俊秀教授退官記念国史論集　赤松俊秀教授退官記念事業会編　京都　赤松俊秀教授退官記念事業会　1972　1214p 肖像　22cm　6500円

◇徳政と土一揆　中村吉治著　至文堂　1959　236p 図版　19cm　（日本歴史新書）

堺
さかい

現在の大阪府中部の市。南北朝時代、それまで一漁港に過ぎなかった堺は、機内と瀬戸内海を結ぶ港として政治的・軍事的に重要な地となり、急速に都市として発展した。土倉、問丸、納屋などの金融業が発達し、経済的に富祐な町となった堺は、東寺、四天王寺、相国寺、住吉神社の所領となり、あるいは大内、山名、細川などの守護大名の支配地、さらに幕府の直轄地となるなど、しきりに領主勢力が交替した。文明元年（1469年）以降、戦乱を避けた遣明船の発着港となると、博多と並んで明、朝鮮、琉球等との海外貿易を独占するなど、繁栄は頂点に達し、室町時代後半には豪商を中心に自治的な自由都市となった。近代以降は工業都市・大阪近郊の住宅地として発展しており、平成18年（2006年）に政令指定都市となった。

＊　＊　＊

◇南北朝と室町政権―南北朝期―室町期　小和田哲男監修・年表解説　世界文化社　2006.7　199p　24cm　（日本の歴史を見る ビジュアル版 4）〈年表あり〉　2400円　①4-418-06211-4

◇大乗院寺社雑事記　第2巻　大乗院寺社雑事記研究会編　大阪　和泉書院　2003.1　343p　21cm　7500円　①4-7576-0187-5

◇中世都市共同体の研究　小西瑞恵著　京都　思文閣出版　2000.2　315, 30p　21cm　（思文閣史学叢書）　6400円　①4-7842-1026-1

◇九州太平記―資料による 多々良川大合戦　田中政喜著　福岡　あきつ出版　1996.8　130p　21cm　〈発売：星雲社（東京）〉　1500円　①4-7952-7898-9

◇都市空間　中世都市研究会編　新人物往来社　1994.9　320p　21cm　（中世都市研究 1）　2800円　①4-404-02128-3

◇中世都市鎌倉を掘る　鎌倉考古学研究所編　日本エディタースクール出版部　1994.5　298p　23cm　〈執筆：網野善彦ほか〉　3400円　①4-88888-211-8

◇堺―中世自由都市　泉澄一著　〔東村山〕　教育社　1981.8　244p　18cm　（教育社歴史新書）　800円

◇堺―中世自由都市　泉澄一著　〔東村山〕　教育社　1981.8　244p　18cm　（教育社歴史新書）　800円

◇堺の歴史　関英夫著　山川出版社　1975　306p 図　20cm　980円

◇堺歴史散歩―南蛮貿易と町人文化　徳永真一郎著　大阪　創元社　1971　181p（図共）　18cm　320円

◇堺―商人の進出と都市の自由　豊田武著　至文堂　1957　199p 地図　19cm　（日本歴史新書）

博 多
はかた

現在の福岡県福岡市の一地区。平安時代に太宰府の拠点の港町として形成。鎌倉時代初期は聖福寺など禅宗寺院が建立され、宗教文化が栄えた。永仁年間（1293～1299年）に鎮西探題が置かれると、九州の内政・外交の中心となった。15世紀には朝鮮や明、琉球、東南アジアとの貿易拠点となり、醍摩の坊津、伊勢の安濃津（津）とともに日本三津と称された。室町時代初期には渋川氏が領有していたが、応永末年に渋川氏が没落すると、大内氏と少弐氏の間に、博多支配をめぐる激しい抗争が起こった。15世紀中期に大内氏が領有し、貿易を開始した。

＊　＊　＊

◇日本の中世を歩く―遺跡を訪ね、史料を読む　五味文彦著　岩波書店　2009.3　202, 8p　21cm　（岩波新書）　700円　①978-4-00-431180-5

◇老松堂日本行録―朝鮮使節の見た中世日本　宋希璟著, 村井章介校注　岩波書店　2008.9　312, 12p　15cm　（岩波文庫）〈第4刷〉　760円　Ⓘ4-00-334541-X

◇福岡地方史研究　46　須恵町　福岡地方史研究会,（福岡）海鳥社〔発売〕　2008.8　136p　21cm　1200円　Ⓘ978-4-87415-691-9, ISSN0976-7765

◇中世都市・博多を掘る　大庭康時, 佐伯弘次, 菅波正人, 田上勇一郎編　福岡　海鳥社　2008.3　255p　26×19cm　3600円　Ⓘ978-4-87415-664-3

◇展望日本歴史　11　室町の社会　久留島典子, 榎原雅治編　東京堂出版　2006.10　424p　23cm　〈文献あり〉　5000円　Ⓘ4-490-30561-3

◇鎌倉遺文研究　第17号　鎌倉遺文研究会編　鎌倉遺文研究会, 吉川弘文館〔発売〕　2006.4　96p　21cm　1900円　Ⓘ4-642-08997-7, ISSN1345-0921

◇中世瀬戸内の流通と交流　柴垣勇夫編　塙書房　2005.12　314p　22cm　〈文献あり〉　7500円　Ⓘ4-8273-1200-1

◇交流・物流・越境―中世都市研究　11　五味文彦編　新人物往来社　2005.9　345p　21cm　3600円　Ⓘ4-404-03271-4

◇交流・物流・越境―中世都市研究　11　五味文彦編　新人物往来社　2005.9　345p　21cm　3600円　Ⓘ4-404-03271-4

◇中世日本の国際関係―東アジア通交圏と偽使問題　橋本雄著　吉川弘文館　2005.6　333, 22p　22cm　9000円　Ⓘ4-642-02841-2

◇石井進著作集　第9巻　中世都市を語る　石井進著, 石井進著作集刊行会編　岩波書店　2005.5　373, 6, 6p　21cm　8400円　Ⓘ4-00-092629-2

◇中世都市を語る　石井進著　岩波書店　2005.5　373, 6p　22cm　（石井進著作集第9巻）〈付属資料：6p：月報 9　シリーズ責任表示：石井進著　シリーズ責任表示：石井進著作集刊行会編〉　8400円　Ⓘ4-00-092629-2

◇博多商人―鴻臚館から現代まで　読売新聞西部本社編　福岡　海鳥社　2004.11　127p　21cm　1700円　Ⓘ4-87415-494-8

◇港湾都市と対外交易　大庭康時, 佐伯弘次, 服部英雄, 宮武正登編, 中世都市研究会編集協力　新人物往来社　2004.10　332p　21cm　（中世都市研究 10）　3600円　Ⓘ4-404-03219-6

◇港湾都市と対外交易　大庭康時ほか編, 中世都市研究会編集協力　新人物往来社　2004.10　332p　21cm　（中世都市研究 10）〈執筆：大庭康時ほか　文献あり〉　3600円　Ⓘ4-404-03219-6

◇中世西日本の流通と交通―行き交うヒトとモノ　橋本久和, 市村高男編　高志書院　2004.4　224p　21cm　2500円　Ⓘ4-906641-81-4

◇元寇と博多―写真で読む蒙古襲来　西園禮三写真, 柳田純孝文　福岡　西日本新聞社　2001.12　111p　30cm　2667円　Ⓘ4-8167-0540-6

◇古代中世の社会と国家　大阪　清文堂出版　1998.12　710p　22cm　（大阪大学文学部日本史研究室創立50周年記念論文集 上巻）　14000円　Ⓘ4-7924-0445-2

◇福岡平野の古環境と遺跡立地―環境としての遺跡との共存のために　小林茂, 磯望, 佐伯弘次, 高倉洋彰編　福岡　九州大学出版会　1998.3　289p　26cm　8000円　Ⓘ4-87378-544-8

◇都市と宗教　中世都市研究会編　新人物往来社　1997.9　321p　21cm　（中世都市研究 4）　3600円　Ⓘ4-404-02526-2

◇都市と宗教　中世都市研究会編　新人物往来社　1997.9　321p　21cm　（中世都市研究 4）　3600円　Ⓘ4-404-02526-2

◇中世都市十三湊と安藤氏―歴博フォーラム　国立歴史民俗博物館編　新人物往来社　1994.12　276p　19cm　2200円　Ⓘ4-404-02151-8

◇よみがえる中世　1　東アジアの国際都市博多　川添昭二編　平凡社　1988.8　205p　27cm　〈監修：網野善彦ほか〉

2900円 ①4-582-47551-5

◇よみがえる中世 1 東アジアの国際都市博多 川添昭二編 平凡社 1988.8 205p 27cm 〈監修：網野善彦ほか〉 2900円 ①4-582-47551-5

◇荘園制と武家社会 続 竹内理三博士古稀記念会編 吉川弘文館 1978.1 529p 22cm 5300円

◇太宰府太宰府天満宮博多 史料―続中世編 第2分冊 嘉吉元年－文明18年 九州文化綜合研究所太宰府調査文献班編 謄写版 〔福岡〕 〔出版者不明〕 1958 序 191p 25cm

◇大宰府太宰府天満宮博多史料 続 中世編 第2分冊 嘉吉元年―文明18年 〔福岡〕 九州文化綜合研究所大宰府調査文献班 1958序 191p 25cm 〈謄写版〉

◆貿 易

日宋貿易
にっそうぼうえき

平安中期から鎌倉中期にかけて行われていた日本と宋の貿易。平安時代は日本の朝廷が日本人の海外渡航を禁止していたため、専ら宋商人主体であったが、平清盛が貿易を奨励したため、宋へ渡航する日本人も現われるようになった。鎌倉時代には宋に渡航する日本人が大幅に増え、宋の新しい文化・技術・思想などが伝えられ、日本に大きな影響を与えた。禅宗の流布や、宋銭の大量輸入による貨幣経済の飛躍的な展開などがその主なものである。主な輸入品は銅銭・陶磁器・香料など、輸出品は硫黄・刀剣・砂金などであった。

＊ ＊ ＊

◇新編森克己著作集 第1巻 日宋貿易の研究―新訂 森克己著, 新編森克己著作集編集委員会編 勉誠出版 2008.12 469p 22cm 〈年表あり〉 10000円 ①978-4-585-03200-7

◇モノから見た海域アジア史―モンゴル～宋元時代のアジアと日本の交流 四日市康博編著 福岡 九州大学出版会 2008.4 198p 18cm （九大アジア叢書 11） 〈文献あり〉 1000円 ①978-4-87378-966-8

◇前近代の日本列島と朝鮮半島 佐藤信, 藤田覚編 山川出版社 2007.11 267p 21cm （史学会シンポジウム叢書） 〈年表あり〉 4000円 ①978-4-634-52354-8

◇東アジア海域と日中交流―九～一四世紀 榎本渉著 吉川弘文館 2007.6 318, 8p 22cm 9000円 ①978-4-642-02865-3

◇京都の渡来文化 仲尾宏著 京都 淡交社 1990.1 253p 19cm 1800円 ①4-473-01118-6

◇日宋貿易の研究 森克己著 新訂 国書刊行会 1986.8 574, 24p 22cm 〈第2刷（第1刷：昭和50年）〉

◇日宋貿易の研究 続 森克己著 国書刊行会 1986.8 427p 22cm 〈第2刷（第1刷：昭和50年）〉

◇日宋貿易の研究 続々 森克己著 国書刊行会 1986.8 446p 22cm 〈第2刷（第1刷：昭和50年）〉

◇図説人物海の日本史 2 日宋貿易と元寇 毎日新聞社 1979.1 187p 27cm 〈関係年表：p179～186〉 1900円

◇日宋貿易の研究 森克己著 新訂 国書刊行会 1975 574, 24p 図 22cm （森克己著作選集 第1巻） 4800円

◇日宋貿易の研究 続 森克己著 国書刊行会 1975 427p 図 22cm （森克己著作選集 第2巻） 4800円

◇日宋貿易の研究 続々 森克己著 国書刊行会 1975 446p 図 22cm （森克己著作選集 第3巻） 4800円

◇歴史と人物 日本歴史学会編 吉川弘文館 1964 694p 22cm 〈高柳光寿先生古稀記念論文集〉

◇日宋貿易の研究 森克己著 国立書院 1948 574p 22cm

宋 銭
そうせん

中国の宋および元によって鋳造された銅銭。中世日本に流通した銭貨の主体。日本では10世紀に皇朝十二銭の鋳造が中止され、准布、准絹、准米が通貨の代替品として機能していたが。ここに12世紀中期から日宋貿易により宋銭の輸入が始まると、13世紀には盛んに日本に流入し、国内貨幣の不足を補った。朝廷では一時は中国銭の通用を禁止したが、経済の発達と共に流通は促進した。元豊通宝・熙寧元宝などがある。

＊　＊　＊

◇宋銭綜鑑　1　〔京都〕　淳豊堂　2008.10　117p　26cm

◇宋銭事始　第7号　吉田昭二編　京都　淳豊堂　2005.11　43p　26cm

◇中世初期における貨幣鋳造権の所在をめぐって　樋口圀彦著　日本文学館　2004.9　126p　19cm　〈文献あり〉　1200円　①4-7765-0264-X

◇宋銭事始　第6号　吉田昭二編　京都　吉田昭二　2004.3　33p　26cm

◇銭貨―前近代日本の貨幣と国家　池享編　青木書店　2001.5　214p　21cm　（「もの」から見る日本史）　2800円　①4-250-20119-8

◇宋銭事始　第5号　吉田昭二編　京都　吉田昭二　1998.9　43p　26cm

◇貨幣の日本史　東野治之著　朝日新聞社　1997.3　275, 8p　19cm　（朝日選書）　1545円　①4-02-259674-0

◇宋銭事始　第4号　吉田昭二編　京都　吉田昭二　1996.10　34p　26cm

◇宋銭事始　第3号　吉田昭二編　京都　吉田昭二　1993.12　35p　26cm

◇宋銭事始　第2号　吉田昭二編　京都　吉田昭二　1992.9　35p　26cm

◇宋銭事始　創刊号　吉田昭二編　京都　吉田昭二　1992.3　38p　26cm

日元貿易
にちげんぼうえき

日本と中国の元との間で行われた貿易。元からの輸入品には銅銭、陶磁器、香料、薬材、書籍、経典、絵画、茶、織物などがあり、日本では唐物として珍重され、日本の経済や文化に大きな影響を与えた。日本からの輸出品としては金、銅、水銀、硫黄、日本刀、扇、螺鈿、蒔絵などがあった。建治元年（1281年）の弘安の役によって日元貿易は一時断絶したが、数年後には復活している。半官半民的な交易船として、寺社造営料唐船が往来した。

＊　＊　＊

◇東アジア海域と日中交流―九～一四世紀　榎本渉著　吉川弘文館　2007.6　318, 8p　22cm　9000円　①978-4-642-02865-3

◇宋代の長江流域―社会経済史の視点から　宋代史研究会編　汲古書院　2006.10　304, 8p　22cm　（宋代史研究会研究報告第8集）　〈文献あり〉　9000円　①4-7629-2778-3

◇九州の中世世界　川添昭二著　福岡　海鳥社　1994.4　254, 10p　22cm　3914円　①4-87415-075-6

◇海外視点・日本の歴史　6　鎌倉幕府と蒙古襲来　田中健夫編　ぎょうせい　1986.3　175p　27cm　〈監修：土田直鎮ほか 編集：日本アート・センター〉　2800円　①4-324-00260-6

勘合貿易　かんごうぼうえき

14世紀末から16世紀、明とアジア諸国との間で勘合船を通じて行われた公式の貿易。勘合船は応永11年～天文16年（1404年～1547年）のあいだに17回84隻が渡航した。応永8年（1401年）5月、足利義満は、祖阿を正使、博多商人肥富（こいつみ）を副使とする使節を明に派遣し、正式の通交を開くよう求め、この使節は翌年明使を伴って帰国、明の国書をもたらした。ついで応永10年(1403年)天竜寺の堅中圭密が正使となって入明、その翌年の帰国に明使が同行し、初めて永楽帝の勘合と「日本国王之印」と刻した金印を義満に与えた。こうして応永17年(1410年)まで毎年のように遣明船もしくは明船の渡航があり、明船もまた日本で貿易を行った。その後将軍足利義持が明と断交し20年余の中断ののち、将軍義教の代に復活された。名義上、勘合船は足利将軍の派遣すべきものであったが、実際の経営者は有力守護大名や大寺院で、博多や堺の商人がそれらと結びついて活躍した。貿易の方法には進貢貿易と、それに付随した公貿易と私貿易の3種があり、日本からは刀剣・扇などの工芸品、硫黄・銅などの鉱産物、蘇木などの南海からの中継物資などを輸出し、中国からは宋・元・明などの銅銭をはじめ高級絹織物、生糸、書籍、薬材、工芸品などを輸入した。

◇博多商人―鴻臚館から現代まで　読売新聞西部本社編　福岡　海鳥社　2004.11　127p　21cm　1700円　①4-87415-494-8

◇博多・福岡と西海道　丸山雍成, 長洋一編　吉川弘文館　2004.2　240p　19cm　(街道の日本史 48)　2500円　①4-642-06248-3

◇永楽帝　寺田隆信著　中央公論社　1997.2　285p　15cm　(中公文庫)　680円　①4-12-202799-3

◇九州太平記―資料による 多々良川大合戦　田中政喜著　福岡　あきつ出版　1996.8　130p　21cm　〈発売：星雲社(東京)〉　1500円　①4-7952-7898-9

◇明国と日本―外交・貿易・文化交流　大阪　大阪市立博物館　1986　76p　26cm　(展覧会目録 第102号)　〈第105回特別展 会期：昭和61年10月1日～11月9日〉

◇空より参らむ―中世論のために　桜井好朗著　京都　人文書院　1983.6　299p　20cm　2200円

◇武田・上杉軍記　小林計一郎著　新人物往来社　1983.6　283p　20cm　〈武田信玄, 上杉謙信の肖像あり〉　2000円

◇日明勘合貿易史料　湯谷稔編　国書刊行会　1983.6　671p　22cm　12000円

◇人物探訪日本の歴史　4　争乱の群雄　暁教育図書　1983.5　195p　30cm　〈新装版〉　2100円

◇生き残りの戦略―戦国武将に学ぶ 後継者と人脈づくりの条件　風巻絃一著　日本文芸社　1983.4　248p　19cm　950円　①4-537-00782-6

◇中世女流日記文学の研究　松本寧至著　明治書院　1983.2　386p　22cm　6800円

◇発心を妨げるもの―中世日本文芸論考　井手恒雄著　桜楓社　1982.3　221p　22cm　4800円

◇岩波講座 日本歴史　第7　中世〔ほか〕　家永三郎等編　佐藤進一　岩波書店　1963　337p　22cm

◇倭寇と勘合貿易　田中健夫著　至文堂　1961　237p 図版　19cm　(日本歴史新書)　〈参考文献 217-226p〉

◇倭寇と勘合貿易　田中健夫著　至文堂　1961　237p 図版　19cm　(日本歴史新書)　〈付：参考文献217-226p〉

永楽銭
えいらくせん

中国の貨幣の永楽通宝のこと。室町時代に日本に輸入され、広く流通した。明の成祖の治世、永楽年間(1403～24年)に鋳造された銅銭で、「永楽」「永銭」「永」とも呼ばれる。足利義満の頃から日明貿易を通じて日本に多く輸入された。明からの輸入貨幣は大中・洪武・永楽・宣徳の4通宝があったが、永楽銭の輸入が最も多く、室町時代から江戸初期にかけて標準貨幣として使用された。戦国時代に後北条氏をはじめ関東の大

名が永楽銭を貨幣使用の基準としたことなどにより、関東地方でとくに珍重された。

＊　　＊　　＊

◇天下取りの経済学―信長・秀吉・家康のビジネス感覚に学べ！　楠戸義昭著　第二海援隊　2000.5　260p　19cm　1800円　①4-925041-52-5

◇貨幣の日本史　東野治之著　朝日新聞社　1997.3　275, 8p　19cm　（朝日選書）　1545円　①4-02-259674-0

◇上尾市文化財調査報告　第51集　上尾市指定有形文化財永楽通宝紋鞍（付鐙一双）保存処理事業報告書　上尾　上尾市教育委員会　1996.10　4, 13p 図版14p　26cm

◇中世の村と流通　石井進編　吉川弘文館　1992.12　338p　22cm　6800円　①4-642-02643-6

◇渡来銭の社会史―おもしろ室町記　三上隆三著　中央公論社　1987.12　232p　18cm　（中公新書 862）　560円　①4-12-100862-6

倭寇
わこう

中国・朝鮮の文献にみられる言葉で、本来の意味は、日本人の寇賊（こうぞく）行為ないしその行為をする人物および集団をさすもの。その実体は時代や地域によって相違し、かならずしも一定していない。14～15世紀の倭寇は、朝鮮半島を主舞台に中国大陸の沿岸でも行動し、高麗・朝鮮（李朝）、元・明がそれぞれ被害をうけた。『高麗史』には貞応2年（1223年）に倭寇の文字がはじめて見られる。日本側の『吾妻鏡』では貞永元年（1232年）に肥前鏡社の人が高麗で海賊をしたことを記している。しかし、高麗で倭寇の行動が大きな問題となるのは正平5/観応元年（1350年）以後で、この年以降は毎年のように倭寇の船団が朝鮮半島の沿岸を荒らし、全羅道や楊広道（朝鮮中西部）の被害がとくに大きかった。16世紀、勘合船による日明間の通交が途絶すると、中国大陸沿岸にはさらに多くの倭寇が発生した。

＊　　＊　　＊

◇海からみた歴史と伝統―遣唐使・倭寇・儒教　小島毅著　勉誠出版　2006.12　170p　19cm　〈年表あり〉　1200円　①4-585-05366-2

◇東アジア世界の交流と波動―海と島と倭寇と文化 シンポジウム　鳥取県立図書館編　鳥取　鳥取県立図書館　2006.3　91p　21cm　〈会期・会場：2005年9月18日 鳥取県立図書館大研修室　鳥取県立図書館環日本海交流室開設十周年記念事業〉

◇琉球王国と倭寇―おもろの語る歴史　吉成直樹, 福寛美著　森話社　2006.1　317p　20cm　（叢書・文化学の越境 12）　3300円　①4-916087-61-5

◇倭寇―日本あふれ活動史　太田弘毅著　文芸社　2004.10　385p　20cm　2300円　①4-8355-7934-8

◇日本の歴史　中世 2-4　海―環シナ海と環日本海　新訂増補　朝日新聞社　2002.9　p98-128　30cm　（週刊朝日百科 14）　476円

◇倭寇―商業・軍事史的研究　太田弘毅著　横浜　春風社　2002.8　599p　22cm　13000円　①4-921146-51-9

◇逆説の日本史　9（戦国野望編）　鉄砲伝来と倭寇の謎　井沢元彦著　小学館　2001.12　411p　20cm　1550円　①4-09-379420-0

◇中国文明の歴史　8　明帝国と倭寇　三田村泰助編　中央公論新社　2000.9　411p　15cm　（中公文庫）　〈『東洋の歴史・第八巻 明帝国と倭寇』改題書〉　1143円　①4-12-203720-4

◇倭寇と日麗関係史　李領著　東京大学出版会　1999.11　283, 13p　22cm　8800円　①4-13-026069-3

◇肥前と高麗―元寇・倭寇と高麗の美 開館5周年記念特別企画展　佐賀県立名護屋城博物館編　鎮西町（佐賀県）　佐賀県立名護屋城博物館　1998.10　46p　30cm

◇全ての旗に叛いて―倭寇・松浦城四郎

高野真著　新座　薫風社　1998.1　212p　19cm　〈奥付の出版者(誤植)：蒼風社〉　1500円

◇東アジア通交圏と国際認識　田中健夫著　吉川弘文館　1997.2　281, 8p　22cm　7004円　①4-642-01300-8

◇倭寇　石原道博著　吉川弘文館　1996.3　361, 10p　20cm　（日本歴史叢書 新装版）〈新装版 折り込図1枚 叢書の編者：日本歴史学会〉　3193円　①4-642-06633-0

◇島の故事探索　1　元寇倭寇そして賀茂事件　大石武著　〔上県町(長崎県)〕〔大石武〕　1993.11　166p　19cm　1000円

◇中世倭人伝　村井章介著　岩波書店　1993.3　230p　18cm　（岩波新書）〈文献案内：p224〜226〉　580円　①4-00-430274-9

◇列島内外の交通と国家　朝尾直弘, 網野善彦, 山口啓二, 吉田孝編　岩波書店　1987.1　384p　21cm　（日本の社会史 第1巻）　2900円　①4-00-004021-9

◇海外視点・日本の歴史　10　将軍の国と異邦人　大石慎三郎編　ぎょうせい　1986.11　175p　27cm　〈監修：土田直鎮ほか 編集：日本アート・センター〉　2800円　①4-324-00264-9

◇海外視点・日本の歴史　7　大明国と倭寇　田中健夫編　ぎょうせい　1986.8　175p　27cm　〈監修：土田直鎮ほか 編集：日本アート・センター〉　2800円　①4-324-00261-4

◇剣士・江連力一郎伝―北海の倭寇―草莽の首領　安久井竹次郎著　創思社出版　1983.6　229p　19cm　〈江連力一郎の肖像あり〉　2800円

◇倭寇―海の歴史　田中健夫著　〔東村山〕　教育社　1982.2　240p　18cm　（教育社歴史新書）　800円

◇図説人物海の日本史　3　遣明船と倭寇　毎日新聞社　1979.5　187p　27cm　1900円

◇倭寇図巻　近藤出版社　1974　1軸　36cm　〈東京大学史料編纂所蔵本の複製 原寸巻子本完全原色 箱入 限定版 付(別冊 17p 21cm)：解説『倭寇図巻』について(田中健夫）『倭寇図巻』の絵画表現について(川上〔ケイ〕)〉　80000円

◇明代倭寇考略　陳懋恒著　〔名古屋〕〔采華書林〕　1973　229p　19cm　〈人民出版社1957年刊の影印〉

◇日本の三大朝鮮侵略史―倭寇・壬辰倭乱・日韓合併と総督統治　金熙明著　洋々社　1972　396p　19cm　980円

◇八幡船の人々　岡田政男著　岡山　岡山ユネスコ協会　1972　67p 図　21cm　（日本人の国際理解シリーズ 2）　非売品

◇日本海賊物語　大隈三好著　雄山閣出版　1971　235p 図　19cm　（物語歴史文庫 14）　880円

◇倭寇史考　呼子丈太朗著　新人物往来社　1971　453p 図　20cm　〈付(p.433-442)：『籌海図編』所載「寇踪分合始末図譜」〉　2000円

◇東洋の歴史　第8巻　明帝国と倭寇　三田村泰助編　人物往来社　1967　386p 図版 地図　19cm　490円

◇倭寇　石原道博著　吉川弘文館　1964　361p 図版 地図　20cm　（日本歴史叢書 7 日本歴史学会編）〈参考文献 357-361p〉

◇倭寇　石原道博著　吉川弘文館　1964　361p 図版 地図　20cm　（日本歴史叢書 7 日本歴史学会編）

◇倭寇と勘合貿易　田中健夫著　至文堂　1961　237p 図版　19cm　（日本歴史新書）〈参考文献 217-226p〉

◇中世海外交渉史の研究　田中健夫著　東京大学出版会　1959　301p 図版 表　22cm　（東大人文科学研究叢書）

◇明代倭寇考略　陳懋恒著　北京　新華書店　1957　229p　19cm　〈人民出版社出版〉

◇琉球諸島における 倭寇史跡の研究　稲村

賢敷著　吉川弘文館　1957　361p 図版 地図　22cm

◇琉球諸島における倭寇史跡の研究　稲村賢敷著　吉川弘文館　1957　361p 図版 地図　22cm

◆事件・社会

曽我兄弟の仇討
そがきょうだいのあだうち

源頼朝幕下の重臣工藤祐経に父を討たれた兄弟が18年後に敵を討った事件。曽我兄弟は伊豆の豪族河津三郎祐泰の子。兄は十郎祐成（1172～93）、幼名一万。弟は五郎時致（1174～93）、幼名筥王。安元2年（1176年）、所領争いを巡って父祐泰が工藤祐経に殺された。兄弟は母が曽我祐信に再嫁したので曽我氏を称した。建久4年（1193年）、祐経を殺して父の敵を討ち、捕らえられて殺された。赤穂浪士の討ち入り、伊賀越えの仇討ちと並び、日本三大仇討ちの一つとして知られる。後に『曽我物語』としてまとめられ、江戸時代になると能・歌舞伎などの題材に取り上げられて民衆の人気を得た。

＊　＊　＊

◇中世軍記の展望台　武久堅監修, 池田敬子, 岡田三津子, 佐伯真一, 源健一郎編集委員　大阪　和泉書院　2006.7　612p 22cm　（研究叢書 354）　18000円 ①4-7576-0378-9

◇中世武士団　石井進著　山川出版社 2005.11　391, 9p　20cm　（石井進の世界 2）〈付属資料：8p：月報 2　シリーズ責任表示：石井進著　シリーズ責任表示：石井進著作集刊行会編　文献あり〉 6500円　①4-634-59052-2

◇曽我物語の作品宇宙　村上美登志編　至文堂　2003.1　320p　21cm　（「国文学解釈と鑑賞」別冊）　2400円

◇曽我物語の成立　福田晃著　三弥井書店 2002.12　592p　22cm　16000円 ①4-8382-3119-9

◇曽我物語の史実と虚構　坂井孝一著　吉川弘文館　2000.12　208p　19cm　（歴史文化ライブラリー 107）〈文献あり〉 1700円　①4-642-05507-X

◇曽我物語―太山寺本　村上美登志校註 大阪　和泉書院　1999.3　350p　22cm （和泉古典叢書 10）　3000円 ①4-87088-966-8

◇曽我・義経記の世界　梶原正昭編　汲古書院　1997.12　349p　22cm　（軍記文学研究叢書 11）　8000円 ①4-7629-3390-2

◇義経記・曽我物語　村上学編　国書刊行会　1993.5　423p　22cm　（日本文学研究大成）　4100円　①4-336-03084-7

◇曽我物語　市古貞次, 大島建彦校注　岩波書店　1992.12　464p　22cm　（日本古典文学大系新装版）　4000円 ①4-00-004495-8

◇新曽我兄弟物語　浜田進著　新人物往来社　1992.7　207p　20cm　1800円 ①4-404-01930-0

◇曽我物語―太山寺本　浜口博章解題　汲古書院　1988.6　624p　27cm　〈複製〉 17000円

◇太山寺本曽我物語　汲古書院　1988.6 624p　27cm　〈解題：浜口博章 太山寺所蔵の複製〉　17000円

◇真名本曽我物語　2　笹川祥生ほか編, 福田晃解説　平凡社　1988.6　355p 18cm　（東洋文庫 486）　2700円 ①4-582-80486-1

◇曽我物語―真名本　1　青木晃他編　平凡社　1987.4　314p　18cm　（東洋文庫 468）　2200円　①4-582-80468-3

◇御橋悳言著作集　3　曽我物語注解　続群書類従完成会　1986.3　1冊　22cm 18000円

◇曽我物語の基礎的研究―本文研究を中心として　村上学著　風間書房　1984.2 1307p　22cm　32000円 ①4-7599-0602-9

◇曽我物語并ニ曽我物の研究　塚崎進著 笠間書院　1980.10　367p　22cm　（笠間叢書 153）〈付（地図2枚 袋入）〉

9000円

◇曽我物語総索引　大野晋, 武藤宏子編　至文堂　1979.9　482p　22cm　15000円

◇曽我兄弟物語―城前寺本　立木望隆著　小田原　城前寺内曽我兄弟遺跡保存会　1979.8　234p　19cm　1000円

◇南葵文庫本曽我物語と研究　下　鈴木進編著　豊橋　未刊国文資料刊行会　1975　243p　19cm　（未刊国文資料 第4期 第5冊）〈限定版〉

◇曽我物語―真名本　解題：山岸徳平, 中田祝夫　勉誠社　1974　685p 図　30cm　〈伊東祐淳氏蔵 天文15年写本の複製〉　2500円

◇南葵文庫本曽我物語と研究　上　鈴木進編著　豊橋　未刊国文資料刊行会　1973.10　221p　19cm　（未刊国文資料 第4期 第2冊）〈限定版〉　4000円

◇東大本曾我物語と研究　鈴木進編著　豊橋　未刊国文資料刊行会　1964-66　2冊　19cm　（未刊国文資料 第3期 第2, 8冊）〈限定版〉

◇大山寺本曽我物語　荒木良雄校註　白帝社　1961　274p 図版　19cm　〈武蔵野書院 昭和16年刊の複製〉

◇曽我物語―万法寺本　中, 下　清水泰編校および解説　古典文庫　1960　2冊　17cm　（古典文庫 第157, 161冊）

◇艶筆 曾我物語　竹森一男著　文芸評論社　1957　255p　18cm　（艶筆文庫）

◇曾我物語　藤村作訳　至文堂　1954　203p　19cm　（物語日本文学）

◇曾我物語　上下巻　竹下直之等校訂　いてふ本刊行会　1953　2冊　19cm

土一揆
つちいっき

室町時代に頻発した農民の一揆。「どいっき」とも。武力蜂起し、幕府・守護・荘園領主に対して年貢・夫役の減免や徳政などを要求した。それ以前の時代においても強訴・逃散などの手段で農民達が要求を伝えることはあったが、それらが荘園単位の闘争であったのに対し、土一揆には荘園の枠を越えた大規模な蜂起が含まれている。荘園村落内の地侍・名主が一揆の指導層を形成することが多かった。正長の土一揆、播磨の土一揆、嘉吉の土一揆が有名。特に正長元年（1428年）の正長の土一揆以降は大規模な一揆が起こるようになった。

＊　＊　＊

◇中世加賀「希有事也」の光景　中橋大通著　金沢　能登印刷出版部（発売）　2009.3　477p　22cm　〈文献あり〉　2500円　①978-4-89010-502-1

◇中世社会の一揆と宗教　峰岸純夫著　東京大学出版会　2008.7　402, 28p　22cm　6800円　①978-4-13-020145-2

◇日本中世の地域社会と一揆―公と宗教の中世共同体　川端泰幸著　京都　法蔵館　2008.2　231p　20cm　（日本仏教史研究叢書）〈年表あり〉　2800円　①978-4-8318-6038-5

◇中世の一揆と民衆世界　佐藤和彦著　東京堂出版　2005.5　368p　22cm　12000円　①4-490-20543-0

◇土一揆の時代　神田千里著　吉川弘文館　2004.10　222p　19cm　（歴史文化ライブラリー 181）〈文献あり〉　1700円　①4-642-05581-9

◇暴力の地平を超えて―歴史学からの挑戦　須田努, 趙景達, 中嶋久人編　青木書店　2004.5　317p　20cm　3000円　①4-250-20412-X

◇一揆の時代　榎原雅治編　吉川弘文館　2003.4　319, 15p　22cm　（日本の時代史 11）〈シリーズ責任表示：石上英一〔ほか〕企画編集　文献あり　年表あり〉　3200円　①4-642-00811-X

◇日本中世の一揆と戦争　小林一岳著　校倉書房　2001.6　384p　22cm　（歴史科学叢書）　10000円　①4-7517-3210-2

◇中村吉治収集土一揆史料集成　下巻　中村吉治編, 久留島典子校訂　校倉書房　1998.8　350p　22cm　18000円

①4-7517-2850-4

◇室町幕府と一揆の世―室町時代2　池上裕子監修, 荘司としお漫画　集英社　1998.3　163p　23cm　（集英社版・学習漫画）　850円　①4-08-239009-X

◇日本中世の内乱と民衆運動　佐藤和彦著　校倉書房　1996.7　394p　22cm　（歴史科学叢書）　10300円　①4-7517-2620-X

◇ミミヲキリハナヲソギ―片仮名書百姓申状論　黒田弘子著　吉川弘文館　1995.3　342, 6p　20cm　（中世史研究選書）　3502円　①4-642-02667-3

◇室町幕府と国人一揆　福田豊彦著　吉川弘文館　1995.1　317, 8p　22cm　7416円　①4-642-02742-4

◇日本の歴史―マンガ　21　土民、幕府をゆるがす　石ノ森章太郎著　中央公論社　1991.7　237p　20cm　〈監修：児玉幸多〉　1000円　①4-12-402821-0

◇土民嗷々――四四一年の社会史　今谷明著　新人物往来社　1988.7　215p　20cm　2000円　①4-404-01516-X

◇百姓申状と起請文の世界―中世民衆の自立と連帯　入間田宣夫著　東京大学出版会　1986.5　316, 5p　22cm　4500円　①4-13-020074-7

◇中世史講座　7　中世の民衆運動　木村尚三郎ほか編　学生社　1985.4　323p　22cm　4200円

◇一揆論　松永伍一著　大和書房　1984.11　243p　20cm　（大和選書）〈新装版〉　1500円　①4-479-80003-4

◇一揆　勝俣鎮夫著　岩波書店　1982.6　200p　18cm　（岩波新書）　380円

◇一揆　5　一揆と国家　青木美智男ほか編　東京大学出版会　1981.10　419p　19cm　1800円

◇一揆　4　生活・文化・思想　青木美智男ほか編　東京大学出版会　1981.8　372p　19cm　1800円

◇一揆　3　一揆の構造　青木美智男ほか編　東京大学出版会　1981.5　327p　19cm　1800円

◇一揆　2　一揆の歴史　青木美智男ほか編　東京大学出版会　1981.2　387p　19cm　1800円

◇一揆　1　一揆史入門　青木美智男ほか編　東京大学出版会　1981.1　306p　19cm　1800円

◇戦乱と一揆　上島有著　講談社　1976　220p　18cm　（講談社現代新書）　390円

◇日本民衆の歴史　2　土一揆と内乱　稲垣泰彦, 戸田芳実編　三省堂　1975　429p　19cm　1200円

◇土一揆研究　中村吉治著　校倉書房　1974　694p　22cm　7000円

◇中世の農民一揆　中村吉治著　中央公論社　1973　338p　20cm　950円

◇一揆論―情念の叛乱と回路　松永伍一著　大和書房　1971　242p　20cm　（大和選書）

◇徳政と土一揆　中村吉治著　至文堂　1959　236p 図版　19cm　（日本歴史新書）

◇日本における農民戦争―中世村落における真宗の発展と一向一揆の勃興・展開及びその構造　笠原一男著　国土社　1949　257p 図版　22cm　（新日本社会史選書）

◇中世の農民一揆　中村吉治著　中央公論社　1948　320p　19cm

コシャマインの戦い

こしゃまいんのたたかい

康正3年（1457年）、北海道渡島半島で、首長コシャマインに率いられたアイヌ諸部族が和人の圧迫に対して起こした戦い。コシャマインの蜂起。前年、箱館近郊志濃里（現・函館市志海苔町）の鍛冶屋村で和人がアイヌの青年を殺害したことに端を発する。東部アイヌの首長コシャマインに率いられた、アイヌ民族の一大蜂起に発展した。多くの和人の館を占領したが、武田信広指揮の和人軍により鎮圧され、以後、和人の支配が強化された。

＊　＊　＊

◇聖コシャマイン―極光の使者　若岡直樹著　叢文社　2003.2　420p　19cm　2000円　①4-7947-0439-9

◇コシャマインの末裔　上西晴治著　筑摩書房　1979.10　234p　20cm　980円

◇コシャマイン記　鶴田知也著　札幌　みやま書房　1976.5　303p　19cm　〈改造社昭和11年刊の複製〉　1500円

◇物語コシャマイン記　常田英男著　函館　近江幸雄　1966　42p　10cm　（はこだてまいくろぶっく）〈限定版〉

水 軍
すいぐん

古代から近世にかけての水上武力集団の総称。海賊衆、警固衆などを指すこともあるが、特に彼らが大名権力に組織された状態をいう。海上交通の拠点となる沿岸島嶼を活動の場所とし、荘園年貢などを輸送する船の警護役を務めて駄別料を取り立て、または関所を設けて通行税を徴収した。また一方で往来の船を襲って積荷を略奪するなど乱暴をはたらいた。瀬戸内海から九州地方にかけての海賊衆は、朝鮮貿易に参加することもあり、また倭寇として朝鮮、中国沿岸を荒らした。後の戦国時代には諸大名が積極的に軍に編成し、戦力となった。

＊　＊　＊

◇村上水軍全史　森本繁著　新人物往来社　2008.1　295p　19cm　2800円　①978-4-404-03502-8

◇常総内海の中世―地域権力と水運の展開　千野原靖方著　流山　崙書房出版　2007.10　338p　21cm　3800円　①978-4-8455-1138-9

◇武士と荘園支配　服部英雄著　山川出版社　2004.9　107p　21cm　（日本史リブレット 24）〈文献あり〉　800円　①4-634-54240-4

◇松浦党関係史料集　第3　瀬野精一郎編　続群書類従完成会　2004.3　274p　21cm　9000円　①4-7971-0634-4

◇日本中世の政治と社会　中野栄夫編　吉川弘文館　2003.10　407p　22cm　12000円　①4-642-02829-3

◇村上水軍興亡史―戦史ドキュメント　森本繁著　学習研究社　2001.9　363p　15cm　（学研M文庫）　650円　①4-05-901080-4

◇海賊たちの中世　金谷匡人著　吉川弘文館　1998.12　205p　19cm　（歴史文化ライブラリー 56）　1700円　①4-642-05456-1

◇松浦党戦旗　神尾正武著　新人物往来社　1998.9　306p　19cm　1600円　①4-404-02659-5

◇松井水軍考―付松倉城物語　村野孝之著　復刻　明石　宮園昌之　1998.7　42p　26cm　（久八叢書 7）〈折り込1枚〉　非売品

◇村上水軍のすべて　森本繁著　新人物往来社　1997.7　250p　20cm　2800円　①4-404-02499-1

◇松浦党関係史料集　第1　瀬野精一郎編　続群書類従完成会　1996.8　269p　22cm　9000円　①4-7971-0632-8

◇最後の松浦党　富岡行昌著　佐世保　芸文堂　1996.6　174p　15cm　（芸文堂文庫）　850円　①4-905897-79-3

◇悪党と海賊―日本中世の社会と政治　網野善彦著　法政大学出版局　1995.5　379, 32p　22cm　（叢書・歴史学研究）　6901円　①4-588-25044-2

◇日本中世水軍の研究―梶原氏とその時代　佐藤和夫著　錦正社　1993.7　418p　22cm　（錦正社史学叢書）　9800円　①4-7646-0305-5

◇初期中世社会史の研究　戸田芳実著　東京大学出版会　1991.11　329p　22cm　5356円　①4-13-020099-2

◇海賊史の旅―村上水軍盛衰記　村谷正隆著　福岡　海鳥社　1990.7　244p　19cm　（海鳥ブックス 7）　1650円　①4-906234-75-5

◇松浦党武士団一揆の成立―古文書による

松浦党通史　古賀稔康著　佐世保　芸文堂　1987.7　517p　19cm　（肥前歴史叢書 9）

◇謎の日本海賊―日本史の旅　奈良本辰也著, 高野澄著　祥伝社　1986.5　251p　16cm　（ノン・ポシェット な 1‐2）　400円　①4-396-31007-2

◇松浦党研究　no.8　松浦党研究連合会編　佐世保　芸文堂　1985.6　184p　26cm　4000円

◇日本水軍史　佐藤和夫著　原書房　1985.5　465, 4p　22cm　8000円　①4-562-01593-4

◇松浦党研究　no.7　松浦党研究連合会編　佐世保　芸文堂　1984.6　187p　26cm　4000円

◇歴史シンポジウム　4　村上水軍考　奈良本辰也ほか述　松山　愛媛県文化振興財団　1983.11　246p　19cm　（財団図書 8）〈松山 愛媛県教科図書（発売）文献あり　年表あり〉

◇松浦党研究　no.6　松浦党研究連合会編　佐世保　芸文堂　1983.6　209p　26cm　〈折り込図1枚〉　4000円

◇松浦党研究　no.4　松浦党研究連合会編　佐世保　芸文堂　1982.6　117p　26cm　2800円

◇松浦党研究　no.5　松浦党研究連合会編　佐世保　芸文堂　1982.6　226p　26cm　〈特集 元寇と松浦党第2集 折り込図3枚〉　4000円

◇肥前松浦党有浦文書　福田以久生, 村井章介編　大阪　清文堂出版　1982.2　303p　22cm　（清文堂史料叢書 第15刊）　6800円

◇松浦党研究　no.2　松浦党研究連合会編　佐世保　芸文堂　1981.6　164p　26cm　〈折り込図1枚〉　3300円

◇松浦党研究　no.3　松浦党研究連合会編　佐世保　芸文堂　1981.6　140p　26cm　〈特集―元寇と松浦党〉　3800円

◇房総里見水軍の研究　千野原靖方著　流山　崙書房　1981.3　224, 5p　21cm　2800円

◇松浦党研究　no.1　松浦党研究連合会編　佐世保　芸文堂　1980.5　203p　26cm　〈折り込図2枚〉　4200円

◇合武三島流船戦要法―村上水軍船戦秘伝　森重都由原編著, 伊井春樹訳　〔東村山〕　教育社　1979.9　2冊　18cm　（教育社新書）　各700円

◇伊予水軍関係資料調査報告書　昭和50年度　松山　愛媛県教育委員会　1976　97p（図共）　26cm

◇瀬戸内海―水軍の興亡　千賀四郎編集　小学館　1974　182p（図共）　20cm　（歴史の旅 6）　750円

河原者
かわらもの

中世、非課税地を求めて河原に住みつき、卑賤視された労働や雑芸能などに従事した人々を賤民（せんみん）視していった語。河原乞食ともいった。彼らが従事した業は、皮革生産・鳥獣環殺・死体埋葬・清掃・細工・染色など、実にさまざまの種類にわたり、著名な京都竜安寺の石庭も、河原者の創造であったとされる。近世に入り彼らの生業の多くは独立の職業となって確立し、中世的な差別から脱却したと思われるが、一部は厳格な近世的身分階級制のもとで、四民の下に位置づけられ制外者（にんがいもの）扱いとして不当な差別を受けつづけた。雑芸人や歌舞伎役者は京都の四条河原などの河原に小屋掛けして興行を行ったため、劇場が河原を離れたのちも差別語として用いられていたが、明治以後、役者は俳優と呼び換えられ歌舞伎役者の社会的地位は向上した。

＊　＊　＊

◇室町文化論考―文化史のなかの公武　川嶋将生著　法政大学出版局　2008.10　311, 9p　22cm　（叢書・歴史学研究）　5500円　①978-4-588-25054-5

◇賤民とは何か　喜田貞吉著　河出書房新社　2008.3　223p　19cm　1600円

①978-4-309-22480-0

◇中世民衆の生活文化　下　横井清著　講談社　2008.1　258p　15cm　（講談社学術文庫）　900円　①978-4-06-159850-8

◇中世民衆の生活文化　上　横井清著　講談社　2007.11　176p　15cm　（講談社学術文庫）　700円　①978-4-06-159848-5

◇京都文化の伝播と地域社会　源城政好著　京都　思文閣出版　2006.10　380, 14p　22cm　（思文閣史学叢書）　7800円　①4-7842-1325-2

◇庭園の中世史―足利義政と東山山荘　飛田範夫著　吉川弘文館　2006.3　209p　19cm　（歴史文化ライブラリー 209）〈文献あり〉　1700円　①4-642-05609-2

◇身分・差別と中世社会　丹生谷哲一著　塙書房　2005.6　438, 38p　22cm　11000円　①4-8273-1195-1

◇中世の非人と遊女　網野善彦著　講談社　2005.2　290p　15cm　（講談社学術文庫）　960円　①4-06-159694-2

◇的と胞衣―中世人の生と死　横井清著　平凡社　1998.2　310p　16cm　（平凡社ライブラリー）　1000円　①4-582-76233-6

◇東山文化―その背景と基層　横井清著　平凡社　1994.11　236p　16cm　（平凡社ライブラリー）　1000円　①4-582-76078-3

◇中世の非人と遊女　網野善彦著　明石書店　1994.6　264p　20cm　2300円　①4-7503-0602-9

◇岩波講座日本通史　第8巻　中世　2　朝尾直弘ほか編　岩波書店　1994.3　373p　22cm　2800円　①4-00-010558-2

◇日本中世の身分と社会　丹生谷哲一著　塙書房　1993.2　654p　22cm　9785円　①4-8273-1098-X

◇中世を生きた人びと―史話　横井清著　福武書店　1991.9　295p　15cm　（福武文庫）　680円　①4-8288-3214-9

文 化

◆仏教・神道

鎌倉仏教
かまくらぶっきょう

平安末期、末法思想による乱世を救済しようと新しく諸宗が生まれ、仏教の革新運動が行われた。鎌倉新仏教の担い手の多くは、比叡山で修学した僧侶であり、奈良期より仏教研究の場として寺院が存在した伝統は、比叡山にも受け継がれていた。なお、鎌倉新仏教の研究は、明治以降に奈良仏教を旧仏教として行われてきたが、最近では、新旧に区別することに対して疑問が出されている。

＊　＊　＊

◇鎌倉仏教展開論　末木文美士著　トランスビュー　2008.4　318, 8p　22cm　〈文献あり〉　3800円　①978-4-901510-59-2

◇鎌倉仏教の思想と文化　中尾堯編　吉川弘文館　2002.12　358p　22cm　8500円　①4-642-02816-1

◇日本の歴史　中世 1-7　鎌倉仏教　新訂増補　朝日新聞社　2002.7　p198-228　30cm　（週刊朝日百科 7）　476円

◇蒙古襲来と鎌倉仏教―特別展　神奈川県立金沢文庫編　横浜　神奈川県立金沢文庫　2001.8　63p　30cm　〈会期：平成13年8月23日―11月18日　文献あり〉

◇鎌倉仏教の様相　高木豊, 小松邦彰編　吉川弘文館　1999.3　463p　22cm　12000円　①4-642-02774-2

◇書の宇宙　知識の書―鎌倉仏教者　石川九楊編　二玄社　1998.10　95p　31×24cm　2400円　①4-544-02216-9

◇法然対明恵　講談社　1998.10　232p　19cm　1500円　①4-06-258141-8

◇逆説の日本史　6（中世神風編）　鎌倉仏教と元寇の謎　井沢元彦著　小学館　1998.7　437p　20cm　1550円　①4-09-379417-0

◇鎌倉仏教形成論―思想史の立場から　末木文美士著　京都　法藏館　1998.5　418, 7p　22cm　5800円　①4-8318-7372-1

◇中世仏教と鎌倉幕府　佐々木馨著　吉川弘文館　1997.6　429, 11p　22cm　8500円　①4-642-02756-4

◇鎌倉仏教　佐藤弘夫著　第三文明社　1994.11　246p　18cm　（レグルス文庫 218）　800円　①4-476-01218-3

◇鎌倉仏教―高僧とその美術 特別展　奈良国立博物館編　奈良　奈良国立博物館　1993.4　262p　26cm　〈会期：平成5年4月24日～5月30日〉

◇鎌倉の仏教―中世都市の実像　貫達人, 石井進編　横浜　有隣堂　1992.11　233p　18cm　（有隣新書）　980円　①4-89660-108-4

◇図説日本仏教の世界　6　禅と無の境地―心に安らぎを　山折哲雄他著　集英社　1989.4　177p　27cm　〈編集：日本アート・センター〉　2880円　①4-08-193006-6

◇論集日本仏教史　4　鎌倉時代　高木豊編　雄山閣出版　1988.12　328p　22cm　4800円　①4-639-00785-X

◇図説日本の仏教　第4巻　鎌倉仏教　三山進責任編集　新潮社　1988.11　381p　29cm　〈監修：太田博太郎ほか 編集：座右宝, 美宝社〉　10000円　①4-10-602604-X

◇鎌倉仏教への新しい視点―道元・親鸞・

日蓮と現代　津田剛著　真世界社　1987.10　126p　21cm　1000円　①4-89302-122-2

◇鎌倉仏教史研究　高木豊著　岩波書店　1982.7　343, 16p　22cm　3800円

◇鎌倉仏教雑考　田中久夫著　京都　思文閣出版　1982.2　656p　20cm　9800円

◇鎌倉仏教　田中久夫著　〔東村山〕　教育社　1980.3　235p　18cm　（教育社歴史新書）　600円

◇アジア仏教史　日本編 3　鎌倉仏教　1　民衆と念仏　佼成出版社　1972　277, 11p 図　22cm　〈監修・編集：中村元, 笠原一男, 金岡秀友〉　2000円

◇アジア仏教史　日本編 4　鎌倉仏教　2　武士と念仏と禅　佼成出版社　1972　290, 18p 図　22cm　〈監修・編集：中村元, 笠原一男, 金岡秀友〉　2000円

◇アジア仏教史　日本編 5　鎌倉仏教　3　地方武士と題目　佼成出版社　1972　323, 19p 図　22cm　〈監修・編集：中村元, 笠原一男, 金岡秀友〉　2000円

◇俊芿律師―鎌倉仏教成立の研究　石田充之編　京都　法蔵館　1972　425p 図 肖像　27cm　7500円

◇鎌倉仏教形成の問題点　日本仏教学会編　京都　平楽寺書店　1969　262p　22cm　2000円

◇鎌倉仏教―親鸞と道元と日蓮　戸頃重基著　中央公論社　1967　191p　18cm　（中公新書）　200円

◇続 鎌倉仏教の研究　赤松俊秀著　京都　平楽寺書店　1966　498.22p 図版　22cm

◇鎌倉仏教の研究　赤松俊秀著　京都　平楽寺書店　1957　355.15p 図版　22cm

浄土宗
じょうどしゅう

1175年に法然によって開かれた。『観無量寿経』『無量寿経』『阿弥陀経』をよりどころとし、「南無阿弥陀仏」の念仏をとなえることのみ（専修念仏）によって阿弥陀仏から救いが得られるという従来の仏教で要求された難解な教典の理解や難行を退けたので、一般庶民から貴族にいたるまで急速に広まった。

＊　＊　＊

◇法然浄土教とその周縁　坤　大谷旭雄著　山喜房仏書林　2007.7　1106p　22cm　①978-4-7963-0449-8

◇近世の地方寺院と庶民信仰　長谷川匡俊著　岩田書院　2007.5　374p　22cm　（近世史研究叢書 19）　〈年譜あり〉　8200円　①978-4-87294-460-0

◇浄土教典籍の研究　佛教大学総合研究所編　京都　佛教大学総合研究所　2006.12　156, 121p　26cm　（佛教大学総合研究所紀要別冊）　〈年譜あり　文献あり〉

◇浄土教の思想と歴史―丸山博正教授古稀記念論集　大正大学浄土学研究会編　山喜房佛書林　2005.6　616p　22cm　〈肖像あり　年譜あり　著作目録あり〉　20000円　①4-7963-0165-8

◇法然浄土教の諸問題　続　高橋弘次著　山喜房仏書林　2005.3　534, 17p　15000円　①4-7963-0448-7

◇禅とその周辺学の研究―竹貫元勝博士還暦記念論文集　竹貫元勝博士還暦記念論文集刊行会編　京都　永田文昌堂　2005.1　905p　23cm　〈肖像あり　年譜あり　著作目録あり〉　20000円　①4-8162-1018-0

◇中世浄土教の胚胎―院政期の思想・風俗・文芸　渡邊昭五著　岩田書院　2004.4　226p　19cm　2800円　①4-87294-312-0

◇浄土宗聖典　第6巻　浄土宗聖典刊行委員会編　京都　浄土宗　1999.10　827p　22cm　〈付属資料：15p：月報 第5号〉　①4-88363-128-1

◇浄土宗読誦聖典―経文傍訳　2　高橋弘次監修, 善裕昭, 斉藤隆信編　四季社　1999.10　466p　27cm　①4-88405-006-1

◇浄土宗聖典　第1巻　浄土宗聖典刊行委員会編　第2版　京都　浄土宗　1999.6

414p　22cm　①4-88363-123-0

◇浄土宗聖典　第4巻　浄土宗聖典刊行委員会編　京都　浄土宗　1999.3　592p　22cm　〈付属資料：15p：月報 第4号〉　①4-88363-126-5

◇浄土教理史　恵谷隆戒著　8版　京都　浄土宗　1997.3　156p　21cm　①4-88363-212-1

◇古代中世文学研究論集　第1集　伊井春樹編　大阪　和泉書院　1996.10　369p　22cm　6180円　①4-87088-824-6

◇法然伝と浄土宗史の研究　中井真孝著　京都　思文閣出版　1994.12　401, 24p　22cm　（思文閣史学叢書）　9064円　①4-7842-0861-5

◇浄土宗大年表　藤本了泰著, 玉山成元編　山喜房仏書林　1994.3　917, 55p　27cm　〈昭和16年刊の修訂〉　25750円

◇源空教団成立史の研究　吉田清著　名著出版　1992.5　457, 17p　22cm　9900円　①4-626-01440-2

◇鎌倉新仏教の研究　今井雅晴著　吉川弘文館　1991.12　266, 11p　22cm　5300円　①4-642-02639-8

◇日本仏教史　第2巻　中世篇之一　辻善之助著　岩波書店　1991.7　455p　22cm　〈第6刷（第1刷：1947年）〉　6200円　①4-00-008692-8

◇浄土宗選集　第1巻　聖典篇　浄土宗選集編集委員会編　京都　同朋舎出版　1985.7　297p　23cm　〈監修：後藤真雄ほか〉

◇浄土宗選集　第2巻　聖典篇　浄土宗選集編集委員会編　京都　同朋舎出版　1985.7　300p　23cm　〈監修：後藤真雄ほか〉

◇浄土宗選集　第3巻　聖典篇　浄土宗選集編集委員会編　京都　同朋舎出版　1985.7　342p　23cm　〈監修：後藤真雄ほか〉

◇浄土宗選集　第4巻　聖典篇　浄土宗選集編集委員会編　京都　同朋舎出版　1985.7　509p　23cm　〈監修：後藤真雄ほか〉

◇浄土宗選集　第5巻　教義篇　浄土宗選集編集委員会編　京都　同朋舎出版　1985.4　445p　23cm　〈監修：後藤真雄ほか〉

◇浄土宗選集　第6巻　教義篇　浄土宗選集編集委員会編　京都　同朋舎出版　1985.4　331p　23cm　〈監修：後藤真雄ほか〉

◇浄土宗選集　第7巻　教義篇　浄土宗選集編集委員会編　京都　同朋舎出版　1985.4　366p　23cm　〈監修：後藤真雄ほか〉

◇浄土教文化論研究報告　2（昭和59年度）　浄土宗教学院研究所　1985.3　90p　26cm

◇日本仏教宗史論集　第5巻　法然上人と浄土宗　伊藤唯真, 玉山成元編　吉川弘文館　1985.2　431p　22cm　〈法然上人の肖像あり〉　5800円　①4-642-06745-0

◇日本仏教宗史論集　第5巻　法然上人と淨土宗　伊藤唯真編, 玉山成元編　吉川弘文館　1985.2　431p　22cm　〈編集：石川力山〔ほか〕 5.法然上人と淨土宗　伊藤唯真, 玉山成元編 巻末：解説, 主要史料解題, 主要参考文献 執筆：赤松俊秀〔ほか15名〕 肖像：法然上人 筆跡：記主禅師　図版（肖像, 筆跡）〉　5800円　①4-642-06745-0

◇浄土宗選集　第8巻　法話篇 結縁五重　浄土宗選集編集委員会編　京都　同朋舎出版　1984.12　362p　23cm　〈監修：後藤真雄ほか〉

◇浄土宗選集　第9巻　法話篇 結縁五重　浄土宗選集編集委員会編　京都　同朋舎出版　1984.12　284p　23cm　〈監修：後藤真雄ほか〉

◇浄土宗選集　第10巻　法話篇 結縁五重　浄土宗選集編集委員会編　京都　同朋舎出版　1984.12　397p　23cm　〈監修：後藤真雄ほか〉

◇浄土宗選集　第11巻　法話篇 結縁授戒　浄土宗選集編集委員会編　京都　同朋舎

出版　1984.12　349p　23cm　〈監修：後藤真雄ほか〉

◇浄土宗選集　第12巻　法話篇 結縁授戒　浄土宗選集編集委員会編　京都　同朋舎出版　1984.12　264p　23cm　〈監修：後藤真雄ほか〉

◇浄土宗選集　第13巻　法話篇 法然上人御法語　浄土宗選集編集委員会編　京都　同朋舎出版　1984.12　297p　23cm　〈監修：後藤真雄ほか〉

◇浄土宗選集　第14巻　法話篇 法然上人御法語　浄土宗選集編集委員会編　京都　同朋舎出版　1984.12　247p　23cm　〈監修：後藤真雄ほか〉

◇浄土宗選集　第15巻　法話篇 法然上人御法語　浄土宗選集編集委員会編　京都　同朋舎出版　1984.12　292p　23cm　〈監修：後藤真雄ほか〉

◇浄土宗選集　第16巻　法話篇 講話　浄土宗選集編集委員会編　京都　同朋舎出版　1984.12　393p　23cm　〈監修：後藤真雄ほか〉

◇浄土宗選集　第17巻　法話篇 講話　浄土宗選集編集委員会編　京都　同朋舎出版　1984.12　354p　23cm　〈監修：後藤真雄ほか〉

◇浄土宗選集　第18巻　法話篇 講話　浄土宗選集編集委員会編　京都　同朋舎出版　1984.12　436p　23cm　〈監修：後藤真雄ほか〉

◇浄土宗史の研究　伊藤祐晃著　国書刊行会　1984.5　445, 12p　22cm　（浄土宗学研究叢書 宗史・宗論篇）〈伊藤祐晃師遺稿刊行会昭和12年刊の複製 著者の肖像あり〉　8000円

◇浄土宗史要　岩崎敲玄著　国書刊行会　1984.5　350p　22cm　（浄土宗学研究叢書 宗史・宗論篇）〈校閲：望月信亨 第五教校校友会文書部明治43年刊の複製〉　5500円

◇中世浄土宗教団史の研究　玉山成元著　山喜房仏書林　1980.11　479, 35p　22cm　9000円

◇浄土宗開創期の研究—思想と歴史　香月乗光編　京都　平楽寺書店　1970　346, 11p　22cm　3500円

◇浄土宗史　恵谷隆戒著　京都　平楽寺書店　1948　248p　19cm

重源
ちょうげん

保安2年（1121年）～元久3・建永元年（1206年）6月4日

鎌倉時代初期の浄土宗の僧。俗名は重定。俊乗房と号す。左馬允紀季重の子。醍醐寺で密教を学んだのち、法然から浄土教を学び諸国を遊行。仁安2年（1167年）に入宋、栄西とともに天台山に登る。治承5・養和元年（1181年）東大寺再建のための大勧進職に任じられ、天竺様式をとり入れた大仏殿を完成。南無阿弥陀仏と号し、広く諸国を勧化、民衆の教化・救済、また架橋・築池などの土木事業にも尽くし、周防阿弥陀寺、播磨浄土寺、伊賀新大仏寺をはじめ、各地に堂宇を建立した。

＊　＊　＊

◇大勧進重源—東大寺の鎌倉復興と新たな美の創出 御遠忌八百年記念特別展　奈良国立博物館編　奈良　奈良国立博物館　2006.4　285p　30cm　〈会期・会場：平成18年4月15日—5月28日 奈良国立博物館　年譜あり〉

◇重源—旅の勧進聖　中尾堯編　吉川弘文館　2004.8　209p　20cm　（日本の名僧 6）〈年譜あり〉　2600円　①4-642-07850-9

◇重源とその時代の開発—平成14年度特別展・重源狭山池改修800年記念　大阪府立狭山池博物館編　大阪狭山　大阪府立狭山池博物館　2002.10　76p　30cm　（大阪府立狭山池博物館図録 4）〈会期：2002年10月1日—12月1日〉

◇大厦成る—重源—東大寺再建物語　広瀬鎌二著　彰国社　1999.12　348p　22cm　4600円　①4-395-00522-5

◇防府と俊乗房重源　重枝慎三著　防府

防府市立防府図書館 1999.1 72p 21cm (防府史料 第48集) 〈付・防府関係重源資料集〉

◇重源上人と浄土寺—東大寺サミット記念特別展 小野市立好古館編 〔小野〕 小野市立好古館 1996.9 46p 30cm (小野市立好古館特別展図録 13) 〈会期:平成8年9月20日~10月20日〉

◇徳地の俊乗房重源 重源上人杣入り八〇〇年記念誌編集委員会編 徳地町(山口県) 徳地町 1986.11 160p 22cm 〈俊乗房重源の肖像あり〉

◇新大仏寺と重源上人 京都国立博物館編 〔京都〕 京都国立博物館 1982.1 1冊(頁付なし) 26cm 〈会期:昭和57年1月5日—4月25日〉

◇俊乗房重源の研究 小林剛著 改版 横浜 有隣堂 1980.9 286p 22cm 〈俊乗房重源の肖像あり〉

◇俊乗房重源の研究 小林剛著 横浜 有隣堂 1971 329, 22p 図16枚 22cm 3800円

◇俊乗房重源史料集成索引 奈良国立文化財研究所編 〔奈良〕 〔出版者不明〕 1967 52p 26cm 〈謄写版〉

◇俊乗房重源史料集成 小林剛編 吉川弘文館 1965 511p 図版 22cm (奈良国立文化財研究所史料 第4冊)

◇俊乗房重源史料集成 小林剛編 奈良 奈良国立文化財研究所 1965 511p 図版 22cm (奈良国立文化財研究所史料 第4冊)

◇俊乗房重源史料集成 小林剛編 奈良 奈良国立文化財研究所 1965 511p 図版 22cm (奈良国立文化財研究所史料 第4冊)

◇重源上人の研究 奈良 南都仏教研究会 1955 380p 図版 22cm 〈南都仏教 特輯号〉

法然
ほうねん

長承2年(1133年)4月7日 ~ 建暦2年(1212年)1月25日

平安末・鎌倉前期の僧。浄土宗の開祖であり、鎌倉新仏教の先駆者。号は法然房、黒谷上人。源空は諱。諡号は東山天皇から賜った円光大師など。9歳の時に父漆間時国が殺される。久安3年(1147年)比叡山に登り、源光・皇円に師事した後、黒谷に隠棲して叡空の弟子となる。保元元年(1156年)奈良に遊学して、南都の浄土教を学ぶ。安元元年(1175年)43歳の時に、唐の善導著『観無量寿経疏(しょ)』により念仏の道を感得し、浄土宗の教義を確立した。比叡山を下りてから次第に有名となり、帰依者九条兼実の要請で『選択本願念仏集』を著し、貴賤男女の別なく布教を行なった。このため旧仏教勢力からの弾圧が強まり、承元元年(1207年)土佐へ流される(承元の法難)。許されて京へ戻ったのは79歳のときで、翌年没した。

* * *

◇法然上人とその弟子西山上人 ひろさちや著 春秋社 2009.5 237p 19cm 1500円 ①978-4-393-13379-8

◇善導大師と法然上人—念仏に生きる 水谷幸正著 京都 仏教大学通信教育部, (京都)思文閣出版〔発売〕 2008.3 267p 19cm (仏教大学鷹陵文化叢書) 2400円 ①978-4-7842-1401-3

◇選択本願念仏集—法然の教え 阿満利麿訳・解説 角川学芸出版, 角川グループパブリッシング〔発売〕 2007.5 286p 15cm (角川ソフィア文庫) 667円 ①978-4-04-406801-1

◇権者の化現—天神・空也・法然 今堀太逸著 京都 仏教大学通信教育部, (京都)思文閣出版〔発売〕 2006.9 300p 19cm (仏教大学鷹陵文化叢書) 2300円 ①4-7842-1321-X

◇法然—十五歳の闇 上 梅原猛著 角川学芸出版, 角川書店〔発売〕 2006.9 271p 15cm (角川ソフィア文庫) 590円 ①4-04-181506-1

◇法然—十五歳の闇 下 梅原猛著 角川学芸出版, 角川書店〔発売〕 2006.9 270p 15cm (角川ソフィア文庫)

590円 ①4-04-181507-X

◇法然 伊藤唯真監修, 山本博子著 ナツメ社 2005.5 287p 19cm (図解雑学) 1500円 ①4-8163-3900-0

◇法然絵伝を読む 中井真孝著 京都 仏教大学通信教育部, (京都)思文閣出版〔発売〕 2005.3 226p 19cm (仏教大学鷹陵文化叢書) 1800円 ①4-7842-1235-3

◇念仏の聖者 法然 中井真孝編 吉川弘文館 2004.10 253p 19cm (日本の名僧 7) 2600円 ①4-642-07851-7

◇法然の哀しみ 上 梅原猛著 小学館 2004.7 443p 15cm (小学館文庫) 733円 ①4-09-405621-1

◇法然の哀しみ 下 梅原猛著 小学館 2004.7 440p 15cm (小学館文庫) 733円 ①4-09-405622-X

◇法然配流とその背景 よねもとひとし著 近代文芸社 2004.6 153p 19cm 1500円 ①4-7733-7162-5

◇法然とその門弟の教義研究―法然の基本教義の継承と展開 浅井成海著 京都 永田文昌堂 2004.5 625p 22cm 13000円 ①4-8162-2128-X

◇評伝角張成阿弥陀仏―法然伝記を新しくするもの 高橋富雄執筆・文責, 浄運寺編 長野 信濃毎日新聞社(発売) 2004.4 150p 20cm 1500円 ①4-7840-5001-9

◇ひろさちやの「法然」を読む ひろさちや著 佼成出版社 2004.3 205p 19cm 1400円 ①4-333-02053-0

◇いのちを生きる―法然上人と親鸞聖人のみ教え 浅井成海著 京都 法蔵館 2004.1 205p 19cm 1900円 ①4-8318-8676-9

◇法然と親鸞―はじめて見たつる思想 佐々木正著 青土社 2003.8 262p 19cm 2400円 ①4-7917-6055-7

◇法然と親鸞―その教義の継承と展開 浅井成海編 京都 永田文昌堂 2003.7 484, 124p 22cm (六角会館研究シリーズ 2) 〈文献あり〉 6000円 ①4-8162-3035-1

◇法然と親鸞―『一枚起請文』『歎異鈔』を語る 倉田百三著 新版 大東出版社 2003.6 320p 20×14cm 2300円 ①4-500-00690-7

◇法然の衝撃―日本仏教のラディカル 阿満利麿著 オンデマンド版 京都 人文書院 2003.6 236p 19cm 2000円 ①4-409-49001-X

◇中世民衆思想と法然浄土教―"歴史に埋め込まれた親鸞"像への視座 亀山純生著 大月書店 2003.2 399p 21cm 9000円 ①4-272-43060-2

◇法然上人と蓮如上人 稲城選恵著 京都 永田文昌堂 2002.7 53p 19cm 700円 ①4-8162-6168-0

◇法然上人絵伝 下 大橋俊雄校注 岩波書店 2002.5 302p 15cm (岩波文庫) 760円 ①4-00-333403-5

◇法然上人絵伝 上 大橋俊雄校注 岩波書店 2002.4 340p 15cm (岩波文庫) 700円 ①4-00-333402-7

◇法然全集 第3巻 一枚起請文・消息・問答他 大橋俊雄訳 新装版 春秋社 2001.7 330, 6p 21cm 6000円 ①4-393-17423-2

◇法然のことば 寺内大吉著 鈴木出版 2001.6 219p 19cm 1200円 ①4-7902-1102-9

◇法然全集 第2巻 選択本願念仏集 他 大橋俊雄訳 新装版 春秋社 2001.6 352, 5p 21cm 6000円 ①4-393-17422-4

◇法然全集 第1巻 往生要集釈・三部経大意 他 大橋俊雄訳 新装版 春秋社 2001.5 325, 5p 23×16cm 6000円 ①4-393-17421-6

◇法然浄土教成立史の研究 吉田清著 岩田書院 2001.3 205p 21cm 2800円 ①4-87294-200-0

◇法然の世紀―源平争乱の世に万民救済を説く 伊藤唯真著 京都 浄土宗

2001.3 236p 18cm （浄土選書 30） Ⓘ4-88363-730-1

◇法然―イエスの面影をしのばせる人 井上洋治著 筑摩書房 2001.2 185p 19cm （こころの本） 1500円 Ⓘ4-480-84255-1

◇法然浄土教の思想と伝歴―阿川文正教授古稀記念論集 大正大学浄土学研究会編 山喜房仏書林 2001.2 1冊 21cm 22000円 Ⓘ4-7963-0031-7

◇法然浄土教の思想と伝歴―阿川文正教授古稀記念論集 大正大学浄土学研究会編 山喜房仏書林 2001.2 645, 71p 22cm 〈肖像あり〉 22000円 Ⓘ4-7963-0031-7

◇津戸三郎為守―法然上人をめぐる関東武者 3 梶村昇著 大阪 東方出版 2000.11 223p 19cm 2000円 Ⓘ4-88591-689-5

◇梅原猛著作集 10 法然の哀しみ 梅原猛著 小学館 2000.10 717p 19cm 3800円 Ⓘ4-09-677110-4

◇おおらかに生きる―法然 石上善応著 中央公論新社 2000.10 269p 19cm （仏教を生きる 8） 1600円 Ⓘ4-12-490158-5

◇おおらかに生きる―法然 石上善応著 中央公論新社 2000.10 269p 20cm （仏教を生きる 8） 〈シリーズ責任表示：水上勉, 瀬戸内寂聴, ひろさちや編〉 1600円 Ⓘ4-12-490158-5

◇シギと法然―思うままに 梅原猛著 文芸春秋 2000.10 261p 19cm 1619円 Ⓘ4-16-356610-4

◇法然 中里介山著 復刻版 小嶋知善, 浄土宗出版室復刻版編集 〔京都〕 浄土宗 2000.10 348p 19cm 〈原本：三省堂昭和6年刊〉 Ⓘ4-88363-328-4

◇マンガ 法然入門―念仏信仰に捧げた苛烈な生涯 大橋俊雄監修, 登竜太画, 白取春彦作 サンマーク出版, サンマーク〔発売〕 2000.8 249p 15cm （サンマーク文庫） 505円 Ⓘ4-7631-8117-3

◇ビジュアル法然上人 仏教読本編纂委員会編 改題増補版 京都 浄土宗 2000.4 119p 21cm Ⓘ4-88363-330-6

◇仏教入門―釈尊と法然上人の教え 仏教大学仏教学科編 学術図書出版社 2000.3 274p 21cm 〈折り込3枚〉 1700円 Ⓘ4-87361-496-1

◇法然讃歌―生きるための念仏 寺内大吉著 中央公論新社 2000.3 257p 18cm （中公新書） 740円 Ⓘ4-12-101526-6

◇A raft from the other shore—Honen and the way of pure land Buddhism ［by］ Sho-on Hattori, revised and edited by Jonathan Watts, Yoshiharu Tomatsu Tokyo Jodo Shu Press c2000 119 p. 21 cm. 〈Includes the author's biographical notes. Includes bibliographical references.〉 Ⓘ4-88363-329-2

◇法然に聞く、往生極楽の道 石田肇著 文芸社 1999.5 250p 19cm 1500円 Ⓘ4-88737-303-1

◇絵・写真で見る法然上人のご生涯―『仏教読本』写真資料集 仏教読本編纂委員会編 京都 浄土宗 1999.4 99p 21cm

◇法然さまの選択本願念仏集 大角修著, 浄土宗出版室編 京都 浄土宗 1999.4 20p 18cm Ⓘ4-88363-921-5

◇法然の言葉だった「善人なをもて往生をとぐいはんや悪人をや」 梶村昇著 大東出版社 1999.4 244p 20cm 1800円 Ⓘ4-500-00649-4

◇法然を読む―「選択本願念仏集」講義 阿満利麿著 角川書店 1999.3 202p 19cm （角川叢書） 2600円 Ⓘ4-04-702105-9

◇法然上人のご法語 第2集（法語類編） 法然著, 浄土宗総合研究所編訳, 阿川文正ほか監修 京都 浄土宗 1999.3 352, 61p 22cm Ⓘ4-88363-132-X

◇法然さまと選択本願念仏集―時代が求めたもの 大橋俊雄著 京都 浄土宗

1998.12　76p　19cm　（なむブックス 11）　①4-88363-811-1

◇法然対明恵―鎌倉仏教の宗教対決　町田宗鳳著　講談社　1998.10　232p　19cm　（講談社選書メチエ）　1500円　①4-06-258141-8

◇光明坊蔵法然上人御一代御行状絵伝解説　井上雅芳著　福山　びんご出版　1998.8　110p　21cm　1500円

◇法然と明恵―日本仏教思想史序説　袴谷憲昭著　大蔵出版　1998.7　405p　19cm　4800円　①4-8043-0538-6

◇選択の人法然上人　阿川文正監修, 浄土宗宗門学校長会編, 横山まさみち漫画　京都　浄土宗　1998.4　215p　18cm　①4-88363-326-8

◇法然　大橋俊雄著　講談社　1998.4　354p　15cm　（講談社学術文庫）　1050円　①4-06-159326-9

◇法然　ひろさちや原作, 巴里夫漫画　鈴木出版　1998.4　146p　22cm　（まんが日本の高僧 教科書にでてくる人物 5）　1800円　①4-7902-1086-3

◇法然の生涯　松本章男著　大法輪閣　1998.2　254p　19cm　2300円　①4-8046-1140-1

◇宗教の中の人生―法然浄土教への歩み　峰島旭雄著　京都　浄土宗　1998.1　261p　18cm　（浄土選書 25）　①4-88363-725-5

◇法然上人と浄土宗　宮林昭彦著　柏　みち書房　c1998　118p　19cm　1334円　①4-944191-00-6

◇法然の念仏――紙小消息講話　藤吉慈海著　〔新装版〕　大蔵出版　1997.12　154p　19cm　1400円　①4-8043-3044-5

◇法然辞典　藤井正雄, 金子寛哉, 鷲見定信, 武田道生編　東京堂出版　1997.8　328p　21cm　4500円　①4-490-10456-1

◇シンポジウム・法然と親鸞　仏教大学総合研究所編　京都　法蔵館　1997.3　189p　19cm　2000円　①4-8318-8077-9

◇法然―世紀末の革命者　町田宗鳳著　京都　法蔵館　1997.3　239p　19cm　2369円　①4-8318-7140-0

◇法然上人のご法語　第1集　法然著, 浄土宗総合研究所編訳, 阿川文正ほか監修　京都　浄土宗　1997.3　243, 41p　22cm　①4-88363-131-1

◇法然の念仏　ひろさちや原作, 巴里夫漫画　鈴木出版　1996.12　153p　22cm　（仏教コミックス 86）　1200円　①4-7902-1904-6

◇法然上人研究　第1巻　思想篇　藤堂恭俊著　山喜房仏書林　1996.8　374, 13p　21cm　8755円　①4-7963-0432-0

◇法然上人研究　第2巻　思想篇　藤堂恭俊著　山喜房仏書林　1996.8　389, 23p　21cm　9785円　①4-7963-0433-9

◇法然の生涯　ひろさちや原作, 巴里夫漫画　鈴木出版　1995.3　153p　21cm　（仏教コミックス 79）　1200円　①4-7902-1925-9

◇式子内親王伝―面影びとは法然　石丸晶子著　朝日新聞社　1994.12　306p　15cm　（朝日文庫）　640円　①4-02-261017-4

◇法然伝と浄土宗史の研究　中井真孝著　京都　思文閣出版　1994.12　401, 24p　22cm　（思文閣史学叢書）　9064円　①4-7842-0861-5

◇法然上人伝　下　大橋俊雄訳　春秋社　1994.11　370, 8p　21cm　（法然全集 別巻2）　8755円　①4-393-17418-6

◇法然上人伝　上　大橋俊雄著　春秋社　1994.10　399p　23×16cm　（法然全集 別巻1）　8755円　①4-393-17417-8

◇法然上人二十五霊場巡礼―法話と札所案内　冨永航平著　大阪　朱鷺書房　1994.9　198p　19cm　1030円　①4-88602-302-9

◇法然遺文の基礎的研究　中野正明著　京都　法蔵館　1994.3　538, 33p　22cm　12360円　①4-8318-7491-4

◇法然上人問答集　村瀬秀雄訳　小田原

常念寺　1993.11　386p　19cm　4700円

◇転形期 法然と頼朝　坂爪逸子著　青弓社　1993.7　209p　19cm　2060円　①4-7872-2005-5

◇女人をホトケとなし給う―女流法然　寺内大吉著　毎日新聞社　1993.7　249p　20cm　1500円　①4-620-10474-4

◇日蓮論・法然と親鸞　木下尚江著, 鈴木範久編　教文館　1993.4　400p　19cm　（木下尚江全集 第8巻）　5768円　①4-7642-2068-7

◇法然上人伝ノート　稲垣俊夫著　通覚寺　1992.10　146, 23p　19cm

◇法然上人のご生涯とその教え　坪井俊映, 藤堂恭俊著　京都　仏教大学通信教育部　1992.10　155p　21cm　非売品

◇法然上人をめぐる関東武者　2　宇都宮一族　梶村昇著　大阪　東方出版　1992.3　206p　19cm　（知恩院浄土宗学研究所シリーズ 4）　1300円　①4-88591-295-4

◇法然を歩く　樋口英夫写真, 林淳文　佼成出版社　1992.2　158p　21cm　（写真紀行 日本の祖師）　2000円　①4-333-01550-2

◇法然上人伝の成立史的研究　法然上人伝研究会編　京都　臨川書店　1991.12　3冊　31cm　〈知恩院昭和36～37年刊の複製〉　全56650円　①4-653-02248-8

◇マンガ 法然入門―念仏信仰に捧げた苛烈な生涯　白取春彦作, 登竜太画　サンマーク出版　1991.12　253p　19cm　1200円　①4-7631-8351-6

◇法然上人をめぐる関東武者　1　熊谷直実　梶村昇著　大阪　東方出版　1991.11　227p　19cm　（知恩院浄土宗学研究所シリーズ 3）　1300円　①4-88591-281-4

◇法然の手紙―愛といたわりの言葉　石丸晶子編訳　京都　人文書院　1991.6　252p　19cm　1957円　①4-409-41051-2

◇昭和新修 法然上人全集　石井教道編　京都　平楽寺書店　1991.4　1218p　21cm　15450円

◇昭和新修法然上人全集　石井教道編　京都　平楽寺書店　1991.4　1218p　23cm　〈浄土宗開宗八百年記念出版 著者の肖像あり〉　15450円

◇法然法語を読む　藤吉慈海著　春秋社　1991.3　180p　19cm　1700円　①4-393-17407-0

◇法然・一遍　大橋俊雄校注　〔新装版〕　岩波書店　1991.1　487p　21cm　（原典日本仏教の思想 5）　4400円　①4-00-009025-9

◇法然の世界　松永伍一エッセイ, 林淳文　佼成出版社　1991.1　227p　19cm　（仏典を知る）　1850円　①4-333-01469-7

◇法然　左方郁子著　京都　淡交社　1990.9　141p　19cm　（京都・宗祖の旅）　880円　①4-473-01141-0

◇法然　田村円澄著　吉川弘文館　1990.7（第2刷）　268p　19cm　（人物叢書 新装版）〈肖像あり〉　①4-642-05120-1

◇遊びの境界―法然と親鸞　坂爪逸子著　青弓社　1990.6　197p　19cm　2060円

◇法然上人絵伝　下　小松茂美編　中央公論社　1990.3　160p　35×27cm　（続 日本の絵巻 3）　4500円　①4-12-402883-0

◇法然上人絵伝　中　小松茂美編　中央公論社　1990.2　214p　35×26cm　（続日本の絵巻 2）　5000円　①4-12-402882-2

◇法然上人絵伝　上　小松茂美編　〔オールカラー版〕　中央公論社　1990.1　196p　35×27cm　（続 日本の絵巻 1）　5000円　①4-12-402881-4

◇式子内親王伝―面影びとは法然　石丸晶子著　朝日新聞社　1989.12　296p　20cm　1300円　①4-02-256089-4

◇法然全集　第3巻　大橋俊雄著　春秋社　1989.12　330, 6p　21cm　5800円　①4-393-17413-5

◇法然浄土教思想論攷　藤本浄彦著　京都　平楽寺書店　1989.11　325, 58p　21cm　6695円

◇法然全集　第2巻　大橋俊雄著　春秋社　1989.11　352, 5p　21cm　5800円　①4-393-17412-7

◇法然の衝撃―日本仏教のラディカル　阿満利麿著　京都　人文書院　1989.10　236p　19cm　1700円　①4-409-41044-X

◇法然全集　第1巻　大橋俊雄著　春秋社　1989.9　325, 5p　21cm　5800円　①4-393-17411-9

◇法然入門　大橋俊雄著　春秋社　1989.9　270p　19cm　2000円　①4-393-17415-1

◇立ち止まるな善導―法然・親鸞思想の源流に挑む　寺内大吉著　毎日新聞社　1988.12　474p　19cm　1800円　①4-620-10372-1

◇法然浄土教思想論攷　藤本浄彦著　京都　平楽寺書店　1988.11　325, 58p　22cm　6500円

◇法然と浄土教　津山郷土博物館編　津山　津山郷土博物館　1988.10　39p　26cm　（津山郷土博物館特別展図録 第1冊）〈津山郷土博物館開館記念津山市制60周年記念 会期：昭和63年10月8日―11月6日〉

◇法然　田村円澄著　〔新装版〕　吉川弘文館　1988.6　269p　19cm　（人物叢書）　1700円　①4-642-05120-1

◇偏依法然　西村瑞純著　福岡　梓書院　1987.12　588p　22cm　〈法然の肖像あり〉　5500円　①4-87035-027-0

◇法然上人の教え　藤井実応著　光雲社, 星雲社〔発売〕　1987.4　264p　19cm　1600円　①4-7952-7270-0

◇法然のことば　梶村昇著　雄山閣出版　1987.2　234p　19cm　1500円　①4-639-00630-6

◇白い道―法然・親鸞とその時代　上　三国連太郎著　講談社　1986.11　344p　15cm　（講談社文庫）　440円　①4-06-183890-3

◇白い道―法然・親鸞とその時代　中　三国連太郎著　講談社　1986.11　335p　21cm　（講談社文庫）　440円　①4-06-183891-1

◇白い道―法然・親鸞とその時代　下　三国連太郎著　講談社　1986.11　324p　15cm　（講談社文庫）　440円　①4-06-183892-X

◇法然の生涯　高橋良和著　京都　法蔵館　1986.11　76p　21cm　500円　①4-8318-2304-X

◇法然上人とその余光　宝田正道著　東洋文化出版　1986.10　256p　22cm　2300円　①4-88676-073-2

◇法然上人と一枚起請文―法然上人のご遺訓　藤井実応著　大東出版社　1986.9　358p　19cm　（大東名著選 13）　2500円　①4-500-00513-7

◇源信・法然・道元　山崎正一, 今枝愛真著, 丸山照雄, 山折哲雄編　御茶の水書房　1986.7　230p　19cm　（現代人の宗教 2）　1500円　①4-275-00685-2

◇法然教学の研究　梯実円著　京都　永田文昌堂　1986.7　537p　22cm　〈法然の肖像あり〉　8500円

◇高僧伝　5　法然―ひとすじの道　松原泰道, 平川彰編　藤井正雄著　集英社　1986.1　275p　20cm　〈編集：創美社 法然の肖像あり〉　1400円　①4-08-187005-5

◇法然秘話　高橋良和文, 飯田順雅画　東洋文化出版　1985.12　160p　25×27cm　〈帙入　和装〉　7500円

◇法然のいいたかったこと　由木義文著　講談社　1985.11　210p　19cm　（もんじゅ選書 2）　1000円　①4-06-192252-1

◇法然上人の世界　藤吉慈海著　山喜房仏書林　1985.5　198p　21cm　2300円

◇現代に生きる法然・栄西・親鸞・道元・日蓮　岩波光次編　教育出版センター　1984.11　217p　20cm　（サンシャインカルチャー 13）　1500円

①4-7632-5812-5

◇法然上人の思想と生涯　仏教大学編　大阪　東方出版　1984.11　188p　19cm　〈執筆：高橋弘次ほか 法然上人の肖像あり〉　1000円

◇ひとりも捨てず―法然・その人と教え　石上善応ほか著　鈴木出版　1984.6　259p　19cm　（まいとりぃ選書）〈監修：石上善応 法然の肖像あり〉　1400円　①4-7902-2003-6

◇法然上人の思想と宗教　前田聴瑞著　国書刊行会　1984.5　428p　22cm　（浄土宗学研究叢書 祖師篇）〈大東出版社昭和8年刊の複製〉　7000円

◇法然と浄土信仰　読売新聞社　1984.3　174p　29cm　〈執筆：田村円澄ほか 法然の肖像あり〉　2000円

◇法然上人一紙小消息講話　藤吉慈海著　大蔵出版　1984.2　154p　19cm　950円　①4-8043-3016-X

◇念仏ひじり三国志―法然をめぐる人々　5　寺内大吉著　毎日新聞社　1983.8　389p　20cm　1300円

◇法然上人研究　第1巻　思想篇　藤堂恭俊著　山喜房仏書林　1983.8　374, 13p　22cm　〈宗祖法然上人降誕八百五十年記念〉　7500円

◇念仏ひじり三国志―法然をめぐる人々　4　寺内大吉著　毎日新聞社　1983.5　328p　20cm　1300円

◇念仏ひじり三国志―法然をめぐる人々　3　寺内大吉著　毎日新聞社　1983.3　350p　20cm　1300円

◇法然―思想読本　橋本峰雄編　京都　法蔵館　1983.3　240p　21cm　〈法然の肖像あり　法然年表・法然著作解題・法然に関する100冊の本：p223～240〉　1200円　①4-8318-2004-0

◇念仏ひじり三国志―法然をめぐる人々　2　寺内大吉著　毎日新聞社　1983.1　311p　20cm　1300円

◇法然上人集　源空著, 与謝野寛ほか編纂校訂　現代思潮社　1983.1　214p　16cm　（覆刻日本古典全集）〈日本古典全集刊行会大正15年刊の複製〉

◇近代の法然論　峰島旭雄, 芹川博通編著　みくに書房　1982.12　283p　20cm　（みくに選書）〈法然の肖像あり〉　1800円

◇念仏ひじり三国志―法然をめぐる人々　1　寺内大吉著　毎日新聞社　1982.11　366p　20cm　1300円

◇法然とその時代　田村円澄著　京都　法蔵館　1982.11　201p　20cm　（法蔵選書 19）　1600円

◇日本名僧論集　第6巻　法然　伊藤唯真, 玉山成元編　吉川弘文館　1982.10　471p　22cm　〈法然の肖像あり〉　5800円

◇法然上人をめぐる人々　稲岡覚順著　京都　浄土宗宗務庁　1982.9　216p　17cm　（浄土選書 13）

◇法然百話　梶原重道著　大阪　東方出版　1982.9　246p　18cm　950円

◇白い道―法然・親鸞とその時代 しかも無間の業に生きる　第1部　三国連太郎著　毎日新聞社　1982.5　3冊　20cm　各1000円

◇全訳法然上人勅修御伝　村瀬秀雄訳　小田原　常念寺　1982.4　846p　19cm　〈法然上人ご生誕八百五十年奉祝〉　6800円

◇定本法然上人全集　第7巻　書簡篇　法然上人全集刊行会編　山喜房仏書林　1982.1　282, 20p　18cm　2500円

◇法然上人御法語講話　下　藤吉慈海著　山喜房仏書林　1979.5　278p　19cm　①4-7963-0423-1

◇法然上人御法語講話　下　藤吉慈海著　山喜房仏書林　1979.5　278p　19cm　①4-7963-0423-1

◇法然再発見　須賀隆賢著　隆文館　1979.2　334p　20cm　1500円

◇和訳法然上人選択集　村瀬秀雄訳　小田

原　常念寺　1979.2　387p　19cm　2500円

◇法然―その生涯と教え　細川行信著　京都　法蔵館　1979.1　207p　19cm　〈法然の肖像あり〉　1600円

◇法然のことば　梶村昇著　雄山閣出版　1978.2　234p　19cm　（カルチャーブックス 20）〈法然の肖像あり〉　800円

◇法然と親鸞の信仰　下　倉田百三著　講談社　1977.7（第26刷：2002.12）　209p　15cm　（講談社学術文庫）　800円　①4-06-158156-2

◇法然と親鸞の信仰　下 歎異鈔を中心として　倉田百三著　講談社　1977.7　209p　15cm　（講談社学術文庫）　300円

◇法然と親鸞の信仰　上　倉田百三著　講談社　1977.6（第28刷：2002.12）　165p　15cm　（講談社学術文庫）　660円　①4-06-158155-4

◇法然と親鸞の信仰　上 一枚起請文を中心として　倉田百三著　講談社　1977.6　165p　15cm　（講談社学術文庫）　260円

◇法然上人御法語講話　上　藤吉慈海著　山喜房仏書林　1977.3　242p　19cm　1300円

浄土真宗
じょうどしんしゅう

鎌倉時代に、法然の弟子である親鸞を開祖として創始された浄土教の一派。「大無量寿経」「観無量寿経」「阿弥陀経」の浄土三部経を聖典とし、宗義の基礎を「教行信証」とする。阿弥陀仏信心だけで往生できるとする他力本願を主張する。室町時代の第8世蓮如の時代に飛躍的に教勢をのばし、庶民の支持を広く受ける宗派となった。真宗、一向宗などとも称される。

＊　＊　＊

◇中世日本の仏教とジェンダー―真宗教団・肉食夫帯の坊守史論　遠藤一著　明石書店　2007.4　326p　22cm　5800円　①978-4-7503-2527-9

◇戦国期宗教思想史と蓮如　大桑斉著　京都　法蔵館　2006.6　308, 12p　22cm　7500円　①4-8318-7467-1

◇親鸞と浄土教　信楽峻麿著　京都　法藏館　2004.6　416p　22cm　10000円　①4-8318-4140-4

◇戦国期本願寺教団史の研究　草野顕之著　京都　法藏館　2004.3　484p　22cm　9800円　①4-8318-7460-4

◇本願寺教団の展開―戦国期から近世へ　青木忠夫著　京都　法蔵館　2003.8　488p　21cm　10000円　①4-8318-7479-5

◇親鸞と浄土真宗　今井雅晴著　吉川弘文館　2003.7　265, 8p　22cm　6500円　①4-642-02827-7

◇歎異抄と浄土宗・浄土真宗のお経　由木義文著　講談社　2003.7　238p　19cm　1400円　①4-06-211467-4

◇真宗史料集成　第1巻　親鸞と初期教団　柏原祐泉ほか編　石田充之, 千葉乗隆編　再版　京都　同朋舎メディアプラン　2003.3　1136p　23cm　〈初版：同朋舎出版1974年刊〉　①4-901339-76-1

◇真宗史料集成　第3巻　一向一揆　柏原祐泉ほか編　北西弘編　再版　京都　同朋舎メディアプラン　2003.3　81, 1258p　23cm　〈初版：同朋舎出版1979年刊〉　①4-901339-76-1

◇仏教から真宗へ―瓜生津隆真博士退職記念論集　瓜生津隆真先生退職記念論集刊行会編　京都　瓜生津隆真先生退職記念論集刊行会　2003.3　529, 176p　22cm　〈共同刊行：永田文昌堂　肖像あり　年譜あり　著作目録あり〉　16000円　①4-8162-1016-4

◇新説真宗史―法然から蓮如まで 真宗史の通念を見なおす　佐々木英彰著　心泉社　2000.1　258p　20cm　2380円　①4-916109-17-1

◇日本の社会と真宗　千葉乗隆編　京都　思文閣出版　1999.7　284p　22cm　6500円　①4-7842-1009-1

◇寺内町の研究　第1巻　峰岸純夫, 脇田修監修, 大澤研一, 仁木宏編　京都　法藏館　1998.10　534p　22cm　8800円　①4-8318-7518-X

◇寺内町の研究　第2巻　峰岸純夫, 脇田修監修, 大澤研一, 仁木宏編　京都　法藏館　1998.10　515p　22cm　8800円　①4-8318-7519-8

◇寺内町の研究　第3巻　峰岸純夫, 脇田修監修, 大澤研一, 仁木宏編　京都　法藏館　1998.10　487p　22cm　8800円　①4-8318-7520-1

◇浄土真宗がわかる本—親鸞聖人と蓮如上人　続　紅楳英顕著　教育新潮社　1997.11　151p　19cm　(伝道新書 16)　1800円　①4-7633-0001-6

◇近江の真宗文化—湖南・湖東を中心に　栗東歴史民俗博物館編　栗東町(滋賀県)　栗東歴史民俗博物館　1997　111p　30cm　〈企画展：1997年10月18日—11月24日〉

◇吉崎御坊の歴史　朝倉喜祐著　国書刊行会　1995.9　378p　21cm　2800円　①4-336-03774-4

◇真宗史仏教史の研究　1(親鸞・中世篇)　柏原祐泉著　京都　平楽寺書店　1995.4　458, 9p　22cm　10300円　①4-8313-1019-0

◇真宗思想史の研究—親鸞の思想展開と初期教団史　中根和浩著　明福寺　1994.12　445p　21cm

◇中世真宗教学の展開　普賢晃寿著　京都　永田文昌堂　1994.3　486, 18p　22cm　9800円

◇中世仏教と真宗　北西弘先生還暦記念会編　吉川弘文館　1985.12　526p　22cm　8800円　①4-642-02611-8

◇越中真宗史—中世を中心としたノート　寺野宗孝著, 浄土真宗本願寺派高岡教区教化推進協議会編　富山　桂書房　1985.10　188, 5p　22cm　〈著者の肖像あり〉　2500円

◇真宗教学史研究　第7巻　親鸞聖人とその宗教—蓮如上人とその宗教・ハワイにおける法話　大原性実著　京都　永田文昌堂　1985.4　293p　22cm　4000円

◇日本仏教宗史論集　第6巻　親鸞聖人と真宗　千葉乗隆編, 幡谷明編　吉川弘文館　1985.4　457p　22cm　〈6.親鸞聖人と真宗 千葉乗隆, 幡谷明編 巻末：解説, 主要史料解題, 主要参考文献 執筆：二葉憲香〔ほか22名〕　図版〉　5800円　①4-642-06746-9

◇真宗全書　第50巻　妻木直良編　国書刊行会　1975　478p　22cm　〈蔵経書院(京都)大正4年刊の複製〉　4700円

◇真宗全書　第51巻　妻木直良編　国書刊行会　1975　492p　22cm　〈蔵経書院(京都)大正4年刊の複製〉　4700円

◇真宗全書　第53巻　妻木直良編　国書刊行会　1975　423p　22cm　〈蔵経書院(京都)大正2年刊の複製〉　4700円

◇真宗全書　第56巻　妻木直良編　国書刊行会　1975　564p　22cm　〈蔵経書院(京都)大正5年刊の複製〉　4700円

◇真宗全書　第59巻　妻木直良編　国書刊行会　1975　558p　22cm　〈蔵経書院(京都)大正2年刊の複製〉　4700円

◇真宗全書　第60巻　妻木直良編　国書刊行会　1975　571p　22cm　〈蔵経書院(京都)大正3年刊の複製〉　4700円

◇新編真宗全書　史伝編 4　新編真宗全書刊行会編　京都　思文閣　1975　576p　図　23cm

◇浄土宗全書　続 第17巻　日本往生極楽記外　京都　浄土宗開宗八百年記念慶讃準備局 東京 山喜房仏書林(発売)　1974　424, 19p　22cm　〈宗書保存会事務所大正4－昭和3年刊の複製〉　3000円

◇中世真宗思想の研究　重松明久著　吉川弘文館　1973　617p 図 地図　22cm　4000円

◇親鸞教団弾圧史　福永勝美著　雄山閣　1972　262p 図　22cm　(雄山閣歴史選書 8)

◇初期真宗の研究　宮崎円遵著　京都　永田文昌堂　1971　465, 65p 図　22cm　4500円

◇中世における真宗教団の形成　笠原一男著　新人物往来社　1971　342, 22p　22cm　(日本宗教史名著叢書)〈山喜房仏書林昭和32年刊の再刊〉　2500円

親 鸞
しんらん

承 安3年(1173年)4月1日 ～ 弘 長2年(1263年)11月28日

鎌倉前・中期の僧。浄土真宗の宗祖。明治9年(1976年)に贈られた諡号は見真大師。自らは愚禿(ぐとく)親鸞と称した。養和元年(1181年)9歳で、天台宗青蓮院の慈円のもとで出家。その後、比叡山で20年に及ぶ修行をする。建仁元年(1201年)修行では安心(あんじん)を得られず、山を降りて京の六角堂に参籠し、聖徳太子の夢告により法然を訪ね、専修念仏の教えに帰衣してその門下となる。承元元年(1207年)専修念仏が弾圧を受け、法然は土佐へ、親鸞は越後に流される(承元の法難)。この時、非僧非俗を宣言して、愚禿と名のり妻帯した。建保2年(1214年)関東に移住して、農民や下層武士らを中心に布教活動に専念。60歳を過ぎた嘉禎2年(1236年)頃に帰洛した。自らの思想を表す消息(しょうそこ)による布教活動を行なった。

＊　＊　＊

◇歎異抄　阿満利麿訳・注・解説　筑摩書房　2009.5　285p　15cm　(ちくま学芸文庫)　1000円　Ⓘ978-4-480-09220-5

◇山をおりた親鸞 都をすてた道元―中世の都市と遁世　松尾剛次著　京都　法蔵館　2009.4　201p　19cm　2200円　Ⓘ978-4-8318-6060-6

◇親鸞　真宗教団連合編　朝日新聞出版(発売)　2009.3　349p　22cm　〈執筆：平松令三ほか〉　1200円　Ⓘ978-4-02-100159-8

◇歎異抄に学ぶ人生の知恵　PHP研究所　2008.1　221p　15cm　476円　Ⓘ978-4-569-66984-7

◇親鸞の生涯と教え　鎌田宗雲著　京都　法蔵館　2007.12　202p　20cm　2000円　Ⓘ978-4-8318-2157-7

◇親鸞の仏教と宗教弾圧―なぜ親鸞は『教行信証』を著したのか　藤場俊基著　明石書店　2007.12　210p　20cm　〈年表あり〉　1800円　Ⓘ978-4-7503-2687-0

◇親鸞をよむ　岩波書店　2007.10　215p　18cm　700円　Ⓘ978-4-00-431096-9

◇日本の古典をよむ　小学館　2007.10　317p　19cm　1800円　Ⓘ978-4-09-362184-7

◇私訳 歎異抄　東京書籍　2007.9　145p　19cm　1200円　Ⓘ978-4-487-80205-0

◇親鸞聖人御消息―浄土真宗聖典 現代語版 恵信尼消息―浄土真宗聖典 現代語版　親鸞著, 恵信尼著, 教学伝道研究センター編纂　〔京都〕　浄土真宗本願寺派　2007.7　219p　19cm　〈発行所：本願寺出版社　年譜あり〉　1000円　Ⓘ978-4-89416-263-1

◇日本美術 読みとき事典　瀬木慎一著　新装増補版　里文出版　2007.7　169p　21cm　(目の眼ハンドブック)　1800円　Ⓘ978-4-89806-275-3

◇親鸞・普遍への道　筑摩書房　2007.4　342p　15cm　1200円　Ⓘ978-4-480-09053-9

◇親鸞　1　西山邦彦著　京都　法蔵館　2007.3　518p　22cm　〈「1」のサブタイトル：『教行信証』総序・教の巻・行の巻論讃〉　14000円　Ⓘ978-4-8318-4117-9

◇親鸞　2　西山邦彦著　京都　法蔵館　2007.3　519p　22cm　〈「2」のサブタイトル：『教行信証』信の巻(本・末)論讃〉　14000円　Ⓘ978-4-8318-4118-6

◇親鸞　3　西山邦彦著　京都　法蔵館　2007.3　508p　22cm　〈「3」のサブタイトル：悲願の大地・『教行信証』証の巻論讃〉　14000円　Ⓘ978-4-8318-4119-3

◇定本 歎異抄　青土社　2007.1　171p　19cm　1600円　Ⓘ4-7917-6311-4

◇歎異抄を語る　日本放送出版協会

2006.10 158p 21cm 850円 Ⓘ4-14-910591-X

◇新編歴史のなかの親鸞 京都 永田文昌堂 2006.9 372p 20cm 2800円 Ⓘ4-8162-4133-7

◇よくわかる！親鸞 PHP研究所 2006.8 223p 19cm 1200円 Ⓘ4-569-64790-1

◇親鸞読み解き事典 柏書房 2006.5 384, 13p 20cm 3200円 Ⓘ4-7601-2902-2

◇歎異抄を語る 日本放送出版協会 2006.4 160p 21cm 850円 Ⓘ4-14-910590-1

◇歎異抄の深淵 雲母書房 2006.3 285p 19cm 1800円 Ⓘ4-87672-195-5

◇親鸞の告白 小学館 2006.1 333p 15cm 619円 Ⓘ4-09-405624-6

◇親鸞と青砥藤綱 葛飾区郷土と天文の博物館 2005.11 161p 30cm

◇親鸞の生涯と思想 吉川弘文館 2005.8 319, 5p 21cm 7500円 Ⓘ4-642-02842-0

◇しんらん聖人 上 藤木てるみ著 改訂版 京都 探究社 2005.6 291p 19cm （伝記まんが家庭読本） 1400円 Ⓘ4-88483-596-4

◇しんらん聖人 下 藤木てるみ著 改訂版 京都 探究社 2005.6 287p 19cm （伝記まんが家庭読本） 1400円 Ⓘ4-88483-597-2

◇親鸞 ホーム社, 集英社〔発売〕 2005.5 379p 15cm 762円 Ⓘ4-8342-7335-0

◇愚禿釈の鸞 京都 法蔵館 2005.2 287p 19cm 3800円 Ⓘ4-8318-7698-4

◇親鸞聖人「和讃」入門 大法輪閣 2004.12 342p 19cm 2100円 Ⓘ4-8046-1214-9

◇親鸞―決定版 吉本隆明著 新装版 春秋社 2004.11 379p 21cm 〈肖像あり〉 2500円 Ⓘ4-393-33137-0

◇親鸞「ことば」の思想 岩波書店 2004.11 180p 19cm 2800円 Ⓘ4-00-023405-6

◇往生浄土の自覚道 京都 法藏館 2004.10 324p 22cm 8500円 Ⓘ4-8318-4147-1

◇日蓮と親鸞 京都 人文書院 2004.9 383p 21cm 2800円 Ⓘ4-409-41077-6

◇二葉憲香著作集 京都 永田文昌堂 2004.9 613p 22cm 11000円 Ⓘ4-8162-4460-3

◇親鸞と恵信尼 京都 自照社出版 2004.8 199p 19cm 1600円 Ⓘ4-921029-62-8

◇梅原猛の『歎異抄』入門 PHP研究所 2004.6 219p 18cm 740円 Ⓘ4-569-63267-X

◇親鸞と浄土教 京都 法藏館 2004.6 416p 22cm 10000円 Ⓘ4-8318-4140-4

◇親鸞の思想構造 上田義文著 新装 春秋社 2004.6 218p 20cm 2500円 Ⓘ4-393-16603-5

◇親鸞の生と死 増補新版 京都 法蔵館 2004.6 424p 21cm 4300円 Ⓘ4-8318-8000-0

◇信の念仏者 親鸞 吉川弘文館 2004.2 207p 19cm 2600円 Ⓘ4-642-07852-5

◇悲喜の涙 富山 田中覚秀 2004 261p 26cm

◇親鸞とその思想 信楽峻麿著 京都 法蔵館 2003.10 182p 20cm 1600円 Ⓘ4-8318-8674-2

◇親鸞・思想史研究編 明石書店 2003.9 1068p 19cm 9800円 Ⓘ4-7503-1780-2

◇歎異抄 杉浦明平著 岩波書店 2003.9 239p 15cm （岩波現代文庫 文芸） 900円 Ⓘ4-00-602076-7

◇法然と親鸞 京都 永田文昌堂 2003.7 484, 124p 22cm 6000円 Ⓘ4-8162-3035-1

◇法然と親鸞―『一枚起請文』『歎異鈔』

を語る　倉田百三著　大東出版社　2003.6　320p　20cm　〈「法然と親鸞の信仰」(1942年刊)の新版〉　2300円　①4-500-00690-7

◇親鸞　河出書房新社　2003.3　267p　19cm　2000円　①4-309-24282-0

◇仏教と芸能　京都　永田文昌堂　2003.1　375p　22cm　7500円　①4-8162-1134-9

◇日本美術読みとき事典　瀬木慎一著　里文出版　2002.10　165p　21cm　(目の眼ハンドブック)　1800円　①4-89806-180-X

◇写真で読む親鸞の生涯　麻田慶雲著　京都　法蔵館　2002.7　107p　30cm　3200円　①4-8318-8682-3

◇親鸞研究―『教行信証』『歎異抄』小林利裕著　近代文芸社　2002.7　250p　22cm　4500円　①4-7733-6999-X

◇親鸞・思想史研究編　明石書店　2002.7　519p　19cm　7500円　①4-7503-1588-5

◇親鸞の家族と門弟　今井雅晴著　京都　法蔵館　2002.7　210p　20cm　1800円　①4-8318-7482-5

◇親鸞の思想構造―比較宗教の立場から　釈徹宗著　京都　法蔵館　2002.7　249p　22cm　5800円　①4-8318-8127-9

◇親鸞・思想史研究編　明石書店　2002.1　465p　19cm　6800円　①4-7503-1530-3

◇親鸞思想と七高僧　新装版 再版　大蔵出版　2001.12　267p　19cm　3200円　①4-8043-3057-7

◇親鸞・覚如・蓮如　千葉乗隆著　京都　法蔵館　2001.9　472p　22cm　(千葉乗隆著作集 第1巻)　9800円　①4-8318-3361-4

◇親鸞―悪の思想　伊藤益著　集英社　2001.8　220p　18cm　(集英社新書)　〈文献あり〉　660円　①4-08-720102-3

◇親鸞と歎異抄入門―その心の遍歴と他力の教え　大法輪閣編集部編　大法輪閣　2001.8　271p　19cm　〈執筆：平松令三ほか〉　2000円　①4-8046-4203-X

◇佐々木月樵全集　第3巻　親鸞聖人伝　佐々木月樵著, 佐々木教悟監修, 長崎法潤, 木村宣彰編　出雲崎町(新潟県)　うしお書店　2001.7　797p　22cm　〈萌文社昭和2年刊の複製〉　18500円

◇親鸞とその時代　京都　法藏館　2001.5　220p　20cm　1800円　①4-8318-7484-1

◇『教行信証』に問う　京都　永田文昌堂　2001.4　357p　22cm　①4-8162-3033-5

◇親鸞の生涯　松本章男著　学習研究社　2001.2　321p　15cm　(学研M文庫)　620円　①4-05-901041-3

◇法然親鸞思想論　松本史朗著　大蔵出版　2001.2　696p　22cm　10000円　①4-8043-0547-5

◇実存と信仰―親鸞思想の構造解明　岡村貴句男著　文芸社　2000.10　555p　20cm　2000円　①4-8355-0446-1

◇歎異抄　親鸞原著, 梅原猛全訳注　講談社　2000.9　330p　15cm　(講談社学術文庫)　〈文献あり　年表あり〉　960円　①4-06-159444-3

◇親鸞とその妻の手紙　親鸞, 恵信尼原著, 石田瑞麿著　新装　春秋社　2000.8　287p　20cm　〈肖像あり〉　1800円　①4-393-16016-9

◇司馬遼太郎全講演　第1巻　19641983　司馬遼太郎著　朝日新聞社　2000.7　496p　21cm　2800円　①4-02-257508-5

◇キェルケゴールと親鸞―宗教的真理の伝達者たち　蓑輪秀邦著　京都　ミネルヴァ書房　2000.5　223p　20cm　(Minerva21世紀ライブラリー 59)　3000円　①4-623-03241-8

◇親鸞・道元・日蓮　新人物往来社　2000.4　231p　26cm　1800円　①4-404-02742-7

◇室町絵画の残像　山下裕二著　中央公論美術出版　2000.3　447p　21cm　6800円　①4-8055-0384-X

◇信に生きる―親鸞　阿満利麿著　中央公論新社　2000.2　254p　20cm　(仏教を

生きる 9）〈シリーズ責任表示：水上勉, 瀬戸内寂聴, ひろさちや編〉 1600円 ①4-12-490159-3

◇親鸞―決定版　吉本隆明著　春秋社　1999.12　379p　21cm　2500円 ①4-393-33184-2

◇親鸞の思想と歴史　京都　法藏館　1999.11　374p　22cm　①4-8318-3581-1

◇親鸞面授の人びと　京都　自照社出版　1999.11　269p　20cm　2500円 ①4-921029-13-X

◇親鸞聖人―愚禿と名のった仏者　寺川俊昭著　改訂版　京都　真宗大谷派宗務所出版部　1999.10（第3刷）　174p　19cm（同朋選書 5）〈シリーズ責任表示：真宗大谷派宗務所出版部編　年譜あり　文献あり〉 1143円　①4-8341-0188-6

◇現代語訳 大無量寿経―躍動するいのちを生きよ　高松信英著　京都　法蔵館　1999.8　151p　19cm　1600円 ①4-8318-4037-8

◇親鸞と一遍　竹村牧男著　京都　法蔵館　1999.8　300p　20cm　2800円 ①4-8318-8140-6

◇親鸞　梯実円著　大法輪閣　1999.7　250p　20cm　（精読・仏教の言葉） 2500円　①4-8046-4102-5

◇親鸞と東国門徒　吉川弘文館　1999.3　249, 16p　22cm　5500円 ①4-642-02773-4

◇日本絵画の風景表現―原始から幕末まで　成瀬不二雄著　中央公論美術出版　1998.10　354p　25×19cm　25000円 ①4-8055-0359-9

◇歴史のなかの親鸞　京都　永田文昌堂　1998.10　285p　20cm　2400円 ①4-8162-4131-0

◇親鸞・自然法爾　日本図書刊行会　1998.9　237p　20cm　1700円 ①4-8231-0153-7

◇親鸞　京都　法藏館　1998.8　266p　20cm　3000円　①4-8318-8135-X

◇親鸞とその家族　今井雅晴著　京都　自照社出版　1998.8　228p　19cm　1500円　①4-921029-06-7

◇親鸞と道元―自力か、他力か　ひろさちや著　徳間書店　1998.8　270p　16cm（徳間文庫） 533円　①4-19-890953-9

◇親鸞聖人と本願寺の歩み　京都　永田文昌堂　1998.7　308p　20cm　2500円 ①4-8162-4130-2

◇親鸞における時の問題　彌生書房　1998.6　214p　20cm　2300円 ①4-8415-0754-X

◇親鸞の教行信証を読み解く　明石書店　1998.5　317p　20cm　3600円 ①4-7503-1043-3

◇親鸞　吉川弘文館　1998.4　229p　19cm　1700円　①4-642-05437-5

◇親鸞とルター―信仰の宗教学的考察　加藤智見著　新装版　早稲田大学出版部　1998.4　291p　21cm　3800円 ①4-657-98519-1

◇親鸞のいいたかったこと　小山一行著　改訂版　山喜房仏書林　1998.4　203p　19cm〈初版：講談社昭和62年刊〉 1400円　①4-7963-0499-1

◇親鸞―その人と思想　菊村紀彦著　新版　社会思想社　1997.10　238p　15cm（現代教養文庫） 560円 ①4-390-11620-7

◇親鸞　日本実業出版社　1997.7　235p　19cm　1300円　①4-534-02647-1

◇親鸞　笠原一男著　講談社　1997.7　250p　15cm（講談社学術文庫） 740円　①4-06-159288-2

◇親鸞・群萠の救い　鎌ヶ谷　白石書店　1997.6　254p　19cm　1800円 ①4-7866-0286-8

◇親鸞教学論叢―村上速水先生喜寿記念　村上速水先生喜寿記念論文集刊行会編　京都　永田文昌堂　1997.5　990, 3p　22cm〈肖像あり〉 23000円 ①4-8162-3028-9

◇絶望と歓喜〈親鸞〉 角川書店 1996.10 404p 15cm 800円 ①4-04-198510-2

◇親鸞思想 明石書店 1996.6 723p 22cm 9785円 ①4-7503-0817-X

◇親鸞 成美堂出版 1996.5 301p 16cm 560円 ①4-415-06440-X

◇The way of Nembutsu-Faith—a commentary on Shinran's Shoshinge by Hisao Inagaki. 1st ed. Kyoto Horai Association 1996 xi, 249 p. : ill.（some col.） 19 cm. （Horai publication 3） 〈"正信念仏の道：英文「正信偈」講義"-Colophon.Includes index.Bibliography： p. 189-190.〉 ①4-8162-5931-7

◇親鸞の仏教史観 京都 真宗大谷派宗務所出版部 1995.7 150p 19cm ①4-8341-0088-X

◇河田光夫著作集 第1巻 親鸞の思想と被差別民 明石書店 1995.5 321p 20cm 3800円 ①4-7503-0705-X

◇もう一方の「ポスト・モダン親鸞論」 第1巻 ゆがめられた親鸞教学—貧苦救済の論理 入井善樹著 国書刊行会 1995.5 284p 20cm 2500円 ①4-336-03737-X

◇もう一方の「ポスト・モダン親鸞論」 第2巻 親鸞念仏の可能性—現世利益と志願満足 入井善樹著 国書刊行会 1995.5 290p 20cm 2500円 ①4-336-03738-8

◇もう一方の「ポスト・モダン親鸞論」 第3巻 ふかまる横超—現世成仏と社会性 入井善樹著 国書刊行会 1995.5 288p 20cm 2500円 ①4-336-03739-6

◇もう一方の「ポスト・モダン親鸞論」 第4巻 親鸞の霊性—抹殺された霊魂 入井善樹著 国書刊行会 1995.5 292p 20cm 2500円 ①4-336-03740-X

◇越後の親鸞 新潟 新潟日報事業社 1994.6 116p 21cm 1500円 ①4-88862-500-X

◇親鸞聖人伝説 野々村智剣著, 仏教文化研究会編 京都 探究社 1993.7 207p 19cm （ほのぼのブックス） 1500円 ①4-88483-339-2

◇転形期 法然と頼朝 坂爪逸子著 青弓社 1993.7 209p 19cm 2060円 ①4-7872-2005-5

◇親鸞差別解放の思想と足跡 三一書房 1992.11 244p 20cm 2100円 ①4-380-92251-0

◇親鸞とその時代 東京堂出版 1992.11 276p 19cm 2200円 ①4-490-20202-4

◇親鸞と蓮如 朝日新聞社 1992.9 176p 29cm 2400円 ①4-02-258519-6

◇光華会宗教研究論集 京都 永田文昌堂 1992.4 328, 83p 22cm 9000円

◇親鸞聖人の太子信仰の研究 名古屋 文光堂書店 1992.1 316p 22cm

◇親鸞大系 京都 法藏館 1989.7 505p 22cm ①4-8318-4600-7

◇親鸞大系 京都 法藏館 1989.7 506p 22cm ①4-8318-4600-7

◇親鸞大系 京都 法藏館 1989.7 613p 22cm ①4-8318-4600-7

◇親鸞大系 京都 法藏館 1989.7 664p 22cm ①4-8318-4600-7

◇恵信尼の書簡 京都 国際日本文化研究センター 1989.4 30p 21cm 非売品

◇親鸞大系 京都 法藏館 1989.4 468p 22cm ①4-8318-4600-7

◇親鸞大系 京都 法藏館 1989.1 486p 22cm ①4-8318-4600-7

◇親鸞大系 京都 法藏館 1989.1 470p 22cm ①4-8318-4600-7

◇Our respected Shinran—English translation of "Tannishô" by Takami Kitani. 大垣 木谷宝見 1989 53p., 〔1〕 p. of plates ： ill. 18 x 26 cm. 〈Pref. and postscript in Japanese.Based on the annotated text by Kôsaku Yasuraoka.Cover title.〉

◇親鸞聖人と三河の真宗展 〔岡崎〕 真

宗大谷派三河別院　1988　1冊(頁付なし)　24×25cm

◇親鸞教学の思想史的研究　京都　永田文昌堂　1987.8　434, 5p　22cm　8000円

◇親鸞の思想構造序説　吉川弘文館　1987.2　287, 8p　20cm　2600円　①4-642-02646-0

◇親鸞思想の歴史的展開　京都　永田文昌堂　1985.10　246p　22cm　3800円

◇真宗教学史研究　京都　永田文昌堂　1985.4　293p　22cm　4000円

◇日本仏教宗史論集　吉川弘文館　1985.4　457p　22cm　5800円　①4-642-06746-9

◇親鸞の仏教史観　京都　真宗大谷派宗務所出版部　1983.11　150p　19cm

◇史上之親鸞　京都　法蔵館　1983.9　246, 29p　22cm　4500円

◇親鸞とその弟子　京都　法蔵館　1981.10　262p　20cm　1600円

◇親鸞思想と七高僧　大蔵出版　1976　267p　20cm　1600円

◇親鸞思想　富山房　1975　723p 図　22cm　4800円

◇親鸞　成美堂出版　1973　220p　19cm　600円

◇親鸞　三一書房　1973　247p　18cm

◇親鸞のふるさと　水戸　新いばらきタイムス社　1973　120p(おもに図)　31cm　2000円

◇服部之総全集　福村出版　1973　397p　20cm　1400円

◇歴史のなかの親鸞　筑摩書房　1973　233p 図　20cm

◇親鸞紀行　平凡社　1972　205p(図共)　20cm　750円

◇親鸞教団弾圧史　雄山閣　1972　262p　図　22cm

◇親鸞聖人全集―定本　第2巻　和讃・漢文篇　親鸞聖人全集刊行会編　京都　法蔵館　1969　223, 23p 図版　19cm　1500円

◇親鸞聖人全集―定本　第3巻　和文・書簡篇　親鸞聖人全集刊行会編　京都　法蔵館　1969　259, 15, 20p 図版　19cm　1500円

◇親鸞聖人全集―定本　第4巻　言行篇　親鸞聖人全集刊行会編　京都　法蔵館　1969　1冊　19cm　1500円

◇親鸞聖人全集―定本　第5巻　輯録篇　親鸞聖人全集刊行会編　京都　法蔵館　1969　442, 42p 図版　19cm　1500円

◇親鸞聖人全集―定本　第8巻　加点篇　上　親鸞聖人全集刊行会編　京都　法蔵館　1969　1冊　19cm　1500円

◇親鸞聖人全集―定本　第9巻　加点篇　下　親鸞聖人全集刊行会編　京都　法蔵館　1969　1冊　19cm　1500円

◇教祖誕生　日本経済新聞社　1968　201p　18cm

◇日本人と宗教　実業之日本社　1966　237p　18cm

◇親鸞　京都　三一書房　1961　247p　18cm

◇親鸞の史跡と傳説　京都　あそか書林　1960　105p 図版　19cm

◇親鸞・道元・日蓮　至文堂　1956　182p　図版　19cm

◇親鸞の生涯とその体験　明治書院　1949　318p　19cm

◇親鸞の佛教史観　京都　丁子屋書店　1949　176p　19cm

◇愚禿譜　惇信堂　1948　554p 図版　19cm

◇愚禿譜 親鸞とその歴史的背景　惇信堂　1948　554p 図版　19cm

蓮 如
れんにょ

応永22年(1415年)2月25日 ～ 明応8年(1499年)3月25日

室町期に浄土真宗隆盛のもとを築いた僧。本願寺8世。号は信証院。明治15年(1882年)慧燈国師と追謚。存如の長男。17歳の時、広橋兼卿の猶子として青蓮院で得度し、長禄元年(1457年)父の没後に8世を継ぐ。寛正6年(1465年)延暦寺との関係が悪化し、比叡山衆徒による本願寺破却事件に遭い、文明3年(1471年)越前国吉崎に坊舎を建立。吉崎を中心に教化活動を行い、信徒の拡大とともに、加賀守護富樫氏と対立。越後国高田専修寺信徒に攻められて坊舎を失ない、同12年(1480年)京都山科に本願寺を建てる。教団はこのころ最大に達した。延徳元年(1489年)五男の実如に寺務を譲り、明応5年(1496年)大坂石山に坊舎を建立した。本願寺中興の祖と称される。

＊　＊　＊

◇本願念仏の系譜—法然上人から蓮如上人へ　村上宗博, 足立幸子著　金沢　真宗興隆会　2008.7　340p　20cm　〈年表あり〉　6500円

◇蓮如上人の筆跡—越中国五位庄の加茂郷　岩崎照栄執筆, 岩崎貞子編　〔出版地不明〕　〔岩崎照栄〕　2008.5　32p　26cm

◇聖人一流章・白骨章—蓮如上人御文による歌曲集　平田聖子作曲　京都　法蔵館　2007.4　28p　30cm　1500円　①978-4-8318-8114-4

◇大系真宗史料　伝記編 6　蓮如絵伝と縁起　真宗史料刊行会編　京都　法蔵館　2007.3　414p　22cm　10000円　①978-4-8318-5056-0

◇蓮如上人の和歌評釋　松岡秀隆著　兵庫県　松岡秀隆, 交友プランニングセンター(製作)　2006.9　136p　19cm　1200円　①4-87787-312-0

◇戦国期宗教思想史と蓮如　大桑斉著　京都　法蔵館　2006.6　308, 12p　22cm　7500円　①4-8318-7467-1

◇蓮如上人・空善聞書　講談社　2005.3　354p　15cm　1100円　①4-06-159702-7

◇蓮如の「御文」　京都　人文書院　2005.3　238p　19cm　2300円　①4-409-41078-4

◇蓮如　吉川弘文館　2004.5　228p　20cm　2600円　①4-642-07857-6

◇真宗寺院由緒書と親鸞伝　塩谷菊美著　京都　法蔵館　2004.1　284p　21cm　7600円　①4-8318-7477-9

◇仏教を歩く　朝日新聞社　2003.12　32p　30cm　533円

◇蓮如信仰の研究　大阪　清文堂出版　2003.5　221p　22cm　3500円　①4-7924-0539-4

◇蓮如伝説を歩く　戎光祥出版　2003.4　135p　19cm　800円　①4-900901-33-4

◇真宗史料集成　第2巻　蓮如とその教団　柏原祐泉ほか編　堅田修編　再版　京都　同朋舎メディアプラン　2003.3　921p　23cm　〈初版：同朋舎出版1977年刊〉　①4-901339-76-1

◇蓮如上人の河内での『御文章』稲城選恵著　〔八尾〕　久宝寺御坊顕証寺　2003.3　249p　22cm　〈京都 永田文昌堂(発売)　和装〉　2700円　①4-8162-5045-X

◇蓮如方便法身尊像の研究　同朋大学仏教文化研究所編　京都　法蔵館　2003.3　353p　31cm　(同朋大学仏教文化研究所研究叢書 7)　①4-8318-7848-0

◇近江・湖南の風土記—親鸞・蓮如の伝承　安井澄心著　彦根　サンライズ印刷出版部(印刷)　2003.2　175p　19cm

◇蓮如上人御一代記聞書讃話　第5巻　柳田智照著　京都　探究社　2002.10　274p　19cm　2800円　①4-88483-649-9

◇蓮如と信長　PHP研究所　2002.10　289p　15cm　533円　①4-569-57815-2

◇法然上人と蓮如上人　稲城選恵著　京都　永田文昌堂　2002.7　53p　19cm　700円　①4-8162-6168-0

◇蓮如—聖俗具有の人間像　五木寛之著　岩波書店　2002.7　195p　18cm　(岩波新書)　〈第37刷〉　700円　①4-00-430343-5

◇蓮如上人遺徳記読解　大桑斉著, 真宗大谷派宗務所教育部編　京都　真宗大谷派宗務所出版部(東本願寺出版部)　2002.1　299p　22cm　〈2000年安居次講〉　4000円　Ⓘ4-8341-0288-2

◇蓮如上人全集　第5巻　補遺・索引篇　蓮如著, 大谷暢順編　中央公論新社　2001.12　504p　22cm　〈付属資料：1枚(袋入)　第4巻までの出版者：中央公論社　年譜あり〉　14000円　Ⓘ4-12-490145-3

◇親鸞・覚如・蓮如　千葉乗隆著　京都　法蔵館　2001.9　472p　22cm　(千葉乗隆著作集 第1巻)　9800円　Ⓘ4-8318-3361-4

◇〈語る〉蓮如と〈語られた〉蓮如　京都　人文書院　2001.4　348p　22cm　3200円　Ⓘ4-409-41070-9

◇蓮如上人と尾張　名古屋　真宗大谷派名古屋教区教化センター　2000.4　199p　30cm　(真宗大谷派名古屋教区教化センター研究報告 第4集)　〈真宗大谷派名古屋別院蓮如上人500回御遠忌法要記念出版　年譜あり〉

◇蓮如上人御一代記聞書―浄土真宗聖典 現代語版　蓮如述, 浄土真宗教学研究所浄土真宗聖典編纂委員会編纂　京都　本願寺出版社　1999.3　275p　19cm　1200円　Ⓘ4-89416-641-0

◇蓮如　源了円著　大法輪閣　1999.1　254, 3p　20cm　(精読・仏教の言葉)　2400円　Ⓘ4-8046-4101-7

◇福光町と蓮如の関係調査報告書　〔福光町(富山県)〕　福光町文化財保護委員会　1999　57p　30cm　〈平成10年度調査　共同刊行：福光町郷土文化調査委員会〉

◇蓮如上人全集　第1巻　五帖御文篇　蓮如著, 大谷暢順編　中央公論社　1998.12　499p　22cm　8800円　Ⓘ4-12-490141-0, 4-12-490044-9

◇蓮如上人全集　第2巻　御文全篇　蓮如著, 大谷暢順編　中央公論社　1998.12　451p　22cm　7200円　Ⓘ4-12-490142-9, 4-12-490044-9

◇蓮如上人全集　第3巻　諸文拾遺篇　蓮如著, 大谷暢順編　中央公論社　1998.12　210p　22cm　5100円　Ⓘ4-12-490143-7, 4-12-490044-9

◇蓮如上人全集　第4巻　言行篇　蓮如著, 大谷暢順編　中央公論社　1998.12　434p　22cm　7400円　Ⓘ4-12-490144-5, 4-12-490044-9

◇蓮如のラディカリズム　大峯顕著　京都　法蔵館　1998.12　227p　20cm　2200円　Ⓘ4-8318-8138-4

◇蓮如上人のキーワード　天岸浄円著　京都　本願寺出版社　1998.10　59p　19cm　400円　Ⓘ4-89416-636-4

◇蓮如上人御一代記聞書―現代語訳　蓮如述, 瓜生津隆真著　大蔵出版　1998.9　446p　22cm　6800円　Ⓘ4-8043-1048-7

◇蓮如上人御一代記聞書　藤沢量正著　京都　本願寺出版社　1998.9　353p　22cm　(聖典セミナー)　3400円　Ⓘ4-89416-626-7

◇鉄人蓮如　世界文化社　1998.5　162p　26cm　1600円　Ⓘ4-418-98118-7

◇蓮如上人の風景　金竜静著　京都　本願寺出版社　1998.4　169p　21cm　1200円　Ⓘ4-89416-621-6

◇蓮如名号の研究　同朋大学仏教文化研究所編　京都　法藏館　1998.4　174, 19p　31cm　(同朋大学仏教文化研究所研究叢書 1)　12500円　Ⓘ4-8318-7842-1

◇図録蓮如上人余芳　〔京都〕　浄土真宗本願寺派　1998.3　263p　31cm　Ⓘ4-89416-615-1

◇蓮如　講談社　1998.3　223p　20cm　1500円　Ⓘ4-06-267303-7

◇蓮如上人研究　蓮如上人研究会編　京都　思文閣出版　1998.3　480p　22cm　10000円　Ⓘ4-7842-0961-1

◇蓮如と真宗行事　木耳社　1998.3　299p　19cm　1800円　Ⓘ4-8393-7700-6

◇蓮如と本願寺　毎日新聞社　1998.3　286p　30cm

◇講座蓮如　第6巻　浄土真宗教学研究所, 本願寺史料研究所編　平凡社　1998.2　407p　22cm　5000円　①4-582-73616-5

◇蓮如上人研究　永田文昌堂　1998.2　583p　22cm　9500円　①4-8162-3029-7

◇蓮如上人研究　教義編 2　浄土真宗教学研究所編　永田文昌堂　1998.2　308, 54p　22cm　6200円　①4-8162-3030-0

◇蓮如上人と本願寺書院　長野隆法著　京都　本願寺出版社　1998.2　87p　19cm　400円　①4-89416-872-3

◇蓮如論―問いかける人権への視点　小森竜邦著　明石書店　1998.2　269p　19cm　2000円　①4-7503-1019-0

◇蓮如―その思想と文化 論集　同朋大学仏教学会編　名古屋　同朋大学仏教学会〔1998〕　473p　22cm　〈名古屋 光文堂書店(発売)〉

◇蓮如上人の総合的研究　徳永大信編　京都　永田文昌堂　1997.12　317p　22cm　①4-8162-3147-1

◇蓮如と信長　PHP研究所　1997.12　277p　19cm　1429円　①4-569-55897-6

◇講座蓮如　第5巻　浄土真宗教学研究所, 本願寺史料研究所編　平凡社　1997.11　403p　22cm　5000円　①4-582-73615-7

◇浄土真宗がわかる本―親鸞聖人と蓮如上人　続　紅楳英顕著　教育新潮社　1997.11　151p　19cm　(伝道新書 16)　1800円　①4-7633-0001-6

◇蓮如と一休　田代俊孝著　京都　法蔵館　1997.9　58p　19cm　571円　①4-8318-8648-3

◇他力信仰の本質―親鸞・蓮如・満之　加藤智見著　国書刊行会　1997.8　236p　19cm　1800円　①4-336-03999-2

◇蓮如　吉川弘文館　1997.8　207p　19cm　1700円　①4-642-05421-9

◇講座蓮如　第4巻　浄土真宗教学研究所, 本願寺史料研究所編　平凡社　1997.7　381p　22cm　〈肖像あり〉　5000円　①4-582-73614-9

◇講座蓮如　第2巻　浄土真宗教学研究所, 本願寺史料研究所編　平凡社　1997.3　369p　22cm　5150円　①4-582-73612-2

◇蓮如―その教えと生き方　早島鏡正著　日本放送出版協会　1997.3　317p　16cm　(NHKライブラリー)　〈年表あり　文献あり〉　971円　①4-14-084051-X

◇図説蓮如――向南無阿弥陀仏の世界　河出書房新社編集部編　河出書房新社　1997.2　127p　22cm　1854円　①4-309-72560-0

◇講座蓮如　第1巻　浄土真宗教学研究所, 本願寺史料研究所編　平凡社　1996.12　393p　22cm　5150円　①4-582-73611-4

◇蓮如大系　梯実円, 名畑崇, 峰岸純夫監修　京都　法蔵館　1996.11　5冊(セット)　21cm　51500円　①4-8318-4651-1

◇蓮如実伝　第2部　北陸篇　上　辻川達雄著　京都　本願寺維持財団　1996.9　258p　21cm　〈東京 紀伊国屋書店(発売)　付属資料：1枚：関連人物生歿年表　年表あり〉　2427円　①4-87738-010-8

◇蓮如上人―その教えと生涯に学ぶ　梯実円, 福間光超, 金竜静執筆, 浄土真宗教学研究所編　第5版　京都　本願寺出版社　1996.9　141p　21cm　583円　①4-89416-581-3

◇蓮如と七人の息子　誠文堂新光社　1996.9　391p　19cm　2800円　①4-416-89620-4

◇蓮如教学の思想史　京都　法蔵館　1996.6　239, 3p　22cm　5500円　①4-8318-7421-3

◇蓮如教学の研究　3　異義論　稲城選恵著　京都　法蔵館　1996.5　282p　22cm　8500円　①4-8318-7898-7

◇蓮如上人―再興と伝道の生涯　今田法雄著　京都　永田文昌堂　1996.5　351p　19cm　3000円　①4-8162-4124-8

◇蓮如　笠原一男著　講談社　1996.4　351p　15cm　(講談社学術文庫)　980円　①4-06-159224-6

◇蓮如の生涯　国書刊行会　1996.4　239p　19cm　〈監修：豊島学由〉　1800円　①4-336-03825-2

◇ジャンヌ・ダルクと蓮如　岩波書店　1996.3　229p　18cm　631円　①4-00-430439-3

◇蓮如上人―親鸞聖人の教えに生きた人　延塚知道ほか著　京都　真宗大谷派宗務所出版部　1996.3　158p　21cm　600円　①4-8341-0241-6

◇蓮如実伝　第1部　近江篇　辻川達雄著　京都　本願寺維持財団　1995.11　246p　21cm　〈発売：紀伊国屋書店（東京）　関連年表：p242～244〉　2500円　①4-87738-001-9

◇蓮如のすべて　早島鏡正編　新人物往来社　1995.11　215p　20cm　2800円　①4-404-02311-1

◇実像の蓮如さん　近代文芸社　1995.8　209p　19cm　2000円　①4-7733-4249-8

◇蓮如・一向一揆　笠原一男, 井上鋭夫校注　岩波書店　1995.5　706p　22cm　（日本思想大系新装版）〈新装版〉　5000円　①4-00-009064-X

◇蓮如の生涯　東沢真静著　京都　法蔵館　1994.10　71p　21cm　〈第8刷（第1刷：1986年）〉　600円　①4-8318-2302-3

◇真宗再興の人蓮如上人の生涯と教え　真宗大谷派教学研究所編　京都　真宗大谷派宗務所出版部　1994.9　209p　19cm　〈蓮如の肖像あり〉　500円　①4-8341-0225-4

◇蓮如上人行実　真宗大谷派教学研究所編　京都　真宗大谷派宗務所出版部　1994.8　238, 13p　22cm　2500円　①4-8341-0224-6

◇親鸞と蓮如　朝日新聞社　1992.9　176p　29cm　2400円　①4-02-258519-6

◇念仏のこころ―蓮如と本願寺教団　読売新聞社　1991.4　174p　29cm　（よみうりカラームックシリーズ）　2200円　①4-643-91023-2

◇蓮如上人遺文　蓮如著, 稲葉昌丸編　京都　法蔵館　1990.10　753, 48p　22cm　〈第5刷 複製〉　15450円　①4-8318-7871-5

◇蓮如の里小山田　小松　山田千鶴子　1990.4　16p　26cm

◇蓮如上人御一代記聞書讃仰　細川巌著, 真宗大谷派宗務所出版部編　京都　真宗大谷派宗務所出版部（東本願寺出版部）　1989.11　327p　22cm　〈年譜あり〉　1748円　①4-8341-0192-4

◇蓮如さん―門徒が語る蓮如伝承集成　加能民俗の会企画・編　金沢　橋本確文堂　1988.10　318p　21cm　2800円　①4-89379-010-2

◇日本の仏者　高崎哲学堂設立の会編　高崎　高崎哲学堂設立の会, あさを社〔発売〕　1985.12　238p　19cm　1300円

◇蓮如上人の教学と歴史　木村武夫編　大阪　東方出版　1984.11　433p　21cm　3800円

◇蓮如―吉崎布教　辻川達雄著　誠文堂新光社　1984.10　255p　20cm　1700円　①4-416-88419-2

◇乱世の人間像―親鸞と蓮如　笠原一男述, 日本放送協会編　日本放送出版協会　1984.4　145p　21cm　（NHK市民大学）

◇蓮如の炎　松村茂平著　叢文社　1984.1　306p　20cm　1500円　①4-7947-0099-7

◇蓮如とその母　平井清隆著　京都　永田文昌堂　1983.6　228p　20cm　1200円

◇蓮如　第8巻　丹羽文雄著　中央公論社　1983.4　324p　20cm　1500円

◇蓮如上人行実　稲葉昌丸編　京都　法蔵館　1983.3　423p　22cm　7000円

◇蓮如　第7巻　丹羽文雄著　中央公論社　1983.3　298p　20cm　1500円

◇蓮如　第6巻　丹羽文雄著　中央公論社　1983.2　302p　20cm　1500円

◇蓮如　第5巻　丹羽文雄著　中央公論社　1983.1　299p　20cm　1500円

◇蓮如　第4巻　丹羽文雄著　中央公論社

1982.12　284p　20cm　1500円

◇蓮如　第3巻　丹羽文雄著　中央公論社　1982.11　326p　20cm　1500円

◇蓮如　第2巻　丹羽文雄著　中央公論社　1982.10　299p　20cm　1500円

◇蓮如上人御文　千葉乗隆, 堅田修編　京都　同朋舎出版　1982.10　222p　31×46cm　35000円　①4-8104-0297-5

◇蓮如　第1巻　丹羽文雄著　中央公論社　1982.9　276p　20cm　1500円

◇乱世を生きる―蓮如の生涯　笠原一男著　〔東村山〕　教育社　1981.5　301p　20cm　1500円

◇蓮如　森龍吉著　講談社　1979.8　211p　18cm　（講談社現代新書）　390円

◇人間蓮如 第2版　山折哲雄著　春秋社　1979.5　269p　19cm　1000円

◇蓮如上人御一代記聞書のこころ　永森文秀著　金沢　北国出版社　1978.11　178p　19cm　680円

◇親鸞と蓮如―その行動と思想　笠原一男著　評論社　1978.4　302p　19cm　（日本人の行動と思想（40））　1500円

◇蓮如―その人と行動　菊村紀彦著　雄山閣出版　1975　225p　（雄山閣カルチャーブックス）〈図〉　580円

◇蓮如と越前一向一揆　重松明久著　福井　福井県立図書館, 福井郷土誌懇談会　1975　276p　17cm　（福井県郷土新書（2））　800円

◇蓮如上人―『御一代聞書とその生き方』　長田恒雄著　徳間書店　1972　238p　20cm　〈図, 肖像〉　900円

◇蓮如の旧跡と生涯　栗原行信著　京都　永田文昌堂　1971　124p　18cm　〈図〉　480円

◇人間蓮如　山折哲雄著　春秋社　1970　254p　20cm　650円

◇火のひと蓮如　長田恒雄著　宝文館出版　1964　216p　図版　19cm

◇蓮如　笠原一男著　吉川弘文館　1963　322p　図版　（人物叢書 日本歴史学会編）　18cm

◇蓮如　第6巻　久保田正衛著　北国新聞社　1958　2刷　352p　19cm

◇蓮如　第5巻　久保田正衛著　金沢　北国新聞社　1958　362p　19cm

◇蓮如　第4巻　久保田正衛著　金沢　北国新聞社　1957　349p　19cm

◇蓮如　第3巻　久保田正衛著　金沢　北国新聞社　1957　349p　19cm

◇蓮如　第2巻　久保田正衛著　京都　人文書院　1956　359p　19cm

◇蓮如　第1巻　久保田正衛著　大阪　新元社　1955　343p　19cm

日蓮宗
にちれんしゅう

日蓮が建長5年（1253年）に、故郷の安房国で始めた法華経による宗派。当時、庶民の間では法然による浄土教が盛んであったが、日蓮は浄土教が法華信仰を滅ぼすと批判した。このため浄土信仰者の反発を生み、鎌倉に移り「南無妙法蓮華経」の題目を唱えながら、法華経の功徳を熱心に説いた。法華経のみが正しい教えだと主張し、「立正安国論」などで他宗を非難したため、鎌倉幕府からしばしば弾圧を受け、伊豆や佐渡へ流罪となった。

＊　＊　＊

◇中世における日蓮宗奥州布教と登米氏の究明　姉歯量平著　〔仙台〕　宮城地域史学協議会　2005.7　120p　22cm　〈発行所：宝文堂〉　4000円　①4-8323-0060-1

◇日蓮宗門の地方的展開―山陽地方を中心として　妹尾啓司稿　福山　備後文化研究会　2003.12　140p　21cm　〈年表あり〉

◇中世東国日蓮宗寺院の研究　佐藤博信著　東京大学出版会　2003.11　523, 46p　22cm　〈文献あり　年表あり〉　12000円

①4-13-026204-1

◇弘安二年大曼荼羅と日興師　松本佐蔵著　覆刻版　鎌倉　興門資料刊行会　2001.1　73, 7p　22cm　〈原本：昭和5年刊〉　3500円　①4-901305-02-6

◇氷見市寺社調査報告書　平成6・7年度　臨済宗国泰寺派・浄土宗・日蓮宗・高野山真言宗・曹洞宗の部　氷見市寺社所蔵文化財調査委員会編　氷見　氷見市教育委員会　1996.3　199p　26cm

◇中世における日蓮宗奥州布教と登米氏の究明　姉歯量平著　〔仙台〕　宮城地域史学協議会　1993.7　120p　22cm　〈発行所：宝文堂〉　3500円　①4-8323-0060-1

◇日本仏教宗史論集　第9巻　日蓮聖人と日蓮宗　中尾堯編, 渡辺宝陽編　吉川弘文館　1984.10　428p　22cm　〈編集：石川力山〔ほか〕 9.日蓮聖人と日蓮宗　中尾堯, 渡辺宝陽編 巻末：解説, 主要史料・文献解題, 主要参考文献 執筆：川添昭二〔ほか15名〕 肖像・筆跡：日蓮聖人図版（肖像, 筆跡）〉　5800円　①4-642-06749-3

◇日蓮宗の歴史―日蓮とその教団　中尾堯著　〔東村山〕　教育社　1980.10　214p　18cm　（教育社歴史新書）〈日蓮聖人の肖像あり〉　800円

◇中世法華仏教の展開　影山堯雄編　京都　平楽寺書店　1974　577, 13p　23cm　（法華経研究 5）　8000円

日蓮　にちれん

貞応元年（1222年）～弘安5年（1282年）10月13日　鎌倉中期の僧。日蓮宗の宗祖。立正大師と称し、宗門の通称は「御祖師（おそし）様」。12歳の時に故郷の清澄寺道善房により学問を修める。16歳で出家し是聖房蓮長と改名して、比叡山、南都などに遊学する。しかし仏教界や社会状況に疑問を持ち、「法華経」だけが仏の真の教えと確信する。建長5年（1253年）再び清澄寺に戻り日蓮宗を開宗。しかし法華経信仰を主張しながら、他宗派を痛烈に批判して浄土教徒らと対立したため、鎌倉に逃れて布教活動を展開。ここでも他宗を邪法として批判し、法華経の採用を求めて幕府に『立正安国論』を上呈。さらに元寇に際して、再度上程したため、幕府から弾圧され、文永8年（1271年）佐渡に流罪となる。その後、許されて鎌倉に戻り、たびたび、幕府に法華経への帰依を求めるがはたせず、鎌倉を去って身延山に隠棲。療養のために常陸に向かう途中の武蔵国池上郷で没した。

◇文学博士山川智応全集　第8巻　本門戒壇論編　山川智応著　山川智応著　〔出版地不明〕　山川智応全集・刊行会　2008.6　40, 432p　22cm　〈奥付のタイトル：山川智応全集　発行所：師子王学会出版部〉　①978-4-915030-22-2

◇〔立正安国論〕―〔日蓮宗大本山中山法華経寺蔵〕　日蓮著　京都　同朋舎メディアプラン　2007.12　1軸, 1帖　31-32cm　〈タイトルは箱による　箱入（37cm）　和装〉　全250000円　①978-4-86236-019-9

◇日蓮　作品社　2007.9　288p　19cm　1800円　①978-4-86182-152-3

◇日蓮と本尊伝承　水声社　2007.8　217p　21cm　3000円　①978-4-89176-648-1

◇房州誕生寺石造三層塔と九州千葉氏　青娥書房　2007.6　134p　21cm　1500円　①978-4-7906-0252-1

◇日蓮聖人と法華仏教　大東出版社　2007.2　611p　22cm　19000円　①978-4-500-00719-6

◇実説日蓮聖人物がたり　山川智応著　復

刻版　さいたま　はちす文庫　2007.1　142p　19cm　〈山川智応先生著作権保護期間満了記念出版〉

◇読んで書いて心が安らぐ日蓮の言葉　ワニブックス　2007.1　127p　26cm　1300円　①4-8470-1698-X

◇日蓮と神祇　京都　法藏館　2006.12　152p　19cm　1600円　①4-8318-7471-X

◇現代文 日蓮聖人の手紙　国書刊行会　2006.11　158p　19cm　1600円　①4-336-04824-X

◇本能寺史料　中世篇　藤井学, 上田純一, 波多野郁夫, 安国良一編著　京都　思文閣出版　2006.6　403p　22cm　〈開宗750年記念〉　15000円　①4-7842-1305-8

◇日蓮主義聖語録　中川日史著　平成版　姫路　顕本法華一乗会　2006.4　438p　19cm　〈初版の出版者：平楽寺書店〉　非売品

◇日蓮の原点　第2(法華経篇)・第3(本尊篇)　飯島貫実著, 飯島玄明編　山喜房仏書林　2006.2　398p　19cm　〈肖像あり　年譜あり〉　5800円　①4-7963-0688-9

◇日蓮大聖人と最蓮房　北林芳典著　改訂版　報恩社, 平安出版〔発売〕　2005.11　3冊(セット)　19cm　6000円　①4-902059-05-3

◇上総七里法華新門徒の研究　中村孝也著　京都　平楽寺書店　2005.10　365, 17p　22cm　〈著作目録あり〉　7000円　①4-8313-1080-8

◇中世における日蓮宗奥州布教と登米氏の究明　姉歯量平著　〔仙台〕　宮城地域史学協議会　2005.7　120p　22cm　〈発行所：宝文堂〉　4000円　①4-8323-0060-1

◇日蓮　ナツメ社　2005.7　236p　19cm　1400円　①4-8163-3945-0

◇日蓮仏教の社会思想的展開　東京大学出版会　2005.3　347, 9p　22cm　6200円　①4-13-016024-9

◇日蓮上人文抄　日蓮著, 姉崎正治校註　一穂社, 紀伊国屋書店(発売)　2004.12　232p　21cm　(名著/古典籍文庫)　〈岩波文庫復刻版　岩波書店昭和15年刊(第9刷)を原本としたオンデマンド版〉　3200円　①4-86181-002-7

◇日蓮とその思想　佐々木馨著　京都　平楽寺書店　2004.12　480p　22cm　〈文献あり　年譜あり〉　5700円　①4-8313-1084-0

◇日蓮聖人と真言教学　浅井円道著　山喜房仏書林　2004.11　264, 80p　22cm　(浅井円道選集 第3巻)　〈シリーズ責任表示：浅井円道著〉　10000円　①4-7963-0162-3

◇日蓮聖人の教義　復刻版　真世界社　2004.11　745p　21cm　8000円　①4-89302-149-4

◇日蓮伝再考　報恩社, 平安出版〔発売〕　2004.10　406p　19cm　2800円　①4-902059-04-5

◇日蓮と親鸞　京都　人文書院　2004.9　383p　21cm　2800円　①4-409-41077-6

◇ひろさちやの「日蓮」を読む　佼成出版社　2004.7　188p　19cm　1400円　①4-333-02075-1

◇日蓮聖人研究　第1巻　山川智応著　普及版　さいたま　はちす文庫　2004.5　525p 図版12枚　21cm　〈山川智応先生50回忌報恩出版　肖像あり〉　非売品

◇日蓮聖人研究　第2巻　山川智応著　普及版　さいたま　はちす文庫　2004.5　562p 図版13枚　21cm　〈山川智応先生50回忌報恩出版　肖像あり〉　非売品

◇仏教を歩く　no.24　日親と「日蓮信仰」　朝日新聞社　2004.4　32p　30cm　(週刊朝日百科)　533円

◇日蓮と佐渡　新版　平安出版　2004.3　322p　19cm　2800円　①4-902059-02-9

◇日蓮の説いた故事・説話　第三文明社　2004.3　279p　19cm　1400円　①4-476-06194-X

◇鎌倉佛教―親鸞・道元・日蓮　戸頃重基

著　中央公論新社　2004.2　203p　21cm　（中公文庫ワイド版）〈文献あり〉　3300円　①4-12-551494-1

◇日蓮—法華の行者　佐々木馨編　吉川弘文館　2004.1　201p　20cm　（日本の名僧 12）〈肖像あり　年譜あり〉　2600円　①4-642-07856-8

◇日蓮と元の襲来　フレーベル館　2004.1　48p　26cm　2900円　①4-577-02788-7

◇日蓮—われ日本の柱とならむ　佐藤弘夫著　京都　ミネルヴァ書房　2003.12　342, 9p　20cm　（ミネルヴァ日本評伝選）〈文献あり　年譜あり〉　2500円　①4-623-03958-7

◇仏教を歩く　朝日新聞社　2003.11　32p　30cm　533円

◇日蓮聖人とお弟子たちの歴史を訪ねて　日蓮宗新聞社　2003.4　265p　21cm　3000円　①4-89045-158-7

◇日蓮的あまりに日蓮的な　福神研究所編　太田出版　2003.2　280p　19cm　（福神叢書）　2800円　①4-87233-722-0

◇日蓮の真実—混迷する現代の闇を開く鍵　小林正博著　第三文明社　2003.2　214, 7p　19cm　1200円　①4-476-06186-9

◇一キリスト者より見た日蓮　橋口武著　京都　京都修学社　2002.8　237p　18cm　1400円　①4-88334-061-9

◇日蓮—その行動と思想　高木豊著　増補改訂　太田出版　2002.7　327p　19cm　〈初版：評論社昭和45年刊　文献あり　年譜あり〉　2800円　①4-87233-687-9

◇佐渡の順徳院と日蓮新発見—私家版　杉本保雄著　歴研　2002.6　51p　21cm　非売品　①4-947769-10-6

◇観心本尊抄—傍訳 日蓮聖人御遺文　渡辺宝陽監修, 小松邦彰, 田村完爾編著　四季社　2002.4　462p　22cm　16000円　①4-88405-127-0

◇日蓮聖人とはいかなる人か—早わかり15章　日蓮聖人門下ネットワーク編　展転社　2002.4　117p　18cm　〈肖像あり〉　600円　①4-88656-210-8

◇日蓮と鎌倉文化　京都　平楽寺書店　2002.4　361p　22cm　4500円　①4-8313-1062-X

◇南無日蓮大聖人　土屋日柱著　覆刻版　鎌倉　興門資料刊行会　2002.3　314p　19cm　〈原本：松本佐蔵大正15年刊〉　7000円　①4-901305-17-4

◇日蓮真蹟遺文と寺院文書　中尾堯著　吉川弘文館　2002.3　288, 6p　22cm　7500円　①4-642-02812-9

◇日蓮大聖人「四箇の格言」要文集　山根一順編著　〔富士宮〕　石之坊　2002.3　508p　21cm　〈付・早見表〉　2000円

◇日蓮聖人御遺文対照記　稲田海素著　覆刻版　〔稲田海素〕　2002.1　151, 13p　21cm　〈村上書店1907年刊の複製に「富士五山に於ける真蹟対照の実歴」を付したもの〉

◇鎌倉の仏教とその先駆者たち　清田義英著　藤沢　江ノ電沿線新聞社　2001.12　144p　19cm　1300円　①4-900247-02-2

◇日蓮聖人と法華経　田村芳朗著　大阪　東方出版　2001.12　227p　18cm　（法華シリーズ 8）　900円　①4-88591-752-2

◇日蓮聖人の人間像　石川教張著　大蔵出版　2001.12　354p　20cm　3800円　①4-8043-3058-5

◇日蓮　吉川弘文館　2001.11　221p　19cm　1700円　①4-642-05530-4

◇正統天皇と日蓮　いしずえ　2001.7　238p　22cm　1905円　①4-900747-34-3

◇日蓮大聖人正附法日興聖人・正伝燈日代聖人　アピカル・プランズ（製作）　2001.4　88p　15×21cm　2000円

◇人間日蓮—愛蔵版　石川教張著　アールズ出版　2001.4　702p　20cm　3800円　①4-901226-17-7

◇日蓮　石川教張著　大法輪閣　2001.3　221p　20cm　（精読・仏教の言葉）　2400円　①4-8046-4103-3

◇日蓮聖人の生涯　水曜社　2001.3　80p

24×26cm　2000円　Ⓘ4-88065-019-6

◇開目抄―傍訳日蓮聖人御遺文　上巻　日蓮原著, 渡辺宝陽監修, 庵谷行亨, 高森大乗編著　四季社　2001.2　393p　22cm　Ⓘ4-88405-070-3

◇日蓮・心の旅　祥伝社　2001.2　216p　18cm　838円　Ⓘ4-396-10417-0

◇北条時宗と日蓮・蒙古襲来　世界書院　2001.2　251p　20cm　1800円　Ⓘ4-7927-1011-1

◇増補日蓮正宗　荒木清勇編著　覆刻版　鎌倉　興門資料刊行会　2001.1　107, 22p　21cm　〈付・日蓮宗の由来　原本：大正2年刊　限定版〉　4200円　Ⓘ4-901305-01-8

◇日蓮宗戒名法話事典　日蓮宗戒名法話事典編集委員会編著　四季社　2001.1　377p　27cm　Ⓘ4-88405-068-1

◇日蓮大聖人御書講義　第18巻 上　御書講義録刊行会編著　聖教新聞社　2001.1　410, 13p　22cm　1619円　Ⓘ4-412-01121-6

◇日蓮大聖人年譜　日蓮大聖人年譜編纂委員会編　第三文明社　2000.11　237p　20cm　1300円　Ⓘ4-476-06151-6

◇日蓮紀行―世直しの道を訪ねて　武田京三文・写真　まどか出版　2000.10　190p　21cm　1800円　Ⓘ4-944235-02-X

◇苦海に生きる―日蓮　石川教張著　中央公論新社　2000.4　258p　20cm　（仏教を生きる 11）〈シリーズ責任表示：水上勉, 瀬戸内寂聴, ひろさちや編〉　1600円　Ⓘ4-12-490161-5

◇日蓮宗小事典　小松邦彰, 冠賢一編　新装版　京都　法蔵館　2000.4　261, 9p　19cm　1800円　Ⓘ4-8318-7068-4

◇日蓮聖人の生涯　第2巻　佐渡の風光　石川教張著　水書坊　1999.9　477p　20cm　3600円　Ⓘ4-943843-85-9

◇キリストと日蓮　秋月日出夫著　講談社出版サービスセンター　1999.8　251p　20cm　1500円　Ⓘ4-87601-478-7

◇日蓮大聖人の生きた法門―独一本門の仏法体系へのご案内　伊芸益道著　創栄出版　1998.10　584p　22cm　〈東京 星雲社（発売）〉　4571円　Ⓘ4-7952-4738-2

◇観心本尊鈔の研究　加藤日達著　日本図書刊行会　1998.9　126p　20cm　〈東京 近代文芸社（発売）〉　2500円　Ⓘ4-8231-0162-6

◇日蓮聖人の三大誓願　田中智学述　真世界社　1998.5　203p　19cm　〈師子王文庫1960年刊の再刊〉　1714円　Ⓘ4-89302-143-5

◇日蓮大聖人御書全集―創価学会版　上巻　堀日亨編　創価学会　1998.2（3刷）　1冊　24cm　〈拡大版〉　3000円　Ⓘ4-412-00007-9

◇日蓮大聖人御書全集―創価学会版　下巻　堀日亨編　創価学会　1998.2（3刷）　1冊　24cm　〈拡大版〉　3000円　Ⓘ4-412-00008-7

◇日蓮大聖人の思想と生涯　佐藤弘夫, 小林正博, 小島信泰著　第三文明社　1997.12　307, 20p　19cm　1600円　Ⓘ4-476-06126-5

◇The Gohonzon　Senchu Murano著　日蓮宗海外布教後援会　1997.4　35p　19cm　〈日英両文併記　付属資料：10p〉　Ⓘ4-931437-08-7

◇日蓮大聖人の「御書」をよむ　下（御消息編）　河合一著　第三文明社　1996.11　305p　19cm　1500円　Ⓘ4-476-06116-8

◇日蓮大聖人の「御書」をよむ　上（法門編）　小林正博著　第三文明社　1996.9　308p　19cm　1500円　Ⓘ4-476-06114-1

◇日蓮聖人全集　第2巻　宗義　2　渡辺宝陽, 小松邦彰編　渡辺宝陽, 関戸堯海訳　春秋社　1996.6　577, 10p　23cm　8755円　Ⓘ4-393-17322-8

◇日蓮―民衆と歩んだ不屈の改革者　紀野一義著　広済堂出版　1995.10　301p　18cm　（Refresh life series）　1000円　Ⓘ4-331-00697-2

◇御書にみる日蓮大聖人の御生涯　聖教新

聞社教学解説部著　第三文明社　1995.9　228p　19cm　1300円　Ⓘ4-476-06101-X

◇日蓮聖人全集　第6巻　信徒　1　渡辺宝陽, 小松邦彰編　北川前肇, 原慎定訳　春秋社　1995.8　327, 14p　23cm　6180円　Ⓘ4-393-17326-0

◇平成新修日蓮聖人遺文集　米田淳雄編　出雲　日蓮宗妙法山連紹寺　1995.2　1001, 8, 9p　19cm　〈発売：星雲社(東京)〉　10000円　Ⓘ4-7952-3920-7

◇平成新修日蓮聖人遺文集　索引　米田淳雄編　地人館　1995.2　215p　19cm　〈発売：星雲社〉　2000円　Ⓘ4-7952-7514-9

◇訂訛日蓮聖人伝　倉沢啓樹著　近代文芸社　1994.7　548p　22cm　3000円　Ⓘ4-7733-2780-4

◇日蓮聖人全集　第3巻　宗義　3　渡辺宝陽, 小松邦彰編　庵谷行亨訳　春秋社　1994.7　447, 17p　23cm　7725円　Ⓘ4-393-17323-6

◇平成新編日蓮大聖人御書　平成新編日蓮大聖人御書編纂会編纂　富士宮　日蓮正宗総本山大石寺　1994.7　1885, 24p　19cm　〈監修：阿部日顕　折り込1枚〉　3800円

◇中世における日蓮宗奥州布教と登米氏の究明　姉歯量平著　〔仙台〕　宮城地域史学協議会　1993.7　120p　22cm　〈発行所：宝文堂〉　3500円　Ⓘ4-8323-0060-1

◇日蓮聖人全集　第5巻　聖伝・弟子　渡辺宝陽, 小松邦彰編　冠賢一訳　春秋社　1993.7　379, 10p　23cm　6000円　Ⓘ4-393-17325-2

◇日蓮聖人にみる宗教思想　町田是正著　宝文館出版　1993.4　412p　20cm　3296円　Ⓘ4-8320-1414-5

◇日蓮大聖人自伝　玉井日礼著　大和　たまいらぼ　1993.4　497, 14p　21cm　〈1980年刊の再刊〉　5150円　Ⓘ4-88636-064-5

◇日蓮聖人全集　第4巻　信行　渡辺宝陽, 小松邦彰編　上田本昌訳　春秋社　1993.3　403, 14p　23cm　6000円　Ⓘ4-393-17324-4

◇日蓮聖人全集　第7巻　信徒　2　渡辺宝陽, 小松邦彰編　今成元昭訳　春秋社　1992.12　341, 26p　23cm　5500円　Ⓘ4-393-17327-9

◇日蓮聖人全集　第1巻　宗義　1　渡辺宝陽, 小松邦彰編　小松邦彰訳　春秋社　1992.10　485, 19p　23cm　6500円　Ⓘ4-393-17321-X

◇日蓮文集　兜木正亨校注　岩波書店　1992.6　376p　15cm　（岩波文庫）　〈第13刷(第1刷：1968年)〉　670円　Ⓘ4-00-333051-X

◇日蓮を歩く　内藤正敏写真, 中尾堯文　佼成出版社　1992.3　158p　21cm　（写真紀行日本の祖師）　2000円　Ⓘ4-333-01552-9

◇日蓮聖人—その生涯と教え　日蓮宗新聞社編　日蓮宗新聞社　1991.3　206p　18cm　（さだるま新書 9）　850円　Ⓘ4-89045-209-5

◇日蓮聖人名言集—心の宝塔　日蓮宗現代宗教研究所編　隆文館　1990.12　249p　19cm　〈新装版〉　1800円　Ⓘ4-89747-313-6

◇日蓮　藤井寛清著　京都　淡交社　1990.8　158p　19cm　（京都・宗祖の旅）　〈日蓮の肖像あり〉　880円　Ⓘ4-473-01145-3

◇日蓮聖人の御手紙—真蹟対照現代語訳　第1巻　富木常忍篇　岡元錬城編著　大阪　東方出版　1990.8　206p　27cm　〈監修：山中喜八〉　8000円　Ⓘ4-88591-245-8

◇日蓮聖人の御手紙—真蹟対照現代語訳　第2巻　弟子・檀越篇　岡元錬城編著　大阪　東方出版　1990.8　254p　27cm　〈監修：山中喜八〉　8000円　Ⓘ4-88591-246-6

◇日蓮聖人の御手紙—真蹟対照現代語訳　第3巻　女性篇　岡元錬城編著　大阪

東方出版　1990.8　220p　27cm　〈監修：山中喜八〉　8000円　①4-88591-247-4

◇日蓮の手紙　日蓮著，渡辺宝陽編著　筑摩書房　1990.7　202p　19cm　（こころの本）　1650円　①4-480-84207-1

◇昭和定本日蓮聖人遺文　立正大学日蓮教学研究所編纂　改訂増補版　身延町（山梨県）　総本山身延久遠寺　1988.10　4冊　19cm　非売品

◇日蓮の原点　第1　生涯篇　飯島貫実著　山喜房仏書林　1988.9　307p　19cm　2600円

◇日蓮　渡辺宝陽，小松邦彰著　筑摩書房　1988.1　636p　19cm　（日本の仏典 9）　3600円　①4-480-33109-3

◇蒙古襲来　1　山田智彦著　毎日新聞社　1987.12　250p　18cm　（ミューノベルズ）　680円　①4-620-71021-0

時 宗
じしゅう

鎌倉時代に一遍によって始められた浄土教の一派。一遍は特定の寺に住まず時衆という集団をつくり、念仏を広めるために各地を遊行し庶民的布教を展開した。踊念仏でも知られ、また、伊勢信仰・熊野信仰などを布教のために利用した点も特色である。遊行宗とも称される。

＊　＊　＊

◇北条時宗の時代　北条氏研究会編　八木書店　2008.5　807, 51p　22cm　18000円　①978-4-8406-2030-7

◇成生庄と一向上人―中世の念仏信仰　成生庄と一向上人編集委員会編　天童　天童市立旧東村山郡役所資料館　1997.9　136p　21cm

◇中世出羽国における時宗と念仏信仰　竹田賢正著　〔山形〕　光明山遍照寺　1996.4　291p　22cm　〈著者の肖像あり〉

◇鎌倉の仏教―中世都市の実像　貫達人，石井進編　横浜　有隣堂　1992.11　233p　18cm　（有隣新書）　980円　①4-89660-108-4

◇浄土仏教の思想　第11巻　証空　一遍　梶山雄一ほか編　上田良準著，大橋俊雄著　講談社　1992.3　411p　20cm　〈証空および一遍の肖像あり　付：主要参考文献・略年譜〉　4300円　①4-06-192581-4

◇鎌倉新仏教の研究　今井雅晴著　吉川弘文館　1991.12　266, 11p　22cm　5300円　①4-642-02639-8

◇中世芸能と仏教　金井清光著　新典社　1991.9　357p　22cm　（新典社研究叢書 42）　11100円　①4-7879-4042-2

◇中世社会と時宗の研究　今井雅晴著　吉川弘文館　1985.11　425, 12p　22cm　7800円　①4-642-02608-8

◇日本仏教宗史論集　第10巻　一遍上人と時宗　橘俊道編，今井雅晴編　吉川弘文館　1984.12　401p　22cm　〈10.一遍上人と時宗 橘俊道，今井雅晴編 巻末：解説，主要資料解題，主要参考文献 執筆：赤松俊秀〔ほか15名〕 肖像：一遍上人　図版（肖像を含む）〉　5800円　①4-642-06750-7

◇岩手県時宗略史――遍上人と代々遊行上人の軌跡　司東真雄著　石鳥谷町（岩手県）　時宗岩手第一教区　1983　71p　19cm　500円

◇庶民信仰の源流―時宗と遊行聖　橘俊道，圭室文雄編　名著出版　1982.6　269, 65, 3p　22cm　4200円

◇融通念仏宗年表　融通念仏宗教学研究所編　大阪　大念仏寺　1982.3　378p　22cm

◇全国時宗史料所在目録　圭室文雄編　大学教育社　1982.2　249p　27cm　〈発売：桜楓社〉　6800円

◇一遍教学と時衆史の研究　河野憲善著　東洋文化出版　1981.9　347p　22cm　5400円

◇時宗成立史の研究　今井雅晴著　吉川弘

文館　1981.8　287, 15p　22cm　4800円

◇一遍と時衆　浅山円祥著　松山　一遍会　1980.6　204p　19cm　〈編集：越智通敏　校閲：石岡信一 著者の肖像あり〉　1500円

◇遊行日鑑　第3巻　圭室文雄編　角川書店　1979.2　663p　22cm　14000円

◇遊行寺―中世の時宗総本山　橘俊道著　名著出版　1978.12　212p　19cm　（藤沢文庫 1）〈叢書の編者：藤沢文庫刊行会　時宗総本山清浄光寺略年表：p211～212〉　980円

◇一遍と時宗教団　大橋俊雄著　〔東村山〕　教育社　1978.10　272p　18cm　（教育社歴史新書）　600円

◇時宗史論考　橘俊道著　京都　法蔵館　1975　366p　22cm　4500円

◇時衆と中世文学　金井清光著　東京美術　1975　568p　22cm　〈限定版〉　9600円

◇時宗の成立と展開　大橋俊雄著　吉川弘文館　1973　313, 6p 図　22cm　（日本宗教史研究叢書 笠原一男監修）

◇時衆年表　望月華山編　角川書店　1970　210p　22cm　2800円

◇時衆過去帳　大橋俊雄編著　藤沢　教学研究所　1964　228p 図版　19cm　（時衆史料 第1）

◇番場時衆のあゆみ　大橋俊雄著　浄土宗史研究会　1963　241p 図版　19cm　（浄土宗史研究 第4輯）

一 遍
いっぺん

延応元年（1239年）2月15日 ～ 正応2年（1289年）8月23日

鎌倉中期の僧。時宗の開祖。遊行上人ともいう。法名は初め随縁、のち智真、一遍房。昭和15年（1940年）に贈られた諡号は証誠大師。建長2年（1250年）筑前大宰府の浄土宗西山派聖達に師事。12年間に渡る念仏修行をし、文永8年（1271年）信濃善光寺に参籠して霊感を得、念仏往生を悟る。四天王寺で念仏勧進の願を立てた後、建治元年（1275年）高野山を経て熊野本宮で同権現の霊告を受けて、他力念仏の真意を感得する。名を一遍と改め、現在のお札にあたる賦算（ふさん）に「南無阿弥陀仏決定（けつじょう）往生六十万人」と記し、全国を行脚しながらこの賦算を人々に配った。一遍は捨て聖の生活に徹し、一所不住の旅に終わったが、これを「遊行」と呼ぶ。また、空也の遺風とされる踊り念仏を盛んに行ない、民衆信仰に大きな影響を与えた。摂津和田岬の観音堂（後の真光寺）で没した。なお時宗は、一遍が門下の僧尼を時衆と呼んだことによるが、教団名が時宗となるのは、室町末期ころ。

＊　＊　＊

◇本願念仏の系譜―法然上人から蓮如上人へ　村上宗博, 足立幸子著　金沢　真宗興隆会　2008.7　340p　20cm　〈年表あり〉　6500円

◇流転/独一―一遍上人絵伝攷　溝口章著　土曜美術社出版販売　2007.7　157p　22cm　2500円　Ⓘ978-4-8120-1622-0

◇大日本仏教全書　第66巻　一遍上人語録―外四部　仏書刊行会編纂　大法輪閣　2007.1　478p　22cm　〈名著普及会平成元年刊（覆刻版3刷）を原本としたオンデマンド版〉　8600円　Ⓘ978-4-8046-1710-7

◇一遍の語録をよむ　日本放送出版協会　2005.9　349p　16cm　1020円　Ⓘ4-14-084198-2

◇一遍聖絵新考　岩田書院　2005.9　355p　22cm　9500円　Ⓘ4-87294-393-7

◇日本先覚者列伝　塙書房　2005.4　296p　19cm　2900円　Ⓘ4-8273-3102-2

◇一遍上人語録　一遍著, 藤原正校註　一穂社, 紀伊国屋書店（発売）　2004.12　166p　21cm　（名著/古典籍文庫）〈岩波文庫復刻版　岩波書店昭和9年刊を原本としたオンデマンド版　年譜あり〉　2400円　Ⓘ4-86181-000-0

◇一遍の語録をよむ　下　梅谷繁樹著　日本放送出版協会　2004.10　185p　21cm　（NHKシリーズ）〈放送期間：2004年

10月—2005年3月〉 850円 ①4-14-910521-9

◇一遍の語録をよむ 上 梅谷繁樹著 日本放送出版協会 2004.4 169p 21cm (NHK宗教の時間)〈放送期間:2004年4月—9月 年譜あり〉 850円 ①4-14-910520-0

◇一遍—遊行の捨聖 今井雅晴編 吉川弘文館 2004.3 195p 20cm (日本の名僧 11)〈肖像あり 文献あり 年譜あり〉 2600円 ①4-642-07855-X

◇鎌倉新仏教 辺見陽一著 日本文学館 2004.3 210p 19cm 1200円 ①4-7765-0214-3

◇仏教を歩く 朝日新聞社 2004.1 32p 30cm 533円

◇一遍聖絵—絵巻をあじわう 奈良国立博物館編 〔奈良〕 奈良国立博物館 2002.11 48p 30cm (親と子のギャラリー)〈会期:平成14年11月26日—12月23日〉

◇道元・一遍・良寛—日本人のこころ 栗田勇著 増補新装版 春秋社 2002.6 240p 20cm 1800円 ①4-393-13635-7

◇鎌倉の仏教とその先駆者たち 清田義英著 藤沢 江ノ電沿線新聞社 2001.12 144p 19cm 1300円 ①4-900247-02-2

◇一遍上人全集 橘俊道, 梅谷繁樹訳 新装版 春秋社 2001.7 333, 59p 23cm〈折り込1枚〉 7000円 ①4-393-17502-6

◇傍訳選択本願念仏集 下 法然著, 高橋弘次監修, 本庄良文, 善裕昭編 四季社 2001.7 411p 22cm 16000円 ①4-88405-078-9

◇一遍聖人と聖絵 高野修著 岩田書院 2001.6 139p 19cm 1000円 ①4-87294-211-6

◇傍訳選択本願念仏集 上 法然著, 高橋弘次監修, 本庄良文, 善裕昭編 四季社 2001.6 332p 22cm 16000円 ①4-88405-077-0

◇一遍聖 大橋俊雄著 講談社 2001.4 335p 15cm (講談社学術文庫) 1050円 ①4-06-159480-X

◇一遍の宗教とその変容 岩田書院 2000.12 431p 22cm 9900円 ①4-87294-189-6

◇津戸三郎為守—法然上人をめぐる関東武者 3 梶村昇著 大阪 東方出版 2000.11 223p 19cm 2000円 ①4-88591-689-5

◇一遍聖絵 聖戒編, 大橋俊雄校注 岩波書店 2000.7 164p 15cm (岩波文庫) 500円 ①4-00-333212-1

◇一遍と中世の時衆 大蔵出版 2000.3 302p 22cm 7000円 ①4-8043-1049-5

◇親鸞と一遍 竹村牧男著 京都 法蔵館 1999.8 300p 20cm 2800円 ①4-8318-8140-6

◇中世遊行聖の図像学 砂川博著 岩田書院 1999.5 492, 20p 22cm 11800円 ①4-87294-147-0

◇捨聖一遍 今井雅晴著 吉川弘文館 1999.3 216p 19cm (歴史文化ライブラリー 61) 1700円 ①4-642-05461-8

◇一遍聖絵を読み解く—動きだす静止画像 武田佐知子編 吉川弘文館 1999.1 325p 22cm 7500円 ①4-642-02771-8

◇選択本願念仏集—復元根源正本 法然著, 西山学会『選択集』研究会編 長岡京 西山浄土宗宗務所 1998.11 163p 21cm〈京都 中外日報社(発売) 粟生光明寺開創800年「選択」撰述800年記念出版〉

◇日本浄土思想と言葉—なぜ一遍が和歌を作って、親鸞が作らなかったか デニス・ヒロタ述, 国際日本文化研究センター編 京都 国際日本文化研究センター 1998.3 36p 21cm (日文研フォーラム 第96回)〈会期:1997年5月13日〉

◇一遍 三省堂 1997.11 204p 20cm 1900円 ①4-385-35783-8

◇遊行寺蔵一遍上人絵巻の世界 神奈川県立歴史博物館編 横浜 神奈川県立歴史

博物館　1997.9　24p　24×25cm　〈特別展：平成9年9月13日―10月19日〉

◇一遍その鮮烈な生涯　望月宏二著　大阪　朝日カルチャーセンター(製作)　1997.7　305p　19cm　〈肖像あり　年表あり〉

◇果てしなき旅―捨てひじり一遍　越智通敏著　松山　愛媛県文化振興財団　1997.1　312p　18cm　（えひめブックス）〈松山 愛媛県教科図書(発売)〉　1000円

◇一遍と時衆　石田善人著　京都　法蔵館　1996.5　245p　22cm　5500円　①4-8318-7492-2

◇捨聖・一遍上人　梅谷繁樹著　講談社　1995.12　213p　18cm　（講談社現代新書）　650円　①4-06-149281-0

◇一遍上人語録 捨て果てて　坂村真民著　〔愛蔵版〕　大蔵出版　1994.10　238p　21cm　2800円　①4-8043-2516-6

◇一遍聖絵と中世の光景　一遍研究会編　ありな書房　1993.1　228p　22cm　3399円　①4-7566-9229-X

◇一遍―神と仏との出会い 特別展　佐野美術館編　三島　佐野美術館　〔1992〕　121p　26cm　〈しずおか文化の祭典'92・三島の秋'92参加 会期：平成4年10月9日～11月9日〉　①4-915857-25-5

◇一遍・日本的なるものをめぐって　梅谷繁樹ほか著　春秋社　1991.10　247p　20cm　2200円　①4-393-17522-0

◇一遍入門　大橋俊雄著　春秋社　1991.7　268p　20cm　2400円　①4-393-17521-2

◇原典日本仏教の思想　岩波書店　1991.1　487p　22cm　4400円　①4-00-009025-9

◇一遍―生きざまと思想　越智通敏著　松山　一遍会　1990.9　281p　19cm　（一遍会双書 第15集）　1500円

◇一遍上人の念仏思想と時衆―橘俊道先生遺稿集　橘俊道著　藤沢　橘俊道先生遺稿集刊行会　1990.4　379p　22cm　〈著者の肖像あり〉

◇日本の絵巻　続 3　法然上人絵伝　下　小松茂美編　中央公論社　1990.3　161p　35cm　4500円　①4-12-402883-0

◇日本の絵巻　続 2　法然上人絵伝　中　小松茂美編　中央公論社　1990.2　214p　35cm　5000円　①4-12-402882-2

◇日本の絵巻　続 1　法然上人絵伝　上　小松茂美編　中央公論社　1990.1　196p　35cm　5000円　①4-12-402881-4

◇一遍上人全集　橘俊道, 梅谷繁樹著　春秋社　1989.11　333, 59p　23cm　〈折り込図1枚〉　6000円　①4-393-17501-8

◇一遍辞典　今井雅晴編　東京堂出版　1989.9　332p　20cm　〈一遍の肖像あり〉　3600円　①4-490-10265-8

◇一遍上人と遊行の寺　富永航平著　大阪　朱鷺書房　1988.11　240p　19cm　1200円　①4-88602-112-3

◇日本の絵巻　20　一遍上人絵伝　小松茂美編集・解説　中央公論社　1988.11　373p　35cm　6800円　①4-12-402670-6

◇一遍　大橋俊雄著　吉川弘文館　1988.10　238p　19cm　（人物叢書 新装版）〈新装版 一偏の肖像あり 折り込図1枚 叢書の編者：日本歴史学会〉　1700円　①4-642-05132-5

◇日本の絵巻　20　一遍上人絵伝　小松茂美編　中央公論社　1988.8　373p　35cm　6800円　①4-12-402670-6

◇一遍上人ものがたり　金井清光著　東京美術　1988.6　216p　19cm　（東京美術選書 65）　1200円　①4-8087-0505-2

◇中世を旅する聖たち展――一遍上人と時宗特別展　神戸市立博物館編　〔神戸〕　神戸市スポーツ教育公社　1988.6　110p　24×25cm　〈監修：石田善人 会期：昭和63年6月11日～7月24日〉

◇一遍　栗田勇編　京都　法蔵館　1987.2　203p　21cm　（思想読本）〈一遍の肖像あり〉　1500円　①4-8318-2007-5

◇時衆文芸と一遍法語―中世民衆の信仰と文化　金井清光著　東京美術　1987.2　548p　22cm　18000円

①4-8087-0358-0

◇No abode—the record of Ippen translated with an introduction and notes by Dennis Hirota. Kyoto Ryukoku University c1986 251 p. : ill. 22 cm. 〈Includes index.〉

◇一遍聖絵・遊行日鑑 松山 伊予史談会 1986.11 304p 19cm 2300円

◇白い道—法然・親鸞とその時代 三国連太郎著 講談社 1986.11 3冊 15cm (講談社文庫) 各440円 ①4-06-183890-3

◇高僧伝 10 一遍—大地を往く 松原泰道, 平川彰編 鎌田茂雄著 集英社 1985.10 259p 20cm 〈編集:創美社 一遍の肖像あり〉 1400円 ①4-08-187010-1

◇一遍上人語録 智真著, 大橋俊雄校注 岩波書店 1985.5 224p 15cm (岩波文庫) 〈付・播州法語集〉 400円

◇南無阿弥陀仏・一遍上人 柳宗悦著 春秋社 1985.4(第11刷) 221, 8p 19cm (柳宗悦・宗教選集 第4巻) 〈肖像あり〉

◇日本仏教宗史論集 吉川弘文館 1984.12 401p 22cm 5800円 ①4-642-06750-7

◇歴史シンポジウム 松山 愛媛県文化振興財団 1984.3 252p 19cm 900円

◇岩手県時宗略史 石鳥谷町(岩手県) 時宗岩手第一教区 1983 71p 19cm 500円

◇The Life of Ippen, the itinerant saint, 1239-1289 English version translated by Amanda Stinchecum. 〔Tokyo?〕〔Nagano Production?〕 c1980 24 p. : ill. 28 cm. 〈〔L〕a vie d'Ippen, moine itinérant, 1239-1289.Cover title.〉

◇一遍と時衆 松山 一遍会 1980.6 204p 19cm 1500円

◇日本絵巻大成 別巻 一遍上人絵伝 小松茂美編 小松茂美ほか執筆 中央公論社 1978.11 395p 35cm 25000円

◇一遍と時宗教団 〔東村山〕 教育社 1978.10 272p 18cm 600円

◇一遍と時衆教団 角川書店 1975 557p 図 22cm 9800円

◇日本絵巻物全集 第23巻 遊行上人縁起繪 角川書店編集部編 角川書店 1968 はり込み原色図版8枚 図版39枚 解説95, 15p 38cm 〈解説 遊行上人縁起繪の成立と諸本をめぐって(宮次男) 他5編 研究文献目録〉

明恵
みょうえ

承安3年(1173年)1月8日 ~ 貞永元年(1232年)1月19日

鎌倉初期の華厳宗の僧。明恵は法号で、諱は高弁。明恵上人と呼ばれる。平重国の子。16歳で高雄山神護寺上覚に師事して出家。華厳を景雅・聖詮に、密教を実尊・興然に、悉曇(しったん)を尊印に、禅を宋から帰朝した栄西に学ぶ。建永元年(1206年)後鳥羽上皇より栂尾山を下賜され、高山寺を開創して華厳宗興隆の道場とした。新興する浄土諸宗、特に法然に対して強く反発。戒律を守ることに厳しく、公家らの帰依をうけ、旧仏教の改革・復興に努めた。栄西が宋からもたらした茶の種を栂尾山に植え、繁殖をはかったことでも有名。

* * *

◇栂尾山高山寺明恵上人 村上素道編著 復刻版 菊池 国際禅道場鳳儀山聖護寺護持会 2004.2 340p 図版11枚 22cm (村上素道老師集 第3巻) 〈シリーズ責任表示:村上素道〔著〕 原本:栂尾山高山寺昭和4年刊 年譜あり 著作目録あり〉 非売品

◇仏教を歩く no.11 明恵 朝日新聞社 2003.12 32p 30cm (週刊朝日百科) 533円

◇明恵上人の研究 野村卓美著 大阪 和泉書院 2002.2 429p 22cm (研究叢書 281) 11000円 ①4-7576-0148-4

◇明恵上人—愛蔵版 白洲正子著 新潮社 1999.11 229p 22cm 2700円

①4-10-310713-8

◇歴史の点景—実朝・明恵・ノ貫・秋成　小田三月著　審美社　1999.6　233p　20cm　2200円　①4-7883-4102-6

◇法然対明恵　講談社　1998.10　232p　19cm　1500円　①4-06-258141-8

◇法然と明恵　大蔵出版　1998.7　405p　20cm　4800円　①4-8043-0538-6

◇明恵上人資料　第4　東京大学出版会　1998.1　486p　23cm　（高山寺資料叢書 第18冊）〈複製および翻刻〉　20000円　①4-13-026090-1

◇明恵—故郷でみた夢 特別展　和歌山県立博物館編　和歌山　和歌山県立博物館　1996.9　129p　30cm　〈明恵の肖像あり 会期：1996年9月7日～10月13日〉

◇明恵上人集　久保田淳, 山口明穂校注　岩波書店　1994.7　310p　19cm　（ワイド版岩波文庫）　1100円　①4-00-007142-4

◇明恵上人集　久保田淳, 山口明穂校注　岩波書店　1993.1　310p　15cm　（岩波文庫）〈第5刷（第1刷：81.5.18）〉　570円　①4-00-333261-X

◇名僧・悟りの言葉　由木義文著　PHP研究所　1990.5　196p　19cm　1300円　①4-569-52751-5

◇明恵　田中久夫著　吉川弘文館　1988.8　262p　19cm　（人物叢書 新装版）〈新装版 明恵の肖像あり 叢書の編者：日本歴史学会〉　1700円　①4-642-05126-0

◇明恵 夢を生きる　河合隼雄著　京都　京都松柏社, 法蔵館〔発売〕　1987.4　311, 7p　19cm　2000円　①4-8318-7163-X

◇明恵上人資料　第1　高山寺典籍文書綜合調査団編　東京大学出版会　1982.3　803p　23cm　（高山寺資料叢書 第1冊）〈第2刷（第1刷：昭和46年）〉　15000円

◇明恵上人と高山寺　明恵上人と高山寺編集委員会編　京都　同朋舎出版　1981.5　547p　23cm　〈明恵・高山寺関係参考文献目録：p533～543〉　9800円　①4-8104-0217-7

◇高山寺展—明恵上人没後750年　京都国立博物館編　朝日新聞社　c1981　249p　24×25cm　〈会期・会場：昭和56年5月19日—6月21日 京都国立博物館　年表：p239-241〉

◇明恵上人伝記　平泉洸全訳注　講談社　1980.11　316p　15cm　（講談社学術文庫）　780円

◇明恵—遍歴と夢　奥田勲著　東京大学出版会　1978.11　315, 5p　20cm　1800円

◇日本名跡叢刊　18　鎌倉 高信 明恵上人歌集　松原茂解説　二玄社　1978.4　102p　36cm　〈監修：小松茂美〉　2250円

◇明恵上人資料　第2　高山寺典籍文書綜合調査団編　東京大学出版会　1978.3　1207p　23cm　（高山寺資料叢書 第7冊）　22000円

◇明恵上人と湯浅氏　大坪昭著　京都　大坪昭　1977.3　49p　26cm　非売品

◇東洋文庫蔵明恵上人歌集本文と総索引　小沢サト子編　広島　三保忠夫　1976　149p　27cm　（国語史研究資料稿 第3巻）〈限定版〉　非売品

◇明恵上人歌集の研究　吉原シケコ著　桜楓社　1976　221p 図　22cm　4800円

◇明恵上人　白洲正子著　新潮社　1974　209p（図共）　19cm　（新潮選書）　600円

◇日本の名著　5　法然・明恵　塚本善隆編　中央公論社　1971　502p 肖像　18cm

◇栂尾高山寺明恵上人　白洲正子著　講談社　1967　235p（図版共）　22cm　980円

◇明恵　田中久夫著　吉川弘文館　1961　254p 図版　18cm　（人物叢書 第60 日本歴史学会編）

◇明恵上人　穎原退蔵著　生活社　1946　31p　18cm　（日本叢書 54）

運 慶
うんけい

？～貞応2年（1224年）12月11日

鎌倉時代前期の仏師。奈良仏師康慶の子。平安末期の動乱後、南都復興事業に父と共に一門を率いて活躍。それまでの院派・円派といった優美さを主体とする京都仏師の作風ではなく、写実的で力強さを持った鎌倉新様式を取り入れた作風により、幕府や豪族、貴族らから多大な支持を得た。建仁3年（1203年）快慶らと東大寺南大門の「金剛力士像」を造り、法印に叙された。晩年に完成した興福寺北円堂「弥勒如来像」「無著・世親像」は、特に傑作として名高い。ほかの作品に奈良円成寺「大日如来像」、神奈川浄楽寺「阿弥陀三尊像」、高野山不動堂「八大童子像」などがある。

＊　＊　＊

◇日本中世の仏師と社会―運慶と慶派・七条仏師を中心に　根立研介著　塙書房　2006.5　417, 30p 図版8p　27cm　16000円　①4-8273-1204-4

◇仏教を歩く　no.27　運慶・円空　朝日新聞社　2004.4　32p　30cm　（週刊朝日百科）　533円

◇週刊日本の美をめぐる　no.19（鎌倉 2）運慶と快慶肉体を彫る　運慶ほか作　小学館　2002.9　42p　30cm　（小学館ウイークリーブック）　533円

◇日本名匠列伝　江崎俊平, 志茂田誠諦著　学習研究社　2001.12　357p　15cm　（学研M文庫）　700円　①4-05-901095-2

◇運慶―その人と芸術　副島弘道著　吉川弘文館　2000.9　212p　19cm　（歴史文化ライブラリー 101）〈年表あり　文献あり〉　1700円　①4-642-05501-0

◇運慶とバロックの巨匠たち―『仁王』像は運慶作にあらず　田中英道著　弓立社　1998.6　254p　22cm　（叢書日本再考）　3800円　①4-89667-861-3

◇運慶仏像彫刻の革命　西村公朝, 熊田由美子著　新潮社　1997.1　119p　22cm　（とんぼの本）〈おもに図〉　1545円　①4-10-602054-8

◇運慶・快慶とその弟子たち―特別展　奈良国立博物館編　奈良　奈良国立博物館　1994.5　179p　26cm　〈会期：平成6年5月28日～7月3日〉

◇院政期の仏像―定朝から運慶へ　京都国立博物館編　岩波書店　1992.7　328p　37×28cm　44000円　①4-00-008058-X

◇院政期の仏像―定朝から運慶へ　京都国立博物館編　岩波書店　1992.7　328p　37cm　44000円　①4-00-008058-X

◇運慶　小田三月著　河出書房新社　1991.9　238p　20cm　2400円　①4-309-00721-X

◇日本美術全集　第10巻　運慶と快慶―鎌倉の建築・彫刻　大河直躬ほか編　水野敬三郎ほか編著　講談社　1991.8　241p　37cm　7500円　①4-06-196410-0

◇院政期の仏像―定朝から運慶へ 特別展覧会　京都国立博物館編　〔京都〕　京都国立博物館　1991.2　182p　26cm

◇運慶―天空をつらぬく轍　さいとう・たかを著　光輪社　1988.12　253p　20cm　（ヒューマンコミックス）〈発売：佼成出版社〉　980円　①4-333-01366-6

◇運慶―転形期の芸術家　林文雄著　新日本出版社　1980.11　321p 図版12枚　20cm　2500円

◇日本の美術　11　運慶と鎌倉彫刻　毛利久著　第2版　平凡社　1979.10　160p　24cm　〈監修：亀井勝一郎ほか〉　1800円

◇日本美術全集　第12巻　運慶と快慶―鎌倉の彫刻・建築　三山進編集　学習研究社　1978.2　224p　38cm　4600円

◇日本の美　第4集　東大寺・興福寺・運慶・快慶　学習研究社　1977.7　160p（図共）　29cm　〈NHK総合テレビで放送の『日本の美』の内容にもとづいて学習研究社が編集したもの〉　1800円

◇鎌倉と運慶　三山進著　横浜　有隣堂　1976　221p　18cm　（有隣新書）

680円

◇運慶の彫刻　文：久野健, 写真：田枝幹宏　平凡社　1974　202p（図共）　38cm　18000円

◇運慶論　岡本謙次郎著　冬樹社　1972　215p 図　20cm　〈真善美社昭和23年刊の複刊〉

◇日本の美術　12　運慶と鎌倉彫刻　水野敬三郎著　小学館　1972　213p（おもに図）　20cm　（ブック・オブ・ブックス）

◇臼杵石仏―義経と運慶の秘密　大久保貫之著　誠文堂新光社　1971　249p 図　18cm　500円

◇運慶　江崎誠致著　筑摩書房　1964　193p　20cm

◇日本の美術　第11　運慶と鎌倉彫刻　毛利久著　平凡社　1964　160p（図版共）　図版 表　24cm　〈亀井勝一郎, 高橋誠一郎, 田中一松監修〉

◇運慶　滝川駿著　圭文館　1962　360p　図版　22cm

◇仏師運慶の研究　小林剛著　天理　養徳社　1954　100, 25p 図版23枚　27cm　（奈良国立文化財研究所学報 第1冊）

◇運慶　田中萬宗著　京都　芸艸堂出版部　1948　206p　21cm

◇運慶　田中万宗著　芸艸堂出版部　1948　206p 図版　18cm　〈巻末：運慶に関する史料〉

◇運慶　田中万宗著　京都　芸艸堂出版部　1948　206p　21cm

◇運慶論　岡本謙次郎著　眞善美社　1948　205p 図版　22cm

快慶
かいけい

生没年不詳

鎌倉時代前期の仏師。通称は越後法橋、丹波講師・越後法橋などのほか、東大寺中興の重源に帰依して安阿弥などとも号す。運慶の父康慶の弟子といわれる。作風は運慶の剛健な表現に対して、安阿弥様とよばれる理知的で流麗な形式美を見せ、大衆性のある親しみやすさで後世の仏像様式に大きな影響を与えた。代表的な作品にボストン美術館にある「弥勒菩薩像」、浄土寺「阿弥陀三尊像」、東大寺「僧形八幡神像」、同寺南大門「金剛力士像」などのほか、多数の阿弥陀如来立像がある。

＊　＊　＊

◇運慶と快慶―相剋の果てに　西木暉著　鳥影社　2008.1　550p　20cm　2200円　①978-4-86265-107-5

◇快慶―運慶を超えた男　大湊文夫著　郁朋社　2007.10　295p　19cm　1500円　①978-4-87302-396-0

◇週刊日本の美をめぐる　no.19（鎌倉 2）　運慶と快慶肉体を彫る　運慶ほか作　小学館　2002.9　42p　30cm　（小学館ウイークリーブック）　533円

◇仏師快慶論　毛利久著　増補版　吉川弘文館　1994.9　329, 37p　26cm　20600円　①4-642-07247-0

◇運慶・快慶とその弟子たち―特別展　奈良国立博物館編　奈良　奈良国立博物館　1994.5　179p　26cm　〈会期：平成6年5月28日～7月3日〉

◇新編名宝日本の美術　第13巻　運慶・快慶　金子啓明執筆　小学館　1991.10　155p　31cm　（小学館ギャラリー）　〈監修：太田博太郎ほか〉　1800円　①4-09-375113-7

◇日本美術全集　第10巻　運慶と快慶―鎌倉の建築・彫刻　大河直躬ほか編　水野敬三郎ほか編著　講談社　1991.8　241p　37cm　7500円　①4-06-196410-0

◇仏師快慶論　毛利久著　増補版　吉川弘文館　1987.11　329p 図版43枚　27cm　18000円　①4-642-07247-0

◇東大寺　2 中世以降　浅井和春, 浅井京子共著　大阪　保育社　1986.9　230p　19cm　（日本の古寺美術 7）　1600円　①4-586-72007-7

◇大仏師快慶　奈良国立博物館編　〔奈良〕　奈良国立博物館　〔1979〕　20p

26cm 〈会期：昭和54年1月4日—3月25日 快慶年表：p20〉

◇日本美術全集 第12巻 運慶と快慶—鎌倉の彫刻・建築 三山進編集 学習研究社 1978.2 224p 38cm 4600円

◇日本の美 第4集 東大寺・興福寺・運慶・快慶 学習研究社 1977.7 160p(図共) 29cm 〈NHK総合テレビで放送の『日本の美』の内容にもとづいて学習研究社が編集したもの〉 1800円

◇巧匠安阿弥陀仏快慶—日本彫刻作家研究の一節 小林剛著 天理 養徳社 1962 93p 図版17枚 27cm (奈良国立文化財研究所学報 第12冊)

◇仏師快慶論 毛利久著 吉川弘文館 1961 278p 図版30枚 27cm

鎌倉大仏
かまくらだいぶつ

鎌倉市長谷の高徳院にある阿弥陀如来座像。〈長谷の大仏〉とも呼ばれ、奈良大仏と並び称される。銅造で高さ11.5m。暦仁元年(1238年)ごろに僧浄光の発願により木造の大仏が造られ、建長4年(1252年)に現存の大仏の鋳造が始められたと伝えられる。大仏の完成日時は不明だが、大仏殿は寛元元年(1243年)6月に完成。運慶様式を基本に宋代美術様式を加味した、当時の鎌倉地方様式を示す代表作。室町期に津波で仏殿が倒壊し、その後今日まで露座のままである。昭和33(1958年)に国宝に指定された。

＊ ＊ ＊

◇鎌倉大仏周辺の発掘調査—大仏造営手法と大仏殿の推定 鎌倉市教育委員会編 〔鎌倉〕 鎌倉市教育委員会 2002.11 14p 30cm

◇鎌倉大仏縁起 鎌倉大仏史研究会編 鎌倉 鎌倉大仏殿高徳院 2002.10 148p 21cm

◇鎌倉大仏と阿弥陀信仰—鎌倉大仏建立七百五十年記念特別展 神奈川県立金沢文庫編 横浜 神奈川県立金沢文庫 2002.10 95p 30cm 〈会期：平成14年10月3日—12月1日 年表あり 文献あり〉

◇鎌倉大仏周辺発掘調査報告書 鎌倉市教育委員会編 〔鎌倉〕 鎌倉市教育委員会 2002.3 77p 30cm 〈神奈川県鎌倉市所在〉

◇鎌倉大仏周辺発掘調査報告書 鎌倉市教育委員会編 〔鎌倉〕 鎌倉市教育委員会 2001.3 46p 30cm 〈神奈川県鎌倉市所在〉

◇鎌倉大仏の中世史 馬淵和雄著 新人物往来社 1998.11 306p 20cm 2400円 ①4-404-02682-X

◇鎌倉大仏—東国文化の謎 清水真澄著 横浜 有隣堂 1979.7 203p 18cm (有隣新書) 〈鎌倉大仏関連年表：p195～203〉 680円

禅 宗
ぜんしゅう

仏教の一派。6世紀初めに達磨がインドから中国に伝え、特に江蘇省・浙江省方面で栄えた。日本には鎌倉初期に栄西が臨済宗を、次いで道元が曹洞宗を、それぞれ入宋ののち伝えて盛んになった。さらに江戸時代には明の隠元が来朝して黄檗宗を開き、現在この三派がある。不立文字を原則として中心的経典を立てず、もっぱら座禅を修行し、内観・自省によって直接に仏の心性の本源を悟ろうとする。文学や美術、建築など広い範囲で日本の中世文化の発展に影響を与えた。

＊ ＊ ＊

◇禅と地域社会 広瀬良弘編 吉川弘文館 2009.3 417p 22cm 12000円 ①978-4-642-02883-7

◇中世瀬戸内海の仏教史—村上水軍の本拠地芸予諸島を主として 堤勝義著 広島 渓水社 2008.11 185p 19cm 1800円 ①978-4-86327-039-8

◇鎌倉時代の権力と制度 上横手雅敬編 京都 思文閣出版 2008.9 352p 22cm 6500円 ①978-4-7842-1432-7

◇禅の人―逸話でみる高僧20人 西部文浄著 京都 淡交社 2008.1 303p 19cm 〈「禅僧の逸話」(淡交社昭和60年刊)の改訂〉 1600円 ①978-4-473-03449-6

◇男の禅―信長を支えた心の指針とは 童門冬二著 青春出版社 2007.4 269p 15cm (青春文庫) 〈「武将を支えた禅の教え」(2004年刊)の増訂〉 600円 ①978-4-413-09363-7

◇中世の禅宗と相国寺―平成16年度教化活動委員会研修会講義録 原田正俊著, 相国寺教化活動委員会編 京都 相国寺教化活動委員会 2007.3 139p 図版12p 21cm (相国寺研究 2) 〈会期・会場:平成15年10月14日 相国寺会議室ほか〉

◇南北朝と室町政権―南北朝期―室町期 小和田哲男監修・年表解説 世界文化社 2006.7 199p 24cm (日本の歴史を見る ビジュアル版 4) 〈年表あり〉 2400円 ①4-418-06211-4

◇日本禅宗の伝説と歴史 中尾良信著 吉川弘文館 2005.5 207p 19cm (歴史文化ライブラリー) 1700円 ①4-642-05589-4

◇日本中世禅籍の研究 今泉淑夫著 吉川弘文館 2004.4 365, 8p 22cm 11000円 ①4-642-02832-3

◇武家政権と禅宗―夢窓疎石を中心に 西山美香著 笠間書院 2004.4 363, 9p 21cm 8500円 ①4-305-70266-5

◇日本中世の禅と律 松尾剛次著 吉川弘文館 2003.10 252, 28p 21cm 7000円 ①4-642-02830-7

◇鎌倉―禅の源流―建長寺創建750年記念特別展 東京国立博物館, 日本経済新聞社編 日本経済新聞社 2003.6 261, 26p 29cm 〈会期:平成15年6月3日―7月13日 年表あり 文献あり〉

◇禅と建築・庭園 横山正編・解説 ぺりかん社 2002.7 346p 20cm (叢書禅と日本文化 第5巻) 4000円 ①4-8315-0804-7

◇中世日本の外交と禅宗 伊藤幸司著 吉川弘文館 2002.2 334, 16p 22cm 12000円 ①4-642-02813-7

◇禅と身心論 小林円照編 ぺりかん社 2001.6.25 313p 19cm (叢書禅と日本文化(7)) 3800円 ①4-8315-0806-3

◇中世禅宗史の研究 今枝愛真著 東京大学出版会 2001.1 516p 21cm (東大人文科学研究叢書) 6400円 ①4-13-020024-0

◇九州中世禅宗史の研究 上田純一著 文献出版 2000.10 458p 22cm 12000円 ①4-8305-1220-2

◇中世禅宗文献の研究 安藤嘉則著 国書刊行会 2000.2 783p 22cm 20200円 ①4-336-04235-7

◇禅とその歴史 石川力山, 広瀬良弘編 ぺりかん社 1999.8 399p 20cm (叢書禅と日本文化 第10巻) 4000円 ①4-8315-0809-8

◇中世の日中交流と禅宗 西尾賢隆著 吉川弘文館 1999.6 293, 14p 22cm 7500円 ①4-642-02778-5

◇日本中世の禅宗と社会 原田正俊著 吉川弘文館 1998.12 380, 10p 22cm 8000円 ①4-642-02768-8

◇禅と武道 古田紹欽, 柳田聖山監修, 鎌田茂雄監修・編・解説 ぺりかん社 1997.12.12 361p 19cm (叢書禅と日本文化(6)) 3800円 ①4-8315-0805-5

◇禅と思想 末木文美士編, 古田紹欽, 柳田聖山, 鎌田茂雄監修 ぺりかん社 1997.9.19 520p 19cm (叢書禅と日本文化(8)) 4760円 ①4-8315-0807-1

◇禅と能楽・茶 熊倉功夫編集・解説 ぺりかん社 1997.7 394p 20cm (叢書禅と日本文化 第3巻) 〈索引あり〉 3700円 ①4-8315-0802-0

◇禅と文学 柳田聖山編集・解説 ぺりかん社 1997.4 403p 20cm (叢書禅と日本文化 第4巻) 3700円+税 ①4-8315-0803-9

◇禅と芸術(2)　倉沢行洋編・解説, 古田紹欽, 柳田聖山, 鎌田茂雄監修　ぺりかん社　1997.2.10　364p　19cm　(叢書禅と日本文化(2))　3399円　①4-8315-0801-2

◇禅と芸術(1)　柳田聖山, 鎌田茂雄監修, 古田紹欽監修・編　ぺりかん社　1996.11.15　344p　19cm　(叢書禅と日本文化)　3250円　①4-8315-0800-4

◇鎌倉旧仏教　鎌田茂雄, 田中久夫校注　岩波書店　1995.8　576p　22cm　(日本思想大系新装版)　4800円　①4-00-009063-1

◇訳注『宝林伝』巻5　駒沢大学禅宗史研究会　1989.3　60p　26cm

◇禅宗地方展開史の研究　広瀬良弘著　吉川弘文館　1988.12　660, 55p　22cm　12000円　①4-642-02627-4

◇日本禅宗史論集　上　玉村竹二著　第3版　京都　思文閣出版　1988.11　12, 1237p　23cm　15000円　①4-7842-0533-0

◇中世禅思想の研究　1　星清著　八千代出版　1988.3　181p　22cm　2200円

◇中世禅思想の研究　2　星清著　八千代出版　1988.3　218p　22cm　2200円

◇禅宗経典使用概史　松浦秀光著　山喜房仏書林　1987.12　354p　21cm　6800円

◇中世日本の禅とその文化―主として臨済禅をめぐって　鹿野山研修所論叢編纂委員会編　富津　鹿野山禅青少年研修所　1987.12　363p　22cm　(鹿野山研修所論叢 第1集)　〈監修：荻須純道 折り込図1枚〉　非売品

◇禅と日本文化　秋月竜珉編　平河出版社　1987.5　274p　20cm　(禅ブックス 第5巻)　2000円　①4-89203-125-9

◇日本禅宗の成立　船岡誠著　吉川弘文館　1987.3　259, 11p　20cm　(中世史研究選書)　2500円　①4-642-02649-5

◇日本禅宗の成立　船岡誠著　吉川弘文館　1987.3　259, 11p　20cm　(中世史研究選書)　2500円　①4-642-02649-5

◇禅宗の歴史　今枝愛真著　増補改訂版　至文堂　1986.11　273p　19cm　(日本歴史新書)　1800円

◇日本禅宗史研究―角田春雄遺稿集　角田春雄著　新城　桃牛禅寺　1985.2　346p　23cm　〈編集・制作：オフィスナガハタ　著者の肖像あり〉　非売品

◇中世禅宗史の研究　今枝愛真著　東京大学出版会　1970　516, 32p 図版　22cm　(東大人文科学研究叢書)　2400円

◇日本中世禅宗史　荻須純道著　木耳社　1965　432p 図版　22cm

臨済宗
りんざいしゅう

中国唐代に臨済義玄を祖とし、その禅を鎌倉時代に栄西が入宋して伝来した。公案禅といわれ、唐代の禅僧の言行など、公案(問答)の課題を師が弟子に与え、その解決、解答を求めることを通して悟りに至るという特色を持つ。京都や鎌倉の五山を中心に禅文化が築かれ、武士の宗教として日本人の精神面に影響を与えた。現在、臨済宗妙心寺派など14派の教団が主流。京都の建仁寺、南禅寺、天竜寺、鎌倉の建長寺、円覚寺などがある。

＊　＊　＊

◇中世日本の外交と禅宗　伊藤幸司著　吉川弘文館　2002.2.1　334p　21cm　12000円　①4-642-02813-7

◇日本宗教の常識100―意外と知らない日本宗教の変遷と教え　小池長之著　日本文芸社　2001.12.20　229p　18cm　(日文新書)　686円　①4-537-25079-8

◇禅宗小事典　石川力山編著　京都　法蔵館　1999.11.30　331, 7p　19cm　2400円　①4-8318-7064-1

◇日本中世の禅宗と社会　原田正俊著　吉川弘文館　1998.12.1　380, 10p　21cm　8000円　①4-642-02768-8

◇永源寺関係寺院古文書等調査報告書　滋賀県教育委員会事務局文化財保護課編　大津　滋賀県教育委員会　1998.3　597p

30cm

◇禅の寺―臨済宗・黄檗宗 十五本山と開山禅師　阿部理恵著　京都　禅文化研究所　1996.10.25　266p　21cm　1854円　①4-88182-117-2

◇史料 大徳寺の歴史　山田宗敏編, 伊藤克己補訂　毎日新聞社　1993.5.25　521, 12p　26cm　20000円　①4-620-80300-6

◇一冊で創始・創立者100人に学ぶ―歴史を起した人たちの業績とエピソード　赤根肇著　友人社　1992.6.19　222p　19cm　（一冊で100シリーズ（21））　1240円　①4-946447-24-5

◇鎌倉新仏教の研究　今井雅晴著　吉川弘文館　1991.12.20　266, 11　21cm　5300円　①4-642-02639-8

◇臨済宗史　玉村竹二著　春秋社　1991.1.30　435, 12p　19cm　6500円　①4-393-14802-9

◇禅宗地方展開史の研究　広瀬良弘著　吉川弘文館　1988.12.20　660, 55p　21cm　12000円　①4-642-02627-4

◇臨済宗信行教典　竹中玄鼎著　鎌倉新書　1985.2　262p　19cm　1000円

栄 西
えいさい

永治元年（1141年）4月20日 ～ 建保3年（1215年）7月5日

鎌倉前期の臨済宗の禅僧。明庵は字、別称は葉上房、千光国師（法師）。初め比叡山で天台教学・台密を学ぶ。仁安3年（1168年）宋に渡って禅を学んで帰国し、台密の権威者となる。文治元年（1187年）インド仏蹟巡拝のため再び入宋するが果たせず、天台山万年寺の虚庵懐敞（こあんえしょう）に臨済禅を学んで帰国。禅の本格的な布教活動を行うが、比叡山の働きかけなどで布教が禁止となり、鎌倉に下る。鎌倉で将軍源頼家、北条政子らの帰依を受けて寿福寺を、京都でも建仁寺を建立。いずれも旧仏教との対立を避けるため、天台・密教・禅を兼ねる道場とした。その後、東大寺大勧進として大仏殿を完成させ、法勝寺九重塔の再建など、旧仏教の復興にも努めた。茶を本格的に日本に紹介したことでも知られ、『喫茶養生記』を著して茶の効用を説いた。

＊　＊　＊

◇鎌倉時代の喫茶文化―平成20年秋季特別展　茶道資料館編　京都　茶道資料館　2008.10　183p　26cm　〈会期：平成20年10月7日―12月7日　文献あり　年表あり〉

◇栄西を訪ねて―生誕地と生涯　芝村哲三著　岡山　吉備人出版　2004.5　555p　22cm　〈肖像あり　年譜あり　文献あり〉　2800円　①4-86069-067-2

◇仏教を歩く　朝日新聞社　2003.12　32p　30cm　533円

◇興禅護国論―傍訳　栄西著, 西村恵信監修, 安永祖堂編著　四季社　2002.6　607p　22cm　〈奥付のタイトル：傍訳栄西興禅護国論〉　19800円　①4-88405-137-8

◇鎌倉の仏教とその先駆者たち　清田義英著　藤沢　江ノ電沿線新聞社　2001.12　144p　19cm　1300円　①4-900247-02-2

◇栄西 喫茶養生記　講談社　2000.9　186p　15cm　620円　①4-06-159445-1

◇栄西　ひろさちや原作, 辰巳ヨシヒロ漫画　鈴木出版　1998.4　146p　22cm　（まんが日本の高僧 教科書にでてくる人物 6）　1800円　①4-7902-1087-1

◇栄西の生涯　ひろさちや原作, 辰巳ヨシヒロ漫画　鈴木出版　1995.6　153p　22cm　（仏教コミックス 80）　1200円　①4-7902-1922-4

◇栄西―興禅護国論・喫茶養生記　栄西著, 古田紹欽著　講談社　1994.1　422p　20cm　（禅入門 1）　〈著者の肖像あり〉　3500円　①4-06-250201-1

◇七人の高僧列伝―熱く強く生きた男たち　松原哲明著　三修社　〔1993.9〕　276p　19cm　1700円　①4-384-02221-2

◇栄西禅師―末法の世を生きた大きな心　対雲室善来文, 働正絵　福岡　石風社　1991.4　1冊　25cm　1030円

◇栄西　高野澄著　京都　淡交社　1990.7　151p　19cm　(京都・宗祖の旅)　880円　①4-473-01142-9

◇禅の時代―栄西・夢窓・大灯・白隠　柳田聖山著　筑摩書房　1987.1　290p　19cm　(仏教選書)〈参考文献：p279～280 付：年表(折り込)〉　1600円　①4-480-84173-3

◇栄西　多賀宗隼著　吉川弘文館　1986.10　339p　19cm　(人物叢書 新装版)〈新装版 栄西の肖像あり 叢書の編者：日本歴史学会〉　1800円　①4-642-05054-X

◇栄西・白隠のことば　菅沼晃著　雄山閣出版　1986.8　226p　20cm　1500円　①4-639-00584-9

◇高僧伝　6　栄西―明日を創る　松原泰道, 平川彰編　平田精耕著　集英社　1985.9　267p　20cm〈編集：創美社 栄西の肖像あり〉　1400円　①4-08-187006-3

◇日本仏教宗史論集　吉川弘文館　1985.3　453p　22cm　5800円　①4-642-06747-7

◇日本仏教の心　5　栄西禅師と建仁寺　日本仏教研究所編　竹田益州著　ぎょうせい　1981.4　198p　29cm〈栄西の肖像あり 付属資料(録音テープ 1カセット)：臨済宗建仁寺派管長竹田益州法話. 開山忌法要 箱入〉　5000円

◇日本の禅語録　第1巻　栄西　古田紹欽著　講談社　1977.9　406p 図 肖像　20cm〈監修：古田紹欽, 入矢義高〉　1800円

◇栄西禅師　木宮泰彦著　国書刊行会　1977.7　143p　22cm　(叢書『禅』 5)〈原本：大正5年刊〉　2800円

◇栄西の生涯　水野恭一郎著　岡山　岡山ユネスコ協会　1975　57p 図 肖像　22cm　(日本人の国際理解シリーズ 4)　非売品

◇栄西　吉川弘文館　1965　339p 図版　18cm

◇栄西　多賀宗隼著　吉川弘文館　1965　339p 図版　18cm　(人物叢書 日本歴史学会編)

曹洞宗
そうとうしゅう

中国では臨済宗と同じく五家七宗の一つで、日本へは鎌倉時代に道元が宋より伝え開いた。道元は永平寺を建て坐禅一筋に弟子を養成し、厳格な黙照禅を実践した。ただひたすら坐禅のみの実践、只管打坐の行が基本であるとした。瑩山紹瑾の布教により、教団を各地に発展させる基礎が築かれた。永平寺と総持寺を二大本山とし、道元の主著『正法眼蔵』を教義の典拠としている。分派がないため一宗派としては日本最大である。

＊　＊　＊

◇中世瀬戸内海の仏教史―村上水軍の本拠地芸予諸島を主として　堤勝義著　広島　渓水社　2008.11　185p　19cm　1800円　①978-4-86327-039-8

◇曹洞宗禅語録全書―訓註　中世篇 第14巻　川口高風, 田中良昭, 永井政之, 広瀬良弘監修, 宮地清彦編著　四季社　2007.10　535p　22cm　16000円　①978-4-88405-322-2

◇曹洞宗禅語録全書―訓註　中世篇 第12巻　川口高風, 田中良昭, 永井政之, 広瀬良弘監修, 金子宗元, 鈴木省訓編著　四季社　2007.5　361p　22cm　16000円　①978-4-88405-320-8

◇曹洞宗禅語録全書―訓註　中世篇 第10巻　川口高風, 田中良昭, 永井政之, 広瀬良弘監修, 竹内弘道, 伊藤良久編著　四季社　2007.2　467p　22cm　16000円　①4-88405-262-5

◇中世東国武士団と宗教文化　萩原龍夫著　岩田書院　2007.1　421, 22p　22cm　(中世史研究叢書 9)〈年譜あり　著作目録あり〉　9500円　①978-4-87294-448-8

◇曹洞宗禅語録全書―訓註　中世篇 第8巻　川口高風, 田中良昭, 永井政之, 広瀬良弘監修, 河合泰弘, 丸山劫外編著　四季社

2006.12　473p　22cm　〈文献あり〉　16000円　①4-88405-260-9

◇曹洞宗禅語録全書―訓註　中世篇 第1巻　川口高風, 田中良昭, 永井政之, 広瀬良弘監修, 石井清純, 平子泰弘編著　四季社　2005.10　403p　22cm　〈文献あり〉　16000円　①4-88405-253-6

◇曹洞宗　東隆真著　大法輪閣　2003.7　288p　19cm　(わが家の宗教 読む聞く唱えるCDブック)　〈付属資料：CD1枚(12cm)〉　1800円　①4-8046-6012-7

◇中世禅宗史の研究　今枝愛真著　東京大学出版会　2001.1　516p　21cm　(東大人文科学研究叢書)　6400円　①4-13-020024-0

◇曹洞宗の常識　中野東禅著　大阪　朱鷺書房　2000.2　216, 16p　19cm　1500円　①4-88602-178-6

◇中世禅宗文献の研究　安藤嘉則著　国書刊行会　2000.2　783p　22cm　20200円　①4-336-04235-7

◇曹洞宗の地域的展開　鈴木泰山著　京都　思文閣出版　1993.8　354, 22p　21cm　8240円　①4-7842-0792-9

◇日本仏教史　日本仏教史　第3巻 中世篇之2;第3巻 中世篇之2　辻善之助著, 辻善之助著　岩波書店, 岩波書店　1991.8;1991.8　443p;443p　21cm, 21cm　〈第5刷(第1刷：49.1.10)　第5刷(第1刷：49.1.10)〉　6200円;6200円　①4-00-008693-6;4-00-008693-6

◇東国における仏教諸宗派の展開　内山純子著　そしえて　1990.1　230p　21cm　5000円　①4-88169-903-2

◇禅宗地方展開史の研究　広瀬良弘著　吉川弘文館　1988.12　660, 55p　21cm　12000円　①4-642-02627-4

◇曹洞宗信行教典　東隆真著　鎌倉新書　1984.6　229p　19cm　〈道元および瑩山の肖像あり〉　1000円

道元
どうげん

正治2年(1200年)1月2日 ～ 建長5年(1253年)8月28日

鎌倉中期の日本曹洞宗の開祖。孝明天皇から贈られた諡号は伝東国師、明治11年(1878年)に贈られた諡号は承陽大師。諱は希玄。終世禅僧の道号を持たず、永平道元は通称。久我通親の子で、幼少時に両親と死別。建保元年(1213年)、14歳で天台座主公円について得度受戒し、仏法房道元と称した。その後比叡山をおり、園城寺、建仁寺で学び、貞応2年(1223年)明庵栄西の弟子明全と共に宋に渡る。5年間滞在して曹洞禅を学んで帰国し、一時建仁寺に入る。比叡山の迫害を恐れ、天福元年(1233年)宇治深草に移り、興聖寺を開いて『正法眼蔵』を撰述する。嘉禎2年(1236年)、同寺に日本で初めて高床の坐牀を配した僧堂を建て、禅修行道場とした。この頃、坐禅を中心とするきびしい修行に基づく日本曹洞宗を実質的に立宗する。しかし、寛元元年(1243年)比叡山の徒により同寺が破壊されたため越前に移り、翌年に大仏寺を建て、寛元4年(1246年)寺名を永平寺に改めて、修行道場とした。

＊　＊　＊

◇正法眼蔵伝承史料略年譜索引　正法眼蔵伝承史料略年譜正誤表　〔野辺地町(青森県)〕　〔永峰文男〕　200－　18, 3p　21cm

◇山をおりた親鸞 都をすてた道元―中世の都市と遁世　松尾剛次著　京都　法蔵館　2009.4　201p　19cm　2200円　①978-4-8318-6060-6

◇道元禅師全集―原文対照現代語訳　第4巻　正法眼蔵　4　道元著　水野弥穂子訳註　春秋社　2009.3　275p　22cm　5000円　①978-4-393-15024-5

◇英文版 食う寝る坐る―永平寺修行記　野々村馨著　講談社インターナショナル　2008.12　324p　19cm　〈本文：英文〉　2600円　①978-4-7700-3075-7

◇道元のことば―「正法眼蔵随聞記」にきく　下　角田泰隆著　日本放送出版協会　2008.10　157p　21cm　(NHKシリー

ズ）〈放送期間：2008年10月―2009年3月〉 850円 ①978-4-14-910663-2

◇道元のことば―「正法眼蔵随聞記」にきく 上 角田泰隆著 日本放送出版協会 2008.4 171p 21cm （NHKシリーズ）〈放送期間：2008年4月―2008年9月 肖像あり〉 850円 ①978-4-14-910662-5

◇道元禅師全集―原文対照現代語訳 第14巻 語録 道元述 伊藤秀憲，角田泰隆，石井修道訳註 春秋社 2007.12 442p 22cm 6800円 ①978-4-393-15034-4

◇道元「永平広録・頌古」―全訳注 道元述，大谷哲夫全訳注 講談社 2007.11 354p 15cm （講談社学術文庫） 1150円 ①978-4-06-159845-4

◇道元禅師の寺を歩く JTBパブリッシング 2007.7 128p 21cm （楽学ブックス）〈協力：大本山永平寺 年譜あり〉 1600円 ①978-4-533-06783-9

◇正法眼蔵伝承史料略年譜 第3版 野辺地町（青森県） 永峰文洋 2007.6 207p 26cm

◇道元 明明百草の夢 東京図書出版会，リフレ出版〔発売〕 2007.4 215p 19cm 1200円 ①978-4-86223-134-5

◇道元禅師における仏性の問題 慶友社 2007.3 512p 21cm 18000円 ①978-4-87449-060-0

◇道元禅師 正法眼蔵行持に学ぶ 京都 禅文化研究所 2007.2 620p 19cm 2300円 ①978-4-88182-219-7

◇道元禅師全集―原文対照現代語訳 第3巻 正法眼蔵 3 道元述 水野弥穂子訳註 春秋社 2006.10 324p 22cm 5000円 ①4-393-15023-6

◇正法眼蔵―傍訳 学道篇 2 道元著，中野東禅編著 四季社 2006.8 303p 27cm （曹洞宗読経偈文全書 5） 18000円 ①4-88405-369-9

◇正法眼蔵 道元著，京都大学文学部国語学国文学研究室編 京都 臨川書店 2006.7 953p 22cm （両足院叢書）〈建仁寺両足院蔵の複製〉 18000円 ①4-653-03968-2

◇道元『正法眼蔵』の新地平 新風舎 2006.7 175p 19cm 1100円 ①4-7974-8712-7

◇正法眼蔵 8 道元著，増谷文雄全訳注 講談社 2005.9 364p 15cm （講談社学術文庫） 1250円 ①4-06-159652-7

◇永平広録 下巻 道元著，石井恭二訓読・注釈・現代文訳 河出書房新社 2005.7 546p 22cm 5500円 ①4-309-71093-X

◇正法眼蔵 7 道元著，増谷文雄全訳注 講談社 2005.7 402p 15cm （講談社学術文庫） 1250円 ①4-06-159651-9

◇永平広録 中巻 道元著，石井恭二訓読・注釈・現代文訳 河出書房新社 2005.5 412p 22cm 5000円 ①4-309-71092-1

◇正法眼蔵 6 道元著，増谷文雄全訳注 講談社 2005.4 444p 15cm （講談社学術文庫） 1250円 ①4-06-159650-0

◇永平広録 上巻 道元著，石井恭二訓読・注釈・現代文訳 河出書房新社 2005.3 454p 22cm 5000円 ①4-309-71091-3

◇道元禅師に学ぶ人生 日本放送出版協会 2005.3 253p 16cm 870円 ①4-14-084193-1

◇正法眼蔵 5 道元著，増谷文雄全訳注 講談社 2005.1 400p 15cm （講談社学術文庫） 1250円 ①4-06-159649-7

◇正法眼蔵 上 道元著，衛藤即応校註 一穂社，紀伊国屋書店（発売） 2004.12 445p 22cm （名著/古典籍文庫）〈岩波文庫復刻版 岩波書店昭和39年刊（第15刷）を原本としたオンデマンド版 肖像あり〉 5600円 ①4-86181-004-3

◇正法眼蔵 中 道元著，衛藤即応校註 一穂社，紀伊国屋書店（発売） 2004.12 437p 22cm （名著/古典籍文庫）〈岩波文庫復刻版 岩波書店昭和39年刊（第12刷）を原本としたオンデマンド版〉 5600円 ①4-86181-005-1

◇正法眼蔵 下 道元著，衛藤即応校註 一穂社，紀伊国屋書店（発売） 2004.12

503p 22cm (名著/古典籍文庫) 〈岩波文庫復刻版 岩波書店昭和39年刊(第12刷)を原本としたオンデマンド版〉 5900円 ①4-86181-006-X

◇正法眼蔵—現代文訳 5 道元著, 石井恭二訳 河出書房新社 2004.11 367p 15cm (河出文庫) 1000円 ①4-309-40723-4

◇正法眼蔵 4 道元著, 増谷文雄全訳注 講談社 2004.10 403p 15cm (講談社学術文庫) 1250円 ①4-06-159648-9

◇正法眼蔵—現代文訳 4 道元著, 石井恭二訳 河出書房新社 2004.10 380p 15cm (河出文庫) 1000円 ①4-309-40722-6

◇正法眼蔵—現代文訳 3 道元著, 石井恭二訳 河出書房新社 2004.9 378p 15cm (河出文庫) 1000円 ①4-309-40721-8

◇正法眼蔵 3 道元著, 増谷文雄全訳注 講談社 2004.9 460p 15cm (講談社学術文庫) 1250円 ①4-06-159647-0

◇図解雑学 道元 ナツメ社 2004.9 255p 19cm 1400円 ①4-8163-3740-7

◇正法眼蔵—現代文訳 2 道元著, 石井恭二訳 河出書房新社 2004.8 370p 15cm (河出文庫) 1000円 ①4-309-40720-X

◇正法眼蔵—現代文訳 1 道元著, 石井恭二訳 河出書房新社 2004.7 385p 15cm (河出文庫) 1000円 ①4-309-40719-6

◇正法眼蔵 3 道元著, 水野弥穂子校注 岩波書店 2004.6 505p 19cm (ワイド版岩波文庫) 1600円 ①4-00-007119-X

◇正法眼蔵 4 道元著, 水野弥穂子校注 岩波書店 2004.6 518p 19cm (ワイド版岩波文庫) 1600円 ①4-00-007120-3

◇正法眼蔵 1 道元著, 水野弥穂子校注 岩波書店 2004.5 476p 19cm (ワイド版岩波文庫) 1500円 ①4-00-007117-3

◇正法眼蔵 2 道元著, 水野弥穂子校注 岩波書店 2004.5 484p 19cm (ワイド版岩波文庫) 1500円 ①4-00-007118-1

◇正法眼蔵 2 道元著, 増谷文雄全訳注 講談社 2004.5 394p 15cm (講談社学術文庫) 1250円 ①4-06-159646-2

◇正法眼蔵 1 道元著, 増谷文雄全訳注 講談社 2004.4 445p 15cm (講談社学術文庫) 〈肖像あり 年譜あり〉 1250円 ①4-06-159645-4

◇道元禅師全集—原文対照現代語訳 第2巻 正法眼蔵 2 道元述 水野弥穂子訳註 春秋社 2004.4 303p 22cm 5000円 ①4-393-15022-8

◇正法眼蔵啓迪 中巻 西有穆山提唱, 富山祖英聴書, 榑林皓堂編 大法輪閣 2004.3 654p 22cm 〈平成4年刊(第13刷)を原本としたオンデマンド版 肖像あり〉 9000円 ①4-8046-1633-0

◇正法眼蔵啓迪 下巻 西有穆山提唱, 富山祖英聴書, 榑林皓堂編 大法輪閣 2004.3 626p 22cm 〈平成7年刊(第13刷)を原本としたオンデマンド版 肖像あり〉 8800円 ①4-8046-1634-9

◇道元のコスモロジー 大法輪閣 2004.3 342p 19cm 2500円 ①4-8046-1204-1

◇愛蔵版『正法眼蔵』読解 筑摩書房 2004.1 434p 21cm 4500円 ①4-480-75182-3

◇正法眼蔵伝承史料略年譜 改訂版 野辺地町(青森県) 永峰文洋 2003.12 182p 27cm

◇道元—孤高の禅師 中尾良信編 吉川弘文館 2003.12 226p 20cm (日本の名僧 9) 〈肖像あり 文献あり 年譜あり〉 2600円 ①4-642-07853-3

◇仏教を歩く 朝日新聞社 2003.11 32p 30cm 533円

◇道元禅師全集—原文対照現代語訳 第16巻 宝慶記 正法眼蔵随聞記 道元述

伊藤秀憲, 東隆真訳註, 伊藤秀憲, 東隆真訳註　春秋社　2003.8　335p　22cm　5800円　①4-393-15036-8

◇道元と曹洞宗―北陸「禅の道」　金沢　北国新聞社　2002.9　144p　26cm　〈年表あり〉　2200円　①4-8330-1258-8

◇道元と曹洞宗―北陸「禅の道」　福井　福井新聞社　2002.9　144p　26cm　〈年表あり〉　2200円　①4-938833-39-5

◇摩訶止観と正法眼蔵　第3巻　山内舜雄著　大蔵出版　2002.9　705p　22cm　21000円　①4-8043-0551-3

◇正法眼蔵―現代訳　道元原著, 禅文化学院編　新装版　誠信書房　2002.6　260p　22cm　〈肖像あり　年譜あり〉　2800円　①4-414-10118-2

◇道元・一遍・良寛―日本人のこころ　栗田勇著　増補新装版　春秋社　2002.6　240p　20cm　1800円　①4-393-13635-7

◇道元禅師旧蹟紀行　小倉玄照著　増補改訂版　誠信書房　2002.6　407p　22cm　〈文献あり〉　4500円　①4-414-10117-4

◇新道元禅師伝研究　中世古祥道著　国書刊行会　2002.5　296p　22cm　7800円　①4-336-04426-0

◇正法眼蔵・行持　下　道元原著, 安良岡康作全訳注　講談社　2002.2　446p　15cm　（講談社学術文庫）　1300円　①4-06-159529-6

◇正法眼蔵・行持　上　道元原著, 安良岡康作全訳注　講談社　2002.1　455p　15cm　（講談社学術文庫）　1300円　①4-06-159528-8

◇鎌倉の仏教とその先駆者たち　清田義英著　藤沢　江ノ電沿線新聞社　2001.12　144p　19cm　1300円　①4-900247-02-2

◇道元・日々の生きかた―典座教訓・赴粥飯法・衆寮箴規　佐藤達全著　大法輪閣　2001.12　234p　19cm　1900円　①4-8046-1178-9

◇道元　松原泰道著　アートデイズ　2000.10　362p　20cm　1800円　①4-900708-70-4

◇道元禅師全集―原文対照現代語訳　第13巻　永平広録 4　永平語録　道元述　鏡島元隆訳註, 鏡島元隆訳註　春秋社　2000.6　283p　22cm　5600円　①4-393-15033-3

◇道元禅師全集―原文対照現代語訳　第12巻　永平広録　3　道元述　鏡島元隆訳註　春秋社　2000.2　307p　22cm　5600円　①4-393-15032-5

◇道元禅師全集―原文対照現代語訳　第11巻　永平広録　2　道元述　鏡島元隆訳註　春秋社　1999.12　286p　22cm　5600円　①4-393-15031-7

◇道元禅師全集―原文対照現代語訳　第10巻　永平広録　1　道元述　鏡島元隆訳註　春秋社　1999.10　317p　22cm　5600円　①4-393-15030-9

◇正法眼蔵―九十五巻本拾遺・十二巻本　別巻　道元著, 石井恭二注釈・現代訳　河出書房新社　1998.11　537p　22cm　4900円　①4-309-71075-1

◇永平広録―道元禅師の語録　3　道元述, 篠原寿雄著　大東出版社　1998.10　332p　20cm　3689円　①4-500-00644-3

◇古仏のまねび〈道元〉　角川書店　1997.2　382p　15cm　824円　①4-04-198511-0

◇道元　下　玉城康四郎著　春秋社　1996.12　585, 14p　22cm　7210円　①4-393-15222-0

◇道元　上　玉城康四郎著　春秋社　1996.11　435, 7p　22cm　6180円　①4-393-15221-2

◇正法眼蔵―七十五巻本　4　道元著, 石井恭二注釈・現代訳　河出書房新社　1996.10　499p　22cm　4900円　①4-309-71074-3

◇正法眼蔵―七十五巻本　3　道元著, 石井恭二注釈・現代訳　河出書房新社　1996.9　499p　22cm　4900円　①4-309-71073-5

◇道元　倉橋羊村著　沖積舎　1996.8　246p　20cm　（ちゅうせき叢書 22）

〈新装版〉 2300円 Ⓘ4-8060-7524-8

◇正法眼蔵―七十五巻本 2 道元著, 石井恭二注釈・現代訳 河出書房新社 1996.7 488p 22cm 4900円 Ⓘ4-309-71072-7

◇正法眼蔵―七十五巻本 1 道元著, 石井恭二注釈・現代訳 河出書房新社 1996.6 537p 22cm 4900円 Ⓘ4-309-71071-9

◇永平広録―道元禅師の語録 2 道元述, 篠原寿雄著 大東出版社 1996.4 310p 20cm 3800円 Ⓘ4-500-00623-0

◇道元思想大系 9 思想篇 第3巻 道元と叢林生活 小坂機融責任編集 京都 同朋舎出版 1995.11 441p 23cm Ⓘ4-8104-9138-2

◇道元思想大系 22 別巻 道元関係研究文献年表・総目次 熊本英人責任編集 京都 同朋舎出版 1995.11 264p 23cm

◇道元思想大系 中尾良信編 京都 同朋舎出版 1995.9 21冊（セット） 21cm 248000円 Ⓘ4-8104-9138-2

◇道元思想大系 1 伝記篇 第1巻 道元の生涯 1 誕生・出家修学 中尾良信責任編集 京都 同朋舎出版 1995.9 489p 23cm Ⓘ4-8104-9138-2

◇道元思想大系 5 伝記篇 第5巻 道元の著述・編集 1 熊本英人責任編集 京都 同朋舎出版 1995.9 410p 23cm Ⓘ4-8104-9138-2

◇道元思想大系 6 伝記篇 第6巻 道元の著述・編集 2 石井清純責任編集 京都 同朋舎出版 1995.9 399p 23cm Ⓘ4-8104-9138-2

◇道元思想大系 7 思想篇 第1巻 道元禅の成立 石井修道責任編集 京都 同朋舎出版 1995.9 437p 23cm Ⓘ4-8104-9138-2

◇道元思想大系 10 思想篇 第4巻 『正法眼蔵随聞記』・『永平広録』と道元禅 石井清純責任編集 京都 同朋舎出版 1995.9 426p 23cm Ⓘ4-8104-9138-2

◇道元思想大系 12 思想篇 第6巻 道元思想研究各論 1 角田泰隆責任編集 京都 同朋舎出版 1995.9 427p 23cm Ⓘ4-8104-9138-2

◇道元思想大系 13 思想篇 第7巻 道元思想研究各論 2 角田泰隆責任編集 京都 同朋舎出版 1995.9 367p 23cm Ⓘ4-8104-9138-2

◇道元思想大系 14 思想篇 第8巻 道元と本覚思想 石井修道責任編集 京都 同朋舎出版 1995.9 356p 23cm Ⓘ4-8104-9138-2

◇道元思想大系 20 思想篇 第14巻 道元の人間観 石川力山責任編集 京都 同朋舎出版 1995.9 435p 23cm Ⓘ4-8104-9138-2

◇道元思想大系 21 思想篇 第15巻 道元思想の現代的課題 石川力山, 熊本英人責任編集 京都 同朋舎出版 1995.9 411p 23cm Ⓘ4-8104-9138-2

◇道元思想大系 3 伝記篇 第3巻 道元の生涯 3 興聖寺開創・北越移錫 高橋秀栄責任編集 京都 同朋舎出版 1995.7 406p 23cm Ⓘ4-8104-9138-2

◇道元思想大系 17 思想篇 第11巻 道元思想と哲学・宗教 森本和夫責任編集 京都 同朋舎出版 1995.7 405p 23cm Ⓘ4-8104-9138-2

◇道元思想大系 18 思想篇 第12巻 道元の著作と文学・語学 見理文周, 田島毓堂責任編集 京都 同朋舎出版 1995.7 555p 23cm Ⓘ4-8104-9138-2

◇道元思想大系 19 思想篇 第13巻 道元と国家・社会 船岡誠責任編集 京都 同朋舎出版 1995.7 435p 23cm Ⓘ4-8104-9138-2

◇道元禅師の人間像 水野弥穂子著 岩波書店 1995.5 217p 19cm （岩波セミナーブックス 50） 〈道元の肖像あり〉 1900円 Ⓘ4-00-004220-3

◇正法眼蔵啓迪 上巻 西有穆山提唱, 富山祖英聴書, 榑林皓堂編 大法輪閣 1995.4 653p 22cm 〈第15刷（第1刷：

昭和40年） 著者の肖像あり〉 6000円 ①4-8046-1025-1

◇正法眼蔵啓迪 下巻 西有穆山提唱, 富山祖英聴書, 榑林皓堂編 大法輪閣 1995.4 626p 22cm 〈第13刷（第1刷：昭和40年） 著者の肖像あり〉 6000円 ①4-8046-1027-8

◇道元思想大系 4 伝記篇 第4巻 道元の生涯 4 永平寺開創・鎌倉下向・入寂 吉田道興責任編集 京都 同朋舎出版 1995.4 419p 23cm ①4-8104-9138-2

◇道元思想大系 8 思想篇 第2巻 道元と坐禅 伊藤秀憲責任編集 京都 同朋舎出版 1995.4 429p 23cm ①4-8104-9138-2

◇道元思想大系 11 思想篇 第5巻 十二巻本『正法眼蔵』と道元禅 角田泰隆責任編集 京都 同朋舎出版 1995.4 427p 23cm ①4-8104-9138-2

◇道元思想大系 15 思想篇 第9巻 道元と経典・祖録 池田魯参責任編集 京都 同朋舎出版 1995.4 473p 23cm ①4-8104-9138-2

◇道元思想大系 16 思想篇 第10巻 道元と仏教諸宗 永井政之責任編集 京都 同朋舎出版 1995.4 411p 23cm ①4-8104-9138-2

◇道元和尚広録 上 道元述, 寺田透著訳 筑摩書房 1995.3 485p 22cm 24000円 ①4-480-84150-4

◇道元和尚広録 下 道元述, 寺田透著訳 筑摩書房 1995.3 501p 22cm 24000円 ①4-480-84151-2

◇道元禅師語録 大久保道舟訳註 岩波書店 1995.3 234p 15cm （岩波文庫） 520円 ①4-00-333195-8

◇道元思想大系 2 伝記篇 第2巻 道元の生涯 2 入宋・求法 佐藤秀孝責任編集 京都 同朋舎出版 1994.12 511p 23cm ①4-8104-9138-2

◇現代語訳正法眼蔵 第8巻 道元原著, 西嶋和夫著 金沢文庫 1994.8 227p 22cm 〈6版（初版：昭和52年）〉 2800円 ①4-87339-030-3

◇現代語訳正法眼蔵 第10巻 道元原著, 西嶋和夫著 金沢文庫 1994.8 251p 22cm 〈6版（初版：昭和53年）〉 2800円 ①4-87339-033-8

◇道元禅師とその宗風 鏡島元隆著 春秋社 1994.2 307, 12p 22cm 6386円 ①4-393-15105-4

◇Zuimonki, parts IV, V and VI translated by Habu Kenichiro. Tokyo T. Habu c1993 127 p. : ill. 15 x 21 cm. 〈"随聞記"－－Cover.〉

◇正法眼蔵 3 道元著, 水野弥穂子校注 岩波書店 1993.12 505p 19cm （ワイド版岩波文庫） 1500円 ①4-00-007119-X

◇正法眼蔵 4 道元著, 水野弥穂子校注 岩波書店 1993.12 518p 19cm （ワイド版岩波文庫） 1500円 ①4-00-007120-3

◇正法眼蔵 1 道元著, 水野弥穂子校注 岩波書店 1993.11 476p 19cm （ワイド版岩波文庫） 1400円 ①4-00-007117-3

◇正法眼蔵 2 道元著, 水野弥穂子校注 岩波書店 1993.11 484p 19cm （ワイド版岩波文庫） 1400円 ①4-00-007118-1

◇正法眼蔵とは何か 日本図書刊行会 1993.11 266p 20cm 2000円 ①4-7733-2422-8

◇現代語訳正法眼蔵 第5巻 道元原著, 西嶋和夫著 金沢文庫 1993.7 272p 22cm 〈7版（初版：昭和50年）〉 2800円 ①4-87339-040-0

◇道元思想のあゆみ 吉川弘文館 1993.7 478p 22cm ①4-642-01317-2

◇道元思想のあゆみ 吉川弘文館 1993.7 521p 22cm ①4-642-01318-0

◇道元思想のあゆみ 曹洞宗宗学研究所編 吉川弘文館 1993.7 3冊（セット） 21cm 35000円 ①4-642-01316-4

◇永平広録—道元禅師の語録 1 道元述, 篠原寿雄著 大東出版社 1993.6 385p 20cm 3800円 ①4-500-00592-7

◇正法眼蔵 4 道元著, 水野弥穂子校注 岩波書店 1993.4 518p 15cm (岩波文庫) 770円 ①4-00-333193-1

◇現代語訳正法眼蔵 第11巻 道元原著, 西嶋和夫著 金沢文庫 1993.2 211p 22cm 〈5版(初版:昭和54年)〉 2800円 ①4-87339-034-6

◇現代語訳正法眼蔵 第12巻 道元原著, 西嶋和夫著 金沢文庫 1993.2 205p 22cm 〈5版(初版:昭和54年)〉 2800円 ①4-87339-035-4

◇道元禅師全集 第2巻 鈴木格禅ほか編, 河村孝道校註 春秋社 1993.1 721p 20cm 〈監修:酒井得元ほか〉 7900円 ①4-393-15012-0

◇正法眼蔵随聞記 道元述, 懐奘編, 水野弥穂子訳 筑摩書房 1992.10 455p 15cm (ちくま学芸文庫) 〈1963年刊に加筆〉 1200円 ①4-480-08022-8

◇ブッダから道元へ 東京書籍 1992.5 426p 22cm 3200円 ①4-487-75307-4

◇永平広録 下 道元述, 西嶋和夫編 金沢文庫 1992.3 265p 22cm ①4-87339-051-6

◇道元 新稿版 吉川弘文館 1992.2 331p 19cm 1980円 ①4-642-05195-3

◇道元禅の成立史的研究 大蔵出版 1991.8 810p 22cm 15450円 ①4-8043-1022-3

◇道元とゆかりの高僧 大野 大野市歴史民俗資料館 1991.8 36p 23×26cm

◇正法眼蔵 3 道元著, 水野弥穂子校注 岩波書店 1991.7 505p 15cm (岩波文庫) 770円 ①4-00-333192-3

◇永平広録—卍山本 祖山本対校 道元述, 大谷哲夫編著 一穂社 1991.3 726, 35p 27cm 〈卍山道白禅師の肖像あり〉 30000円 ①4-900482-06-4

◇永平広録 上 道元述, 西嶋和夫編 金沢文庫 1991.3 253p 22cm ①4-87339-050-8

◇原典日本仏教の思想 岩波書店 1991.1 632p 22cm 4800円 ①4-00-009028-3

◇正法眼蔵随聞記 道元述, 懐奘編, 和辻哲郎校訂 岩波書店 1991.1 170p 19cm (ワイド版岩波文庫) 700円 ①4-00-007010-X

◇道元禅師全集 第1巻 鈴木格禅ほか編, 河村孝道校註 春秋社 1991.1 516p 20cm 〈監修:酒井得元ほか 著者の肖像あり〉 6200円 ①4-393-15011-2

◇Zuimonki, parts II and III translated by Habu Kenichiro. Tokyo T. Habu c1990 116 p. : ill. 15 x 21 cm. 〈"随聞記" − −Cover.Pt. I published 1980.Includes bibliographical references.〉

◇正法眼蔵 2 道元著, 水野弥穂子校注 岩波書店 1990.12 484p 15cm (岩波文庫) 770円 ①4-00-333191-5

◇道元 百瀬明治著 京都 淡交社 1990.11 149p 19cm (京都・宗祖の旅) 880円 ①4-473-01144-5

◇道元 倉橋羊村著 講談社 1990.4 246p 20cm 1600円 ①4-06-204540-0

◇道元禅師全集 第7巻 鈴木格禅ほか編・校註 春秋社 1990.2 405p 20cm 〈監修:酒井得元ほか〉 4300円 ①4-393-15017-1

◇正法眼蔵 1 道元著, 水野弥穂子校注 岩波書店 1990.1 476p 15cm (岩波文庫) 720円 ①4-00-333190-7

◇道元・一遍・良寛—日本人のこころ 栗田勇著 春秋社 1990.1 216p 20cm 1400円 ①4-393-13622-5

◇道元禅師と仏道 上 西嶋和夫著 金沢文庫 1989.11 174p 18cm (仏道講話 3) 1100円 ①4-87339-022-2

◇道元禅師と仏道 下 西嶋和夫著 金沢文庫 1989.11 209p 18cm (仏道講話 3) 1100円 ①4-87339-023-0

◇道元禅師全集　上巻　大久保道舟編　京都　臨川書店　1989.10　850p　27cm〈筑摩書房昭和44年刊の複製 道元の肖像あり〉　Ⓘ4-653-01924-X, 4-653-01923-1

◇道元禅師全集　下巻　大久保道舟編　京都　臨川書店　1989.10　2冊(別冊とも)　27cm〈筑摩書房昭和45年刊の複製　道元の肖像あり　別冊(95, 7p): 増補道元禅師真筆集成〉　Ⓘ4-653-01925-8, 4-653-01923-1

◇道元禅師全集　第5巻　鈴木格禅ほか編・校註　春秋社　1989.9　309p　20cm〈監修：酒井得元ほか〉　4120円　Ⓘ4-393-15015-5

◇道元禅師全集　第6巻　鈴木格禅ほか編, 小坂機融, 鈴木格禅校註　春秋社　1989.1　245p　20cm〈監修：酒井得元ほか〉　3500円　Ⓘ4-393-15016-3

◇Dôgen zen　translated by Shohaku Okumura , assisted by Daitsû Tom Wright.　Kyoto　Kyôto Sôtô-Zen Center　〔1988?〕　viii, 198 p.　18 cm.〈Includes bibliographical references.〉

◇道元禅師全集　第4巻　鈴木格禅ほか編, 鏡島元隆校註　春秋社　1988.12　329p　20cm〈監修：酒井得元ほか〉　4000円　Ⓘ4-393-15014-7

◇A complete English translation of Dogen Zenji's Shobogenzo—the eye and treasury of the true law　[by] Dogen, translated by Kosen Nishiyama　[Sendai]　大満寺　1988.11　19, 698 p.　24 cm.〈他言語標題：正法眼蔵　Tokyo Nakayama Shobo (distributor)　Title on colophon, spine, and cover: Shobogenzo.　Includes port.〉　Ⓘ0-87040-363-X

◇道元禅師全集　第3巻　鈴木格禅ほか編, 鏡島元隆校註　春秋社　1988.4　283p　20cm〈監修：酒井得元ほか 著者の肖像あり〉　3800円　Ⓘ4-393-15013-9

◇Shôbôgenzô-zuimonki—sayings of Eihei Dôgen Zenji　recorded by Koun Ejô , translated by Shohaku Okumura , assisted by DaitsûTom Wright.　Kyoto　Kyôto Sôtô-Zen Center　〔1987?〕　232 p., 1 folded leaf　18 cm.〈"正法眼蔵随聞記"－－P. 4 of cover.Cover title.Includes biliographical references.〉

◇The eihei-koroku　translation and preface by Yuho Yokoi.　初版.　Tokyo　Sankibo Buddhist Book-store　1987　377 p.　26 cm.〈"Compiled chiefly by Ejo (1198-1280), the leading disciple of Dogen (1200-1253)"－－Pref.〉

◇鎌倉仏教への新しい視点—道元・親鸞・日蓮と現代　津田剛著　真世界社　1987.10　126p　21cm　1000円　Ⓘ4-89302-122-2

◇親鸞・道元・日蓮—その人と思想　菊村紀彦著　大和書房　1987.4　280p　20cm　2500円　Ⓘ4-479-70017-X

◇正法眼蔵の成立史的研究　春秋社　1987.2　831, 43p　23cm　21000円　Ⓘ4-393-11141-9

◇The shobo-genzo　translated by Yuho Yokoi.　初版.　Tokyo　Sankibo Buddhist Book-store　1986　7, 876 p.　21 cm.〈Translation of 80 sections of Syobo genzo (92 sections in all).〉

◇The shobo-genzo　translated by Yuho Yokoi.　再版.　Tokyo　Sankibo Buddhist Book-store　1986　5 v. (5, 876 p.)　21 cm.〈Translation of 80 sections of Syobo genzo (92 sections in all).〉

◇A complete English translation of Dogen Zenji's Shobogenzo—the eye and treasury of the true law　v. 1　[by] Dogen, translated by Kosen Nishiyama　Tokyo　Nakayama Shobo　1986 (5th printing)　23, 165 p.　24 cm.〈他言語標題：正法眼蔵　Title on colophon and spine: Shobogenzo.　Publisher on colophon: 大満寺.　Includes port.〉　Ⓘ0-87040-363-X

◇A complete English translation of Dogen Zenji's Shobogenzo—the eye and treasury of the true law　v. 3　［by］ Dogen, translated by Kosen Nishiyama ［et al.］　Tokyo　Nakayama Shobo（distributor）　1983　170, 6 p.　24 cm.　〈他言語標題：正法眼蔵　Title on colophon and spine： Shobogenzo.〉

◇A complete English translation of Dogen Zenji's Shobogenzo—the eye and treasury of the true law　v. 4　［by］ Dogen, translated by Kosen Nishiyama ［et al.］　Tokyo　Nakayama Shobo（distributor）　1983.12　153, 5 p.　24 cm.　〈他言語標題：正法眼蔵　Title on colophon and spine： Shobogenzo.〉

◇A complete English translation of Dogen Zenji's Shobogenzo—the eye and treasury of the true law　v. 2　［by］ Dogen, translated by Kosen Nishiyamama, John Stevens　Tokyo　Nakayama Shobo　1977.9　205 p.　24 cm.　〈他言語標題：正法眼蔵　Title on colophon and spine： Shobogenzo.〉　①0-87040-363-X

◇正法眼蔵開版史余録　野辺地町（青森県）　永峰文男　1975　48p　21cm　非売品

◇正法眼蔵著述史の研究　仏教書林中山書房　1972.1　579p　22cm

◇正法眼蔵伝承史料略年譜　野辺地町（青森県）　永峰文男　1971　144p　25cm　非売

◇道元と世阿弥　岩波書店　1965　310p　19cm

◇親鸞・道元・日蓮　至文堂　1956　182p　図版　19cm

蘭溪 道隆
らんけい どうりゅう

建保元年（1213年）～弘安元年（1278年）7月24日

鎌倉中期の臨済宗の渡来僧。宋の人。道隆は諱で、諡は大覚禅師。寛元4年（1246年）に弟子の義翁紹仁らとともに来日。博多、京都を経て鎌倉に住し、建長5年（1253年）には北条時頼の帰依を受けて建長寺を開山、鎌倉に宋の純粋禅をもたらした。死後には日本最初の禅師号大覚禅師を勅諡された。蘭溪道隆の門派を大覚派と称する。語録、『大覚禅師坐禅論』の著作がある。

＊　＊　＊

◇山をおりた親鸞 都をすてた道元―中世の都市と遁世　松尾剛次著　京都　法蔵館　2009.4　201p　19cm　2200円　①978-4-8318-6060-6

◇禅と地域社会　広瀬良弘編　吉川弘文館　2009.3　417p　21cm　12000円　①978-4-642-02883-7

◇禅の人―逸話でみる高僧20人　西部文浄著　京都　淡交社　2008.1　303p　19cm　1600円　①978-4-473-03449-6

◇信玄堤―千二百年の系譜と大陸からの潮流　和田一範著　甲府　山梨日日新聞社　2002.12　307p　19cm　1800円　①4-89710-607-9

◇禅の名僧列伝　藤原東演著　佼成出版社　1990.1　269p　19cm　（仏教文化選書）　1800円　①4-333-01404-2

◇中世の旅人たち　丸茂武重著　六興出版　1987.5　237p　19cm　1800円　①4-8453-8075-7

◇日中仏教友好二千年史　道端良秀著　大東出版社　1987.2　330p　19cm　（大東名著選 14）　2700円　①4-500-00514-5

無学 祖元
むがく そげん

嘉禄2年（1226年）～弘安9年（1286年）9月3日

鎌倉時代の臨済宗の渡来僧。宋国明州の人。諡号は仏光禅師、円満常照国師。杭州で出家し、径山の無準師範に学び、台州真如寺、雁山能仁寺に住する。鎌倉幕府執権北条時宗が無準下の高弟環渓惟一を招聘しようとしたが高齢のため、その代行として弘安2年（1279年）門弟らと南宋より来日。建長寺に入り、弘安5年（1282年）円覚寺を創建して開山となる。北条氏一門や鎌倉武士の教化にあたり、日本臨済宗の基礎を確立した。その法系は無学派（または仏光派）と称し、法嗣に高峰顕日、規庵祖円などがおり、また夢窓疎石など五山文学を担った僧も多数輩出し、室町時代の禅林の一大勢力となった。著書に『仏光円満常照国師語録』。

＊　　＊　　＊

◇禅の人―逸話でみる高僧20人　西部文浄著　京都　淡交社　2008.1　303p　19cm　〈「禅僧の逸話」(淡交社昭和60年刊)の改訂〉　1600円　Ⓘ978-4-473-03449-6

◇日本漢詩集　菅野礼行, 徳田武校注・訳　小学館　2002.11　558p　21cm　(新編日本古典文学全集 86)　4457円　Ⓘ4-09-658086-4

◇禅と茶の湯　有馬頼底著　春秋社　1999.2　223p　20cm　1800円　Ⓘ4-393-14395-7

◇名将とその師―トップ・リーダーを支えた心の教え　武田鏡村著　PHP研究所　1988.7　210p　19cm　1200円　Ⓘ4-569-22276-5

◇禅門逸話選　下　禅文化研究所編著　京都　禅文化研究所　1987.12　281, 14p　19cm　2600円　Ⓘ4-88182-069-9

夢窓 疎石
むそう そせき

建治元年(1275年)～正平6/観応2年(1351年)9月30日

鎌倉後期・南北朝時代の臨済宗の僧。天龍寺開祖。勅号は夢想正覚心宗国師、諡号は普済・玄猷・仏統・大円。号は夢窓。木訥叟と称す。甲斐国平塩山寺空阿に学び、正応5年(1292年)東大寺で受戒。京都建仁寺の無隠円範に学んだ後、鎌倉建長寺一山一寧に師事し、高峰顕日の法をつぐ。権門に近づくことを避けたが、正中2年(1325年)上洛して後醍醐天皇に説法し、南禅寺に住す。元徳元年(1329年)北条高時に請われて円覚寺に入る。その後、足利尊氏、直義の帰依を受けて、延元4/暦応2年(1339年)天龍寺開山となる。夢窓派の祖として絶海中津など多くの弟子を持ち、日本禅宗の黄金時代を現出した。

＊　　＊　　＊

◇夢窓と兼好―道は吾等と共にあり　久米宏毅著　中央公論事業出版　2009.3　133p　19cm　1143円　Ⓘ978-4-89514-332-5

◇夢窓と兼好―道は吾等と共にあり　久米宏毅著　中央公論事業出版　2009.3　133p　19cm　1143円　Ⓘ978-4-89514-332-5

◇鎌倉仏教展開論　末木文美士著　トランスビュー　2008.4　318, 8p　21cm　3800円　Ⓘ978-4-901510-59-2

◇禅の人―逸話でみる高僧20人　西部文浄著　京都　淡交社　2008.1　303p　19cm　1600円　Ⓘ978-4-473-03449-6

◇夢窓疎石の庭と人生　中村蘇人著　創土社　2007.7　201p　19cm　1700円　Ⓘ978-4-7893-0054-4

◇夢窓疎石の庭と人生　中村蘇人著　創土社　2007.7　201p　19cm　1700円　Ⓘ978-4-7893-0054-4

◇夢窓疎石―日本庭園を極めた禅僧　枡野俊明著　日本放送出版協会　2005.4　265p　19cm　(NHKブックス)　1020円　Ⓘ4-14-091029-1

◇夢窓疎石日本庭園を極めた禅僧　枡野俊明著　日本放送出版協会　2005.4　265p　19cm　(NHKブックス 1029)　〈文献あり　年譜あり〉　1020円　Ⓘ4-14-091029-1

◇禅の高僧　大森曹玄著　新装版　春秋社　2005.3　254p　19cm　1800円　Ⓘ4-393-14255-1

◇京都発見　8　禅と室町文化　梅原猛著, 井上隆雄写真　新潮社　2004.11　222p　21cm　2500円　Ⓘ4-10-303020-8

◇武家政権と禅宗―夢窓疎石を中心に　西山美香著　笠間書院　2004.4　363, 9p　21cm　8500円　Ⓘ4-305-70266-5

◇仏教を歩く　no.15　夢窓疎石と「五山文化」　朝日新聞社　2004.2　32p　30cm　(週刊朝日百科)　533円

◇中世を創った人びと　松岡心平著, 褒昭写真　新書館　2001.4　310p　19cm　2800円　①4-403-23085-7

◇訓註 夢窓国師語録　佐々木容道著　春秋社　2000.10　356p　21cm　8500円　①4-393-14019-2

◇夢中問答―現代語訳　中村文峰著　春秋社　2000.3　439p　22cm　9500円　①4-393-14017-6

◇名僧列伝　1　明恵・道元・夢窓・一休・沢庵　紀野一義著　講談社　1999.8　265p　15cm　（講談社学術文庫）　820円　①4-06-159389-7

◇日本中世思想史研究　玉懸博之著　ぺりかん社　1998.10　335, 7p　21cm　5800円　①4-8315-0857-8

◇夢窓―語録・〔シン〕座・西山夜話・偈頌　夢窓著, 柳田聖山著　講談社　1994.9　222p　20cm　（禅入門 5）〈著者の肖像あり　夢窓疎石略年譜：p217～222〉　2600円　①4-06-250205-4

◇南北朝の争乱　柳柊二, 板垣真誠, 谷井健三, 伊藤展安イラスト　学習研究社　1991.2　127p　27×22cm　（ピクトリアル足利尊氏 2）　2500円　①4-05-105246-X

◇新編 歴史と人物　三浦周行著, 林屋辰三郎, 朝尾直弘編　岩波書店　1990.10　355p　15cm　（岩波文庫）　670円　①4-00-331662-2

◇西芳寺 苔と石と夢窓疎石　西川孟撮影　集英社　1989.11　67p　30cm　（日本の庭園美 1）　2060円　①4-08-598001-7

◇鎌倉仏教　三山進編　新潮社　1988.11　381p　30×23cm　（図説 日本の仏教 第4巻）　10000円　①4-10-602604-X

◇ブレーンの力―武将の戦略を支えた名僧たち　百瀬明治著　佼成出版社　1988.11　213p　19cm　1200円　①4-333-01372-0

◇日本禅宗の成立　船岡誠著　吉川弘文館　1987.3　259, 11p　19cm　（中世史研究選書）　2500円　①4-642-02649-5

◇禅の時代―栄西・夢窓・大灯・白隠　柳田聖山著　筑摩書房　1987.1　290p　19cm　（仏教選書）　1600円　①4-480-84173-3

◇宗教再考　笠原芳光著　教文館　1986.12　243p　19cm　2000円

◇室町時代　山本世紀編　雄山閣　1986.8　298p　21cm　（論集日本仏教史 5）　4800円　①4-639-00583-0

◇土佐人物ものがたり　窪田善太郎, 塩田正年, 中田正幸, 吉本青司著　高知　高知新聞社, 高新企業〔発売〕　1986.3　199p　19cm　（がいどこうち 5）　1200円

◇禅の立場　西谷啓治著　創文社　1986.2　376p　21cm　（宗教論集 2）　3000円

◇禅の古典　4　夢窓国師語録　柳田聖山著　講談社　1983.1　219p　18cm　〈監修：古田紹欽, 入矢義高〉　780円　①4-06-180084-1

◇日本の禅語録　第7巻　夢窓　柳田聖山著　講談社　1977.11　404p 図 肖像　20cm　〈監修：古田紹欽, 入矢義高〉　1800円

一休 宗純　いっきゅう そうじゅん

応永元年（1394年）～文明13年（1481年）11月21日　臨済宗の僧侶。京都の人。初名は周建。号は狂雲子、夢閨、瞎驢など。宗純は諱。後小松天皇の皇子とされる。幼少時に五山派の山城安国寺に入り、象外集鑑に学んで周建と名付けられる。のち林下の禅を求めて謙翁宗為につき、名を宗純と改める。ついで近江堅田の華叟宗曇に師事して一休の号を授けられ、27歳にして悟りを得るが、世俗化・形骸化した禅を痛罵して各地の庵を転々とし、風狂の生活を送る。康正2年

(1456年)薪村に妙勝寺(のち酬恩庵)を復興し、以後この庵を拠点とした。酬恩庵の一休のもとには連歌師の宗長や宗鑑、猿楽の金春禅竹や侘茶の村田珠光らが参禅し、東山文化の形成に大きな影響を与えた。文明6年(1474年)後土御門天皇より大徳寺住持の拝請を受け、堺の豪商尾和宗臨らの援助で応仁の乱で焼失した大徳寺の復興に尽力したが、入寺はしなかった。禅僧の戒律を破って女犯肉食を行い、子をもうけ、側女をおくなど奇矯な行動で知られる。詩・狂歌・書画にも長じ、著作に『狂雲集』『自戒集』『一休骸骨』などがある。一休の禅は庶民禅としてのちに国民的人気を得、その洒脱な性格と奇行から多くの逸話が生み出された。こんにち親しまれている一休頓智話の類は後世の仮託である。

◇一休和尚大全 上 一休宗純著, 石井恭二訓読・現代文訳・解読 河出書房新社 2008.3 402p 22cm 3600円 ①978-4-309-23081-8

◇一休和尚大全 下 一休宗純著, 石井恭二訓読・現代文訳・解読 河出書房新社 2008.3 411p 22cm 〈年譜あり〉 3600円 ①978-4-309-23082-5

◇大徳寺と一休 京都 禅文化研究所 2006.1 490p 21cm 3800円 ①4-88182-209-8

◇一休 祥伝社 2005.11 479p 19cm 2000円 ①4-396-61256-7

◇仏教を歩く 朝日新聞社 2004.3 32p 30cm 533円

◇大灯国師・一休宗純 大灯国師, 一休宗純筆 中央公論新社 2001.10 212p 31cm (書道芸術 新装 第17巻) 〈シリーズ責任表示:井上靖〔ほか〕監修 シリーズ責任表示:中田勇次郎責任編集 複製を含む〉 ①4-12-490202-6, 4-12-490059-7

◇狂雲集 一休宗純著, 柳田聖山訳 中央公論新社 2001.4 450p 18cm (中公クラシックス) 〈年譜あり〉 1400円 ①4-12-160003-7

◇中世禅林の異端者―一休宗純とその文学 高文漢述, 国際日本文化研究センター編 京都 国際日本文化研究センター 1998.9 108p 21cm (日文研フォーラム 第104回)

◇一休宗純の研究 中本環著 笠間書院 1998.2 306p 22cm (笠間叢書 310) 7767円 ①4-305-10310-9

◇一休和尚全集 第2巻 狂雲集 下 一休宗純著, 平野宗浄監修 蔭木英雄訳注 春秋社 1997.11 417p 22cm 8000円 ①4-393-14102-4

◇一休和尚全集 第1巻 狂雲集 上 一休宗純著, 平野宗浄監修 平野宗浄訳注 春秋社 1997.7 597p 22cm 8000円 ①4-393-14101-6

◇日本の奇僧・快僧 今井雅晴著 講談社 1995.11 224p 18cm (講談社現代新書) 650円 ①4-06-149277-2

◇一休ばなし集成 三瓶達司, 禅文化研究所編 京都 禅文化研究所 1993.4 429p 19cm 2500円 ①4-88182-097-4

◇一休を歩く 水上勉著 集英社 1991.10 237p 15cm (集英社文庫) 380円 ①4-08-749752-6

◇一休伝 下巻 水上勉原案, 佐々木守脚色, 小島剛夕画 平凡社 1990.10 396p 19cm 1200円 ①4-582-28718-2

◇一休伝 中巻 水上勉原案, 佐々木守脚色, 小島剛夕画 平凡社 1990.5 313p 19cm 1000円 ①4-582-28717-4

◇一休伝 上巻 水上勉原案, 佐々木守脚色, 小島剛夕画 平凡社 1989.11 317p 19cm 1000円 ①4-582-28716-6

◇庶民と歩んだ僧たち 中尾堯編著 〔新装版〕 東京書籍 1988.3 264p 19cm (日本人の仏教 8) 1500円 ①4-487-75168-3

◇Ikkyu and the Crazy cloud anthology—

a Zen poet and medieval Japan translation with an introduction by Sonja Arntzen , foreword by Shuichi Kato. 〔Tokyo〕 University of Tokyo Press c1986 xvi, 196 p., 〔4〕 p. of plates : ill. 25 cm. (UNESCO collection of representative works. Japanese series) 〈Includes indexes.〉 ①4-13-087049-1

◇一休禅師の発想 公方俊良著 三笠書房 1986.11 247p 19cm 1000円 ①4-8379-1315-6

◇一休と良寛をよむ 柳田聖山述 〔録音資料〕 大阪 朝日カルチャーセンター 1984.12 録音カセット4巻 (朝日カルチャーセンター講座カセット) 〈発売:朝日新聞社 付(別冊 34p 21cm):「一休と良寛をよむ」参考資料 箱入り(26cm)〉 全12500円

◇狂雲集—夢閨のうた 一休宗純原著, 柳田聖山著 講談社 1982.10 202p 18cm (現代語訳禅の古典 6) 〈巻末:一休の著作と関係文献 叢書の監修:古田紹欽, 入矢義高〉 680円 ①4-06-180086-8

◇狂雲集—純蔵主のうた 一休宗純原著, 柳田聖山著 講談社 1982.9 239p 18cm (現代語訳禅の古典 5) 〈巻末:一休宗純略年譜〉 780円 ①4-06-180085-X

◇一休宗純 平野宗浄著 名著普及会 1981.5 107p 24cm 〈一休宗純の肖像あり〉 2000円

◇大徳寺真珠庵名宝展—一休禅師500年忌 サントリー美術館編 サントリー美術館 〔1980〕 143p 26cm 〈会期:昭和55年9月9日—10月12日 年表:p142-143〉

◇書道芸術 第17巻 大灯国師, 一休宗純 中央公論社 1975 212p(おもに図) 31cm 〈監修:井上靖等 豪華普及版〉 2500円

◇書道芸術 第17巻 大灯国師, 一休宗純 中央公論社 1971 212p(おもに図) はりこみ図2枚 31cm 〈監修:井上靖等〉 4200円

桂庵 玄樹
けいあん げんじゅ

応永34年(1427年)~永正5年(1508年)6月15日

室町時代後期の臨済宗の僧。周防の人。別号、島陰。16歳で出家し、京都南禅寺の惟肖得巌や景徐周麟らに学ぶ。文正2・応仁元年(1467年)明に渡り、朱子学などを学んで在明7年ののち帰国。薩摩の島津忠昌の帰依を受けて桂樹庵を開き、『大学章句』など朱熹の新注による四書を日本で初めて刊行し、薩南学派の祖となった。その後、建仁寺や南禅寺の住持となり、薩摩に東帰庵を営んで同地に住んだ。著書に『桂庵和尚家法倭点』『島陰漁唱』など。

* * *

◇新薩藩叢書 第4巻 歴史図書社 1971 679p 22cm 〈『薩藩叢書』(薩藩叢書刊行会明治41-43年刊)『薩隅日地理纂考』(鹿児島県私立教育会明治31年刊)の複製〉 3400円

忍 性
にんしょう

建保5年(1217年)7月16日 ~ 嘉元元年(1303年)7月12日

鎌倉末期の真言律宗の僧。社会救済活動をした僧として有名。伴貞行の子。16歳で母と死別後、額安寺で出家し、翌年、東大寺で受戒。その後、西大寺叡尊の弟子となり、病僧や貧者を救済する。建長4年(1252年)常陸清涼院で律を広め、弘長元年(1261年)鎌倉に入り、北条氏の請いで光泉寺や極楽寺などを開く。永仁元年(1293年)東大寺大勧進職、翌年四天王寺別当となり、悲田院・敬田院を建立して病貧者の救済、道路や橋の建設など広く社会事業を行った。極楽寺で没したが、当時のひとから医王如来と称され、後醍醐天皇は忍性菩薩の号を贈った。

* * *

◇叡尊・忍性—持戒の聖者 松尾剛次編 吉川弘文館 2004.12 222p 20cm

（日本の名僧 10）〈肖像あり 文献あり 年譜あり〉 2600円 Ⓘ4-642-07854-1

◇忍性―慈悲ニ過ギタ 松尾剛次著 京都 ミネルヴァ書房 2004.11 222, 8p 20cm （ミネルヴァ日本評伝選）〈折り込1枚 文献あり 年譜あり〉 2400円 Ⓘ4-623-04150-6

◇極楽寺忍性 秋月水虎著 増補改訂版 叢文社 2004.9 297p 20cm 1800円 Ⓘ4-7947-0496-8

◇暮らしをまもり工事を行ったお坊さんたち―道登・道昭・行基・良弁・重源・空海空也・一遍・忍性・叡尊・禅海・鞭牛 かこさとし作 瑞雲舎 2004.5 31p 26cm （土木の歴史絵本 第1巻）〈年表あり〉 1200円 Ⓘ4-916016-44-0

◇鎌倉の仏教とその先駆者たち 清田義英著 藤沢 江ノ電沿線新聞社 2001.12 144p 19cm 1300円 Ⓘ4-900247-02-2

◇極楽寺忍性 秋月水虎著 叢文社 1999.1 302p 19cm 2300円 Ⓘ4-7947-0302-3

◇庶民と歩んだ僧たち 中尾堯編著 〔新装版〕 東京書籍 1988.3 264p 19cm （日本人の仏教 8） 1500円 Ⓘ4-487-75168-3

◇叡尊・忍性 和島芳男著 吉川弘文館 1988.2 215p 19cm （人物叢書 新装版）〈新装版 叡尊および忍性の肖像あり 叢書の編者：日本歴史学会〉 1500円 Ⓘ4-642-05106-6

◇庶民と歩んだ僧たち 中尾堯編著 東京書籍 1986.10 264p 19cm （日本人の仏教 8） 1500円

◇日本名僧論集 第5巻 重源・叡尊・忍性 中尾堯, 今井雅晴編 吉川弘文館 1983.2 449p 22cm 〈重源ほかの肖像あり〉 5800円

◇極楽律寺―忍性とその周辺 鎌倉市教育委員会編 〔出版地不明〕 鎌倉市教育委員会, 鎌倉国宝館 〔1962〕 1冊 19cm

◇叡尊・忍性 和島芳男著 吉川弘文館 1959 215p 図版 18cm （人物叢書 日本歴史学会編）〈付 主要参考文献 213-215p〉

◇叡尊・忍性 和島芳男著 吉川弘文館 1959 215p 図版 18cm （人物叢書 日本歴史学会編）

禅宗様（唐様）

ぜんしゅうよう（からよう）

鎌倉時代に禅宗とともに中国から伝来した建築様式で、和様建築に対しての名称。当時中国で行われていた宋の建築様式を模したもので、禅宗の発展とともに広く普及し、第二次世界大戦前まで唐様（からよう）とよばれていた。禅宗様建築において礎盤の上に立つ柱の頂部が細められ、柱上に台輪をのせ、詰組の組物を置く。組物の肘木には円弧曲線が用いられ、上は左右に広がって組物の中に拳鼻が出る。内部は床を張らずに土間とし、構架は虹梁・大瓶束とし、虹梁には眉欠・袖切・錫杖彫りなどの装飾を施す。壁は竪板張りで、扉は桟唐戸（さんからと）とし藁座で吊る。窓は花頭（かとう）窓、欄間は弓欄間（波欄間）で、天井は中央を鏡天井とする。屋根の軒は垂木を放射状に配した扇垂木で、軒反りも強い。この様式はのちに和様・大仏様と一体化し、折衷様として発展した。鎌倉市にある円覚寺舎利殿や正福寺地蔵堂がその代表例。

＊　＊　＊

◇懐徳堂研究 湯浅邦弘編 汲古書院 2007.11 431, 11p 22cm 〈年表あり〉 13000円 Ⓘ978-4-7629-2827-7

◇古代の寺院を復元する 鈴木嘉吉監修 学習研究社 2002.12 127p 24cm （Gakken graphic books deluxe 26）〈執筆：鈴木嘉吉ほか〉 1800円 Ⓘ4-05-401649-9

◇禅と建築・庭園 横山正編・解説 ぺりかん社 2002.7 346p 20cm （叢書禅と日本文化 第5巻） 4000円 Ⓘ4-8315-0804-7

◇仏塔巡礼 東国編 長谷川周文・写真 東京書籍 2000.12 169, 6p 21cm 2200円 Ⓘ4-487-79595-8

◇鎌倉の古建築　関口欣也著　横浜　有隣堂　1997.7　210, 7p　18cm　（有隣新書）　1000円　①4-89660-140-8

◇建築の歴史　藤井恵介, 玉井哲雄著　中央公論社　1995.3　337p　19cm　2750円　①4-12-002420-2

◇日本名建築写真選集　第20巻　名建築選　伊藤ていじほか編　鈴木嘉吉解説　新潮社　1993.8　134p　31cm　5000円　①4-10-602639-2

◇日本古建築見学のしおり　前編　主として唐様　堀口象雄編著　〔名古屋〕　愛知県郷土資料刊行会　1972　74, 52p（図共）　21cm　〈限定版〉

大仏様（天竺様）
だいぶつよう（てんじくよう）

鎌倉初期に東大寺再建のため、宋から大勧進俊乗坊重源（ちようげん）が取り入れた建築様式。特徴として、組物は柱に挿肘木が挿し込まれ、柱と柱は貫で何段にも固められ、垂木はまっすぐで、先端には鼻隠板（はなかくしいた）がつく。また軒の隅は扇垂木が配される。柱から突出する貫の先端の木鼻には連続する円弧の繰形（くりかた）があるなど、古代から伝えられた在来の建築様式の和様とは著しく異なっている。大仏殿、南大門などの東大寺伽藍のほか、兵庫県小野浄土寺や三重県伊賀新大仏寺、京都下醍醐栢杜（かやのもり）九体阿弥陀堂など、重源に関係ある諸寺に用いられた。重源死後は、その豪放な表現が一般の感覚になじまず、日本には縦恐鋸がなく挿肘木や貫の製作に困難があったなどの理由で用いられなくなる。ただ、特別な大建築、東福寺伽藍や近世の京都方広寺大仏殿、東寺金堂、奈良東大寺大仏殿復興などには継承された。

＊　＊　＊

◇古代の寺院を復元する　鈴木嘉吉監修　学習研究社　2002.12　127p　24cm　（Gakken graphic books deluxe 26）　〈執筆：鈴木嘉吉ほか〉　1800円　①4-05-401649-9

◇足立康著作集　2　古代建築の研究　下　中央公論美術出版　1987.6　436p　22cm　〈編修：太田博太郎〉　11000円　①4-8055-1412-4

◇日本建築史論集　3　社寺建築の研究　太田博太郎著　岩波書店　1986.9　436p　22cm　8200円　①4-00-001029-8

鎌倉五山
かまくらござん

北条政子が道元に帰依し、源頼朝の一周忌を道元により寿福寺で行ったことなどで、北条氏には禅宗に帰依するものが多く出た。中でも執権時宗は、生涯を蒙古軍との戦いに終始させたが、禅学にいそしみ、無学祖元に師事して円覚寺を建立した。弘安7年（1284年）に出家したが、その当日に没した。鎌倉五山は、鎌倉後期に北条氏が住持を任命した鎌倉の禅宗の5寺をいう。元中3/至徳3年（1386年）に寺院の序列を、建長寺、円覚寺、寿福寺、浄智寺、浄妙寺とした。その後、建武政権により京都中心に改められて6か寺となり、さらに室町幕府が改めて7〜8か寺としたため、5寺の意味が失われて最高の寺格をもつ禅寺の称号となった。

＊　＊　＊

◇禅寺に遊ぶ—身近な禅寺全国ガイド　石川潔著　二期出版　1997.9　238p　19cm　（シリーズ週末の達人）　1400円　①4-89050-331-5

◇鎌倉志料　第1巻　三浦勝男編　鎌倉　鎌倉市教育委員会　1991.12　266p　22cm　〈共同刊行：鎌倉国宝館〉　2000円

◇探訪日本の古寺　3　東京・鎌倉　第2版　小学館　1991.3　179p　27cm　〈監修：井上靖ほか〉　2000円　①4-09-377103-0

◇鎌倉の五山—建長寺・円覚寺・寿福寺・浄智寺・浄明寺　杉本寛一著　京浜急行電鉄三浦古文化研究会　1956　30p　25cm　〈謄写版〉

建長寺
けんちょうじ

臨済宗建長寺派大本山。鎌倉五山の第一位。号は巨福（こぶく）山建長興国禅寺。建長5年（1253年）の創建で、本尊は地蔵菩薩、開基は鎌倉幕府第5代執権北条時頼、開山は南宋の禅僧蘭渓道隆、のち無学祖元（円覚寺開山）が五世を継ぐなど歴代優れた僧が住持し、鎌倉禅の中心寺院となった。中国の径山興聖（きんざんこうしょう）万寿寺にならった伽藍配置は、日本初の宋朝禅の道場となった。数度の火災に遭い、北条高時が復興資金を得るために、元に派遣した貿易船を建長寺船という。境内の庭園は国の史跡、名勝に指定されている。

＊　＊　＊

◇深く歩く鎌倉史跡散策　下　神谷道倫著　増補版　鎌倉　かまくら春秋社　2009.5　279p　19cm　1429円　①978-4-7740-0438-9

◇鎌倉の古建築　関口欣也著　増補版　横浜　有隣堂　2005.11　235, 7p　18cm　（有隣新書）　1200円　①4-89660-192-0

◇日本中世の禅と律　松尾剛次著　吉川弘文館　2003.10　252, 28p　21cm　7000円　①4-642-02830-7

◇史跡建長寺境内発掘調査報告書　史跡建長寺境内発掘調査団編　〔鎌倉〕　鎌倉市教育委員会　1998.2　26p　30cm　〈神奈川県鎌倉市所在〉

◇鎌倉の古建築　関口欣也著　横浜　有隣堂　1997.7　210, 7p　18cm　（有隣新書）　1000円　①4-89660-140-8

◇禅の寺―臨済宗・黄檗宗 十五本山と開山禅師　阿部理恵著　京都　禅文化研究所　1996.10　266p　21cm　1854円　①4-88182-117-2

◇永福寺他編　4　鎌倉市教育委員会, 鎌倉考古学研究所編　新人物往来社　1996.2　190p　26cm　（集成 鎌倉の発掘 第10巻）　9800円　①4-404-02260-3

◇建長寺遺跡試掘調査報告書　〔新城〕　新城市教育委員会　1994.11　8p 図版1p　26cm　（新城市埋蔵文化財調査報告書 8）　〈愛知県新城市所在〉

◇開山大覚禅師語録集訓読・和訳篇　高木宗監執筆, 建長寺派布教師会編　鎌倉　大本山建長寺　1994.8　246p　22cm　〈大覚の肖像あり〉

◇巨福山建長寺境内遺跡―庫裏改築に係る昭和61年発掘調査報告書　〔鎌倉〕　建長寺境内遺跡発掘調査団　1991.10　122p 図版48p　26cm　〈神奈川県鎌倉市山ノ内所在　折り込図12枚〉

◇建長寺史　開山大覚禅師伝　高木宗監著, 建長寺史編纂委員会編　鎌倉　大本山建長寺　1989.6　700p 図版19枚　22cm　〈大覚禅師の肖像あり　大覚禅師年表・主要参考文献一覧表：p649～677〉

◇中世彫刻史の研究　清水眞澄著　横浜　有隣堂　1988.3　299, 10p　22cm　〈年表あり〉　①4-89660-083-5

◇鎌倉五山第一位建長寺秘宝展　建長寺, 朝日新聞社編　朝日新聞社　〔1987〕　1冊（頁付なし）　26cm　〈会期・会場：昭和62年4月2日―7日 上野松坂屋　付：建長寺略年表〉

◇日本建築史論集　3　社寺建築の研究　太田博太郎著　岩波書店　1986.9　436p　22cm　8200円　①4-00-001029-8

◇建長寺史　末寺編　建長寺史編纂委員会編　鎌倉　建長寺　1977.5　1578p　22cm

◇鎌倉の五山―建長寺・円覚寺・寿福寺・浄智寺・浄明寺　杉本寛一著　京浜急行電鉄三浦古文化研究会　1956　30p　25cm　〈謄写版〉

円覚寺
えんがくじ

臨済宗円覚寺派の大本山。鎌倉五山の第二位。山号は瑞鹿山。本尊は盧遮那仏。北条時宗が元寇の戦没者の霊を慰めるため、南宋から無学祖元（仏光国師）を開山に迎えて弘安5年（1282年）に創建した。その後何度も火災により焼失しその都度再建されている。室町時代は鎌倉五山第2位とされた。また中世以来すぐれた禅僧が入寺しており、近代では今北洪川、釈宗演が知られるほか、夏目漱石や鈴木大拙も参禅している。山内に16の庵と塔頭、門外の塔頭寺院として東慶寺、浄智寺、瑞泉寺がある。

＊　＊　＊

◇円覚寺旧境内遺跡　横浜　かながわ考古学財団　2008.3　68p 図版20p　30cm（かながわ考古学財団調査報告 221）〈平成18年度鎌倉市内急傾斜地（山ノ内端鹿山地区）崩壊対策工事に伴う調査〉

◇鎌倉円覚寺の名宝―七百二十年の歴史を語る禅の文化 特別展「鎌倉円覚寺の名宝―七百二十年の歴史を語る禅の文化」図録　五島美術館　2006.10　188p　30cm（五島美術館展覧会図録 130）〈他言語標題：Forming emptiness：zen masterpieces from the Engaku Temple, Kamakura　会期：平成18年10月28日―12月3日　年表あり〉

◇円覚寺跡―遺構確認調査報告書　沖縄県立埋蔵文化財センター編　西原町（沖縄県）　沖縄県立埋蔵文化財センター　2002.3　207p　30cm（沖縄県立埋蔵文化財センター調査報告書 第10集）

◇円覚寺　貫達人著, 荒牧万佐行写真　中央公論美術出版（製作・発売）　1996.9　55p　19cm　777円　Ⓘ4-8055-0825-6

◇円覚庵・円覚寺縁起―浄土宗寿泰山円覚寺　村岡孝純編著　仙台　創栄出版（製作）　1994.5　214p　26cm　Ⓘ4-88250-425-1

◇円覚寺続灯庵―埋蔵文化財発掘調査報告〔鎌倉〕　続灯庵境内遺跡発掘調査団　1990.3　65p 図版34p　26cm〈神奈川県鎌倉市所在〉

◇不滅の建築　7　円覚寺舎利殿―神奈川・円覚寺　鈴木嘉吉, 工藤圭章責任編集　荒牧万佐行撮影　毎日新聞社　1988.12　63p　31cm〈円覚寺舎利殿の年表：p56～57〉　1800円　Ⓘ4-620-60277-9

◇円覚寺境内西やぐら群発掘調査報告書　円覚寺境内西やぐら群発掘調査団編〔藤沢〕　神奈川県藤沢土木事務所　1983.3　16p 図版8p　26cm

◇円覚寺　貫達人著　中央公論美術出版　1964　40p 図版　19cm〈付：参考図書〉

◇円覚寺史　円覚寺編　春秋社　1964　916p 図版　23cm〈執筆者：玉村竹二, 井上禅定〉

◇日本の寺　第12　建長寺・円覚寺　藤本四八撮影, 大仏次郎, 福山敏男文　美術出版社　1958-61　36cm

◇鎌倉の五山―建長寺・円覚寺・寿福寺・浄智寺・浄明寺　杉本寛一著　京浜急行電鉄三浦古文化研究会　1956　30p　25cm〈謄写版〉

円覚寺舎利殿
えんがくじしゃりでん

鎌倉市山ノ内にある臨済宗円覚寺派の大本山円覚寺内の国宝建造物で、境内の奥に位置する塔頭正続院の中にある。本山は弘安5年（1282年）北条時宗が怨親平等の願いにより、元寇（文永・弘安の役）の犠牲となった兵士の霊を慰めるため、南宋から招いた無学祖元を開山として建立したのに始まる。舎利殿は入母屋造、葺き、一重裳階（もこし）付き。堂内中央には源実朝が南宋から請来したと伝える仏舎利を安置した厨子があり、その左右には地蔵菩薩像と観音菩薩像が立つ。この建物の細部は典型的な禅宗様になる。永禄6年（1563年）の大火後に鎌倉尼五山の一つ旧大平寺仏殿を移建したもので、室町時代中期の建築と推定されている。

＊　＊　＊

◇不滅の建築　7　円覚寺舎利殿―神奈川・円覚寺　鈴木嘉吉, 工藤圭章責任編集　荒牧万佐行撮影　毎日新聞社　1988.12　63p　31cm〈円覚寺舎利殿の年表：p56～57〉　1800円　Ⓘ4-620-60277-9

◇国宝円覚寺舎利殿―修理調査特別報告書〔横浜〕　神奈川県教育委員会文化財保護課　1970　87p 図版14枚　26cm

◇国宝円覚寺舎利殿修理報告書　鎌倉　円覚寺　1968　10p 図10枚　30cm

寿福寺
じゅふくじ

鎌倉市にある臨済宗建長寺派の寺。鎌倉五山の第三位。本尊は釈迦如来。正治2年(1200年)、開山は栄西、開基は北条政子で開創された。寺宝のうち、木造地蔵菩薩立像・紙本墨書「喫茶養生記」が重要文化財に指定されており、源実朝と北条政子の供養塔という五輪塔を納めた「からくさやぐら」がある。

＊　＊　＊

◇鎌倉の寺　永井路子著　第2版　大阪　保育社　1992.2　155p　15cm　(カラーブックス)　620円　①4-586-50821-3

◇川崎市文化財調査集録　第18集　川崎市教育委員会社会教育部文化課編　川崎　川崎市教育委員会　1982.11　71p　26cm　〈折り込図1枚〉　非売品

◇寿福寺跡発掘調査報告書　玉名　玉名市教育委員会　1980.3　101p 図版37p　26cm　(玉名市文化財調査報告 第4集)

◇鎌倉の五山―建長寺・円覚寺・寿福寺・浄智寺・浄明寺　杉本寛一著　京浜急行電鉄三浦古文化研究会　1956　30p　25cm　〈謄写版〉

浄智寺
じょうちじ

鎌倉市にある臨済宗円覚寺派の寺で、鎌倉五山の第四位。本尊は阿弥陀・釈迦・弥勒の三世如来。弘安6年(1283年)、北条宗政の三回忌に創建された。開山は兀庵普寧(ごったんふねい)。夢窓疎石、清拙正澄、竺仙梵僊らの高僧が住持した。木造地蔵菩薩座像などは重要文化財、境内は国指定史跡とされている。

＊　＊　＊

◇禅寺に游ぶ―身近な禅寺全国ガイド　石川潔著　二期出版　1997.9　238p　19cm　(シリーズ週末の達人)　1400円　①4-89050-331-5

◇鎌倉の寺　永井路子著　第2版　大阪　保育社　1992.2　155p　15cm　(カラーブックス)　620円　①4-586-50821-3

◇鎌倉の五山―建長寺・円覚寺・寿福寺・浄智寺・浄明寺　杉本寛一著　京浜急行電鉄三浦古文化研究会　1956　30p　25cm　〈謄写版〉

浄妙寺
じょうみょうじ

鎌倉市にある臨済宗建長寺派の寺。鎌倉五山の第五位。山号は稲荷山。文治4年(1188年)足利義兼の創建した極楽寺と称する真言宗寺院で、開山は栄西の弟子である退耕行勇。のち禅宗の法楽寺になり、元亨元年(1321年)、足利尊氏によって浄妙寺と改められたという。寺宝には国重要文化財に指定されている退耕行勇像のほか、伝藤原鎌足倚像、銘足利尊氏自画自賛の地蔵菩薩図像などがある。

＊　＊　＊

◇鎌倉市埋蔵文化財緊急調査報告書　23　第1分冊　鎌倉市教育委員会編　〔鎌倉〕　鎌倉市教育委員会　2007.3　14, 331p　30cm　〈平成18年度発掘調査報告〉

◇深く歩く鎌倉史跡散策　上　神谷道倫著　鎌倉　かまくら春秋社出版事業部　2006.7　269p　19cm　1429円　①4-7740-0340-9

◇鎌倉市埋蔵文化財緊急調査報告書　22　第2分冊　鎌倉市教育委員会編　鎌倉　鎌倉市教育委員会　2006.3　397p　30cm　〈平成17年度発掘調査報告〉

◇日本古代寺院史の研究　堅田修著　京都　法蔵館　1991.3　210p　22cm　6200円　①4-8318-7340-3

京都五山
きょうとござん

鎌倉五山に対して、京都にある臨済宗の5つの大禅刹を総称していう言葉。建武元年(1334年)、建武の新政に伴い鎌倉五山を京都中心に改めたものがはじめで、その後該当する寺院や順序に関して若干の出入りがあったが、元中3/至徳3年(1386年)に足利義満が相国寺を建立し、最終的には南禅寺を五山の上の筆頭として、第1格から順に天竜寺・相国寺・建仁寺・東福寺・万寿寺とすることで確定した。幕府の保護を受けた五山は五山文学を生み出して文化の中心となったが、一方で俗化が進み禅の本質は薄れた。

＊　＊　＊

◇「京都五山禅の文化」展―足利義満六百年御忌記念　東京国立博物館, 九州国立博物館, 日本経済新聞社編　日本経済新聞社　2007.7　362, 23p　29cm　〈他言語標題：Zen treasures from the Kyoto Gozan Temples　会期・会場：平成19年7月31日―9月9日 東京国立博物館ほか　年表あり〉

◇中世寺院暴力と景観　小野正敏, 五味文彦, 萩原三雄編　高志書院　2007.7　294p　21cm　(考古学と中世史研究 4)　〈文献あり〉　2500円　①978-4-86215-026-4

◇禅寺に游ぶ―身近な禅寺全国ガイド　石川潔著　二期出版　1997.9　238p　19cm　(シリーズ週末の達人)　1400円　①4-89050-331-5

南禅寺

なんぜんじ

臨済宗南禅寺派の大本山。山号は瑞龍山。正式な寺号は太平興国南禅禅寺。正応4年(1291年)亀山上皇が離宮を寺に改めて建立。のち無関普門を開山に迎えた。第二世規庵祖円のときに基礎が築かれ、その後、夢窓疎石、虎関師錬、義堂周信らの名僧が住持として入山した。建武2年(1335年)京都五山の第一に列し、五山十刹の制では天下第一位として五山の上に置かれた。江戸時代には以心崇伝が出て幕府の寺社政策を担うなど、諸寺の中でも最高の地位を保った。伽藍は室町時代までの幾度かの火災で焼失し、安土桃山時代以降に再建された建物が今日に残る。方丈は国宝、山門は重要文化財。このほか小堀遠州作と伝えられる枯山水庭園(通称虎の子の渡しの庭)や茶室不識庵などがある。寺宝にも亀山天皇宸翰をはじめ貴重な文化財が多い。

＊　＊　＊

◇古寺巡礼京都　24　南禅寺　梅原猛監修　中村文峰, 児玉清著　新版　京都　淡交社　2008.8　142p　21cm　〈年表あり〉　1600円　①978-4-473-03494-6

◇南禅寺　東京国立博物館, 京都国立博物館, 朝日新聞社編　朝日新聞社　2004.1　309p　30cm　〈会期・会場：2004年1月20日―2月29日 東京国立博物館 ほか　亀山法皇700年御忌記念　年表あり〉

◇週刊京都を歩く　第10号　南禅寺周辺　講談社　2003.9　34p　30cm　(ヴィジュアル百科)　533円

◇週刊古寺をゆく　39　南禅寺・東福寺　小学館　2001.11　35p　30cm　(小学館ウイークリーブック)　533円

◇京の茶室　東山編　岡田孝男著　京都　学芸出版社　1989.6　269p　21cm　3605円　①4-7615-3014-6

◇南禅寺の名宝　南禅寺編　〔京都〕　南禅寺　1983.3　132p　26cm　〈会期・会場：昭和58年3月29日―5月5日 京都国立博物館〉

◇南禅寺　井上章著　中央公論美術出版　1982.3　40p　19cm　(美術文化シリーズ 117)　500円

◇南禅寺文書　下巻　桜井景雄, 藤井学共編　京都　南禅寺宗務本所　1978.12　456p　23cm

◇京都市埋蔵文化財研究所概報集　1977-1　中臣遺跡, 深草遺跡, 平安宮造酒司跡, 南禅寺遺跡　京都市埋蔵文化財研究所編　京都　京都市埋蔵文化財研究所　1977.8　38p 図46枚　26cm

◇南禅寺史　桜井景雄著　京都　法蔵館　1977.6　2冊　22cm　〈複製〉　全12000円

◇古寺巡礼京都　12　南禅寺　杉森久英, 勝平宗徹, 桜井景雄著　京都　淡交社　1977.4　170p(図共)　27cm　〈監修：井上靖, 塚本善隆〉　2800円

◇南禅寺文書　中巻　桜井景雄, 藤井学共

編　京都　南禅寺宗務本所　1976　380p 図　23cm　4800円

◇美術撰集　第6巻　南禅寺扇面屏風　日本の文様研究会編　武田恒夫著　京都　フジアート出版　1973　解説53p 図76枚　42cm　〈監修：武田恒夫 限定版〉　28000円

◇南禅寺文書　上巻　桜井景雄, 藤井学共編　京都　南禅寺宗務本所　1972　381p 図　23cm

◇障壁画全集　〔第10巻〕　南禅寺本坊　山根有三編　美術出版社　1968　135p(おもに図版)　37cm　〈監修者：田中一松, 土居次義, 山根有三 はり込み原色図版13枚〉　3800円

◇続南禅寺史　桜井景雄著　京都　大本山南禅寺　1954　286, 36p 図9枚 地図　21cm

天龍寺
てんりゅうじ

臨済宗天龍寺派の大本山。号は霊亀山天龍資聖禅寺と称す。本尊は釈迦如来。足利尊氏が後醍醐天皇の冥福を祈るため、興国6/貞和元年(1345年)亀山殿の跡に建立。開山は夢窓疎石。この地は、もと嵯峨天皇の離宮であり、13世紀半ばには後嵯峨天皇の離宮となった。足利尊氏がこれを寺院とする造営費用をまかなうために、天龍寺船を元に派遣、これが足利幕府の重要財源となった。後に京都五山の第一となり、五山文化を主導。境内は平成6年(1994年)12月にユネスコから世界文化遺産に指定されている。方丈庭園は夢窓疎石の作。

＊　＊　＊

◇京都奈良の世界遺産　JTBパブリッシング　2009.4　160p　21cm　(楽学ブックス)　1600円　①978-4-533-07480-6

◇京都・世界遺産手帳　河原書店編集部編　河原書店　2009.2　16冊(セット)　17×11cm　(河原書店の手帳ブックシリーズ)　2381円　①978-4-7611-0173-2

◇天竜寺　河原書店編集部編　京都　河原書店　2009.2　23p　17cm　(京都・世界遺産手帳)〈文献あり〉　①978-4-7611-0173-2

◇天竜寺　梅原猛監修, 平田精耕, 玄侑宗久著　京都　淡交社　2007.5　143p　21cm　(古寺巡礼京都 新版 9)〈年表あり〉　1600円　①978-4-473-03359-8

◇禅寺に游ぶ―身近な禅寺全国ガイド　石川潔著　二期出版　1997.9　238p　19cm　(シリーズ週末の達人)　1400円　①4-89050-331-5

◇禅の寺―臨済宗・黄檗宗 十五本山と開山禅師　阿部理恵著　京都　禅文化研究所　1996.10　266p　21cm　1854円　①4-88182-117-2

◇禅の庭　水野克比古写真　京都　光村推古書院　1990.11　62p　18×20cm　1030円　①4-8381-0111-2

◇探訪日本の古寺　9　京都　4 洛西　第2版　小学館　1990.5　187p　27cm　〈監修：井上靖ほか〉　2000円　①4-09-377109-X

◇名園を歩く　第1巻　奈良・平安・鎌倉時代　毎日新聞社　1989.3　94p　31cm　2400円　①4-620-60291-4

◇日本建築史論集　3　社寺建築の研究　太田博太郎著　岩波書店　1986.9　436p　22cm　8200円　①4-00-001029-8

◇天竜寺―嵯峨野に刻まれた五山巨刹の盛衰　天竜寺編　京都　東洋文化社　1978.10　285p　19cm　(寺社シリーズ 3)〈監修：奈良本辰也　執筆：百瀬明治ほか　天竜寺関係年表・天竜寺関係資料文献一覧：p272～284〉　1800円

◇古寺巡礼京都　4　天竜寺　水上勉, 関牧翁著　京都　淡交社　1976　160p(図共)　27cm　〈監修：井上靖, 塚本善隆　天竜寺年表：p.151-155〉　2800円

◇写真京都叢書　第1　天竜寺・苔寺とその附近　大原久雄写真, 山本礼二編　京都　豊書房　1963 8版　図版64p(解説共)　19cm

相国寺
しょうこくじ

京都市上京区にある臨済宗相国寺派の大本山。京都五山の第二位。正式寺名は相国承天禅寺、山号は万年山。本尊は釈迦如来。弘和3/永徳3年(1383年)、後小松天皇の勅命を奉じて足利義満が創建した。開山は春屋妙葩だが、その師の夢窓疎石を第1世とする。現存の本堂は慶長10年(1605年)に豊臣秀頼が建立したもので、国の重要文化財に指定されている。文化4年(1807年)に再建された開山塔内には夢窓国師像が安置されており、前庭には禅院式の枯山水庭園がある。寺宝に「無学祖元墨蹟」4幅(国宝)など多数の名品が伝えられている。

*　*　*

◇相国寺　梅原猛監修, 有馬頼底, 真野響子著　京都　淡交社　2007.4　143p　21cm　(古寺巡礼京都 新版 8)〈年表あり〉　1600円　①978-4-473-03358-1

◇中世の禅宗と相国寺―平成16年度教化活動委員会研修会講義録　原田正俊著, 相国寺教化活動委員会編　京都　相国寺教化活動委員会　2007.3　139p 図版12p　21cm　(相国寺研究 2)〈会期・会場：平成15年10月14日 相国寺会議室ほか〉

◇相国寺の歴史―平成17年度教化活動委員会研修会講義録　上田純一著, 相国寺教化活動委員会編　京都　相国寺教化活動委員会　2006.2　63p 図版16p　21cm　(相国寺研究 1)〈会期・会場：平成17年5月18日 相国寺会議室ほか　年表あり〉

◇相国寺旧境内　京都市埋蔵文化財研究所編　京都　京都市埋蔵文化財研究所　2005.3　42p 図版13p　30cm　(京都市埋蔵文化財研究所発掘調査概報 2004-14)

◇大本山相国寺と金閣・銀閣の名宝展―室町文化の粋 足利義満公六百年遠忌記念　読売新聞大阪本社編　〔大阪〕　読売新聞大阪本社　2004.12　163p　30cm　〈他言語標題：Art treasures from Shokoku-ji, Kinkaku and Ginkaku Temple　会期・会場：2004年12月25日―2005年1月17日 日本橋高島屋ほか　年表あり〉

◇大本山相国寺・金閣・銀閣秘宝展図録―開山夢窓国師650年　新潟放送メディア事業局編　〔新潟〕　新潟放送　2002.4　176p　30cm　〈会期・会場：2002年4月10日―5月19日 新潟市美術館ほか　標題紙等のタイトル：大本山相国寺・金閣・銀閣秘宝展　年譜あり　年表あり〉

◇大本山相国寺・金閣・銀閣寺宝展図録　北海道立近代美術館, 福岡市博物館, 名古屋市博物館編　〔札幌〕　北海道新聞社　1998.7　186p　30cm　〈大本山相国寺創建六百年金閣寺創建六百年銀閣寺創建五百年〉

◇相国寺金閣寺銀閣寺名宝展　相国寺承天閣美術館編, 有馬頼底解説　蒲江町(大分県)　蒲江町　1998.4　59p　30cm　〈会期・会場：平成10年4月23日―5月6日 蒲江町中央公民館　年表あり〉

◇相国寺史料　別巻　万年山聯芳録　相国寺史料編纂委員会編, 藤岡大拙, 秋宗康子校訂　京都　思文閣出版　1997.10　310p　22cm　8000円　①4-7842-0949-2

◇相国寺史料　第10巻　相国寺史稿録　10　相国寺史料編纂委員会編, 藤岡大拙, 秋宗康子校訂　京都　思文閣出版　1997.6　512p　22cm　17000円　①4-7842-0942-5

◇重要文化財相国寺本堂(法堂)・附玄関廊修理工事報告書　京都府教育庁指導部文化財保護課編　〔京都〕　京都府教育委員会　1997.3　61p 図版113枚　30cm

◇相国寺史料　第9巻　相国寺史稿　9　相国寺史料編纂委員会編, 藤岡大拙, 秋宗康子校訂　京都　思文閣出版　1994.6　581p　22cm　17510円　①4-7842-0835-6

◇相国寺・金閣寺・銀閣寺の名宝―足利家と室町文化 特別展　三島　佐野美術館　1993　94p　30cm　〈創建六〇〇年記念　会期：平成5年10月22日～11月23日〉　①4-915857-28-X

◇相国寺史料 第8巻 相国寺史稿 8 相国寺史料編纂委員会編, 藤岡大拙, 秋宗康子校訂 京都 思文閣出版 1992.12 559p 22cm 17510円 ①4-7842-0757-0

◇相国寺史料 第7巻 相国寺史稿 7 相国寺史料編纂委員会編, 藤岡大拙, 秋宗康子校訂 京都 思文閣出版 1991.12 625p 22cm 17510円 ①4-7842-0693-0

◇相国寺史料 第6巻 相国寺史稿 6 相国寺史料編纂委員会編, 藤岡大拙, 秋宗康子校訂 京都 思文閣出版 1990.7 502p 22cm 14420円 ①4-7842-0600-0

◇相国寺史料 第5巻 相国寺史稿 5 相国寺史料編纂委員会編, 藤岡大拙, 秋宗康子校訂 京都 思文閣出版 1989.2 569p 22cm 14000円 ①4-7842-0545-4

◇相国寺史料 第4巻 相国寺史稿 4 相国寺史料編纂委員会編, 藤岡大拙, 秋宗康子校訂 京都 思文閣出版 1988.10 561p 22cm 14000円 ①4-7842-0531-4

◇同志社大学校地学術調査委員会調査資料 no.21 大本山相国寺境内の発掘調査 2 〔京都〕 同志社大学校地学術調査委員会 1988.3 77p 26cm

◇相国寺史料 第3巻 相国寺史稿 3 相国寺史料編纂委員会編, 藤岡大拙, 秋宗康子校訂 京都 思文閣出版 1988.2 603p 22cm 14000円 ①4-7842-0504-7

◇相国寺史料 第2巻 相国寺史稿 2 相国寺史料編纂委員会編, 藤岡大拙, 秋宗康子校訂 京都 思文閣出版 1986.11 573p 22cm 13000円 ①4-7842-0460-1

◇相国寺史料 第1巻 相国考記 相国寺史稿 1 相国寺史料編纂委員会編, 藤岡大拙, 秋宗康子校訂 京都 思文閣出版 1984.10 528p 22cm 12000円

◇相国寺旧寺域内の発掘調査—成安女子学園校地内の埋蔵文化財 成安女子短期大学校地学術調査委員会編 〔京都〕 成安女子短期大学 1977.7 165p 図29p 26cm 〈付：図2枚（袋入）〉

◇古寺巡礼京都 2 相国寺 足立巻一, 有馬頼底著 京都 淡交社 1976 161p（図共） 27cm 〈監修：井上靖, 塚本善隆〉 2800円

建仁寺
けんにんじ

臨済宗建仁寺派本山。山号は東山。建仁2年（1202年）将軍源頼家が寺域を寄進し、栄西禅師を開山として宋国百丈山を模して建立された。創建時は真言・止観の二院を構え天台・密教・禅の三宗兼学の道場だったが、文永2年（1265年）宋の禅僧、建長寺開山蘭渓道隆が入寺してからは兼学をやめ純粋に禅の道場となった。しばしば火災にあったが、天正年間（16世紀後期）に安国寺恵瓊が方丈や仏殿を移築して復興が始まり、徳川幕府の保護のもと堂塔が再建修築され制度や学問が整備された。明治に入り政府の宗教政策等により臨済宗建仁寺派として分派独立、建仁寺はその大本山となる。

＊　＊　＊

◇古寺巡礼京都 23 建仁寺 梅原猛監修 小堀泰巖, 竹西寛子著 新版 京都 淡交社 2008.7 142p 21cm 〈年表あり〉 1600円 ①978-4-473-03493-9

◇社寺調査報告 23 京都国立博物館編 京都 京都国立博物館 2003.3 63p 30cm

◇禅院の美術—建仁寺正伝永源院の名宝 〔和泉〕 和泉市久保惣記念美術館 2000.4 16, 63, 45p 30cm 〈平成12年度特別展図録 会期：平成12年4月8日—5月28日〉

◇洛東 竹村俊則文, 水野克比古写真 京都 京都書院 1992.5 118p 30cm （今昔都名所図会 2） 3500円 ①4-7636-3198-5

◇和風建築の意匠 2 内へのいざない—数寄屋門・土塀・建仁寺垣 京都 学芸

出版社 1991.1 111p 23cm 〈企画・編集：建築フォーラム〉 2575円 ①4-7615-2058-2

◇日本仏教の心 5 栄西禅師と建仁寺 日本仏教研究所編 竹田益州著 ぎょうせい 1981.4 198p 29cm 〈栄西の肖像あり 付属資料(録音テープ 1カセット)：臨済宗建仁寺派管長竹田益州法話.開山忌法要 箱入〉 5000円

◇古寺巡礼京都 6 建仁寺 秦恒平,伊藤東慎著 京都 淡交社 1976.11 166p(図共) 27cm 〈監修：井上靖,塚本善隆〉 2800円

◇障壁画全集 〔第7巻〕 建仁寺 武田恒夫,河合正朝著 美術出版社 1968 117p(おもに図版) 37cm 〈監修者：田中一松,土居次義,山根友三 はりこみ原色図版6枚〉 3800円

東福寺
とうふくじ

臨済宗東福寺派の大本山。山号は慧日山。寺号の東福寺は、東大寺と興福寺から1字ずつ取った名。本尊は釈迦牟尼仏。嘉禎2年(1236年)九条道家の発願により法性寺跡に創建され、宋から帰朝した聖一国師円爾弁円を開山に迎え、天台・真言・禅の三宗兼学の道場となった。九条道家没後の建長7年(1255年)に七堂伽藍が完成した。鎌倉末期から相次いで火災に見舞われたが、正平2/貞和3年(1347年)一条経通が再興した。明治14年(1881年)にも多くの建物を焼失、明治23年(1890年)に再建が図られ、昭和9年(1934年)に落成した。三門は国宝、月下門、禅堂、仁王門、浴室・東司は重要文化財。また寺宝にも国宝・重要文化財が多く、平安末期から幕末維新期にわたる東福寺文書でも知られる。

＊ ＊ ＊

◇東福寺 福島慶道,檀ふみ著 京都 淡交社 2006.11 143p 21cm (古寺巡礼京都 新版 3) 〈年表あり〉 1600円 ①4-473-03353-8

◇週刊古寺をゆく 39 南禅寺・東福寺 小学館 2001.11 35p 30cm (小学館ウイークリーブック) 533円

◇東福寺遺跡 佐賀県教育委員会編 佐賀 佐賀県教育委員会 1994.3 290p 図版90p 27cm (佐賀県文化財調査報告書 第121集)

◇東福寺—草加 今井規雄文・写真 浦和 さきたま出版会 1991.10 38p 17cm (さきたま文庫 32) 600円 ①4-87891-232-4

◇東福寺野文書史料目録 橋本友美調査・編集 〔滑川〕 按田亮一 1981.8 70p 26cm 〈付・東福寺野略史 滑川市東福寺野公民館蔵 共同刊行：稲谷文助 折り込図2枚〉

◇東福寺誌 白石虎月編纂 京都 思文閣出版 1979.6 14, 1237, 10p 23cm 〈開山700年遠諱記念出版 昭和5年刊の複製〉 12000円

◇古寺巡礼京都 18 東福寺 大岡信,福島俊翁著 京都 淡交社 1977.10 160p(図共) 27cm 〈監修：井上靖,塚本善隆〉 2800円

万寿寺
まんじゅじ

京都市東山区の東福寺内にある臨済宗の寺。京都五山の第五位。山号は京城山。永長2年(1097年)白河上皇が皇女の追善のために遺宮を仏寺として六条御堂と称したのに始まる。正嘉年間(1257〜1259年)に禅寺となり、万寿寺と改称。興国1・暦応3年(1340年)、五条樋口に移って十刹の一つに、元中3・至徳3年(1386年)には京都五山の第五に列したが、その後衰え、天正年間(1573〜1592年)に東福寺山内に移った。

＊ ＊ ＊

◇大分市市内遺跡確認調査概報 2007年度 大分 大分市教育委員会 2008.3 35p 30cm

◇東福寺 福島慶道,檀ふみ著 京都 淡交社 2006.11 143p 21cm (古寺巡礼京都 新版 3) 〈年表あり〉 1600円 ①4-473-03353-8

◇禅寺に游ぶ―身近な禅寺全国ガイド　石川潔著　二期出版　1997.9　238p　19cm　（シリーズ週末の達人）　1400円　①4-89050-331-5

大徳寺
だいとくじ

京都市北区紫野にある臨済宗大徳寺派の大本山。山号は竜宝山。本尊は釈迦如来。開創は正中元年（1324年）、開山は宗峰妙超、開基は赤松則村。後醍醐天皇の祈願所となって五山の第一とされたが、のち足利義満により十刹の第九位に下されてその位を辞し、幕府と密着して世俗化した五山とは距離を置いた在野的立場をとるようになった。応仁の乱で焼失したが、堺の豪商らの帰依を得て一休宗純が再建した。多数の塔頭があり、また、国宝の唐門は聚楽第の遺構と伝えられる。多くの茶室・茶庭が造営され、禅宗美術や茶道美術の宝庫となっている。

＊　＊　＊

◇大徳寺と一休　京都　禅文化研究所　2006.1　490p　21cm　3800円　①4-88182-209-8

◇週刊日本遺産　no.12　賀茂神社・大徳寺　朝日新聞社　2003.1　35p　30cm　（朝日ビジュアルシリーズ v.3）　533円

◇千住博 大徳寺聚光院別院 襖絵大全　2　千住博著, 辻仁成小説, 山口和也写真　求竜堂　2002.4　2冊（セット）　18×15cm　2500円　①4-7630-0208-2

◇大徳寺聚光院別院襖絵大全　1　千住博著, 辻仁成小説　求竜堂　2002.4　85p　15×18cm　2500円　①4-7630-0208-2

◇大徳寺聚光院別院襖絵大全　2　千住博著, 山口和也写真　求竜堂　2002.4　1冊（ページ付なし）　18cm　①4-7630-0208-2

◇週刊古寺をゆく　22　大徳寺　小学館　2001.7　35p　30cm　（小学館ウイークリーブック）　533円

◇史料大徳寺の歴史　山田宗敏編　毎日新聞社　1993.5　521, 12p　27cm　〈補訂：伊藤克己〉　20000円　①4-620-80300-6

◇大徳寺真珠庵名宝展――休禅師500年忌　サントリー美術館編　サントリー美術館　〔1980〕　143p　26cm　〈会期：昭和55年9月9日―10月12日　年表：p142-143〉

◇古寺巡礼京都　16　大徳寺　有吉佐和子, 小堀南嶺著　京都　淡交社　1977.8　172p（図共）　27cm　〈大徳寺年表：p.164～167〉　2800円

◇大徳寺と茶道　芳賀幸四郎等著　京都　淡交社　1972　294p（図共）　31cm

◇重要文化財大徳寺山門（三門）修理工事報告書　京都府教育庁指導部文化財保護課編　京都　京都府教育委員会　1971　41p 図76枚　30cm

◇大徳寺　古田紹欽文, 坂本万七, 葛西宗誠写真　京都　淡交新社　1964　図版114, 85p　22cm

◇紫野大徳寺　佐藤虎雄著　京都　河原書店　1961　218, 42p 図版13枚　19cm　（茶道文庫 第6）

◇大徳寺　源豊宗著, 坂本万七写真　朝日新聞社　1958　205p 図版136p 原色図　31cm

◇大徳寺　源豊宗著, 坂本万七写真　朝日新聞社　1958　205p 図版136p 原色図版2枚　31cm

◇日本の寺　第11　大徳寺　二川幸夫撮影, 石川淳, 福山敏男文　美術出版社　1958-61　36cm

度会 家行
わたらい いえゆき

建長8・康元元年（1256年）～正平6/観応2年（1351年）8月28日

鎌倉時代末期・南北朝時代初期の祠官・神道家。伊勢国の人。伊勢外宮三禰宜度会有行の子。家名は村松、初名は度会行家。嘉元4・徳治元年（1306年）伊勢外宮の禰宜に就任、興国2/暦応4年（1341年）一禰宜（長官）にまでなる。従来の神道5部書を整理・拡張し、伊勢神道の教説を集大成した『類聚神祇本源』などを著して度会神道

を確立。北畠親房など主に南朝方に特に大きな思想的影響を与えた。南朝を助け、延元3/暦応元年(1338年)北畠顕信が義良親王・宗良親王を奉じ、親房とともに伊勢より東国へ向かう便を図った。興国4/康永2年(1343年)には親房が東国より吉野へ帰るのを助け、正平2/貞和3年(1347年)には南勢方面で戦った。そのため正平4/貞和5年(1349年)北朝側より違勅の科で解却された。

＊　＊　＊

◇度會神道大成 後篇　神宮司廳藏版　吉川弘文館　2009.1.20　851p　21cm　(増補大神宮叢書(18))　10000円　Ⓘ978-4-642-00398-8

◇度會神道大成 前篇　神宮司廳藏版　吉川弘文館　2008.10.20　850p　22×15cm　(増補大神宮叢書)　10000円　Ⓘ978-4-642-00397-1

◇知っておきたい日本宗教の常識―日本宗教の変遷からその教えまで　小池長之著　日本文芸社　2006.5　229p　18×11cm　(パンドラ新書)　〈『日本宗教の常識100』再編集・改題書〉　838円　Ⓘ4-537-25390-8

◇北畠親房の儒学　下川玲子著　ぺりかん社　2001.2　363, 7p　21cm　5800円　Ⓘ4-8315-0954-X

◇中世伊勢神道の研究　鎌田純一著　続群書類従完成会　1998.9.5　367p　21cm　8000円　Ⓘ4-7971-0676-X

◇神道学論文集―谷省吾先生退職記念　谷省吾先生退職記念神道学論文集編集委員会編　国書刊行会　1995.7　771p　22cm　〈谷省吾の肖像あり〉　18000円　Ⓘ4-336-03742-6

◇日本の文化思想史　新保哲編著　北樹出版, 学文社〔発売〕　1994.4　205p　21cm　2400円　Ⓘ4-89384-342-7

◇神道思想名著集成　上巻　小野祖教編　国学院大学日本文化研究所第三研究室　1973　474p　22cm　〈試刷〉　非売

◇度会神道大成 前篇　〔宇治山田〕　神宮司庁　1957　850p　22cm　〈図版〉

◇度会神道大成 後篇　〔宇治山田〕　神宮司庁　1955　851p　22cm　〈図版〉

吉田 兼倶

よしだ かねとも

永享7年(1435年)～永正8年(1511年)2月19日

神道家。本姓は卜部、初名は兼敏。明応2年(1493年)神祇大副・弾正大弼。はじめ家職と学問を継承していたが、やがて従来の本地垂迹説に対して神本仏迹説を唱え、陰陽五行説を加味した“唯一神道(吉田神道)”を創始。伊勢神宮からは神敵とされたが、朝廷・幕府に取り入り、神祇管領長上を自称。吉田神社こそ全国の神社の中心なりと主張し、地方の神社に神位、神職に位階を授与する制度を設けた。文明16年(1484年)吉田神社境内に斎場所として大元宮を造営し、また根本教典である『神道大意』『唯一神道名法要集』を著して唯一神道を大成。死後は吉田神社に神竜大明神として祀られた。

＊　＊　＊

◇安土桃山時代の公家と京都―西洞院時慶の日記にみる世相　村山修一著　塙書房　2009.3　188p　21cm　5000円　Ⓘ978-4-8273-1224-9

◇安土桃山時代の公家と京都―西洞院時慶の日記にみる世相　村山修一著　塙書房　2009.3　188p　21cm　5000円　Ⓘ978-4-8273-1224-9

◇神道を知る本　別冊宝島編集部編　改訂版　宝島社　2009.2　255p　15cm　(宝島SUGOI文庫)　562円　Ⓘ978-4-7966-6933-7

◇日本宗教史の中の中世的世界　宮井義雄著　春秋社　1993.12　372, 14p　21cm　7210円　Ⓘ4-393-20102-7

◇神々の祭祀と伝承―松前健教授古稀記念論文集　上田正昭編　京都　同朋舎出版　1993.6　390p　21cm　14000円　Ⓘ4-8104-1160-5

◇神々の祭祀と伝承―松前健教授古稀記念論文集　上田正昭編　京都　同朋舎出版　1993.6　390p　21cm　14000円　Ⓘ4-8104-1160-5

◇徒然草発掘―太平記の時代一側面　石黒吉次郎, 志村有弘, 高橋貢, 松本寧至編　叢文社　1991.7　272p　19cm　2000円　①4-7947-0183-7

◇古神道の系譜　菅田正昭著　コスモ・テン・パブリケーション, 太陽出版〔発売〕 1990.6　270p　19cm　（TEN BOOKS） 1400円　①4-87666-028-X

◇日本宗教史論纂　下出積与編　桜楓社　1988.5　304p　22cm　3800円　①4-273-02254-0

◆美術・工芸

北山文化　きたやまぶんか

室町幕府3代将軍足利義満の晩年から、4代将軍足利義持の時代にかけて栄えた文化の総称。義満が京都北山に営んだ山荘にちなんでこの名があり、8代将軍足利義政時代の東山文化に対していう。北山文化の大きい特徴は、伝統的な公家文化と新興の武家文化との融合、さらには禅宗の深い影響や庶民文化の洗練ということに示される。北山文化のシンボルともされる金閣は、舎利殿という仏教的な名称をもち、公家邸宅の伝統にたつ寝殿造と寺院風の仏殿造とが一体化し、最高の価値を示す金で飾られた。またこれに付随していた会所では、日明貿易の舶来美術品である唐物が陳列され、唐物・唐絵を飾る場所として書院、押板床、違棚が造りつけとなり、いわゆる床の間が生まれ連歌や闘茶の会の開催、立花(いけばな)の展示が行われた。将軍家の場合、唐物・唐絵の目利や表装、出納、あるいはそれらをもってする座敷飾に当たったのが唐物奉行の同朋衆で、義満のころからふえはじめ、義持・義教の時代にかけて活躍した。文学では五山の禅宗寺院を中心とする漢詩文(五山文学)が主流を占め、絵画では宋・元の影響を受けた水墨画が流行した。さらに芸能では、もともと庶民芸能の一つであった猿楽が、ほかの芸能の美点をも吸収しながら、義満や二条良基らの保護をうけた世阿弥によって能楽へと大成された。

◇茶道・香道・華道と水墨画―室町時代　中村修也監修　京都　淡交社　2006.11　111p　21cm　（よくわかる伝統文化の歴史 2）　1600円　①4-473-03344-9

◇茶道・香道・華道と水墨画―室町時代　中村修也監修　京都　淡交社　2006.11　111p　21cm　（よくわかる伝統文化の歴史 2）〈文献あり　年表あり〉　1600円　①4-473-03344-9

◇南北朝と室町政権　小和田哲男監修　世界文化社　2006.7　199p　24×19cm　（ビジュアル版 日本の歴史を見る 4）　2400円　①4-418-06211-4

◇南北朝と室町政権―南北朝期―室町期　小和田哲男監修・年表解説　世界文化社　2006.7　199p　24cm　（日本の歴史を見る ビジュアル版 4）〈年表あり〉　2400円　①4-418-06211-4

◇エピソードで語る日本文化史　上　松井秀明著　地歴社　2006.6　222p　21cm　2000円　①4-88527-175-4

◇大人のための修学旅行―京都の歴史　下　武光誠著　河出書房新社　2003.1　216p　19cm　1200円　①4-309-22398-2

◇大人のための修学旅行―京都の歴史　下　武光誠著　河出書房新社　2003.1　216p　19cm　1200円　①4-309-22398-2

◇教科書の絵と写真で見る日本の歴史資料集　3　鎌倉時代～室町時代　宮原武夫監修, 古舘明広, 加藤剛編著　岩崎書店　2002.4　45p　30cm　3000円　①4-265-04853-6

◇教科書の絵と写真で見る日本の歴史資料集 3 鎌倉時代〜室町時代 宮原武夫監修, 古舘明広, 加藤剛編著 岩崎書店 2002.4 45p 30cm 3000円 ①4-265-04853-6

◇人物・資料でよくわかる日本の歴史 6 南北朝・室町・戦国時代 小和田哲男監修 岩崎書店 2000.4 47p 30cm 3000円 ①4-265-04846-3

◇人物・資料でよくわかる日本の歴史 6 南北朝・室町・戦国時代 小和田哲男監修 岩崎書店 2000.4 47p 30cm 3000円 ①4-265-04846-3

◇人物で学ぶ歴史の授業 上 市川真一編著 日本書籍 1992.2 179p 21cm 2000円 ①4-8199-0327-6

◇人物で学ぶ歴史の授業 上 市川真一編著 日本書籍 1992.2 179p 21cm 2000円 ①4-8199-0327-6

◇平安京と京都―王朝文化史論 村井康彦著 三一書房 1990.12 364p 19cm 2800円 ①4-380-90253-6

◇南北朝・室町 永原慶二編 筑摩書房 1990.7 506, 14p 19cm （古文書の語る日本史 4） 3300円 ①4-480-35434-4

◇日本美術全集 15 北山・東山の美術―金閣と銀閣 田中一松ほか編集 金沢弘編集 学習研究社 1988.11 218p 38cm 〈第9刷（第1刷：1979年）〉 4600円 ①4-05-002927-8

◇日本美術全集 第15巻 北山・東山の美術―金閣と銀閣 金沢弘編集 学習研究社 1979.4 218p 38cm 〈年表：p212〜215〉 4600円

書院造
しょいんづくり

平安時代に公家の住宅様式であった寝殿造が、武家の台頭によって武家住宅にも取り入れられ、室町時代末から桃山時代にかけて大成した武家住宅の様式。寝殿造に比し、非常に複雑な構成をもつ。書院は本来は禅寺用語で、禅僧の住房のうちの居間兼書斎の呼称として始り、座敷飾をそなえた座敷あるいは建物をひろく書院と呼ぶ慣行を生んだ。内部空間は接客部分、家族の生活部分、台所など使用人の生活部分などに区分され、おもな部屋の内部には座敷飾として床、棚、付書院を設け、襖には絵を描いた。代表的遺構は園城寺の勧学院客殿および光浄院客殿、二条城二の丸殿舎など。初期の座敷飾りとしては慈照寺（銀閣寺）東求堂同仁斎の付書院や違い棚が有名である。また、書院造の反動として簡素化を意図した数寄屋造が江戸時代に成立した。

＊　＊　＊

◇日本中世住宅史研究―とくに東求堂を中心として 野地脩左著 京都 臨川書店 1981.7 620, 19p 22cm 〈日本学術振興会昭和30年刊の複製〉 9700円 ①4-653-00714-4

◇日本の美術 13 城と書院 平井聖著 第2版 平凡社 1980.1 164p 24cm 〈監修：亀井勝一郎ほか〉 1800円

◇書院造りと数寄屋造りの研究 堀口捨己著 鹿島出版会 1978.12 611p 22cm 13000円

◇書院 第2 藤岡通夫, 恒成一訓著 大阪 創元社 1969 261p（おもに図版） 31cm 6000円

◇書院造 太田博太郎著 東京大学出版会 1966 261p 図版 19cm （日本美術史叢書 5）

◇書院造 太田博太郎著 東京大学出版会 1966 261p 図版 19cm （日本美術史叢書 5 文化史懇談会編） 600円

◇書院建築詳細図譜 北尾春道著 彰国社 1956 図版192p（解説共） 30cm

◇日本中世住宅史研究―とくに東求堂を中心として 野地修左著 日本学術振興会 1955 620, 19p 図版 22cm

花の御所
はなのごしょ

天授4/永和4年（1378年）足利義満によって京都に造営された将軍邸。南北二町、東西一町の

広さの寝殿造。京都北小路室町にあったので室町殿と称された。この土地は、もと室町(四嶋)季顕の邸宅であったものを将軍足利義檉が買得し、崇光上皇に寄進し仙洞御所となっていたが、天授3/永和3年(1377年)2月に火災にあったのを機会に足利義満がもらいうけ、同じ火災にあった菊亭公直の屋敷地と併せて邸地としたものである。諸家から名木・名花を集め四季花が絶えなかったところから、「花亭」「花の御所」といわれた。文明8年(1476年)焼亡した。上杉家本「洛中洛外図」には焼失前の様子が描かれている。

＊　＊　＊

◇中世京都の軌跡―道長と義満をつなぐ首都のかたち　鋤柄俊夫著　雄山閣　2008.7　172p　21cm　2800円　①978-4-639-02049-3

◇京都の歴史を足元からさぐる 洛北・上京・山科の巻　森浩一著　学生社　2008.3　258p　19cm　1980円　①978-4-311-20315-2

◇歴史おもしろ新聞　第5巻　足利義満、金閣をたてる―南北朝の争いと室町幕府（南北朝時代～室町時代）　佐藤和彦文　ポプラ社　1990.4　55p　27cm　〈監修：佐藤和彦〉　2250円　①4-591-03615-4

◇日本歴史の構造と展開―永島福太郎先生退職記念　永島福太郎先生退職記念会編　山川出版社　1983.1　470p　22cm　〈永島福太郎先生の肖像あり〉　6800円

鹿苑寺(金閣)

ろくおんじ(きんかく)

京都市北区にある臨済宗相国寺派の寺。北山と号し、金閣寺という通称でも知られる。室町幕府の3代将軍足利義満の別荘北山殿を、その遺命により夢窓疎石を開山として禅寺としたもの。応永4年(1397年)、3層からなる舎利殿を建立し、その内外に金箔を押したところから、金閣とよばれた。応仁の乱で金閣以外の建物は焼失し、金閣も昭和25年(1950年)の放火で焼失、のち再建された。大書院障壁画、足利義満画像などの重要文化財があり、庭園も浄土庭園の流れをくむ名園として知られる。平成6年(1994年)「古都京都の文化財」の一つとして世界遺産(文化遺産)に登録された。

＊　＊　＊

◇金閣の金―句集　田中とし枝著　梅里書房　2009.4　201p　20cm　2800円　①978-4-87227-345-8

◇金閣寺―鹿苑寺　河原書店編集部編　京都　河原書店　2009.2　27p　17cm　（京都・世界遺産手帳）　〈文献あり〉　①978-4-7611-0173-2

◇金閣寺　有馬頼底, 梅原猛著　京都　淡交社　2008.5　142p　21cm　（古寺巡礼京都 新版 21）　〈年表あり〉　1600円　①978-4-473-03491-5

◇特別史跡・特別名勝鹿苑寺(金閣寺)庭園　京都市埋蔵文化財研究所編　京都　京都市埋蔵文化財研究所　2006.3　53p 図版16p　30cm　（京都市埋蔵文化財研究所発掘調査報告 2005-17）

◇金閣寺平成の茶室　有馬頼底, 木下孝一, 千宗屋監修　長野　新建新聞社　2005.8　182p　30cm　〈他言語標題：Kinkaku-ji teahouse of the Heisei era〉　3800円　①4-916194-34-9

◇足利義満―金閣にこめた願い　酒寄雅志監修, 小西聖一著　理論社　2005.1　101p　25cm　（NHKにんげん日本史）　〈年譜あり　年表あり〉　1800円　①4-652-01478-3

◇大本山相国寺と金閣・銀閣の名宝展―室町文化の粋 足利義満公六百年遠忌記念　読売新聞大阪本社編　〔大阪〕　読売新聞大阪本社　2004.12　163p　30cm　〈他言語標題：Art treasures from Shokoku-ji, Kinkaku and Ginkaku Temple　会期・会場：2004年12月25日―2005年1月17日 日本橋高島屋ほか　年表あり〉

◇鹿苑寺と西園寺　有馬頼底監修, 鹿苑寺編　京都　思文閣出版　2004.4　183p　図版21枚　31cm　〈金閣鹿苑寺開基足利義満公六〇〇年忌記念 金閣鹿苑寺開山夢想国師六五〇年遠諱記念　折り込1枚

年表あり〉 3800円 Ⓘ4-7842-1190-X

◇特別史跡・特別名勝鹿苑寺(金閣寺)庭園 京都市埋蔵文化財研究所編 京都 京都市埋蔵文化財研究所 2003.12 20p 図版8p 30cm (京都市埋蔵文化財研究所発掘調査概報 2003-6)

◇特別史跡・特別名勝鹿苑寺(金閣寺)庭園 京都市埋蔵文化財研究所編 京都 京都市埋蔵文化財研究所 2003.1 12p 図版3p 30cm (京都市埋蔵文化財研究所発掘調査概報 2001-9)

◇日本の歴史 中世 2-5 金閣と銀閣—室町文化 新訂増補 朝日新聞社 2002.9 p130-160 30cm (週刊朝日百科 15) 476円

◇大本山相国寺・金閣・銀閣秘宝展図録—開山夢窓国師650年 新潟放送メディア事業局編 〔新潟〕 新潟放送 2002.4 176p 30cm 〈会期・会場:2002年4月10日—5月19日 新潟市美術館ほか 標題紙等のタイトル:大本山相国寺・金閣・銀閣秘宝展 年譜あり 年表あり〉

◇金閣・銀閣の研究—日本文化のルーツをさぐる 玉井哲雄監修 ポプラ社 2000.4 47p 29cm (調べ学習日本の歴史 4) 3000円 Ⓘ4-591-06379-8

◇日本の世界遺産—三好和義写真集 三好和義撮影 小学館 1999.1 100p 26cm 3600円 Ⓘ4-09-680616-1

◇大本山相国寺・金閣・銀閣寺宝展図録 北海道立近代美術館, 福岡市博物館, 名古屋市博物館編 〔札幌〕 北海道新聞社 1998.7 186p 30cm 〈大本山相国寺創建六百年金閣寺創建六百年銀閣寺創建五百年〉

◇相国寺金閣寺銀閣寺名宝展 相国寺承天閣美術館編, 有馬頼底解説 蒲江町(大分県) 蒲江町 1998.4 59p 30cm 〈会期・会場:平成10年4月23日—5月6日 蒲江町中央公民館 年表あり〉

◇特別史跡特別名勝鹿苑寺(金閣寺)庭園—防災防犯施設工事に伴う発掘調査報告書 京都市埋蔵文化財研究所編 京都 鹿苑寺 1997.2 110p 図版41枚 30cm (京都市埋蔵文化財研究所調査報告 第15冊) 〈背の書名:鹿苑寺(金閣寺)庭園 付(1枚):報告書抄録〉

◇北山・東山文化の華—相国寺・金閣・銀閣名宝展 根津美術館編 根津美術館 1995.9 154, 5p 30cm 〈会期:平成7年9月15日—10月29日〉 Ⓘ4-930817-12-9

◇相国寺・金閣寺・銀閣寺の名宝—足利家と室町文化 特別展 三島 佐野美術館 1993 94p 30cm 〈創建六〇〇年記念 会期:平成5年10月22日〜11月23日〉 Ⓘ4-915857-28-X

◇日本名建築写真選集 第11巻 金閣寺・銀閣寺 伊藤ていじほか編 柴田秋介撮影, 宮上茂隆解説, 杉本苑子エッセイ 新潮社 1992.11 134p 31cm 5000円 Ⓘ4-10-602630-9

◇日本美術全集 15 北山・東山の美術—金閣と銀閣 田中一松ほか編集 金沢弘編集 学習研究社 1988.11 218p 38cm 〈第9刷(第1刷:1979年)〉 4600円 Ⓘ4-05-002927-8

◇鹿苑寺名宝展図録 源豊宗, 有馬頼底編集解説 〔京都〕 大本山相国寺承天閣美術館 1984.9 1冊(ページ付なし) 24×25cm 〈年表あり〉

◇日本美術全集 第15巻 北山・東山の美術—金閣と銀閣 金沢弘編集 学習研究社 1979.4 218p 38cm 〈年表:p212〜215〉 4600円

◇古寺巡礼京都 20 金閣寺・銀閣寺 竹中郁, 村上慈海著 京都 淡交社 1977.12 156p(図共) 27cm 〈監修:井上靖, 塚本善隆 金閣寺・銀閣寺年表:p.152〜155〉 2800円

◇金閣と銀閣　赤松俊秀, 川上貢本文, 入江泰吉写真　淡交新社　1964　115p 図版106p　22cm

◇金閣と銀閣　赤松俊秀, 川上貢本文, 入江泰吉写真　〔京都〕　淡交新社　1964　115p 図版106p　22cm

◇日本の寺　第5　金閣寺・銀閣寺　渡辺義雄撮影, 阿部知二, 福山敏男文　美術出版社　1958-61　36cm

東山文化　ひがしやまぶんか

室町時代中期、8代将軍足利義政時代の文化。広義には15世紀後半の文化を指す。3代将軍足利義満時代の北山文化に対する呼称で、義政が東山山荘(現・慈照寺銀閣)を造営して東山殿と称されたことに因む。政治的に無力だった義政は応仁の乱以前より文化に耽溺していたが、文明14年(1482年)に東山山荘の造営を開始、翌年に同山荘に移り住んで風流の生活を送り、文化興隆の契機をもたらした。東山文化は公家文化・武家文化に禅宗文化が融合したもので、貴族的で華麗な北山文化に対し、侘び・寂び・幽玄の境地が重んじられた。代表的なものに連歌(飯尾宗祇ほか)、水墨画(雪舟ほか)、狩野派(狩野正信ほか)、金工(後藤祐乗ほか)、蒔絵(幸阿弥ほか)、茶の湯(村田珠光ほか)、華道(池坊専慶ほかの)、香道(三条西実隆ほか)、庭園(枯山水)(善阿弥ほか)、能(金春禅竹ほか)、書院造(慈照寺東求堂の同仁斎など)がある。東山文化は都市の発展を背景に庶民の間にも広まる一方、上洛した武将や戦乱を避けて下向した公家らにより日本各地へ普及、近世を経て今日に伝わる、日本的といわれる文化の源流となった。

◇水墨画・墨蹟の魅力　正木美術館編　吉川弘文館　2008.10　321p 図版12枚　22cm　3800円　①978-4-642-07907-5

◇おもしろ日本史　森田恭二編著　大阪　和泉書院　2008.6　185p　19cm　(IZUMI BOOKS)　1500円　①978-4-7576-0451-3

◇人物なぞとき日本の歴史　3　鎌倉・室町時代　高野尚好監修　小峰書店　2008.4　55p　29cm　〈年表あり〉　3200円　①978-4-338-23303-3, 978-4-338-23300-2

◇茶道・香道・華道と水墨画―室町時代　中村修也監修　京都　淡交社　2006.11　111p　21cm　(よくわかる伝統文化の歴史 2)　〈文献あり　年表あり〉　1600円　①4-473-03344-9

◇北山・東山文化の華―相国寺・金閣・銀閣名宝展　根津美術館編　根津美術館　1995.9　154, 5p　30cm　〈会期：平成7年9月15日―10月29日〉　①4-930817-12-9

◇東山文化―その背景と基層　横井清著　平凡社　1994.11　236p　16cm　(平凡社ライブラリー)　1000円　①4-582-76078-3

◇足利義政と東山文化　河合正治著　清水書院　1984.9　197p　18cm　(清水新書)　〈『足利義政』(昭和47年刊)の改題　足利義政の肖像あり〉　480円　①4-389-44026-8

◇東山文化―その背景と基層　横井清著　〔東村山〕　教育社　1979.5　192p　18cm　(教育社歴史新書)　600円

◇日本美術全集　第15巻　北山・東山の美術―金閣と銀閣　金沢弘編集　学習研究社　1979.4　218p　38cm　〈年表：p212～215〉　4600円

◇東山時代に於ける一縉紳の生活　原勝郎著　講談社　1978.4　126p　15cm　(講談社学術文庫)　220円

◇東山御物―『雑華室印』に関する新史料

を中心に　根津美術館, 徳川美術館編　根津美術館　1976.10　213p（図共）　21×22cm　〈製作：大塚巧芸社（東京）〉

◇東山御物―「雑華室印」に関する新史料を中心に　根津美術館, 徳川美術館編　根津美術館　1976.10　213p　21×22cm

◇足利義政―盛り上がる社会意識と東山文化　河合正治著　清水書院　1972　197p　図　20cm　（センチュリーブックス）　430円

◇東山文化と民衆　おおのいさお著　評論社　1970　262p 図版　18cm　（若い世代と語る日本の歴史 16）　290円

◇東山時代に於ける一縉紳の生活　原勝郎著　筑摩書房　1967　228p　19cm　（筑摩叢書 92）

◇東山文化―動乱を生きる美意識　吉村貞司著　美術出版社　1966　220p 図版16枚　21cm　（美術選書）

◇東山文化―動乱を生きる美意識　吉村貞司著　美術出版社　1966　220p 図版16枚　21cm　（美術選書）　680円

◇東山文化　芳賀幸四郎著　塙書房　1962　275p 図版　19cm　（塙選書）　〈研究文献 266-267p〉

◇東山文化　芳賀幸四郎著　塙書房　1962　275p 図版　19cm　（塙選書）

◇東山文化の研究　芳賀幸四郎著　河出書房　1945　907p 図版　22cm　18.00円

◇東山文化の研究　芳賀幸四郎著　河出書房　1945　927p 図版　22cm

慈照寺（銀閣）

じしょうじ（ぎんかく）

京都市左京区にある臨済宗相国寺派の寺。東山と号し、通称の銀閣寺で名高い。寛正6年（1465年）、室町幕府の8代将軍足利義政が天台宗浄土寺の旧跡に山荘の造営を始め、文明15年（1483年）常御所落成後に移り住み、これを東山殿と称した。義政死去後、遺命によりこれを禅寺に改め、相国寺の室処和尚を住持に迎えて夢窓疎石を勧請開山とした。慈照寺の名は義政の院号をとったもの。銀閣は重層宝形造で2層からなり、初層の心空殿は住宅様式、2層の潮音閣は禅宗様式になっている。義満の金閣にならって銀箔をはったところから「銀閣」の名称がついたとされたが、その形跡はない。東求堂は義政の持仏堂など4室からなり、その中の四畳半の部屋同仁斎は書院造の最古の遺構であり、茶室の始まりといわれる。庭園は西芳寺庭園を模した相阿弥の造築。平成6年（1994年）「古都京都の文化財」の一つとして世界遺産（文化遺産）に登録された。

＊　＊　＊

◇銀閣寺―慈照寺　河原書店編集部編　京都　河原書店　2009.2　23p　17cm　（京都・世界遺産手帳）　〈文献あり〉　①978-4-7611-0173-2

◇史跡慈照寺（銀閣寺）旧境内　京都市埋蔵文化財研究所編　京都　京都市埋蔵文化財研究所　2009.1　13p 図版4p　30cm　（京都市埋蔵文化財研究所発掘調査報告 2008-11）

◇足利義政と銀閣寺　ドナルド・キーン著, 角地幸男訳　中央公論新社　2008.11　276p　16cm　（中公文庫）　〈「足利義政」（中央公論新社2003年刊）の改題　文献あり〉　762円　①978-4-12-205069-3

◇史跡慈照寺（銀閣寺）旧境内　京都市埋蔵文化財研究所編　京都　京都市埋蔵文化財研究所　2008.3　47p 図版9p　30cm　（京都市埋蔵文化財研究所発掘調査報告 2007-16）

◇庭園の中世史―足利義政と東山山荘　飛田範夫著　吉川弘文館　2006.3　209p　19cm　（歴史文化ライブラリー 209）　〈文献あり〉　1700円　①4-642-05609-2

◇大本山相国寺と金閣・銀閣の名宝展―室町文化の粋 足利義満公六百年遠忌記念　読売新聞大阪本社編　〔大阪〕　読売新聞大阪本社　2004.12　163p　30cm　〈他言語標題：Art treasures from Shokoku-ji, Kinkaku and Ginkaku Temple　会期・会場：2004年12月25日―2005年1月17日 日本橋高島屋ほか　年表あり〉

◇史跡慈照寺(銀閣寺)旧境内　京都市埋蔵文化財研究所編　京都　京都市埋蔵文化財研究所　2003.7　22p 図版8p　30cm　(京都市埋蔵文化財研究所発掘調査概報 2003-1)

◇日本の歴史　中世 2-5　金閣と銀閣―室町文化　新訂増補　朝日新聞社　2002.9　p130-160　30cm　(週刊朝日百科 15)　476円

◇大本山相国寺・金閣・銀閣秘宝展図録―開山夢窓国師650年　新潟放送メディア事業局編　〔新潟〕　新潟放送　2002.4　176p　30cm　〈会期・会場：2002年4月10日―5月19日 新潟市美術館ほか　標題紙等のタイトル：大本山相国寺・金閣・銀閣秘宝展　年譜あり　年表あり〉

◇金閣・銀閣の研究―日本文化のルーツをさぐる　玉井哲雄監修　ポプラ社　2000.4　47p　29cm　(調べ学習日本の歴史 4)　3000円　①4-591-06379-8

◇調べ学習日本の歴史　4　金閣・銀閣の研究　玉井哲雄監修　ポプラ社　2000.3　47p　30cm　3000円　①4-591-06379-8

◇日本の世界遺産―三好和義写真集　三好和義撮影　小学館　1999.1　100p　26cm　3600円　①4-09-680616-1

◇大本山相国寺・金閣・銀閣寺宝展図録　北海道立近代美術館, 福岡市博物館, 名古屋市博物館編　〔札幌〕　北海道新聞社　1998.7　186p　30cm　〈大本山相国寺創建六百年金閣寺創建六百年銀閣寺創建五百年〉

◇相国寺金閣寺銀閣寺名宝展　相国寺承天閣美術館編, 有馬頼底解説　蒲江町(大分県)　蒲江町　1998.4　59p　30cm　〈会期・会場：平成10年4月23日―5月6日 蒲江町中央公民館　年表あり〉

◇日本の国宝　61-70　朝日新聞社　1998.4-6　10冊(合本1冊)　31cm　(週刊朝日百科)　各533円

◇相国寺・金閣寺・銀閣寺の名宝―足利家と室町文化 特別展　三島　佐野美術館　1993　94p　30cm　〈創建六〇〇年記念会期：平成5年10月22日～11月23日〉　①4-915857-28-X

◇日本名建築写真選集　第11巻　金閣寺・銀閣寺　伊藤ていじほか編　柴田秋介撮影, 宮上茂隆解説, 杉本苑子エッセイ　新潮社　1992.11　134p　31cm　5000円　①4-10-602630-9

◇京の茶室　東山編　岡田孝男著　京都　学芸出版社　1989.6　269p　21cm　3605円　①4-7615-3014-6

◇日本の庭園美　3　慈照寺銀閣―義政の数寄空間　大橋治三撮影　集英社　1989.4　67p　31cm　〈監修：井上靖, 千宗室 編集：第一アートセンター〉　2060円　①4-08-598003-3

◇不滅の建築　8　銀閣寺―京都・慈照寺　鈴木嘉吉, 工藤圭章責任編集　岡本茂男撮影　毎日新聞社　1989.1　63p　31cm　1800円　①4-620-60278-7

◇日本美術全集　15　北山・東山の美術―金閣と銀閣　田中一松ほか編集　金沢弘編集　学習研究社　1988.11　218p　38cm　〈第9刷(第1刷：1979年)〉　4600円　①4-05-002927-8

◇史跡慈照寺(銀閣寺)旧境内保存整備事業報告書　〔京都〕　慈照寺　1988.3　24p　26cm　〈折り込図10枚〉

◇慈照寺名宝展図録　源豊宗, 有馬頼底編集解説　〔京都〕　大本山相国寺承天閣美術館　1985.4　1冊(ページ付なし)　24×25cm　〈年表あり〉

◇日本美術全集　第15巻　北山・東山の美術―金閣と銀閣　金沢弘編集　学習研究社　1979.4　218p　38cm　〈年表：p212～215〉　4600円

◇日本の美　第2期 第1集　京都古寺―東寺 知恩院 金閣・銀閣　学習研究社　1978　160p　29cm　〈NHK総合テレビで放送の『日本の美』の内容にもとづいて学習研究社が編集したもの〉　1800円

◇古寺巡礼京都　20　金閣寺・銀閣寺　竹中郁, 村上慈海著　京都　淡交社　1977.12　156p(図共)　27cm　〈監修：

井上靖, 塚本善隆 金閣寺・銀閣寺年表: p.152～155〉 2800円

◇金閣と銀閣 赤松俊秀, 川上貢本文, 入江泰吉写真 淡交新社 1964 115p 図版106p 22cm

◇金閣と銀閣 赤松俊秀, 川上貢本文, 入江泰吉写真 〔京都〕 淡交新社 1964 115p 図版106p 22cm

◇日本の寺 第5 金閣寺・銀閣寺 渡辺義雄撮影, 阿部知二, 福山敏男文 美術出版社 1958-61 36cm

◇銀閣寺 京都古蹟研究会編 京都 推古書院 1949.5 50p 19cm (New guide no.1)

侘び・寂び
わび・さび

日本における美的理念の一つ。侘びとは「侘ぶ」の連用形から出来た語で、はじめ貧しい・寂しい・心細いなど消極的な意味に用いられたが、中世には名誉や利害を重んじる世俗の価値観から自由であることを示す語として積極的な意味を与えられた。さらに、飾りや奢りを捨てた簡素の中に見いだされる清澄・閑寂な趣きを意味するようになり、千利休らにより茶の湯の根本精神とされた。寂びとは「寂ぶ」の連用形から出来た語で、古びた（劣化した）様子など消極的な意味に用いられたが、幽玄・侘びの美意識に基づく閑寂枯淡な美的興趣、特に古びたものの美を意味するようになり、連歌・俳諧、特に芭蕉俳諧の根本精神とされた。

＊　＊　＊

◇わび・さび・幽玄―「日本的なるもの」への道程 鈴木貞美, 岩井茂樹編 水声社 2006.9 538p 21cm 6000円 ①4-89176-606-9

◇わび・さび・幽玄―「日本的なるもの」への道程 鈴木貞美, 岩井茂樹編 水声社 2006.9 538p 22cm 〈文献あり〉 6000円 ①4-89176-606-9

◇わび・さびの世界―第3回小代焼展 玉名市立歴史博物館こころピア編 玉名 玉名市立歴史博物館こころピア 2005.4 32p 30cm

◇わび茶つれづれ―鎌倉の的々相伝をたずねて 宇野克己著 国書刊行会 1993.6 155p 21cm 5000円 ①4-336-03486-9

◇婆娑羅の時代―王朝世界の残照・近世のいぶき 秋季特別展 徳川美術館編 名古屋 徳川美術館 1991.10 143, 8p 30cm 〈会期：平成3年10月5日～11月10日〉

◇日本の古窯―わび・さびの源流 中世古窯の全容とその美 岡山県立博物館編 岡山 岡山県立博物館 1986.10 80p 26cm 〈昭和61年度特別展〉

◇茶の湯釜―侘びの造形 サントリー美術館 〔1985〕 80p 26cm 〈会期：昭和60年9月10日～10月20日〉

◇京都千年 3 庭と茶室―華やぎとわび・さび 原田伴彦ほか編集 原田伴彦編 講談社 1984.7 224p 21cm 1500円 ①4-06-187103-X

◇侘びの造形 吉村貞司著 京都 淡交社 1984.4 206p 22cm (茶道文化選書) 2500円 ①4-473-00875-4

◇侘びの茶花―名品花入に活ける 山藤宗山著 世界文化社 1981.11 198p 31cm 〈著者の肖像あり〉 9500円 ①4-418-81502-3

藤原 隆信
ふじわらの たかのぶ

康治元年（1142年）～元久2年（1205年）2月27日

歌人、絵師。法名は戒心。父は皇后宮少進の藤原為経で、歌人・藤原定家の異父兄に当たる。美福門院、八条院、後白河院に仕え、上野介、越前守、若狭守などを歴任。また、右馬権頭、右京権大夫なども務めた。画家としては肖像画に秀で、神護寺蔵の「伝源頼朝像」「伝平重盛像」「伝藤原光能像」の作者とされており、のちに隆盛する似絵の先駆者ともいわれている。承安3年（1173年）絵師・常磐光長が最勝光院御堂障子に描いた「平野行啓・日吉御幸図」において、人

物の顔の部分を担当したという記録もある。歌人としては『千載和歌集』をはじめとする勅撰集や多くの私撰集に作品が収録されており、建仁2年(1202年)和歌所寄人となる。同年出家し、法然に帰依した。このような多才さは子の信実に受け継がれ、とくに似絵に秀でた。その家系からは専阿弥、為信、豪信らの肖像画家を輩出した。歌集に『隆信朝臣集』がある。

＊　＊　＊

◇後白河院時代歌人伝の研究　中村文著　笠間書院　2005.6　481, 26p　21cm　14500円　①4-305-70296-7

◇中世私家集　1　冷泉家時雨亭文庫編　朝日新聞社　1994.8　598, 43p　22cm　(冷泉家時雨亭叢書 第25巻)〈複製〉　29000円　①4-02-240325-X

◇古典和歌論叢　犬養廉編　明治書院　1988.4　579p　21cm　9600円　①4-625-41088-6

◇国語国文学論集―武智雅一先生退官記念　松山　武智雅一先生退官記念国語国文学論集刊行会(愛媛大学法文学部国語国文学研究室内)　1972　422p 肖像　22cm

藤原 信実
ふじわらの のぶざね

安元2年(1176年)～文永3年(1266年)

歌人、絵師。初名は隆実、号は寂西。藤原隆信の子。歌人・定家の甥にあたる。廷臣として仕え、中務権大輔を経て寛喜3年(1231年)には正四位下、左京権大夫となる。晩年は出家した。藤原定家に歌道を学び、私家集『信実朝臣集』があるほか、宮廷説話を収めた『今物語』を残す。絵師としては、父が得意とした似絵(肖像画)を受けつぎ、作品に「後鳥羽天皇像」「随身庭騎絵巻」「三十六歌仙絵巻」などがある。

＊　＊　＊

◇日本美術事件簿　瀬木慎一著　二玄社　2001.9　203p　19cm　1700円　①4-544-02034-4

◇日本美術史　山岡泰造監修, 並木誠士, 森理恵編　京都　昭和堂　1998.5　332p　21cm　2400円　①4-8122-9811-3

◇鎌倉時代歌人伝の研究　井上宗雄著　風間書房　1997.3　584p　22cm　18540円　①4-7599-1036-0

◇羣書類従　第27輯　雑部　〔第3〕　塙保己一編, 続群書類従完成会校　訂正版　続群書類従完成会　1960 3版　728p　19cm

◇羣書類従　第27輯　雑部　第3(巻第471-488)　塙保己一編, 続群書類従完成会校　群書類従刊行会　1955　728p　22cm

北野天神縁起
きたのてんじんえんぎ

鎌倉時代に作られた絵巻。北野天満宮の由来が、菅原道真の生涯や死後の怨霊説話と関連づけて描かれている。菅原道真の一生と死後の変異、日蔵の六道巡りを描き、他本にある天満宮の草創と霊験はない。多くの伝本があり、代表的なものは承久1年(1219年)起草の詞書をもつ承久本8巻である。絵巻としてはまれな幅広の画面で、写実的な線描の上に濃彩淡彩を施したもの。他に弘安1年(1278年)の奥書のある弘安本など。同系統のものとして『松ケ崎天神縁起』などがある。

＊　＊　＊

◇北野天神縁起を読む　竹居明男編　吉川弘文館　2008.11　273p　20cm　(歴史と古典)〈文献あり〉　2800円　①978-4-642-07154-3

◇天神縁起の系譜　須賀みほ著　中央公論美術出版　2004.4　2冊　27×37cm　〈複製を含む　「研究・資料篇」「図版篇」に分冊刊行　外箱入〉　全50000円　①4-8055-0464-1

◇天神縁起―建保本　生杉朝子訳　名張　生杉朝子　2001.2　145p　21cm　〈写真：生杉佳弘〉　2000円

◇天神縁起の基礎的研究　真壁俊信著, 日本古典籍註釈研究会編　続群書類従完成会　1998.12　270p　23cm　13000円

①4-7971-0677-8

◇絵巻―蒙古襲来絵詞、絵師草紙、北野天神縁起　宮内庁三の丸尚蔵館編　宮内庁　1994.10　77, 3p　29cm　（三の丸尚蔵館展覧会図録 no.5）〈会期：平成6年10月8日～12月11日〉

◇北野天神縁起絵巻―杉谷本　生杉朝子訳　名張　生杉朝子　1994.5　191p　22cm

◇北野聖廟絵の研究　真保亨著　中央公論美術出版　1994.2　533p　26cm　28840円　①4-8055-0270-3

◇日本の絵巻　続 15　北野天神縁起　小松茂美編　中央公論社　1991.8　117p　35cm　3800円　①4-12-402895-4

◇NHK国宝への旅　第19巻　大分 宇佐神宮.滋賀竹生島 宝厳寺・都久夫須麻神社.京都 北野天満宮/北野天神縁起絵巻.福井明通寺　NHK取材班著　日本放送出版協会　1990.1　146p　24cm　1900円　①4-14-008656-4

◇日本絵巻大成　21　北野天神縁起　小松茂美編　小松茂美ほか執筆　中央公論社　1978.10　145p　35cm　9800円

◇新修日本絵巻物全集　9　北野天神縁起　源豊宗編集担当　角川書店　1977.1　1冊（はり込み図8枚）　37cm　〈監修：田中一松〉　20000円

◇天神縁起の歴史　笠井昌昭著　雄山閣出版　1973　216p 図　21cm　（風俗文化史選書 10 日本風俗史学会編集）　1500円

◇日本繪巻物全集　第8巻　北野天神縁起　角川書店編集部編　角川書店　1959　図版72p 解説79p　38cm　〈解説 北野天神縁起解説（源豊宗他）〉

◇日本絵巻物全集　第8巻　北野天神縁起　角川書店編集部編　角川書店　1959　図版72p 解説79p はり込図版7枚　38cm　〈付：解説 北野天神縁起解説（源豊宗他）〉

春日権現験記
かすがごんげんき

鎌倉時代の代表的絵巻物。絹本着色。全20巻・目録1巻からなる。詞は鷹司基忠ほか三人の筆写。春日神社創建の由来と霊験奇瑞譚約五八話を収録。目録によれば、絵は宮廷の絵所預（えどころあずかり）であった高階隆兼が描き、西園寺公衡の発願で延慶2年（1309年）春日大社に奉納された。華麗で濃密な画風は大和絵の一頂点を示し、「石山寺縁起絵巻」「玄奘三蔵絵」などが同系統の技法をもっている。「春日権現霊験記」「春日験記」とも称される。

＊　＊　＊

◇五来重著作集　第4巻　寺社縁起と伝承文化　五来重著, 赤田光男, 伊藤唯真, 小松和彦, 鈴木昭英, 福田晃, 藤井正雄, 宮家準, 山路興造編　京都　法蔵館　2008.4　434p　22cm　8500円　①978-4-8318-3410-2

◇イメージとテキスト―美術史を学ぶための13章　新関公子監修, 稲本万里子, 池上英洋編著　国立　ブリュッケ, 星雲社〔発売〕　2007.4　312p　21cm　3400円　①978-4-434-10406-0

◇絵巻における神と天皇の表現―見えぬように描く　山本陽子著　中央公論美術出版　2006.7　461p　21cm　12000円　①4-8055-0526-5

◇神国論の系譜　鍛代敏雄著　京都　法蔵館　2006.5　201p　20cm　〈文献あり〉　1800円　①4-8318-7470-1

◇春日権現験記絵注解　神戸説話研究会編　大阪　和泉書院　2005.2　366p　26cm　20000円　①4-7576-0299-5

◇中世仏教説話論考　野村卓美著　大阪　和泉書院　2005.2　410p　22cm　（研究叢書 323）　10000円　①4-7576-0295-2

◇『春日験記絵』と中世―絵巻を読む/歩く　五味文彦著　京都　淡交社　1998.11　271p　22cm　3400円　①4-473-01628-5

◇日本の絵巻　続 14　春日権現験記絵　下　小松茂美編　中央公論社　1991.6　79p　35cm　3800円　①4-12-402894-6

◇日本の絵巻　続 13　春日権現験記絵　上　小松茂美編　中央公論社　1991.4

103p　35cm　3800円　①4-12-402893-8

◇御物　絵画 1　毎日新聞社至宝委員会事務局編　毎日新聞社　1991.3　248p　37cm　（皇室の至宝 1）　13000円　①4-620-80261-1

◇続日本絵巻大成　15　春日権現験記絵　下　小松茂美編　小松茂美ほか執筆　中央公論社　1982.7　109p　36cm　18000円

◇続日本絵巻大成　14　春日権現験記絵　上　小松茂美編　小松茂美, 久保木彰一執筆　中央公論社　1982.5　113p　36cm　18000円

◇続日本絵巻大成　14　春日権現験記絵　上　小松茂美編, 久保木彰一編　中央公論社　1982.5　113p　36cm　〈編集：小松茂美 オールカラー版 14.春日権現験記絵 上 小松茂美, 久保木彰一編〉　18000円

◇新修日本絵巻物全集　16　春日権現験記絵　野間清六編集担当　角川書店　1978.1　73, 26p 図版56枚　37cm　〈監修：田中一松　はり込図10枚〉　20000円

◇日本繪巻物全集　第15巻　春日權現驗記繪　角川書店編集部編　角川書店　1963　原色はり込図版10枚 図版10p 解説70, 20p　38cm　〈解説「春日權現驗記繪」の概観（野間清六）他4篇〉

◇日本絵巻物全集　第15巻　春日権現験記絵　角川書店編集部編　角川書店　1963　原色はり込図版10枚 図版100p 解説70, 20p　38cm　〈付：解説「春日権現験記絵」の概観（野間清六）他4篇〉

石山寺縁起
いしやまでらえんぎ

鎌倉後期から江戸中期にかけて作られた。全7巻。観音の三十三応化身にちなんで、全33段に構成されている。石山寺創建の縁起と、本尊の観音菩薩の霊験譚を描く。本文の成立は正中年間（1324～1326年）であるが、絵の制作年次は、第1～3巻は高階隆兼の画風に似て最も古く、第5巻もほぼ同時期、第4巻は明応6年（1497年）土佐光信筆、第6、7巻は江戸時代の谷文晁筆。重要文化財。

＊　＊　＊

◇日本の絵巻　16　石山寺縁起　小松茂美編　中央公論社　1988.7　127p　35cm　3600円　①4-12-402666-8

◇新修日本絵巻物全集　22　石山寺縁起絵　梅津次郎編集担当　角川書店　1979.1　72, 73, 17p 図版16枚　37cm　〈監修：田中一松　はり込図8枚〉　20000円

◇日本絵巻大成　18　石山寺縁起　小松茂美編　小松茂美ほか執筆　中央公論社　1978.7　147p　35cm　9800円

◇大日本仏教全書　第86巻　寺誌部　4　鈴木学術財団編　鈴木学術財団 講談社（発売）　1972　333p　27cm　10000円

◇日本繪巻物全集　第22　石山寺縁起繪　角川書店編集部編　角川書店　1966　はり込み原色図版8枚 図版37枚, 解説47, 9p　38cm　〈解説 石山寺縁起繪について（梅津次郎）他4編 文献目録〉

◇日本絵巻物全集　第22巻　石山寺縁起絵　角川書店編集部編　角川書店　1966　はり込み原色図版8枚 図版37枚 解説47, 9p　38cm　〈付：解説 石山寺縁起絵について（梅津次郎）他4篇. 文献目録〉　7500円

◇日本古典鑑賞講座　第1巻　日本文学入門　風巻景次郎, 井本農一編　角川書店　1959　494p　20cm

合戦絵
かっせんえ

やまと絵の画題の一つ。軍記物語の絵巻化として平安時代末に現れた。文献に現れるもっとも古い作品に、後白河法皇の命で承安元年（1171年）につくられた「後三年合戦絵巻」がある。鎌倉時代に流行し、「平治物語絵巻」「蒙古襲来絵詞」などの作品がよく知られる。

＊　＊　＊

◇合戦絵巻合戦図屏風　新人物往来社　2007.2　185p　26cm　（別冊歴史読本

第32巻6号） 1800円
①978-4-404-03358-1

◇太平記絵巻の世界―時を経て、今、一堂に会す華麗なる合戦絵巻　埼玉県立博物館編　大宮　埼玉県立博物館　1996.10　185p　22×28cm　〈特別展図録　会期：平成8年10月22日～12月1日　太平記年表・主要参考文献：p179～184〉

◇合戦絵巻―武士の世界　毎日新聞社　1990.12　135p　38cm　（復元の日本史）　5000円　①4-620-60244-2

◇新修日本絵巻物全集　18　男衾三郎絵巻・長谷雄双紙・絵師草紙・十二類合戦絵巻・福富草紙・道成寺縁起絵巻　梅津次郎, 岡見正雄編集担当　角川書店　1979.11　76, 99, 19p 図版25枚　37cm　〈監修：田中一松　はり込図7枚〉　20000円

蒙古襲来絵詞
もうこしゅうらいえことば

鎌倉後期の絵巻。2巻。奥書に永仁元年（1293年）の年紀が残りこの頃の作とされる。文永・弘安の役に参加した肥後の御家人竹崎季長が、みずからの戦功を中心に描かせたもの。前巻の前半は文永の役における季長の武功が、後半は恩賞獲得のために季長が鎌倉へ出訴して成功する経過が描かれ、後巻の大部分は弘安の役における季長の活躍を述べている。当時の武家故実、合戦法、武具などの描写が具体的で史料としても貴重。

＊　＊　＊

◇「蒙古襲来絵詞」を読む　大倉隆二著　福岡　海鳥社　2007.1　167p　21cm　2000円　①978-4-87415-608-7

◇蒙古襲来絵詞と竹崎季長の研究　佐藤鉄太郎著　錦正社　2005.3　470p　22cm　（錦正社史学叢書）　9500円　①4-7646-0317-9

◇週刊日本の美をめぐる　no.47（鎌倉 5）　蒙古襲来と戦いの絵巻　小学館　2003.4　42p　30cm　（小学館ウイークリーブック）　533円

◇蒙古襲来絵詞展　熊本県立美術館編　熊本　熊本県立美術館　2001.3　187p　30cm　〈会期：平成13年3月3日―4月8日　開館25周年記念〉

◇蒙古襲来絵詞―旧御物本　貴重本刊行会　1996.4　4冊（別冊とも）　26cm　〈『日本古典絵巻館』特別配本 宮内庁三の丸尚蔵館蔵の複製 発売：ほるぷ 別冊（2冊）：蒙古襲来絵詞解説 松本彩著・授業実践用解説 平野昇ほか著 折本 帙入　和装〉　全95000円　①4-88915-098-6

◇絵巻―蒙古襲来絵詞、絵師草紙、北野天神縁起　宮内庁三の丸尚蔵館編　宮内庁　1994.10　77, 3p　29cm　（三の丸尚蔵館展覧会図録 no.5）〈会期：平成6年10月8日～12月11日〉

◇日本の絵巻　13　蒙古襲来絵詞　小松茂美編　中央公論社　1988.4　146p　35cm　3600円　①4-12-402663-3

◇日本絵巻大成　14　蒙古襲来絵詞　小松茂美編　小松茂美ほか執筆　中央公論社　1978.10　163p　35cm　9800円

◇新修日本絵巻物全集　10　平治物語絵巻・蒙古襲来絵詞　編集担当：松下隆章　角川書店　1975　原色はり込図8枚 図48, 16p 解説113, 17p　37cm　〈監修：田中一松〉

◇蒙古襲来絵詞―御物本　〔福岡〕　福岡市教育委員会　1975　2軸　32cm　〈東山御文庫所蔵御物本の複製 箱入 付（別冊 50p 26cm）：本文・索引・解説：研究文献目録〉　非売品

◇蒙古襲来絵詞詞書本文並びに総索引　田島毓堂編　名古屋　田島毓堂　1975　63p　22cm　（東海学園国文叢書 6）

◇日本繪巻物全集　第9巻　平治物語繪巻, 蒙古襲来絵詞　角川書店編集部編　角川書店　1964　図版48p 解説98p　38cm　〈解説 合戦繪の展望（田中一松）他9篇 文献目録, 英文解説〉

◇元寇と季長絵詞　桜井清香著　限定版　名古屋　徳川美術館　1957　207p 図版

22cm

◇元寇と季長絵詞　桜井清香著　名古屋　徳川美術館　1957　207p 図版　22cm 〈限定版〉

山水画
さんすいが

山岳や河水を中心とする自然の景観を描いた絵画。単に山水とも呼ばれる。人物画・花鳥画と並ぶ東洋画の三大部門の一つで、特に水墨画の中心テーマである。理想郷としての象徴的な「山水」を描いている点で、西洋の風景画とは性格が異なる。中国の六朝時代に始まり、唐代・宋代に完成された。日本へは禅宗と共に鎌倉時代に伝えられ、従来の大和絵の風景描写に対して漢画と呼ばれた。室町時代中期の周文・雪舟らにより、中国の影響を受けつつも西洋の風景画に近い性質を有する日本独自の山水画様式が確立された。今日でも水墨画の代表的な画題として愛好家が多い。

＊　＊　＊

◇日本屛風絵集成　第2巻　山水画―水墨山水　吉沢忠ほか著　講談社　1978.3　183p　43cm 〈編集：第一出版センター〉 18000円

水墨画
すいぼくが

墨の濃淡を利用して描いた絵画。淡彩を施す場合もある。水墨・墨絵とも呼ばれる。山水画と呼ばれる風景画が好んで描かれたが、単に風景を描くだけでなく、あるべき境地といった禅の精神性を表現している点が特色である。なお、彩色を用いず墨だけで描く手法は平安時代にも存在したが、これらは白描・白画と呼ばれ、水墨画に含めないのが一般的である。中国の唐代中期に始まり、日本へは禅宗と共に鎌倉時代に伝えられ、室町時代に五山の禅僧や武士を中心に栄えた。室町前期の如拙・周文らを経て、東山時代の雪舟により日本独自の水墨画様式が大成され、戦国時代から江戸時代初期にかけて狩野正信・元信ら狩野派、雪村、長谷川等伯、海北友松らが活躍した。その後、池大雅らの南画家を経て、幕末の富岡鉄斎により集大成された。今日では、簡単に始められて奥の深い趣味として多くの愛好家がいる。

＊　＊　＊

◇茶道・香道・華道と水墨画―室町時代　中村修也監修　京都　淡交社　2006.11　111p　21cm （よくわかる伝統文化の歴史 2）〈文献あり　年表あり〉 1600円 ①4-473-03344-9

◇週刊日本の美をめぐる　no.3（室町 1）雪舟―水墨画の巨人　雪舟画　小学館　2002.5　42p　30cm （小学館ウイークリーブック） 533円

◇雪舟の芸術・水墨画論集　金澤弘著　秀作社出版　2002.3　390p　22cm 〈年表あり　著作目録あり〉 2800円 ①4-88265-308-7

◇関東水墨画の200年―中世にみる型とイメージの系譜　栃木県立博物館, 神奈川県立歴史博物館企画・編集　宇都宮　栃木県立博物館　1998.9　223p　30cm 〈共同刊行：神奈川県立歴史博物館〉 ①4-88758-001-0

◇室町時代の水墨画　衛藤駿著　改訂　根津美術館　1996.4　1冊（ページ付なし） 19cm （根津美術館蔵品シリーズ 9）

◇水墨画の巨匠　第1巻　雪舟　梅原猛ほか監修　雪舟画, 吉野光, 中島純司著　講談社　1994.3　109p　31cm ①4-06-253921-7

◇日本水墨名品図譜　第1巻　水墨画の成立　海老根聰郎ほか編　毎日新聞社　1993.10　215p　36cm　28000円 ①4-620-80301-4

◇日本美術全集　第13巻　雪舟とやまと絵屛風―南北朝・室町の絵画2　大河直躬ほか編　辻惟雄ほか編著　講談社　1993.10　251p　37cm 〈折り込図1枚〉 7500円 ①4-06-196413-5

◇日本美術全集　第12巻　水墨画と中世絵巻―南北朝・室町の絵画1　大河直躬ほか編　戸田禎佑ほか編著　講談社　1992.12　247p　37cm 〈折り込図1枚〉

7500円 ①4-06-196412-7

◇鎌倉国宝館図録 第31集 鎌倉の水墨画(祥啓と玉隠) 三浦勝男編 鎌倉 鎌倉市教育委員会 1990.3 35p 図版22枚 27cm 〈共同刊行：鎌倉国宝館〉 1200円

◇鎌倉の水墨画―祥啓と玉隠 三浦勝男編集 鎌倉 鎌倉市教育委員会鎌倉国宝館 1990.3 35 図版22枚 27cm (鎌倉国宝館図録 第31集) 1200円

◇禅林画賛―中世水墨画を読む 毎日新聞社 1987.10 453, 44p 31cm 〈監修：島田修二郎, 入矢義高 作品・賛者題者対照年表：p445～453 巻末：参考文献, 賛者題者略伝〉 22000円 ①4-620-80205-0

◇東山水墨画の研究 渡辺一著 増補版 中央公論美術出版 1985.6 363p 31cm 〈初版：座右宝刊行会昭和23年刊 著者の肖像あり〉 14000円

◇室町水墨画・近世絵画―県内所蔵品を中心に 特別展 〔水戸〕 茨城県立歴史館 1983.10 1冊(頁付なし) 26cm 〈会期：昭和58年10月7日～11月13日〉

◇花鳥画の世界 2 水墨の花と鳥―室町の花鳥 金沢弘, 河合正朝編集 学習研究社 1982.3 193p 37cm 14800円

◇日本美術全集 第16巻 室町の水墨画―雪舟/雪村/元信 赤沢英二編集 学習研究社 1980.3 224p 38cm 4600円

◇重要文化財 第10巻 絵画 4 水墨画―室町水墨画・宋元画他 編集：毎日新聞社「重要文化財」委員会事務局 毎日新聞社 1974 132, 5p(おもに図) 36cm 〈監修：文化庁〉 4300円

◇東山水墨画集 同盟通信社 1971 図130枚 解説68p 53cm(解説：26cm) 〈第1集―第10集(箱入り 10箱 各箱図版13枚入り) 限定版 帙入り(2帙)〉 50000円

◇東山水墨画の研究 渡辺一著 座右宝刊行会 1948 356p 図版 22cm

明兆
みんちょう

正平7/文和元年(1352年)～永享3年(1431年)8月20日

室町時代初期の画僧。淡路の人。字は吉山。号は破草鞋(はそうあい)。若くして大道一以の門に入り、のちに師と共に上洛。東福寺の殿司(でんす)となり、兆殿司ともよばれる。宋・元の画風を研究、肥痩のある墨線とやや暗い色調による力強い画風を確立し、多くの仏画や頂相(ちんぞう)を描いた。こうした作風は、如拙、周文の系統を引く相国寺派に対して東福寺派と呼ばれ、弟子に受け継がれている。作品に「大道一以像」「普明国師像」「四十祖像」「白衣観音像」「達磨・蝦蟇鉄拐像」などがある。後年は仏画以外に純然たる水墨画も手がけ、京都南禅寺の「渓陰小築図」などの作品がある。

* * *

◇日本美術史の杜―村重寧先生星山晋也先生古稀記念論文集 村重寧先生星山晋也先生古稀記念論文集編集委員会編 竹林舎 2008.9 615p 27cm 〈年表あり 年譜あり 著作目録あり〉 23000円 ①978-4-902084-53-5

◇日本美術史の巨匠たち 上 京都国立博物館編 筑摩書房 1982.8 313, 11p 21cm 〈年表 執筆：林屋辰三郎〔ほか12名〕 図版〉 3200円

◇日本美術絵画全集 第1巻 可翁・明兆 金沢弘著 集英社 1981.6 147p 28cm 〈監修：田中一松ほか 編集制作：座右宝刊行会 愛蔵普及版〉 1800円

◇日本美術絵画全集 第1巻 可翁明兆 可翁, 明兆著, 金沢弘著 集英社 1981.6 147p 28cm 〈監修：田中一松〔ほか〕 編集：座右宝刊行会 愛蔵普及版 1.可翁;明兆 金沢弘著 巻末：年譜, 参考文献 図版〉 1800円

◇水墨美術大系 第5巻 可翁・黙庵・明兆 田中一松著 講談社 1978.10 205p 31cm 〈編集：第一出版センター 普及版〉 2500円

◇日本美術絵画全集　第1巻　可翁・明兆　金沢弘著　集英社　1977.12　147p(図共)　40cm　〈監修：田中一松, 松下隆章, 源豊宗 編集制作：座右宝刊行会〉　4600円

◇水墨美術大系　第5巻　可翁・黙庵・明兆　田中一松著　講談社　1974　203p(図共)　43cm　17000円

如拙
じょせつ

生没年不詳

室町時代の画家。号は大巧。相国寺の禅僧といわれる。南宋の手法を取り入れた画風により、室町時代の水墨画隆盛の端緒を開いた。足利将軍家と密接な関係を持ち、雪舟に祖と仰がれ、狩野派でも日本の漢画の祖と位置づけられているが、経歴の詳細は明らかでない。周文の師といわれる。代表作である妙心寺退蔵院蔵「瓢鮎図」は、将軍義持の命で制作されたもので、その構図や手法で日本の水墨画の方向性を決定づけた作品といえる。ほかの作品に「王羲之書扇図」などがある。

＊　＊　＊

◇如拙筆瓢鮎図―ひょうたんなまずのイコノロジー　島尾新著　平凡社　1995.6　117p　25cm　(絵は語る 5)　〈背の書名：瓢鮎図 折り込図1枚〉　3500円　①4-582-29515-0

◇如拙讃歌―藤井政雄追悼集　藤井佐代編著　東郷町(鳥取県)　藤井佐代　1982.8　295p　22cm　〈藤井政雄の肖像あり 限定版〉

◇日本美術絵画全集　第2巻　如拙・周文　松下隆章著　集英社　1981.7　147p　28cm　〈監修：田中一松ほか 編集制作：座右宝刊行会 愛蔵普及版〉　1800円

◇日本美術絵画全集　第2巻　如拙周文　如拙著, 周文著, 松下隆章著　集英社　1981.7　147p　28cm　〈監修：田中一松〔ほか〕 編集：座右宝刊行会 愛蔵普及版 2.如拙;周文 松下隆章著 巻末：関係年表, 参考文献　図版〉　1800円

◇日本美術絵画全集　第2巻　如拙・周文　松下隆章著　集英社　1979.11　147p　40cm　〈監修：田中一松ほか 編集制作：座右宝刊行会〉　4600円

◇水墨美術大系　第6巻　如拙・周文・三阿弥　松下隆章, 玉村竹二著　講談社　1978.8　211p　31cm　〈編集：第一出版センター 普及版〉　2500円

◇水墨美術大系　第6巻　如拙・周文・三阿弥　松下隆章, 玉村竹二著　講談社　1974　211p(図共)　43cm　14000円

周文
しゅうぶん

生没年不詳

室町時代の禅僧・画僧。俗姓は藤倉、字は天章、号は越渓。相国寺の都管をしており寺院の土地や財宝とともに書画の管理も司っていたとされる。また、如拙に画を学び、足利将軍家の御用絵師としても活躍した。作風は、郭熙らによる北宋画と馬遠・夏珪らによる南宋院体画との様式を折衷したほか、朝鮮・李朝初期山水図の様式も加味されているといわれ、室町時代後期の画壇に大きな影響を与えた。その作品と伝えられているものに「水色巒光図」「竹斎読書図」「江天遠意図」「三益斎図」「江山夕陽図」などがあるが、確実な作品は少ない。弟子に雪舟、墨渓、岳翁などがいる。

＊　＊　＊

◇水墨画巨匠の技を学ぶ―周文・雪舟・雪村・等伯・蕪村・浦上玉堂・頼山陽　趙竜光, 里燕著　日貿出版社　2003.4　91p　30cm　3000円　①4-8170-3301-0

◇墨絵の譜―日本の水墨画家たち　1　小林忠著　ぺりかん社　1991.11　269p　21cm　3800円　①4-8315-0529-3

◇芸林臆断　古田紹欽著　平凡社　1991.5　270p　19cm　2600円　①4-582-21202-6

◇日本絵画史研究　島田修二郎著　中央公論美術出版　1987.11　553p　26cm　(島田修二郎著作集 1)　2200円　①4-8055-0165-0

◇日本美術絵画全集　第2巻　如拙・周文　松下隆章著　集英社　1981.7　147p　28cm　〈監修：田中一松ほか 編集制作：座右宝刊行会 愛蔵普及版〉　1800円

◇日本美術絵画全集　第2巻　如拙周文　如拙著, 周文著, 松下隆章著　集英社　1981.7　147p　28cm　〈監修：田中一松〔ほか〕 編集：座右宝刊行会 愛蔵普及版 2.如拙;周文 松下隆章著 巻末：関係年表, 参考文献　図版〉　1800円

◇日本美術絵画全集　第2巻　如拙・周文　松下隆章著　集英社　1979.11　147p　40cm　〈監修：田中一松ほか 編集制作：座右宝刊行会〉　4600円

◇日本の美術　12　周文から雪舟へ　田中一松著　第2版　平凡社　1979.6　176p　24cm　〈監修：亀井勝一郎ほか〉　1800円

◇水墨美術大系　第6巻　如拙・周文・三阿弥　松下隆章, 玉村竹二著　講談社　1978.8　211p　31cm　〈編集：第一出版センター 普及版〉　2500円

◇水墨美術大系　第6巻　如拙・周文・三阿弥　松下隆章, 玉村竹二著　講談社　1974　211p（図共）　43cm　14000円

雪舟　せっしゅう

応永27年（1420年）～永正3年（1506年）　画僧。備中国（岡山県）の人。俗姓は小田。雪舟は号、等楊は諱。幼時に出家して相国寺に入り、春林周藤に師事して等楊の諱をもらい、また周文に画を学んだ。30歳代まで相国寺で修行し、40歳頃大内教弘治下の山口に移り画房雲谷庵を開く。応仁元年（1467年）大内政弘の勘合船に随行して明に渡り、滞在中に礼部院中堂の壁画や「四季山水図」を描く。当地で大陸の自然を観察し、宋元以来の名作に触れたことが後の画風形成に決定的な影響を与えた。文明元年（1469年）帰国後は大分に画房“天開図画楼”を開き、宋元画のさらなる研鑽を積む。「山水小巻」「四季山水図」「倣李唐牧牛図」など、夏珪、李唐、梁楷、牧谿らの模倣的様式の作品はこの頃に作られたといわれる。やがて大分を出て諸国を歴訪したのち山口に戻り、大内政弘によって再興された雲谷庵に再び天開図画楼を開く。文明18年（1486年）天開図画楼で描かれ大内氏に献じたとされる「山水長巻」は、宋元画の模倣にとどまらぬ独自の水墨山水を確立した記念碑的作品。ほかの代表作に「秋冬山水図」「天橋立図」「破墨山水図」「慧可断臂図」など。宋元画に学んだ作風により、室町時代の水墨画にはない空間表現や激しい筆使いを特色とする。日本の水墨画の頂点とも評され、後世の狩野派・長谷川派に絶大な影響を与えた。弟子に秋月等観、如水宗淵、雲峰等悦ら。桃山時代の雲谷等顔以来、雲谷派が形式・技法を継承した。島根県に益田市立雪舟の郷記念館がある。

◇雪舟等楊―「雪舟への旅」展研究図録　山口県立美術館雪舟研究会編　中央公論美術出版　2006.12　308p　31cm　〈会期・会場：平成18年11月1日―30日 山口県立美術館　年譜あり　文献あり〉　9500円　①4-8055-0529-X

◇雪舟等楊―「雪舟への旅」展研究図録　山口県立美術館雪舟研究会編　〔山口〕「雪舟への旅」展実行委員会　2006.11　308p　31cm　〈会期・会場：平成18年11月1日―30日 山口県立美術館　年譜あり　文献あり〉

◇雪舟―戦乱の時代、水墨画の世界　酒寄雅志監修, 小西聖一著　理論社　2004.9　108p　25cm　（NHKにんげん日本史）〈年表あり〉　1800円　①4-652-01474-0

◇仏教を歩く　no.26　雪舟利休　朝日新聞社　2004.4　32p　30cm　（週刊朝日

百科） 533円

◇画聖雪舟　沼田頼輔著　論創社　2002.3　147p　20cm　（論創叢書 1）〈エッセー：田中優子　年譜あり〉 2000円　①4-8460-0241-1

◇雪舟―没後五〇〇年特別展　雪舟画, 東京国立博物館, 京都国立博物館編　毎日新聞社　2002.3　325, 15p　30cm　〈他言語標題：Sesshu　会期・会場：2002年3月12日―4月7日 京都国立博物館ほか　年譜あり　文献あり〉

◇雪舟の芸術・水墨画論集　金澤弘著　秀作社出版　2002.3　390p　22cm　〈年表あり　著作目録あり〉 2800円　①4-88265-308-7

◇雪舟の旅路　岡田喜秋著　秀作社出版　2002.3　316p　22cm　1800円　①4-88265-307-9

◇雪舟はどう語られてきたか　山下裕二編・監修　平凡社　2002.2　429p　16cm　（平凡社ライブラリー） 1400円　①4-582-76424-X

◇雪舟の「山水長巻」―風景絵巻の世界で遊ぼう　雪舟画, 島尾新著　小学館　2001.10　127p　25cm　（アートセレクション）〈年譜あり〉 1900円　①4-09-607008-4

◇雪舟―旅逸の画家　宮島新一著　青史出版　2000.4　191p　22cm　3500円　①4-921145-05-9

◇雪舟　雪舟画, 日本アート・センター編　新潮社　1996.12　93p　20cm　（新潮日本美術文庫 1） 1100円　①4-10-601521-8

◇水墨画の巨匠　第1巻　雪舟　梅原猛ほか監修　雪舟画, 吉野光, 中島純司著　講談社　1994.3　109p　31cm　①4-06-253921-7

◇日本美術全集　第13巻　雪舟とやまと絵屏風―南北朝・室町の絵画2　大河直躬ほか編　辻惟雄ほか編著　講談社　1993.10　251p　37cm　〈折り込図1枚〉 7500円　①4-06-196413-5

◇日本水墨名品図譜　第3巻　雪舟と友松　海老根聡郎ほか編　河合正朝編　毎日新聞社　1992.12　211p　36cm　28000円　①4-620-80303-0

◇雪舟さんが歩いた道　岡田憲佳写真, 矢富厳夫文　益田　益田市観光協会　1992.7　179p 図版56p　19cm　〈付(別冊 18p)：雪舟さんとともに〉 1500円

◇雪舟の旅―日本の美を訪ねて　越前屋正著　山口　県新印刷所出版局　1985.9　131p　19cm　700円

◇教養講座シリーズ　48　鎌倉時代の仏師たち　雪舟等楊について　国立教育会館編　西川杏太郎述, 中村渓男述　ぎょうせい　1985.7　171p　19cm　550円　①4-324-00071-9

◇雪舟　矢富厳夫編著　益田　雪舟顕彰会　1980.11　79p　26cm　〈雪舟没四七五年記念雪舟顕彰特別展 雪舟の肖像あり〉 非売品

◇雪舟等楊新論―その人間像と作品　蓮実重康著　朝日出版社　1977.3　272, 13p, 図48p　22cm　3000円

◇雪舟　斎藤孝著　岡山　岡山ユネスコ協会　1975　62p 図・肖像11枚　22cm　（日本人の国際理解シリーズ 5） 非売品

◇雪舟　吉村貞司著　講談社　1975　269p(図共)　20cm　1300円

◇水墨美術大系　第7巻　雪舟・雪村　田中一松, 中村渓男著　講談社　1973　211p(図共)　43cm　14000円

◇雪舟―来山五百年記念特別展　雪舟著　〔山口〕　山口県教育委員会　1973　1冊(頁付なし)　26cm　〈主催：山口県, 山口県教育委員会, 山口県立山口博物館 会期：昭和48年9月28日－10月21日 会場：山口県立山口博物館〉

◇国宝雪舟筆山水長巻　講談社　1969.11　1軸　40cm　〈防府毛利報公会所蔵の複製 付(別冊 64p 23cm)：解説 鈴木進〔ほか〕著 箱入(48cm)〉 188000円

◇雪舟等楊論―その人間像と作品　蓮実重康著　筑摩書房　1961　263, 13p 図版19

枚 22cm 〈付 英文抄訳〉

◇雪舟印譜 清水澄編 美術倶楽部出版部 1960.8 47p 21cm 〈雪舟の肖像あり〉

◇雪舟 蓮実重康著 弘文堂 1958 256p 図版 19cm

◇雪舟等楊 熊谷宣夫著 東京大学出版会 1958 298p 図版 19cm （日本美術史叢書）

◇雪舟等楊 熊谷宣夫著 東京大学出版会 1958 298p 図版 19cm （日本美術史叢書 第4 文化史懇談会編）

◇画聖 雪舟 日本美術新報社編 〔出版者不明〕 1956 47p 図版27枚 26cm 〈雪舟の溌墨山水図（谷信一），他12編〉

◇雪舟 雪舟著，角川書店編 角川書店 1956 68p（図版，解説共） 19cm （岩波写真文庫 200）

青蓮院流

しょうれんいんりゅう

南北朝時代に青蓮院門跡尊円（そんえん）法親王を祖としておこった書の流派。別名尊円流とも称し、また青蓮院が京都粟田口にあることから、粟田流、粟田口流ともいわれた。尊円法親王の書風は、端正温雅な世尊寺流に宋風の力強い筆法を加味した独自の境地を開いたもので、青蓮院の歴住たちの尊崇を集め、代々の門跡はこれに傾倒した。とりわけ、尊道法親王、道円法親王、尊応准后、尊伝法親王、尊鎮法親王、尊朝法親王、尊純法親王は能書で知られ、今日に遺墨を伝えている。その平明で高雅な書風は青蓮院のみにとどまらず、宮廷や貴族、他の寺院へと広まり、江戸時代には幕府の文教政策に伴い、御家流として武家階級や一般庶民にまで流布していった。筆跡の模刻本「本朝名公墨宝」「和漢筆仙集」などに尊円法親王以下の筆跡が所収され、加えて「慈恩寺法帖」などの手本が多数刊行されたことが普及の大きな要因となった。

＊　＊　＊

◇ふみのみち―宸翰様と青蓮院流 春季特別展 徳川美術館編 〔名古屋〕 徳川美術館 1986.4 44p 26cm 〈会期：昭和61年4月26日～5月25日〉

花押

かおう

文書の末尾などに書く署名の一種。書判（かきはん）とも。古くは文書の署名は楷書による自署で一般的であったが、これを草書体にくずして草名（そうみょう）と称し、さらに筆順・形状が通常の文字とは異なる形に変化したものを花押と呼ぶ。本来は自署に代わるものであったが、鎌倉時代以後は右筆による文書の代筆が広まったこともあり、署名の下に別に花押が書かれることが増え、差出者本人の意思のあらわれ、文書に証拠力を付与するものとみなされるようになった。室町時代頃からは、印章のように木に彫って押すことも行われた。意匠により、二合体・一字体・明朝体・別用体などに分けられる。

＊　＊　＊

◇花押かがみ 7 南北朝時代 3 東京大学史料編纂所編纂 東京大学史料編纂所，吉川弘文館（発売） 2006.3 295p 27cm 5800円 ①4-642-01018-1

◇中世花押の謎を解く―足利将軍家とその花押 上島有著 山川出版社 2004.11 365, 11p 27cm 13000円 ①4-634-52330-2

◇花押・印章集―山口県史史料編中世3別冊 山口県編 山口 山口県 2004.3 200p 21cm

◇花押かがみ 6 南北朝時代 2 東京大学史料編纂所編 東京大学史料編纂所 2004.3 303p 27cm 〈東京 吉川弘文館（発売）〉 5400円 ①4-642-01017-3

◇花押かがみ 5 南北朝時代 1 東京大学史料編纂所編纂 東京大学史料編纂所 2002.3 279p 27cm 〈東京 吉川弘文館（発売）〉 5400円 ①4-642-01016-5

◇花押を読む 佐藤進一著 増補 平凡社 2000.10 266p 16cm （平凡社ライブラリー） 1200円 ①4-582-76367-7

◇花押大集成―古美術・古文書の鑑賞・鑑定に必携 常石英明編著 金園社

1994.3　518p　22cm　15000円
①4-321-34502-2

◇花押の世界　京都府立総合資料館歴史資料課編　〔京都〕　京都府立総合資料館 1993.7　56, 12p　26cm　（東寺百合文書展 第10回）

◇古文花押―歌集　対馬恵子著　不識書院 1987.5　213p　22cm　（原型叢書 第48篇）　2500円

◇花押かがみ　4　鎌倉時代　3　東京大学史料編纂所編　東京大学　1985.3　218, 24p　27cm　〈発売：吉川弘文館〉 2800円

◇花押かがみ　3　鎌倉時代　2　東京大学史料編纂所編　東京大学　1984.3　294p 27cm　〈発売：吉川弘文館〉　3000円

◇花押かがみ　2　鎌倉時代　1　東京大学史料編纂所編　東京大学　1981.3　289p 27cm　〈発売：吉川弘文館〉　3000円

◇花押―その歴史と心　鈴山巨楠著　鼎出版会　1977.12　233p　22cm　5000円

◇書の日本史　第9巻　古文書入門, 花押・印章総覧, 総索引　今井庄次等編　平凡社　1976　320p　31cm　〈監修：坂本太郎, 竹内理三, 堀江知彦〉　3800円

大 鎧
おおよろい

鎧の一形式。挂甲、短甲などの利点をとり合わせて、平安時代に完成された日本の代表的な鎧。騎馬射戦に適した構造をもつ。胴は前・左脇・背がつながり、右脇は脇楯(わいだて)をつける。肩には大袖が胸の防御のために右に栴檀板(せんだんのいた)、左に鳩尾板をつける。下半身には前後左右四つに分かれた草摺をたれる。兜は大きな吹返をつけた星兜で、正面に鍬形をつけ、威厳があり重厚な感じをもつ。鎌倉～南北朝に武将の第一装として威儀化し、以後胴丸や腹巻が普及するとともにすたれ、わずかに礼装として残った。平安時代の大鎧は、愛知県猿投神社、広島県厳島神社、岡山県赤木家、東京都御嶽神社などに伝わり、鎌倉時代から室町時代の大鎧は、愛媛県大山祇神社、奈良市春日大社、青森県櫛引八幡宮、山口県防府天満宮などに残る。

＊　＊　＊

◇日本甲冑の基礎知識　山岸素夫, 宮崎真澄著　新装版　雄山閣　2006.2　360p 26cm　6800円　①4-639-01919-X

◇服飾の諸相　江馬務著　新装　中央公論新社　2002.10　517p　22cm　（江馬務著作集 日本の風俗文化 第3巻）〈シリーズ責任表示：江馬務著　シリーズ責任表示：井筒雅風〔ほか〕編　オンデマンド版〉　12000円　①4-12-570033-8

◇中世的武具の成立と武士　近藤好和著 吉川弘文館　2000.3　283, 79, 11p 22cm　12000円　①4-642-02788-2

◇国宝への旅　7　西海風韻　日本放送出版協会編　日本放送出版協会　1997.5 267p　15cm　1070円　①4-14-084033-1

◇NHK国宝への旅　第4巻　愛媛大三島 大山祇神社大鎧.長崎 大浦天主堂.和歌山 熊野速玉大社蒔絵手箱.奈良 新薬師寺十二神将　NHK取材班著　日本放送出版協会　1986.12　133p　24cm　1800円 ①4-14-008499-5

◇日本の名兜　上巻　古墳時代から室町時代　笹間良彦著　雄山閣出版　1972 335p（図共）　26cm　〈限定版〉　5500円

加藤 景正
かとう かげまさ

仁安3年(1168年)～宝治3・建長元年(1249年)
鎌倉時代の伝説的な陶工。京都の人。正式には加藤四郎左衛門景正という。通称、藤四郎。入道して春慶と号した。鎌倉時代初期の武将加藤景廉の弟と言われ、瀬戸の陶祖と称されるが、実像については不明な点が多い。貞応2年(1223年)道元に従って入宋し、陶磁の技法を得て帰国。各地を巡ったのち、仁治3年(1242年)頃に瀬戸で窯を開いたといわれる。

＊　＊　＊

◇陶祖加藤景正の考察―瀬戸焼の祖・道元

禅師入宋求法の従者　村上博優著　東御　グリーン美術出版　2004.6　324p　21cm　〈文献あり〉　1575円　①4-9901505-2-X

◇日本名匠列伝　江崎俊平, 志茂田誠諦著　学習研究社　2001.12　357p　15cm　（学研M文庫）　700円　①4-05-901095-2

長船 長光
おさふね ながみつ

生没年不詳

鎌倉時代の刀工。備前の人。長船派の祖、光忠の子といわれる。足利将軍の宝刀「大般若長光」の作者とされる。備前長船派の中にあって特に製作数が多く、長船派隆盛の基盤を築いたとされるが詳細は不明。同名2代あるとされ、「順慶」と銘するものを初代、「左近将監長光」と銘するものを2代とするのが通説であったが、作風の相違から近年の研究では長光と「順慶」は別人であるとみられている。また、弟子に子息の景光、真長、長元、真光、近景らがおり、門人を多数抱えていた様子から、代作も多く含まれると推察されている。

＊　＊　＊

◇日本刀名工伝　福永酔剣著　雄山閣出版　1996.8　326p　19cm　1998円　①4-639-01386-8

◇長船一族　日本家系家紋研究所　1985.1　1冊（頁付なし）　26cm　〈編集：武田光弘 発売：日本家系協会 帙入 限定版　和装〉　10000円

◇長船鍛冶を語る　久米宗夫著　〔長船町（岡山県）〕　久米宗夫　〔1985〕　10p　26cm

越前焼
えちぜんやき

福井県丹生郡一帯で焼かれた焼物。製品は壺・甕・すり鉢が主である。古代から須恵器の生産が行われており、ここに愛知県の常滑焼の影響が加わって12世紀後半に開かれた。粘土紐を巻き上げて成形して自然釉がなだれかかる壺の形式や三筋文様にその名残をとどめ、鎌倉時代を通じて作風は常滑焼に支配されていたが、室町中期の15世紀には独自の様式をつくりあげた。丹生郡越前町織田を中心に古窯跡が多数確認されており、中世では日本海側の最大の窯であった。桃山時代には鉄釉を施すようになり、その製品の流通も北海道から山陰と広範囲にわたった。

＊　＊　＊

◇日本のやきもの　1　越前・丹波・備前　水野九右衛門ほか著　講談社　1991.3　143p　21cm　（講談社カルチャーブックス 3）　1500円　①4-06-198015-7

◇日本の陶磁　古代・中世篇 5　越前・珠洲　楢崎彰一責任編集　中央公論社　1990.3　115p　35cm　〈監修：谷川徹三, 川端康成 普及版〉　4800円　①4-12-402875-X

◇越前焼―北陸の古陶　〔大阪〕　〔大阪市立博物館〕　1978　32p　26cm　（展覧会目録 第78号）〈共同刊行：日本経済新聞社 第81回特別展 会期：昭和53年10月21日～11月30日〉

◇日本の陶磁　古代中世編 第5巻　越前・珠洲　責任編集：楢崎彰一　中央公論社　1976　1冊（頁付なし）　36cm　〈監修：谷川徹三, 川端康成 原色愛蔵版〉　9800円

丹波焼
たんばやき

兵庫県篠山市今田町立杭付近の焼物。立杭焼とも。日本最古の窯の一。平安末期ころに瓷器（しき）系陶器の影響を受けて中世窯となる。製品は壺・甕類が主で、鎌倉末期頃より独自の形態をとるようになり、なかでも室町期の青緑色の自然釉のかかった大壺などが知られる。葉形、筒描きなど独特の技法をもつ。桃山時代以後茶器を多く産した。江戸初期、小堀遠州の好みによるものを遠州丹波という。

＊　＊　＊

◇里山に生きる古丹波　森基編著　創樹社美術出版　2001.5　125p　27cm　5800円　①4-7876-0047-8

◇日本のやきもの　1　越前・丹波・備前　水野九右衛門ほか著　講談社　1991.3　143p　21cm　（講談社カルチャーブックス 3）　1500円　①4-06-198015-7

◇日本の陶磁　古代・中世篇 6　信楽・備前・丹波　楢崎彰一責任編集　中央公論社　1990.1　149p　35cm　〈監修：谷川徹三, 川端康成 普及版〉　4800円　①4-12-402876-8

◇丹波古陶館　篠山町（兵庫県）　丹波古陶館　1981.5　1冊（頁付なし）　25×26cm　〈おもに図 限定版〉

◇日本陶磁全集　11　丹波　楢崎彰一編　新訂版　中央公論社　1981.1　79p　34cm　〈監修：谷川徹三 編集：佐藤雅彦〔ほか〕 11.丹波 楢崎彰一編 巻末：中世丹波編年図, 江戸時代丹波編年図, 参考文献 解説：楢崎彰一　図版〉　2400円

◇古丹波と県内古陶　兵庫県陶芸館編　神戸　兵庫県陶芸館　1980.2　1冊（頁付なし）　25×26cm　〈開館15周年記念 監修：林屋晴三〉

◇日本のやきもの　第4集　備前・丹波・信楽　読売新聞社　1979.8　158p　29cm　1800円

◇古丹波　中西通著　芸艸堂　1978.12　191p　38cm　〈おもに図〉　28000円

◇日本の陶磁　古代中世編 第6巻　信楽・備前・丹波　責任編集：楢崎彰一　中央公論社　1976　175p（図共）　35cm　〈監修：谷川徹三, 川端康成 原色愛蔵版〉　9800円

◇丹波の古窯　杉本捷雄著　限定版　神戸　神戸新聞社　1957　263p 図版40p　22cm

◇丹波の古陶　柳宗悦著　限定版　日本民芸館　1956　108p 図版　22cm　〈日本民芸館創立20周年記念出版〉

常滑焼
とこなめやき

愛知県知多半島の常滑市およびその付近から産する陶磁器。この地域は平安末期に始まるといわれる中世最大の窯業地で、平安末期には三筋壺・経甕類が量産されており、鎌倉時代の大型の壺・甕類は青森県から鹿児島県までの太平洋岸一帯、さらに山陰にも運ばれていた。室町時代には備前焼の隆盛に押されて停滞したが、室町末期には半地下式大窯（鉄砲窯）に転換して真焼と称する壺・甕類を量産し、再び隆盛に向かった。近代以降は朱泥物で新分野を開き、今日では日用品に加えて工業用品も盛んに焼かれている。

＊　＊　＊

◇常滑焼と中世社会―Symposium　永原慶二編　小学館　1995.12　253p　20cm　〈折り込図1枚〉　2300円　①4-09-626188-2

◇常滑―陶芸の歴史と技法　赤羽一郎著　技報堂出版　1983.9　241p　19cm　1700円　①4-7655-0123-X

◇日本のやきもの　3　常滑　沢田由治編著　講談社　1976　28p（図共）　36cm　840円

◇日本の陶磁　古代中世篇 第2巻　瀬戸・常滑・渥美　責任編集：楢崎彰一　中央公論社　1975　311p（はり込図62枚）　36cm　〈監修：谷川徹三, 川端康成 箱入限定版〉　68000円

信楽焼
しがらきやき

滋賀県甲賀郡信楽町を中心に産する陶器。無釉焼締め陶で、赤褐色で石英粒や長石粒が吹き出た地肌や自然釉の景色を特色とする。信楽地方では奈良時代に須恵器の生産が始まったとされるが、通常は平安時代末期ないし鎌倉時代初期以降の陶器を信楽焼と称する。常滑焼の影響を受けて成立したもので、室町時代頃までの陶器を古信楽と呼び、壺・甕・擂鉢などの農具・雑器を主とした。安土桃山時代に侘び茶が流行すると、武野紹鷗・千利休らにより信楽焼の雑器が茶陶として取り上げられ、茶陶の生産も行われるようになった。江戸期には施釉陶器の生産が始まり、日常雑器の生産が中心となった。現在も茶陶の他、植木鉢・タイル・食器などの雑器

の大生産地である。

＊　＊　＊

◇信楽焼古窯跡群分布調査報告書　平成14年度　信楽町教育委員会編　信楽町(滋賀県)　信楽町教育委員会　2003.3　274p　30cm　(信楽町文化財報告書 第11集)〈文献あり〉

◇日本の陶磁　古代・中世篇 6　信楽・備前・丹波　楢崎彰一責任編集　中央公論社　1990.1　149p　35cm　〈監修：谷川徹三, 川端康成 普及版〉　4800円　①4-12-402876-8

瀬戸焼
せとやき

愛知県瀬戸市を中心に産する陶磁器の総称。瀬戸・瀬戸物とも呼ばれる。平安時代に須恵器の生産が始まり、鎌倉時代に加藤景正(藤四郎)が宋から施釉陶器の技法を伝えて創始したと伝えられ、日本陶器の起源とされる。室町時代末期までの陶器を古瀬戸と呼び、唐物を模した茶碗・茶入などで知られる。桃山時代から江戸時代初期にかけて、茶の湯の隆盛に伴い瀬戸黒・志野・織部・黄瀬戸などの茶陶が多く焼かれ、雑器も作られるようになった。しかし、16世紀中頃に戦乱を避けて陶工が美濃に流出したため、この頃の作品の多くは美濃で焼かれたものである。江戸時代に入ると次第に衰退し、尾張藩の統制下で大衆向けの雑器を生産していたが、文化年間(1804～18)に加藤民吉父子が有田から染付磁器(伊万里焼)の製法を伝えて磁器の生産が始まり、製磁を中心に再び繁栄した。現在は日本最大の陶磁器生産地となっている。

＊　＊　＊

◇中世瀬戸窯の研究　藤沢良祐著　高志書院　2008.3　724p　27cm　25000円　①978-4-86215-036-3

◇陶祖加藤景正の考察―瀬戸焼の祖・道元禅師入宋求法の従者　村上博優著　東御　グリーン美術出版　2004.6　324p　21cm　〈文献あり〉　1575円　①4-9901505-2-X

◇中世の施釉陶器―瀬戸・美濃　愛知県陶磁資料館学芸課編　〔瀬戸〕　愛知県陶磁資料館　2002　173p　21×21cm　(館蔵中世陶器展 3)〈会期：2002年11月30日―2003年1月26日〉

◇古瀬戸をめぐる中世陶器の世界―(財)瀬戸市埋蔵文化財センター設立5周年記念企画展図録　瀬戸市埋蔵文化財センター編　瀬戸　瀬戸市埋蔵文化財センター　1996.11　71p　26cm　〈付(1枚) 会期：平成8年11月3日～28日〉

◇京・鎌倉出土の瀬戸焼―(財)瀬戸市埋蔵文化財センター企画展図録　瀬戸市埋蔵文化財センター編　瀬戸　瀬戸市埋蔵文化財センター　1995.11　71p　26cm　〈会期・会場：平成7年11月3日～26日 瀬戸市文化センター〉

◇瀬戸焼1300年の歩み―日本六古窯現代作家陶芸展 日本六古窯サミット記念特別展　愛知県陶磁資料館編　〔瀬戸〕　愛知県陶磁資料館　1992　170p　30cm　〈共同刊行：瀬戸市 付(7p) 会期：1992年9月18日～11月8日〉

◇日本の陶磁　古代・中世篇 3　瀬戸・美濃　楢崎彰一責任編集　中央公論社　1989.12　135p　35cm　〈監修：谷川徹三, 川端康成 普及版〉　4800円　①4-12-402873-3

◇名宝日本の美術　第12巻　古瀬戸と古備前　井上喜久男執筆　小学館　1981.4　151p　31cm　〈監修：太田博太郎ほか〉　2200円

◇瀬戸の古陶　五島美術館　1976　95p(おもに図)　26cm　(五島美術館展覧会図録 no.95)〈特別展 続日本陶磁展シリーズ6 1976年5月20日－6月20日〉

◇日本の陶磁　古代中世編 第3巻　瀬戸・美濃　責任編集：楢崎彰一　中央公論社　1976　171p(図共)　35cm　〈監修：谷川徹三, 川端康成 原色愛蔵版〉　9800円

◇日本の陶磁　古代中世篇 第2巻　瀬戸・常滑・渥美　責任編集：楢崎彰一　中央公論社　1975　311p(はり込図62枚)　36cm　〈監修：谷川徹三, 川端康成 箱入

限定版〉 68000円

備前焼
びぜんやき

岡山県備前市を中心に産する陶器類。多くは無釉で、長時間かけて焼き締め、火襷など変化に富んだ茶褐色の地肌を特色とする。古代の須恵器が起源とされ、平安時代・鎌倉時代から甕・壺・擂鉢などの雑器が生産され、室町時代後期には茶陶・仏器類も焼かれるようになった。桃山時代に茶陶として人気を博し、武野紹鷗所持の水指「せいかい」、千利休所持の水指「破桶」などが現存する。江戸時代には雑器の生産に復したが、中期以降は衰退。昭和時代に金重陶陽らが桃山陶への回帰を図り、備前焼を復興させた。なお、桃山時代以前のものは古備前と呼ばれ、江戸時代以降のものは伊部焼とも称される。

* * *

◇備前と茶陶—16・17世紀の変革 備前歴史フォーラム資料集 備前市歴史民俗資料館, 備前市教育委員会生涯学習課編 備前 備前市歴史民俗資料館 2007.10 173p 30cm (備前市歴史民俗資料館紀要 9) 〈共同刊行：備前市教育委員会生涯学習課 文献あり〉

◇備前焼・海の道・夢フォーラム2006—備前焼の歴史と未来像をもとめて 備前歴史フォーラム資料集 備前市歴史民俗資料館, 備前市教育委員会生涯学習課編 備前 備前市歴史民俗資料館 2006.9 141p 30cm (備前市歴史民俗資料館紀要 8) 〈共同刊行：備前市教育委員会生涯学習課〉

◇備前焼の系譜 目賀道明著 れんが書房新社 2004.1 321p 22×17cm 2400円 ①4-8462-0278-X

◇寒風古窯址群—須恵器から備前焼の誕生へ 山本悦世著 岡山 吉備人出版 2002.7 169p 21cm (吉備考古ライブラリィ 7) 1600円 ①4-86069-003-6

◇古備前大事典 吉村佳峰著 岡山 吉備人出版 1999.10 126, 534p 30cm 15238円 ①4-906577-34-2

◇備前焼紀年銘土型調査報告書 備前焼紀年銘土型調査委員会, 備前市教育委員会編 〔備前〕 備前焼紀年銘土型調査委員会 1998.3 124p 図版33p 30cm 〈共同刊行：備前市教育委員会〉

◇備前焼の伝統と歴史—守り伝える心と技 備前 岡山県備前焼陶友会 1995.3 271p 22cm

◇新編名宝日本の美術 第16巻 古瀬戸と古備前 井上喜久男執筆 小学館 1991.8 151p 31cm (小学館ギャラリー) 〈監修：太田博太郎ほか〉 1800円 ①4-09-375116-1

◇日本の陶磁 古代・中世篇 6 信楽・備前・丹波 楢崎彰一責任編集 中央公論社 1990.1 149p 35cm 〈監修：谷川徹三, 川端康成 普及版〉 4800円 ①4-12-402876-8

◇中世文学展—中世文学と鎌倉 鎌倉古都展参加特別展 鎌倉 鎌倉市教育委員会 1989.10 28p 26cm 〈共同刊行：鎌倉文学館 会期：平成元年10月20日～11月26日〉

◇侘びの古陶信楽—伊賀丹波備前桃山茶陶を中心に 朝日新聞名古屋本社企画部編 〔名古屋〕 朝日新聞名古屋本社企画部 1982 147p 24×25cm 〈会期・会場：1982年9月15日—21日 京都四条・高島屋ほか 巻末：陶器年表 ほか〉

◇海底の古備前—水ノ子岩学術調査記録 山陽新聞社編 岡山 山陽新聞社 1978.3 247p 36cm 18000円

◇日本の陶磁 古代中世編 第6巻 信楽・備前・丹波 責任編集：楢崎彰一 中央公論社 1976 175p(図共) 35cm 〈監修：谷川徹三, 川端康成 原色愛蔵版〉 9800円

◇備前一千年展—備前焼—その発祥と現代まで 毎日新聞社編 毎日新聞社 c1975 143p 24×25cm 〈会期・会場：昭和50年9月24日—9月30日 大丸東京店 10月9日—10月14日 大丸京都店〉

◇中国地方の古陶—古備前・亀山焼 五島

美術館　1973　94p(おもに図)　26cm　(続日本陶磁展シリーズ 5)〈特別展 会期：1973年6月22日－7月29日〉

香 道
こうどう

香木をたいて、その香りを鑑賞する芸道。日本では仏教伝来とともに香木が伝えられ、仏前をきよめる供香(そなえこう)として用いられていたが、8世紀に居室や衣類に香をたきこめる空薫物(そらだきもの)、香合が流行し平安貴族の間に教養の一具として重要な地位をつくりあげた。室町時代、将軍足利義政のころに作法体系が成立、一定の文学的主題を数種の香を用いて表現する組香(くみこう)が行われるようになった。従来宮廷を中心として公家の間で催されていた香の遊びが、一般に普及し始めた結果、公家では宮中の御香所にも奉仕していた三条西実隆、武家では将軍足利義政に仕えていた志野宗信が、それぞれ一流派の始祖と仰がれ、実隆を流祖とするものを御家流、宗信を流祖とするものを志野流と称し、今日まで斯道に重きをなしている。

＊　＊　＊

◇茶道・香道・華道と水墨画―室町時代　中村修也監修　京都　淡交社　2006.11　111p　21cm　(よくわかる伝統文化の歴史 2)〈文献あり　年表あり〉 1600円　Ⓘ4-473-03344-9

◇ZEAMI―中世の芸術と文化　02　特集・立ちあがる場と風景　小林康夫編　森話社　2003.6　196p　21cm　2200円　Ⓘ4-916087-37-2

◇茶・花・香―中世にうまれた生活文化　広島県立歴史博物館編　福山　広島県立歴史博物館　1995.10　138p　30cm　(広島県立歴史博物館展示図録 第15冊)〈平成7年度秋の企画展 会期：平成7年10月27日～11月26日〉

枯山水
かれさんすい

池や遣水などの水を用いず、石と砂で山水の風景を表現する庭園形式。涸山水・仮山水・故山水・乾泉水などとも呼ばれる。平庭に石組を主体とし、水に代えて白砂や小石を用い、樹木を伴う場合もある。室町時代に伝えられた宋・明の山水画の影響を受けて成立したもので、禅宗寺院で多く作庭され、桃山時代・江戸時代には各宗寺院や武家住宅などにも広まった。実景の模写に始まり、次第に抽象芸術化し、石の配列による空間構成の美が重視されるようになった。代表的なものに龍安寺石庭や大仙院庭園などがある。

＊　＊　＊

◇枯山水　重森三玲著　中央公論新社　2008.11　229p 図版〔12〕枚　20cm　〈年譜あり〉 2800円　Ⓘ978-4-12-003989-8

◇禅僧とめぐる京の名庭　枡野俊明著　アスキー・メディアワークス, 角川グループパブリッシング〔発売〕 2008.10　294p　18cm　(アスキー新書) 800円　Ⓘ978-4-04-867416-4

◇京都名庭―枯山水の庭　横山健蔵写真, 松木弘吉編　京都　青幻舎　2008.4　143p　22cm　〈他言語標題：The gardens of Kyoto, karesansui〉 1800円　Ⓘ978-4-86152-135-5

◇茶道・香道・華道と水墨画―室町時代　中村修也監修　京都　淡交社　2006.11　111p　21cm　(よくわかる伝統文化の歴史 2)〈文献あり　年表あり〉 1600円　Ⓘ4-473-03344-9

◇日本庭園学会10周年記念論文集　10周年記念論文集委員会編　日本庭園学会　2003.3　319p　30cm

◇日本庭園の植栽史　飛田範夫著　京都　京都大学学術出版会　2002.12　435p　21cm　4600円　Ⓘ4-87698-604-5

◇禅と建築・庭園　横山正編・解説　ぺりかん社　2002.7　346p　20cm　(叢書禅と日本文化 第5巻) 4000円　Ⓘ4-8315-0804-7

◇日本の庭園　3　枯山水の庭　重森完途,

石元泰博著　講談社　1996.1　149p　36cm　〈新装版　おもに図〉　4800円　①4-06-261203-8

◇夢窓―語録・〔シン〕座・西山夜話・偈頌　夢窓著, 柳田聖山著　講談社　1994.9　222p　20cm　(禅入門 5)　〈著者の肖像あり　夢窓疎石略年譜：p217～222〉　2600円　①4-06-250205-4

◇日本美を語る　第7巻　瞑想と悟りの庭―枯山水と禅院建築　大岡信, 川上貢編　ぎょうせい　1989.12　159p　31cm　〈監修：井上靖ほか 編集：新集社〉　4635円　①4-324-01561-9

◇名園を歩く　第2巻　室町時代　毎日新聞社　1988.11　94p　31cm　2400円　①4-620-60292-2

◇日本の庭園　3　枯山水の庭　重森完途文, 石元泰博写真　講談社　1980.3　189p　36cm　〈おもに図〉　9800円

◇室町時代庭園史　外山英策著　京都　思文閣　1973　757p 図　27cm　〈岩波書店昭和9年刊の複製〉　12000円

◇枯山水　伊藤ていじ文, 山本建三写真　淡交社　1970　21p(図版共)　22cm　900円

◇枯山水の庭　福田和彦著　鹿島研究所出版会　1967　200p(図版共)　22cm　850円

◇枯山水　重森三玲著　京都　河原書店　1965　247p(図版共)　19cm

◆芸 能

今 様
いまよう

日本音楽の一種目。平安中期までに成立し、鎌倉初期にかけて流行した歌謡。短歌形式のものや七・五の一二音の句四句からなるものなどがあり、特に後者が代表的。この語が文献上に初めて現れるのは「紫式部日記」の寛弘5年(1008年)8月の条で、同時代の「枕草子」にも見えることから、一条天皇(在位986 - 1011)時代にはすでに行われていたことが確認できる。白拍子・傀儡女(くぐつめ)・遊女などにより歌われたもので、貴族の間にも流行し、後白河法皇の手で「梁塵秘抄」に集成された。今様の歌詞を、雅楽の唱歌の節(楽器の部分を代りに歌う)、特に越殿楽(えてんらく)の節をつけて歌うことが平安時代中期からおこり、仏教行事の延年などで行われた。このような越殿楽今様の中で箏を伴ったものが筑紫箏(つくしごと)に発展して箏曲の基礎となった。また一弦琴に取り入れられたり、筑前地方の民謡の筑前今様が黒田節として歌われたり、さらに明治時代の学校唱歌や賛美歌にも旋律が取り入れられるなど、近世歌謡への影響が大きい。

＊　＊　＊

◇今様の時代―変容する宮廷芸能　沖本幸子著　東京大学出版会　2006.2　311, 6p　21cm　7600円　①4-13-086035-6

◇中世仏教文学研究―今様と随筆　鈴木佐内著　おうふう　2003.10　225p　22cm　10000円　①4-273-03303-8

◇琵琶伴奏で唱われた鎮魂歌―朗詠・今様から平曲・謡曲などへの系譜　密田靖夫著　金沢　香草文庫　2003.5　103p　21cm　〈年表あり〉　非売品

◇梁塵秘抄とその周縁―今様と和歌・説話・物語の交流　植木朝子著　三省堂　2001.5　342p　22cm　9500円　①4-385-35984-9

◇仏教歌謡研究　鈴木佐内著　近代文芸社　1994.4　492p　22cm　6500円　①4-7733-2547-X

◇今様のこころとことば―『梁塵秘抄』の世界　馬場光子著　三弥井書店　1987.5　360p　22cm　6800円　①4-8382-3019-2

◇今様と構成詩―桃山玉園作品選集　桃山玉園著　日本吟道文化研究所　1976　635p 肖像　19cm　4500円

◇今様考　呉文炳著　理想社　1965.6　231, 3p　22cm　非売品

◇中世芸能文化史論　尾形亀吉著　京都　三和書房　1957　548, 29p 図版　22cm

◇歌謡史の研究　その1　今様考　新間進

一著　至文堂　1947　380p 図　22cm

説教浄瑠璃
せっきょうじょうるり

説経語物、説経節とも。鎌倉末から室町初期のころ仏教界の節付説教(節談説教)から派生した民間芸能。もともと説経(説教)とは、経典や教義を説いて民衆を教化する行為をさすが、それを実践する説経師たちが、ことばに節をつけて話芸風に口演したためしだいに芸能化し、民間人のなかに浸透したもの。民間を流浪する唱門師らによって、寺院の説教(唱導)における譬喩因縁談を簓(ささら)、鉦(かね)、鞨鼓(かっこ)を伴奏として語われ、歌われた。門付をした「門説経」や、歌謡性が強い「歌説経」がある。

＊　＊　＊

◇説教節を読む　水上勉著　新潮社　1999.7　242p　22cm　2700円　①4-10-321122-9

◇贖罪の中世―伝承藝文の精神史　鳥居明雄著　ぺりかん社　1999.5　262p　22cm　3600円　①4-8315-0872-1

◇ふるさと東京 民俗芸能　2　佐藤高写真・文　朝文社　1994.9　237p　21cm　3200円　①4-88695-117-1

◇漂泊の中世―説経語り物の精神史　鳥居明雄著　ぺりかん社　1994.5　281p　20cm　2560円　①4-8315-0632-X

◇さんせう太夫考―中世の説経語り　岩崎武夫著　平凡社　1994.1　335p　16cm　(平凡社ライブラリー)　1200円　①4-582-76035-X

◇生涯という物語世界―説経節　西田耕三著　京都　世界思想社　1993.10　240p　20cm　(Sekaishiso seminar)　2300円　①4-7907-0483-1

◇説経節の世界―千秋万ぜいのエレジー　藤掛和美著　ぺりかん社　1993.4　235p　20cm　2390円　①4-8315-0590-0

◇山椒太夫伝説の研究―安寿・厨子王伝承から説経節・森鷗外まで　酒向伸行著　名著出版　1992.1　385p　22cm　(御影史学研究会民俗学叢書 5)　8800円　①4-626-01429-1

◇語り物の宇宙　川村二郎著　講談社　1991.3　261p　16cm　(講談社文芸文庫)　900円　①4-06-196119-5

◇さんせう太夫考―中世の説経語り　岩崎武夫著　平凡社　1973　274p　20cm

能楽　のうがく

猿楽を起源とする日本の古典芸能。能・狂言・式三番を総称として能楽と呼ぶ。能は精巧な面(能面)を用い、内面的・象徴的表現を特徴とし、幽玄と妙を重んじる歌舞劇で、狂言は基本的に面を用いず、写実的表現を主とし、滑稽を旨とする科白劇である。屋根のある専用舞台(能舞台)で能・狂言を併演するのを基本とする。また、式三番は能・狂言成立以前の古い猿楽の様式を留める祭儀的な演目で、現在も神聖な曲として祝賀能・追悼能などの催しの初めに演じられることが多い。役に扮する立方をはじめ、声楽である地謡を謡う地謡方、器楽を奏する囃子方で構成され、このうち立方は主人公役のシテ方、相手役のワキ方、狂言の演者である狂言方に分化されている。また、地謡方はシテ方がつとめ、囃子方は笛方・小鼓方・大鼓方・太鼓方からなる。中心となるシテ方を除いたワキ方・狂言方・囃子方を総称して三役と呼ぶ。現在、観世・宝生・金春・金剛・喜多のシテ方5流、宝生・福王・高安のワキ方3流、大蔵・和泉の狂言方2流、囃子方14流が存在する。上古に中国から伝えられた散楽などを基に、平安時代に物真似や言葉遊びなどの滑稽芸を中心とする猿楽が成立、社寺の祭礼などで演じられた。鎌倉時代に歌舞音曲の要素を取り入れた能(猿楽能)、猿楽本来の笑いの要素を洗練させた狂言(猿楽狂言)が生じ、南北朝時代には大和猿楽や近江猿楽を中心とする多くの猿楽座が活躍した。なお、能とは本来は歌舞劇全般を指し、猿楽能の他に田楽能・延年能などもあったが、猿楽能が隆盛したことから、これを単に能と称するようになった。室町時代初期に大和猿楽の結崎座(後の観世座)を率いる観阿弥・世阿弥父子が将軍足利義満の保護を受け、近江猿楽や田楽などの要素を取り入れて能を大成した。この頃には能・狂言を併演する上演形態が出来上がっていたが、当時の狂言は即興芸の性格が強かったこともあり芸術としての完成度は低かった。近江猿楽は室町時代中期に衰えたが、大和猿楽は観世座をはじめとする興福寺支配下の大和四座(後の観世・宝生・金春・金剛の各流)を中心にますます発展し、観世元雅・金春禅竹・観世信光らの能の名手を輩出した。狂言が成熟したのは室町時代後期に金春座で狂言を演じた日吉満五郎と弟子の大蔵弥右衛門の頃からで、狂言方3流はいずれも日吉満五郎を祖と仰いでいる。織田信長・豊臣秀吉・徳川家康も能を愛好したが、このうち秀吉は大和四座以外を顧みなかったため、多くの猿楽座が消滅したとされる。江戸幕府は猿楽を式楽とし、江戸時代初期に能の喜多流、狂言の大蔵流・鷺流・和泉3流が確立(鷺流は大正時代に廃絶)、江戸時代中頃にほぼ現在の能楽の形式が整えられた。明治時代に至り、猿楽に代えて能楽の名で呼ばれるようになった。

◇看聞日記と中世文化　松岡心平編　森話社　2009.3　369p　22cm　6800円　①978-4-916087-94-2

◇能狂言の文化史―室町の夢　原田香織著　京都　世界思想社　2009.3　274p　19cm　(Sekaishiso seminar)〈年譜あり 索引あり〉　2300円　①978-4-7907-1391-3

◇神仏のしづめ　梅原猛, 松岡心平著　角川学芸出版, 角川グループパブリッシング(発売)　2008.5　265p　20cm　(梅原猛「神と仏」対論集 第4巻)　1900円　①978-4-04-621024-1

◇年表資料中世文学史　藤平春男, 井上宗雄, 山田昭全, 和田英道編　新装版　笠間書院　2008.5　202p　21cm　1300円　①978-4-305-60305-0

◇中世文学の回廊　小林保治監修, 大津雄一, 兼築信行, 日下力, 小林保治, 高津希和子, 竹本幹夫, 土屋有里子, 三田明弘編　勉誠出版　2008.3　541p　20cm〈文献あり〉　3500円　①978-4-585-05395-8

◇中世文化の発想　小林保治著　勉誠出版　2008.3　631p　22cm〈文献あり　著作目録あり〉　16000円　①978-4-585-03177-2

◇能と狂言　5　特集 狂言による中世口語の復元　能楽学会, ぺりかん社〔発売〕　2007.5　144p　21cm　2000円　①978-4-8315-1168-3

◇世阿弥の中世　大谷節子著　岩波書店　2007.3　348, 13p　21cm　8000円　①978-4-00-023668-3

◇能楽史年表　古代・中世編　鈴木正人編　東京堂出版　2007.3　406p　22cm　15000円　①978-4-490-20589-3

◇能楽史年表 古代・中世編　鈴木正人編　東京堂出版　2007.3　406p　21cm　15000円　①978-4-490-20589-3

◇猿楽二代 鬼神残影　中野義人著　文芸書房　2006.12　214p　19cm　1200円　①4-89477-239-6

◇ZEAMI―中世の芸術と文化　03　特集 生誕六百年記念金春禅竹の世界　松岡心平編　森話社　2005.10　205p　21cm　2500円　①4-916087-57-7

◇能楽のなかの女たち―女舞の風姿　脇田晴子著　岩波書店　2005.5　247p　19cm　2900円　①4-00-001816-7

◇世阿弥能楽論集　世阿弥著, 小西甚一編訳　たちばな出版　2004.8　407p　22cm〈「世阿弥集」(筑摩書房昭和45年刊)の改訂　年譜あり　文献あり〉

3048円 ①4-8133-1819-3

◇天皇と中世文化 脇田晴子著 吉川弘文館 2003.7 231p 20cm 2400円 ①4-642-07918-1

◇能・狂言の生成と展開に関する研究 林和利著 京都 世界思想社 2003.2 535p 22cm 8500円 ①4-7907-0983-3

◇日本の歴史 中世 2-6 能と狂言 新訂増補 朝日新聞社 2002.9 p162-192 30cm (週刊朝日百科 16) 476円

◇悔過会と芸能 佐藤道子著 京都 法蔵館 2002.5 622, 11p 21cm 14000円 ①4-8318-6216-9

◇中世・鎌倉の文学 佐藤智広, 小井土守敏著 翰林書房 2002.3 126p 21cm (日本文学コレクション) 1600円 ①4-87737-147-8

◇夢幻能の方法と系譜 飯塚恵理人著 雄山閣 2002.3 454p 22cm 16800円 ①4-639-01750-2

◇中世劇文学の研究―能と幸若舞曲 小林健二著 三弥井書店 2001.2 690, 24p 22cm 15000円 ①4-8382-3084-2

◇時代別国語大辞典 室町時代編 5 室町時代語辞典編修委員会編 三省堂 2001.1 891p 27cm 40000円 ①4-385-13606-8

◇観阿弥・世阿弥時代の能楽 竹本幹夫著 明治書院 1999.2 656p 22cm 14000円 ①4-625-41116-5

◇狂言の国語史的研究―流動の諸相 蜂谷清人著 明治書院 1998.12 525p 22cm 18000円 ①4-625-42110-1

◇能―中世からの響き 松岡心平著 角川書店 1998.12 270p 20cm (角川叢書 2) 2800円 ①4-04-702102-4

◇能・狂言のふるさと近江―古面が伝える中世の民衆文化 大津市歴史博物館編 大津 大津市歴史博物館 1997.9 96p 30cm 〈企画展:平成9年9月13日―10月19日〉

◇禅と能楽・茶 熊倉功夫編集・解説 ぺりかん社 1997.7 394p 20cm (叢書禅と日本文化 第3巻) 〈索引あり〉 3700円 ①4-8315-0802-0

◇禅と文学 柳田聖山編集・解説 ぺりかん社 1997.4 403p 20cm (叢書禅と日本文化 第4巻) 3700円+税 ①4-8315-0803-9

◇中世史劇としての狂言 橋本朝生著 若草書房 1997.5 436p 22cm (中世文学研究叢書 5) 13000円 ①4-948755-16-8

◇能・狂言研究―中世文芸論考 田口和夫著 三弥井書店 1997.5 1081, 45p 22cm 28000円 ①4-8382-3050-8

◇宇治猿楽と離宮祭―宇治の芸能史 宇治市歴史資料館編 宇治 宇治市歴史資料館 1997.3 115p 19cm (宇治文庫 8)

◇金春禅竹自筆能楽伝書 金春禅竹著, 国文学研究資料館編 汲古書院 1997.3 401p 27cm (国文学研究資料館影印叢書 第2巻) 11650円 ①4-7629-3366-X

◇岩波講座日本文学史 第6巻 一五・一六世紀の文学 久保田淳ほか編 岩波書店 1996.11 343p 22cm 3090円 ①4-00-010676-7

◇国語史の中世 安田章著 三省堂 1996.3 426p 22cm 12000円 ①4-385-35702-1

◇世阿弥・禅竹 表章, 加藤周一校注 岩波書店 1995.9 582p 22cm (日本思想大系新装版) 4800円 ①4-00-009071-2

◇日本文学の歴史 6 古代・中世篇 6 ドナルド・キーン著, 土屋政雄訳 中央公論社 1995.3 356p 21cm 2200円 ①4-12-403225-0

◇翁猿楽研究 天野文雄著 大阪 和泉書院 1995.2 485p 22cm (研究叢書 162) 11330円 ①4-87088-708-8

◇憂世と浮世―世阿弥から黙阿弥へ 河竹登志夫著 日本放送出版協会 1994.9 229p 19cm (NHKブックス 712) 860円 ①4-14-001712-0

◇能と狂言—生成と展開の諸相　林和利著　京都　世界思想社　1994.7　274p　20cm　（Sekaishiso seminar）　2300円　①4-7907-0512-9

◇論集中世の文学　散文篇　久保田淳編　明治書院　1994.7　320p　22cm　7800円　①4-625-41109-2

◇下剋上の文学　佐竹昭広著　筑摩書房　1993.2　318p　15cm　（ちくま学芸文庫）　990円　①4-480-08039-2

◇観阿弥・世阿弥時代の能—大東急記念文庫公開講座講演録　竹本幹夫著　大東急記念文庫　1992.3　40p　22cm　〈限定版〉

◇中世芸能人の思想—世阿弥あとさき　堂本正樹著　角川書店　1992.2　345, 14p　20cm　3800円　①4-04-865044-0

◇能・狂言・風姿花伝　西野春雄, 竹西寛子著　新潮社　1992.2　111p　20cm　（新潮古典文学アルバム 15）　1300円　①4-10-620715-X

◇若狭猿楽の研究　須田悦生著　三弥井書店　1992.2　444p　19cm　（三弥井選書 20）　3700円　①4-8382-8021-1

◇宴の身体—バサラから世阿弥へ　松岡心平著　岩波書店　1991.9　240, 2p　19cm　2600円　①4-00-000169-8

◇中世芸能と仏教　金井清光著　新典社　1991.9　357p　22cm　（新典社研究叢書 42）　11100円　①4-7879-4042-2

◇日本思想史序説　岩崎允胤著　新日本出版社　1991.9　547p　22cm　5000円　①4-406-02006-3

◇室町時代語資料による基本語詞の研究　柳田征司編　武蔵野書院　1991.7　404p　22cm　14000円　①4-8386-0121-2

◇世子・猿楽能の研究　松田存著　新読書社　1991.5　491p　22cm　9800円　①4-7880-6103-1

◇翁の座—芸能民たちの中世　山路興造著　平凡社　1990.3　349p　22cm　3900円　①4-582-24604-4

◇能と連歌　島津忠夫著　大阪　和泉書院　1990.3　281p　20cm　（和泉選書 49）　3000円　①4-87088-392-9

◇型　源了円著　創文社　1989.9　314p　20cm　（叢書・身体の思想 2）　2575円　①4-423-19301-9

◇猿楽能の研究　堀口康生著　桜楓社　1988.9　305p　19cm　4800円　①4-273-02261-3

◇中世仮面の歴史的・民俗学的研究—能楽史に関連して　後藤淑著　多賀出版　1987.2　1026p　22cm　22000円　①4-8115-7161-4

◇室町芸能史論攷　徳江元正著　三弥井書店　1984.10　698p　22cm　12000円　①4-8382-3015-X

◇能勢朝次著作集　第5巻　能楽研究　2　能勢朝次著作集編集委員会編　京都　思文閣出版　1984.9　554p　22cm　6400円

◇中世演劇の諸相　石黒吉次郎著　桜楓社　1983.9　224p　22cm　3900円

◇新猿楽記　藤原明衡著, 川口久雄訳注　平凡社　1983.8　417p　18cm　（東洋文庫 424）　1900円

◇能勢朝次著作集　第4巻　能楽研究　1　能勢朝次著作集編集委員会編　京都　思文閣出版　1982.3　438p　22cm　5000円

◇謡曲・狂言　日本文学研究資料刊行会編　有精堂出版　1981.2　329p　22cm　（日本文学研究資料叢書）　2800円

◇鎌倉薪能—古典を生かす　中森晶三著　町田　玉川大学出版部　1979.10　196p　19cm　（玉川選書 108）　950円

◇中世芸能資料集　後藤淑ほか編著　錦正社　1979.6　206p　21cm　1800円

◇中世芸能考説—観世三代とその周辺　木内一夫著　〔御宿町（千葉県）〕　〔木内一夫〕　1979.5　286p　19cm　〈制作：鹿島出版会〉　2000円

◇能楽の起源　後藤淑著　木耳社　1975

586p（図共） 22cm 7500円

◇日本庶民文化史料集成 第2巻 田楽・猿楽 芸能史研究会編 責任編集：植木行宣, 森修, 山路興造 三一書房 1974 789p 27cm 17000円

◇中世芸能史論考―猿楽の能の発展と中世社会 森末義彰著 東京堂出版 1971 336p 22cm 4500円

◇中世芸能の研究―呪師・田楽・猿楽 新井恒易著 新読書社 1970 986p（図版共） 22cm 6500円

◇日本の古典芸能 3 能―中世芸能の開花 芸能史研究会編 平凡社 1970 365p 図版12枚 22cm 1200円

◇日本の古典芸能 4 狂言―「をかし」の系譜 芸能史研究会編 平凡社 1970 365p 図版 22cm 1200円

◇能楽全書 第2巻 能の歴史 野上豊一郎編, 三宅襄改修 創元社 1953 265p 図版 22cm

◇能楽全書 第1巻 能の理論と文学 野上豊一郎編, 三宅襄改修 創元社 1952 215p 図版 22cm

◇室町時代小歌集 浅野建二校註 大日本雄弁会講談社 1951 248p 図版 11cm （新註国文学叢書）

◇申楽談義 世阿弥著, 野上豊一郎校註 8版 岩波書店 1949 107p 15cm （岩波文庫）〈内題ニハ世子六十以後申楽談義トアリ〉

◇王朝演芸史 尾形亀吉著 明治書院 1948 360p 21cm

◇能楽史研究 小林静雄著 雄山閣 1945 246p 12cm

観阿弥
かんあみ

元弘3/正慶2年（1333年）～元中元/至徳元年（1384年）5月19日

能役者。伊賀国（三重県）の人。名は結崎清次、通称は三郎。法名が観阿弥陀仏で観阿、観阿弥はその略称。大和の山田猿楽の家に生まれ、のちに結崎座（観世座）を創立する。文中3/応安7年（1374年）初めて京都に進出し、12歳の長男世阿弥とともに今熊野で演じた新しい芸能を将軍足利義満の前で演じ、以後、保護を受けて一座の基盤を確立。従来の猿楽に、曲舞や田楽の要素を加えて都会的で洗練されたものにし、白拍子系統の叙事的歌舞で南北朝期に流行した曲舞の音曲の長所を摂取し拍子のおもしろさを加えた新風の謡をうたい出した。能楽観世流の始祖。代表作に「卒都婆小町」「通小町」「求塚」。

＊　＊　＊

◇うつぼ舟 2 観阿弥と正成 梅原猛著 角川学芸出版, 角川グループパブリッシング（発売） 2009.1 381p 20cm 〈文献あり 年表あり〉 2300円 ①978-4-04-621192-7

◇神仏のしづめ 梅原猛, 松岡心平著 角川学芸出版, 角川グループパブリッシング（発売） 2008.5 265p 20cm （梅原猛「神と仏」対論集 第4巻） 1900円 ①978-4-04-621024-1

◇日本古典芸能史 今岡謙太郎著 武蔵野 武蔵野美術大学出版局 2008.4 235p 21cm 〈文献あり〉 2000円 ①978-4-901631-81-5

◇能のふるさと散歩 上（京都・奈良編） 岩田アキラ写真・文 日本放送出版協会 2006.3 214p 21cm 2800円 ①4-14-081096-3

◇大和猿楽史参究 表章著 岩波書店 2005.3 442, 21p 22cm 12000円 ①4-00-002324-1

◇親と子の日本史 上 産経新聞取材班著 産経新聞ニュースサービス, 扶桑社〔発売〕 2004.6 318p 15cm （扶桑社文庫） 667円 ①4-594-04674-6

◇風姿花伝 世阿弥著, 野上豊一郎, 西尾実校訂 岩波書店 2003.1 126p 15cm （岩波文庫）〈第63刷〉 400円 ①4-00-330011-4

◇親と子の日本史 産経新聞取材班著 産経新聞ニュースサービス, 扶桑社〔発売〕 2001.3 381p 21cm 1714円

①4-594-03068-8

◇風姿花伝　世阿弥著, 野上豊一郎, 西尾実校訂　第7刷　岩波書店　2001.1　126p　19cm　（ワイド版岩波文庫）　800円
①4-00-007031-2

◇観阿弥・世阿弥時代の能楽　竹本幹夫著　明治書院　1999.2　656p　22cm　14000円　①4-625-41116-5

◇観阿弥と世阿弥　戸井田道三著　岩波書店　1994.11　206p　16cm　（同時代ライブラリー 206）　900円
①4-00-260206-0

◇観阿弥・世阿弥時代の能―大東急記念文庫公開講座講演録　竹本幹夫著　大東急記念文庫　1992.3　40p　22cm　〈限定版〉

◇風姿花伝　世阿弥著, 野上豊一郎, 西尾実校訂　岩波書店　1991.6　126p　19cm（ワイド版岩波文庫）　600円
①4-00-007031-2

◇郷土史観阿弥と名張　石井義信著　〔青山町(三重県)〕　青山文化書房　1989.2　108p　21cm　非売品

◇伊賀の上島家文書再検　尾本頼彦著　〔神戸〕　〔尾本頼彦〕　〔1989〕　1冊（丁付なし）　26cm　〈和装〉

◇観阿弥の芸流　北川忠彦著　三弥井書店　1978.10　302p　19cm　（三弥井選書 4）　1400円

◇日本の古典　16　能・狂言集　河出書房新社　1972　396p 図　23cm　1200円

◇観阿弥と世阿弥　戸井田道三著　岩波書店　1969　205p　18cm　（岩波新書）　150円

◇日本芸能の源流―散楽考　浜一衛著　角川書店　1968　442p 図版　22cm　2600円

◇申楽談儀　世阿弥著, 表章校註　岩波書店　1960　210p　15cm　（岩波文庫）〈内題：世子六十以後申楽談義　昭和3年刊本(野上豊一郎校註)の改訂版〉

◇中世芸能文化史論　尾形亀吉著　京都　三和書房　1957　548, 29p 図版　22cm

◇謡曲選集―読む能の本　野上豊一郎編　岩波書店　1957 7刷　461p　15cm　（岩波文庫）

◇観阿弥清次　野上豊一郎著　要書房　1949　155p　22cm

世阿弥
ぜあみ

正平18/貞治2年（1363年）? ～嘉吉3年（1443年）?

室町前期の能役者・能作者。大和の人。大和猿楽の結崎座の創設者観阿弥の長男で、2代目の観世大夫。本名は観世三郎元清。幼名は鬼夜叉で、のち二条良基から藤若の名をもらう。10代前半の頃から足利義満の支援を得て、父と共に能を大成させた。観阿弥以前の能はものまね中心であったものを、「幽玄」の美意識を持った歌舞中心の幽玄能に発展させ、夢幻能という芸術性の高い形式を作り上げた。作品に「老松」「高砂」「井筒」「西行桜」「砧」「班女」など多数がある。また、能楽論『風姿花伝』『花鏡』『至花道』など高度な芸術論を著し、理論家としても評価が高い。

＊　＊　＊

◇日本を創った思想家たち　鷲田小弥太著　PHP研究所　2009.6　390, 6p　18cm（PHP新書）　950円
①978-4-569-70903-1

◇世阿弥　今泉淑夫著　吉川弘文館　2009.3　297p　19cm　（人物叢書 新装版）〈シリーズの編者：日本歴史学会　文献あり 年譜あり〉　2100円
①978-4-642-05250-4

◇風姿花伝　謡曲名作選　世阿弥原著, 表章校訂・訳, 小山弘志, 佐藤健一郎校訂・訳　小学館　2009.1　318p　20cm　（日本の古典をよむ 17）　1800円
①978-4-09-362187-8

◇世阿弥の中世　大谷節子著　岩波書店　2007.3　348, 13p　22cm　8000円
①978-4-00-023668-3

◇世阿弥の中世　大谷節子著　岩波書店　2007.3　348, 13p　21cm　8000円　Ⓘ978-4-00-023668-3

◇世阿弥がいた場所―能大成期の能と能役者をめぐる環境　天野文雄著　ぺりかん社　2007.2　650p　22cm　〈年表あり〉　8600円　Ⓘ978-4-8315-1160-7

◇英文版 風姿花伝―The Flowering Spirit　世阿弥著, ウィリアム・スコット・ウィルソン訳　講談社インターナショナル　2006.3　183p　19cm　〈本文：英文〉　2000円　Ⓘ4-7700-2499-1

◇世阿弥の眼―三宅文子句集　三宅文子著　調布　ふらんす堂　2005.10　178p　20cm　（春燈叢書 第164輯）　2571円　Ⓘ4-89402-733-X

◇世阿弥―ヒューマニズムの開眼から断絶まで　太田光一著　郁朋社　2005.8　278p　20cm　〈文献あり〉　1800円　Ⓘ4-87302-319-X

◇風姿花伝―現代語訳　世阿弥著, 水野聡訳　PHPエディターズ・グループ　2005.2　111p　19cm　〈東京 PHP研究所(発売)　文献あり〉　950円　Ⓘ4-569-64117-2

◇秘すれば花　渡辺淳一著　講談社　2004.7　275p　15cm　（講談社文庫）　552円　Ⓘ4-06-274821-5

◇親と子の日本史　上　産経新聞取材班著　産経新聞ニュースサービス, 扶桑社〔発売〕　2004.6　318p　15cm　（扶桑社文庫）　667円　Ⓘ4-594-04674-6

◇世阿弥を語れば　松岡心平編　岩波書店　2003.12　306p　19cm　2300円　Ⓘ4-00-023639-3

◇西行・世阿弥・芭蕉私見　石田時次著　角川学芸出版　2003.9　341p　20cm　〈文献あり〉　2500円

◇世阿弥―人と文学　石黒吉次郎著　勉誠出版　2003.8　223p　20cm　（日本の作家100人）〈年譜あり　文献あり〉　1800円　Ⓘ4-585-05165-1

◇ZEAMI―中世の芸術と文化　01　特集・世阿弥とその時代　松岡心平編　森話社　2002.1　213p　21cm　2400円　Ⓘ4-916087-24-0

◇世阿弥・仙馨　世阿弥, 佐田仙馨原著, 飯田利行編訳　国書刊行会　2001.6　350p　23cm　（現代語訳洞門禅文学集）　6500円　Ⓘ4-336-04355-8

◇風姿花伝　世阿弥著, 野上豊一郎, 西尾実校訂　第7刷　岩波書店　2001.1　126p　19cm　（ワイド版岩波文庫）　800円　Ⓘ4-00-007031-2

◇世阿弥芸術と作品　北村勇蔵著　近代文芸社　1999.4　284p　20cm　1500円　Ⓘ4-7733-6452-1

◇観阿弥・世阿弥時代の能楽　竹本幹夫著　明治書院　1999.2　656p　22cm　14000円　Ⓘ4-625-41116-5

◇世阿弥の能　堂本正樹著　新潮社　1997.7　206p　20cm　（新潮選書）　1000円　Ⓘ4-10-600520-4

◇世阿弥の生活と芸能　奥野純一著　伊勢　皇學館大學出版部　1997.6　50p　19cm　（皇學館大學講演叢書 第91輯）　300円

◇世阿弥自筆能本集　影印篇　世阿弥著, 表章監修, 月曜会編　岩波書店　1997.4　135p　21cm　Ⓘ4-00-023602-4

◇世阿弥自筆能本集　校訂篇　世阿弥著, 表章監修, 月曜会編　岩波書店　1997.4　269p　21cm　Ⓘ4-00-023602-4

◇世阿弥―花と幽玄の世界　白洲正子著　講談社　1996.11　232p　16cm　（講談社文芸文庫）　880円　Ⓘ4-06-196394-5

◇世阿弥・禅竹　表章, 加藤周一校注　岩波書店　1995.9　582p　22cm　（日本思想大系新装版）　4800円　Ⓘ4-00-009071-2

◇世阿弥は天才である―能と出会うための一種の手引書　三宅晶子著　草思社　1995.9　254p　20cm　2500円　Ⓘ4-7942-0647-X

◇観阿弥と世阿弥　戸井田道三著　岩波書店　1994.11　206p　16cm　（同時代ライブラリー 206）　900円

①4-00-260206-0

◇禅における世阿弥と良寛　前田伴一著　錦正社　1993.10　185p　19cm　2060円　①4-7646-0107-9

◇世阿弥配流　磯部欣三著　恒文社　1992.9　286p 図版14枚　20cm　3800円　①4-7704-0747-5

◇観阿弥・世阿弥時代の能―大東急記念文庫公開講座講演録　竹本幹夫著　大東急記念文庫　1992.3　40p　22cm　〈限定版〉

◇世阿弥の宇宙　相良亨著　ぺりかん社　1990.5　283p　22cm　2750円

◇演劇人世阿弥―伝書から読む　堂本正樹著　日本放送出版協会　1990.2　235p　19cm　（NHKブックス 590）　780円　①4-14-001590-X

◇演劇人世阿弥―伝書から読む　堂本正樹著　日本放送出版協会　1990.2　235p　19cm　（NHKブックス 590）　757円　①4-14-001590-X

◇能の形成と世阿弥　後藤淑著　木耳社　1989.5　300p　19cm　（オリエントブックス）　1200円　①4-8393-7492-9

◇世阿弥アクティング・メソード―風姿花伝・至花道・花鏡　世阿弥著, 堂本正樹訳　劇書房　1987.3　190p　19cm　1400円

◇世阿弥随筆―世阿弥生誕六百年に寄せる諸家随筆集　檜書店編集部編　檜書店　1987.2　242p　19cm　1500円

◇世阿弥の後姿　高野敏夫著　河出書房新社　1987.1　186p　20cm　2000円　①4-309-00462-8

◇世阿弥　堂本正樹著　劇書房　1986.4　764, 40p　20cm　〈発売：構想社〉　5800円

◇世阿弥―〈まなざし〉の超克　高野敏夫著　河出書房新社　1986.1　272p　20cm　2800円　①4-309-00414-8

◇世阿弥の能と芸論　八嶌正治著　三弥井書店　1985.11　920p　22cm　18000円　①4-8382-3016-8

◇世阿弥―人と芸術　西一祥著　桜楓社　1985.4　222p　22cm　3800円　①4-273-02004-1

◇佐渡の世阿弥配処　田中圭一編　金井町（新潟県）　金井町教育委員会　1985　26p　26cm　〈表紙の書名：万福寺跡の考察 折り込図1枚〉　非売品

◇世阿弥―その生涯と業績　国立劇場能楽堂調査養成課編　国立劇場　1984.9　24p　26cm　〈国立能楽堂開場一周年記念「秋の特別展示」 会期：昭和59年9月15日～10月21日〉

◇中世芸能考説―観世三代とその周辺　木内一夫著　〔御宿町（千葉県）〕　〔木内一夫〕　1979.5　286p　19cm　〈制作：鹿島出版会〉　2000円

◇能謡新考―世阿弥に照らす　香西精著　檜書店　1972　426p 図　22cm　2800円

◇世阿弥・芭蕉・馬琴　古川久著　福村出版　1967　233p　20cm

◇道元と世阿弥―中世的なものの源流を求めて　西尾実著　岩波書店　1965　310p　19cm

◇花伝書　世阿弥著, 野上豊一郎校訂　改訂版　岩波書店　1948　100p　15cm　（岩波文庫 171）　〈9刷（2刷改訂：昭和10年）〉

◇風姿華伝　世阿弥著　わんや書店　1947　47丁（解説共）　20×29cm　〈世阿弥自筆本のコロタイプ複製　和装〉

◇世阿弥元清　野上豊一郎著　7版　創元社　1946　249p　18cm　（創元選書 第2）

◇風姿華伝　上, 下　世阿弥著, 川瀬一馬編　能楽社　1946-1947　2冊　22×30cm　〈複製　和装〉

◇世阿弥二十三部集―頭註　川瀬一馬校注及解題　能楽社　1945　397p　22cm

幸若舞
こうわかまい

室町時代から江戸時代にかけて隆盛した曲舞(くせまい)系統の簡単な舞を伴う語り物。桃井直詮(幼名、幸若丸)の創始という。幸若舞曲、舞曲、舞々ともいう。室町中期以前に流行していた曲舞の流れをくみ、その担い手は声聞師などの賤民階層であったといわれる。幸若大夫ということばの初見は「管見記」嘉吉2年(1442年)の条であるが、このころには各地に幸若舞が存在しており、なかでも越前幸若が世間の好評を得ていたようすが他の記録からうかがわれる。幸若舞は題材を「平家物語」「曽我物語」などの軍記物語に取材し、武士舞的な要素が濃いことから、織田信長、豊臣秀吉などの戦国武将に愛好され、その庇護下にあった越前幸若は恵まれた地位を得て繁栄した。幸若舞の詞章は「舞の本」といわれ、50曲が知られる。江戸時代に入ると越前幸若は幕府の式楽としての能楽よりも上席を遇せられる一時期もあったが、しだいに衰退し滅亡した。今日では福岡県みやま市瀬高町大江に大頭系の幸若舞が伝承されている。

＊　＊　＊

◇幸若舞曲研究　別巻　福田晃ほか編　三弥井書店　2004.6　262, 164p　22cm　9800円　Ⓘ4-8382-3129-6

◇幸若舞曲研究　別巻　福田晃ほか編　三弥井書店　2004.6　262, 164p　22cm　9800円　Ⓘ4-8382-3129-6

◇説経と舞曲―文学的研究　肥留川嘉子著　大阪　和泉書院　2002.12　303p　22cm　(研究叢書 287)　8500円　Ⓘ4-7576-0183-2

◇説経と舞曲―文学的研究　肥留川嘉子著　大阪　和泉書院　2002.12　303p　22cm　(研究叢書 287)　8500円　Ⓘ4-7576-0183-2

◇平家物語から浄瑠璃へ―敦盛説話の変容　佐谷眞木人著　慶応義塾大学出版会　2002.10　289, 16p　21cm　4000円　Ⓘ4-7664-0936-1

◇室町物語と古注釈　石川透著　三弥井書店　2002.10　510p　21cm　9800円　Ⓘ4-8382-3097-4

◇語り物文学叢説―聞く語り・読む語り　服部幸造著　三弥井書店　2001.5　332, 5p　22cm　9800円　Ⓘ4-8382-3087-7

◇芸能の表現―説話とのかかわり　馬淵和夫, 田口和夫編　笠間書院　2001.5　216p　21cm　(叢書・日本語の文化史 2)　6500円　Ⓘ4-305-70231-2

◇中世劇文学の研究―能と幸若舞曲　小林健二著　三弥井書店　2001.2　690, 24p　21cm　15000円　Ⓘ4-8382-3084-2

◇中世劇文学の研究―能と幸若舞曲　小林健二著　三弥井書店　2001.2　690, 24p　22cm　15000円　Ⓘ4-8382-3084-2

◇軍記語りと芸能　山下宏明編　汲古書院　2000.11　289p　22cm　(軍記文学研究叢書 12)　8000円　Ⓘ4-7629-3391-0

◇幸若舞・歌舞伎・村芝居　庵逧巌著　勉誠出版　2000.6　329p　22cm　9800円　Ⓘ4-585-03066-2

◇中世文学年表―小説・軍記・幸若舞　市古貞次著　東京大学出版会　1998.12　286p　21cm　6800円　Ⓘ4-13-080059-0

◇日本文学新史　中世　小山弘志編　至文堂　1990.7　502p　21cm　4800円　Ⓘ4-7843-0060-0

◇時代別 日本文学史事典　中世編　有精堂編集部編　有精堂出版　1989.8　515p　21cm　7800円　Ⓘ4-640-30745-4

◇幸若舞　3　敦盛・夜討曽我―他　荒木繁ほか編注　平凡社　1983.10　284p　18cm　(東洋文庫 426)　1600円

◇幸若舞　2　景清・高館―他　荒木繁ほか編注　平凡社　1983.1　372p　18cm　(東洋文庫 417)　1800円

◇幸若舞　1　百合若大臣―他　荒木繁ほか編注　平凡社　1979.6　380p　18cm　(東洋文庫 355)　1300円

◆学術・文学

新古今和歌集　しんこきんわかしゅう

鎌倉時代の勅撰和歌集。八代集の最後。20巻。歌数約1980首。建仁1年（1201年）後鳥羽院の勅命により、源通具、藤原有家、藤原定家、藤原家隆、藤原雅経、寂蓮（完成前に没）が撰進。元久2年（1205年）成立。建保4年（1216年）まで改訂が続いた。代表歌人は、西行、慈円、藤原良経、藤原俊成、式子内親王、定家、後鳥羽院、藤原俊成女らで、同時代の歌人たち、とりわけ御子左家を中心とする新風和歌を中核においた。仮名序・真名序があり、本歌取りの技法が多く用いられ、幽玄・有心の概念が追求された。『万葉集』『古今和歌集』とともに、古典和歌の様式のひとつの頂点をかたちづくっている。歌風は新古今調といわれ、万葉調・古今調と並び称される。新古今集とも。

◇古今和歌集　新古今和歌集　紀友則, 紀貫之, 凡河内躬恒, 壬生忠岑撰, 小沢正夫, 松田成穂校訂・訳, 源通具, 藤原有家, 藤原定家, 藤原家隆, 藤原雅経撰, 峯村文人校訂・訳　小学館　2008.9　318p　20cm　（日本の古典をよむ 5）　1800円　①978-4-09-362175-5

◇あけぼのの花―新古今集桜歌私抄　中村雪香著　新風舎　2007.10　191p　15cm　（新風舎文庫）　700円　①978-4-7974-9344-3

◇新古今和歌集　小林大輔編　角川学芸出版, 角川グループパブリッシング（発売）　2007.10　217p　15cm　（角川文庫）　〈文献あり〉　629円　①978-4-04-357421-6

◇新古今和歌集　上　久保田淳訳注　角川学芸出版, 角川グループパブリッシング（発売）　2007.3　488p　15cm　（角川文庫）　933円　①978-4-04-400102-5

◇新古今和歌集　下　久保田淳訳注　角川学芸出版, 角川グループパブリッシング（発売）　2007.3　474p　15cm　（角川文庫）　933円　①978-4-04-400103-2

◇声で読む万葉・古今・新古今　保坂弘司著　學燈社　2007.1　287p　19cm　1700円　①978-4-312-70002-5

◇新古今　秀歌250首　田中裕選釈・著　画文堂　2005.12　166p　19cm　（新々書ワイド判 3）　1000円　①4-87364-062-8

◇新古今増抄　4　加藤磐斎著, 大坪利絹校注　三弥井書店　2005.7　311p　22cm　（中世の文学）　〈付属資料：6p：月報29〉　7800円　①4-8382-1030-2

◇古今集新古今集の方法―和歌文学会論集　浅田徹, 藤平泉責任編集　笠間書院　2004.10　379p　22cm　〈文献あり〉　7800円　①4-305-40115-0

◇新古今集古注集成　近世新注編 1　新古今集古注集成の会編　笠間書院　2004.6　487p　22cm　15000円　①4-305-60156-7

◇新古今和歌集研究　後藤重郎著　風間書房　2004.2　888p　22cm　27000円　①4-7599-1425-0

◇古今集・新古今集　大岡信編　学習研究社　2001.12　253p　15cm　（学研M文庫）　520円　①4-05-902052-4

◇新古今増抄　3　加藤磐斎著, 大坪利絹校注　三弥井書店　2001.12　374p　22cm　（中世の文学）　〈付属資料：6p：月報28〉　7800円　①4-8382-1028-0

◇新古今集古注集成　近世旧注編 4　新古今集古注集成の会編　笠間書院　2001.2　513p　22cm　14000円　①4-305-60155-9

◇勅撰集　4　新古今和歌集　国立歴史民俗博物館館蔵史料編集会編　京都　臨川書店　2000.11　594p　24×17cm　（国立歴史民俗博物館蔵貴重典籍叢書 文学篇 第4巻）　12600円　①4-653-03568-7

◇新古今和歌集—文永本 朝日新聞社 2000.4 440, 37p 22cm （冷泉家時雨亭叢書 第5巻）〈複製〉 27000円 Ⓘ4-02-240305-5

◇新古今集古注集成 近世旧注編 3 新古今集古注集成の会編 笠間書院 2000.2 541p 22cm 15000円 Ⓘ4-305-60154-0

◇新古今増抄 2 加藤磐斎著, 大坪利絹校注 三弥井書店 1999.9 380p 22cm （中世の文学） 7800円 Ⓘ4-8382-1025-6

◇新古今とその前後 藤平春男著 笠間書院 1997.10 490p 22cm （藤平春男著作集 第2巻）〈付属資料：8p〉 12000円 Ⓘ4-305-60101-X

◇新古今歌風の形成 藤平春男著 笠間書院 1997.5 377p 22cm （藤平春男著作集 第1巻） 9500円 Ⓘ4-305-60100-1

◇隠岐本新古今和歌集 朝日新聞社 1997.4 524, 50p 22cm （冷泉家時雨亭叢書 第12巻）〈編集：冷泉家時雨亭文庫 複製〉 28000円+税 Ⓘ4-02-240312-8

◇新古今増抄 1 加藤磐斎著, 大坪利絹校注 三弥井書店 1997.4 345p 22cm （中世の文学） 7200円 Ⓘ4-8382-1024-8

◇新古今集古注集成 中世古注編 1 新古今集古注集成の会編 笠間書院 1997.2 646p 22cm 16000円 Ⓘ4-305-60149-4

◇新古今集作者考 奥田久輝著 大阪 和泉書院 1996.10 570p 22cm （研究叢書 194）〈折り込1枚〉 18540円 Ⓘ4-87088-831-9

◇新古今和歌集を学ぶ人のために 島津忠夫編 京都 世界思想社 1996.3 332p 19cm 2300円 Ⓘ4-7907-0585-4

◇新古今和歌集の研究 続篇 有吉保著 笠間書院 1996.3 674p 22cm 13500円 Ⓘ4-305-70160-X

◇新古今集新論—二十一世紀に生きる詩歌 塚本邦雄著 岩波書店 1995.11 189p 19cm （岩波セミナーブックス 57） 2100円 Ⓘ4-00-004227-0

◇和歌文学講座 第6巻 新古今集 有吉保ほか編 有吉保責任編集 勉誠社 1994.1 413p 20cm 4800円 Ⓘ4-585-02027-6

◇新古今和歌集 源通具ほか撰 専修大学出版局 1993.11 3冊 25cm （専修大学図書館蔵古典籍影印叢刊）〈限定版 箱入 付属資料：45p：解題 中田武司著 和装〉 Ⓘ4-88125-063-9

◇新古今和歌集 佐佐木信綱校訂 新訂 岩波書店 1993.10 355p 19cm （ワイド版岩波文庫） 1200円 Ⓘ4-00-007115-7

◇新古今和歌集の研究 小島吉雄著 増補 大阪 和泉書院 1993.10 2冊 22cm （研究叢書 134）〈星野書店昭和19年, 新日本図書昭和21年刊の再刊〉 全18540円 Ⓘ4-87088-613-8

◇新古今集詞書論 武井和人著 新典社 1993.6 183p 19cm （新典社選書 6） 2000円 Ⓘ4-7879-6756-8

◇作者別年代順新古今和歌集 藤平春男編 笠間書院 1993.3 547p 22cm （笠間叢書 257） 9800円 Ⓘ4-305-10257-9

◇新古今集と漢文学 和漢比較文学会編 汲古書院 1992.11 276p 22cm （和漢比較文学叢書 第13巻） 6500円 Ⓘ4-7629-3237-X

◇和歌文学論集 8 新古今集とその時代 『和歌文学論集』編集委員会編 風間書房 1991.5 392p 22cm 4944円 Ⓘ4-7599-0791-2

◇新古今和歌集・山家集・金槐和歌集 佐藤恒雄, 馬場あき子著 新潮社 1990.9 111p 20cm （新潮古典文学アルバム 10） 1300円 Ⓘ4-10-620710-9

◇新古今和歌集—カラー版 藤平春男編 桜楓社 1989.6 55p 22cm 800円 Ⓘ4-273-02328-8

◇図説日本の古典 4 古今集・新古今集

久保田淳ほか編　集英社　1988.6　218p　28cm　〈企画：秋山虔ほか　新装版『古今和歌集』『新古今和歌集』歌年表：p212～213 各章末：参考文献〉　2800円　①4-08-167104-4

◇折口信夫全集　ノート編 追補 第5巻　新古今和歌集　折口信夫著, 折口博士記念古代研究所編纂　中央公論社　1988.2　403p　20cm　〈著者の肖像あり〉　3500円　①4-12-402699-4

◇古今和歌集・新古今和歌集　窪田空穂ほか訳　河出書房新社　1988.2　477p　18cm　（日本古典文庫 12）〈新装版〉　1800円　①4-309-71312-2

◇新古今集聞書―牧野文庫本　片山享, 近藤美奈子編　古典文庫　1987.3　253p　17cm　（古典文庫 第485冊）　非売品

◇新古今和歌集註―高松宮本　片山享編　古典文庫　1987.2　323p　17cm　（古典文庫 第484冊）　非売品

◇新古今和歌集　源通具ほか撰, 佐藤恒雄校注・訳　ほるぷ出版　1986.9　327p　20cm　（日本の文学）

◇新古今的世界　石川常彦著,『新古今的世界』刊行会編　大阪　和泉書院　1986.6　433p　22cm　（研究叢書 28）　11000円　①4-87088-200-0

◇新古今集聞書―幽斎本 本文と校異　東常縁原著, 細川幽斎補, 荒木尚編著　福岡　九州大学出版会　1986.2　451p　22cm　〈本文は福岡市美術館蔵の複製と翻刻〉　6500円

◇花にもの思う春―白洲正子の新古今集　白洲正子著　平凡社　1985.9　278p　20cm　1700円　①4-582-37122-1

◇枕詞総覧　第2集　古代歌謡集・古今和歌集・新古今和歌集　阿部万蔵編著　〔小金井〕　〔阿部万蔵〕　1985.8　66p　21cm

◇新古今増抄　加藤磐斎著, 有吉保編　新典社　1985.1　2冊　22cm　（加藤磐斎古注釈集成 4, 5）〈解説：有吉保 複製 限定版〉　全50000円

◇みやび―新古今集の時　坊城俊民著　桜楓社　1984.8　180p　19cm　1800円

◇新古今和歌集　滝沢貞夫編　勉誠社　1984.3　569p　19cm　（文芸文庫）　1600円

◇万葉集・古今和歌集・新古今和歌集　森藤憲定著　加藤中道館　1983.5　96p　19cm　（国語1シリーズ 6）〈監修：水原一〉

◇新古今とその前後　藤平春男著　笠間書院　1983.1　462p　22cm　9500円

◇新古今和歌集―伝亀山院・青蓮院道円親王筆　3　中小路駿逸編　松山　青葉図書　1982.10　p545～793　19cm　（愛媛大学古典叢刊 27）〈河野信一記念文化館所蔵本の複製 刊行者：愛媛大学古典叢刊刊行会〉

◇新古今和歌集一夕話　百目鬼恭三郎著　新潮社　1982.6　249p　20cm　1150円

◇新古今新考―断崖の美学　塚本邦雄著　花曜社　1981.10　198p　20cm　2300円　①4-87346-029-8

◇古今集・新古今集評釈―語釈・文法・鑑賞　松尾聡, 吉岡曠著　清水書院　1981.6　352p　19cm　①4-389-20311-8

◇現代語訳日本の古典　3　古今集・新古今集　大岡信著　学習研究社　1981.3　180p　30cm　2400円

◇古今集新古今集必携　藤平春男編　学灯社　1981.3　222p　22cm　〈『別冊国文学』改装版　年表：p202～221〉　①4-312-00510-9

◇日本の古典―現代語訳　3　古今集新古今集　大岡信著　学習研究社　1981.3　180p　30cm　〈編集：井上靖〔ほか〕 3. 古今集;新古今集 大岡信〔著〕 解説：藤平春男　図版〉　2400円

◇新古今和歌集　有吉保著　尚学図書　1980.10　536p　20cm　（鑑賞日本の古典 9）〈発売：小学館〉　1800円

◇新古今和歌集漢詩訳　玄鳥弘著　〔笠岡〕　〔清水弘一〕　1980.10　882p

16cm 非売品

◇新古今和歌集 日本文学研究資料刊行会編 有精堂出版 1980.4 317p 22cm (日本文学研究資料叢書) 2800円

◇新古今和歌集―為相本 源通具ほか撰 ほるぷ出版 1980.4 2冊 23cm (複刻日本古典文学館 第2期) 〈文化庁蔵(承元3年写)の複製 付(別冊 20p 21cm): 解題 叢書の編者: 日本古典文学会 箱入 限定版 和装〉

◇新古今和歌集選 〔点字資料〕 大阪 エフ・シイ・ジェイ(製作) 1980.3 21枚 23×30cm

◇新古今和歌集選 〔点字資料〕 大阪 エフ・シイ・ジェイ(製作) 1980.3 21枚 23×30cm

◇新古今略注 細川幽斎筆, 荒木尚編 笠間書院 1979.10 144p 25cm 〈永青文庫蔵の複製 付(別冊 22p 21cm): 解題〉 2000円

◇新古今和歌集 下 久保田淳校注 新潮社 1979.9 423p 20cm (新潮日本古典集成) 1800円

◇新古今集古註釈大成 日本図書センター 1979.8 274, 283p 22cm (日本文学古註釈大成) 〈それぞれの複製〉 8500円

◇新古今和歌集 上 久保田淳校注 新潮社 1979.3 385p 20cm (新潮日本古典集成) 1800円

◇新古今歌風とその周辺 岩崎礼太郎著 笠間書院 1978.8 252p 22cm (笠間叢書 102) 5500円

◇新古今和歌集入門 上条彰次ほか著 有斐閣 1978.1 276p 18cm (有斐閣新書) 580円

◇新古今和歌集全評釈 第9巻 研究史序説 書目解題 索引 年表 久保田淳著 講談社 1977.12 364p 20cm 3400円

◇新古今和歌集全評釈 第8巻 雑歌下・神祇歌・釈教歌 久保田淳著 講談社 1977.10 565p 20cm

◇新古今和歌集全評釈 第7巻 雑歌上・雑歌中 久保田淳著 講談社 1977.8 495p 20cm

◇新古今和歌集全評釈 第6巻 恋歌 4, 恋歌 5 久保田淳著 講談社 1977.6 395p 20cm 3400円

◇古今和歌集 新古今和歌集 窪田章一郎訳, 小島吉雄訳 筑摩書房 1977.4 404p 23cm (古典日本文学 11) 〈文献あり〉

◇新古今和歌集全評釈 第5巻 恋歌一, 恋歌二, 恋歌三 久保田淳著 講談社 1977.4 515p 20cm 3600円

◇新古今和歌集全評釈 第4巻 賀歌, 哀傷歌, 離別歌, 羇旅歌 久保田淳著 講談社 1977.2 667p 20cm 3800円

◇新古今和歌集全評釈 第3巻 秋歌下・冬歌 久保田淳著 講談社 1976.12 573p 20cm

◇新古今和歌集全評釈 第2巻 夏歌・秋歌上 久保田淳著 講談社 1976.11 507p 20cm

◇新古今私説 山崎敏夫著 桜楓社 1976 191p 19cm (国語国文学研究叢書 第2巻) 2400円

◇新古今和歌集 久保田淳編 桜楓社 1976 384p 22cm 1400円

◇新古今和歌集―伝亀山院・青蓮院道円親王筆 1 中小路駿逸編 松山 青葉図書 1976 272p 19cm (愛媛大学古典叢刊 25) 〈刊行: 愛媛大学古典叢刊刊行会 河野信一記念文化館所蔵本の複製〉

◇新古今和歌集―伝亀山院・青蓮院道円親王筆 2 中小路駿逸編 松山 青葉図書 1976 273~544p 19cm (愛媛大学古典叢刊 26) 〈刊行: 愛媛大学古典叢刊刊行会 河野信一記念文化館所蔵本の複製〉

◇新古今和歌集全評釈 第1巻 久保田淳著 講談社 1976 448p 20cm 3400円

◇新古今女人秀歌 清水乙女著 愛育出版 1975 236p 18cm (愛育新書)

480円

◇新古今和歌集選—諸注集成　小泉弘編著　有精堂出版　1975　184p　22cm　〈監修：山岸徳平〉　1300円

◇新古今和歌集　源通具ほか撰，峯村文人校注・訳　小学館　1974.3（第20版：1992.10）　639p 図版12p　23cm　（日本古典文学全集 26）　①4-09-657026-5

◇新古今秀歌　菅原真静著　笠間書院　1974　297p　18cm　（笠間選書 12）　1000円

◇新古今歌人の研究　久保田淳著　東京大学出版会　1973　1021p　22cm

◇隠岐本新古今和歌集と研究　後藤重郎編著　豊橋　未刊国文資料刊行会　1972　287p　19cm　（未刊国文資料 第3期 第18冊）〈宮内庁書陵部所蔵新古今和歌集の翻刻及び研究を収録したもの 限定版〉

◇新古今世界と中世文学　石田吉貞著　北沢図書出版　1972　2冊　22cm　各4500円

◇新古今和歌集　上　笠間書院　1971　385p　17cm　（笠間影印叢刊）〈伝二条為氏筆 穂久邇文庫蔵の複製 編者：後藤重郎〉　2000円

◇風巻景次郎全集　第6巻　新古今時代　桜楓社　1970　587p 肖像　22cm　3500円

◇新古今集総索引　滝沢貞夫編　明治書院　1970　339p　22cm　2500円

◇新古今歌風の形成　藤平春男著　明治書院　1969　388p　22cm　2900円

◇新古今和歌集　小島吉雄校註　朝日新聞社　1969　436p　19cm　（日本古典全書）〈第9版（初版：昭和34年）〉　580円

◇新古今和歌集の基礎的研究　後藤重郎著　塙書房　1968　1043p 図版　22cm　7300円

◇新古今和歌集の研究—基盤と構成　有吉保著　三省堂　1968　576p 図版　22cm

◇新古今和歌集の研究—基盤と構成　有吉保著　三省堂　1968　576p 図版　22cm　3500円

◇新古今注　黒川昌享編　広島　広島中世文芸研究会　1966　264p　19cm　（中世文芸叢書 5）

◇新古今注　黒川昌享編　広島　広島中世文芸研究会　1966　264p　19cm　（中世文芸叢書 5）　非売

◇完本 新古今和歌集評釈　下巻　窪田空穂著　東京堂　1965　527p　22cm

◇完本新古今和歌集評釈　下巻　窪田空穂著　東京堂　1965　527p　22cm

◇完本 新古今和歌集評釈　上巻　窪田空穂著　東京堂　1964　573p　22cm

◇完本新古今和歌集評釈　上巻　窪田空穂著　東京堂　1964　573p　22cm

◇完本新古今和歌集評釈　中巻　窪田空穂著　東京堂　1964　549p　22cm

◇新古今釈教之部注　簗瀬一雄編　大府町（愛知県）　簗瀬一雄　1964　19p　21cm　（碧冲洞叢書 第47輯）〈謄写版 限定版 賀茂三手文庫・蔵本の翻刻〉

◇新古今抜書　簗瀬一雄，藤平春男共編　大府町（愛知県）〔出版者不明〕　1962　61p　21cm　（碧冲洞叢書 第29輯）〈謄写版 限定版〉

◇新古今七十二首秘歌口訣　平間長雅著，簗瀬一雄編並びに解説　大府町（愛知県）　簗瀬一雄　1961　58p　21cm　（碧冲洞叢書 第13輯）

◇新古今諸注一覧　愛知県立女子大学国文学研究室編　名古屋　愛知県立女子大学国文学会　1961　115p 図版　19cm　〈「説林」の別刊〉

◇新古今諸注一覧　愛知県立女子大学国文学研究室編　名古屋　愛知県立女子大学国文学会　1961　115p 図版　19cm　〈「説林」の別刊〉

◇国語国文学研究史大成　第7　古今集 新古今集　全国大学国語国文学会研究史大成編纂委員会編　西下経一，實方清編著　三省堂　1960　574p 図版　22cm

◇新古今集歌人論　安田章生著　桜楓社出版　1960　246p 図版　19cm　（研究叢書 第7）

◇新古今集歌人論　安田章生著　桜楓社出版　1960　246p 図版　19cm　（研究叢書 第7）

◇新古今和歌集全註解　石田吉貞著　有精堂出版　1960　958p　22cm

◇新古今和歌集全註解　石田吉貞著　有精堂出版　1960　958p　22cm

◇新古今和歌集　小島吉雄校註　朝日新聞社　1959　416p　19cm　（日本古典全書）

◇新訂 新古今和歌集　佐佐木信綱校訂　改版 26刷　岩波書店　1959　355p　15cm（岩波文庫）

◇新古今和歌集―全釈　上巻　釘本久春著　福音館書店　1958　537p 図版　13cm

◇全釈 新古今和歌集　上巻　釘本久春著　福音館書店　1958　537p 図版　13cm

◇新古今集　久松潜一著　弘文堂　1955　79p　15cm　（アテネ文庫）〈附録：新古今和歌集の諸伝本（後藤重郎）〉

◇新古今集　久松潜一著　弘文堂　1955　79p　15cm　（アテネ文庫）〈附録：新古今和歌集の諸伝本（後藤重郎）〉

◇新古今集の新しい解釈　久松潜一著　至文堂　1954　274p　19cm　（国文注釈新書）

◇新古今集の新しい解釈　久松潜一著　至文堂　1954　274p　19cm　（国文注釈新書）

◇新古今集―新釈註　山崎敏夫著　桜井書店　1953　151p　19cm　（新釈註国文叢書）

◇新古今秀歌　安田章生著　大阪　創元社　1953　328p　19cm

◇新古今秀歌　安田章生著　大阪　創元社　1953　328p　19cm

◇新釈注 新古今集　山崎敏夫著　桜井書店　1953　151p　19cm　（新釈註国文叢書）

◇評釈 新古今和歌集　上　新古今和歌集　尾上八郎著　明治書院　1952　19cm

◇評釈新古今和歌集　上　尾上八郎著　明治書院　1952　468p 図版　19cm

◇評釈新古今和歌集　下　尾上八郎著　明治書院　1952　502p 図版　19cm

◇古今・新古今　本位田重美著　市ケ谷出版社　1950　149p 図版　19cm　（文芸読本 第2 第4）

◇新古今和歌集　峯村文人校註　大日本雄弁会講談社　1950　536p　19cm　（新註国文学叢書）

◇新古今摘英　鈴木敏也, 中川美登理共著　弘道館　1949　366p　19cm

◇新古今和歌集―隠岐本　上下　大久保正校訂　古典文庫　1949　2冊　17×11cm（古典文庫）

◇新古今和歌集　佐佐木信綱校訂　岩波書店　1948　320p　15cm　（岩波文庫 526-528）〈初版昭和4〉

◇新古今の歌人―感傷の底に意欲するスフインクスの一群　谷山茂著　大阪　堀書店　1947　288p　19cm　（教養叢書 10）80円

◇新古今和歌集　山岸徳平編　有朋堂　1947　64p　19cm　（高専教科書用国文学選）

◇新古今和歌集新釈　山崎敏夫著　名古屋　正文館書店　1947　138p　18cm

◇新古今和歌集　正宗敦夫編纂校訂　日本古典全集刊行会　1945　286p　19cm

金槐和歌集
きんかいわかしゅう

鎌倉幕府第3代将軍源実朝の家集。「金」は鎌倉の「鎌」の偏、「槐」は大臣の意。伝本は藤原定家筆で、末尾に「建暦三年十二月十八日」（実際は12月6日建保と改元）と記し、建暦3年（1213年）成立の実朝（当時22歳）自撰とみられるものと、末尾に室町将軍足利義政をさす「柳営亜槐」の奥書を有し、貞享4年（1687年）の板本に代表される他撰本の2種が存在する。建暦三年本は、春・夏・秋・冬・賀・恋・旅・雑に分類した663首を収め、万葉調とも王侯調ともいうべき重厚でおおらかな歌が大部分を含む。柳営亜槐本は、建暦三年本の歌に56首を増補し、春・夏・秋・冬・恋・雑に分類し直した再編本で、「もののふの矢並つくろふこての上にあられたばしる那須のしの原」などを収める。

*　　*　　*

◇東国文学圏の研究　志村士郎著　桜楓社　1986.5　284p　22cm　15000円　①4-273-02108-0

◇金槐和歌集全評釈　鎌田五郎著　風間書房　1983.1　1090p　22cm　32000円　①4-7599-0577-4

◇金槐和歌集　源実朝撰, 樋口芳麻呂校注　新潮社　1981.6　327p　20cm　（新潮日本古典集成）　1700円

◇新古今和歌集　有吉保著　尚学図書　1980.10　536p　20cm　（鑑賞日本の古典 9）〈発売：小学館〉　1800円

◇金槐和歌集とその周辺―東国文芸成立の基盤　志村士郎著　桜楓社　1980.6　246p　22cm　6800円

◇金槐和歌集　高木市之助, 久松潜一, 山岸徳平, 小島吉雄監修, 斎藤茂吉校註　第11刷　朝日新聞社　1973　208p　19cm　（日本古典全書）

◇鎌倉右大臣家集―本文及び総索引　源実朝著, 久保田淳, 山口明穂編　笠間書院　1972　179p　22cm　（笠間索引叢刊 8）〈『金槐和歌集』の別名〉　2700円

◇金槐和歌集各句索引　宮川康雄, 西村真一編　松本　〔出版者不明〕　1967　44p　21cm　（岩波書店刊 日本古典文学大系 29）〈底本は小島吉雄校注「金槐和歌集」〉

◇金槐和歌集各句索引　宮川康雄, 西村真一編　松本　宮川康雄　1967　44p　21cm　〈底本は小島吉雄校注「金槐和歌集」(岩波書店刊 日本古典文学大系29)〉　非売

◇金槐和歌集　源実朝著, 賀茂真淵評, 斎藤茂吉校訂改版　岩波書店　1963　311p　15cm　（岩波文庫）

◇金槐和歌集　源実朝著, 賀茂真淵評, 斎藤茂吉校訂改版　岩波書店　1963　311p　15cm　（岩波文庫）

◇日本古典文学大系　第29　山家集　金槐和歌集　西行著, 風巻景次郎校注, 源実朝著, 小島吉雄校注　岩波書店　1961　455p　22cm

◇金槐和歌集　源実朝著, 賀茂真淵評, 斎藤茂吉校訂　新訂 増補版　岩波書店　1955 18刷　267p　15cm　（岩波文庫）〈定家所伝本に拠る校訂増補〉

◇新訂 金槐和歌集―賀茂真淵評　源実朝著, 斎藤茂吉校訂　増補版　岩波書店　1955　18刷 267p　15cm　（岩波文庫）〈附：鎌倉右大臣家集中抜萃(賀茂真淵) 鎌倉右大臣家集の始に記るせる詞(賀茂真淵)索引, 定家所伝本に拠る校訂増補〉

◇金槐和歌集　源実朝著, 斎藤茂吉校註　朝日新聞社　1950　200p 図版　19cm　（日本古典全書）

藤原 定家　ふじわらの ていか

応保2年(1162年)～仁治2年(1241年)8月20日　平安時代末期・鎌倉時代初期の歌人・歌学者。法名は明静。藤原俊成の二男、母は藤原親忠の娘美福門院加賀。幼少より歌才に優れ、父の嘱望を受けつつ摂家の九条兼実・良経父子に仕えてその庇護を受け、左少将になるなど順調に出世をしていたが、九条家の失脚や作歌への行き詰まりなどで一時不調となる。その後、40歳頃より歌壇に復活し、正治3・建仁元年(1201年)後鳥羽上皇の和歌所寄人となり、『新古今和歌集』の撰者になるなど、歌道の第一人者として名を成す。さらに後堀河天皇の命により『新勅撰和歌集』を選出するなど、晩年まで歌壇に君臨した。『近代秀

歌』『毎月抄』などの歌論は、和歌のみならず後世の連歌や俳諧にも多大な影響を与え、また宇都宮頼綱の求めで撰んだ『百人秀歌』は「小倉百人一首」のもとになったといわれる。六家集のひとつに数えられる『拾遺愚草』があるほか、18歳から74歳までの日記『明月記』は当時を知る貴重な史料として知られている。

◇国宝熊野御幸記　三井記念美術館, 明月記研究会共編　八木書店　2009.3　208p　27cm　〈複製および翻刻　文献あり〉　8500円　①978-4-8406-2042-0

◇国宝 土佐日記　前田育徳会, 勉誠出版〔発売〕　2009.1　17p　30×23cm　800円　①978-4-585-03224-3

◇定家式「百人一句」と「百人一首」全解　小林耕著　新風舎　2007.6　344p　19cm　2100円　①978-4-289-02080-5

◇定家百首・雪月花(抄)　塚本邦雄著　講談社　2006.10　287p　16cm　(講談社文芸文庫)〈年譜あり　著作目録あり〉　1300円　①4-06-198457-8

◇藤原定家の熊野御幸　神坂次郎著　角川学芸出版, 角川書店〔発売〕　2006.8　205p　15cm　(角川ソフィア文庫)〈『熊野御幸』改題書〉　629円　①4-04-406101-7

◇明月記―徳大寺家本　第8巻　藤原定家著, 五味文彦監修, 尾上陽介編　ゆまに書房　2006.2　336p　19×27cm　〈東京大学史料編纂所所蔵の複製〉　35000円　①4-8433-1262-2

◇藤原定家―古典書写と本歌取　依田泰著　笠間書院　2005.12　231p　22cm　5800円　①4-305-70309-2

◇明月記―徳大寺家本　第7巻　藤原定家著, 五味文彦監修, 尾上陽介編　ゆまに書房　2005.12　393p　19×27cm　〈東京大学史料編纂所所蔵の複製〉　35000円　①4-8433-1261-4

◇明月記―徳大寺家本　第6巻　藤原定家著, 五味文彦監修, 尾上陽介編　ゆまに書房　2005.10　478p　19×27cm　〈東京大学史料編纂所所蔵の複製〉　35000円　①4-8433-1260-6

◇明月記―徳大寺家本　第5巻　藤原定家著, 五味文彦監修, 尾上陽介編　ゆまに書房　2005.8　512p　19×27cm　〈東京大学史料編纂所所蔵の複製〉　35000円　①4-8433-1259-2

◇明月記―徳大寺家本　第4巻　藤原定家著, 五味文彦監修, 尾上陽介編　ゆまに書房　2005.6　362p　19×27cm　〈東京大学史料編纂所所蔵の複製〉　35000円　①4-8433-1258-4

◇明月記―徳大寺家本　第3巻　藤原定家著, 五味文彦監修, 尾上陽介編　ゆまに書房　2005.2　455p　19×27cm　〈東京大学史料編纂所所蔵の複製〉　35000円　①4-8433-1257-6

◇知られざる日本史 あの人の「過去」―歴史に刻まれなかった彼らの意外なルーツとは　歴史の謎研究会編　青春出版社　2005.1　249p　15cm　(青春文庫)　571円　①4-413-09308-9

◇定家八代抄―続王朝秀歌選　上　樋口芳麻呂, 後藤重郎校注　岩波書店　2004.12　261p　15cm　(岩波文庫)　700円　①4-00-301272-0

◇定家八代抄―続王朝秀歌選　下　樋口芳麻呂, 後藤重郎校注　岩波書店　2004.12　382p　15cm　(岩波文庫)〈第2刷〉　860円　①4-00-301273-9

◇明月記―徳大寺家本　第2巻　藤原定家著, 五味文彦監修, 尾上陽介編　ゆまに書房　2004.12　529p　19×27cm　〈東京大学史料編纂所所蔵の複製〉　35000円　①4-8433-1256-8

◇明月記―徳大寺家本　第1巻　藤原定家著, 五味文彦監修, 尾上陽介編　ゆまに書房　2004.10　491p　19×27cm　〈東京大学史料編纂所所蔵の複製〉　35000円　①4-8433-1255-X

◇久保田淳著作選集　第2巻　定家　久保

田淳著　岩波書店　2004.5　333, 22p　22cm　9800円　①4-00-026049-9

◇明月記　5　藤原定家著　朝日新聞社　2003.2　628, 21p　19×27cm　（冷泉家時雨亭叢書 第60巻）〈付属資料：8p：月報 54　シリーズ責任表示：冷泉家時雨亭文庫編　複製〉　30000円　①4-02-240360-8

◇もう一つの鎌倉時代―藤原定家・太田牛一の系譜　井上力著　講談社出版サービスセンター　2002.11　901p　19cm　2400円　①4-87601-632-1

◇藤原定家研究　佐藤恒雄編　風間書房　2001.5　726p　22cm　21000円　①4-7599-1266-5

◇映ろひと戯れ―定家を読む　淺沼圭司著　水声社　2000.10　204p　20cm　2500円　①4-89176-426-0

◇明月記　4　藤原定家著　朝日新聞社　2000.8　648, 17p　19×27cm　（冷泉家時雨亭叢書 第59巻）〈複製〉　30000円　①4-02-240359-4

◇明月記　3　藤原定家著　朝日新聞社　1998.4　565, 16p　19×27cm　（冷泉家時雨亭叢書 第58巻）〈複製〉　30000円　①4-02-240358-6

◇定家八代抄―続王朝秀歌選　下　藤原定家撰, 樋口芳麻呂, 後藤重郎校注　岩波書店　1996.7　382p　15cm　（岩波文庫）　720円　①4-00-301273-9

◇定家八代抄―続王朝秀歌選　上　藤原定家撰, 樋口芳麻呂, 後藤重郎校注　岩波書店　1996.6　261p　15cm　（岩波文庫）　620円　①4-00-301272-0

◇明月記　2　藤原定家著　朝日新聞社　1996.2　573, 13p　19×27cm　（冷泉家時雨亭叢書 第57巻）〈編集：冷泉家時雨亭文庫 複製〉　30000円　①4-02-240357-8

◇拾遺愚草 下　拾遺愚草員外　俊成定家詠草　古筆断簡　藤原俊成, 藤原定家著　朝日新聞社　1995.2　494, 43p　22cm　（冷泉家時雨亭叢書 第9巻）〈編集：冷泉家時雨亭文庫 複製 折り込1枚〉　28000円　①4-02-240309-8

◇後鳥羽院と定家研究　田中裕著　大阪　和泉書院　1995.1　370p　22cm　12360円　①4-87088-698-7

◇藤原定家　久保田淳著　筑摩書房　1994.12　299p　15cm　（ちくま学芸文庫）　1000円　①4-480-08170-4

◇藤原定家の研究―有心論　吉田知行著　創栄出版(製作)　1994.4　190p　19cm　①4-88250-408-1

◇藤原定家とその時代　久保田淳著　岩波書店　1994.1　333, 20p　22cm　6200円　①4-00-002856-1

◇明月記　1　藤原定家著　朝日新聞社　1993.12　626, 30p　19×27cm　（冷泉家時雨亭叢書 第56巻）〈編集：冷泉家時雨亭文庫 複製〉　30000円　①4-02-240356-X

◇拾遺愚草　上・中　藤原定家著　朝日新聞社　1993.10　588, 36p　22cm　（冷泉家時雨亭叢書 第8巻）〈複製 叢書の編者：冷泉家時雨亭文庫〉　29000円　①4-02-240308-X

◇藤原定家―拾遺愚草抄出義解　安東次男著　講談社　1992.2　251p　15cm　（講談社学術文庫）〈定家略年譜：p238～244〉　780円　①4-06-159011-1

◇藤原定家の時代―中世文化の空間　五味文彦著　岩波書店　1991.7　226, 2p　18cm　（岩波新書）　580円　①4-00-430178-5

◇定家十体の研究　武田元治著　明治書院　1990.5　324p　22cm　9800円　①4-625-41096-7

◇藤原定家　村山修一著　吉川弘文館　1989.10　402p　19cm　（人物叢書 新装版）〈新装版 藤原定家の肖像あり 叢書の編者：日本歴史学会〉　1960円　①4-642-05172-4

◇藤原定家研究　安田章生著　増補版　京都　臨川書店　1988.6　630p　22cm　〈至文堂昭和50年刊の複製〉　9200円

①4-653-01750-6

◇歌びと定家　浅野春江著　笠間書院　1987.9　230p　20cm　2000円

◇藤原定家全歌集—訳注　下　久保田淳著　河出書房新社　1986.6　534p　23cm　9800円　①4-309-00417-2

◇藤原定家の歌風　赤羽淑著　桜楓社　1985.4　482p　22cm　12000円　①4-273-02006-8

◇藤原定家全歌集—訳注　上　久保田淳著　河出書房新社　1985.3　513p　23cm　9000円　①4-309-00402-4

◇藤原定家—乱世に華あり　久保田淳著　集英社　1984.10　256p　20cm　（王朝の歌人 9）〈巻末：藤原定家関係図, 定家略年譜, 参考文献 筆跡：藤原定家　図版（筆跡を含む）〉　1400円　①4-08-164009-2

◇定家百首—良夜爛漫　塚本邦雄著　河出書房新社　1984.4　261p　15cm　（河出文庫）　400円

◇明月記　上林暁作, 市川禎男絵　むぎ書房　1980.9　30p　21cm　（雨の日文庫 第4集（現代日本文学・戦中戦後編）18）〈4刷（1刷：1967年）〉

◇明月記—随筆集　中山栄子著　仙台　金港堂出版　1980.6　336p　19cm　2500円

◇宝生流地拍子謡本　内 12　海人.鞍馬天狗.定家.蟬丸.猩々　宝生九郎著　わんや書店　1980.2　1冊　24cm　〈和装〉

◇後鳥羽院勅答折紙留書　藤原定家書　雄松堂書店（製作）　1979.11　1軸　28cm　（原装影印古典籍覆製叢刊）〈静嘉堂文庫所蔵の複製 付（別冊 2p 21cm）：解説 片寄鈴枝著 箱入〉

◇藤原定家　安東次男著　筑摩書房　1977.11　276, 6p 図　19cm　（日本詩人選 11）　1400円

◇定家百首—良夜爛漫　塚本邦雄著　河出書房新社　1977.5　257p　20cm　（河出文芸選書）　680円

◇定家の歌一首　赤羽淑著　桜楓社　1976　272p　19cm　1200円

◇西行と定家　安田章生著　講談社　1975　196p　18cm　（講談社現代新書）　370円

◇藤原定家研究　安田章生著　増補版　至文堂　1975　630p　22cm　8000円

◇藤原定家全歌集　冷泉為臣編　国書刊行会　1974　609, 47p 図　22cm　〈文明社昭和15年刊の複製〉　5800円

◇定家百首—良夜爛漫　塚本邦雄著　河出書房新社　1973　257p　20cm　1000円

◇藤原定家—火宅玲瓏　塚本邦雄著　京都　人文書院　1973　236p　22cm

◇明月記　藤原定家著　国書刊行会　1973　3冊　22cm　〈3版（初版：明治44-45年刊）〉　9000円

◇嵯峨野明月記　辻邦生著　新潮社　1971　376p　20cm　750円

◇詠歌之大概　藤原定家著　すみや書房　1970　353p　19cm　（古典資料 15）

◇定家珠芳　藤原定家著, 呉文炳編　限定版　理想社　1967　図版 208p 解題 220p　30cm　〈解題は吉田幸一〉

◇定家珠芳　藤原定家著, 呉文炳編　理想社　1967　図版208p 解題220p　30cm　〈解題は吉田幸一 限定版〉　非売

◇藤原定家研究　安田章生著　至文堂　1967　617p　23cm

◇藤原定家　村山修一著　吉川弘文館　1962　402p 図版　18cm　（人物叢書 日本歴史学会編）〈付 主要参考文献 401-402p〉

◇藤原定家の研究　石田吉貞著　文雅堂書店　1957　737p　22cm

◇藤原定家　村山修一著　京都　関書院　1956　327p 図版 地図　22cm

◇藤原定家と家隆　黒岩一郎著　長谷川書房　1952　240p　19cm　〈附：私の短歌観〉

小倉百人一首
おぐらひゃくにんいっしゅ

歌集。小倉山荘色紙和歌、小倉百首。単に「百人一首」とも。藤原定家撰と伝わるが撰者、成立年とも未詳な点が多い。天智天皇から順徳天皇に至る各時代の著名な歌人百人の歌を一首ずつ選び、京都嵯峨の小倉山荘の障子に張ったと伝えるところからこの名がある。男性79人(僧侶15人)、女性21人の歌が入っている。『古今和歌集』『新古今和歌集』などの勅撰和歌集から選ばれている。歌道の入門書として読み継がれた。歌がるたとして近世以降庶民の間にも流布した。

＊　＊　＊

◇だれも知らなかった「百人一首」　吉海直人著　春秋社　2008.1　236p　21cm　2000円　①978-4-393-44162-6

◇定家式「百人一句」と「百人一首」全解　小林耕著　新風舎　2007.6　344p　19cm　2100円　①978-4-289-02080-5

◇百人一首桜の若葉　道家大門著, 福田景門編　津山　道家大門記念会　2007.2　126p　21cm　〈年譜あり〉

◇一冊でわかる百人一首　吉海直人監修　成美堂出版　2006.12　191p　22cm　1300円　①4-415-04234-1

◇歌ごころ百人一首―かるた取りがだんぜんおもしろくなる！　青野澄子著　仙台　丸善仙台出版サービスセンター(製作)　2006.12　361p　18cm　〈年表あり〉　900円　①4-86080-076-1

◇百人一首大事典―完全絵図解説　吉海直人監修　あかね書房　2006.12　143p　31cm　〈年表あり〉　5000円　①4-251-07801-2

◇見つけた！『百人一首』の主題歌　家郷隆文著　文芸社　2006.12　227p　19cm　〈文献あり〉　1500円　①4-286-01415-0

◇敷島随想―百人一首歌人世界の散策　巻14　錦生如雪著　高槻　敷島工藝社　2006.11　370p　21cm　1000円

◇原色小倉百人一首―朗詠CDつき　鈴木日出男, 山口慎一, 依田泰著　文英堂　2005.11　143p　21cm　(シグマベスト)　〈付属資料：CD1〉　850円　①4-578-10082-0

◇知識ゼロからの百人一首入門　有吉保監修　幻冬舎　2005.11　239p　21cm　1300円　①4-344-90076-6

◇私の百人一首　白洲正子著　愛蔵版　新潮社　2005.11　228p 図版15枚　22cm　2600円　①4-10-310716-2

◇小倉百人一首 六歌聖―光琳歌かるたの典雅な折り紙　渡辺とみ枝著, 日本折紙協会協力　清泉図書　2005.2　79p　23×19cm　(雅の技と演出の達人 4)　1500円　①4-901446-11-8

◇百人一首が面白いほどわかる本　望月光著　中経出版　2004.12　447p　21cm　〈他言語標題：An easy guide to Hyakunin isshu〉　1600円　①4-8061-2145-2

◇歌がるた小倉百人一首　田辺聖子著　角川書店　2004.11　318p　15cm　(角川文庫)　552円　①4-04-131432-1

◇百人一首―王朝和歌から中世和歌へ　井上宗雄著　笠間書院　2004.11　292p　19cm　(古典ルネッサンス)　2200円　①4-305-00272-8

◇百人一首研究資料集　第1巻　資料・目録　吉海直人編・解説　クレス出版　2004.3　392, 4p　22cm　〈複製〉　①4-87733-205-7

◇百人一首研究資料集　第2巻　注釈 1　吉海直人編・解説　クレス出版　2004.3　1冊　22cm　①4-87733-205-7

◇百人一首研究資料集　第3巻　注釈 2　吉海直人編・解説　クレス出版　2004.3　681, 7p　22cm　〈複製〉　①4-87733-205-7

◇百人一首研究資料集　第4巻　かるたの本　吉海直人編・解説　クレス出版　2004.3　268, 4p　22cm　〈肖像あり〉　①4-87733-205-7

◇百人一首研究資料集　第5巻　英訳百人

一首 吉海直人編・解説 クレス出版 2004.3 223, 3p 22cm 〈複製〉 ①4-87733-205-7

◇百人一首研究資料集 第6巻 論文集 吉海直人編・解説 クレス出版 2004.3 331, 4p 22cm 〈複製〉 ①4-87733-205-7

◇絵入り百人一首入門 佐藤安志著 土屋書店 2003.12 215p 21cm 1200円 ①4-8069-0668-9

◇桃尻語訳百人一首 橋本治著 海竜社 2003.11 151p 30cm 2500円 ①4-7593-0789-3

◇百人一首研究集成 大坪利絹ほか編 大阪 和泉書院 2003.2 713p 22cm （百人一首注釈書叢刊 別巻 1） 15000円 ①4-7576-0192-1

◇百人一首集 2 綿抜豊昭編 富山 桂書房 2003.2 103p 26cm 〈複製と翻刻〉 1500円 ①4-905564-52-2

◇百人一首の新研究―定家の再解釈論 吉海直人著 大阪 和泉書院 2001.3 282p 22cm （研究叢書 267） 8500円 ①4-7576-0089-5

◇百人一首註釈書目略解題 吉海直人編著 大阪 和泉書院 1999.11 218p 22cm （百人一首注釈書叢刊 1） 6000円 ①4-7576-0015-1

◇百人一首の文化史 東洋大学井上円了記念学術センター編 すずさわ書店 1998.12 204p 19cm （えっせんてぃあ選書 7） 1800円 ①4-7954-0136-5

◇小倉百人一首を学ぶ人のために 糸井通浩編 京都 世界思想社 1998.10 303, 14p 19cm 2500円 ①4-7907-0728-8

◇百人一首の世界―付漢訳・英訳 千葉千鶴子著 大阪 和泉書院 1998.5 219p 19cm （Izumi books 2） 1500円 ①4-87088-926-9

◇百人一首うひまなび 賀茂真淵著, 大坪利絹編 大阪 和泉書院 1998.2 302p 22cm （百人一首注釈書叢刊 16） 9000円 ①4-87088-904-8

◇百人一首故事物語―大きな活字で読みやすい本 1 池田弥三郎著 河出書房新社 1998.2 177p 22cm （生きる心の糧 12） ①4-309-61362-4, 4-309-61350-0

◇百人一首故事物語―大きな活字で読みやすい本 2 池田弥三郎著 河出書房新社 1998.2 157p 22cm （生きる心の糧 13） ①4-309-61363-2, 4-309-61350-0

◇百人一首註解 島津忠夫, 乾安代編 大阪 和泉書院 1998.2 139p 22cm （百人一首注釈書叢刊 15） 5500円 ①4-87088-903-X

◇対訳・百人一首 石原敏子, リンダ・ラインフェルド共訳 吹田 関西大学出版部 1997.4 131p 19cm 〈他言語標題：One hundred poets, one hundred poems〉 1200円 ①4-87354-219-7

◇小倉百人一首異見抄 野木可山著 近代文芸社 1995.11 113p 20cm 1000円 ①4-7733-4769-4

◇百人一首の世界 千葉千鶴子著 大阪 和泉書院 1995.7 220p 19cm 〈付：漢訳・英訳 新装普及版〉 1600円 ①4-87088-739-8

◇跡見学園短期大学図書館蔵百人一首関係資料目録 跡見学園短期大学図書館編 跡見学園短期大学図書館 1995.3 521, 47p 27cm 〈奥付の書名：百人一首関係資料目録〉

◇百人一首集 綿抜豊昭編 富山 桂書房 1995.3 1冊(頁付なし) 19×26cm 〈複製と翻刻〉 1500円

◇百人一首倉山抄 錦仁編 大阪 和泉書院 1995.3 156p 22cm （百人一首注釈書叢刊 7） 6695円 ①4-87088-718-5

◇百人一首頼常聞書・百人一首経厚抄・百人一首聞書(天理本・京大本) 有吉保ほか編 大阪 和泉書院 1995.3 241p 22cm （百人一首注釈書叢刊 2） 9064円 ①4-87088-706-1

◇百人一首 マール社編集部編 マール社 1994.12 143p 15cm （マールカラー文庫） 300円 ①4-8373-2002-3

◇後水尾天皇百人一首抄　島津忠夫, 田中隆裕編　大阪　和泉書院　1994.10　286p　22cm　（百人一首注釈書叢刊 6）　9270円　①4-87088-672-3

◇百人一首大成―影印本　有吉保編　新典社　1994.10　158p　26cm　（影印本シリーズ）　2000円　①4-7879-0429-9

◇小倉百人一首を復元する　永井桂子著　仙台　秋葉工房　1994.7　72p　21cm

◇近世出版百人一首書目集成　湯沢賢之助編　新典社　1994.5　348p　22cm　（新典社叢書 18）　11500円　①4-7879-3018-4

◇小倉百人一首新注釈―全歌精解と鑑賞・主要先行書比見　新里博著　渋谷書言大学運営委員会　1994.4　366p　22cm　4300円

◇恋歌ノート　時実新子著　角川書店　1994.1　211p　15cm　（角川文庫）　430円　①4-04-192601-7

◇小倉百人一首　猪股静弥文, 高代貴洋写真　偕成社　1993.12　232p　19cm　2000円　①4-03-529270-2

◇恋の百人一首―新釈・平成イラスト版　松村よし子著　文化出版局　1993.11　110p　15×21cm　1900円

◇百人一首一夕話―尾崎雅嘉自筆稿本　上巻　尾崎雅嘉著　京都　臨川書店　1993.11　538p　22cm　〈解題：管宗次　複製〉　①4-653-02589-4, 4-653-02588-6

◇百人一首一夕話―尾崎雅嘉自筆稿本　下巻　尾崎雅嘉著　京都　臨川書店　1993.11　445p　22cm　〈解題：管宗次　複製〉　①4-653-02590-8, 4-653-02588-6

◇小倉百人一首―日本のこころ　島津忠夫, 櫟原聡編著　京都　京都書房　1992.12　118p　22cm　〈創業30周年記念出版〉　1700円　①4-7637-8801-9

◇小倉百人一首　藤縄敬五, 桜井典彦著　有朋堂　1992.11　127p　18cm　〈付・かるた競技法〉　700円　①4-8422-0130-4

◇小倉百人一首―古典の心　橋本吉弘著　京都　中央図書　1991.10　120p　26cm　380円　①4-482-00096-5

◇百人一首　鈴木日出男著　筑摩書房　1990.12　263p　15cm　（ちくま文庫 に-1-1）　680円　①4-480-02510-3

◇やさしい小倉百人一首の鑑賞　伊藤晃著　帰徳書房　1990.12　219p　19cm　〈新装版　東京 星雲社〉　1000円　①4-7952-3001-3

◇百人一首　竹西寛子著　講談社　1990.8　224p　20cm　（古典の旅 8）　1200円　①4-06-192078-2

◇百人一首改観抄　契沖著, 鈴木淳編　桜楓社　1990.5　319p　21cm　〈第2刷（第1刷：昭和62年）複製〉　2800円　①4-273-02151-X

◇百人一首の手帖―光琳歌留多で読む小倉百人一首　尚学図書・言語研究所編　小学館　1989.12　208p　22cm　〈監修：久保田淳〉　2010円　①4-09-504071-8

◇百人一首の謎　織田正吉著　講談社　1989.12　196p　18cm　（講談社現代新書）　540円　①4-06-148975-5

◇小倉百人一首の言語空間―和歌表現史論の構想　糸井通浩, 吉田究編　京都　世界思想社　1989.11　285, 3p　19cm　1950円　①4-7907-0360-6

◇百人一首　野ばら社編集部編集　改訂　野ばら社　1989.11　222p　19cm　〈暗記用きまり字一覧付〉　550円

◇百人一首・その隠された主題―テキストとしての内的構造　家郷隆文著　桜楓社　1989.11　184p　19cm　1854円　①4-273-02346-6

◇伝承百人一首大観　平野実著　〔桶川〕　現象哲学研究所　1989.10　430p　27cm

◇百人一首一夕話　下　尾崎雅嘉著, 古川久校訂　岩波書店　1989.4　358p

15cm （岩波文庫 30‐235‐2）〈第18刷（第1刷：1973年）〉 553円 ①4-00-302352-8

◇百人一首必携 久保田淳編 学灯社 1989.4 222p 22cm 〈『別冊国文学』改装版〉 1750円 ①4-312-00525-7

◇謎の歌集/百人一首―その構造と成立 織田正吉著 筑摩書房 1989.1 299p 20cm 2200円 ①4-480-82254-2

◇百人一首 橋幸一著 改訂新版 西北出版 1988.11 136p 19cm （西北ブックス 1）〈新暗記法つき〉 480円 ①4-7925-3010-5

◇百人一首評解 石田吉貞著 有精堂出版 1988.11 293p 19cm 〈新装版〉 2200円 ①4-640-00103-7

◇百人一首 野ばら社編集部編 改訂 野ばら社 1988.1 222p 19cm 〈暗記用きまり字一覧付〉 550円

◇百人一首・秀歌選 久保田淳校注・訳 ほるぷ出版 1987.7 422p 20cm （日本の文学）

◇小倉百人一首―解釈付習字読本 青木幽渓書 静岡 フジ教育出版社 1987.6 1冊 25cm 〈監修：大里恭三郎 和装〉 2500円 ①4-938584-01-8

◇百人一首の鑑賞 窪田章一郎著 新版 赤坂書院 1987.5 231p 18cm 〈初版：東京堂出版昭和48年刊 発売：星雲社〉 2500円 ①4-7952-3506-6

◇新編小倉百人一首―日本古典のこころ 宗政五十緒著 京都 中央図書 1987.3 111p 22cm 250円 ①4-482-00030-2

◇鑑賞小倉百人一首 水田潤著 大阪 教学研究社 1987 124p 22cm 430円

◇百人一首―新註 深津睦夫, 西沢正二編著 勉誠社 1986.10 243p 22cm （大学古典叢書 3）〈付：歌人説話〉 1600円

◇百人一首の世界 林直道著 青木書店 1986.5 214p 20cm 〈折り込表1枚〉 1500円 ①4-250-86005-1

◇百人一首 世界文化社 1986.1 167p 23cm （特選日本の古典 グラフィック版 別巻1） 2300円

◇小倉百人一首 犬養廉訳・注 創英社 1985.11 238p 19cm （全対訳日本古典新書）〈発売：三省堂書店〉 700円 ①4-88142-304-5

◇小倉百人一首総索引 長江稔編 本の出版社 1985.11 103p 15cm （わんずおうん文庫） 520円

◇百人一首増註 加藤磐斎著, 青木賢豪解説 八坂書房 1985.7 344p 23cm 6800円

◇影印本 百人一首 藤原定家撰, 有吉保ほか編 新典社 1984.4 78p 21cm （影印本シリーズ）〈巻頭：解題 初刷：1966（昭和41）〉 600円 ①4-7879-0401-9

◇百人一首の作者たち―王朝文化論への試み 目崎徳衛著 角川書店 1983.11 263p 19cm （角川選書 142） 960円

◇鑑賞小倉百人一首―小倉山荘色紙和歌 飯島総葉筆, 中島悦次著 新書法出版 1983.8 411p 31cm

◇小倉百人一首の世界 新井正彦, 新井章著 三弥井書店 1983.4 253p 20cm 〈監修：阿部正路〉 1400円

◇やさしい小倉百人一首の鑑賞 伊藤晃著 帰徳書房 1982.12 219p 19cm 〈発売：星雲社〉 1000円 ①4-7952-3001-3

◇百人一首総索引 吉海直人編 〔吉海直人〕 1982.9 p62～72 25cm 〈限定版〉 非売品

◇百人一首古注抄 島津忠夫, 上条彰次編 大阪 和泉書院 1982.2 231p 21cm 1700円 ①4-900137-41-3

◇百人一首―陽明文庫旧蔵 有吉保著 桜楓社 1981.12 113p 20cm 1600円

◇百人一首の秘密―驚異の歌織物 林直道著 青木書店 1981.6 222, 5p 20cm 1400円 ①4-250-81012-7

◇百人一首 田中直日著 大阪 保育社

1980.12　151p　15cm　（カラーブックス 518）　500円

◇百人一首のこころ　大塚寛子著　東京白川書院　1980.12　222p　20cm　900円

◇入門小倉百人一首　石川雅章著　大陸書房　1979.12　193p　19cm　980円

◇百人一首　峰村文人著　筑摩書房　1979.12　259p　19cm　1200円

◇百人一首・耽美の空間　上坂信男著　右文書院　1979.12　239p　19cm　（右文選書）　1400円

◇百人一首百科全書　山上ゝ泉著, 山上三千生編　ピタカ　1978.11　2冊　22cm　全12000円

◇米沢本百人一首抄―解読と注釈　米沢古文書研究会編　米沢　米沢古文書研究会　1976　2冊（別冊共）　23cm　〈別冊：百人一首抄〉　非売品

◇小倉山庄色紙和歌―百人一首古注　有吉保, 神作光一校注　新典社　1975　167p　21cm　（影印校注古典叢書）　1300円

◇百人一首一夕話　下　尾崎雅嘉著, 古川久校訂　岩波書店　1973　358p　15cm　（岩波文庫）　200円

◇古典百景―新版・百人一首一夕話　藤居信雄著　古川書房　1972　230p　19cm　（古川叢書）　750円

◇百人一首一夕話　上　尾崎雅嘉著, 古川久校訂　岩波書店　1972　427p　15cm　（岩波文庫）　2000円

◇百人一首古注　吉田幸一編　古典文庫　1971　図136p 174p　17cm　（古典文庫 第291冊）　非売

◇小倉百人一首　鈴木知太郎著　桜楓社　1970　279p 図　18cm　（現代の教養 36）　480円

◇小倉百人一首詳講　金子武雄著　石崎書店　1966　261p　20cm

◇百人一首古注釈の研究　田中宗作著　桜楓社　1966　398p 図版　22cm　2800円

◇鑑賞 小倉百人一首　田中順二著　京都　洛文社　1965　136p　19cm　〈昭和39年刊 新村出編の改訂新版〉

◇百人一首の世界　久保田正文著　文芸春秋新社　1965　281p　19cm

◇全釈 小倉百人一首　曽沢太吉著　福音館書店　1958　252p　13cm　（福音館古典全釈文庫 第18）

◇解説 小倉百人一首　長尾盛之助著　藤沢　池田書店　1957　219p　19cm　〈新装版〉

◇百人一首の解釈と鑑賞　秋葉環著　訂正版 3版　明治書院　1956　253p 図版　19cm

◇百人一首評解　石田吉貞著　有精堂出版株式会社　1956　293p　19cm

◇漢訳小倉百首　佐伯仙之助著　佐伯仙之助著作刊行会　1955.4　213p　22cm　非売品

◇小倉百人一首―解釈と鑑賞　鈴木知太郎, 藤田朝枝共著　東宝書房　1954　312p　図版　19cm

◇掌中 小倉百人一首の講義　金子武雄著　大修館書店　1954　261p 図版　15cm

◇解説 小倉百人一首　長尾盛之助著　池田書店　1953　219p　19cm　（今日の教養書選）

◇新訳 百人一首精解　鴻巣盛広著　改訂30版　精文館書店　1952　190p　17cm

◇百人一首新解　今井福治郎著　東京大盛堂　1952　168p　19cm

◇評釈 小倉百人一首　木俣修著　大日本雄弁会講談社　1952　257p　19cm　（実用家庭百科）

◇英訳小倉百人一首　本多平八郎著　京都　関書院　1947　100p　19cm　〈共同刊行：青年通信社東京支社〉

飛鳥井 雅経
あすかい まさつね

嘉応2年（1170年）～承久3年（1221年）3月11

日

鎌倉時代初期の歌人・公卿。藤原頼経の二男、母は大納言源顕雅の娘。大江広元の娘を妻とする。幼少時に祖父より歌や蹴鞠を学ぶ。治承4年(1180年)に授爵し、以後侍従などを歴任。義経と親しかった父が配流された際、雅経も鎌倉に護送されるが、蹴鞠の才が認められて後鳥羽天皇に召され上洛し、近臣として仕えて従三位・参議にまで昇る。歌人としての才能も発揮するようになり、和歌所寄人となり、藤原定家らと共に『新古今集』の撰者に任ぜられる。鎌倉もよく訪ね、将軍源実朝に歌や蹴鞠を教えたり、定家や鴨長明を紹介したりした。蹴鞠および歌道の基礎を築いたことから、飛鳥井家の祖とされる。著書に『明日香井和歌集』『蹴鞠略記』など。

*　*　*

◇源氏物語絵巻—伝藤原伊房・寂蓮・飛鳥井雅経筆　二玄社　2004.6　183p　30cm　(日本名筆選 46)〈徳川美術館,五島美術館蔵の複製〉　5000円　①4-544-00756-9

◇伴大納言絵　藤原光長画,飛鳥井雅経詞書,秋山光和監修　丸善　2003.2　3軸　33cm　〈解説:黒田泰三　出光美術館蔵の複製　箱入(39cm)　和装〉　328000円　①4-621-04975-5

◇雅経明日香井和歌集全釈　飛鳥井雅経原著,中川英子著　府中(東京都)　渓声出版　2000.4　507p　22cm　9000円　①4-905847-48-6

◇雅経の古典摂取ならびに周辺歌人からの享受について—中川英子論文集　中川英子著　オオウラ企画　1996.8　169p　26cm　〈付・「明日香井和歌集」の伝本について〉

◇伴大納言絵詞—国宝　藤原光長画,飛鳥井雅経詞書　筑摩書房　1971-1974　3軸　32cm　〈監修:川端康成ほか　複製　付(別冊3冊 28×10cm 折本):解説 藤田経世著　各軸箱入(40cm)限定版〉

◇羣書類従　第14輯　和歌部　塙保己一編,続群書類従完成会校　訂正版　続群書類従完成会　1960 3版　745p　19cm

◇伴大納言絵詞　常盤光長画,飛鳥井雅経詞書　東京美術複製会,美術出版社(発売)　1950　3軸 解説1冊　32cm　〈複製箱入　解説:上野直昭著 英文併記(47, 35p 20cm)〉

藤原 家隆

ふじわらの いえたか

保元3年(1158年)〜嘉禎3年(1237年)4月9日

鎌倉時代初期の歌人・公卿。藤原光隆の二男、母は藤原実兼の娘。寂蓮の養子。従二位。壬生二品(みぶにほん)と呼ばれる。法名は仏性。藤原俊成に歌を学び、後鳥羽院歌壇で活躍し、藤原定家と並び称された。後鳥羽上皇に寵愛されて和歌所寄人となり『新古今和歌集』撰者の一人となる。順徳天皇歌壇でも指導的役割をはたし、承久の乱で隠岐に流された後鳥羽上皇に和歌を詠進するなど晩年まで精力的に作歌活動を続けた。嘉禎2年(1236年)病のため出家した。家集に『壬二集』がある。

*　*　*

◇藤原家隆の研究　松井律子著　大阪　和泉書院　1997.3　497p　22cm　(研究叢書 200)　12360円　①4-87088-847-5

◇藤原家隆集とその研究　久保田淳編著　三弥井書店　1968　602p 図版　22cm　3800円

◇藤原定家と家隆　黒岩一郎著　長谷川書房　1952　240p　19cm

藤原 俊成女

ふじわらの としなりのむすめ

嘉応3・承安元年(1171年)〜建長6年(1254年)

鎌倉時代前期の歌人。藤原盛頼の娘で、母の父である俊成の養女となる。俊成縁女ともよばれる。建仁2年(1202年)後鳥羽院に出仕し、院歌壇で活躍。技巧的で華麗な作風により、藤原定家と共に御子左家を代表する歌人と評される。建暦3・建保元年(1213年)出家し、播磨国越部庄に移り住み越部禅尼(こしべのぜんに)と称した。家集に『俊成卿女集』、歌論書に『越部禅尼消息』がある。文芸評論書『無名草子』の作者と伝えられる。

＊　＊　＊

◇藤原俊成女―誇り高く歌に生きた　神尾暢子著　新典社　2005.5　254p　19cm　（日本の作家 19）〈年譜あり〉 2000円 ①4-7879-7019-4

◇俊成卿女　青木和泉著　日本図書刊行会　1999.9　144p　20cm　〈東京 近代文芸社（発売）〉 1500円　①4-8231-0437-4

◇鑑賞俊成卿女の歌　柄松香編著　〔廿日市〕　〔柄松香〕　1993.6　98p　26cm

◇俊成卿女全歌索引　森本元子編　武蔵野書院　1977.8　141p　22cm　4300円

◇俊成卿女の研究　森本元子著　桜楓社　1976　445p　22cm　8800円

◇俊成卿女全歌集　藤原俊成女著, 森本元子編　武蔵野書院　1966　336p 図版 22cm

◇俊成卿女全歌集　藤原俊成女著, 森本元子編　武蔵野書院　1966　336p 図版 22cm　2500円

京極 為兼
きょうごく ためかね

建長6年（1254年）～元弘2・正慶元年（1332年）3月21日

鎌倉時代後期の歌人。京極家の祖である為教の子。正しくは「ためかぬ」と読む。藤原為兼とも。正応2年（1289年）参議となる。伏見天皇に重用されて歌人、公卿として活躍したが、皇位継承問題に関与したことなどから鎌倉幕府に忌まれ、永仁6年（1298年）佐渡に流される。乾元2・嘉元元年（1303年）許されて帰洛。持明院統の伏見院の院宣による勅撰集の撰者の問題で二条為世と論争し、これに勝って応長2・正和元年（1312年）『玉葉和歌集』を単独で撰した。正和4年（1315年）盛大な春日社参りを行ったことが西園寺実兼の忌諱に触れ、再び土佐に配流され、帰洛をゆるされぬまま河内で没した。著書に『為兼卿和歌抄』『為兼卿記』など。当時の歌壇の革新派を代表する歌人。

＊　＊　＊

◇京極為兼　井上宗雄著　新装版　吉川弘文館　2006.5　284p　19cm　（人物叢書）　1900円　①4-642-05236-4

◇京極為兼―忘られぬべき雲の上かは　今谷明著　京都　ミネルヴァ書房　2003.9　286, 12p　20cm　（ミネルヴァ日本評伝選）〈文献あり　年譜あり〉 2200円 ①4-623-03809-2

◇玉葉和歌集　京極為兼撰, 久保田淳編　笠間書院　1995.9　864p　23cm　（吉田兼右筆十三代集）〈宮内庁書陵部蔵の複製〉 18000円　①4-305-60140-0

◇玉葉和歌集―太山寺本　京極為兼撰, 浜口博章解題　汲古書院　1993.11　2冊　27cm　〈複製〉　全22000円 ①4-7629-3292-2

◇玉葉和歌集―吉田兼右筆本　京極為兼撰　ほるぷ出版　1977.4　2冊　24cm　（複刻日本古典文学館 第2期）〈宮内庁書陵部蔵（天文19年写）の複製 付（別冊 34p 21cm）：解題 叢書の編者：日本古典文学会 箱入 限定版　和装〉

◇京極為兼　土岐善麿著　筑摩書房　1971　264, 2p 図　19cm　（日本詩人選 15）

◇新修 京極為兼　土岐善麿著　角川書店　1968　294p 図版　19cm　〈参考文献 289-294p〉

◇新修京極為兼　土岐善麿著　角川書店　1968　294p 図版　19cm　900円

◇爲兼卿和哥抄　京極爲兼著　宮内廳書陵部　1949.7　2冊（別冊とも）　15cm　〈複製および翻刻　帙入　和装〉

◇京極為兼　土岐善麿著　西郊書房　1947　263p　19cm　〈附録：勅撰集より〉

◇京極為兼　土岐善麿著　西郊書房　1947　263p　19cm　〈附録：勅撰集より〉

◇京極為兼　土岐善麿著　西郊書房　1947　263p　19cm

永福門院
えいふくもんいん

文永8年（1271年）～興国3/康永元年（1342

年)5月7日

鎌倉時代後期の女流歌人。西園寺実兼の長女。名は鏱子(しょうし)。弘安11・正応元年(1288年)入内し伏見天皇の中宮となる。京極流の和歌を学んだ。実子はなかったが、猶子の後伏見天皇、花園天皇を鞭撻して京極派歌風を次代に伝えるとともに、南北朝直前の皇統対立期に持明院統内の融和に力を尽くした。『永福門院百番御自歌合』をはじめ、勅私撰集、歌合など、作品総計431首(実数371首)。『玉葉集』に49首、『風雅集』に69首が入集。

＊　＊　＊

◇永福門院百番自歌合全釈　岩佐美代子著　風間書房　2003.1　218p　22cm　(歌合・定数歌全釈叢書 1)〈文献あり〉　6000円　①4-7599-1349-1

◇永福門院―飛翔する南北朝女性歌人　岩佐美代子著　笠間書院　2000.10　327p　20cm　(古典ライブラリー 9)〈昭和51年刊の改訂〉　2400円　①4-305-60039-0

◇式子内親王・永福門院　竹西寛子著　講談社　1993.11　248, 5p　16cm　(講談社文芸文庫)　940円　①4-06-196249-3

◇群書類従　巻第221　永福門院百番御自歌合―外　塙保己一編　日本文化資料センター　1993.6　75丁　28cm　〈温故学会所蔵の原版木を使用 限定版　和装〉　11000円

◇群書類従　巻第205　永福門院歌合―外　塙保己一編　日本文化資料センター　1992.10　68丁　28cm　〈温故学会所蔵の原版木を使用 限定版　和装〉　11000円

◇永福門院百番御自歌合評釈　下　大野順一, 中世文学研究会著　明治大学日本文学研究室　1990.12　113p　21cm　2500円

◇永福門院歌集・全句索引　小林守編　城山町(神奈川県)　小林守　1990.1　98p　21cm　〈監修：大野順一〉　非売品

◇永福門院百番御自歌合評釈　上　大野順一, 中世文学研究会著　明治大学日本文学研究室　1988.1　83p　21cm

◇白洲の月―『竹むきが記』作者名子・永福門院の歌と生涯　西野妙子著　国文社　1984.5　262p　20cm　2500円

◇永福門院―その生と歌　岩佐美代子著　笠間書院　1976　299p　19cm　(笠間選書 54)　1300円

◇式子内親王・永福門院　竹西寛子著　筑摩書房　1972　215, 3p 図　19cm　(日本詩人選 14)

歌合
うたあわせ

歌人を左右2組に分け、短歌を出し合って優劣を決める文学的な遊戯。平安時代に始まり、記録にあるものでは仁和年間(885年～889年)の「在民部卿家歌合」が最も古い。平安～鎌倉時代にとくに盛んに行われた。歌の優劣は勝・負・持(じ＝引き分け)と判定されるが、判者にはふつう高名な歌人など指導的立場の者がなって、判定の理由である判詞をつけた。平安時代中ごろまでは儀式的な色合いが強かったが、しだいに文芸性への志向が高まり、六百番歌合や千五百番歌合など文学史的意義の大きい歌合がなされた。また「職人歌合」など社会史的な資料として注目されるものも多い。

＊　＊　＊

◇慈円難波百首全釈　慈円和歌研究会著　風間書房　2009.3　258p　22cm　(歌合・定数歌全釈叢書 12)　8000円　①978-4-7599-1725-3

◇永福門院百番自歌合全釈　岩佐美代子著　風間書房　2003.1　218p　22cm　(歌合・定数歌全釈叢書 1)〈文献あり〉　6000円　①4-7599-1349-1

◇群書類従　巻第220　後鳥羽院御自歌合―外　塙保己一編　日本文化資料センター　1993.6　68丁　28cm　〈温故学会所蔵の原版木を使用 限定版　和装〉　11000円

◇群書類従　巻第221　永福門院百番御自歌合―外　塙保己一編　日本文化資料センター　1993.6　75丁　28cm　〈温故学

会所蔵の原版木を使用 限定版　和装〉11000円

◇群書類従　巻第218　慈鎮和尚自歌合・日吉社歌合　塙保己一編　日本文化資料センター　1993.5　60丁　28cm 〈温故学会所蔵の原版木を使用 限定版　和装〉11000円

◇群書類従　巻第219　後京極殿御自歌合　塙保己一編　日本文化資料センター　1993.5　41丁　28cm 〈温故学会所蔵の原版木を使用 限定版　和装〉 11000円

◇群書類従　巻第216　定家家隆両卿撰歌合―外　塙保己一編　日本文化資料センター　1993.4　54丁　28cm 〈温故学会所蔵の原版木を使用 限定版　和装〉11000円

◇群書類従　巻第217　御裳濯川歌合・宮河歌合　塙保己一編　日本文化資料センター　1993.4　42丁　28cm 〈温故学会所蔵の原版木を使用 限定版　和装〉11000円

◇中世歌合伝本書目　中世歌合研究会編著　明治書院　1991.6　423p　22cm　9800円　①4-625-41098-3

◇平安・鎌倉時代秀歌撰の研究　樋口芳麻呂著　ひたく書房　1983.2　450, 3p　22cm　11500円　①4-89328-015-5

◇中世歌合集と研究　中　福田秀一, 国枝利久, 井上宗雄編著　限定版　豊橋　未刊国文資料刊行会　1965　194p 図版　19cm （未刊国文資料 第3期 第5冊）

◇建長八年百首歌合と研究　上　橋本不美男, 福田秀一, 久保田淳編著　豊橋　未刊国文資料刊行会　1964　225p 図版　19cm （未刊国文資料 第3期 第1冊）〈限定版〉

◇未刊 中世歌合集　上　治氷三十六人歌合, 建仁元年三月十六日土御門内大臣家影供歌合, 建仁元年四月三十日鳥羽殿影供歌合, 建仁元年九月十三夜和歌所影供歌合, 建仁元年十二月廿八日石清水社歌合　谷山茂, 樋口芳麻呂編　古典文庫　1959　212p　17cm （古典文庫 第140冊）

◇未刊中世歌合集　上　谷山茂, 樋口芳麻呂編　古典文庫　1959　212p　17cm （古典文庫 第140冊）

◇未刊中世歌合集　下　谷山茂, 樋口芳麻呂編　古典文庫　1959　217p　17cm （古典文庫 第147冊）

◇定家自筆本物語二百番歌合と研究　竹本元晛, 久曽神昇編著　豊橋　未刊国文資料刊行会　1955　200p 図版　19cm （未刊国文資料 第1期 第1冊）

◇定家自筆本 物語二百番歌合と研究　竹本元晛著, 久曾神昇共編著　豊橋　未刊国文資料刊行会　1955　200p 図版　19cm （未刊国文資料 第1期 第1冊）

◇歌合の研究　峯岸義秋著　三省堂出版株式会社　1954　737, 22p 図版　22cm

説話文学
せつわぶんがく

神話・伝説・民話などを集録した文学作品の総称。広義には上代の叙事的な文学も含めるが、ふつうは、平安後期から室町時代にかけての説話集を対象とする。叙事的、伝奇的、教訓的、寓意的な要素を含み、内容上、仏教説話と世俗説話とに大別される。説話集としては『日本霊異記』が最も古い。鎌倉初期・中期は説話文学作品が多出した時代で、『古事談』『古今著聞集』『宇治拾遺物語』『発心集』『十訓抄』などが書かれた。鎌倉末期から室町時代にかけては『神道集』『三国伝記』などが書かれた。

＊　＊　＊

◇説話とその周辺　池上洵一著　大阪　和泉書院　2008.5　664p　22cm （池上洵一著作集 第4巻） 15000円　①978-4-7576-0444-5

◇今野達説話文学論集　今野達著, 今野達説話文学論集刊行会編　勉誠出版　2008.4　852p　22cm 〈肖像あり　著作目録あり〉 24000円　①978-4-585-03172-7

◇神仏説話と説話集の研究　新間水緒著

大阪　清文堂出版　2008.3　540p　22cm　12000円　①978-4-7924-1406-1

◇仏教説話の展開と変容　伊藤千賀子著　ノンブル　2008.3　314p　20cm　〈文献あり〉　4800円　①978-4-903470-30-6

◇日本仏教説話集の源流　研究篇　李銘敬著　勉誠出版　2007.2　334p　27cm　〈文献あり〉　①978-4-585-10433-9

◇説話の界域　小島孝之編　笠間書院　2006.7　525, 43p　22cm　〈著作目録あり〉　13500円　①4-305-70324-6

◇益田勝実の仕事　1　益田勝実著, 鈴木日出男, 天野紀代子編　筑摩書房　2006.5　591p　15cm　（ちくま学芸文庫）　1500円　①4-480-08971-3

◇説話文学解題図録　石川透編　慶応義塾大学ORC　2005.10　100p　21cm　〈会期：2005年10月8日〉

◇説話の語る日本の中世　関幸彦著　新装版　新人物往来社　2005.4　284p　19cm　2500円　①4-404-03244-7

◇中世仏教説話論考　野村卓美著　大阪　和泉書院　2005.2　410p　22cm　（研究叢書 323）　10000円　①4-7576-0295-2

◇孝子説話集の研究—二十四孝を中心に　中世篇　徳田進著　クレス出版　2004.10　420, 4p　22cm　（説話文学研究叢書 第4巻）　〈シリーズ責任表示：黒田彰, 湯谷祐三編・解説　井上書房昭和38年刊の複製　折り込1枚　文献あり〉

◇小林忠雄集　小林忠雄著　クレス出版　2004.10　521, 3p　22cm　（説話文学研究叢書 第8巻）　〈シリーズ責任表示：黒田彰, 湯谷祐三編・解説　複製〉

◇日本説話小事典　野村純一ほか編　大修館書店　2002.4　339p　20cm　2800円　①4-469-01270-X

◇説話の声—中世世界の語り・うた・笑い　小峯和明著　新曜社　2000.6　267p　20cm　（「叢書」物語の冒険）　2400円　①4-7885-0722-6

◇日本中世の説話と仏教　追塩千尋著　大阪　和泉書院　1999.12　390p　22cm　（日本史研究叢刊 11）　9000円　①4-7576-0019-4

◇説話文学と絵巻　益田勝実著　クレス出版　1999.9　264p　22cm　（物語文学研究叢書 第24巻）　〈三一書房1960年刊の複製〉　①4-87733-067-4

◇中世説話集の形成　小島孝之著　若草書房　1999.3　405, 9p　22cm　（中世文学研究叢書 9）　9500円　①4-948755-40-0

◇中古説話文学研究　高橋貢著　おうふう　1998.5　351p　22cm　18000円　①4-273-03021-7

◇中世説話の〈意味〉　馬淵和夫責任編集　笠間書院　1998.2　270p　22cm　（叢書日本語の文化史 1）　6000円　①4-305-70176-6

◇中世説話の世界を読む　小峯和明著　岩波書店　1998.1　184p　19cm　（岩波セミナーブックス 69）　2000円　①4-00-004239-4

◇説話論集　第7集　中世説話文学の世界　説話と説話文学の会編　大阪　清文堂出版　1997.10　470p　22cm　9500円　①4-7924-1320-6

◇説話と伝承の中世圏　浅見和彦著　若草書房　1997.4　404p　22cm　（中世文学研究叢書 4）　11000円　①4-948755-12-5

◇説話文学の研究—撰集抄・唐物語・沙石集　安田孝子著　大阪　和泉書院　1997.2　474p　22cm　（研究叢書 198）　14420円　①4-87088-842-4

◇中世説話文学論考　春田宣著　おうふう　1996.9　312p　22cm　12000円　①4-273-02929-4

◇中世説話文学論序説　春田宣著　2版　おうふう　1996.9　425p　22cm　18000円　①4-273-01071-2

◇説話文学の叡山仏教　渡辺守順著　大阪　和泉書院　1996.7　408p　22cm　（研究叢書 191）　13390円　①4-87088-810-6

◇仏教文学研究論攷—浄土への架橋　石破洋著　教育出版センター　1995.9　254p

22cm （古典選書 13） 3500円 Ⓘ4-7632-1218-4

◇中世説話の文学史的環境 続 黒田彰著 大阪 和泉書院 1995.4 597p 22cm （研究叢書 160） 18540円 Ⓘ4-87088-704-5

◇国文学研究叢書 8 古典文学篇 札幌 北海道教育大学札幌校国文学第二研究室 1995.3 80p 26cm

◇中古・中世説話文学選 土屋博映, 佐佐木隆編 おうふう 1995.2 75p 21cm 1000円 Ⓘ4-273-02322-9

◇日本説話文学 臼田甚五郎ほか編著 おうふう 1995.1 162p 21cm 〈2刷（1刷：昭和41年） 説話文学略年表：p157～162〉 1800円 Ⓘ4-273-00910-2

◇説話文学と漢文学 和漢比較文学会編 汲古書院 1994.2 316p 22cm （和漢比較文学叢書 第14巻） 6500円 Ⓘ4-7629-3238-8

◇説話論集 第3集 和歌・古注釈と説話 説話と説話文学の会編 大阪 清文堂出版 1993.5 379p 22cm 7800円 Ⓘ4-7924-1316-8

◇説話の講座 第5巻 説話集の世界 2 中世 本田義憲ほか編 勉誠社 1993.4 477, 7p 20cm 4700円 Ⓘ4-585-02005-5

◇説話の講座 第6巻 説話とその周縁―物語・芸能 本田義憲ほか編 勉誠社 1993.3 366, 6p 20cm 〈参考文献：p351～366〉 4200円 Ⓘ4-585-02006-3

◇研究資料日本古典文学 第3巻 説話文学 大曽根章介ほか編集 明治書院 1992.11 322p 22cm 〈4版（初版：1984年）〉 4300円 Ⓘ4-625-51103-8

◇説話の語る日本の中世 関幸彦著 そしえて 1992.9 271p 20cm （そしえて文庫） 2500円 Ⓘ4-88169-214-3

◇中世説話 1 藤本徳明編 国書刊行会 1992.4 349p 22cm （日本文学研究大成） 3900円 Ⓘ4-336-03083-9

◇中世の説話と学問 牧野和夫著 大阪 和泉書院 1991.11 493p 22cm （研究叢書 104） 15450円 Ⓘ4-87088-493-3

◇説話と説話文学―古代から現代まで 石破洋著 近代文芸社 1991.10 201p 20cm 2000円 Ⓘ4-7733-1187-8

◇国文学研究叢書 7 和歌と説話文学篇 2 札幌 北海道教育大学札幌分校国文学第二研究室 1991.5 55p 26cm

◇説話文学研究 大阪 中谷一正 1991.1 43枚 26cm

◇中世説話とその周辺 国東文麿編 明治書院 1987.12 501p 22cm 8800円 Ⓘ4-625-41086-X

◇中世説話の文学史的環境 黒田彰著 大阪 和泉書院 1987.10 462p 22cm （研究叢書 52） 12500円 Ⓘ4-87088-261-2

◇中世説話文学の研究 下 原田行造著 桜楓社 1982.11 461p 22cm 18000円

◇中世説話文学の研究 上 原田行造著 桜楓社 1982.10 431p 22cm 18000円

◇説話文学の構想と伝承 志村有弘著 明治書院 1982.5 341p 22cm 5200円

◇説話の生成と変容についての研究 黒部通善著 名古屋 中部日本教育文化会 1982.3 220p 22cm 2000円

◇日本説話文学の研究 中谷一正著 大阪 中谷一正 1982.3 329, 3p 21cm 〈限定版〉 2800円

◇説話文学の世界―名篇の鑑賞と批評 長野嘗一著 明治書院 1980.12 258p 19cm （国文学研究叢書） 2200円

◇説話文学論考 長野嘗一著 笠間書院 1980.2 458p 22cm （笠間叢書 146） 〈長野嘗一著作集第2巻〉 9500円

◇中世説話の世界 北海道説話文学研究会編 笠間書院 1979.4 565p 22cm （笠間叢書 120） 13000円

◇説話と俳諧の研究 安藤直太朗著 笠間

書院 1979.3 433p 22cm (笠間叢書 114) 9500円

◇中世仏教説話論 藤本徳明著 笠間書院 1977.3 294p 22cm (笠間叢書 77) 6000円

◇中世説話文学論序説 春田宣著 桜楓社 1975 425p 22cm 6800円

◇中世文学と仏教の交渉 石田瑞麿著 春秋社 1975 284p 19cm 1500円

◇説話文学研究 簗瀬一雄著 三弥井書店 1974 317p 22cm 2800円

◇中世説話文学研究序説 志村有弘著 桜楓社 1974 308p 22cm 6800円

◇日中比較文学の基礎研究―翻訳説話とその典拠 池田利夫著 笠間書院 1974 449p(図共) 22cm (笠間叢書 39) 6500円

◇仏教説話文学全集 12 仏教説話文学全集刊行会編 隆文館 1973 391p 19cm 〈付録(別冊 58p):仏教説話文学全集総目次〉 850円

◇説話文学 日本文学研究資料刊行会編 有精堂出版 1972 314p 22cm (日本文学研究資料叢書) 2000円

◇中世説話の研究 菊地良一著 桜楓社 1972 270p 22cm 3800円

◇仏教説話文学全集 10 仏教説話文学全集刊行会編 隆文館 1972 442p 19cm 850円

◇仏教説話文学全集 11 仏教説話文学全集刊行会編 隆文館 1972 428p 19cm 850円

◇山岸徳平著作集 5 説話文学研究 有精堂出版 1972 494p 図 22cm 4500円

◇説話文学と絵巻 益田勝実著 三一書房 1971 264p 20cm (古典とその時代 5) 〈新装版〉 850円

◇中世神仏説話 続々 近藤喜博, 宮地崇邦編 古典文庫 1971 251p 17cm (古典文庫 第293冊) 非売

◇仏教説話文学全集 8 仏教説話文学全集刊行会編 隆文館 1971 424p 19cm 850円

◇仏教説話文学全集 9 仏教説話文学全集刊行会編 隆文館 1971 426p 19cm 850円

◇仏教説話文学全集 6 仏教説話文学全集刊行会編 隆文館 1970 432p 19cm 850円

◇仏教説話文学全集 7 仏教説話文学全集刊行会編 隆文館 1970 408p 19cm 850円

◇説話文学辞典 長野嘗一編 東京堂出版 1969 508p 19cm 〈説話文学研究文献総覧(志村有弘編):403-479p〉 1500円

◇仏教説話文学全集 2 仏教説話文学全集刊行会編 隆文館 1969 448p 19cm 850円

◇仏教説話文学全集 3 仏教説話文学全集刊行会編 隆文館 1969 433p 19cm 850円

◇仏教説話文学全集 4 仏教説話文学全集刊行会編 隆文館 1969 433p 19cm 850円

◇仏教説話文学全集 5 仏教説話文学全集刊行会編 隆文館 1969 462p 19cm 850円

◇中世の唱導文芸 菊地良一著 塙書房 1968 304p 19cm (塙選書) 630円

◇仏教説話文学全集 第1 仏教説話文学全集刊行会編 隆文館 1968 429p 19cm 850円

◇キリスト神話考 木間瀬精三, 助野健太郎著 鷺の宮書房 1967 226p 19cm 600円

◇説話文学 斎藤清衛著 旺文社 1964.1 286p 19cm (国文学習叢書 8)

◇中世説話文学論 西尾光一著 塙書房 1963 301p 19cm (塙選書 28)

◇説話文学要解―今昔物語・宇治拾遺物語・十訓抄・古今著聞集 内野吾郎著

有精堂出版　1955　166p 図版 表 地図　19cm　（文法解明叢書）

◇中世神仏説話　続　山王絵詞〔ほか〕　近藤喜博校　妙法院本　古典文庫　1955　236p　17cm　（古典文庫 第99冊）

◇神話・伝説・説話文学　久松潜一著　至文堂　1951　209p　19cm　（日本文芸教養講座 第5）

宇治拾遺物語
うじしゅういものがたり

鎌倉初期の説話集。15巻。編者不詳。197話の長短編説話を集録し、ひらがな本位の和文体で記した典型的な読物的説話集。雑纂形式で格別の部立はないが、説話の配列には連想による類集性も目立つ。内容は広範多岐にわたり、地域的には日本の説話を主体にインド・中国の説話を収め、話性的には仏教説話系と世俗説話系に二大別される。登場人物は帝王、貴族から武士、庶民に至る社会の全階層に及び収載説話の分布も都鄙を選ばず、全国的規模に広がっている。主流をなすのは世俗説話系で全体の約3分の2を占める。その内容は貴族的、懐古的趣味に根ざす和歌説話や芸能風流譚から、超階級的関心に支えられた忌間の霊怪譚や卑俗な笑話・昔話まで、世俗百般の話題を集めてきわめて多彩で、「こぶ取り爺」「わらしべ長者」なども含まれている。

＊　＊　＊

◇宇治拾遺物語絵巻―チェスター・ビーティー・ライブラリィ所蔵　小林保治，村重寧解説，チェスター・ビーティー・ライブラリィ監訳　勉誠出版　2008.8　107, 17p　31cm　（甦る絵巻・絵本）〈他言語標題：The tales of Uji shui picture-scroll　英訳：小林英美〉　12000円　①978-4-585-00332-8

◇今昔物語　宇治拾遺物語　大沼津代志文，阿留多イラスト，大沼津代志文，阿留多イラスト　学習研究社　2008.2　195p　21cm　（超訳日本の古典 5）　1300円　①978-4-05-202863-2

◇宇治拾遺物語絵巻―陽明文庫蔵重要美術品　狩野探幽・尚信・安信画，近衛家熙筆，名和修監修　勉誠出版　2008.1　266p　31cm　〈解題：狩野博幸，小林保治，小峯和明　文献あり〉　28000円　①978-4-585-00331-1

◇宇治拾遺物語　十訓抄　小林保治，増古和子校訂・訳，浅見和彦校訂・訳　小学館　2007.12　317p　20cm　（日本の古典をよむ 15）　1800円　①978-4-09-362185-4

◇宇治拾遺物語　古事談　十訓抄　源顕兼撰　吉川弘文館　2007.6　1冊　27cm　（国史大系 新訂増補 第18巻）〈平成12年刊（新装版）を原本としたオンデマンド版〉　15000円　①978-4-642-04018-1

◇新訂増補 国史大系　第18巻　宇治拾遺物語・古事談・十訓抄　黒板勝美編　オンデマンド版　吉川弘文館　2007.6　290, 132, 188, 82p　26cm　15000円　①978-4-642-04018-1

◇今昔物語・宇治拾遺物語―説話集が伝える人生の面白さ　古山高麗雄，野坂昭如著　世界文化社　2007.5　175p　24cm　（日本の古典に親しむ ビジュアル版 15）〈年表あり〉　2400円　①978-4-418-07203-3

◇宇治拾遺物語　市毛勝雄監修，深谷幸恵やく　明治図書出版　2007.3　32p　21cm　（朝の読書日本の古典を楽しもう！ 6）　①978-4-18-329811-9

◇今昔物語集―現代語訳 本文対照　宇治拾遺物語―現代語訳 本文対照　小林保治訳，小林保治訳　学灯社　2006.11　279p　19cm　1600円　①4-312-60008-2

◇『宇治拾遺物語』「世俗説話」の研究　広田収著　笠間書院　2004.10　483p　22cm　13000円　①4-305-70283-5

◇『宇治拾遺物語』表現の研究　広田収著　笠間書院　2003.2　513, 18p　22cm　12500円　①4-305-70251-7

◇週刊日本の古典を見る　20　宇治拾遺物語　巻1　野坂昭如訳　世界文化社　2002.9　34p　30cm　533円

◇週刊日本の古典を見る　21　宇治拾遺物語　巻2　野坂昭如訳　世界文化社

2002.9　34p　30cm　533円

◇宇治拾遺物語　上　長野甞一校注　新装版　明治書院　2001.12　330p　19cm　(校注古典叢書)〈文献あり〉　2000円　①4-625-71312-9

◇宇治拾遺物語　下　長野甞一校注　新装版　明治書院　2001.12　269p　19cm　(校注古典叢書)　2000円　①4-625-71313-7

◇日本霊異記　宇治拾遺物語　三田村信行著, 村上豊絵, 三田村信行著, 村上豊絵　ポプラ社　2001.4　221p　22cm　(21世紀によむ日本の古典 8)　1400円　①4-591-06772-6, 4-591-99376-0

◇宇治拾遺物語　古事談　十訓抄　黒板勝美編輯, 源顕兼撰, 黒板勝美編輯, 黒板勝美編　新装版　吉川弘文館　2000.5　1冊　23cm　(国史大系 新訂増補 第18巻)〈複製〉　10000円　①4-642-00319-3

◇宇治拾遺物語の表現時空　小峯和明著　若草書房　1999.11　331, 13p　22cm　(中世文学研究叢書 10)　9200円　①4-948755-56-7

◇宇治拾遺物語―空をとんだ茶わんほか　那須田稔編著, 福田庄助画　新装改訂版　小峰書店　1998.2　213p　23cm　(はじめてであう日本の古典 9)　1600円　①4-338-14809-8, 4-338-14800-4

◇新編日本古典文学全集　50　宇治拾遺物語　小林保治, 増古和子校注・訳　小学館　1996.7　566p　23cm　4600円　①4-09-658050-3

◇宇治拾遺物語・十訓抄新解　高橋和彦著　新塔社　1991.6　126p　19cm　(要所研究シリーズ)〈2刷(1刷：1968年)〉　①4-88020-324-6

◇今昔物語集・宇治拾遺物語　小峯和明, 藤沢周平編　新潮社　1991.1　111p　20cm　(新潮古典文学アルバム 9)　1300円　①4-10-620709-5

◇新日本古典文学大系　42　宇治拾遺物語・古本説話集　佐竹昭広ほか編　三木紀人ほか校注　岩波書店　1990.11　569, 9p　22cm　3900円　①4-00-240042-5

◇今昔物語集・宇治拾遺物語　三省堂　1990.9　264p　19cm　(新明解古典シリーズ 7)　780円　①4-385-23669-0

◇視覚法による古典の梗概分析の実際―宇治拾遺物語の場合　桜井光昭著　武蔵野書院　1990.6　166p　22cm　4500円　①4-8386-0111-5

◇宇治拾遺物語　三木紀人ほか編　新訂版　桜楓社　1990.2　358p　22cm　〈第3刷(第1刷：昭和51年)〉　2200円　①4-273-00231-0

◇宇治拾遺物語―三本対照　桜井光昭編　武蔵野書院　1989.6　308p　21cm　1800円　①4-8386-0631-1

◇表現学大系　各論篇 第6巻　軍記と説話の表現―平家物語・今昔物語集・宇治拾遺物語　尾崎勇ほか著　教育出版センター　1988.11　158p　22cm　〈監修：表現学会 発売：冬至書房〉　2500円　①4-88582-918-6

◇宇治拾遺物語　西谷元夫著　有朋堂　1988.5　143p　19cm　(明解シリーズ)〈付：十訓抄・古今著聞集〉　380円　①4-8422-0036-7

◇今昔物語集宇治拾遺物語必携　三木紀人編　学灯社　1988.5　222p　21cm　〈奥付の書名：今昔物語・宇治拾遺物語必携『別冊国文学』改装版〉　1500円　①4-312-00520-6

◇方丈記　鴨長明著, 浅見和彦校注・訳　ほるぷ出版　1987.7　330p　20cm　(日本の文学)

◇今昔物語集と宇治拾遺物語―説話と文体　小峯和明編　有精堂出版　1986.7　261p　22cm　(日本文学研究資料新集 6)　3500円　①4-640-30955-4

◇宇治拾遺物語　2　小林智昭ほか校注・訳　小学館　1986.2　398p　20cm　(完訳日本の古典 41)〈図版〉　1700円　①4-09-556041-X

◇完訳日本の古典　第41巻　宇治拾遺物語　2　小林智昭ほか校注・訳　小学館

1986.2　398p　20cm　1700円　①4-09-556041-X

◇今昔物語・宇治拾遺物語　西谷元夫著　有朋堂　1985.11　335p　19cm　（重点古典 5）〈奥付のタイトル：今昔物語集・宇治拾遺物語　付：大和物語・古本説話集・十訓抄・古今著聞集〉　①4-8422-0065-0

◇宇治拾遺物語　大島建彦校注　新潮社　1985.9　578p　20cm　（新潮日本古典集成）　2800円　①4-10-620371-5

◇今昔物語集・宇治拾遺物語　三省堂編修所編　三省堂　1985.4　119p　21cm　（国語1・2古典シリーズ 6）　①4-385-22515-X

◇宇治拾遺物語　上　長野嘗一校注　5版　明治書院　1985.3　330p　19cm　（校注古典叢書）　1300円

◇大和物語・今昔物語・宇治拾遺物語　西谷元夫著　有朋堂　1985.3　198p　19cm　（精選古典 11）〈付：古本説話集・今昔著聞集〉　①4-8422-0051-0

◇宇治拾遺物語　下　長野嘗一校注　2版　明治書院　1985.2　269p　19cm　（校注古典叢書）　1300円

◇完訳日本の古典　第40巻　宇治拾遺物語 1　小林智昭ほか校注・訳　小学館　1984.10　385p　20cm　1700円　①4-09-556040-1

◇宇治拾遺物語　正宗敦夫編纂・校訂　現代思潮社　1983.2　305p　16cm　（覆刻日本古典全集）〈日本古典全集刊行会昭和2年刊の複製〉

◇今昔物語集・宇治拾遺物語　磯高志著　加藤中道館　1982.11　66p　19cm　（国語1シリーズ 5）〈監修：水原一〉

◇今昔物語・宇治拾遺物語　西谷元夫著　有朋堂　1982.5　158p　19cm　（明解「国語1・2」古典シリーズ 6）〈付：十訓抄・古今著聞集〉

◇説話文学の世界―名篇の鑑賞と批評　長野嘗一著　明治書院　1980.12　258p　19cm　（国文学研究叢書）　2200円

◇宇治拾遺物語　説話と文学研究会編　笠間書院　1979.5　293p　19cm　（笠間選書 120）〈執筆：長野嘗一ほか〉　1500円

◇校注宇治拾遺物語　増古和子編　武蔵野書院　1978.1（15版：1998.4）　96p　21cm　600円　①4-8386-0575-7

◇宇治拾遺物語　京都　思文閣出版　1977.12　478, 24p　23cm　（陽明叢書 国書篇 第13輯）〈叢書の編者：陽明文庫 複製〉　10800円

◇古典文学選　別巻　宇治拾遺物語, 大和物語, 竹取物語　横山青蛾著　塔影書房　1977.7　127p　22cm　〈限定版〉　3000円

◇宇治拾遺物語　お伽草子　永積安明訳, 福永武彦, 永井竜男, 円地文子, 谷崎潤一郎訳　筑摩書房　1977.4　386p　23cm　（古典日本文学 17）

◇宇治拾遺物語評釈　小林智昭, 増古和子著　武蔵野書院　1976.10　241p　19cm

◇宇治拾遺物語　三木紀人, 小林保治, 原田行造編　桜楓社　1976　347p　22cm　1300円

◇宇治拾遺物語　下　野村八良校註　朝日新聞社　1976　202p　19cm　（日本古典全書）〈第7版（初版：昭和25年）〉　380円

◇鑑賞日本古典文学　第13巻　今昔物語集・宇治拾遺物語　佐藤謙三編　角川書店　1976　483p　20cm　1500円

◇宇治拾遺物語　福田清人著, 伊勢田邦貴え　偕成社　1975　238p　20cm　（ジュニア版・日本の古典文学 9）

◇宇治拾遺物語総索引　編集代表：増田繁夫, 長野照子　大阪　清文堂出版　1975　389p　22cm　〈監修：増田四郎〉　5600円

◇日本の古典　6　今昔物語・宇治拾遺物語　世界文化社　1975　167p（おもに図）　28cm　〈グラフィック版〉

◇宇治拾遺物語　小林智昭校注・訳　小学

館　1973.6（第17版：1989.4）　509p 図版12p　23cm　（日本古典文学全集 28）①4-09-657028-1

◇今昔物語集・宇治拾遺物語　三省堂編修所編　三省堂　1973.1　248p　19cm（明解古典学習シリーズ 7）〈監修：佐伯梅友〉

◇日本古典文学全集　28　宇治拾遺物語　校注・訳：小林智昭　小学館　1973　509p 図　23cm

◇宇治拾遺物語　上　野村八良校註　朝日新聞社　1970　230p　19cm　（日本古典全書 監修：高木市之助〔等〕）〈第11版（初版：昭和24年刊）〉　400円

◇宇治拾遺物語・打聞集全註解　中島悦次著　有精堂出版　1970　684p　22cm　6500円

◇日本短篇文学全集　第3巻　今昔物語, 宇治拾遺物語, 御伽草子　臼井吉見編　筑摩書房　1969　259p　19cm　360円

◇古典日本文学全集　第18　宇治拾遺物語 お伽草子　永積安明等訳, 福永武彦等訳　筑摩書房　1966　386p 図版　23cm〈普及版〉　600円

◇宇治拾遺物語の探求　中島悦次著　有朋堂　1965.7　244p　19cm　（文法・文脈・整理 10）

◇国史大系　第18巻　宇治拾遺物語, 古事談, 十訓抄　黒板勝美, 国史大系編修会編　新訂増補　吉川弘文館　1965　1冊　23cm　〈完成記念版 国史大系刊行会刊本の複製〉　3000円

◇新訂増補 國史大系　第18巻　宇治拾遺物語, 古事談, 十訓抄　黒板勝美, 國史大系編修會編　吉川弘文館　1965　23cm〈完成記念版 国史大系刊行会刊本の複製〉

◇艶筆 宇治拾遺物語　市橋一宏著　文芸評論社　1957　241p　18cm　（艶筆文庫）

◇宇治拾遺物語　上下巻　渡辺綱也校訂　岩波書店　1951-52　2冊　15cm　（岩波文庫）

◇宇治拾遺物語　野村八良校註　朝日新聞社　1949-1950　2冊 図版　19cm　（日本古典全書）

鴨 長明　かもの ちょうめい

久寿2年（1155年）～建保4年（1216年）閏6月8日　鎌倉時代初期の歌人・随筆作者。通称、菊大夫。法名、蓮胤。名は「ながあきら」とも読む。京都下鴨社正禰宜鴨長継の二男。早くから琵琶や和歌に親しみ、和歌を源俊頼の子俊恵に、琵琶を中原有安に学ぶ。14歳で父が死亡した後は境遇に恵まれなかったが、正治3・建仁元年（1201年）後鳥羽院の命により再興された和歌所で寄人に任命され、藤原定家や藤原家隆などの有力な専門歌人とも交流した。その活躍が後鳥羽院の目に留まり禰宜の職に推挙されるところだったのが、同族の鴨祐兼に妨害されたため、失意の末50歳ごろに出家して大原に隠棲した。その後、承元2年（1208年）日野の外山に庵を移し、そこで生涯を送った。隠遁生活を綴った『方丈記』は仏教的無常観を基調とした随筆で、和漢混淆文の先駆とされる。ほかの著書に仏教説話集『発心集』、歌論書『無名抄』、家集『鴨長明集』などがある。

◇鴨長明とその周辺　今村みゑ子著　大阪　和泉書院　2008.12　628p　22cm　（研究叢書 382）〈索引あり〉　18000円　①978-4-7576-0493-3

◇無名抄総索引　鈴木一彦, 鈴木雅子, 村上もと編著　風間書房　2005.1　522p　22cm　17000円　①4-7599-1467-6

◇人間・鴨長明―その思想面に関して　松城絵美加著　碧天舎　2003.7　100p　19cm　〈文献あり　年譜あり〉　1000円

①4-88346-305-2

◇鴨長明の歌ごころ　高橋和彦著　双文社出版　2000.10　154p　20cm　2200円　①4-88164-532-3

◇鴨長明全集　鴨長明著, 大曽根章介, 久保田淳編　貴重本刊行会　2000.5　784, 69p　22cm　20000円　①4-88915-109-5

◇無名抄　鴨長明著, 川村晃生, 小林一彦校注　第2版　三弥井書店　1998.3　85p　21cm　971円　①4-8382-7007-0

◇鴨長明　三木紀人著　講談社　1995.2　260p　15cm　（講談社学術文庫）　780円　①4-06-159164-9

◇無名抄　鴨長明著, 山本一彦編著　ブレイク・アート社　1990.8　1冊（頁付なし）　18×19cm　（古典への旅）〈発売：星雲社 付（別冊 80p）：訳・解説 外箱入　和装〉　3900円　①4-7952-7812-1

◇無名抄　鴨長明著, 山本一彦編著　ブレイク・アート社　1990.8　80p　18×19cm　（古典への旅）〈付（別冊 1冊）和装　東京 星雲社〉　3786円　①4-7952-7812-1

◇無名抄　鴨長明著, 山本一彦訳・写真　ブレイク・アート社, 星雲社〔発売〕　1990.7　2冊（セット）　18×19cm　（古典への旅）　3900円　①4-7952-7812-1

◇無名抄―無刊記本　鴨長明著　大阪　和泉書院　1985.10　168p　21cm　（和泉書院影印叢刊 48）〈解説：石原清志 複製〉　1500円　①4-87088-167-5

◇方丈記・無名抄　鴨長明著, 菊地良一ほか編　双文社出版　1985.3　155p　21cm　1800円　①4-88164-034-8

◇鴨長明―閑居の人　三木紀人著　新典社　1984.10　246p　19cm　（日本の作家 17）　1500円　①4-7879-7017-8

◇鴨長明研究　簗瀬一雄著　加藤中道館　1980.10　659p　22cm　（簗瀬一雄著作集 2）　14000円

◇鴨長明全集―校註　簗瀬一雄編　風間書房　1980.8　1冊　19cm　〈補訂版の複製〉　3800円

◇無名抄全講　簗瀬一雄著　加藤中道館　1980.5　494p　23cm　10000円

◇鴨長明伝の周辺・方丈記　細野哲雄著　笠間書院　1978.9　213p　22cm　（笠間叢書 93）　4000円

◇無名抄―付瑩玉集　鴨長明著, 高橋和彦編　桜楓社　1975　160p　22cm　1500円

◇無名抄　鴨長明著　日本古典文学刊行会　1974.10　1冊　25cm　（複刻日本古典文学館 第1期）〈梅沢記念館蔵の複製 発売：ほるぷ 付（別冊 24p 21cm）：解題 叢書の編者：日本古典文学会 箱入 限定版〉

◇鴨長明全集―校注　簗瀬一雄編　風間書房　1971　1冊　19cm　2800円

◇鴨長明に関する研究　草部了円著　京都　初音書房　1971　130p　19cm　700円

◇鴨長明の新研究　簗瀬一雄著　風間書房　1962　496p 図版　22cm

◇鴨長明の新研究　簗瀬一雄著　風間書房　1962　496p 図版　22cm

◇鴨長明全集―校註　簗瀬一雄編　風間書房　1956　332p 図版　19cm

方丈記
ほうじょうき

鎌倉前期の随筆。著者は鴨長明。建暦2年（1212年）成立。「ゆく河の流れは絶えずして、しかももとの水にあらず」で始まる冒頭で人と栖（すみか）の無常をうたい上げ、五つの天災の体験を述べたあと、世俗を捨てた閑居生活の楽しさを語り、さらに仏徒としての自己を顧みて結ぶ。中世隠者文学の代表的な作品である。鴨長明が晩年、日野山に方丈（一丈四方）の庵を結んだことから『方丈記』と名づけた。詠嘆表現や対句表現を多用した和漢混交文で綴られる。現存する最古の写本は大福光寺本。

＊　＊　＊

◇朗読で学ぶ耳寄り古典―徒然草・方丈記　文法・語句・現代語訳　国語学習法研究

会編　学習研究社　2009.3　127p　21cm　1200円　①978-4-05-302883-9

◇徒然草　方丈記　兼好法師原著, 弦川琢司文, 岡村治栄イラスト, 鴨長明原著, 弦川琢司文, 岡村治栄, 原みどりイラスト　学習研究社　2008.2　195p　21cm　（超訳日本の古典 6）　1300円　①978-4-05-202864-9

◇日本の古典をよむ　小学館　2007.10　317p　19cm　1800円　①978-4-09-362184-7

◇徒然草・方丈記―日本古典は面白い　大伴茫人編　筑摩書房　2007.7　365p　15cm　（ちくま文庫）　680円　①978-4-480-42348-1

◇方丈記　武田友宏編　角川学芸出版, 角川グループパブリッシング〔発売〕　2007.6　189p　15cm　（角川ソフィア文庫）　590円　①978-4-04-357419-3

◇方丈記　鴨長明作, 市毛勝雄監修, 長谷川祥子やく　明治図書出版　2007.3　34p　21cm　（朝の読書日本の古典を楽しもう！ 3）　①978-4-18-329811-9

◇徒然草・方丈記―吉田兼好と鴨長明の二大随筆　島尾敏雄, 堀田善衛著　世界文化社　2006.7　199p　24cm　（日本の古典に親しむ ビジュアル版 9）　2400円　①4-418-06206-8

◇方丈記―現代語訳 本文対照　発心集―現代語訳 本文対照　歎異抄―現代語訳 本文対照　鴨長明著, 三木紀人訳, 鴨長明著, 三木紀人訳, 親鸞著, 三木紀人訳　学灯社　2006.1　264p　19cm　1600円　①4-312-60003-1

◇『方丈記』と仏教思想―付『更級日記』と『法華経』今成元昭著　笠間書院　2005.11　354p　21cm　11000円　①4-305-70317-3

◇文法全解方丈記・無名抄　今泉忠義, 鈴木一雄監修, 島田良夫著　新装・2色版　旺文社　2005.8　143p　21cm　（古典解釈シリーズ）　950円　①4-01-033496-7

◇話し言葉で読める「方丈記」　長尾剛著　PHP研究所　2005.6　217p　15cm　（PHP文庫）　476円　①4-569-66405-9

◇方丈記　鴨長明著, 吉野進一全訳　八王子　平成文芸社　2004.11　59p　22cm　〈年譜あり　和装〉　①4-9901425-3-5

◇方丈記に人と栖の無常を読む　大隅和雄著　吉川弘文館　2004.2　282, 7p　19cm　3000円　①4-642-07925-4

◇すらすら読める方丈記　中野孝次著　講談社　2003.2　206p　19cm　1500円　①4-06-211472-0

◇新訂 方丈記　鴨長明著, 市古貞次校注　岩波書店　2002.12　151p　15cm　（岩波文庫）〈第27刷〉　460円　①4-00-301001-9

◇松田修著作集　第5巻　松田修著　右文書院　2002.11　553p　22cm　〈付属資料：8p：月報 5〉　7000円　①4-8421-0022-2

◇週刊日本の古典を見る　24　方丈記　巻1　鴨長明著, 堀田善衛訳　世界文化社　2002.10　34p　30cm　533円

◇週刊日本の古典を見る　25　方丈記　巻2　鴨長明著, 堀田善衛訳　世界文化社　2002.10　34p　30cm　533円

◇方丈記　発心集　鴨長明著, 井出恒雄校注, 鴨長明著, 井出恒雄校注　新装版　明治書院　2002.2　350p　19cm　（校注古典叢書）〈文献あり　年譜あり〉　2400円　①4-625-71321-8

◇徒然草　方丈記　山崎正和著, 山崎正和著　学習研究社　2001.11　217p　15cm　（学研M文庫）　520円　①4-05-902051-6

◇方丈記・伊勢記―カラー版　浅見和彦編　おうふう　2001.5　63p　21cm　1000円　①4-273-03159-0

◇方丈記　市古貞次校注　新訂版　岩波書店　2001.1　151p　19cm　（ワイド版岩波文庫）　900円　①4-00-007050-9

◇方丈記を探す―村田正夫詩集　村田正夫著　潮流出版社　2000.8　96p　19cm　2000円　①4-88525-266-0

◇方丈記をめぐっての論考　堀川善正著　大阪　和泉書院　1997.2　317p　22cm　（研究叢書 196）　12360円　Ⓘ4-87088-837-8

◇方丈記全釈　武田孝著　笠間書院　1995.9　531p　22cm　（笠間注釈叢刊 17）　16000円　Ⓘ4-305-30017-6

◇新編日本古典文学全集　44　方丈記　徒然草　正法眼蔵随聞記　歎異抄　鴨長明著, 神田秀夫校注・訳, 吉田兼好著, 永積安明校注・訳, 道元述, 懐奘編, 安良岡康作校注・訳, 安良岡康作校注・訳　小学館　1995.3　606p　23cm　4800円　Ⓘ4-09-658044-9

◇方丈記・徒然草論　細谷直樹著　笠間書院　1994.10　363p　22cm　（笠間叢書 278）　8000円　Ⓘ4-305-10278-1

◇真字本方丈記―影印・注釈・研究　加賀元子, 田野村千寿子著　大阪　和泉書院　1994.10　266p　22cm　（研究叢書 155）〈監修：島津忠夫〉　10300円　Ⓘ4-87088-687-1

◇方丈記・発心集（抄）　鴨長明著, 今成元昭訳注　旺文社　1994.7　191p　19cm　（全訳古典撰集）〈書名は奥付による 標題紙等の書名：方丈記〉　920円　Ⓘ4-01-067249-8

◇方丈記論　手崎政男著　笠間書院　1994.2　1104p　22cm　（笠間叢書 268）　32000円　Ⓘ4-305-10268-4

◇新・方丈記　にきたつの章　鎌田定雄著　〔松山〕　〔鎌田定雄〕　1993.11　142p　23×24cm　非売品

◇方丈記　鴨長明著, 市古貞次校注　新訂　岩波書店　1991.6　151p　19cm　（ワイド版岩波文庫）〈複製と翻刻〉　700円　Ⓘ4-00-007050-9

◇方丈記・無名抄新解　稲村徳著　新塔社　1991.6　134p　19cm　（要所研究シリーズ）〈2刷（1刷：1969年）〉　Ⓘ4-88020-328-9

◇大鏡・方丈記　三省堂　1990.9　304p　19cm　（新明解古典シリーズ 8）　880円　Ⓘ4-385-23672-0

◇方丈記・徒然草　稲田利徳, 山崎正和著　新潮社　1990.7　111p　20cm　（新潮古典文学アルバム 12）　1300円　Ⓘ4-10-620712-5

◇方丈記　鴨長明原著, 菊地良一ほか編　双文社出版　1990.3　155p　21cm　〈第3刷（第1刷：1985年）〉　1800円　Ⓘ4-88164-034-8

◇方丈記　鴨長明著, 市古貞次校注　新訂　岩波書店　1989.5　151p　15cm　（岩波文庫）〈複製と翻刻〉　260円　Ⓘ4-00-301001-9

◇方丈記　鴨長明著, 山本一彦訳・解説・写真　ブレイク・アート社, 星雲社〔発売〕　1988.12　2冊　18×19cm　（古典への旅）　3000円　Ⓘ4-7952-7808-3

◇方丈記　鴨長明著, 山本一彦編著　ブレイク・アート社　1988.12　1冊（頁付なし）　18×19cm　（古典への旅）〈付（別冊 1冊）和装　東京 星雲社〉　3000円　Ⓘ4-7952-7808-3

◇方丈記私記　堀田善衛著　筑摩書房　1988.9　265p　15cm　（ちくま文庫）　460円　Ⓘ4-480-02263-5

◇図説日本の古典　10　方丈記・徒然草　三木紀人ほか編　集英社　1988.7　218p　28cm　〈企画：秋山虔ほか 新装版〉　2800円　Ⓘ4-08-167110-9

◇図説日本の古典　10　方丈記　鴨長明著, 三木紀人ほか編集　集英社　1988.7　218p　28cm　〈新装版〉　2800円　Ⓘ4-08-167110-9

◇方丈記―付発心集（抄）　鴨長明著, 今成元昭訳注　旺文社　1988.5　191p　16cm　（対訳古典シリーズ）　380円　Ⓘ4-01-067215-3

◇英訳「方丈記」　鴨長明著, 上田守稔ほか英訳　札幌　富士書院　1988.4　94p　19cm　950円　Ⓘ4-938306-84-0

◇枕草子　方丈記　徒然草　清少納言著, 田中澄江訳, 鴨長明著, 佐藤春夫訳, 吉田兼好著, 佐藤春夫訳　河出書房新社

1988.2 300p 18cm （日本古典文庫 10）〈新装版〉 1600円 ①4-309-71310-6

◇方丈記を読む 馬場あき子, 松田修著 講談社 1987.10 224p 15cm （講談社学術文庫） 640円 ①4-06-158759-5

◇方丈記 鴨長明著, 浅見和彦校注・訳 ほるぷ出版 1987.7 330p 20cm （日本の文学）

◇方丈記 鴨長明著, 三木紀人訳・注 創英社 1986.6 118p 19cm （全対訳日本古典新書）〈発売：三省堂書店〉 530円 ①4-88142-305-3

◇完訳日本の古典 第37巻 方丈記・徒然草 神田秀夫, 永積安明校注・訳 小学館 1986.3 398p 20cm 1700円 ①4-09-556037-1

◇方丈記 鴨長明著, 神田秀夫校注・訳 小学館 1986.3 398p 20cm （完訳日本の古典 37）〈参考文献‐p64, 380 長明略年譜‐p66～69 兼好関係略年譜‐p382～388 参考系図‐p389 解説：神田秀夫, 永積安明 図版〉 1700円 ①4-09-556037-1

◇方丈記・発心集 鴨長明著, 井手恒雄校注 7版 明治書院 1986.3 350p 19cm （校注古典叢書） 1300円

◇方丈記 三省堂編修所編 三省堂 1985.3 95p 21cm （国語1・2古典シリーズ 8）〈付・無名抄〉 ①4-385-22521-4

◇方丈記・無名抄 鴨長明著, 菊地良一ほか編 双文社出版 1985.3 155p 21cm 1800円 ①4-88164-034-8

◇長明方丈記抄・徒然草抄 加藤磐斎著, 有吉保編 新典社 1985.1 1069p 22cm （加藤磐斎古注釈集成 3）〈解説：辻勝美, 有吉保 複製 限定版〉 27000円

◇校注方丈記 鴨長明著, 長崎健編 新典社 1984.5 221p 19cm （新典社校注叢書 1） 1500円 ①4-7879-0801-4

◇古文研究シリーズ 13 方丈記 尚学図書 1983.5 64p 26cm （「国語展望」別冊 no.38）

◇竹取物語・伊勢物語・方丈記 西谷元夫著 有朋堂 1982.10 159p 19cm （明解「国語1・2」古典シリーズ 1）〈付・折たく柴の記・うひ山ぶみ・玉勝間〉

◇方丈記 鴨長明著, 高橋貞一編 勉誠社 1982.10 78p 19cm （文芸文庫） 400円

◇方丈記・発心集 鴨長明著, 三木紀人訳 学燈社 1982.8 264p 15cm （現代語訳学燈文庫）〈本文対照〉 500円 ①4-312-23003-X

◇方丈記新講 吉池浩著 増訂版 大阪 和泉書院 1982.4 20, 180p 21cm 1600円 ①4-900137-56-1

◇枕草子・方丈記 籠谷典子著 加藤中道館 1982 57p 19cm （国語1シリーズ 4）〈監修：水原一〉

◇方丈記―古典を読む 簗瀬一雄著 大修館書店 1981.6 169p 20cm 1300円

◇方丈記―付発心集（抄）現代語訳対照 鴨長明著, 今成元昭訳注 旺文社 1981.2 191p 16cm （旺文社文庫） 280円

◇方丈記 鴨長明著, 三木紀人校注 新潮社 1981.2 437p 20cm （新潮日本古典集成） 2100円 ①4-10-620305-7

◇文法全解方丈記・無名抄 島田良夫著 旺文社 1981.1 143p 21cm （古典解釈シリーズ）〈監修：今泉忠義, 鈴木一雄〉

◇文法全解方丈記・無名抄 島田良夫著 旺文社 1981.1 143p 21cm （古典解釈シリーズ）〈監修：今泉忠義, 鈴木一雄〉

◇図説日本の古典 10 方丈記・徒然草 三木紀人ほか編集 集英社 1980.12 218p 28cm 〈企画：秋山虔ほか〉 2400円

◇十訓抄・方丈記・唐物語 横山青娥著 塔影書房 1980.9 96p 19cm 〈限定

版〉 2900円

◇「方丈記」を読む 馬場あき子, 松田修著 講談社 1980.6 248p 20cm 1100円

◇現代語訳日本の古典 12 徒然草・方丈記 山崎正和著 学習研究社 1980.5 180p 30cm

◇方丈記 鴨長明著, 安良岡康作全訳注 講談社 1980.2 313p 15cm (講談社学術文庫) 640円

◇方丈記・徒然草 三木紀人著 尚学図書 1980.2 560p 20cm (鑑賞日本の古典 10) 〈発売：小学館〉 1800円

◇校注方丈記—新注版 鴨長明著, 永積安明編 武蔵野書院 1978.2(8版：1996.3) 61p 21cm 583円 ①4-8386-0574-9

◇方丈記 飯島総葉書 新書法版 小南旗男 1977.7 107p 図 30cm 〈著者：鴨長明 付：図1枚 和装〉 4000円

◇日本の古典 8 徒然草・方丈記 世界文化社 1976 167p(図共) 28cm 〈グラフィック版〉

◇方丈記—大福光寺本 鴨長明著, 小内一明校注 新典社 1976 111p 21cm (影印校注古典叢書 11) 1000円

◇方丈記・発心集 鴨長明著, 三木紀人校注 新潮社 1976 437p 20cm (新潮日本古典集成) 1800円

◇枕草子 方丈記 徒然草 清少納言著, 田中澄江訳, 鴨長明著, 佐藤春夫訳, 吉田兼好著, 佐藤春夫訳 河出書房新社 1976 300p 図 18cm (日本古典文庫 10) 〈注釈・解説(池田弥三郎)〉 880円

◇方丈記 野崎典子著 加藤中道館 1975.11 146, 12p 19cm (古典新釈シリーズ 17) 〈監修：簗瀬一雄〉

◇鑑賞日本古典文学 第18巻 方丈記・徒然草 富倉徳次郎, 貴志正造編 角川書店 1975 435p 20cm 1500円

◇方丈記全釈 水原一著 加藤中道館 1975 222p 図 19cm 1000円

◇新注校訂方丈記 鴨長明著, 鈴木知太郎編 武蔵野書院 1973.6(6版：1994.3) 127p 22cm 971円

◇方丈記・無名抄 三省堂編修所編 三省堂 1972.12 212p 19cm (明解古典学習シリーズ 9) 〈監修：佐伯梅友〉

◇鴨長明方丈記 吉野町(奈良県) 竜門文庫 1972 1冊 29cm (阪本竜門文庫覆製叢刊 10) 〈竜門文庫蔵の複製 箱入 箱の書名：鴨長明自筆本摸方丈記 付(別冊 10p 21cm)：鴨長明自筆本摸方丈記解説(川瀬一馬) 和装〉

◇方丈記解釈大成 簗瀬一雄著 大修館書店 1972 363p 図24p 23cm 〈原著者：鴨長明〉 3300円

◇方丈記 徒然草 正法眼蔵髄聞記 歎異抄 鴨長明, 吉田兼好, 道元, 懐奘, 唯円著, 神田秀夫, 永積安明, 安良岡康作校注・訳 小学館 1971.8(第24版：1992.10) 564p 図版12p 23cm (日本古典文学全集 27) ①4-09-657027-3

◇方丈記—肥前島原松平文庫本 鴨長明著, 瓜生等勝編著 教育出版センター 1971 136p 22cm 2000円

◇方丈記 鴨長明著 日本古典文学刊行会 図書月販(発売) 1971 1軸 28cm (複刻日本古典文学館 第1期) 〈監修・編集：日本古典文学会 鎌倉期巻子本(大福光寺本)の複製 箱入 付(13p)：方丈記解題(久松潜一) 和装〉

◇方丈記全注釈 鴨長明著, 簗瀬一雄注釈 角川書店 1971 404p 図 22cm (日本古典評釈全注釈叢書)

◇方丈記・徒然草 日本文学研究資料刊行会編 有精堂出版 1971 321p 22cm (日本文学研究資料叢書) 1500円

◇日本の思想 第5 方丈記・徒然草・一言芳談集 臼井吉見編 筑摩書房 1970 362p 図版 20cm 780円

◇方丈記 鴨長明著, 細野哲雄校註 朝日新聞社 1970 241p 19cm (日本古典全書) 〈監修者：高木市之助等〉 600円

◇方丈記諸注集成 簗瀬一雄編および翻刻

豊島書房　1969　406p 図版　22cm　4500円

◇方丈記　鴨長明著, 簗瀬一雄訳注　角川書店　1967　194p　15cm　〈付 現代語訳〉

◇方丈記　鴨長明著, 簗瀬一雄訳注　角川書店　1967　194p　15cm　(角川文庫)　〈付：現代語訳〉　120円

◇方丈記諸本の本文校定に関する研究　草部了円著　京都　初音書房　1966　558p 図版　22cm　〈限定版〉　4000円

◇方丈記諸本の本文校定に関する研究　草部了円著　京都　初音書房　1966　558p 図版　22cm　〈限定版〉

◇広本略本 方丈記総索引　青木伶子編　武蔵野書院　1965　415p　22cm

◇広本略本方丈記総索引　青木伶子編　武蔵野書院　1965　415p　22cm

◇古典日本文学全集　第11　枕草子, 方丈記, 徒然草　筑摩書房　1965　306p 図版　23cm　〈普及版〉

◇眞字本 方丈記 保寂本 方丈記　鴨長明著, 簗瀬一雄編　大府町(愛知県)〔出版者不明〕　1964　53p　22cm　(碧冲洞叢書 第42輯)　〈謄写版 限定版〉

◇中原本 方丈記　鴨長明著, 簗瀬一雄編　大府町(愛知県)〔出版者不明〕　1963　9p　22cm　(碧冲洞叢書 第34輯)　〈謄写版 限定版〉

◇名古屋本 方丈記　鴨長明著, 簗瀬一雄編　大府町(愛知県)　簗瀬一雄　1963　20p　22cm　(碧冲洞叢書 第35輯)　〈謄写版 限定版〉

◇方丈記―名古屋本　鴨長明著, 簗瀬一雄編　大府町(愛知県)　簗瀬一雄　1963　20p　22cm　(碧冲洞叢書 第35輯)　〈謄写版 限定版〉

◇方丈記(A)―簗瀬本　鴨長明著, 簗瀬一雄編　大府町(愛知県)　簗瀬一雄　1963　18p　22cm　(碧冲洞叢書 第36輯)　〈謄写版 限定版〉

◇簗瀬本 方丈記　(A)　鴨長明著, 簗瀬一雄編　大府町(愛知県)　簗瀬一雄　1963　18p　22cm　(碧冲洞叢書 第36輯)　〈謄写版 限定版〉

◇吉沢本 方丈記　鴨長明著, 簗瀬一雄編　謄写版 限定版　大府町(愛知県)〔出版者不明〕　1963　10p　22cm　(碧冲洞叢書 第33輯)

◇方丈記宜春抄　仁木宜春抄, 簗瀬一雄編　大府町(愛知県)　簗瀬一雄　1962　93p　21cm　(碧冲洞叢書 第19輯)　〈原題は「長明方丈記抄」 限定版 謄写版〉

◇方丈記―大福光寺本　鴨長明著, 鈴木知太郎校異　武蔵野書院　1959.4(26版：1998.3)　63p　30cm　〈製版監修：武藤信夫　複製を含む〉　1165円　①4-8386-0513-7

◇対校 古本方丈記　鴨長明著, 草部了円校　京都　初音書房　1959　85p 図版　22cm

◇方丈記　鴨長明著, ソーヴール・カンドウ仏抄訳, 川本茂雄註解　東京日仏学院　1957　35p 図版　21cm　(Les manuels dc l'institut franco- ja s de Tokyo)

◇語法詳解 方丈記の新解釈　浅尾芳之助著　有精堂出版株式会社　1956　236p　19cm

◇方丈記　富倉徳次郎著　弘文堂　1954　76p　15cm　(アテネ文庫)

◇方丈記精解　宮地幸一著　国元書房　1953　246p 図版　19cm

◇方丈記精解　宮地幸一著　国元書房　1953　246p 図版　19cm　〈原著者：鴨長明〉

◇詳註 方丈紀・発心集　次田潤著　明治書院　1952　168p 図版　19cm

◇新訂 通解方丈記　塚本哲三著　10版　有朋堂　1952　206p　19cm

◇通解方丈記　塚本哲三著　新訂 10版　有朋堂　1952　206p　19cm

◇方丈記評解　富倉徳次郎著　有精堂出版　1952　156p 図版　19cm　〈原著者：鴨長明〉

◇方丈記・発心集—詳註　次田潤著　明治書院　1952　168p 図版　19cm　〈原著者：鴨長明〉

◇方丈記　鴨長明著, 山田孝雄校訂　岩波書店　1950　74p　15cm

◇方丈記　富倉徳次郎著　成城国文学会　1949　128p 図版　19cm　（文芸読本 第2 第11）〈原著者：鴨長明〉

◇方丈記—新註　桂孝二校註　京都　河原書店　1949　52p　19cm　（新註日本短篇文学叢書 第13）

◇方丈記全釈—評註　新間進一著　紫乃故郷舎　1949　176p 図版　19cm　（紫文学評註叢書）

◇通解方丈記　塚本哲三著　23版　有朋堂　1948　205p　18cm

◇方丈記　鴨ノ長明著, 川瀬一馬校註　講談社　1948　274p 図版　19cm　（新註国文学而書）

◇方丈記五種　鴨長明著, 松浦貞俊校訂　古典文庫　1947　98, 31p　17cm　（古典文庫 第5冊）

愚管抄
ぐかんしょう

承久1年（1219年）、前天台座主大僧正慈円（慈鎮和尚）が著した歴史書。『神皇正統記』（北畠親房著）、『読史余論』（新井白石著）とともに、三大史論書といわれる。全7巻からなり、1～2巻に「漢家年代」「皇帝年代記」を置き、3～6巻で保元の乱（保元元年（1156年））以後に重きを置いた神武天皇以来の政治史を説き、付録の7巻では、日本の政治史を概観して、今後の日本がとるべき政治形体と当面の政策を論じている。

*　　*　　*

◇一般人にとっての『般若心経』—変化する世界と空の立場　幸津国生著　花伝社, 共栄書房（発売）　2007.11　261, 7p　20cm　〈文献あり〉　2000円　①978-4-7634-0506-7

◇新訂増補 國史大系　第19巻　古今著聞集・愚管抄　黒板勝美編　オンデマンド版　吉川弘文館　2007.6　422, 236p　26cm　14000円　①978-4-642-04019-8

◇『愚管抄』の“ウソ”と“マコト”—歴史語りの自己言及性を超え出て　深沢徹著　森話社　2006.11　371p　21cm　5600円　①4-916087-69-0

◇詩歌の待ち伏せ　2　北村薫著　文芸春秋　2006.3　206p　15cm　（文春文庫）　524円　①4-16-758603-7

◇平家物語を歩く—源平のつわもの、よりそう女人、末裔の落人たちの足跡を訪ねる　林望著, 松尾葦江監修　JTBパブリッシング　2004.12　152p　21cm　（JTBキャンブックス）　1600円　①4-533-05660-1

◇新編日本思想史研究—村岡典嗣論文選　村岡典嗣著, 前田勉編　平凡社　2004.5　451p　18cm　（東洋文庫 726）〈文献あり　年譜あり〉　3000円　①4-582-80726-7

◇日本の歴史　中世 1-5　平家物語と愚管抄　新訂増補　朝日新聞社　2002.6　p134-163　30cm　（週刊朝日百科 5）　476円

◇愚管抄の研究—その成立と思想　石田一良著　ぺりかん社　2000.11　297p　22cm　5800円　①4-8315-0899-3

◇古今著聞集　愚管抄　橘成季著, 黒板勝美編輯, 慈鎮著, 黒板勝美編輯　新装版　吉川弘文館　2000.7　422, 236p　23cm　（國史大系 新訂増補 第19巻）〈複製〉　8600円　①4-642-00320-7

◇愚管抄を読む—中世日本の歴史観　大隅和雄著　講談社　1999.6　305p　15cm　（講談社学術文庫）　920円　①4-06-159381-1

◇愚管抄とその前後　尾崎勇著　大阪　和泉書院　1993.3　437p　22cm　（研究叢書 127）　13390円　①4-87088-578-6

◇愚管抄　慈円著, 岡見正雄, 赤松俊秀校注　岩波書店　1992.11　547p　22cm　（日本古典文学大系新装版）　4800円

①4-00-004494-X

◇愚管抄　慈円著, 丸山二郎校注　岩波書店　1988.4　331p　16cm　（岩波文庫 30‐111‐1）〈第9刷（第1刷：1949）〉 550円　①4-00-301111-2

◇愚管抄を読む―中世日本の歴史観　大隅和雄著　平凡社　1986.5　287p　20cm（平凡社選書）2000円　①4-582-82293-2

◇日本の名著　9　慈円・北畠親房　永原慶二責任編集　中央公論社　1983.9　509, 13p　18cm　（中公バックス）　1200円

◇教養講座シリーズ　42　栄西/慈円と『愚管抄』道元と『正法眼蔵』　国立教育会館編集　多賀宗隼述, 鏡島元隆述　ぎょうせい　1982.9　200p　19cm　620円

◇日本の名著　9　慈円・北畠親房　責任編集：永原慶二　中央公論社　1971　509, 13p 図　18cm

◇愚管抄全註解　中島悦次著　新訂版　有精堂出版　1969　694p　22cm　〈初版：昭和6年刊〉　4800円

◇日本古典文学大系　第86　愚管抄　岡見正雄, 赤松俊秀校注　岩波書店　1967　547p 図版　22cm　1000円

◇国史大系　第19巻　古今著聞集, 愚管抄　黒板勝美, 国史大系編修会編　新訂増補　吉川弘文館　1964　422, 236p　23cm　〈完成記念版 国史大系刊行会刊本（昭和5）の複製〉

◇新訂増補 國史大系　第19巻　古今著聞集, 愚管抄　黒板勝美, 國史大系編修会編　吉川弘文館　1964　422, 236p　23cm　〈完成記念版 國史大系刊行会刊本（昭和5）の複製〉

◇鎌倉仏教の研究　赤松俊秀著　京都　平楽寺書店　1957　355, 15p 図版　22cm

◇愚管抄　慈圓著, 竹下直之解題　いてふ本刊行会　1953　300p　19cm

◇愚管抄　慈円著, 竹下直之解題　いてふ本刊行会　1953　300p　19cm　〈佐佐木信綱等監修〉

◇愚管抄　慈鎮著, 丸山二郎校註　岩波書店　1949　331p　15cm　（岩波文庫）

◇愚管抄　慈鎮著, 丸山二郎校註　岩波書店　1949　331p　15cm　（岩波文庫）

吾妻鏡
あずまかがみ

鎌倉時代の歴史書。東鑑とも。鎌倉幕府の家臣の編纂。日本最初の武家記録。52巻（巻45欠）。治承4年（1180年）源頼政の挙兵から文永3年（1266年）6代将軍宗尊親王帰京までの87年間を和風変体漢文により編年体で記す。前半は13世紀後期、後半は14世紀初めごろ幕府の家臣が編集したものとみられる。中世武家政治研究の重要史料。

＊　＊　＊

◇現代語訳吾妻鏡　6　富士の巻狩　五味文彦, 本郷和人編　吉川弘文館　2009.6　248p　19cm　2400円　①978-4-642-02713-7

◇吾妻鏡―現代語訳　5　征夷大将軍　五味文彦, 本郷和人編　吉川弘文館　2009.3　269p　20cm　2600円　①978-4-642-02712-0

◇吾妻鏡―現代語訳　4　奥州合戦　五味文彦, 本郷和人編　吉川弘文館　2008.9　214p　20cm　2000円　①978-4-642-02711-3

◇吾妻鏡必携　関幸彦, 野口実編　吉川弘文館　2008.9　335p　20cm　〈年表あり〉　3600円　①978-4-642-07991-4

◇現代語訳吾妻鏡　3　幕府と朝廷　五味文彦, 本郷和人編　吉川弘文館　2008.6　231p　19cm　2200円　①978-4-642-02710-6

◇現代語訳吾妻鏡　2　平氏滅亡　五味文彦, 本郷和人編　吉川弘文館　2008.3　244p　19cm　2300円　①978-4-642-02709-0

◇吾妻鏡―吉川本　第1　早川純三郎編　吉川弘文館　2008.1　520p　23cm　（国

書刊行会本）〈国書刊行会大正4年刊を原本としたオンデマンド版〉 10000円 ①978-4-642-04196-6

◇吾妻鏡―吉川本 第2 早川純三郎編 吉川弘文館 2008.1 454p 23cm （国書刊行会本）〈国書刊行会大正4年刊を原本としたオンデマンド版〉 10000円 ①978-4-642-04197-3

◇吾妻鏡―吉川本 第3 早川純三郎編 吉川弘文館 2008.1 423p 23cm （国書刊行会本）〈国書刊行会大正4年刊を原本としたオンデマンド版〉 10000円 ①978-4-642-04198-0

◇吾妻鏡事典 佐藤和彦, 谷口榮編 東京堂出版 2007.8 336p 21cm 5000円 ①978-4-490-10723-4

◇新訂増補 國史大系 第32巻 吾妻鏡 前篇 黒板勝美編 オンデマンド版 吉川弘文館 2007.6 800p 26cm 15500円 ①978-4-642-04034-1

◇新訂増補 國史大系 第33巻 吾妻鏡 後篇 黒板勝美編 オンデマンド版 吉川弘文館 2007.6 875, 15p 26cm 17000円 ①978-4-642-04035-8

◇新刊吾妻鏡 巻第5 観音寺 上坂氏顕彰会史料出版部 2002.11 1冊（ページ付なし） 30cm （理想日本リプリント 第88巻）〈複製〉 52800円

◇新刊吾妻鏡 巻第12 観音寺 上坂氏顕彰会史料出版部 2002.11 1冊（ページ付なし） 30cm （理想日本リプリント 第88巻）〈複製〉 52800円

◇新刊吾妻鏡 巻第13 観音寺 上坂氏顕彰会史料出版部 2002.11 1冊（ページ付なし） 30cm （理想日本リプリント 第88巻）〈複製〉 52800円

◇新刊吾妻鏡 巻第14 観音寺 上坂氏顕彰会史料出版部 2002.11 1冊（ページ付なし） 30cm （理想日本リプリント 第88巻）〈複製〉 52800円

◇新刊吾妻鏡 巻第20 観音寺 上坂氏顕彰会史料出版部 2002.11 1冊（ページ付なし） 30cm （理想日本リプリント 第88巻）〈複製〉 36800円

◇新刊吾妻鏡 巻第22 観音寺 上坂氏顕彰会史料出版部 2002.11 1冊（ページ付なし） 30cm （理想日本リプリント 第88巻）〈複製〉 46800円

◇新刊吾妻鏡 巻第23 観音寺 上坂氏顕彰会史料出版部 2002.11 1冊（ページ付なし） 30cm （理想日本リプリント 第88巻）〈複製〉 46800円

◇新刊吾妻鏡 巻第4 分冊1 観音寺 上坂氏顕彰会史料出版部 2002.11 1冊（ページ付なし） 30cm （理想日本リプリント 第88巻）〈複製〉 52800円

◇新刊吾妻鏡 巻第4 分冊2 観音寺 上坂氏顕彰会史料出版部 2002.11 1冊（ページ付なし） 30cm （理想日本リプリント 第88巻）〈複製〉 46800円

◇新刊吾妻鏡 巻第6 分冊1 観音寺 上坂氏顕彰会史料出版部 2002.11 1冊（ページ付なし） 30cm （理想日本リプリント 第88巻）〈複製〉 52800円

◇新刊吾妻鏡 巻第6 分冊2 観音寺 上坂氏顕彰会史料出版部 2002.11 1冊（ページ付なし） 30cm （理想日本リプリント 第88巻）〈複製〉 46800円

◇新刊吾妻鏡 巻第6 分冊3 観音寺 上坂氏顕彰会史料出版部 2002.11 1冊（ページ付なし） 30cm （理想日本リプリント 第88巻）〈複製〉 46800円

◇新刊吾妻鏡 巻第7 分冊1 観音寺 上坂氏顕彰会史料出版部 2002.11 1冊（ページ付なし） 30cm （理想日本リプリント 第88巻）〈複製〉 46800円

◇新刊吾妻鏡 巻第7 分冊2 観音寺 上坂氏顕彰会史料出版部 2002.11 1冊（ページ付なし） 30cm （理想日本リプリント 第88巻）〈複製〉 46800円

◇新刊吾妻鏡 巻第10 分冊1 観音寺 上坂氏顕彰会史料出版部 2002.11 1冊（ページ付なし） 30cm （理想日本リプリント 第88巻）〈複製〉 46800円

◇新刊吾妻鏡 巻第10 分冊2 観音寺 上坂氏顕彰会史料出版部 2002.11 1冊

（ページ付なし） 30cm （理想日本リプリント 第88巻）〈複製〉 46800円

◇新刊吾妻鏡 巻第10 分冊3 観音寺 上坂氏顕彰会史料出版部 2002.11 1冊（ページ付なし） 30cm （理想日本リプリント 第88巻）〈複製〉 52800円

◇新刊吾妻鏡 巻第11 分冊1 観音寺 上坂氏顕彰会史料出版部 2002.11 1冊（ページ付なし） 30cm （理想日本リプリント 第88巻）〈複製〉 46800円

◇新刊吾妻鏡 巻第11 分冊2 観音寺 上坂氏顕彰会史料出版部 2002.11 1冊（ページ付なし） 30cm （理想日本リプリント 第88巻）〈複製〉 41800円

◇新刊吾妻鏡 巻第15 分冊1 観音寺 上坂氏顕彰会史料出版部 2002.11 1冊（ページ付なし） 30cm （理想日本リプリント 第88巻）〈複製〉 41800円

◇新刊吾妻鏡 巻第15 分冊2 観音寺 上坂氏顕彰会史料出版部 2002.11 1冊（ページ付なし） 30cm （理想日本リプリント 第88巻）〈複製〉 41800円

◇新刊吾妻鏡 巻第16 分冊1 観音寺 上坂氏顕彰会史料出版部 2002.11 1冊（ページ付なし） 30cm （理想日本リプリント 第88巻）〈複製〉 46800円

◇新刊吾妻鏡 巻第16 分冊2 観音寺 上坂氏顕彰会史料出版部 2002.11 1冊（ページ付なし） 30cm （理想日本リプリント 第88巻）〈複製〉 41800円

◇新刊吾妻鏡 巻第17 分冊1 観音寺 上坂氏顕彰会史料出版部 2002.11 1冊（ページ付なし） 30cm （理想日本リプリント 第88巻）〈複製〉 41800円

◇新刊吾妻鏡 巻第17 分冊2 観音寺 上坂氏顕彰会史料出版部 2002.11 1冊（ページ付なし） 30cm （理想日本リプリント 第88巻）〈複製〉 41800円

◇新刊吾妻鏡 巻第18 分冊1 観音寺 上坂氏顕彰会史料出版部 2002.11 1冊（ページ付なし） 30cm （理想日本リプリント 第88巻）〈複製〉 46800円

◇新刊吾妻鏡 巻第18 分冊2 観音寺 上坂氏顕彰会史料出版部 2002.11 1冊（ページ付なし） 30cm （理想日本リプリント 第88巻）〈複製〉 46800円

◇新刊吾妻鏡 巻第19 分冊1 観音寺 上坂氏顕彰会史料出版部 2002.11 1冊（ページ付なし） 30cm （理想日本リプリント 第88巻）〈複製〉 46800円

◇新刊吾妻鏡 巻第19 分冊2 観音寺 上坂氏顕彰会史料出版部 2002.11 1冊（ページ付なし） 30cm （理想日本リプリント 第88巻）〈複製〉 41800円

◇新刊吾妻鏡 巻第21 分冊1 観音寺 上坂氏顕彰会史料出版部 2002.11 1冊（ページ付なし） 30cm （理想日本リプリント 第88巻）〈複製〉 46800円

◇もう一つの鎌倉時代―藤原定家・太田牛一の系譜 井上力著 講談社出版サービスセンター 2002.11 901p 19cm 2400円 ①4-87601-632-1

◇新刊吾妻鏡 巻第24 観音寺 上坂氏顕彰会史料出版部 2002.10 1冊（ページ付なし） 30cm （理想日本リプリント 第88巻）〈複製〉 41800円

◇新刊吾妻鏡 巻第26 観音寺 上坂氏顕彰会史料出版部 2002.10 1冊（ページ付なし） 30cm （理想日本リプリント 第88巻）〈複製〉 46800円

◇新刊吾妻鏡 巻第27 観音寺 上坂氏顕彰会史料出版部 2002.10 1冊（ページ付なし） 30cm （理想日本リプリント 第88巻）〈複製〉 52800円

◇新刊吾妻鏡 巻第28 観音寺 上坂氏顕彰会史料出版部 2002.10 1冊（ページ付なし） 30cm （理想日本リプリント 第88巻）〈複製〉 46800円

◇新刊吾妻鏡 巻第29 観音寺 上坂氏顕彰会史料出版部 2002.10 1冊（ページ付なし） 30cm （理想日本リプリント 第88巻）〈複製〉 41800円

◇新刊吾妻鏡 巻第30 観音寺 上坂氏顕彰会史料出版部 2002.10 1冊（ページ付なし） 30cm （理想日本リプリント 第88巻）〈複製〉 52800円

◇新刊吾妻鏡　巻第33　観音寺　上坂氏顕彰会史料出版部　2002.10　1冊（ページ付なし）　30cm　（理想日本リプリント 第88巻）〈複製〉　52800円

◇新刊吾妻鏡　巻第34　観音寺　上坂氏顕彰会史料出版部　2002.10　1冊（ページ付なし）　30cm　（理想日本リプリント 第88巻）〈複製〉　52800円

◇新刊吾妻鏡　巻第37　観音寺　上坂氏顕彰会史料出版部　2002.10　1冊（ページ付なし）　30cm　（理想日本リプリント 第88巻）〈複製〉　41800円

◇新刊吾妻鏡　巻第39　観音寺　上坂氏顕彰会史料出版部　2002.10　1冊（ページ付なし）　30cm　（理想日本リプリント 第88巻）〈複製〉　41800円

◇新刊吾妻鏡　巻第43　観音寺　上坂氏顕彰会史料出版部　2002.10　1冊（ページ付なし）　30cm　（理想日本リプリント 第88巻）〈複製〉　46800円

◇新刊吾妻鏡　巻第44　観音寺　上坂氏顕彰会史料出版部　2002.10　1冊（ページ付なし）　30cm　（理想日本リプリント 第88巻）〈複製〉　46800円

◇新刊吾妻鏡　巻第52　観音寺　上坂氏顕彰会史料出版部　2002.10　1冊（ページ付なし）　30cm　（理想日本リプリント 第88巻）〈複製〉　52800円

◇新刊吾妻鏡　巻第25 分冊1　観音寺　上坂氏顕彰会史料出版部　2002.10　1冊（ページ付なし）　30cm　（理想日本リプリント 第88巻）〈複製〉　41800円

◇新刊吾妻鏡　巻第25 分冊2　観音寺　上坂氏顕彰会史料出版部　2002.10　1冊（ページ付なし）　30cm　（理想日本リプリント 第88巻）〈複製〉　41800円

◇新刊吾妻鏡　巻第31 分冊1　観音寺　上坂氏顕彰会史料出版部　2002.10　1冊（ページ付なし）　30cm　（理想日本リプリント 第88巻）〈複製〉　41800円

◇新刊吾妻鏡　巻第31 分冊2　観音寺　上坂氏顕彰会史料出版部　2002.10　1冊（ページ付なし）　30cm　（理想日本リプリント 第88巻）〈複製〉　41800円

◇新刊吾妻鏡　巻第32 分冊1　観音寺　上坂氏顕彰会史料出版部　2002.10　1冊（ページ付なし）　30cm　（理想日本リプリント 第88巻）〈複製〉　41800円

◇新刊吾妻鏡　巻第32 分冊2　観音寺　上坂氏顕彰会史料出版部　2002.10　1冊（ページ付なし）　30cm　（理想日本リプリント 第88巻）〈複製〉　41800円

◇新刊吾妻鏡　巻第35 分冊1　観音寺　上坂氏顕彰会史料出版部　2002.10　1冊（ページ付なし）　30cm　（理想日本リプリント 第88巻）〈複製〉　41800円

◇新刊吾妻鏡　巻第35 分冊2　観音寺　上坂氏顕彰会史料出版部　2002.10　1冊（ページ付なし）　30cm　（理想日本リプリント 第88巻）〈複製〉　41800円

◇新刊吾妻鏡　巻第36 分冊1　観音寺　上坂氏顕彰会史料出版部　2002.10　1冊（ページ付なし）　30cm　（理想日本リプリント 第88巻）〈複製〉　41800円

◇新刊吾妻鏡　巻第36 分冊2　観音寺　上坂氏顕彰会史料出版部　2002.10　1冊（ページ付なし）　30cm　（理想日本リプリント 第88巻）〈複製〉　41800円

◇新刊吾妻鏡　巻第38 分冊1　観音寺　上坂氏顕彰会史料出版部　2002.10　1冊（ページ付なし）　30cm　（理想日本リプリント 第88巻）〈複製〉　41800円

◇新刊吾妻鏡　巻第38 分冊2　観音寺　上坂氏顕彰会史料出版部　2002.10　1冊（ページ付なし）　30cm　（理想日本リプリント 第88巻）〈複製〉　41800円

◇新刊吾妻鏡　巻第40 分冊1　観音寺　上坂氏顕彰会史料出版部　2002.10　1冊（ページ付なし）　30cm　（理想日本リプリント 第88巻）〈複製〉　46800円

◇新刊吾妻鏡　巻第40 分冊2　観音寺　上坂氏顕彰会史料出版部　2002.10　1冊（ページ付なし）　30cm　（理想日本リプリント 第88巻）〈複製〉　41800円

◇新刊吾妻鏡　巻第41 分冊1　観音寺　上坂氏顕彰会史料出版部　2002.10　1冊

（ページ付なし） 30cm （理想日本リプリント 第88巻）〈複製〉 41800円

◇新刊吾妻鏡　巻第41 分冊2　観音寺　上坂氏顕彰会史料出版部　2002.10　1冊（ページ付なし） 30cm （理想日本リプリント 第88巻）〈複製〉 41800円

◇新刊吾妻鏡　巻第42 分冊1　観音寺　上坂氏顕彰会史料出版部　2002.10　1冊（ページ付なし） 30cm （理想日本リプリント 第88巻）〈複製〉 52800円

◇新刊吾妻鏡　巻第42 分冊2　観音寺　上坂氏顕彰会史料出版部　2002.10　1冊（ページ付なし） 30cm （理想日本リプリント 第88巻）〈複製〉 46800円

◇新刊吾妻鏡　巻第46 分冊1　観音寺　上坂氏顕彰会史料出版部　2002.10　1冊（ページ付なし） 30cm （理想日本リプリント 第88巻）〈複製〉 41800円

◇新刊吾妻鏡　巻第46 分冊2　観音寺　上坂氏顕彰会史料出版部　2002.10　1冊（ページ付なし） 30cm （理想日本リプリント 第88巻）〈複製〉 41800円

◇新刊吾妻鏡　巻第47 分冊1　観音寺　上坂氏顕彰会史料出版部　2002.10　1冊（ページ付なし） 30cm （理想日本リプリント 第88巻）〈複製〉 41800円

◇新刊吾妻鏡　巻第47 分冊2　観音寺　上坂氏顕彰会史料出版部　2002.10　1冊（ページ付なし） 30cm （理想日本リプリント 第88巻）〈複製〉 41800円

◇新刊吾妻鏡　巻第48 分冊1　観音寺　上坂氏顕彰会史料出版部　2002.10　1冊（ページ付なし） 30cm （理想日本リプリント 第88巻）〈複製〉 46800円

◇新刊吾妻鏡　巻第48 分冊2　観音寺　上坂氏顕彰会史料出版部　2002.10　1冊（ページ付なし） 30cm （理想日本リプリント 第88巻）〈複製〉 46800円

◇新刊吾妻鏡　巻第49 分冊1　観音寺　上坂氏顕彰会史料出版部　2002.10　1冊（ページ付なし） 30cm （理想日本リプリント 第88巻）〈複製〉 46800円

◇新刊吾妻鏡　巻第49 分冊2　観音寺　上坂氏顕彰会史料出版部　2002.10　1冊（ページ付なし） 30cm （理想日本リプリント 第88巻）〈複製〉 46800円

◇新刊吾妻鏡　巻第50 分冊1　観音寺　上坂氏顕彰会史料出版部　2002.10　1冊（ページ付なし） 30cm （理想日本リプリント 第88巻）〈複製〉 52800円

◇新刊吾妻鏡　巻第50 分冊2　観音寺　上坂氏顕彰会史料出版部　2002.10　1冊（ページ付なし） 30cm （理想日本リプリント 第88巻）〈複製〉 46800円

◇新刊吾妻鏡　巻第51 分冊1　観音寺　上坂氏顕彰会史料出版部　2002.10　1冊（ページ付なし） 30cm （理想日本リプリント 第88巻）〈複製〉 46800円

◇新刊吾妻鏡　巻第51 分冊2　観音寺　上坂氏顕彰会史料出版部　2002.10　1冊（ページ付なし） 30cm （理想日本リプリント 第88巻）〈複製〉 46800円

◇吾妻鏡の方法—事実と神話にみる中世　五味文彦著　増補　吉川弘文館　2000.11　321, 16p　20cm　2000円　①4-642-07771-5

◇吾妻鏡　下巻　竹宮恵子著　中央公論新社　2000.7　276p　16cm　（中公文庫）590円　①4-12-203688-7

◇吾妻鏡　中巻　竹宮恵子著　中央公論新社　2000.6　274p　16cm　（中公文庫）590円　①4-12-203673-9

◇吾妻鏡　後篇　黒板勝美編　新装版　吉川弘文館　2000.6　875, 15p　23cm（國史大系 新訂増補 第33巻）〈複製〉10000円　①4-642-00336-3

◇吾妻鏡　上巻　竹宮恵子著　中央公論新社　2000.5　272p　16cm　（中公文庫）590円　①4-12-203656-9

◇吾妻鏡　前篇　黒板勝美編輯　新装版　吉川弘文館　2000.3　800p　23cm　（國史大系 新訂増補 第32巻）〈複製〉10000円　①4-642-00335-5

◇吾妻鏡総索引　上巻　及川大溪著　東洋書林　1999.9　769p　22cm　〈複製　原本：日本学術振興会昭和50年刊〉 28000

円 ①4-88721-374-3

◇吾妻鏡総索引 下巻 及川大渓著 東洋書林 1999.9 p770-1537 22cm 〈複製 原本：日本学術振興会昭和50年刊〉 28000円 ①4-88721-375-1

◇金沢文庫と『吾妻鏡』の世界 末廣昌雄著 岳書房 1999.5 301p 20cm 2500円 ①4-89006-001-4

◇吾妻鏡人名総覧—注釈と考証 安田元久編 吉川弘文館 1998.2 623p 23cm 22000円 ①4-642-00177-8

◇吾妻鏡補—中国人による最初の日本通史 翁広平原著, 王宝平編著 京都 朋友書店 1997.10 32, 594, 15p 図版10p 26cm （古典叢刊 4） 〈複製〉 19000円 ①4-89281-061-4

◇和歌が語る吾妻鏡の世界 大谷雅子著 新人物往来社 1996.1 275p 20cm （歴研ブックス） 2800円 ①4-404-02329-4

◇『吾妻鏡』と中世物語 亀田帛子著 双文社出版 1994.3 262p 22cm 3800円 ①4-88164-501-3

◇吾妻鏡人名索引 御家人制研究会編 吉川弘文館 1992.3 565p 23cm 〈第5刷（第1刷：昭和46年）〉 8600円 ①4-642-00175-1

◇写真でみる「吾妻鏡」の相模・伊豆・武蔵・甲斐の史跡 吉永昌弘著 〔市原〕〔吉永昌弘〕 1992.3 368p 27cm 〈付・鎌倉太平記の史跡 著者の肖像あり〉 非売品

◇鎌倉・湘南新歳時記—『吾妻鏡』の世界 末広昌雄著 岳書房 1992.2 216p 19cm 2060円

◇吾妻鏡の方法—事実と神話にみる中世 五味文彦著 吉川弘文館 1990.1 242, 12p 20cm 1500円 ①4-642-07283-7

◇『吾妻鏡』を歩く—鎌倉の中世史探訪 末広昌雄著 岳書房 1988.3 231p 20cm 1700円

◇新釈吾妻鏡 小沢彰著 千秋社 1985.1 2冊 22cm 各5200円

◇吾妻鏡を歩く 伊豆編 その1 石田開一著 川崎 石田開一 1984.4印刷 92p 26cm 〈私家版〉 非売品

◇吾妻鏡 前田育徳会尊経閣文庫 1981.11 2軸 30cm （原装影印古典籍覆製叢刊） 〈製作・発売：雄松堂書店 尊経閣文庫所蔵の巻子本吾妻鏡（元暦元年）と山密往来（吾妻鏡元暦元年の紙背）の複製 付（2冊 21cm）：吾妻鏡解題・山密往来解題 太田晶二郎著 箱入〉 全115000円

◇吾妻鏡を耕す 小泉輝三朗著 新人物往来社 1980.2 191p 20cm 1300円

◇全訳吾妻鏡 別巻 貴志正造編著 新人物往来社 1979.4 422p 22cm 〈監修：永原慶二 折り込図1枚〉 5800円

◇吾妻鏡の人びと—鎌倉武士の興亡 岡部周三著 新人物往来社 1978.2 249p 20cm 1500円

◇全訳吾妻鏡 5 貴志正造訳注 新人物往来社 1977.6 543p 22cm 〈監修：永原慶二〉 4800円

◇吾妻鏡地名索引 国学院大学日本史研究会編 村田書店 1977.4 175, 44p 22cm 〈監修：藤井貞文〉 4300円

◇全訳吾妻鏡 4 貴志正造訳注 新人物往来社 1977.4 488p 22cm 〈監修：永原慶二〉 4800円

◇全訳吾妻鏡 3 貴志正造訳注 新人物往来社 1977.2 458p 22cm 〈監修：永原慶二〉 4800円

◇全訳吾妻鏡 1 巻第1－巻第7（治承4年－文治3年） 貴志正造訳注 新人物往来社 1976 373p 22cm 〈監修：永原慶二〉 4800円

◇全訳吾妻鏡 2 巻第8－巻第16（文治4年－正治2年） 貴志正造訳注 新人物往来社 1976 400p 22cm 〈監修：永原慶二〉 4800円

◇振り仮名つき吾妻鏡—寛永版影印 附東鏡脱漏 汲古書院 1976 883p 27cm 〈東鑑脱漏：寛文8年版の複製 解題：阿部

隆一〉 8000円

◇吾妻鏡総索引 及川大渓著 日本学術振興会 1975.3 1537p 22cm 12000円

◇訳文吾妻鏡標註 第1冊 堀田璋左右著 名著出版 1973 574p 22cm 〈東洋堂昭和18-20年刊の複製〉 5000円

◇訳文吾妻鏡標註 第2冊 堀田璋左右著 名著出版 1973 608p 22cm 〈東洋堂昭和18-20年刊の複製〉 5000円

◇吾妻鏡人名索引 御家人制研究会編 吉川弘文館 1971 565p 23cm 4800円

◇吾妻鏡人名索引 3 建長2年－文永3年 国学院大学日本史研究会 1970 204p 25cm 〈監修：藤井貞文 限定版〉

◇吾妻鏡人名索引 2 正治元年－宝治2年 国学院大学日本史研究会 1969 320p 25cm 〈監修：藤井貞文 限定版〉

◇吾妻鏡―吉川本 第1-3 国書刊行会編 名著刊行会 1968 3冊 22cm 〈大正4年刊の複製 限定版〉 全4500円

◇吾妻鏡人名索引 第1 治承4年－建久6年 国学院大学日本史研究会編 限定版 〔出版者不明〕 1968 222p 24cm 〈監修者：藤井貞文〉

◇国史大系 第33巻 吾妻鏡 後編 黒板勝美, 国史大系編修会編 新訂増補 吉川弘文館 1965 875, 15p 23cm 〈完成記念版 国史大系刊行会刊本(昭和7)の複製〉

◇新訂増補 國史大系 第33巻 吾妻鏡 黒板勝美, 國史大系編修會編 完成記念版 吉川弘文館 1965 375, 15p 28cm 〈国史大系刊行会刊本(昭和7)の複製〉

◇国史大系 第32巻 吾妻鏡 前編 黒板勝美, 国史大系編修会編 新訂増補 吉川弘文館 1964 800p 23cm 〈完成記念版 国史大系刊行会刊本(昭和7)の複製〉

◇新訂増補 國史大系 第32巻 吾妻鏡 黒板勝美, 國史大系編修會編 完成記念版 吉川弘文館 1964 800p 28cm 〈国史大系刊行会刊本(昭和7)の複製〉

◇武相史料叢書 第4 吾妻鏡地名社寺索引 武相史料刊行会 1963 161p 21cm

◇訳文/吾妻鏡標註 第2冊 堀田璋左右著 東洋堂 1945 1冊 22cm

十訓抄
じっきんしょう

鎌倉中期の説話集。全3巻、約280話。著者は、智眼と名乗り、六波羅二臈左衛門入道とも呼ばれた湯浅宗業。建長四年(1252年)成立。善きことをすすめ、悪しきことを戒めて、少年たちが思慮分別をつける縁としようとした、と書かれる。「心操振舞ヲ定ム可キ事」「人倫ヲ侮ル可カラザル事」などの10項目の徳目をあげ、それについて例話を掲げて説明する。教訓、啓蒙の意図をもち、貴族的・宮廷的世界への懐古が強いが、通俗的で平易な叙述により中・近世に多くの読者を得た。

*　*　*

◇宇治拾遺物語 十訓抄 小林保治, 増古和子校訂・訳, 浅見和彦校訂・訳 小学館 2007.12 317p 20cm (日本の古典をよむ 15) 1800円 ①978-4-09-362185-4

◇宇治拾遺物語 古事談 十訓抄 源顕兼撰 吉川弘文館 2007.6 1冊 27cm (国史大系 新訂増補 第18巻) 〈平成12年刊(新装版)を原本としたオンデマンド版〉 15000円 ①978-4-642-04018-1

◇新訂増補 国史大系 第18巻 宇治拾遺物語・古事談・十訓抄 黒板勝美編 オンデマンド版 吉川弘文館 2007.6 290, 132, 188, 82p 26cm 15000円 ①978-4-642-04018-1

◇徒然草・説話(古今著聞集・十訓抄・宇治拾遺物語・古事談・今昔物語集)・枕草子 右文書院 2005.4 121p 21cm ①4-8421-2007-X

◇徒然草・説話(古今著聞集・十訓抄・宇治拾遺物語・古事談・今昔物語集)枕草子指導資料 右文書院 2005.4 3冊 21cm 〈付属資料：1冊+フレキシブル・ディスク1枚(3.5インチ)〉 全7000円

①4-8421-0105-9, 4-8421-3006-7

◇宇治拾遺物語　古事談　十訓抄　黒板勝美編輯, 源顕兼撰, 黒板勝美編輯, 黒板勝美編　新装版　吉川弘文館　2000.5　1冊　23cm　(国史大系 新訂増補 第18巻)〈複製〉　10000円　①4-642-00319-3

◇十訓抄の敬語表現についての研究　泉基博著　笠間書院　1998.7　291p　22cm　(笠間叢書 309)　7500円　①4-305-10309-5

◇新編日本古典文学全集　51　十訓抄　浅見和彦校注・訳　小学館　1997.12　557p　23cm　4457円　①4-09-658051-1

◇校本十訓抄　泉基博編著　右文書院　1996.3　1219p　19×27cm　38000円　①4-8421-9601-7

◇十訓抄全注釈　河村全二注釈　新典社　1994.5　878p　22cm　(新典社注釈叢書 6)　32000円　①4-7879-1506-1

◇宇治拾遺物語・十訓抄新解　高橋和彦著　新塔社　1991.6　126p　19cm　(要所研究シリーズ)　〈2刷(1刷：1968年)〉　①4-88020-324-6

◇十訓抄―第三類本彰考館蔵　泉基博編　大阪　和泉書院　1989.3　259p　22cm　〈第3刷(第1刷：1984年)〉　2500円　①4-900137-00-6

◇十訓抄―第三類本 彰考館蔵　泉基博編　大阪　和泉書院　1984.1　259p　22cm　2500円　①4-900137-00-6

◇十訓抄　笠間書院　1983.4　3冊　26cm　(笠間影印叢刊 77～79)　〈編・解説：泉基博 御所本(宮内庁書陵部蔵)の複製〉　各1600円

◇十訓抄―本文と索引　泉基博編　笠間書院　1982.12　761p　22cm　(笠間索引叢刊 78)　14500円

◇十訓抄・方丈記・唐物語　横山青娥著　塔影書房　1980.9　96p　19cm　〈限定版〉　2900円

◇十訓抄人名人物総索引―平安鎌倉時代政治社会教育思想史資料　石井清文, 福田広子編　横浜　政治経済史学会　1977.12　105p　22cm　〈監修：彦由一太 限定版〉　3000円

◇十訓抄―片仮名本　泉基博編　古典文庫　1976　2冊　17cm　(古典文庫 第352, 359冊)　非売品

◇古事談私記・続古事談私記・十訓抄私記　矢野玄道著　松山　青葉図書　1975　182p　19cm　(愛媛大学古典叢刊 22)　〈大州市立図書館矢野玄道文庫所蔵本の複製 解説(小泉道)：p.158-182 背, 奥付の書名：正続古事談・十訓抄私記 附(p.149-155)：宇治拾遺物語私記(矢野玄道草稿 伊曽乃文庫本の複製)〉

◇国史大系　第18巻　宇治拾遺物語, 古事談, 十訓抄　黒板勝美, 国史大系編修会編　新訂増補　吉川弘文館　1965　1冊　23cm　〈完成記念版 国史大系刊行会刊本の複製〉　3000円

◇新訂増補 國史大系　第18巻　宇治拾遺物語, 古事談, 十訓抄　黒板勝美, 國史大系編修會編　吉川弘文館　1965　23cm　〈完成記念版 国史大系刊行会刊本の複製〉

◇十訓抄詳解　上中下巻, 附録　石橋尚宝著　明治書院　1959-60　4冊(附録共)　図版　23cm　〈和 中, 下巻：訂正再版 附録：十訓抄詳解補正, 十訓抄詳解索引, 十訓抄人名索引, 十訓抄考(藤岡継平)〉

◇十訓抄　安積安明校訂　2刷　岩波書店　1957　339p　15cm　(岩波文庫)

◇十訓抄　永積安明校訂　岩波書店　1957　2刷　339p　15cm　(岩波文庫)

◇十訓抄　峯村文人著　学灯社　1956　184p 図版　16cm　(学灯文庫)

◇説話文学要解―今昔物語・宇治拾遺物語・十訓抄・古今著聞集　内野吾郎著　有精堂出版　1955　166p 図版 表 地図　19cm　(文法解明叢書)

沙石集
しゃせきしゅう

鎌倉時代の仏教説話集。著者は無住。「させきしゅう」とも読む。全10巻。弘安6(1283年)成立。説話を方便として読者を正しい仏教理解へ導こうとするもの。初稿本成立後も数次にわたって添削を加えているため、諸本により内容に若干の差があるが、おおむね、本地垂迹説話、諸仏霊験説話、因果応報説話、遁世往生説話など仏教説話集らしい説話を集めている。それらの間に、滑稽譚や艶笑譚などが混在し、ときとして、著者の意図を超えすぎたためか、添削を経てしだいに堅苦しい話中心の説話集へと変質していった趣がある。同時代の地方、とりわけ東国の民衆の生活や心情を反映した世間話や、後世、噺本の源流のようにもみられた笑話を収録している。

*　*　*

◇沙石集―校訂広本　一円著, 渡辺綱也校訂　クレス出版　2004.10　455, 7p　22cm　(説話文学研究叢書 第2巻)〈シリーズ責任表示：黒田彰, 湯谷祐三編・解説　日本書房昭和18年刊の複製〉

◇沙石集―校註　一円著, 藤井乙男編輯・解説　クレス出版　2004.10　411, 5p　22cm　(説話文学研究叢書 第3巻)〈シリーズ責任表示：黒田彰, 湯谷祐三編・解説　文献書院昭和3年刊の複製〉

◇内閣文庫蔵『沙石集』翻刻と研究　土屋有里子編著　笠間書院　2003.3　463, 15p　22cm　(笠間叢書 349)　11000円　①4-305-10349-4

◇新編日本古典文学全集　52　沙石集　無住編, 小島孝之校注・訳　小学館　2001.8　638p　23cm　〈付属資料：8p：月報 75〉　4657円　①4-09-658052-X

◇沙石集の構造　片岡了著　京都　法藏館　2001.2　474p　22cm　10000円　①4-8318-7662-3

◇沙石集の語法論攷　斉藤由美子著　おうふう　1999.2　231p　22cm　15000円　①4-273-03056-X

◇説話文学の研究―撰集抄・唐物語・沙石集　安田孝子著　大阪　和泉書院　1997.2　474p　22cm　(研究叢書 198)　14420円　①4-87088-842-4

◇校注沙石集　無住著, 坂詰力治, 寺島利尚編　武蔵野書院　1991.3　141p　21cm　①4-8386-0632-X

◇沙石集―横山文太郎翁覚え書　横山文太郎他著, 致芳郷土史会編　〔長井〕　致芳郷土史会　1987.4　132p　21cm　(致芳郷土資料 第3集)

◇元応本沙石集　無住著, 北野克編　汲古書院　1980.7　798p　22cm　〈複製〉

◇沙石集総索引―慶長十年古活字本　深井一郎編　勉誠社　1980.3　2冊　27cm　〈「索引篇」「影印篇」(渡辺綱也氏所蔵の複製)に分冊刊行〉　全68000円

◇沙石集　1(広本系俊海本影印)　一円著　古典研究会 汲古書院(発売)　1973　278p 図　22cm　(古典研究会叢書 第2期 国文学)〈解題：久曽神昇〉

◇沙石集　2(広本系藤井本影印)　一円著　古典研究会 汲古書院(発売)　1973　297p　22cm　(古典研究会叢書 第2期 国文学)〈解題：藤井隆〉　2800円

◇日本古典文学大系　第85　沙石集　渡辺綱也校注　岩波書店　1966　527p 図版　22cm　1000円

古今著聞集
ここんちょもんじゅう

鎌倉中期の説話集。全20巻。橘成季編。建長6年(1254年)成立。序跋をおき、神祇、釈教、政道忠臣、公事、文学、また博奕、偸盗や闘諍、興言利口(笑話)など30編に分かれ、約700話の平安中期から鎌倉初期までの日本の説話を分類配列した組織的構成を持つ。「今昔物語集」に次ぐ大部の説話集。

*　*　*

◇新訂増補 國史大系　第19巻　古今著聞集・愚管抄　黒板勝美編　オンデマンド版　吉川弘文館　2007.6　422, 236p　26cm　14000円　①978-4-642-04019-8

◇徒然草・説話(古今著聞集・十訓抄・宇治拾遺物語・古事談・今昔物語集)・枕草子　右文書院　2005.4　121p　21cm

①4-8421-2007-X

◇徒然草・説話(古今著聞集・十訓抄・宇治拾遺物語・古事談・今昔物語集)枕草子指導資料　右文書院　2005.4　3冊　21cm　〈付属資料：1冊+フレキシブル・ディスク1枚(3.5インチ)〉　全7000円　①4-8421-0105-9, 4-8421-3006-7

◇古今著聞集総索引　峰岸明監修, 有賀嘉寿子編　笠間書院　2002.7　520p　22cm　(笠間索引叢刊 123)　13000円　①4-305-20123-2

◇古今著聞集　愚管抄　橘成季著, 黒板勝美編輯, 慈鎮著, 黒板勝美編輯　新装版　吉川弘文館　2000.7　422, 236p　23cm　(國史大系 新訂増補 第19巻)　〈複製〉　8600円　①4-642-00320-7

◇古今著聞集—ほか　阿刀田高著　講談社　1992.3　333p　22cm　(少年少女古典文学館 第13巻)　1700円　①4-06-250813-3

◇古今著聞集　下　橘成季著, 西尾光一, 小林保治校注　新潮社　1986.12　487p　20cm　(新潮日本古典集成)　2200円　①4-10-620376-6

◇古今著聞集　上　橘成季著, 西尾光一, 小林保治校注　新潮社　1983.6　533p　20cm　(新潮日本古典集成)　2500円　①4-10-620359-6

◇古今著聞集　橘成季著, 正宗敦夫編纂・校訂　現代思潮社　1983.2　2冊　16cm　(覆刻日本古典全集)　〈日本古典全集刊行会昭和4〜5年刊の複製〉

◇抄訳古今著聞集・作家論　横山青娥著　塔影書房　1978.7　168p　19cm　〈書名は奥付による 標題紙・表紙の書名：古今著聞集抄 公任・紫式部・西鶴論 喜寿記念集 限定版〉　2500円

◇古今著聞集　下巻　橘成季著, 中島悦次校注　角川書店　1978.4　352p　15cm　(角川文庫)　460円

◇古今著聞集　上巻　橘成季著, 中島悦次校注　角川書店　1975　390p　15cm　(角川文庫)　490円

◇古今著聞集私記　矢野玄道著, 小泉道編　松山　愛媛大学古典叢刊刊行会　1974　288p　19cm　(愛媛大学古典叢刊 21)　〈愛媛県大洲市立図書館矢野玄道文庫蔵本の複製〉

◇十訓抄・古今著聞集要解　高橋貢著　有精堂出版　1969.3　116p　19cm　(文法解明叢書 51)　〈付・沙石集〉

◇日本古典文学大系　第84　古今著聞集　永積安明, 島田勇雄校注　岩波書店　1966　631p 図版　22cm　1000円

◇国史大系　第19巻　古今著聞集, 愚管抄　黒板勝美, 国史大系編修会編　新訂増補　吉川弘文館　1964　422, 236p　23cm　〈完成記念版 国史大系刊行会刊本(昭和5)の複製〉

◇新訂増補 國史大系　第19巻　古今著聞集, 愚管抄　黒板勝美, 國史大系編修会編　吉川弘文館　1964　422, 236p　23cm　〈完成記念版 國史大系刊行会刊本(昭和5)の複製〉

◇説話文学要解—今昔物語・宇治拾遺物語・十訓抄・古今著聞集　内野吾郎著　有精堂出版　1955　166p 図版 表 地図　19cm　(文法解明叢書)

◇日本古典文学全集—現代語訳　〔第16巻〕　宇治拾遺物語　古今著聞集　永積安明訳, 市古貞次訳　河出書房　1955　316p　19cm

◇日本文学大系—校註　第7巻　住吉物語, 古今著聞集　金子彦二郎校訂　新訂版　風間書房　1955　518p　19cm　〈久松潜一, 山岸徳平監修〉

◇古今著聞集　上巻　橘成季著, 正宗敦夫編纂校訂　日本古典全集刊行会　1946　266p　19cm

◇古今著聞集　上巻　橘成季著, 正宗敦夫編纂校訂　日本古典全集刊行会　1946　266p　19cm

無名草子
むみょうぞうし

鎌倉時代の文学評論書。『建久物語』『無名物

語』とも。藤原俊成あるいは俊成女作とされるが未詳。建久7年～建仁2年(1196～1202年)頃の成立。最古の物語評論。最勝光院に詣でた老尼が一夜付近の家で女房たちの語るのを聞くという形式。王朝の女性、歌集などの批評も含み、特に源氏物語について詳しく、それだけで全体の3分の1ほどを占め、この時代の女性たちにこの物語がどのように読まれていたかがうかがえる。散逸した物語の研究資料としても重要とされる。

＊　＊　＊

◇無名草子―校註　鈴木弘道著　オンデマンド版　笠間書院　2009.1　148p　21cm　〈初版：昭和45年刊　文献あり〉　1700円　Ⓘ978-4-305-60307-4

◇無名草子―注釈と資料　『無名草子』輪読会編　大阪　和泉書院　2004.2　220p　21cm　〈文献あり〉　1900円　Ⓘ4-7576-0247-2

◇新編日本古典文学全集　40　松浦宮物語　無名草子　樋口芳麻呂校注・訳, 久保木哲夫校注・訳　小学館　1999.5　349p　23cm　4076円　Ⓘ4-09-658040-6

◇無名草子　冨倉徳次郎校訂　岩波書店　1989.3　182p　15cm　（岩波文庫 30-107-1）〈第3刷(第1刷：1943年)〉　350円　Ⓘ4-00-301071-X

◇無名草子評解　冨倉徳次郎著　有精堂出版　1988.8　366p　19cm　〈新装版〉　3500円　Ⓘ4-640-00099-5

◇評論―玉勝間・源氏物語玉の小櫛・無名抄・無名草子・風姿花伝・他　西谷元夫著　有朋堂　1986.9　157p　18cm　（精選古典）　450円　Ⓘ4-8422-0055-3

◇無名草子―新註　川島絹江, 西沢正二編著　勉誠社　1986.3　196p　22cm　（大学古典叢書 4）〈付・関連物語〉　1200円

◇無名草子論―「女性論」を中心として　鈴木弘道著　京都　大学堂書店　1981.11　287p　20cm　5000円

◇無名草子　桑原博史校注　新潮社　1976.12(8刷：2002.2)　165p　20cm　（新潮日本古典集成 第7回）　2900円　Ⓘ4-10-620307-3

◇無名草子　桑原博史校注　新潮社　1976　165p　20cm　（新潮日本古典集成）　1100円

◇無名草子総索引　坂詰力治編　笠間書院　1975　138p　22cm　（笠間索引叢刊 47）　3500円

◇無名草子―付 現代語訳　山岸徳平訳注　角川書店　1973　273p　15cm　（角川文庫）〈底本は藤井乙男氏蔵本による〉　220円

◇無名草子―校註　鈴木弘道校註　笠間書院　1970　148p　22cm　〈底本：彰考館文庫本建久物語〉　450円

◇無名草子評解　冨倉徳次郎著　有精堂出版株式会社　1954　367p 図版　19cm

◇無名草子評解　冨倉徳次郎著　有精堂出版　1954　367p 図版　19cm

◇昭和校註 無名草子　冨倉徳次郎校註　武蔵野書院　1951　106p　22cm

◇無名草子―昭和校註　冨倉徳次郎校註　武蔵野書院　1951　106p　22cm

◇昭和校註無名草子　冨倉徳次郎編　武蔵野書院　1950.12(20版：1993.3)　111p　21cm　602円　Ⓘ4-8386-0571-4

阿仏尼
あぶつに

？～弘安6年(1283年)4月8日

鎌倉時代中期の女流歌人。平度繁の養女。出家して阿仏尼、また北林禅尼とも。別名は安嘉門院四条(あんかもんいんのしじょう)。2子をもうけて奈良法華寺、松尾の慶政上人のもとなどに身を寄せたが、のちに藤原為家の室となり、冷泉為相・為守らを生む。文永12・建治元年(1275年)出家して阿仏と称した。夫の死後、播磨国細川荘の相続をめぐって二条為氏と争い、幕府に上訴するため鎌倉に下ったが判決をみないうちに没した。鎌倉に下る際の旅行記として『十六夜日記』を著す。ほかに日記『うたたね』、歌論書『夜の鶴』や願文『阿仏仮名諷誦(かなふじゅ)』、家集『安嘉門院四条百首』があり、和歌800余首

が残る。

＊　　＊　　＊

◇阿仏尼本はゝき木　紫式部著, 河地修, 古田正幸解説・翻刻　勉誠出版　2008.11　214p　17×18cm　〈東洋大学附属図書館蔵の複製および翻刻〉　12000円　①978-4-585-03214-4

◇阿仏尼とその時代―『うたたね』が語る中世　田渕句美子著　京都　臨川書店　2000.8　248p　19cm　（原典講読セミナー 6）〈シリーズ責任表示：国文学研究資料館編　年譜あり〉　2500円　①4-653-03723-X

◇阿仏尼―行動する女性　長崎健, 浜中修著　新典社　1996.2　269p　19cm　（日本の作家 22）　2000円　①4-7879-7022-4

◇阿仏尼全集―校註　簗瀬一雄編　増補版　風間書房　1981.3　387p　19cm　2200円　①4-7599-0145-0

◇藤原道信朝臣集　藤原義孝集　めのとのふみ　阿仏尼著　熊本　在九州国文資料影印叢書刊行会　1979.7　72p　15×22cm　（在九州国文資料影印叢書 4）〈編者：中島あや子ほか 複製 今井源衛先生華甲記念 限定版〉　非売品

◇うたたね　阿仏尼著, 次田香澄全訳注　講談社　1978.11　156p　15cm　（講談社学術文庫）　240円

◇うたゝね　阿仏尼著　笠間書院　1975　231p 図　22cm　1000円

◇うたたねの記―通解　広川幸蔵著　〔出版地不明〕　〔出版者不明〕　1968　66p　22cm　（阿仏尼文学 第1輯）　非売

◇阿仏尼全集―校註　簗瀬一雄編　風間書房　1958　295p　19cm

十六夜日記
いざよいにっき

鎌倉中期の紀行。著者は藤原為家の側室、阿仏尼。夫藤原為家の死後、実子藤原為相と継子為氏との領地相続争いの訴訟のために、弘安2年(1279年)、京都から鎌倉へ下った時の旅日記と鎌倉滞在中の記録。京都出発が陰暦10月16日だったところからの名。いさよいのにっき。

＊　　＊　　＊

◇十六夜日記―白描淡彩絵入写本　阿仏の文　阿仏尼著, 田淵句美子編, 阿仏尼著, 田淵句美子編　勉誠出版　2009.3　100p　27cm　〈国文学研究資料館所蔵の複製および翻刻　文献あり〉　4800円　①978-4-585-00334-2

◇日記文学研究叢書　第14巻　十六夜日記　津本信博編・解説　クレス出版　2007.3　1冊　22cm　〈複製〉　①978-4-87733-350-8

◇十六夜日記　田渕句美子著　山川出版社　2005.4　157p　19cm　（物語の舞台を歩く）　1800円　①4-634-22470-4

◇中世日記紀行文学全評釈集成　第2巻　たまきはる　うたたね　十六夜日記　信生法師集　大倉比呂志著, 村田紀子著, 祐野隆三著, 祐野隆三著　勉誠出版　2004.12　333p　22cm　〈年譜あり　文献あり〉　13000円　①4-585-04049-8

◇阿仏尼―行動する女性　長崎健, 浜中修著　新典社　1996.2　269p　19cm　（日本の作家 22）　2000円　①4-7879-7022-4

◇女流日記文学講座　第5巻　とはずがたり・中世女流日記文学の世界―たまきはる 十六夜日記 中務内侍日記 弁内侍日記　石原昭平ほか編集　勉誠社　1990.5　375p　20cm　〈監修：今井卓爾〉　3107円　①4-585-01015-7

◇十六夜日記評解　柄松香著　〔廿日市〕　〔柄松香〕　1989.3　109p　26cm

◇十六夜日記・夜の鶴注釈　簗瀬一雄, 武井和人著　大阪　和泉書院　1986.8　483p　22cm　（研究叢書 30）　13000円　①4-87088-203-5

◇土佐日記・蜻蛉日記・紫式部日記・更級日記・十六夜日記　西谷元夫著　有朋堂　1986.6　223p　19cm　（精選古典 12）　①4-8422-0052-9

◇十六夜日記詳講　武田孝著　明治書院

1985.9　632p　22cm　12000円

◇十六夜日記・夜の鶴　阿仏尼著, 森本元子全訳注　講談社　1979.3　241p　15cm　（講談社学術文庫）　340円

◇十六夜日記―吉備少将光卿写本　阿仏尼著, 一瀬幸子, 江口正弘, 長崎健校注　新典社　1975　95p　22cm　（影印校注古典叢書）　800円

◇十六夜日記―校本及び総索引　阿仏尼著, 江口正弘編　笠間書院　1972　301p 図 22cm　（笠間索引叢刊 7）〈細川家永青文庫蔵『いさよひの日記』の影印および翻刻〉　4500円

◇十六夜日記―口語訳・文法傍注式　宮坂和江著　評論社　1960　128p　19cm　（ニュー・メソッド国文対訳シリーズ 第16）

◇十六夜日記要解　三谷栄一著　有精堂出版　1958　186p　19cm　（文法解明叢書 第17）

◇十六夜日記　阿仏尼著, 玉井幸助校訂　改版 14刷　岩波書店　1957　152p　15cm　（岩波文庫）〈附録：阿仏仮名諷誦, 阿仏東くだり, 阿仏東くだりに就いて〉

◇十六夜日記　阿仏尼著, 玉井幸助校訂　改版　岩波書店　1957 14刷　152p　15cm　（岩波文庫）

◇十六夜日記新解―文法解説　田村信道著　大阪　学修社　1957　120p　19cm

◇十六夜日記　西下経一著　学灯社　1956　184p 地図　16cm　（学灯文庫）

◇方丈記・土佐日記・十六夜日記新釈　沢田総清著　東京大盛堂　1953　183p　19cm

◇十六夜日記　阿仏尼著, 比留間喬介校註　大日本雄弁会講談社　1951　289p 図版　19cm　（新註国文学叢書）〈附：阿仏東くだり〔著者未詳〕, 阿仏尼年譜, 十六夜日記行程一覧, 皇室系図略・御子左家系図・阿仏尼系図, 十六夜日記解説補説, 十六夜日記校異, 「庭のをしへ」について〉

◇十六夜日記　阿仏尼著, 比留間喬介校註　大日本雄弁会講談社　1951　289p 図版　19cm　（新註国文学叢書）

◇十六夜日記の解釈　児玉尊臣著　有精堂　1951　49p　19cm

◇十六夜日記評解　玉井幸助著　有精堂出版　1951　218p　19cm　〈原作は阿仏尼〉

◇十六夜日記解説　小泉桂編著　京都　白楊社　1950.6　55p　19cm　（新注古典選書 15）

◇十六夜日記　谷山茂校註　京都　河原書店　1949　118p　19cm　（新註日本短篇文学叢書 第14）

◇十六夜日記―要註　宮地幸一編　文教社　1948.2　44p　18cm

◇通解十六夜日記　塚本哲三著　有朋堂　1947　179p　18cm

とはずがたり

鎌倉後期の日記。全5巻。著者は後深草院二条、久我雅忠の女。著者の文永8年～徳治元年（1271年～1306年）の間の日記。宮廷関係の記事とともに、後深草院の寵愛、「雪の曙」「有明の月」らとの情事、それらの複雑な三角関係など作者の愛欲生活の赤裸な記述や、また後半、宮廷を退いたあと出家し諸国を旅したおりの紀行文に特色がある。

＊　＊　＊

◇恋衣とはずがたり　奥山景布子著　中央公論新社　2009.3　260p　20cm　〈文献あり〉　1600円　①978-4-12-004015-3

◇土佐日記　蜻蛉日記　とはずがたり　紀貫之原著, 菊地靖彦校訂・訳, 藤原道綱母原著, 木村正中, 伊牟田経久校訂・訳, 中院雅忠女原著, 久保田淳校訂・訳　小学館　2008.11　318p　20cm　（日本の古典をよむ 7）　1800円　①978-4-09-362177-9

◇後深草院二条―『とはずがたり』の作者　西沢正史, 藤田一尊著　勉誠出版　2005.1　177p　19cm　（日本の作家100

人） 1800円 ①4-585-05177-5

◇とはずがたり　久我雅忠女著, 次田香澄校注　新装版　明治書院　2003.2　319p　19cm （校注古典叢書）〈文献あり　年譜あり〉 2000円 ①4-625-71326-9

◇女西行―とはずがたりの世界　松本寧至著　勉誠出版　2001.3　272p　18cm （勉誠新書）〈「中世宮廷女性の日記」（中央公論社刊）の増訂〉 800円 ①4-585-00266-9

◇中世日記紀行文学評釈集成　第4巻　勉誠出版　2000.10　512p　22cm　20000円 ①4-585-04044-7

◇とはずがたり　いがらしゆみこ著　中央公論新社　2000.4　272p　16cm （中公文庫） 590円 ①4-12-203639-9

◇新編日本古典文学全集　47　建礼門院右京大夫集　とはずがたり　建礼門院右京大夫著, 久保田淳校注・訳, 後深草院二条著, 久保田淳校注・訳　小学館　1999.12　598p　23cm　4657円 ①4-09-658047-3

◇『とはずがたり』のなかの中世―ある尼僧の自叙伝　松村雄二著　京都　臨川書店　1999.6　224p　19cm （原典講読セミナー 2）〈シリーズ責任表示：国文学研究資料館編　年表あり　文献あり〉 2400円 ①4-653-03588-1

◇『とはずがたり』の諸問題　島津忠夫ほか編　大阪　和泉書院　1996.5　237p　22cm （研究叢書 188） 8240円 ①4-87088-804-1

◇とはずがたり総索引　付属語篇　辻村敏樹編　笠間書院　1992.5　272p　27cm （笠間索引叢刊 100） 22660円

◇とはずがたり総索引　自立語篇　辻村敏樹編　笠間書院　1992.5　397p　27cm （笠間索引叢刊 99） 33990円

◇校注とはずがたり　松村雄二編　新典社　1990.6　270p　19cm （新典社校注叢書 6） 2060円 ①4-7879-0806-5

◇古典を歩く　3　とはずがたり　毎日新聞社　1989.5　130p　30cm （毎日グラフ別冊） 1550円

◇とはずがたり　鈴木正雄著　大船渡　東海新報社　1988.6　351p　21cm　1300円

◇とはずがたり　後深草院二条著, 岸田依子, 西沢正史校注　三弥井書店　1988.4　252p　21cm 〈奥付の責任表示（誤植）：吉沢正史　年譜あり〉 ①4-8382-7003-8

◇とはずがたり　後深草院二条著, 岸田依子校注, 西沢正二校注　三弥井書店　1988.4　252p　22cm　2300円 ①4-8382-7003-8

◇現代語訳とわずがたり　後深草院二条著, 瀬戸内晴美訳　新潮社　1988.3　269p　15cm （新潮文庫 せ - 2 - 23） 320円 ①4-10-114423-0

◇とわずがたり―現代語訳　後深草院二条著, 瀬戸内晴美訳　新潮社　1988.3　269p　15cm （新潮文庫） 320円 ①4-10-114423-0

◇とはずがたり　下　巻三・巻四・巻五　久我雅忠女著, 次田香澄訳注　講談社　1987.8　525p　15cm （講談社学術文庫） 1400円 ①4-06-158796-X

◇とはずがたり　上　巻一・巻二　久我雅忠女著, 次田香澄訳注　講談社　1987.7　434p　15cm （講談社学術文庫） 1200円 ①4-06-158795-1

◇中世宮廷女性の日記―『とはずがたり』の世界　松本寧至著　中央公論社　1986.7　232p　18cm （中公新書） 560円 ①4-12-100809-X

◇とはずがたり　大納言雅忠の女著, 伊地知鉄男ほか編　改訂版　新典社　1986.4　217p　21cm 〈巻頭：解説 巻末：地図, 参考系図 初版：1967（昭和42）〉 800円 ①4-7879-0602-X

◇とはずがたりの周辺　小口倫司著　長野　銀河書房　1986.3　268p　19cm　2000円

◇とはずがたり　後深草院二条著　勉誠社　1985.10　2冊　21cm （勉誠社文庫 134, 135）〈解説：西沢正二 宮内庁書陵部蔵の複製〉 1600円, 2000円

◇とはずがたり　上　後深草院二条作　勉誠社　1985.10　212,〔8〕p　21cm　（勉誠社文庫 134）〈付：関係系図一覧, 作者（後深草院二条）の足跡 解説：西沢正二 影印版〉　1600円

◇完訳日本の古典　第39巻　とはずがたり　2　久保田淳校注・訳　小学館　1985.6　302p　20cm　1500円　①4-09-556039-8

◇とはずがたり　2　久保田淳校注・訳　小学館　1985.6　302p　20cm　（完訳日本の古典 第39巻）〈巻末：「とはずがたり」年表 解説　図版〉　1500円　①4-09-556039-8

◇完訳日本の古典　第38巻　とはずがたり　1　久保田淳校注・訳　小学館　1985.4　350p　20cm　1500円　①4-09-556038-X

◇とはずがたり　1　久保田淳校注・訳　小学館　1985.4　350p　20cm　（完訳日本の古典 第38巻）〈巻末：解説, 地図　図版〉　1500円　①4-09-556038-X

◇とはずがたり　中院久我雅忠女著, 次田香澄校注　10版　明治書院　1985.3　319p　19cm　（校注古典叢書）　1300円

◇とはずがたり　中院雅忠女著, 井上宗雄, 和田英道訳・注　創英社　1984.3　586p　19cm　（全対訳日本古典新書）〈発売：三省堂書店〉　1800円

◇とはずがたり語法考　岩井良雄著　笠間書院　1983.3　305p　22cm　（笠間叢書 174）　7500円

◇建礼門院右京大夫集・とはずがたり　藤平春男, 福田秀一著　尚学図書　1981.2　392p　20cm　（鑑賞日本の古典 12）〈発売：小学館　参考文献解題・「建礼門院右京大夫集」「とはずがたり」関係年表：p367～391〉　1600円

◇後深草院の二条―愛と狂気の間を生きて　中畑八寿子著　勁草出版サービスセンター　1979.11　144p　19cm　1700円

◇とはずがたり全釈　呉竹同文会著　2版　風間書房　1978.11　918p　22cm　〈監修：中田祝夫〉　18000円

◇とはずがたり　中院雅忠女著, 福田秀一校注　新潮社　1978.9　424p　20cm　（新潮日本古典集成）　1800円

◇とはずがたり・徒然草・増鏡新見　宮内三二郎著　明治書院　1977.8　794p　22cm　12000円

◇とはずがたり　1　中院雅忠女著　笠間書院　1972　110p　26cm　〈宮内庁書陵部蔵本の複製〉　700円

◇とはずがたり　2　中院雅忠女著　笠間書院　1972　86p　26cm　〈宮内庁書陵部蔵本の複製〉　600円

◇とはずがたり　3　中院雅忠女著　笠間書院　1972　95p　26cm　〈宮内庁書陵部蔵本の複製〉　600円

◇とはずがたり　4　中院雅忠女著　笠間書院　1972　74p　26cm　〈宮内庁書陵部蔵本の複製〉　500円

◇とはずがたり　5　中院雅忠女著　笠間書院　1972　64p　26cm　〈宮内庁書陵部蔵本の複製〉　500円

◇問はず語り研究大成　玉井幸助著　明治書院　1971　687p 図　22cm　6800円

◇とはずがたりの研究　松本寧至著　桜楓社　1971　513p 図　22cm　4800円

◇とはずがたり　後深草院二条著, 富倉徳次郎訳　筑摩書房　1969　480p 図版　19cm　（筑摩叢書）　800円

◇問はず語り　中院雅忠女著, 玉井幸助校訂　岩波書店　1968　330p 図版　15cm　（岩波文庫）

◇問はず語り　中院雅忠女著, 玉井幸助校訂　岩波書店　1968　330p 図版　15cm　（岩波文庫）　150円

◇とはずがたり　上巻　中院雅忠女著, 松本寧至訳注　角川書店　1968　344p　15cm　（角川文庫）

◇とはずがたり　上巻　中院雅忠女著, 松本寧至訳注　角川書店　1968　344p　15cm　（角川文庫）　160円

◇とはずがたり　下巻　中院雅忠女著, 松

本寧至訳注　角川書店　1968　344p　15cm　（角川文庫）

◇とはずがたり　後深草院二条著, 冨倉徳次郎訳　筑摩書房　1966　480p 図版　19cm

◇とはずがたり―全釈　中院雅忠女著, 呉竹同文会注釈　風間書房　1966　900p　表　22cm　〈監修者：中田祝夫〉　7800円

◇とはずがたり　中院雅忠女著, 次田香澄校註　朝日新聞社　1966　477p　19cm　（日本古典全書）〈監修者：新村出等〉　680円

◇とはずがたり　後深草院二条著, 冨倉徳次郎訳　筑摩書房　1966　480p 図版　19cm　600円

吉田 兼好　よしだ けんこう

弘安6年（1283年）～正平8/文和2年（1353年）　鎌倉時代後期から南北朝時代の歌人・随筆家。本名は卜部兼好。通称は兼好法師。京都の人。吉田社を預る家の庶流に生まれた。父は治部少輔兼顕、兄弟に大僧正慈遍、民部大輔兼雄がいる。「卜部氏系図」によると兼好は三男であるが、兄弟の年齢順ははっきりしていない。堀川家の家司を務め、のち朝廷に出仕。嘉元4・徳治元年（1306年）頃鎌倉に下り、北条一門とも交際。徳治3・延慶元年（1308年）頃に帰洛したのち出家し、小野荘、修学院、横川などに隠棲した。出家の動機や時期など詳細は不明。一方で二条為世に師事して二条派歌人として活躍し、浄弁、頓阿、慶運と共に為世門下の“和歌四天王”と称された。家集『兼好法師集』があるほか、随筆『徒然草』は『枕草子』『方丈記』と共に三大随筆の一つとされる。また『古今集』『源氏物語』などの古典研究も行った。

◇京の生活　立命館大学文学部京都文化講座委員会企画・編　京都　白川書院　2009.5　111p　21cm　（立命館大学京都文化講座「京都に学ぶ」 4）　714円　①978-4-7867-0057-6

◇歌人兼好とその周辺　丸山陽子著　笠間書院　2009.3　224, 11p　21cm　5400円　①978-4-305-70476-4

◇夢窓と兼好―道は吾等と共にあり　久米宏毅著　中央公論事業出版　2009.3　133p　19cm　1143円　①978-4-89514-332-5

◇兼好法師の虚像―偽伝の近世史　川平敏文著　平凡社　2006.9　316p　20cm　（平凡社選書 226）　2800円　①4-582-84226-7

◇兼好―露もわが身も置きどころなし　島内裕子著　京都　ミネルヴァ書房　2005.5　322, 10p　20cm　（ミネルヴァ日本評伝選）〈肖像あり　文献あり　年譜あり〉　2500円　①4-623-04400-9

◇徒然草の京都を歩く―兼好法師　蔵田敏明文, 渡部巌写真　京都　淡交社　2005.5　127p　21cm　（新撰京の魅力）　1500円　①4-473-03227-2

◇長明・兼好・芭蕉・鷗外―老年文学の系譜　佐々木雄爾著　河出書房新社　2004.10　318p　21cm　2300円　①4-309-90592-7

◇近世兼好伝集成　川平敏文編注　平凡社　2003.9　414p　18cm　（東洋文庫）　3000円　①4-582-80719-4

◇西行と兼好―乱世を生きる知恵　小松和彦ほか著　ウェッジ　2001.10　217p　19cm　（ウェッジ選書 9）　1200円　①4-900594-46-6

◇兼好法師家集―影印版　吉田兼好著, 田中佩刀編　文化書房博文社　1990.5　203p　21cm　1980円　①4-8301-0558-5

◇兼好法師家集　吉田兼好作, 西尾実校訂

岩波書店　1989.3　108p　15cm　（岩波文庫 30‐112‐2）〈第3刷（第1刷：1937年）〉　250円　①4-00-301122-8

◇卜部兼好　冨倉徳次郎著　吉川弘文館　1987.12　173p　19cm　（人物叢書 新装版）〈新装版 卜部兼好の肖像あり 叢書の編者：日本歴史学会〉　1300円　①4-642-05100-7

◇国見山と兼好法師―その伊賀終焉考　中義貫著　〔青山町（三重県）〕　〔中義貫〕　1985.9　106p　19cm　〈文献あり 年譜あり〉

◇兼好法師の美学―中世的自由人のこころ　中沢志津男著　長野　銀河書房　1984.7　306p　19cm　〈兼好法師の肖像あり〉　1800円

◇兼好法師―人生の達人　桑原博史著　新典社　1983.7　246p　19cm　（日本の作家 24）〈兼好法師の肖像あり〉　1500円　①4-7879-7024-0

◇兼好法師全歌集総索引　稲田利徳，稲田浩子編　大阪　和泉書院　1983.5　194p　22cm　5500円　①4-900137-79-0

◇兼好発掘　林瑞栄著　筑摩書房　1983.2　375p　22cm　〈折り込図2枚〉　2900円

◇西行 長明 兼好―草庵文学の系譜　久保田淳著　明治書院　1979.4　332p　19cm　（国文学研究叢書）　2400円

◇つれづれ草　上　吉田兼好著，大西善明編　桜楓社　1977.2　191p　21cm　〈菊亭家旧蔵本の影印〉　880円

◇兼好の人と思想　中川徳之助著　古川書房　1975　439p　20cm　3000円

◇兼好とその周辺　藤原正義著　桜楓社　1970　300p　22cm　1200円

◇卜部兼好　冨倉徳次郎著　吉川弘文館　1964　173p 図版　18cm　（人物叢書）〈付 参考文献 171p-173p〉

◇卜部兼好　冨倉徳次郎著　吉川弘文館　1964　173p 図版　18cm　（人物叢書）〈シリーズ責任表示：日本歴史学会編 付：参考文献171p-173p〉

◇兼好法師研究　冨倉徳次郎著　京都　丁子屋書店　1947　320p　19cm　（日本学芸叢書）　70円

◇兼好法師研究　冨倉徳次郎著　京都　丁子屋書店　1947　292p 図版　19cm　（日本学芸叢書 第4）

徒然草
つれづれぐさ

鎌倉時代の随筆。著者は吉田兼好。元徳2～元弘元年（1330～31年）ごろに成立とされる。随想や見聞などを書きつづった全244段（一説では243段）からなる。無常観に基づく人生観・世相観・風雅思想などがみられ、中世隠者文学の代表的な作品であり、『枕草子』『方丈記』と並んで日本の随筆を代表する作品でもある。題名は、序段の「つれづれなるままに」の冒頭の語によったものである。和漢混淆文と、仮名文字が中心の和文が混在している。一般に近世初頭の烏丸光広校訂古活字本が用いられるが、中近世にわたる多数の写本、版本などが残る。

＊　＊　＊

◇朗読で学ぶ耳寄り古典―徒然草・方丈記 文法・語句・現代語訳　国語学習法研究会編　学習研究社　2009.3　127p　21cm　1200円　①978-4-05-302883-9

◇徒然草文化圏の生成と展開　島内裕子著　笠間書院　2009.2　13, 532, 14p　22cm　〈索引あり〉　13000円　①978-4-305-70398-9

◇徒然草論　稲田利徳著　笠間書院　2008.11　692, 3p　22cm　（笠間叢書 373）　18000円　①978-4-305-10373-4

◇『徒然草』を読む　杉本秀太郎著　講談社　2008.7　209p　16cm　（講談社文芸文庫）〈年譜あり　著作目録あり〉　1300円　①978-4-06-290019-5

◇徒然草が面白いほどわかる本―「いかに生きるか」を探求した名作の真髄が一冊でわかる！　土屋博映著　中経出版　2008.5　335p　21cm　〈他言語標題：An easy guide to”Tsurezuregusa”〉　1600円

①978-4-8061-3021-5

◇徒然草精髄―超俗の道しるべ　吉田兼好原著, 真屋晶訳　ブイツーソリューション, 星雲社(発売)　2008.3　63p　18cm　600円　①978-4-434-11663-6

◇徒然草　方丈記　兼好法師原著, 弦川琢司文, 岡村治栄イラスト, 鴨長明原著, 弦川琢司文, 岡村治栄, 原みどりイラスト　学習研究社　2008.2　195p　21cm　(超訳日本の古典 6)　1300円　①978-4-05-202864-9

◇日本の古典をよむ　14　方丈記・徒然草・歎異抄　神田秀夫, 永積安明, 安良岡康作校訂・訳　小学館　2007.10　317p　19cm　1800円　①978-4-09-362184-7

◇徒然草・方丈記―日本古典は面白い　大伴茫人編　筑摩書房　2007.7　365p　15cm　(ちくま文庫)　680円　①978-4-480-42348-1

◇声で読む徒然草　保坂弘司著　學燈社　2007.4　298p　19cm　1900円　①978-4-312-70007-0

◇徒然草―正徹自筆本　下　吉田兼好著, 正徹筆, 吉田幸一, 大西善明編　笠間書院　2007.4　155p　19cm　(笠間文庫 6)〈静嘉堂文庫蔵の複製〉　1600円　①978-4-305-70406-1

◇知識ゼロからの徒然草入門　谷沢永一著　幻冬舎　2006.12　190p　21cm　〈画：古谷三敏〉　1300円　①4-344-90097-9

◇徒然草―Essays in Idleness　吉田兼好著, Donald Keene英訳　チャールズ・イー・タトル出版　2006.9　213p　21×13cm　〈本文：英文〉　1600円　①978-4-8053-0631-4

◇書いて味わう徒然草―人生の智恵を学ぶ　岡田崇花書, 広済堂出版編集部編　広済堂出版　2006.8　159p　27cm　1400円　①4-331-51176-6

◇徒然草・方丈記―吉田兼好と鴨長明の二大随筆　島尾敏雄, 堀田善衛著　世界文化社　2006.7　199p　24cm　(日本の古典に親しむ ビジュアル版 9)　2400円　①4-418-06206-8

◇徒然草―詳密彩色大和絵本　有吉保編著　勉誠出版　2006.6　2冊(セット)　30cm　43000円　①4-585-00320-7

◇徒然草―詳密彩色大和絵本　上巻(第1帖―第3帖)　卜部兼好著, 有吉保編著　勉誠出版　2006.6　14, 256p　31cm　〈複製を含む〉　①4-585-00320-7

◇徒然草―詳密彩色大和絵本　下巻(第4帖―第6帖)　卜部兼好著, 有吉保編著　勉誠出版　2006.6　p257-520　31cm　〈複製を含む〉　①4-585-00320-7

◇徒然草　吉田兼好著, 市古貞次校注　新装版　明治書院　2005.2　270p　19cm　(校注古典叢書)〈文献あり〉　1800円　①4-625-71329-3

◇五十歳から読む『徒然草』北連一著　広済堂出版　2005.1　238p　19cm　1400円　①4-331-51081-6

◇すらすら読める徒然草　中野孝次著　講談社　2004.4　269p　19cm　1700円　①4-06-212053-4

◇徒然草―現代語訳　吉田兼好著, 佐藤春夫訳　河出書房新社　2004.4　272p　15cm　(河出文庫)　680円　①4-309-40712-9

◇週刊日本の古典を見る　23　徒然草　巻2　兼好法師著, 島尾敏雄訳　世界文化社　2002.10　34p　30cm　533円

◇週刊日本の古典を見る　22　徒然草　巻1　兼好法師著, 島尾敏雄訳　世界文化社　2002.9　34p　30cm　533円

◇徒然草　吉田兼好著, 角川書店編　角川書店　2002.1　293p　15cm　(角川文庫)〈年譜あり〉　629円　①4-04-357408-8

◇徒然草　方丈記　山崎正和著, 山崎正和著　学習研究社　2001.11　217p　15cm　(学研M文庫)　520円　①4-05-902051-6

◇徒然草　稲田利徳著　貴重本刊行会　2001.7　629p　19cm　(古典名作リーディング 4)〈ほるぷ出版昭和61年刊の増訂〉　5800円　①4-88915-114-1

◇枕草子・徒然草・浮世草子―言説の変容　葛綿正一著　北溟社　2001.2　181p　19cm　2200円　Ⓘ4-89448-157-X

◇よりぬき徒然草　兼好著, ドナルド・キーン訳　講談社インターナショナル　1999.11　260p　19cm　(Bilingual books)〈他言語標題：Selections from essays in idleness　英文併記〉 1190円　Ⓘ4-7700-2590-4

◇龍谷大学本徒然草　索引篇　秋本守英, 木村雅則共著　勉誠出版　1999.1　347p　22cm　〈出版者の名称変更：本文篇は勉誠社〉 15000円　Ⓘ4-585-10037-7

◇徒然草　吉田兼好著, 角川書店編　角川書店　1998.5　255p　12cm　(角川mini文庫)　400円　Ⓘ4-04-700239-9

◇徒然草の遠景―文学の領域とその系脈　島内裕子著　放送大学教育振興会　1998.3　262p　21cm　(放送大学教材 1998)　2600円　Ⓘ4-595-55426-5

◇徒然草の研究　齋藤彰著　風間書房　1998.2　853p　22cm　27000円　Ⓘ4-7599-1078-6

◇龍谷大学本徒然草　本文篇　秋本守英, 木村雅則共著　勉誠社　1997.9　420p　22cm　13000円　Ⓘ4-585-03051-4

◇徒然草全講義―仏教者の視点から　江部鴨村著　風待書房　1997.6　412p　22cm　〈東京 三樹書房(発売)〉 3200円　Ⓘ4-89522-214-4

◇『徒然草』の歴史学　五味文彦著　朝日新聞社　1997.5　299, 13p　19cm　(朝日選書 577)　1400円+税　Ⓘ4-02-259677-5

◇徒然草　2　吉田兼好著, 東海大学桃園文庫影印刊行委員会編　東海大学出版会　1996.12　420p　31cm　(東海大学蔵桃園文庫影印叢書 第13巻)　25750円　Ⓘ4-486-01123-6

◇文法全解徒然草　小出光著　旺文社　1996.9　247p　21cm　(古典解釈シリーズ)　850円　Ⓘ4-01-032727-8

◇徒然草新抄―予習語釈篇附　橋純一編　改訂版(32版)　武蔵野書院　1996.3　188p　19cm　466円　Ⓘ4-8386-0582-X

◇徒然草古注釈集成　吉沢貞人著　勉誠社　1996.2　1172p　22cm　32000円　Ⓘ4-585-10008-3

◇徒然草　杉本秀太郎著　岩波書店　1996.1　191p　16cm　(同時代ライブラリー 250)　900円　Ⓘ4-00-260250-8

◇徒然草―カラー版　卜部兼好著, 桑原博史編　おうふう　1995.3　55p　21cm　900円　Ⓘ4-273-02167-6

◇方丈記・徒然草論　細谷直樹著　笠間書院　1994.10　363p　22cm　(笠間叢書 278)　8000円　Ⓘ4-305-10278-1

◇兼好と徒然草―特別展図録　神奈川県立金沢文庫編　横浜　神奈川県立金沢文庫　1994.9　153p　30cm　〈会期：平成6年9月22日～11月27日〉

◇徒然草　吉田兼好著, 安良岡康作訳注　旺文社　1994.7　493p　19cm　(全訳古典撰集)　1400円　Ⓘ4-01-067246-3

◇徒然草―研究と講説　佐々木清著　桜楓社　1992.11　228p　22cm　3800円　Ⓘ4-273-02612-0

◇徒然草を解く　山極圭司著　吉川弘文館　1992.11　208p　20cm　1980円　Ⓘ4-642-07388-4

◇徒然草　久保田淳著　岩波書店　1992.10　208p　19cm　(岩波セミナーブックス 105)　1600円　Ⓘ4-00-004254-8

◇徒然草　1　吉田兼好著, 東海大学桃園文庫影印刊行委員会編　東海大学出版会　1991.12　514p　31cm　(東海大学蔵桃園文庫影印叢書 第8巻)　25750円　Ⓘ4-486-01118-X

◇徒然草とその周縁　藤原正義著　風間書房　1991.11　318p　22cm　3914円　Ⓘ4-7599-0796-3

◇徒然草発掘―太平記の時代一側面　石黒吉次郎ほか編　叢文社　1991.7　272p　19cm　2000円　Ⓘ4-7947-0183-7

◇徒然草　吉田兼好著, 西尾実, 安良岡康作校注　新訂　岩波書店　1991.1　438p　19cm　（ワイド版岩波文庫）　1200円　①4-00-007016-9

◇徒然草抜書―表現解析の方法　小松英雄著　講談社　1990.11　403p　15cm　（講談社学術文庫）　1000円　①4-06-158947-4

◇徒然草抜書―表現解析の方法　小松英雄著　講談社　1990.11　403p　15cm　（講談社学術文庫 947）　971円　①4-06-158947-4

◇徒然草事典　三谷栄一編　有精堂出版　1990.10　282p　19cm　〈『徒然草講座』別巻 新装版〉　2800円　①4-640-30275-4

◇徒然草事典　三谷栄一編　有精堂出版　1990.10　282p　19cm　（徒然草講座 別巻）〈新装版〉　2718円　①4-640-30275-4

◇方丈記・徒然草　稲田利徳, 山崎正和著　新潮社　1990.7　111p　20cm　（新潮古典文学アルバム 12）　1300円　①4-10-620712-5

◇徒然草　吉田兼好原著, 西尾実校注, 安良岡康作校注　新訂　岩波書店　1989.9　438p　15cm　（岩波文庫 30‐112‐1）〈第81刷（第70刷改版：1985年）〉　398円　①4-00-301121-X

◇徒然草　田辺爵著　増補新版　右文書院　1989.8　424, 13p　19cm　（古典評釈 1）　1262円　①4-8421-8982-7

◇図説日本の古典　10　方丈記・徒然草　三木紀人ほか編　集英社　1988.7　218p　28cm　〈企画：秋山虔ほか 新装版〉　2800円　①4-08-167110-9

◇徒然草　吉田兼好著, 安良岡康作訳注　旺文社　1988.5　493p　16cm　（対訳古典シリーズ）　650円　①4-01-067217-X

◇徒然草―カラー版　桑原博史編　桜楓社　1988.4　55p　21cm　（桜楓社新テキストシリーズ）　800円　①4-273-02167-6

◇徒然草　杉本秀太郎著　岩波書店　1987.11　191p　20cm　（古典を読む 25）　1700円　①4-00-004475-3

◇徒然草寿命院抄―伝中院通勝筆本・下　寿命院宗巴著, 藤井隆編　古典文庫　1987.8　285p　17cm　（古典文庫 第490冊）〈書名は奥付・背による 標題紙・表紙の書名：つれつれ草抄 複製と翻刻〉　非売品

◇徒然草読本　古谷義徳著　講談社　1987.6　526p　15cm　（講談社学術文庫）　1200円　①4-06-158793-5

◇徒然草―カラー版　卜部兼好著, 桑原博史編　桜楓社　1987.4　55p　21cm　（桜楓社新テキストシリーズ）　800円　①4-273-02167-6

◇徒然草必携　久保田淳編　学灯社　1987.4　230p　22cm　〈『別冊国文学』改装版〉　1500円　①4-312-00513-3

◇徒然草の絵巻と版本―神奈川芸術祭特別展　神奈川県立金沢文庫編　横浜　神奈川県立金沢文庫　1986.10　105p　20×22cm　〈会期：昭和61年10月1日～11月30日　兼好法師略年譜：p104〉

◇徒然草　吉田兼好著, 稲田利徳校注・訳　ほるぷ出版　1986.9　2冊　20cm　（日本の文学）

◇徒然草　吉田兼好著, 佐伯梅友訳・注　創英社　1986.6　350p　19cm　（全対訳日本古典新書）〈発売：三省堂書店〉　850円　①4-88142-301-0

◇徒然草解釈大成　三谷栄一, 峯村文人編　増補版　有精堂出版　1986.5　1冊　27cm　〈初版の出版者：岩崎書店〉　80000円　①4-640-30581-8

◇完訳日本の古典　第37巻　方丈記・徒然草　神田秀夫, 永積安明校注・訳　小学館　1986.3　398p　20cm　1700円　①4-09-556037-1

◇昭和校註徒然草　吉田兼好著, 橘純一編　改訂増補版（84版）　武蔵野書院　1985.3　234p　19cm　①4-8386-0579-X

◇長明方丈記抄・徒然草抄　加藤磐斎著, 有吉保編　新典社　1985.1　1069p　22cm　（加藤磐斎古注釈集成 3）〈解説：辻勝

美, 有吉保 複製 限定版〉 27000円

◇枕草子・徒然草の花　松田修文　国際情報社　1983.2　143p　18×20cm　（カラー版古典の花）〈発売：光書房〉 1600円　①4-89322-148-5

◇徒然草　吉田兼好著, 高橋貞一編　勉誠社　1982.10　254p　19cm　（文芸文庫） 1000円

◇徒然草―全訳注　4　吉田兼好著, 三木紀人訳注　講談社　1982.6　306p　15cm　（講談社学術文庫）　480円　①4-06-158431-6

◇徒然草―全訳注　3　吉田兼好著, 三木紀人訳注　講談社　1982.5　332p　15cm　（講談社学術文庫）　520円　①4-06-158430-8

◇徒然草―全訳注　2　吉田兼好著, 三木紀人訳注　講談社　1982.4　306p　15cm　（講談社学術文庫）　480円　①4-06-158429-4

◇徒然草―つれづれ草寿命院抄　秦宗巴著, 吉沢貞人編　名古屋　中部日本教育文化会　1982.3　293p　22cm　2700円

◇広小路家伝来徒然草私註　松田豊子編　大阪　和泉書院　1981.11　208p　21cm　（和泉書院影印叢刊 30）〈解説：松田豊子 複製〉　1800円　①4-900137-37-5

◇徒然草嫌評判　2巻　吉田幸一編・解説　古典文庫　1981.7　176, 193p　17cm　（古典文庫 418）〈寛文12年刊本（吉田幸一所蔵）の複製ならびに翻刻 付（p183～193）：月庵に関する補筆 鈴木棠三著〉　非売品

◇図説日本の古典　10　方丈記・徒然草　三木紀人ほか編集　集英社　1980.12　218p　28cm　〈企画：秋山虔ほか〉 2400円

◇方丈記・徒然草　三木紀人著　尚学図書　1980.2　560p　20cm　（鑑賞日本の古典 10）〈発売：小学館〉　1800円

◇徒然草総索引　時枝誠記編　改訂版　至文堂　1979.12　541p　22cm　〈昭和42年刊の重版〉　11000円

◇徒然草―全訳注　1　吉田兼好著, 三木紀人訳注　講談社　1979.9　311p　15cm　（講談社学術文庫）　380円

◇徒然草入門　伊藤博之著　有斐閣　1978.9　200p　18cm　（有斐閣新書） 480円

◇徒然草の鑑賞と批評　桑原博史著　明治書院　1977.9　411p　22cm　3800円

◇徒然草事典　三谷栄一編　有精堂出版　1977.7　282p　19cm　〈『徒然草講座』別巻〉　2500円

◇徒然草　吉田兼好著, 木藤才蔵校注　新潮社　1977.3　333p　20cm　（新潮日本古典集成）　1500円

◇徒然草―問題研究　桑原博史著　三省堂　1976.3　171p　21cm　（大学入試必修古典）

◇徒然草研究序説　桑原博史著　明治書院　1976　478p　22cm　10000円

◇徒然草注釈・論考　吉田兼好著, 小林智昭, 菊地良一, 武石彰夫編　双文社出版　1975　196p　21cm　880円

軍記物語
ぐんきものがたり

主に、平安末から鎌倉・室町時代にかけて書かれた、戦乱を主な題材とする歴史物語類。『保元物語』『平治物語』『平家物語』『太平記』など。広義には『義経記』『曾我物語』なども含む。和文に漢語・仏教語・武士言葉などが融合した和漢混交文が特徴。また、変体漢文で書かれたものもある。戦記物語。戦記物。軍記物。琵琶法師や物語僧らに広く語られ、浄瑠璃や能楽の題材となった。

＊　＊　＊

◇太平記秘伝理尽鈔　4　今井正之助, 加美宏, 長坂成行校注　平凡社　2007.6　486p　18×12cm　（東洋文庫）　3300円　①978-4-582-80763-9

◇中世軍記の展望台　武久堅監修, 池田敬子, 岡田三津子, 佐伯真一, 源健一郎編集

委員　大阪　和泉書院　2006.7　612p　22cm　（研究叢書 354）　18000円　①4-7576-0378-9

◇軍記物語選　榊原邦彦, 伊藤一重, 池村奈代美編　三版　笠間書院　2006.3　152p　21cm　1500円　①4-305-00109-8

◇未刊軍記物語資料集　6　聖藩文庫本軍記物語集　2　黒田彰, 岡田美穂編・解説　クレス出版　2005.9　408, 9p　22cm　（軍記物語研究叢書 第6巻）〈シリーズ責任表示：黒田彰, 岡田美穂編・解説　加賀市立図書館聖藩文庫蔵の複製〉　8000円　①4-87733-287-1

◇未刊軍記物語資料集　7　聖藩文庫本軍記物語集　3　黒田彰, 岡田美穂編・解説　クレス出版　2005.9　482, 7p　22cm　（軍記物語研究叢書 第7巻）〈シリーズ責任表示：黒田彰, 岡田美穂編・解説　加賀市立図書館聖藩文庫蔵の複製〉　10000円　①4-87733-288-X

◇未刊軍記物語資料集　8　聖藩文庫本軍記物語集　4　黒田彰, 岡田美穂編・解説　クレス出版　2005.9　519, 8p　22cm　（軍記物語研究叢書 第8巻）〈シリーズ責任表示：黒田彰, 岡田美穂編・解説　加賀市立図書館聖藩文庫蔵の複製〉　10000円　①4-87733-289-8

◇奥羽永慶軍記　戸部一憨斎正直著, 今村義孝校注　復刻版　秋田　無明舎出版　2005.2　1014p　20cm　〈奥付のタイトル：復刻奥羽永慶軍記　初版：人物往来社昭和41年刊〉　9400円　①4-89544-388-4

◇いくさ物語と源氏将軍　山下宏明著　三弥井書店　2003.5　328, 15p　22cm　9800円　①4-8382-3096-6

◇軍記物語の窓　第2集　関西軍記物語研究会編　大阪　和泉書院　2002.12　420p　22cm　（研究叢書 286）　12000円　①4-7576-0182-4

◇軍記物語形成史序説―転換期の歴史意識と文学　栃木孝惟著　岩波書店　2002.4　451p　22cm　11000円　①4-00-022606-1

◇軍記物語の世界　永積安明著　岩波書店　2002.2　297p　15cm　（岩波現代文庫 学術）　1100円　①4-00-600077-4

◇軍記と室町物語　池田敬子著　大阪　清文堂出版　2001.10　454p　22cm　10000円　①4-7924-1371-0

◇語り物文学叢説―聞く語り・読む語り　服部幸造著　三弥井書店　2001.5　332, 5p　22cm　9800円　①4-8382-3087-7

◇軍記と武士の世界　栃木孝惟著　吉川弘文館　2001.3　320p　20cm　3000円　①4-642-07773-1

◇語り物文学の表現構造―軍記物語・幸若舞・古浄瑠璃を通じて　村上學著　風間書房　2000.12　566p　22cm　17000円　①4-7599-1237-1

◇軍記語りと芸能　山下宏明編　汲古書院　2000.11　289p　22cm　（軍記文学研究叢書 12）　8000円　①4-7629-3391-0

◇軍記物語とその劇化―『平家物語』から『太閤記』まで　国文学研究資料館編　京都　臨川書店　2000.10　226p　19cm　（古典講演シリーズ 6）　2300円　①4-653-03729-9

◇軍記文学とその周縁　梶原正昭編　汲古書院　2000.4　295p　22cm　（軍記文学研究叢書 1）　8000円　①4-7629-3380-5

◇室町・戦国軍記の展望　梶原正昭著　大阪　和泉書院　1999.12　437p　22cm　（研究叢書 246）　13000円　①4-7576-0025-9

◇戦国軍記の研究　笹川祥生著　大阪　和泉書院　1999.11　305p　22cm　（研究叢書 244）　10000円　①4-7576-0007-0

◇承久記・後期軍記の世界　長谷川端編　汲古書院　1999.7　306p　22cm　（軍記文学研究叢書 10）　8000円　①4-7629-3389-9

◇中世歴史叙述と展開―『職原鈔』と後期軍記　加地宏江著　吉川弘文館　1999.7　274p　22cm　7500円　①4-642-02779-3

◇軍記物語の窓　第1集　関西軍記物語研

究会編　大阪　和泉書院　1997.12　549p　22cm　（研究叢書 217）　17000円　①4-87088-895-5

◇いくさ物語の語りと批評　山下宏明著　京都　世界思想社　1997.3　316p　20cm　（Sekaishiso seminar）　2900円　①4-7907-0639-7

◇源威集　加地宏江校注　平凡社　1996.11　355p　18cm　（東洋文庫 607）　2987円　①4-582-80607-4

◇軍記物語論究　松尾葦江著　若草書房　1996.6　535p　22cm　（中世文学研究叢書 2）　13000円　①4-948755-06-0

◇室町軍記赤松盛衰記—研究と資料　矢代和夫ほか編　国書刊行会　1995.9　491p　20cm　〈『普光院軍記』(英賀神社蔵)の複製を含む〉　6800円　①4-336-03743-4

◇軍記物語の生成と表現　山下宏明編　大阪　和泉書院　1995.3　345p　22cm　（研究叢書 166）　11330円　①4-87088-720-7

◇室町軍記の研究　松林靖明著　大阪　和泉書院　1995.3　377p　22cm　（研究叢書 167）　11330円　①4-87088-724-X

◇軍記と漢文学　和漢比較文学会編　汲古書院　1993.4　309p　22cm　（和漢比較文学叢書 第15巻）　6500円　①4-7629-3239-6

◇軍記物語—古態本　今成元昭ほか編　双文社出版　1993.3　207p　21cm　〈重版（初版：1975年）〉　1850円　①4-88164-010-0

◇中世軍記物の研究　続々　小松茂人著　桜楓社　1991.5　230p　22cm　15000円　①4-273-02441-1

◇王権と物語　兵藤裕己著　青弓社　1989.9　205p　20cm　2060円

◇軍記物研究文献総目録　軍記物談話会編　軍記物談話会　1987.10　256, 43p　22cm　〈軍記物談話会発足25周年記念〉　非売品

◇室町軍記総覧　古典遺産の会編　明治書院　1985.12　332p　19cm　3200円

◇軍記物語の世界　杉本圭三郎著　名著刊行会　1985.10　407p　20cm　（さみっと双書）　2800円

◇軍記物の系譜　北川忠彦編　京都　世界思想社　1985.4　226p　19cm　（Sekaishiso seminar）　1800円　①4-7907-0278-2

◇南北朝軍記とその周辺　安井久善著　笠間書院　1985.3　241p　22cm　（笠間叢書 187）　6500円

◇軍記物語の方法　山下宏明著　有精堂出版　1983.8　267, 5p　22cm　6800円　①4-640-30560-5

◇研究資料日本古典文学　第2巻　歴史・歴史物語・軍記　大曽根章介ほか編集　明治書院　1983.6　376p　22cm　3900円

◇中世語り物文芸—その系譜と展開　福田晃著　三弥井書店　1981.5　350p　19cm　（三弥井選書 8）　2000円

◇軍記物語と説話　渥美かをる著　笠間書院　1979.5　529p　22cm　（笠間叢書 122）　〈著者の肖像あり　略歴・編著書論文目録：p515～523〉　12000円

◇軍記物語の世界　永積安明著　朝日新聞社　1978.7　256p　19cm　（朝日選書 113）　800円

◇軍記物の原像とその展開　安部元雄著　桜楓社　1976　311p　22cm　5000円

◇語り物文芸の発生　角川源義著　東京堂出版　1975　623p　22cm　4800円

◇軍記文学　梶原正昭, 加美宏, 矢代和夫編　桜楓社　1974　181p　22cm　980円

◇軍記物語と語り物文芸　山下宏明著　塙書房　1972　357p　22cm　2900円

◇軍記物語と民間伝承　福田晃著　岩崎美術社　1972　224, 8p 図　19cm　（民俗民芸双書 66）

◇戦記物語の研究　後藤丹治著　改訂増補版　京都　大学堂書店　1972　568, 20p 図　22cm　〈磯部甲陽堂昭和19年刊の複

製 初版：筑波書店昭和11年刊〉 5000円

◇中世軍記物の研究 続 小松茂人著 桜楓社 1971 258p 22cm 2800円

◇軍記物とその周辺―佐々木八郎博士古稀記念論文集 佐々木八郎博士古稀祝賀記念事業会編集委員会編 早稲田大学出版部 1969 944p 22cm 5000円

◇戦記物語の女性 浅野晃著 日本教文社 1965 218p 図版 20cm （日本人のための国史叢書 5）

◇中世軍記物の研究 小松茂人著 桜楓社出版 1962 257p 22cm 〈限定版〉

◇中世軍記物の研究 小松茂人著 桜楓社出版 1962 257p 22cm 〈限定版〉

承久記
じょうきゅうき

承久の乱を記した軍記物語。2巻。作者未詳。諸本により成立年代に差がある。鎌倉幕府に好意的な立場をとりながら京都側の動静も詳細に記され、史料的価値が比較的高い。流布本は2巻で、後鳥羽天皇の性向、即位から始め、承久の乱の原因・経過を記し、乱後、土御門上皇が土佐に流されるまでを述べている。異本が多く、なかでも慈光寺本は流布本より古く、しかも仏法・王法の秩序から起筆するなど、独自の思想がみられる。前田家本は鎌倉後期の成立で、「承久兵乱記」はこの系統に属する。「承久軍（いくさ）物語」も「承久記」の一異本で、江戸前期の成立である。「保元物語」「平治物語」「平家物語」とともに「四部之合戦書」とよばれた。

＊　＊　＊

◇承久記 松林靖明校注 新訂 現代思潮新社 2006.8 234, 24p 19cm （古典文庫 68）〈オンデマンド版 年表あり〉 2800円 ①4-329-02008-4

◇承久記―前田家本 日下力, 田中尚子, 羽原彩編 汲古書院 2004.10 328, 22p 22cm 〈複製を含む〉 12000円 ①4-7629-3522-0

◇承久記・後期軍記の世界 長谷川端編 汲古書院 1999.7 306p 22cm （軍記文学研究叢書 10） 8000円 ①4-7629-3389-9

◇新日本古典文学大系 43 保元物語 平治物語 承久記 佐竹昭広ほか編 栃木孝惟校注, 日下力校注, 益田宗, 久保田淳校注 岩波書店 1992.7 614p 22cm 3800円 ①4-00-240043-3

◇承久記―慈光寺 村上光徳編 桜楓社 1985.10 1冊 26cm 〈水府明徳会彰考館蔵の複製〉 ①4-273-00932-3

◇承久記 松林靖明校注 新訂 現代思潮社 1982.8 234, 24p 20cm （古典文庫 68） 2100円

◇承久記 松林靖明校註 現代思潮社 1974 234, 24p 22cm （新撰日本古典文庫 1）〈付（別冊 28p 21cm）：軍記もの の全体像（永積安明）対談（司会：矢代和夫）〉 2800円

太平記
たいへいき

南北朝時代の軍記物語。40巻。小島法師作と伝えられるが未詳。何度か補正を経て、応安年間（1368〜1375）の成立とされる。後醍醐天皇の討幕計画から、建武の親政・南北朝内乱に至る変革期の歴史過程を、南朝側の立場から流麗な和漢混交文で生き生きと描く。中世から物語僧の「太平記読み」によって語られ、室町時代には『太平記』に影響され、多くの軍記物語が書かれるなど、後世に与えた影響は大きい。

＊　＊　＊

◇太平記の時代―日本の歴史 11 新田一郎著 講談社 2009.6 353p 15cm （講談社学術文庫） 1200円 ①978-4-06-291911-1

◇太平記を読む 市沢哲編 吉川弘文館 2008.11 280p 20cm （歴史と古典）〈肖像あり 文献あり〉 2800円 ①978-4-642-07155-0

◇伝存太平記写本総覧 長坂成行著 大阪 和泉書院 2008.9 235p 22cm （研究叢書 380）〈文献あり 年表あり〉

8000円 Ⓘ978-4-7576-0484-1

◇参考太平記 第1 早川純三郎編 吉川弘文館 2008.2 608p 23cm 〈国書刊行会大正3年刊を原本としたオンデマンド版〉 12000円 Ⓘ978-4-642-04193-5

◇参考太平記 第2 早川純三郎編 吉川弘文館 2008.2 623p 23cm 〈国書刊行会大正3年刊を原本としたオンデマンド版〉 12000円 Ⓘ978-4-642-04194-2

◇太平記秘伝理尽鈔 4 今井正之助, 加美宏, 長坂成行校注 平凡社 2007.6 486p 18×12cm (東洋文庫) 3300円 Ⓘ978-4-582-80763-9

◇太平記考―時と場と意識 石田洵著 双文社出版 2007.4 233p 22cm 3800円 Ⓘ978-4-88164-575-8

◇完訳太平記 1(巻1-巻10) 上原作和, 小番達監修, 鈴木邑訳 勉誠出版 2007.3 11, 423p 20cm (現代語で読む歴史文学) 〈年譜あり〉 3000円 Ⓘ978-4-585-07073-3

◇完訳太平記 2(巻11-巻20) 上原作和, 小番達監修・訳, 鈴木邑訳 勉誠出版 2007.3 14, 535p 20cm (現代語で読む歴史文学) 〈年譜あり〉 3000円 Ⓘ978-4-585-07074-0

◇完訳太平記 3(巻21-巻30) 上原作和, 小番達監修・訳 勉誠出版 2007.3 12, 401p 20cm (現代語で読む歴史文学) 〈年譜あり〉 3000円 Ⓘ978-4-585-07075-7

◇完訳太平記 4(巻31-巻40) 上原作和, 小番達監修・訳 勉誠出版 2007.3 13, 445p 20cm (現代語で読む歴史文学) 〈解説:和田琢磨 年譜あり〉 3000円 Ⓘ978-4-585-07076-4

◇太平記の論―拾遺 中西達治著 名古屋 ユニテ 2007.3 221p 20cm 2200円 Ⓘ978-4-8432-3070-1

◇太平記 山崎正和著 世界文化社 2006.4 199p 24×19cm (ビジュアル版 日本の古典に親しむ 6) 2400円 Ⓘ4-418-06203-3

◇太平記・梅松論の研究 小秋元段著 汲古書院 2005.12 414, 12p 22cm 12000円 Ⓘ4-7629-3544-1

◇太平記"よみ"の可能性―歴史という物語 兵藤裕己著 講談社 2005.9 306p 15cm (講談社学術文庫) 1000円 Ⓘ4-06-159726-4

◇大塔宮の太平記と甲州青木家の家譜 青木カズノ監修, 山地悠一郎著 〔相模原〕 アトム出版(発行) 2005.8 163p 図版15枚 20cm 〈〔東京〕 星雲社(発売)〉 1300円 Ⓘ4-434-06172-0

◇太平記秘伝理尽鈔 3 今井正之助, 加美宏, 長坂成行校注 平凡社 2004.11 445p 18cm (東洋文庫) 3100円 Ⓘ4-582-80732-1

◇太平記の時代―論集 長谷川端編著 新典社 2004.4 710p 22cm (新典社研究叢書 158) 〈年譜あり 著作目録あり〉 21000円 Ⓘ4-7879-4158-5

◇太平記―創造と成長 長谷川端著 三弥井書店 2003.3 441, 4p 22cm 12000円 Ⓘ4-8382-3092-3

◇太平記絵巻―第六巻 埼玉県立博物館編 さいたま 埼玉県立博物館 2003.3 20p 22×28cm

◇太平記秘伝理尽鈔 1 今井正之助, 加美宏, 長坂成行校注 平凡社 2002.12 408p 18cm (東洋文庫) 3000円 Ⓘ4-582-80709-7

◇週刊日本の古典を見る 12 太平記 巻1 山崎正和訳 世界文化社 2002.7 34p 30cm 533円

◇週刊日本の古典を見る 13 太平記 巻2 山崎正和訳 世界文化社 2002.7 34p 30cm 533円

◇太平記絵巻―第十巻 埼玉県立博物館編 さいたま 埼玉県立博物館 2002.3 20p 22×28cm

◇太平記―鎮魂と救済の史書 松尾剛次著 中央公論新社 2001.10 181p 18cm (中公新書) 680円 Ⓘ4-12-101608-4

◇太平記を読む―新訳　第3巻　安井久善訳　おうふう　2001.6　165p　21cm　2800円　①4-273-03183-3

◇太平記を読む―新訳　第2巻　安井久善訳　おうふう　2001.3　246p　21cm　2800円　①4-273-03182-5

◇太平記を読む―新訳　第1巻　安井久善訳　おうふう　2001.1　204p　21cm　2800円　①4-273-03181-7

◇太平記の世界　長谷川端編　汲古書院　2000.9　360p　22cm　（軍記文学研究叢書 9）　8000円　①4-7629-3388-0

◇太平記的世界の研究　八木聖弥著　京都　思文閣出版　1999.11　278, 10p　22cm　6800円　①4-7842-1021-0

◇平家物語・太平記　佐伯真一, 小秋元段編　若草書房　1999.7　295p　22cm　（日本文学研究論文集成 14）　3800円　①4-948755-45-1

◇「太平記読み」の時代―近世政治思想史の構想　若尾政希著　平凡社　1999.6　350p　20cm　（平凡社選書 192）　2800円　①4-582-84192-9

◇新編日本古典文学全集　57　太平記　4　長谷川端校注・訳　小学館　1998.7　494p　23cm　4267円　①4-09-658057-0

◇太平記　永積安明著　岩波書店　1998.6　296p　16cm　（同時代ライブラリー）　1200円　①4-00-260346-6

◇古態本太平記抄　長谷川端ほか編　大阪　和泉書院　1998.4　210p　21cm　1800円　①4-87088-923-4

◇太平記の成立　長谷川端編　汲古書院　1998.3　363p　22cm　（軍記文学研究叢書 8）　8000円　①4-7629-3387-2

◇日本異譚太平記　戸部新十郎著　毎日新聞社　1997.11　268p　20cm　1700円　①4-620-10578-3

◇太平記の論　中西達治著　おうふう　1997.10　325p　22cm　16000円　①4-273-02998-7

◇図録太平記絵巻　真保亨監修, 埼玉県立博物館編　浦和　埼玉新聞社　1997.4　221, 2p　27×37cm　〈年表あり　文献あり〉　15000円　①4-87889-180-7

◇太平記の受容と変容　加美宏著　翰林書房　1997.2　486p　22cm　14563円　①4-87737-012-9

◇土井本太平記―本文及び語彙索引　西端幸雄, 志甫由紀恵共編　勉誠社　1997.2　5冊　22cm　全94760円　①4-585-10017-2

◇太平記要覧　安井久善著　おうふう　1997.1　223p　21cm　2800円　①4-273-02939-1

◇太平記絵巻の世界―時を経て、今、一堂に会す華麗なる合戦絵巻　埼玉県立博物館編　大宮　埼玉県立博物館　1996.10　185p　22×28cm　〈特別展図録　会期：平成8年10月22日～12月1日　太平記年表・主要参考文献：p179～184〉

◇太平記〈よみ〉の可能性―歴史という物語　兵藤裕己著　講談社　1995.11　278p　19cm　（講談社選書メチエ 61）　1500円　①4-06-258061-6

◇平家・義経記・太平記―カラー版　加美宏ほか編　おうふう　1995.6　103p　21cm　1500円　①4-273-02833-6

◇太平記とその周辺　長谷川端編　新典社　1994.4　641p　22cm　（新典社研究叢書 71）　20000円　①4-7879-4071-6

◇太平記―神宮徴古館本　長谷川端ほか編　大阪　和泉書院　1994.2　1223p　22cm　35020円　①4-87088-647-2

◇穂久邇文庫蔵太平記（竹中本）と研究　中藤井隆, 藤井里子編著　豊橋　未刊国文資料刊行会　1993.9　165p　19cm　（未刊国文資料 第4期 第15冊）　〈限定版〉

◇太平記　3　後藤丹治, 岡見正雄校注　岩波書店　1993.6　532p　22cm　（日本古典文学大系新装版）　4300円　①4-00-004499-0

◇太平記　2　後藤丹治, 釜田喜三郎校注　岩波書店　1993.5　506p　22cm　（日本古典文学大系新装版）〈参考文献：

p498～506〉 4200円 ①4-00-004498-2

◇太平記 1 後藤丹治, 釜田喜三郎校注 岩波書店 1993.4 450p 22cm （日本古典文学大系新装版） 4000円 ①4-00-004497-4

◇太平記研究―民族文芸の論 釜田喜三郎著 新典社 1992.10 426p 22cm （新典社研究叢書 53） 13500円 ①4-7879-4053-8

◇太平記 武田昌憲編著 有精堂出版 1992.3 215p 19cm （長編ダイジェスト 2） 1200円 ①4-640-30641-5

◇太平記絵巻 宮次男, 佐藤和彦編 河出書房新社 1992.3 253p 31cm 〈太平記年表：p247～251〉 15000円 ①4-309-26157-4

◇太平記の群像―軍記物語の虚構と真実 森茂暁著 角川書店 1991.10 311p 19cm （角川選書 221） 1300円 ①4-04-703221-2

◇吉野山と太平記 NHKサービスセンター編 吉野町（奈良県） 吉野町経済観光課 1991.3 59p 26cm 〈監修：桐井雅行〉 700円

◇新釈太平記 村松定孝著 ぎょうせい 1991.2 329p 20cm 1600円 ①4-324-02507-X

◇現代語で読む太平記 山本藤枝著 集英社 1990.12 259p 16cm （集英社文庫 や12‐1） 〈『山本藤枝の太平記』（1986年刊）の改題〉 369円 ①4-08-749664-3

◇山河太平記 陳舜臣著 平凡社 1990.12 289p 21cm 〈第3刷（第1刷：1979年）〉 1800円 ①4-582-82638-5

◇太平記―乱世の男たち 梶原正昭構成・文 学習研究社 1990.12 151p 18cm （ワインブックス） 1300円 ①4-05-105222-2

◇太平記―現代語訳 日本の古典 永井路子著 学習研究社 1990.12 179p 29cm 〈新装版〉 2000円 ①4-05-105179-X

◇太平記紀行―鎌倉・吉野・笠置・河内 永井路子著 中央公論社 1990.12 205p 16cm （中公文庫） 420円 ①4-12-201770-X

◇太平記百人一話―乱世を生きぬく壮烈な闘い 陳舜臣ほか著 青人社 1990.11 205p 21cm 〈監修：陳舜臣, 百瀬明治〉 1500円 ①4-88296-101-6

◇太平記―古典を読む 永井路子著 文芸春秋 1990.10 276p 16cm （文春文庫） 400円 ①4-16-720023-6

◇太平記 大森北義, 島田雅彦著 新潮社 1990.10 111p 20cm （新潮古典文学アルバム 14） 1300円 ①4-10-620714-1

◇太平記――冊で読む古典 山下宏明校注 新潮社 1990.10 253p 20cm 1553円 ①4-10-377701-X

◇太平記の里 清水惣七著 2版 〔足利〕 〔清水惣七〕 1990.6 273p 20cm 〈製作：講談社出版サービスセンター（東京）〉 1500円 ①4-87601-085-4

難太平記
なんたいへいき

室町時代の史書。1巻。今川了俊の著作。応永9年（1402年）了俊78歳のとき成立した。九州探題として大成果をあげたにもかかわらず、将軍足利義満によって応永2年（1395年）その職を罷免され、応永9年（1402年）には駿遠の守護職や所領をも没収された了俊が、晩年の失意のなかで著したもの。父祖以来の足利将軍家に対する今川氏の忠誠を子孫に正しく伝えることを目的とし、父範国から聞いた今川氏の歴史や出自、先祖の事跡、特に鎌倉幕府の滅亡から南北朝動乱期における今川氏一族の活躍、守護職や所領の由来、将軍足利義満に対して謀反を図る鎌倉公方足利満兼や大内義弘と了俊の関係などが書かれている。結果的に「太平記」の記述を部分的に修正することになり、書名「難太平記」は後人の命名と思われる。

＊　＊　＊

◇連歌と俳諧―了俊・心敬から芭蕉・一茶へ 松本旭著 本阿弥書店 2007.10 211p 22cm 3500円

①978-4-7768-0410-9

◇太平記—鎮魂と救済の史書　松尾剛次著　中央公論新社　2001.10　181p　18cm　（中公新書）　680円　①4-12-101608-4

◇日本の古典　15　太平記　河出書房新社　1971　379p 図　23cm　1200円

◇羣書類従　第21輯　合戦部　塙保己一編, 続群書類従完成会校　訂正版　続群書類従完成会　1960 3版　752p　19cm

明徳記
めいとくき

元中8/明徳2年（1391年）の明徳の乱を題材にした軍記作品。3巻。作者未詳。乱後まもなく成立した初稿本と、応永3年（1396年）に加筆訂正された再稿本とがあり、初稿本系統が流布本となった。山名一族の挙兵から没落に至る経緯を描き、世情の鎮静化を祝って結ぶ。反乱を批判し、将軍足利義満の存在を絶対視しているところから、作者は将軍側近かともされ、また、山名氏没落の哀話に時宗僧とのかかわりを想定する説もある。この書は「太平記」の持つ両義性（記録的・語り物的性格）を継承し、以後の室町軍記の実録的な展開への転回点に位置づけられる。「群書類従」岩波文庫所収。

＊　＊　＊

◇明徳記—校本と基礎的研究　和田英道著　笠間書院　1990.3　351p　22cm　（笠間叢書 234）　10300円

◇明徳記　冨倉徳次郎校訂　岩波書店　1989.10　189p　15cm　（岩波文庫 30-138-1）〈第3刷（第1刷：1941年）〉　350円　①4-00-301381-6

◇平治物語・明徳記　陽明文庫編　京都　思文閣出版　1977.6　624, 34p　23cm　（陽明叢書 国書篇 第12輯）〈複製〉　12000円

◇応永記・明徳記　すみや書房　1970　254p　19cm　（古典資料 7）〈「応永記」真名本：朝倉治彦氏蔵本の複製 仮名本：国立国会図書館蔵本の複製 「明徳記」内閣文庫蔵本の複製〉　非売

応永記
おうえいき

応永の乱の経過を足利義満の側に立って記した軍記物語。1巻。著者、成立年代とも不詳だが、乱後それほど経ない作品であるとみられる。別名「大内義弘退治記」。応永6年（1399年）9月から筆をおこし、堺滞留の義弘と幕府側の応酬、双方の軍議・陣立て、攻防戦と義弘の討ち死に、堺の焦土化などを記す。叙述に客観性があり、幕府を批判する姿勢はみられない。異本に「堺記」があり、文芸的な修飾がみられる「堺記」の方が祖本に近いと推定される。「群書類従」（合戦部）所収。

＊　＊　＊

◇未刊軍記物語資料集　6　聖藩文庫本軍記物語集　2　黒田彰, 岡田美穂編・解説　クレス出版　2005.9　408, 9p　22cm　（軍記物語研究叢書 第6巻）〈シリーズ責任表示：黒田彰, 岡田美穂編・解説　加賀市立図書館聖藩文庫蔵の複製〉　8000円　①4-87733-287-1

◇中世歴史叙述と展開—『職原鈔』と後期軍記　加地宏江著　吉川弘文館　1999.7　274p　22cm　7500円　①4-642-02779-3

◇真言宗全書　第27　続真言宗全書刊行会校訂　高野町（和歌山県）　続真言宗全書刊行会　1977.10　364p　23cm　〈真言宗全書刊行会昭和11年刊の複製 発売：同朋舎出版特販部, 典籍普及会（京都）〉

◇応永記・明徳記　すみや書房　1970　254p　19cm　（古典資料 7）〈「応永記」真名本：朝倉治彦氏蔵本の複製 仮名本：国立国会図書館蔵本の複製 「明徳記」内閣文庫蔵本の複製〉　非売

◇軍記物とその周辺—佐々木八郎博士古稀記念論文集　佐々木八郎博士古稀祝賀記念事業会編集委員会編　早稲田大学出版部　1969　944p　22cm　5000円

永享記
えいきょうき

永享の乱とその後の関東の情勢を題材にした室町時代の軍記物語。作者、成立年代ともに不明。永享の乱・結城合戦の原因と経過、古河公方と堀越公方の対立の模様を鎌倉公方足利持氏とその子成氏を中心に述べ、さらに太田道灌の登場から北条早雲の進出に至るまでの関東の形勢を付記する。内容はきわめて正確であり、15世紀の関東地方を知る上で好史料である。「続群書類従」所収。

＊　＊　＊

◇未刊軍記物語資料集　6　聖藩文庫本軍記物語集　2　黒田彰, 岡田美穂編・解説　クレス出版　2005.9　408, 9p　22cm（軍記物語研究叢書 第6巻）〈シリーズ責任表示：黒田彰, 岡田美穂編・解説　加賀市立図書館聖藩文庫蔵の複製〉8000円　①4-87733-287-1

◇史籍集覧　第12冊―第16冊　近藤瓶城原編　新訂増補 角田文衛, 五来重編　京都　臨川書店　1967　5冊　22cm　120000円

金沢文庫
かねさわぶんこ

鎌倉中期の武将で文化人としても知られた北条実時が武蔵国六浦庄金沢郷（現在の横浜市金沢区）の称名寺境内に設立した文庫。設立時期は建治元年（1275年）ごろとされ、実時自身の蔵書を母体に、金沢家に必要な典籍や記録文書を集めて保管したもの。和漢の貴重図書を収蔵し、足利学校と並んで中世教育史上の重要な存在であった。昭和5年（1930年）公開図書館となる。所蔵する多数の古文書類は『金沢文庫古文書』として刊行されて、典籍類も刊行中。

＊　＊　＊

◇知られざる金沢文庫コレクション―兼好法師から伊藤博文まで 企画展　神奈川県立金沢文庫編　横浜　神奈川県立金沢文庫　2002.5　32p　30cm

◇金沢文庫の名宝―金沢北条氏の遺宝 特別展　神奈川県立金沢文庫編　横浜　神奈川県立金沢文庫　2002.4　47p　30cm〈会期：平成14年4月25日―5月26日〉

◇東海道中一寸寄道―金沢八景　神奈川県立金沢文庫編　横浜　神奈川県立金沢文庫　2001.7　24p　30cm〈会期：平成13年7月5日―8月19日〉

◇四天王像と十大弟子像―特別公開称名寺の秘宝　神奈川県立金沢文庫編　横浜　神奈川県立金沢文庫　2000.12　16p　30cm〈会期：平成12年12月7日―平成13年2月4日〉

◇本尊弥勒菩薩立像―特別公開・称名寺の秘宝　神奈川県立金沢文庫編　横浜　神奈川県立金沢文庫　2000.10　31p　30cm〈会期：平成12年10月19日―12月3日〉

◇金沢文庫と『吾妻鏡』の世界　末廣昌雄著　岳書房　1999.5　301p　20cm　2500円　①4-89006-001-4

◇金沢文庫の名品50選　神奈川県立金沢文庫編　横浜　神奈川県立金沢文庫　1999.4　48p　30cm（金沢文庫テーマ展図録）〈会期：1999年4月22日―6月13日〉

◇金沢文庫と明治の元勲たち―伊藤博文と陸奥宗光　神奈川県立金沢文庫編　横浜　神奈川県立金沢文庫　1998.6　63p　26cm（金沢文庫テーマ展図録）

◇金沢文庫の中世神道資料　神奈川県立金沢文庫編　横浜　神奈川県立金沢文庫　1996.8　72p　26cm〈複製と翻刻 会期：平成8年8月22日～10月6日〉

◇金沢文庫資料の研究　稀覯資料篇　納富常天著　京都　法蔵館　1995.7　738p　22cm　32000円　①4-8318-7600-3

◇紙背文書の世界―テーマ展図録　神奈川県立金沢文庫編　横浜　神奈川県立金沢文庫　1994.6　63p　26cm〈会期：平成6年6月16日～9月18日〉

◇金沢文庫の名宝―特別展図録　神奈川県立金沢文庫編　横浜　神奈川県立金沢文庫　1994.4　103p　30cm〈会期：平成6年4月14日～6月12日〉

◇金沢文庫の名宝―特別展図録　神奈川県立金沢文庫編　横浜　神奈川県金沢文庫

1992.4　175p　30cm

◇金沢文庫資料図録　書状編 1　横浜　神奈川県立金沢文庫　1992.3　359p　37cm

◇日本教育史基本文献・史料叢書　17　金沢文庫の研究　関靖著　大空社　1992.2　738, 20, 6p　22cm　〈監修：寺崎昌男, 久木幸男 大日本雄弁会講談社昭和26年刊の複製〉　18000円　①4-87236-617-4

◇金沢文庫資料全書　第10巻　戒律篇　2　横浜　神奈川県立金沢文庫　1991.3　527p　27cm

◇金沢文庫資料全書　第9巻　寺院指図篇　横浜　神奈川県立金沢文庫　1988.3　355p　27cm

◇思想と歴史　石田瑞磨著　京都　法蔵館　1986.6　499p　21cm　（日本仏教思想研究 3）　8500円

◇金沢文庫資料全書　第8巻　歌謡・声明篇　続　横浜　神奈川県立金沢文庫　1986.3　357p　27cm

◇金沢文庫資料全書　第7巻　歌謡・声明篇　横浜　神奈川県立金沢文庫　1984.3　347p　27cm

◇金沢文庫資料の研究　納富常天著　京都　法蔵館　1982.6　612, 85p　22cm　14000円

◇金沢文庫資料全書　仏典 第6巻　真言篇　1　横浜　神奈川県立金沢文庫　1982.3　295p　27cm

◇金沢文庫資料全書　仏典 第5巻　戒律篇　1　横浜　神奈川県立金沢文庫　1981.3　238p　27cm

◇金沢文庫資料全書　仏典 第4巻　浄土篇　1　横浜　神奈川県立金沢文庫　1980.3　266p　27cm

◇金沢文庫資料全書　仏典 第3巻　天台篇　1　横浜　神奈川県立金沢文庫　1979.3　230p　27cm

◇金沢文庫資料全書　仏典 第2巻　華厳篇　横浜　神奈川県立金沢文庫　1975　299p　図　27cm

◇金沢文庫資料全書　仏典 第1巻　禅籍篇　横浜　神奈川県立金沢文庫　1974　290p　図　27cm

◇金澤文庫古文書　索引（第1-12輯）　金沢文庫編　横浜　〔出版者不明〕　1964　354p　26cm　〈追加篇〉

◇金澤文庫古文書　第17輯　依田家文書　金沢文庫編　横浜　〔出版者不明〕　1961　323p　26cm

◇金沢文庫古文書　第17輯　依田家文書　横浜　金沢文庫　1961　323p　26cm

◇金澤文庫古文書　第15輯　永島家文書　金沢文庫編　横浜　〔出版者不明〕　1960　26cm

◇金澤文庫古文書　第16輯　永島家文書　金沢文庫編　横浜　〔出版者不明〕　1960　26cm

◇金沢文庫古文書　第15-16輯　横浜　金沢文庫　1960　2冊　26cm

◇金澤文庫古文書　附録 第1　金沢文庫編　横浜　〔出版者不明〕　1959　262p　26cm

◇金沢文庫古文書　附録 第1　中世名語の研究―金沢文庫古文書々状篇を通じて　第1　関靖著　横浜　金沢文庫　1959　262p　26cm

◇金沢文庫古文書　第13-14輯　横浜　金沢文庫　1958-1959　2冊　26cm

◇金沢文庫古文書　第10-12輯　横浜　金沢文庫　1956-1958　3冊　26cm

◇金沢文庫古文書　第7-9輯　横浜　金沢文庫　1955-1956　3冊　26cm

◇金沢文庫古文書　第1輯　武将書状篇　金沢文庫編　横浜　〔出版者不明〕　1952-58　26cm

◇金沢文庫古文書　第1, 2輯　金沢文庫編　横浜　金沢文庫　1952　2冊　26cm

◇金沢文庫古文書　第2輯　僧侶書状篇　金沢文庫編　横浜　〔出版者不明〕　1952-58　26cm

◇金沢文庫古文書　第3, 4輯　金沢文庫編　横浜　金沢文庫　1952　2冊　26cm

◇金沢文庫古文書 第7輯 所務文書篇 金沢文庫編 横浜 〔出版者不明〕 1952-58 26cm

◇金沢文庫古文書 第5-6輯 紗名書状篇 金沢文庫編 横浜 〔出版者不明〕 1952-58 26cm

◇金沢文庫古文書 第8-9輯 仏事篇 金沢文庫編 横浜 〔出版者不明〕 1952-58 26cm

◇金沢文庫古文書 第10-12輯 識語篇 金沢文庫編 横浜 〔出版者不明〕 1952-58 26cm

◇武家の興学―北条実時一門と金沢文庫 関靖著 関靖 1945 270, 42, 10p 図版 肖像 19cm

足利学校

あしかががっこう

下野国足利庄(現・栃木県足利市)に存在した学問所。創設者については諸説あり、平安時代または鎌倉時代の創建とされる。一旦衰微したが、永享年間(1429～1441)に関東管領上杉憲実が鎌倉円覚寺より快元を招いて再興、その後は上杉・後北条・徳川といった戦国大名の保護を受けた。易学を中心とする儒学・医書・兵学などを講述し、実践的な学問を身に付けた修学者の中には各地の武将に仕える者も多かった。天文～慶長・元和年間(1532～1624)頃に最盛期を迎えて「坂東の学校」と称されたが、江戸時代に衰退し、明治5年(1872年)に廃校となった。跡地には足利学校遺跡図書館が存在し、遺構は国の史跡に指定されている。

* * *

◇中世に於ける精神生活 平泉澄著 錦正社 2006.2 430p 21cm 3000円 ①4-7646-0269-5

◇太平記の時代―論集 長谷川端編著 新典社 2004.4 710p 22cm (新典社研究叢書 158) 〈年譜あり 著作目録あり〉 21000円 ①4-7879-4158-5

◇足利学校―その起源と変遷 前沢輝政著 毎日新聞社 2003.1 319p 21cm 3333円 ①4-620-90632-8

◇室町時代の遺跡と人物 島津隆子執筆 ポプラ社 1992.4 45p 29×22cm (歴史見学にやくだつ遺跡と人物 5) 2500円 ①4-591-04055-0

◇足利学校遺蹟図書館古書分類目録 長沢規矩也編著 補訂 足利 足利学校遺蹟図書館後援会 1988.11 69, 6, 16p 25cm 〈第3刷(第1刷：昭和50年)製作・発売：汲古書院(東京)〉 ①4-7629-1021-X

◇図書及び図書館史 北嶋武彦編著 東京書籍 1988.8 258p 21cm (現代図書館学講座 14) 1500円 ①4-487-71415-X

◇史跡足利学校跡発掘調査概報 第6次(昭和62年度) 足利市教育委員会編 足利 足利市教育委員会 1988.3 57p 26cm 〈折り込図1枚〉

◇足利学校の教育史的研究 結城陸郎著 第一法規出版 1987.4 700, 25p 22cm 〈付(表1枚)〉 8000円

◇史跡足利学校跡発掘調査概報 第5次(昭和61年度) 足利市教育委員会編 足利 足利市教育委員会 1987.3 31p 26cm 〈折り込図1枚〉

◇史跡足利学校跡発掘調査概報 第4次(昭和60年度) 足利市教育委員会編 足利 足利市教育委員会 1986.3 51p 26cm

◇史跡足利学校跡発掘調査概報 第3次(昭和59年度) 足利市教育委員会編 足利 足利市教育委員会 1985.3 54p 26cm

◇史跡足利学校跡発掘調査概報 第2次(昭和58年度) 足利市教育委員会編 足利 足利市教育委員会 1984.3 46p 26cm

◇史跡足利学校跡発掘調査概報 第1次(昭和57年度) 足利市教育委員会編 足利 足利市教育委員会 1983.3 47p 26cm

◇展観目録―栃木県立足利図書館開館記念 足利学校遺蹟図書館所蔵書特別展 足利 栃木県立足利図書館 1980.4 10p 13×19cm

◇〔足利学校遺蹟図書館所蔵貴重書集成〕 1-13 〔マイクロ資料〕 〔足利〕 栃

木県立足利図書館　1980　13巻　16mm

◇〔足利学校遺蹟図書館所蔵貴重書集成〕 14-21 〔マイクロ資料〕 〔足利〕 栃木県立足利図書館　1980　8巻　16mm

◇〔足利学校遺蹟図書館所蔵貴重書集成〕 22-33 〔マイクロ資料〕 〔足利〕 栃木県立足利図書館　1980　12巻　16mm

◇〔足利学校遺蹟図書館所蔵貴重書集成〕 34-50 〔マイクロ資料〕 〔足利〕 栃木県立足利図書館　1980　17巻　16mm

◇足利学校の研究　川瀬一馬著　増補新訂　講談社　1974　図58p 295p 肖像　27cm 〈限定版〉 18000円

神皇正統記
じんのうしょうとうき

南北朝時代の史論書。全3巻。北畠親房著。延元4/暦応2年(1339年)常陸小田城で完成し、興国4/康永2年(1343年)幼帝後村上天皇に献じた。独特の神国論に基づいて、神代の時代から後村上天皇までの事績を記し、天皇の事績、歴史の推移を述べ、南朝の正統性を論じたもの。代数、世数、称号、諱、系譜上の位置、即位の年、改元の年、都、在位年数、享年という10項目を記していくという当時の年代記の形式とりながら、各項目の間に親房独自の論評を適時挿入するという形になっている。著者の国体論、神道論、政治論は後世の学者に強い影響を与えた。

＊　＊　＊

◇神皇正統記　萩野由之述　大日本中学会 〔出版年不明〕 137p　21cm （大日本中学会29年度第3学級講義録国語科講義 第1）

◇神皇正統記　萩野由之述　大日本中学会 〔出版年不明〕 137p　21cm （大日本中学会30年度第3学級講義録国語科講義 第1）

◇神皇正統記　萩野由之述　大日本中学会 〔出版年不明〕 137p　21cm （大日本中学会31年度第3学級講義録国語科講義 第1）

◇神皇正統記―国語講義　芳賀矢一述　大日本師範学会 〔出版年不明〕 146p 21cm （大日本師範学会講義録）

◇神皇正統記　岩佐正校注　岩波書店 2008.7　293p　15cm （岩波文庫） 760円　①4-00-301161-9

◇神皇正統記　元元集　北畠親房著, 北畠親房著　現代思潮新社　2007.3　99, 165, 310p　16cm （覆刻日本古典全集） 〈現代思潮社昭和58年刊を原本としたオンデマンド版　年譜あり〉 6800円 ①978-4-329-02674-3

◇御橋悳言著作集　5〔3〕　神皇正統記注解　索引　御橋悳言著　続群書類従完成会　2001.9　305p　22cm　15000円 ①4-7971-0542-9

◇御橋悳言著作集　5〔2〕　神皇正統記注解　下　御橋悳言著　続群書類従完成会 2001.5　530p　22cm　22000円 ①4-7971-0541-0

◇御橋悳言著作集　5〔1〕　神皇正統記注解　上　御橋悳言著　続群書類従完成会 2001.3　450p　22cm　20000円 ①4-7971-0540-2

◇神皇正統記―六地蔵寺本　北畠親房著, 大隅和雄解題　汲古書院　1997.7　264p 27cm 〈複製〉 6500円 ①4-7629-4160-3

◇神皇正統記　増鏡　岩佐正, 時枝誠記, 木藤才蔵校注　岩波書店　1993.3　542p 22cm （日本古典文学大系新装版） 4600円　①4-00-004496-6

◇神皇正統記・元々集　北畠親房著, 正宗敦夫編纂校訂　現代思潮社　1983.3 310p　16cm （覆刻日本古典全集） 〈日本古典全集刊行会昭和9年刊の複製〉

◇神皇正統記論考　我妻建治著　吉川弘文館　1981.10　368, 4p　22cm　5000円

◇神皇正統記の基礎的研究　平田俊春著 雄山閣出版　1979.2　2冊(別冊とも) 22cm 〈別冊：校本元元集 平田俊春校訂〉 全20000円

◇神皇正統記　北畠親房著, 岩佐正校注 岩波書店　1975　293p　15cm （岩波文

庫） 300円

◇阿刀本神皇正統記　北畠親房著　吉野町（奈良県）　阪本千代　1968　18丁　26cm　（阪本竜門文庫覆製叢刊 第8）〈付（別冊 4p）解説（川瀬一馬）箱入〉

◇日本古典文学大系　第87　神皇正統記 増鏡　北畠親房著, 岩佐正校注, 時枝誠記, 木藤才蔵校注　岩波書店　1965　542p 図版　22cm

◇神皇正統記　斎藤一寛編　電通出版部　1945　207p　A5　4.00円

◇神皇正統記　白山比メ神社編輯　増補3版　瑞穂出版　1945　1冊　21cm

梅松論
ばいしょうろん

歴史物語。2巻。作者未詳。正平4/貞和5年（1349年）ごろの成立。書名は北野天神ゆかりの飛梅老松に由来することが巻末に記される。作者未詳だが、足利氏旗下の諸将の細川氏や少弐氏などと関係ある者、あるいは夢窓疎石ゆかりの者などが想定されている。内容は南北朝の動乱の起こりから足利尊氏・直義兄弟が幕府を樹立するまでの経過を述べながら、初期室町政権の正当性や諸将の勲功を事実に基づいて顕揚しようとしたものであり、南朝側の視点にたつ「太平記」とは対照的な見方をしている。文体は簡潔、史料としての信憑性は高く、南北朝期政治史および変革期における武士の歴史意識研究に好個の書。

＊　＊　＊

◇太平記・梅松論の研究　小秋元段著　汲古書院　2005.12　414, 12p　22cm　12000円　①4-7629-3544-1

◇竜門文庫善本叢刊　第6巻　〔吉野町（奈良県）〕　阪本竜門文庫　1986.6　630p　22cm　〈監修：川瀬一馬 複製 製作発売：勉誠社（東京）〉　12000円

◇梅松論・源威集　矢代和夫, 加美宏校注　現代思潮社　1975　380p　22cm　（新選日本古典文庫 3）〈付（別冊 23p）：史書あるいは合戦記としての梅松論をめぐって（対談：加美宏, 森秀人）〉　5200円

◇日本史籍論集　岩橋小弥太博士頌寿記念会編　吉川弘文館　1969　2冊　22cm　各3500円

◇羣書類従　第18-20輯　塙保己一編, 続群書類従完成会校　訂正版　続群書類従完成会　1959 3版　3冊　19cm

◇羣書類従　第20輯　合戦部　第1（巻第369-383）　塙保己一編, 続群書類従完成会校　群書類従刊行会（酣灯社内）　1952　734p　22cm

尊卑分脈
そんぴぶんみゃく

南北朝時代の系図。正しくは『編纂本朝尊卑分明図』といい、また『諸家大系図』とも称される。公家の洞院公定（とういんきんさだ）が企画し、猶子の満季、その子の実熙ら洞院家代々の人々が継続編纂した。源・平・藤・橘など諸家の系図の集大成で、氏によっては室町期の人物まで収められている。後人の加除訂正のため、三〇巻本・一四巻本など種々の写本があり、元々の成立の由来や、公定の編纂したものがどのような氏までを収録範囲としていたのかは明らかではない。男性の官人には、実名とともに生母・官歴・没年月日と享年の注記を含む略伝も付されており、諸系図の中で、最も信頼される基本史料とされている。

＊　＊　＊

◇新訂増補 国史大系　第58巻　尊卑分脉 第1篇　黒板勝美, 国史大系編修会編　オンデマンド版　吉川弘文館　2007.6　409p　26cm　11000円　①978-4-642-04061-7

◇新訂増補 国史大系　第60巻 上　尊卑分脉 第3篇　黒板勝美, 国史大系編修会編　オンデマンド版　吉川弘文館　2007.6　584p　26cm　13000円　①978-4-642-04063-1

◇新訂増補 国史大系　第60巻 下　尊卑分脉 第4篇　黒板勝美, 国史大系編修会編　オンデマンド版　吉川弘文館　2007.6

240p　26cm　7500円
①978-4-642-04064-8

◇新訂増補 国史大系　別巻2　尊卑分脈索引　黒板勝美, 国史大系編修会編　オンデマンド版　吉川弘文館　2007.6　343, 6p　26cm　10500円
①978-4-642-04065-5

◇尊卑分脈　索引　黒板勝美, 国史大系編修会編輯　新装版　吉川弘文館　2001.5　343, 6p　27cm　(国史大系 新訂増補 別巻 2)〈複製〉 7400円
①4-642-00366-5

◇尊卑分脈　第4篇　黒板勝美, 国史大系編修会編輯　新装版　吉川弘文館　2001.4　240p　27cm　(国史大系 新訂増補 第60巻 下)〈複製〉 5900円
①4-642-00365-7

◇尊卑分脈　第3篇　黒板勝美, 国史大系編修会編輯　新装版　吉川弘文館　2001.3　584p　27cm　(国史大系 新訂増補 第60巻 上)〈複製〉 10000円
①4-642-00364-9

◇尊卑分脈　第2篇　黒板勝美, 国史大系編修会編　新訂増補版　吉川弘文館　2001.2　548p　26cm　(国史大系 第59巻)　10000円　①4-642-00363-0

◇尊卑分脈　第2篇　黒板勝美, 国史大系編修会編輯　新装版　吉川弘文館　2001.2　548p　27cm　(国史大系 新訂増補 第59巻)〈複製〉 10600円
①4-642-00364-9

◇尊卑分脈　第1篇　黒板勝美, 国史大系編修会編輯　新装版　吉川弘文館　2001.1　409p　27cm　(国史大系 新訂増補 第58巻)〈複製〉 8200円　①4-642-00362-2

◇国史大系　第60巻 下　尊卑分脈　第4篇　黒板勝美, 国史大系編修会編　新訂増補　吉川弘文館　1967　240p　27cm　〈完成記念版 国史大系刊行会刊本の複製〉 2400円

◇国史大系　別巻 第2　尊卑分脈索引　黒板勝美, 国史大系編修会編　新訂増補　吉川弘文館　1967　343p　27cm　〈完成記念版 国史大系刊行会刊本の複製〉 3000円

◇新訂増補 国史大系　第60巻 下　尊卑分脈　黒板勝美, 国史大系編修会編　完成記念版　吉川弘文館　1967　240p　27cm　〈国史大系刊行会刊本の複製〉

◇国史大系　第58巻　尊卑分脈　第1篇　黒板勝美, 国史大系編修会編　新訂増補　吉川弘文館　1966　409p　27cm　〈完成記念版 国史大系刊行会刊本の複製〉 3600円

◇国史大系　第59巻　尊卑分脈　第2篇　黒板勝美, 国史大系編修会編　新訂増補　吉川弘文館　1966　548p　27cm　〈完成記念版 国史大系刊行会刊本の複製〉 4800円

◇国史大系　第60巻 上　尊卑分脈　第3篇　黒板勝美, 国史大系編修会編　新訂増補　吉川弘文館　1966　584p　27cm　〈完成記念版 国史大系刊行会刊本の複製〉 5400円

◇新訂増補 国史大系　第58巻　尊卑分脈　黒板勝美, 国史大系編修会編　完成記念版　吉川弘文館　1966　409p　27cm　〈国史大系刊行会刊本の複製〉

◇新訂増補 国史大系　第59巻　尊卑分脈　黒板勝美, 国史大系編修会編　完成記念版　吉川弘文館　1966　548p　27cm　〈国史大系刊行会刊本の複製〉

◇新訂増補 国史大系　第60巻 上　尊卑分脈　黒板勝美, 国史大系編修会編　完成記念版　吉川弘文館　1966　584p　27cm　〈国史大系刊行会刊本の複製〉

◇尊卑分脈　索引　黒板勝美, 国史大系編修会編　吉川弘文館　1964.3 (第11刷：1995.11)　343, 6p　27cm　(国史大系 新訂増補)　5300円　①4-642-00038-0

◇尊卑分脈　第3篇　黒板勝美, 国史大系編修会編　吉川弘文館　1961.3 (第10刷：1997.11)　584p　27cm　(国史大系 新訂増補)　9000円　①4-642-00036-4

◇国史大系　第60巻 上　尊卑分脈　第3篇　黒板勝美, 国史大系編修会編　新訂増補　吉川弘文館　1961　584p 図版　28cm

◇尊卑分脉　第2篇　黒板勝美, 国史大系編修会編　吉川弘文館　1959.3(第10刷：1997.11)　547p　27cm　(国史大系 新訂増補)　8500円　①4-642-00035-6

◇国史大系　第59巻　尊卑分脉　第2篇　黒板勝美, 国史大系編修会編　新訂増補　吉川弘文館　1959　547p 図版　28cm

◇尊卑分脉　第4篇　黒板勝美, 国史大系編修会編　吉川弘文館　1958.3(第10刷：1997.8)　240p　27cm　(国史大系 新訂増補)　5000円　①4-642-00037-2

◇国史大系　第60巻 下　尊卑分脉　第4篇　黒板勝美, 国史大系編修会編　新訂増補　吉川弘文館　1958　240p 図版　28cm　〈昭和4-17年国史大系刊行会刊第1-57巻につづく〉

◇尊卑分脉　第1篇　黒板勝美, 国史大系編修会編　吉川弘文館　1957.5(第10刷：1997.8)　410p　27cm　(国史大系 新訂増補)　7000円　①4-642-00034-8

◇国史大系　第58巻　尊卑分脉　第1篇　黒板勝美, 国史大系編修会編　新訂増補　吉川弘文館　1957　410p 図版　28cm　〈昭和4-17年 国史大系刊行会刊第1-57巻につづく〉

一条 兼良
いちじょう かねよし

応永9年(1402年)5月7日 ～ 文明13年(1481年)4月2日

公卿、学者。号は桃華老人、三関老人、東斎など。法名は覚恵、諡号は後成恩寺。名は「かねら」とも読む。関白一条経嗣の二男。応永19年(1412年)元服と同時に正五位下に叙され、翌年従三位、同23年(1416年)兄経輔に代わって家を継ぐ。永享元年(1429年)従一位左大臣、4年(1432年)には摂政となるが拝賀以前に解任され、文安3年(1446年)太政大臣、翌年関白に昇進。応仁元年(1467年)応仁の乱で一条坊門邸と文庫桃花坊を焼失し、応仁2年(1468年)から文明9年(1477年)まで奈良に疎開して学問に没頭。有職故実に通じ、和漢の学に優れ、当代随一の学才と評された。有職関係の『公事根源』『桃華蘂葉』、和歌『南都百首』、古典評訳『花鳥余情』、神道研究の『日本書紀纂疏』、将軍足利義尚に呈した政道論『樵談治要』、日野富子に与えた『文明一統記』など著書は多岐に渡る。

＊　＊　＊

◇一条兼良の書誌的研究　武井和人著　増訂版　おうふう　2000.11　819p　22cm　〈年譜あり　文献あり〉　28000円　①4-273-03168-X

◇一条兼良　永島福太郎著　吉川弘文館　1988.12　200p　19cm　(人物叢書 新装版)　〈新装版 折り込図1枚 叢書の編者：日本歴史学会〉　1500円　①4-642-05141-4

◇一条兼良全歌集―本文と各句索引　武井和人編　笠間書院　1983.8　247p　22cm　(笠間索引叢刊 80)　7500円

◇伊勢物語―伝一条兼良自筆　正宗敦夫編纂校訂　現代思潮社　1982.11　174, 18p　16cm　(覆刻日本古典全集)　〈日本古典全集刊行会昭和3年刊の複製〉

◇伊勢物語―伝一条兼良筆本　片桐洋一編　勉誠社　1982.9　254, 14p　21cm　(勉誠社文庫 111)　〈解説：片桐洋一 永青文庫所蔵本の複製〉　2600円

◇花鳥余情―一条兼良/自筆　一条兼良筆　吉野町(奈良県)　竜門文庫　1977.3　44丁　28cm　(阪本竜門文庫覆製叢刊 13)　〈別冊(6p 23cm)：解説(川瀬一馬) 箱入 和装〉

◇續史料大成　第18巻　玉英記抄　聾盲記　後奈良天皇宸記　土右記　白河上皇高野御幸記　竹内理三編　一条兼良著, 半井保房著, 後奈良天皇著, 田中久夫校訂, 源師房著, 藤原通俊著　増補　京都　臨川書店　1967.8(第5刷：1994.6)　311p　22cm　〈複製および翻刻〉　①4-653-00464-1

◇続 史料大成　第18　玉英記抄〔ほか〕　竹内理三編　一条兼良抄　京都　臨川書店　1967　22cm

◇一条兼良　永島福太郎著　吉川弘文館　1959　200p 図版 表　18cm　(人物叢書

日本歴史学会編)

東 常縁
とう つねより

応 永8年(1401年)～ 明 応3年(1494年)4月18日

武将、歌人、歌学者、美濃郡上郡篠脇城主。本姓は平、別称は東野州、法号は素伝。下野守益之の子。美濃郡上郡篠脇を支配し、康正元年(1455年)下総千葉氏の分裂紛争の際には幕命により千葉康胤を討ち、文明元年(1469年)美濃に帰国。代々二条派の歌人であった東家に伝わる歌学を学び、清巌正徹・堯孝に師事して二条派歌学を集成。文明3年(1471年)宗祇に『古今和歌集』を講釈し秘事を口伝、これが"古今伝授"の初めとされる。歌学書に『東野州聞書』『東野州消息』、家集に『常縁集』『東常縁詠草』など。

＊　　＊　　＊

◇東常縁　井上宗雄, 島津忠夫編　大阪　和泉書院　1994.11　185p　22cm　〈東常縁の肖像あり〉　3605円　①4-87088-696-0

◇羣書類従　第16輯　和歌部　塙保己一編, 続群書類従完成会校　訂正版　続群書類従完成会　1960 3版　626p　19cm

◇東常縁　河村定芳著　八幡町(岐阜県上郡)　東常縁顕彰会　1957　201p　18cm

◇東常縁　河村定芳著　八幡町(岐阜県上郡)　東常縁顕彰会　1957　201p　18cm

◇羣書類従　第16輯　和歌部　第7(巻第281-302)　塙保己一編, 続群書類従完成会校　群書類従刊行会(酣灯社内)　1954　626p　22cm

五山文学
ござんぶんがく

鎌倉時代末期から江戸時代初期にかけて、鎌倉五山や京都五山の禅僧の間に行われた漢文学。広義には同時代の禅林文学の総称。奈良時代の貴族による文学、江戸時代の儒者・文人による文学と共に、漢文学の三大隆盛期の一つである。漢詩文・日記・随想・語録(法語)などからなり、七言律詩・五言律詩・四六文(駢文)を中心とする。その内容は概ね仏教的で、叙情性よりも対句などの構築的・理智的な美を重んじる。中国の宋・元代に禅林で詩文が盛行したことを淵源とし、禅宗の伝来に伴い日本でも漢文学が隆盛することになった。初期には一山一寧・夢窓疎石・虎関師錬・雪村友梅らが活躍、南北朝時代以後は中巌円月・義堂周信・絶海中津らを輩出して全盛期を迎えた。応仁の乱の後は衰微した。

＊　　＊　　＊

◇禅林の文学―詩会とその周辺　朝倉尚著　大阪　清文堂出版　2004.5　587p　22cm　16000円　①4-7924-1384-2

◇五山文学の研究　兪慰慈著　汲古書院　2004.2　584p　22cm　13000円　①4-7629-3458-5

◇五山文学の世界―虎関師錬と中巌円月を中心に　千坂嵃峰著　白帝社　2002.10　337p　22cm　6800円　①4-89174-610-6

◇義堂周信　蔭木英雄著　研文出版　1999.9　265p　20cm　(日本漢詩人選集 3)　〈シリーズ責任表示：富士川英郎〔ほか〕編　年譜あり〉　3300円　①4-87636-173-8

◇日本中世禅林文学論攷　中川徳之助著　大阪　清文堂出版　1999.9　662p　22cm　18000円　①4-7924-1347-8

◇抄物の世界と禅林の文学―中華若木詩抄・湯山聯句鈔の基礎的研究　朝倉尚著　大阪　清文堂出版　1996.12　589p　22cm　16480円　①4-7924-1332-X

◇中世禅林詩史　蔭木英雄著　笠間書院　1994.10　523p　22cm　15000円　①4-305-70145-6

◇五山文学全集　上村観光編纂　2版　京都　思文閣出版　1992.11　5冊　23cm　〈明治39年～大正4年刊の複製〉　全66950円　①4-7842-0748-1

◇就山永崇・宗山等貴―禅林の貴族化の様相　朝倉尚著　大阪　清文堂出版　1990.9　548p　22cm　17510円　①4-7924-1310-9

◇新日本古典文学大系　48　五山文学集　佐竹昭広ほか編　入矢義高校注　岩波書店　1990.7　335p　22cm　3100円　①4-00-240048-4

◇禅林の文学―中国文学受容の様相　朝倉尚著　大阪　清文堂出版　1985.5　550p　22cm　17000円

◇五山の学芸―大東急記念文庫公開講座講演録　玉村竹二ほか講述　大東急記念文庫　1985.3　189p　22cm　〈製作・発売：勉誠社 限定版〉　3000円

◇禅林文学―林下水辺の系譜　滝沢精一郎著　大学教育社　1984.4　356p　20cm　〈発売：桜楓社〉　5400円

◇五山文学新集　別巻 2　玉村竹二編　東京大学出版会　1981.2　739p　23cm　15000円

◇日本の禅語録　第8巻　五山詩僧　玉村竹二著　講談社　1978.6　488p　20cm　〈監修：古田紹欽, 入矢義高〉　1800円

◇五山文学新集　別巻 1　玉村竹二編　東京大学出版会　1977.3　1235p 図　23cm　18000円

◇五山詩史の研究　蔭木英雄著　笠間書院　1977.2　519p　22cm　12000円

◇五山文学全集　上村観光編　京都　思文閣　1973　5冊　22cm　〈明治39年－大正4年刊の複製〉　全45000円

◇五山文学新集　第6巻　玉村竹二編　東京大学出版会　1972　1315p 図　23cm

◇五山文学新集　第5巻　玉村竹二編　東京大学出版会　1971　1354p 図　23cm　8800円

◇五山文学新集　第4巻　玉村竹二編　東京大学出版会　1970　1322p 図版　23cm　9500円

◇五山文学新集　第3巻　玉村竹二編　東京大学出版会　1969　1028p 図版　23cm　7500円

◇五山文学新集　第2巻　友山士偲 希世霊彦 惟肖得巌集　玉村竹二編　友山士偲, 希世霊彦, 惟肖得巌　東京大学出版会　1968　1313p 図版　23cm

◇五山文学新集　第2巻　玉村竹二編　東京大学出版会　1968　1313p 図版　23cm　9500円

◇五山文学新集　第1巻　横山景三集　玉川竹二編　横山景三　東京大学出版会　1967　1052p 図版　23cm

◇五山文学新集　第1巻　玉村竹二編　東京大学出版会　1967　1052p 図版　23cm　8500円

◇日本古典文学大系　第89　五山文学集, 江戸漢詩集　山岸徳平校注　岩波書店　1966　502p 図版　22cm　1000円

◇五山文学―大陸文化紹介者としての五山禅僧の活動　玉村竹二著　至文堂　1955　290p 図版　19cm　（日本歴史新書）

◇五山文学―大陸文化紹介者としての五山禅僧の活動　玉村竹二著　至文堂　1955　290p 図版　19cm　（日本歴史新書）

連歌

れんが

短歌の上の句（五・七・五）と下の句（七・七）との唱和、あるいは上の句と下の句とを一人または数人から十数人で交互に詠み連ねる詩歌の形態の一。平安時代に入って歌人の余技として即興的・遊戯的に行われ、長短二句の短連歌が多かったが、やがて第三句以後を連ねる鎖連歌（長連歌）の形式を生み、鎌倉時代以後は百韻を定型とするようになり、ほかに歌仙・五十韻・世吉（よよし）などの形式も行われた。次第に、規則としての式目もでき、和歌的な有心（うしん）連歌が発達、これに対して誹諧（かいぎやく）性の強い無心（むしん）連歌も行われたが、南北朝時代に准勅撰の「菟玖波集」が生まれたことによって有心連歌（純正連歌）が芸術詩として確立。さらに、心敬、一条兼良、宗祇らにより幽玄・有心の理念がおしすすめられ、室町時代に大成したが、江戸時代に入って衰退した。

＊　＊　＊

◇連歌とは何か　綿抜豊昭著　講談社　2006.10　218p　19cm　（講談社選書メ

チエ） 1500円 ①4-06-258373-9

◇連歌史試論 廣木一人著 新典社 2004.10 524p 22cm （新典社研究叢書 162） 13500円 ①4-7879-4162-3

◇京都大学蔵貴重連歌資料集 3 京都大学文学部国語学国文学研究室編 京都 臨川書店 2004.2 658p 16×22cm 14400円 ①4-653-03853-8

◇連歌 1 島津忠夫編 大東急記念文庫, 汲古書院〔発売〕 2003.7 612, 30p 22×16cm （大東急記念文庫善本叢刊 中古中世篇 第8巻） 19000円 ①4-7629-3467-4

◇中世和歌連歌の研究 伊藤伸江著 笠間書院 2002.1 349, 16p 22cm 7800円 ①4-305-70236-3

◇新編日本古典文学全集 61 連歌集 俳諧集 金子金治郎校注・訳, 暉峻康隆, 雲英末雄, 加藤定彦校注・訳 小学館 2001.7 654p 23cm 4657円 ①4-09-658061-9

◇連歌史の諸相 岩下紀之著 汲古書院 1997.12 422, 41p 22cm 11000円 ①4-7629-3410-0

◇付合文藝史の研究 宮田正信著 大阪 和泉書院 1997.10 723p 22cm （研究叢書 208） 25000円 ①4-87088-871-8

◇連歌の世界 伊地知鉄男著 吉川弘文館 1995.9 444, 9p 20cm （日本歴史叢書 新装版）〈新装版 叢書の編者：日本歴史学会〉 3296円 ①4-642-06621-7

◇連歌史論考 上 木藤才蔵著 増補改訂版 明治書院 1993.5 620p 22cm 15000円 ①4-625-41103-3

◇連歌の新研究 索引編 七賢の部 勢田勝郭編 桜楓社 1993.2 1469p 27cm 120000円 ①4-273-02620-1

◇連歌集 1 伊地知鉄男編 早稲田大学出版部 1992.12 422, 7p 22cm （早稲田大学蔵資料影印叢書） 18000円 ①4-657-92020-0

◇大方家所蔵連歌資料集 小林健二編 大阪 清文堂出版 1991.3 531p 22cm 〈複製〉 ①4-7924-1311-7

◇さゝめごとの研究 木藤才蔵著 京都 臨川書店 1990.9 443, 21p 22cm 〈『校註さゝめごと』(1952年刊)の改訂増補〉 8700円 ①4-653-02165-1

◇連歌師と紀行 金子金治郎著 桜楓社 1990.6 219p 19cm 1648円 ①4-273-02389-X

◇戦国の権力と寄合の文芸 鶴崎裕雄著 大阪 和泉書院 1988.10 442p 22cm （研究叢書 63）〈付(図2枚)：白山万句一覧表〉 10000円 ①4-87088-279-5

◇宗祇名作百韻注釈 金子金治郎著 桜楓社 1985.9 478p 22cm （金子金治郎連歌考叢 4） 12000円 ①4-273-02009-2

◇宗祇連歌の研究 両角倉一著 勉誠社 1985.7 399p 22cm 10000円

◇連歌論集 3 木藤才蔵校注 三弥井書店 1985.7 414p 22cm （中世の文学） 6800円 ①4-8382-1012-4

◇無言抄 岡山大学池田家文庫等刊行会編 岡山 福武書店 1984.7 210p 22cm （岡山大学国文学資料叢書 6-1） 4500円 ①4-8288-2601-7

◇研究資料日本古典文学 第7巻 連歌・俳諧・狂歌 大曽根章介ほか編集 明治書院 1984.6 378p 22cm 3900円

◇連歌と中世文芸 金子金治郎博士古稀記念論集編集委員会編 角川書店 1977.2 453p 図 22cm 8600円

◇七賢時代連歌句集 金子金治郎, 太田武夫編 角川書店 1975 461p 図 22cm （貴重古典籍叢刊 11）

◇天理図書館善本叢書 和書之部 第7巻 連歌論集 天理図書館善本叢書和書之部編集委員会編 天理 天理大学出版部 東京 八木書店(発売) 1973 2冊(別冊付共) 22cm(付：16×22cm) 8600円 (付録共)

◇連歌史論考 下 木藤才蔵著 明治書院 1973 1117p 22cm 4800円

◇連歌史論考 上 木藤才蔵著 明治書院

1971　493p　22cm　3800円

◇連歌史の研究　島津忠夫著　角川書店　1969　331p 図版　22cm　2700円

◇連歌の史的研究　福井久蔵著　有精堂出版　1969　715p 図版12枚　22cm　5500円

◇連歌論集　上下　伊地知鉄男編　岩波書店　1953-56　2冊 図版　15cm　（岩波文庫）

二条 良基
にじょう よしもと

元 応2年（1320年）～ 元 中5/嘉 慶2年（1388年）6月13日

歌人、公卿、文学者。謚を後普光園院。五湖釣翁、関路老槐と称した。二条道平の長男。藤原氏の氏の長者となり、光明、崇光、後光厳天皇の関白、後小松天皇の摂政を務め、北朝方公家の中心的存在として重きをなした。和歌を二条派の頓阿に学ぶ一方で、連歌は若年より救済に師事し、その協力を得て連歌最初の準勅選集『測玖波集』を編纂。連歌会を主催するなど、連歌師らのパトロンとしても活躍した。20代で連歌についての持論を確立させ、『応安新式』『愚問賢註』『近来風体抄』など多くの歌論を発表して理論派としても知られ、特に『筑波問答』は連歌の総合的解説書として後世まで大きな影響を与えた。他の著書に『きぬかづきの日記』『百寮訓要抄』など。

*　*　*

◇日本文学者評伝集　2　在原業平・小野小町　二条良基　塩田良平，森本治吉編　井上豊著，福井久蔵著　クレス出版　2008.6　280, 302p　19cm　〈青梧堂昭和18年刊の複製〉　10000円　Ⓘ978-4-87733-422-2, 978-4-87733-429-1

◇二条良基研究　小川剛生著　笠間書院　2005.11　628, 32p　21cm　（笠間叢書）　14000円　Ⓘ4-305-10362-1

◇中世和歌連歌の研究　伊藤伸江著　笠間書院　2002.1　349, 16p　22cm　7800円　Ⓘ4-305-70236-3

◇あなたに語る日本文学史　大岡信著　新装版　新書館　1998.12　562p　19cm　2200円　Ⓘ4-403-21066-X

◇菟玖波集―巻十四 横山重旧蔵 伝素眼筆　二条良基，救済編　貴重本刊行会　1987.10　1軸　25cm　〈監修：日本古典文学会 複製 付（1枚）：解説 金子金治郎著 箱入（6×28cm）限定版〉　28000円

◇二条良基の研究　木藤才蔵著　桜楓社　1987.4　367p　22cm　18000円　Ⓘ4-273-02177-3

◇校本菟玖波集新釈　二条良基撰，福井久蔵著　国書刊行会　1981.2　2冊　22cm　（福井久蔵著作選集）　〈昭和11年～17年刊の複製〉　全13500円

◇羣書類従　第16輯　和歌部　塙保己一編，続群書類従完成会校　訂正版　続群書類従完成会　1960 3版　626p　19cm

◇羣書類従　第28, 29輯　塙保己一編，続群書類従完成会校　訂正版　続群書類従完成会　1959 3版　2冊　19cm

◇日本歌学大系　第5巻　佐佐木信綱編　風間書房　1957　442p 図版　22cm

◇日本歌学大系　第5巻　解題〔ほか〕　佐佐木信綱編　久曾神昇　風間書房　1956　22cm

◇羣書類従　第5輯　塙保己一編，続群書類従完成会校　群書類従刊行会（酣灯社内）　1954　718p　22cm

◇羣書類従　第16輯　和歌部　第7（巻第281-302）　塙保己一編，続群書類従完成会校　群書類従刊行会（酣灯社内）　1954　626p　22cm

◇羣書類従　第28輯　雑部　第4（巻第489-506）　塙保己一編，続群書類従完成会校　群書類従刊行会（酣灯社内）　1954　722p　22cm

◇良基連歌論集　上　二条良基著，岡見正雄編　古典文庫　1953　229p　17cm　（古典文庫 第63冊）

心 敬
しんけい

応永13年(1406年)～文明7年(1475年)4月16日

室町時代中期の連歌師・歌人。紀伊の人。初名を心恵、号を連海とする。京都音羽の十住心院の住持から権大僧都となる。一方で清巌正徹に師事して和歌と連歌を学び、連歌に幽玄の美を求めつつ、50歳頃から連歌中興七賢の筆頭として活躍。門弟に宗祇がいるほか、後世の松尾芭蕉にも影響を与えた。応仁の乱が起こるとこれを避けて東国へ下り、太田道真ら武将に和歌、連歌の指導などをしつつ各地を巡歴。ちょうどそのころ下向した宗祇が、その草庵を訪ねて教えを受け、その作風を高く推奨した。連歌論書『ささめごと』、句集『心玉集』などがあるほか、『新撰菟玖波集』に多数入集。相模大山の麓で没した。

＊　＊　＊

◇新・俳人名言集　復本一郎著　春秋社　2007.9　237p　19cm　1700円　①978-4-393-43438-3

◇草根集　権大僧都心敬集　再昌　正徹原著, 伊藤伸江著, 心敬原著, 伊藤伸江著, 三条西実隆原著, 伊藤敬著　明治書院　2005.4　411p　22cm　（和歌文学大系 66）〈付属資料：8p：月報 26　シリーズ責任表示：久保田淳監修〉　7500円　①4-625-41323-0

◇島津忠夫著作集　第4巻　心敬と宗祇　島津忠夫著　大阪　和泉書院　2004.5　420p　22cm　〈付属資料：4p：月報 第4巻　肖像あり　年譜あり〉　12000円　①4-7576-0258-8

◇出逢いの風景　伊吹知佐子著　菁柿堂, 星雲社〔発売〕　2002.11　235p　19cm　1600円　①4-434-02674-7

◇心敬宗教と芸術　菅基久子著　創文社　2000.11　300, 12p　22cm　7000円　①4-423-10099-1

◇中世芸道論の思想―兼好・世阿弥・心敬　石黒吉次郎著　国書刊行会　1993.4　260p　19cm　2500円　①4-336-03479-6

◇さ、めごとの研究　木藤才蔵著　京都　臨川書店　1990.9　443, 21p　22cm　〈『校註さ、めごと』(1952年刊)の改訂増補〉　8700円　①4-653-02165-1

◇心敬の研究　索引篇　湯浅清著　風間書房　1989.2　542p　22cm　22000円　①4-7599-0725-4

◇中世文学論の考究―中国詩・詩論の投影を中心として　石原清志著　京都　臨川書店　1988.3　359p　22cm　6800円　①4-653-01721-2

◇心敬　篠田一士著　筑摩書房　1987.8　248p　19cm　（日本詩人選 28）　2000円　①4-480-13228-7

◇良寛とともに　良寛会編　文化書房博文社　1987.8　244p　19cm　1800円　①4-8301-0471-6

◇心敬の研究　校文篇　湯浅清著　風間書房　1986.3　740p　22cm　19000円　①4-7599-0649-5

◇心敬の表現論　山根清隆著　桜楓社　1983.5　310p　22cm　12000円

◇心敬の生活と作品　金子金治郎著　桜楓社　1982.1　414p　22cm　（金子金治郎連歌考叢 1）　9800円

◇心敬連歌論集　木藤才蔵編　笠間書院　1981.3　161p　21cm　900円

◇心敬の研究　湯浅清著　風間書房　1977.4　711, 3p 図　22cm　14200円

◇心敬の世界　岡本彦一著　桜楓社　1973　294p　22cm　6800円

◇心敬作品集　横山重編　角川書店　1972　548p 図　22cm　（貴重古典籍叢刊 5）〈限定版〉　9800円

◇伊勢物語注―大津有一博士蔵伝心敬筆　金沢　高羽五郎〔ほか〕　〔1970〕　2冊(別冊共)　26cm　〈大津有一博士所蔵本の模写(模写者：高羽五郎) 謄写版　共同刊行：古屋彰　別冊(56p 21cm)：大津有一博士蔵伝心敬筆伊勢物語注(高羽五郎, 古屋彰解題および翻刻)『金沢大学法文学部論集文学編』第17号　和装〉

◇さ、めごと—校註 研究と解説　木藤才蔵著　六三書院　1952　328, 21p　22cm　〈原著者：心敬〉

◇心敬　荒木良雄著　創元社　1948　388p　19cm

◇心敬集　〔第1〕　論集 芳艸〔ほか〕　心敬著, 横山重, 野口英一共編　吉昌社　1948　347p　22cm

◇心敬集　〔第1〕　論集　横山重, 野口英一共編　吉昌社　1948　347p　22cm

◇心敬　荒木良雄著　創元社　1948　388p　19cm　（創元選書 第136）

宗祇
そうぎ

応永28年（1421年）～文亀2年（1502年）7月30日

連歌師。近江国（滋賀県）の人（紀伊の人とも）。姓は飯尾とされるが確証はない。別号は自然斎、種玉庵、見外斎。若くして出家し相国寺で修行。30歳の頃から文芸を志し、宗砌、心敬、専順に連歌を学ぶ。また一条兼良に歌学・古典を、飛鳥井雅親、東常縁に和歌を学び、のち常縁から古今伝授を受ける。関東方面を遊歴したのち京都に帰って種玉庵を営み、連歌の会などを開いて三条西実隆、細川政元ら公家や武家と親交した。また、越後の上杉氏、周防の大内氏ら各地の大名に招かれ、連歌や古典を講じた。長享2年（1488年）北野連歌会所宗匠となり、また将軍足利義尚の連歌の師を務めて名実ともに連歌界の第一人者となる。明応4年（1495年）猪苗代兼載らと『新撰菟玖波集』を編集。“旅の詩人”といわれ、諸国を遍歴しつつ正風連歌を大成させ、肖柏、宗長ら一門と共に連歌の黄金時代を築いた。連歌作品に肖柏、宗長と詠んだ『水無瀬三吟百韻』『湯山三吟百韻』、句集に『萱草』『老葉』、連歌論書に『吾妻問答』『浅茅』、紀行文に『白河紀行』『筑紫道記』など。

＊　＊　＊

◇連歌師宗祇と近江　奥田淳一著　彦根　サンライズ出版（印刷）　2008.7　176p　19cm　1500円

◇だれも知らなかった「百人一首」　吉海直人著　春秋社　2008.1　236p　21cm　2000円　①978-4-393-44162-6

◇乱世の旅人宗祇—『筑紫道記』を読む　藤原正義著　大阪　清風堂書店出版部　2002.7　94p　19cm　〈宗祇没後500年の記念　年譜あり〉　900円　①4-88313-258-7

◇吉備町宗祇法師五百年祭記念誌—今に生きる宗祇　宗祇法師五百年祭実行委員会編　吉備町（和歌山県）　吉備町宗祇法師五百年祭実行委員会　2002.3　86p　26cm　〈背のタイトル：宗祇法師五百年祭記念誌〉

◇旅の詩人—連歌師宗祇—没後五百年遠忌　〔箱根町（神奈川県）〕　箱根町立郷土資料館　2001.8　80p　30cm　〈会期：2001年8月4日—9月2日〉

◇連歌師宗祇の実像　金子金治郎著　角川書店　1999.3　292p　20cm　（角川叢書 6）　2800円　①4-04-702107-5

◇宗祇　奥田勲著　吉川弘文館　1998.12　356p　19cm　（人物叢書 新装版）　2100円　①4-642-05211-9

◇旅の詩人宗祇と箱根—宗祇終焉記注釈　金子金治郎著　横浜　神奈川新聞社　1993.1　301p　18cm　（箱根叢書 22）　〈（かなしんブックス 38）発売：かなしん出版〉　950円　①4-87645-152-4

◇連歌師宗祇　島津忠夫著　岩波書店　1991.8　306, 4p　20cm　4400円　①4-00-002516-3

◇連歌師宗祇—その生涯と終焉の地箱根湯本　箱根町立郷土資料館編　〔箱根町（神奈川県）〕　箱根町立郷土資料館　1990.11　63p　26cm　〈宗祇の肖像あり〉

◇宗祇連歌集　伊地知鉄男編　早稲田大学出版部　1988.3　646, 17p　22cm　（早稲田大学蔵資料影印叢書）　15000円

◇宗祇名作百韻注釈　金子金治郎著　桜楓社　1985.9　478p　22cm　（金子金治郎連歌考叢 4）　12000円　①4-273-02009-2

◇宗祇連歌の研究　両角倉一著　勉誠社

1985.7　399p　22cm　10000円

◇宗祇序説　藤原正義著　風間書房　1984.11　268p　22cm　3400円　①4-7599-0612-6

◇宗祇の生活と作品　金子金治郎著　桜楓社　1983.2　328p　22cm　(金子金治郎連歌考叢 2)〈宗祇の肖像あり〉　9800円

◇下草—宗祇句集・宗梅本　宗祇著, 両角倉一編　古典文庫　1978.12　255p　17cm　(古典文庫 第387冊)　非売品

◇宗祇句集　金子金治郎, 伊地知鉄男編　角川書店　1977.3　520p 図　22cm　(貴重古典籍叢刊 12)　12000円

◇宗祇　小西甚一著　筑摩書房　1971　264p　19cm　(日本詩人選 16)

◇百人一首抄—宗祇抄　宗祇著, 吉田幸一編　笠間書院　1969　109p　21cm　〈影印本 底本：元和寛永中(1615-43) 刊古活字版〉　350円

◇宗祇の研究　江藤保定著　風間書房　1967　429p　27cm　〈宗祇関係参考文献 421-429p〉

◇宗祇の研究　江藤保定著　風間書房　1967　429p　27cm　7800円

◇宗祇連歌古注　金子金治郎編　限定版　広島　広島中世文芸研究会　1965　251p　19cm　(中世文芸叢書 1)

◇宗祇連歌古注　金子金治郎編　広島　広島中世文芸研究会　1965　251p　19cm　(中世文芸叢書 1)〈限定版〉

◇新撰菟玖波集—明応本　宗祇撰, 横山重, 野口英一校訂　風間書房　1958　517p　図版10枚　22cm　〈御巫清勇旧蔵 天理図書館原蔵 明応4年写本の翻刻〉

◇防府天満宮蔵宗祇独吟千句—三嶋千句　久富哲雄校訂　久富哲雄　1955　45p　18cm　〈謄写版〉

◇宗祇発句集　星加宗一校訂　岩波書店　1953　236p　15cm　(岩波文庫)

◇宗祇連歌集　第2　老葉　小西甚一, 水上甲子三共校　古典文庫　1953　229p　17cm　(古典文庫 第74冊)〈底本は教育大学蔵 再治無注本〉

◇宗祇連歌集　第1　萱草　小西甚一校　古典文庫　1950　195p　17cm　(古典文庫 第40冊)

菟玖波集
つくばしゅう

日本最初の連歌撰集。20巻。二条良基・救済共撰。正平11/延文元年(1356年)成立、翌年勅撰に準ぜられる。それまで和歌に比して低くみられていた連歌の文学的地位を高めた。総句数2190句。書名は、連歌を「つくばの道」ともいうことから。作者は500名以上に及ぶが、武家層、地下連歌師が多くみられる。代表的な作者はほかに道誉、尊胤など。作風は一般に巧緻にして古雅とされる。

＊　＊　＊

◇中世和歌連歌の研究　伊藤伸江著　笠間書院　2002.1　349, 16p　22cm　7800円　①4-305-70236-3

◇菟玖波集—巻十四 横山重旧蔵 伝素眼筆　二条良基, 救済編　貴重本刊行会　1987.10　1軸　25cm　〈監修：日本古典文学会 複製 付(1枚)：解説 金子金治郎著 箱入(6×28cm) 限定版〉　28000円

◇菟玖波集総索引　山根清隆編　風間書房　1983.5　277p　22cm　7000円　①4-7599-0586-3

◇校本菟玖波集新釈　二条良基撰, 福井久蔵著　国書刊行会　1981.2　2冊　22cm　(福井久蔵著作選集)〈昭和11年～17年刊の複製〉　全13500円

◇連歌貴重文献集成　別巻 1　金子金治郎編　勉誠社　1978.8　566p　22cm　〈複製〉　10000円

◇菟玖波集の研究　金子金治郎著　風間書房　1965　939p 図版　22cm

◇菟玖波集の研究　金子金治郎著　風間書房　1965　939p 図版　22cm　5800円

◇菟玖波集　上　二条良基, 救済法師共編, 福井久蔵校註　再版　朝日新聞社　1952　271p 図版　19cm　(日本古典全書)

◇菟玖波集　下　二条良基, 救済法師共編, 福井久蔵校註　朝日新聞社　1951　327p 図版　19cm　(日本古典全書)

◇菟玖波集　上下　二条良基, 救済法師共編, 福井久蔵校註　朝日新聞社　1951-52 2冊 図版　19cm　(日本古典全書)〈上：再版〉

◇菟玖玻集　二条良基, 救済共撰, 福井久蔵校註　朝日新聞社　1948　271p 図版 19cm　(日本古典全書)

◇菟玖波集　上　二條良基, 救済法師共編, 福井久藏校註　朝日新聞社　1948　270p 図版　19cm　(日本古典全書)〈朝日新聞社編〉

◇菟玖波集　上　二条良基, 救済共撰, 福井久蔵校註　朝日新聞社　1948　271p 図版　19cm　(日本古典全書)

◇菟玖波集　上　二条良基, 救済法師共編, 福井久蔵校註　朝日新聞社　1948　270p 図版　19cm　(日本古典全書 朝日新聞社編)

◇菟玖波集　上　二条良基撰, 福井久蔵校註　朝日新聞社　1948　270p 図版 19cm　(日本古典全書)

御伽草子
おとぎぞうし

室町時代から江戸初期にかけて作られた短編物語の総称。現存する作品は300編を超えるが、大部分は作者も正確な成立年代も不明である。享保(1716年－1736年)頃、大坂の書肆(しょし)渋川清右衛門が「御伽文庫」の名で二三編を刊行してから、この類の物語の総称となった。恋愛物・稚児物・遁世物・立身出世物・本地物(ほんじもの)・異類物など種類は多く、絵巻や奈良絵本に仕立てられ、絵と文とが相補って読者を楽しませる方式をとっている。内容は種々雑多であるが共通した特徴としては、文章が平易単純であること、人間の内面描写が乏しく、筋書き的な短編であること、筋立てや人物の容姿、情景の表現が類型的であること、教訓的、啓蒙的な姿勢が顕著なこと、仏教思想が濃厚で、とくに神仏の霊験利生を強調する作品の多いことなどがあげられる。「文正さうし」「鉢かづき」「小町草紙」「御曹子島渡」「酒呑童子」など。

＊　＊　＊

◇お伽草子の国語学研究　染谷裕子著　大阪　清文堂出版　2008.11　536p　22cm　14000円　①978-4-7924-1409-2

◇お伽草子百花繚乱 —"Otogizoshi" profusion of various flowers　徳田和夫編　笠間書院　2008.11　623, 59p　22cm　〈文献あり〉　15000円　①978-4-305-70386-6

◇御伽草子解題図録　石川透編　慶応義塾大学DARC　2007.6　100p　21cm　〈会期・会場：2007年6月17日 慶応義塾大学〉

◇室町文学・御伽草子展示解説　石川透編　慶応義塾大学ORC　2005.10　53p 21cm　〈会期・会場：2005年10月1日—30日 栃木県立足利図書館〉

◇御伽草子・奈良絵本解題図録—西尾市岩瀬文庫蔵　石川透編　奈良絵本・絵巻国際会議　2004.12　69p　21cm

◇御伽草子 その世界　石川透著　勉誠出版 2004.6　190p　19cm　(智慧の海叢書) 1400円　①4-585-07106-7

◇本文研究—考証・情報・資料　第6集　伊井春樹編　大阪　和泉書院　2004.5 150, 85p　21cm　3500円 ①4-7576-0265-0

◇御伽草子研究叢書　第1巻　古註釈と文学史書集　藤井隆編・解説　クレス出版 2003.11　1冊　22cm　〈複製〉 ①4-87733-197-2

◇御伽草子研究叢書　第2巻　研究書集成 1　藤井隆編・解説　クレス出版 2003.11　545, 3p　22cm　〈巖松堂書店昭和13年刊の複製〉　①4-87733-197-2

◇御伽草子研究叢書　第3巻　研究書集成 2　藤井隆編・解説　クレス出版 2003.11　1冊　22cm　〈複製〉 ①4-87733-197-2

◇御伽草子研究叢書 第4巻 研究書集成 3 藤井隆編・解説 クレス出版 2003.11 1冊 22cm 〈複製〉 ①4-87733-197-2

◇御伽草子研究叢書 第5巻 研究書集成 4 藤井隆編・解説 クレス出版 2003.11 379, 4p 22cm ①4-87733-197-2

◇御伽草子研究叢書 第6巻 解題書集成 1 藤井隆編・解説 クレス出版 2003.11 473, 3p 22cm 〈大日本図書明治42年刊の複製 年表あり〉 ①4-87733-197-2

◇御伽草子研究叢書 第7巻 解題書集成 2 藤井隆編・解説 クレス出版 2003.11 317, 2p 22cm 〈楽浪書院昭和17年刊の複製〉 ①4-87733-197-2

◇御伽草子研究叢書 第8巻 解題書集成 3 藤井隆編・解説 クレス出版 2003.11 1冊 22cm 〈大岡山書店昭和12-15年刊の複製〉 ①4-87733-197-2

◇御伽草子研究叢書 第9巻 解題書集成 4 藤井隆編・解説 クレス出版 2003.11 546, 4p 22cm 〈複製〉 ①4-87733-197-2

◇図解・御伽草子―慶應義塾図書館蔵 石川透著 慶應義塾大学出版会 2003.4 126p 19cm 2400円 ①4-7664-0987-6

◇御伽草子集語彙索引 佐藤武義, 斎藤美知編 明治書院 2002.11 382p 22cm 15000円 ①4-625-43317-7

◇お伽草子事典 徳田和夫編 東京堂出版 2002.9 529, 32p 23cm 6800円 ①4-490-10609-2

◇お伽草子 沢井耐三著 貴重本刊行会 2000.11 366p 19cm (古典名作リーディング 2) 〈ほるぷ出版昭和61年刊の増訂〉 3000円 ①4-88915-112-5

◇魅力の御伽草子 石川透編 三弥井書店 2000.3 210p 22cm 2800円 ①4-8382-3079-6

◇お伽草子―物語の玉手箱 京都大学附属図書館創立百周年記念公開展示会 京都大学附属図書館編 京都 京都大学附属図書館 1999.11 64p 30cm 〈付属資料：2p：京都大学所蔵お伽草子目録補遺 会期：平成11年11月24日―12月7日〉

◇薄雪物語と御伽草子・仮名草子 松原秀江著 大阪 和泉書院 1997.7 331p 22cm (研究叢書 202) 12000円 ①4-87088-852-1

◇歴史としての御伽草子 黒田日出男著 ぺりかん社 1996.10 295, 21p 22cm 3296円 ①4-8315-0725-3

◇中世古典の書誌学的研究 御伽草子編 藤井隆著 大阪 和泉書院 1996.5 406p 22cm (研究叢書 185) 12360円 ①4-87088-795-9

◇御伽草子集―擬人物の世界 大阪青山短期大学国文科編 箕面 大阪青山短期大学 1996.3 179p 15×21cm (大阪青山短期大学所蔵本テキストシリーズ 1) 〈複製 発売：同朋舎出版(京都)〉 ①4-8104-2263-1

◇一寸法師のメッセージ 藤掛和美著 笠間書院 1996.1 169p 20cm (古典ライブラリー 7) 1800円 ①4-305-60037-4

◇お伽草子 徳田和夫著 岩波書店 1993.1 191p 19cm (岩波セミナーブックス 108) 1600円 ①4-00-004257-2

◇お伽草子の言語 今西浩子著 大阪 和泉書院 1992.5 291p 22cm (研究叢書 118) 10300円 ①4-87088-543-3

◇御伽草子 市古貞次校注 岩波書店 1991.12 490p 22cm 3800円 ①4-00-004481-8

◇お伽草子 福永武彦ほか訳 筑摩書房 1991.9 333p 15cm (ちくま文庫) 680円 ①4-480-02561-8

◇お伽草子・伊曽保物語 徳田和夫, 矢代静一著 新潮社 1991.9 111p 20cm (新潮古典文学アルバム 16) 1300円 ①4-10-620716-8

◇もう一つの中世像―比丘尼・御伽草子・

来世　バーバラ・ルーシュ著　京都　思文閣出版　1991.6　272, 11p　22cm　3914円　Ⓘ4-7842-0663-9

◇御伽草子の精神史　島内景二著　ぺりかん社　1991.1　276p　20cm　〈新装版〉　2500円　Ⓘ4-8315-0427-0

◇御伽草子―物語・思想・絵画　黒田日出男ほか編　ぺりかん社　1990.11　309, 21p　21cm　3200円　Ⓘ4-8315-0499-8

◇御伽草子―物語 思想 絵画　黒田日出男ほか編　ぺりかん社　1990.11　309 図版21p　21cm　3107円　Ⓘ4-8315-0499-8

◇お伽草子研究　徳田和夫著　三弥井書店　1988.12　812p　22cm　18540円　Ⓘ4-8382-3023-0

◇御伽草子総索引　榊原邦彦ほか編　笠間書院　1988.7　408p　22cm　（笠間索引叢刊 91）　13000円

◇御伽草子　臼田甚五郎等編　桜楓社　1976　411p 図　22cm　〈底本：臼田氏蔵写本, 臼田氏蔵絵入板本, 渋川板御伽草子影印本〉　1800円

◇鑑賞日本古典文学　第26巻　御伽草子・仮名草子　市古貞次, 野間光辰編　角川書店　1976　440p　20cm　1500円

◇日本の古典　別巻 2　お伽草子　世界文化社　1976　167p（おもに図）　28cm　〈グラフィック版〉

◇御伽草子　臼田甚五郎, 岡田啓助, 藤島秀隆編著　桜楓社　1973　190p 図　22cm　〈底本：渋川板御伽草子影印本〉　680円

◇お伽草子と民間文芸　大島建彦著　岩崎美術社　1967　207, 8p 図版　19cm　（民俗民芸双書 12）　820円

◇未刊御伽草子集と研究　第4　藤井隆編著　豊橋　未刊国文資料刊行会　1967　170p 図版　19cm　（未刊国文資料 第3期 第11冊）　〈限定版〉

事 項 名 索 引

【あ】

【か】

【さ】

【た】

【な】

【は】

【ま】

【や】

【ら】

【わ】

「鎌倉・南北朝・室町」を知る本

2009年8月25日　第1刷発行

発　行　者／大高利夫
編集・発行／日外アソシエーツ株式会社
〒143-8550 東京都大田区大森北1-23-8　第3下川ビル
電話(03)3763-5241(代表)　FAX(03)3764-0845
URL　http://www.nichigai.co.jp/
発　売　元／株式会社紀伊國屋書店
〒163-8636 東京都新宿区新宿3-17-7
電話(03)3354-0131(代表)
ホールセール部(営業)　電話(03)6910-0519

電算漢字処理／日外アソシエーツ株式会社
印刷・製本／光写真印刷株式会社

不許複製・禁無断転載　《中性紙H-三菱書籍用紙イエロー使用》
<落丁・乱丁本はお取り替えいたします>

ISBN978-4-8169-2198-8　Printed in Japan,2009

本書はディジタルデータでご利用いただくことができます。詳細はお問い合わせください。

読書案内　「戦国」を知る本

①武将―下剋上の世を生きた人物群像
A5・400頁　定価7,980円(本体7,600円)　2008.9刊

②戦乱―天下太平までの合戦・事件
A5・420頁　定価7,980円(本体7,600円)　2008.10刊

③文化―戦の世に花開いた芸術・文学
A5・410頁　定価7,980円(本体7,600円)　2008.11刊

“応仁の乱”から“大坂夏の陣”までの150年間、日本史の中でも関心を集める戦国・安土桃山時代を知るためのテーマ各200項目についての解説と、関連する各8,000点の図書を紹介したブックガイド。

読書案内　大江戸を知る本

小林克 監修　A5・360頁　定価7,140円(本体6,800円)　2000.7刊

江戸図、太田道灌、外国人の見た江戸、隅田川、徳川家康、火消し、浅草、平賀源内、浮世絵など都市としての江戸を知るためのテーマ250項目についての解説と、関連する7,000点の図書を紹介したブックガイド。

読書案内　「明治」を知る本

A5・400頁　定価7,140円(本体6,800円)　2000.3刊

東京遷都、人力車、福沢諭吉、西南戦争、自由民権運動、鹿鳴館、日清戦争、日露戦争、夏目漱石など、「明治」という時代を知るためのテーマ300項目についての解説と、関連する8,000点の図書を紹介したブックガイド。

読書案内　「昭和」を知る本

①政治―軍国主義から敗戦、そして戦後民主主義へ
A5・380頁　定価7,140円(本体6,800円)　2006.9刊

②社会―金融恐慌・闇市から高度成長・バブル経済へ
A5・390頁　定価7,140円(本体6,800円)　2006.10刊

③文化―昭和を彩った科学・芸術・文学・風俗
A5・400頁　定価7,140円(本体6,800円)　2006.11刊

昭和天皇、二・二六事件、美空ひばり、東京オリンピック、日本万国博覧会、まんが文化、バブル経済など、「昭和」という時代を知るためのテーマ各200項目についての解説と、関連する各8,000点の図書を紹介したブックガイド。

データベースカンパニー
日外アソシエーツ
〒143-8550　東京都大田区大森北1-23-8
TEL.(03)3763-5241　FAX.(03)3764-0845　http://www.nichigai.co.jp/